गुलज़ार सा'ब

हज़ार राहें मुड़ के देखीं...

गुलज़ार सा'ब

हज़ार राहें मुड़ के देखीं...

जीवन लेखन सिनेमा

यतीन्द्र मिश्र

सजिल्द प्रथम संस्करण : 2023

vaniprakashan.com

वाणी प्रकाशन ग्रुप

4695, 21-ए, दरियागंज, नयी दिल्ली-110 002

फ़ोन : +91 11 23273167, 23275710

शाखाएँ

अशोक राजपथ, पटना-800 004, बिहार

कॉफ़ी हाउस कैम्पस, महात्मा गांधी मार्ग, इलाहाबाद-211 001, उत्तर प्रदेश

महात्मा गांधी अन्तरराष्ट्रीय हिन्दी विश्वविद्यालय, वर्धा-442 001, महाराष्ट्र

36/ए, शेक्सपियर सरणी, रानी बिरला गर्ल्स कॉलेज के पास, कोलकाता-700 017, प. बंगाल

sales@vaniprakashan.in
vaniprakashan@gmail.com

Gulzar Saab : Hazaar Rahen Mud Ke Dekheen...
by Yatindra Mishra

ISBN : 978-93-5775-660-0
Cinema/Biography/Non-Fiction

आई.बी.एच., नोएडा (उ.प्र.) में मुद्रित

वाणी प्रकाशन का लोगो मक़बूल फ़िदा हुसेन की कूची से

गुलज़ार सा'ब

हज़ार राहें मुड़ के देखीं...

आदरणीया अम्मा और पापा,
श्रीमती ज्योत्स्ना मिश्र एवं श्री बिमलेन्द्र मोहन प्रताप मिश्र
के लिए

मेरे लेखन को पढ़कर जब कभी भी
उन्हें सुख मिलता है,
वही क्षण मेरी रचनात्मकता का हासिल है...

गुलज़ार सा'ब

हज़ार राहें मुड़ के देखीं...

अनुक्रम

भूमिका **9**

क़न्दील में जलती रोशनी...

जीवन, रचनाकर्म और सिनेमा सफ़र पर विचार **23**

हज़ार राहें मुड़ के देखीं...

गुलज़ार से संवाद ***343***

थोड़ा सा बादल थोड़ा सा पानी...

सम्मान एवं उपलब्धियाँ ***487***

इस मोड़ से जाते हैं...

ग्रन्थ-सन्दर्भ ***499***

नाम सन्दर्भ ***505***

नैनों की बातों पे, भरोसा नहीं आता
लिखत पढ़त न रसीद न खाता
नैना ठग लेंगे!

نینوں کی باتوں پہ بھروسہ نہیں آتا
لکھت پڑھت نہ رسید نہ کھاتا
نیناں ٹھگ لیں گے ——

गुलज़ार सा'ब

हज़ार राहें मुड़ के देखीं...

भूमिका

क़न्दील में जलती रोशनी...

यह किसी सुनहरे ख़्वाब की मानिन्द था कि मैं एक ऐसे शायर, अफ़सानानिगार, पटकथा-संवाद लेखक और गीतकार की सोहबत में आ गया था, जिसे दुनिया गुलज़ार के नाम से जानती है। यह किताब भी उनके व्यक्तित्व और काम के प्रति प्रेम के चलते सम्भव हुई, जिसका आग़ाज़ तक़रीबन दो दशक पूर्व 2003 में हुआ था। मुझे आज भी याद है, गुलज़ार साहब से पहली मुलाक़ात! मैं, देश के विभिन्न भाषाओं के बेहतरीन रचनाकारों के साथ साहित्य अकादेमी, नयी दिल्ली और भारतीय विद्या भवन के संयुक्त आयोजन में होने वाले एक समारोह में न्यूयॉर्क, अमेरिका की यात्रा पर गया था। वहीं पहली बार सफ़ेद की सादगी में लिपटे हुए उस शख़्सियत से मिलने का अवसर मिला, जिनके गीतों को किशोरावस्था से ही सुनकर सम्मोहित हो जाया करता था। बाद में एक लम्बी कहानी है, जिस तरह एक उस्ताद शायर की आमद मेरे जैसे युवा रचनाकार के जीवन में सम्भव हुई। मुझे अच्छी तरह याद है कि हम सभी न्यूयॉर्क शहर के सेवेंथ स्ट्रीट पर लेजिंग्स्टन होटल में ठहरे थे। एक दिन सुबह मेरे कमरे के दरवाज़े पर दस्तक हुई, तो मेरे साथ कमरे में ठहरे हुए वरिष्ठ साहित्यकार, पत्रकार श्री विश्वनाथ सचदेव जी ने दरवाज़ा खोला। सामने गुलज़ार साहब खड़े थे और हम दोनों से ही मुख़ातिब होते हुए

उन्होंने कहा—'मैं कब से आप दोनों के कमरे के सामने दूध की ख़ाली बोतलों की तरह पड़ा हूँ। आइए! सुबह की सैर पर चलते हैं।' ...उनके इस सहज हास्यबोध ने मेरे मन में उनके प्रति आदर से भरा हुआ संकोच कुछ कम किया और इस तरह पहली ही मुलाक़ात में उनके साथ भविष्य में निभने वाले एक बड़े रिश्ते की नींव पड़ गयी...

गुलज़ार साहब से इन बीस सालों के दरमियान इतनी बार, इतनी जगहों पर मिलना हुआ है कि उसका लेखा-जोखा भी मेरे लिए सँजोने वाली बात बन चुकी है। इस दौरान उनके साथ अनगिनत यात्राओं, साहित्य समारोहों में साथ में मंच साझा करते हुए, अकसर डायस पर और उससे अलग विभिन्न विषयों पर लम्बी बातचीत के समय, उनके 'बोस्कियाना' में ऑफ़िस और खाने की मेज़ पर उन्हें सुनते, समझते, गुनते हुए इतने सारे संस्मरण हैं कि उनका स्मरण भी मेरे लिए जीवन भर सुख देने वाली ऐसी बेहतरीन जिल्दवाली किताब बन चुकी है, जो मुझे अपने काम को धैर्य और लगन से करने का सौजन्य देती है।

इन्हीं अवसरों पर गुलज़ार साहब से कभी लम्बी बातचीत का सिलसिला शुरू हुआ था, जिसे मैंने अपने टेप पर रेकॉर्ड करना शुरू किया। बीस साल का लम्बा फ़ासला और रुकते-रुकाते, साथ चलते हुए तो अकसर याद रह जाने वाली छोटी-छोटी आत्मीय भेंटों में भी वे मेरे ज़ेहन, नोटबुक और टेप पर दर्ज होते रहे। जब मैंने यह बातचीत शुरू की थी, तब मुझे ख़ुद भी यह मालूम नहीं था कि मैं उस अनुभव-पगे किरदार से वाबस्ता हूँ, जिसने पिछले पिचहत्तर सालों में अदब और कला की दुनिया में कितना काम किया हुआ है। उनके शायर मन की गठरी, कुछ-कुछ उस नजूमी के झोले की तरह है, जिसमें जीवन और संघर्ष, कला और रचनात्मकता, वैचारिकी और सामंजस्य का अद्‌भुत पाठ जमा कर रखा है। मुझे यह बातचीत जितनी सरल और आत्मीय लगती रही है, उसे लिखना और दस्तावेज़ करना उतना ही चुनौती-भरा काम रहा। एक तरह से जब आप किसी के जीवन में प्रवेश करते हुए उसकी रचनात्मकता को समेटने का जतन करते हैं, तो बहुत सारी बातें अनायास ही हाथ से छूट जाती हैं, जिन्हें आप चाहकर भी अपनी मुट्ठियों में समो नहीं सकते।

कला-श्रम से सृजित जीवन और उसके साथ ख़ुद के किरदार के लिए तय की गयी जवाबदेही, ज़िम्मेदारी और अनुशासन को लिखना आसान काम नहीं है। आप जितना ही गुलज़ार होने के आशय को पकड़ने की कोशिश करते हैं, वह दूसरे ही क्षण अलग किरदारों में ढलकर आँख से ओझल हुआ जाता है। कभी शायर मन को टटोलना चाहें, तो उनका क़िस्सागो आगे आ जाता है। कभी गीतकार की क़लम की नाज़ुकी को सहलाना चाहें, तो एक प्रतिबद्ध फ़िल्मकार आड़े आता है, जिसने समय को तराशते हुए कुछ बेहतरीन फ़िल्में बनायीं। इन सब से अलग, कई परतों में लिपटी हुई उनकी ज़िन्दगी की चादर पर कभी एक डायलॉग राइटर आकर बैठ जाता है, तो कभी बच्चों का बचपन लौटाने वाला ऐसा दार्शनिक कवि, जो कविता को गेंद बनाकर खेलने का बहाना देता है। कहने का लब्बोलुआब यह है कि गुलज़ार साहब के जीवन के पन्नों को पढ़ते हुए, उनकी शायरी का मर्म तलाशने के लिए कविताओं और नज़्मों से गुज़रते हुए, फ़िल्म गीतों को उनके मानी के साथ पकड़ने के वास्ते और निर्देशित फ़िल्मों में समाज का चेहरा देखने के लिए जो कुछ भी मैं समेटना चाह रहा था, उसका जैसा भी दस्तावेज़ बन पड़ा है, पाठकों के सामने है।

मैं क़तई यह दावा नहीं करता कि यह गुलज़ार को समझने की मुकम्मल तस्वीर है, न ही इस बात को लेकर कोई विचार मन में है कि इस किताब में जो कुछ भी शाया हुआ, उतने से ही एक किरदार आकार लेता है। पूरी विनम्रता से यह कहना चाहूँगा कि सबके अपने-अपने गुलज़ार हैं, जो उनके लिए उतने ही सम्पूर्ण हैं, जितना कि उनसे मिलने वाला प्रेम उन्हें हासिल है। यह किताब, एक युवा रचनाकार का नज़रिया भर है, उस शख़्सियत को अपनी रचनात्मकता और प्रश्नों के साथ देखने का, जिसने ख़ुद की कला में न जाने कितने प्रश्न खड़े किये और अपने ढंग से दूसरों को राहत देने के लिए कभी गीत, कभी शायरी, कभी कहानी, कभी नाटक तो कभी फ़िल्मों से उसका समाधान प्रस्तुत किया। इस किताब के लिखे जाने के बाद भी, अभी बहुत कुछ बाक़ी है, जिस पर नये ढंग से गुलज़ार-विमर्श सम्भव हो सकता है। एक बड़े रचनाकार और इंसान की यह ख़ासियत भी होती है कि उसे अपने समय में दर्ज करने के

लिए जितने भी जतन किये जायें, एक ऐसा क्षण ज़रूर आता है, जब लिखने वाले के शब्द सीमित हो जाते हैं, किरदार फिर भी रचे जाने के लिए बचा रहता है...

यह किताब गुलज़ार साहब से इत्मीनान से सम्भव हुए और बरसों में फैले आत्मीय संवाद, मुलाक़ातों, उनकी फ़िल्मों के अध्ययन, फ़िल्म गीतों की रचना-प्रक्रिया पर टिप्पणी, शायरी, नज़्मों और कहानियों की अवधारणा पर व्याख्या के साथ जीवन-संघर्ष के उन अध्यायों का पाठ भी है, जिसमें बचपन, विभाजन, दिल्ली प्रवास, मुम्बई में फ़िल्म जीवन की शुरुआत से लेकर एक ज़हीन और तजुर्बेकार शायर बनने की दास्तान मौजूद है। मुझे मालूम नहीं कि इस काम में कितना कामयाब हुआ हूँ? ...अलबत्ता यह ज़रूर कहना चाहूँगा कि उनकी सोहबत के इन सालों ने मुझे बहुत कुछ सिखाया है, मुझे एक ज़िम्मेदार लेखक के तौर पर विकसित होने में मदद की है। साथ ही किताब के लिखे जाने की प्रक्रिया के दौरान मैंने इस यात्रा को दिल से महसूस किया है। यही मेरा हासिल है...

किताब आपके हाथों में सौंपने से पहले कुछ बातें लिखना सामयिक लगता है। इसमें एक बात यह कि बीस सालों में बिखरी हुई पटकथा को समेटकर एक जिल्द में बाँधने की जद्दोजहद में कुछ पन्ने ऐसे भी रहे, जो समय बीतने के साथ आज रेलेवेंट नहीं लगते। उन्हें संशोधन करने, पाठ को दिलचस्प बनाने तथा पूरे टेक्स्ट को एक प्रवाह देने में की गयी कोशिश के बाद अब यह पुस्तक इस रूप में आपके सामने है। किताब में एक अध्याय गुलज़ार साहब से बातचीत का भी है। इसमें उनके जवाब को रखने का शिल्प मैंने उनके स्वभाव के अनुरूप ही विकसित किया है, जिससे वह पढ़ने में सहज और प्रामाणिक लगे। इसी के चलते जिस तरह वे अपनी ज़ुबान में हिन्दुस्तानी बोलते हुए अंग्रेज़ी का प्रयोग करते हैं और अंग्रेज़ी में बात करते वक़्त हिन्दी भाषा में लौट जाते हैं– बातचीत का फ्लेवर वैसा ही रखने की कोशिश की गयी है। अंग्रेज़ी की बात को मैंने देवनागरी में जस का तस लिख दिया है। उसका कोई अनुवाद साथ में नहीं दिया गया, क्योंकि इससे दोहराव की समस्या के साथ पढ़ने में रुकावट आती।

किताब का प्रारूप ही गुलज़ार को समग्रता में पढ़ने के लिहाज़ से रचा गया है। पूरा गद्य ऐसे ढेरों यादगार पलों में गुँथा हुआ

है, जिनमें उनके जीवन और उपलब्धियों के ढेरों रंग उभरते हैं, संस्मरणों की रुपहली आभा रिश्तों के इन्द्रधनुष बनाती है, उनके सोचने, विचारने, लिखने और समझने के अनगिनत फूल यहाँ इन पन्नों पर खिलते हैं, जिन्हें अपनी भरसक मेहनत, ईमानदारी और तटस्थता के साथ मैंने लिखने की कोशिश की है।

इस पुस्तक के बनने में सबसे अधिक योगदान आदरणीय गुलज़ार साहब का ही रहा है, उनके प्रति आभार व्यक्त करता हूँ। इस प्रक्रिया में अनगिनत ऐसे आत्मीय लोगों का साथ नसीब हुआ, जो सब मिलकर **गुलज़ार परिवार** का एक हार्दिक परिसर बनाते हैं। सबके प्रति आदर और स्नेह व्यक्त करता हूँ। परिवार में माँ और पिता, **आदरणीया श्रीमती ज्योत्स्ना मिश्र** एवं **श्री बिमलेन्द्र मोहन प्रताप मिश्र** का आशीष मेरी रचनात्मकता का सम्बल रहा है, उन्हें प्रणाम करता हूँ। अपनी बुआ **अपर्णा मिश्र** समेत पूरे परिवार के प्रति विनीत हूँ, जिन सबके प्रेम, मार्गदर्शन और सहयोग ने मेरे लेखकीय जीवन को रोशनी से भरा है।

यह किताब, अब उन सभी गुलज़ार प्रशंसकों और पाठकों की है। इसकी सार्थकता का सारा श्रेय गुलज़ार साहब का है, जिन्होंने मुझ पर भरोसा करके अपने जीवन के कई बरस पूरी आत्मीयता से मुझे सौंपे हैं।

–यतीन्द्र मिश्र

विजयादशमी

24 अक्टूबर, 2023

गुलज़ार सा'ब

हज़ार राहें मुड़ के देखीं...

आभार

जिन विद्वानों और मित्रों के परामर्श से इस पुस्तक में परिष्कार आया, उनके प्रति हृदय से आभारी हूँ। उन वरिष्ठ मूर्धन्यों, साहित्य और कला अनुरागियों का धन्यवाद व्यक्त करना चाहता हूँ, जिनके सहयोग के बग़ैर यह किताब सम्भव नहीं थी।

इस आयोजन को सफल बनाने में जिन मित्रों के शुरुआत से ही सुझाव मिलते रहे, स्क्रिप्ट को पढ़कर उसे दुरुस्त बनाने में तथ्यों और घटनाओं को सहेजने के ब्यौरे सुलभ हुए, उनमें गुलज़ार साहब के समग्र काम को थाती की तरह सहेजने वाले आत्मीय मित्र **पवन झा**, लेखक और रंगकर्मी **सलीम आरिफ़** भाई, फ़िल्म संगीत के गहरे जानकार भाई **यूनुस ख़ान**, कहानीकार और पत्रकार मित्र **नरेन्द्र सैनी** तथा कहानीकार **अनुलता राज नायर** को आदर से याद करता हूँ। प्रख्यात फ़िल्मकार **प्रकाश झा** और **विशाल भारद्वाज**, अभिनेता **यशपाल शर्मा** का शुक्रिया, जिनसे गुलज़ार साहब के सन्दर्भ में हुई बातचीत ने किताब को इस कलेवर में प्रस्तुत करने का सौजन्य दिया। किताब के लिखे जाने के दौरान विगत वर्षों में जिन दो विभूतियों से वार्तालाप के चलते अनगिनत दुर्लभ संस्मरण मिले, दुर्भाग्य से अब वे इस दुनिया में नहीं हैं। पूरे आदर के साथ, महान पार्श्वगायिका **लता मंगेशकर** जी, पार्श्वगायक **भूपेन्द्र** के प्रति श्रद्धांजलि व्यक्त करता हूँ।

अपने उन सभी दोस्तों का आत्मीय ढंग से धन्यवाद व्यक्त करता हूँ, जिनका सहयोग और सुझाव हमेशा ही कुछ बेहतर रचने की प्रेरणा देते हैं। इनमें से अधिकांश ने अपने-अपने ढंग से किताब के कुछ अंशों को पढ़कर मुझे ज़रूरी संशोधन बताये। कुछ मित्रों ने दुर्लभ सामग्री, फ़िल्मी पत्र-पत्रिकाओं की पुरानी फ़ाइलें और गुलज़ार के फ़िल्मी सफ़रनामे के दौरान जारी किये गये साक्षात्कार उपलब्ध करवाये। उन सबके प्रति अनुगृहीत अनुभव करता हूँ। सभी के नामोल्लेख के बिना यह काम मेरे लिए कठिन साधना थी। ये हैं– सर्वश्री **सुरेश वाडकर, प्रसून जोशी, इरशाद कामिल, शान्तनु मोइत्रा, गोपी गजवानी, अनन्त विजय, सत्या सरन, लुबना सलीम, पीयूष दईया, नमिता गोखले, संजीव पालीवाल, इक़बाल रिज़वी, मधु बी. जोशी, सुकृता पॉल कुमार, मोहित कटारिया, मानव प्रकाश** और **इन्द्रजीत सिंह**...गुलज़ार के गीतों में आये हुए संगीत पक्ष को शास्त्रीय ढंग और पश्चिमी धुनों के धरातल पर समझने के लिए जिन संगीत विद्वानों, कलाकारों ने मदद की है, उनमें **मालिनी अवस्थी, शेखर सेन, सुनन्दा शर्मा** और **अजीत सारथी** का विशेष सहयोग रहा। इन सबके प्रति कृतज्ञ हूँ।

गुलज़ार साहब के परिप्रेक्ष्य में हिन्दी सिनेमा के इतिहास और विकास-यात्रा को समझने की दृष्टि देने वाले अनेक दस्तावेज़ मुझे जिन संस्थानों ने उपलब्ध कराये हैं, सभी के प्रति आभारी हूँ। इनमें विशेष रूप से **नेशनल फ़िल्म आर्काइव ऑफ़ इंडिया** (पुणे), **विविध भारती** (मुम्बई), **नेहरू मेमोरियल म्यूज़ियम एंड लाइब्रेरी,** तीन मूर्ति भवन (नयी दिल्ली), **आकाशवाणी अभिलेखागार** (नयी दिल्ली), **आरुषि इंडिया** (भोपाल) तथा **सा रे गा मा आर्काइव-एच.एम.वी.** (कोलकाता) का स्मरण करना चाहूँगा।

किताब को उर्दू लिपि में गुलज़ार साहब को पढ़ने के लिए उपलब्ध करवाने के वास्ते मित्र **शुऐब शाहिद** का विशेष धन्यवाद। उर्दू से हिन्दी और हिन्दी से उर्दू में इस किताब के पाठ का तर्जुमा करके मेरे और गुलज़ार साहब के बीच समन्वय की डोर बनी हुई, गुलज़ार साहब की सेक्रेटरी सुश्री **फ़रहाना** का तहेदिल से शुक्रिया अदा करता हूँ, जिनका पिछले दो दशकों का साथ हमेशा हिम्मत देने वाला रहा। मेरे काम को पारिवारिक स्तर पर मेरी बहनों ने हमेशा ही अपने दोनों हाथों से थामा है।

छोटी बहन **शुभांगी** का जितना भी धन्यवाद करूँ, कम है। मेरे साथ सालों तक रात-रात भर जागकर गुलज़ार साहब की स्क्रिप्ट के लिखे जाने, पढ़ने और सम्पादन में उसका योगदान अप्रतिम है। बहन **मंजरी** का भी विशेष धन्यवाद, जिसने समय-समय पर अपनी टिप्पणियों से इसमें कुछ सकारात्मक परिवर्तन कराये। किताब की पटकथा को सँवारने में **अश्विनी शुक्ल, अजय पाठक** और मित्रों **रोहित शर्मा** व **आशुतोष शुक्ल** का आभारी हूँ। किताब के आकल्पन और सज्जा में प्रयोग में लाये गये अधिकतर छायाचित्र, हस्तलिखित पन्नों के दस्तावेज़ आदरणीय **गुलज़ार साहब** के व्यक्तिगत संग्रह, **विवेक रानाडे** तथा **नीरव घाटे** से मुझे प्राप्त हुए हैं। इनके अलावा प्रयोग में लायी गयी अधिकांश सांग बुकलेट्स और फ़िल्म पोस्टर मेरे निजी संग्रह तथा मित्र **सुमंत बत्रा** और उनकी संस्था **'सिनेमाज़ी'** से प्राप्त हुए हैं। सभी के प्रति आभारी हूँ।

आभार मित्र **अरुण माहेश्वरी** और उनकी पुत्री **अदिति माहेश्वरी-गोयल** का, जिनका भरोसा मेरे लेखन में हमेशा से रहा है।

सभी के प्रति धन्यवाद, आदर...

–यतीन्द्र मिश्र

न जाने कौन-सी मिट्टी थी
नज़र में धूल, जिगर में लिए ग़ुबार चले...

गुलज़ार के जीवन और सिनेमाई सफ़र को रेखांकित करने वाले मेरे रचनात्मक लेखन के विभिन्न अध्यायों में जिन ग्रन्थों, सन्त और निर्गुण कवियों, विद्वानों, फ़िल्मकारों, संगीतज्ञों, विचारकों तथा विभिन्न क्षेत्रों के मूर्धन्यों के सन्दर्भ आये हैं; उन सभी का कृतज्ञतापूर्वक आभार...

गुरुग्रन्थ साहिब, कबीर, मीराबाई, बुल्लेशाह, अमीर ख़ुसरो, रानी रूपमती, मीर तक़ी मीर, इब्ने इंशा, शेक्सपियर, जॉन कीट्स, अन्तोन चेख़व, अलेक्सांद्र पुश्किन, रॉबर्ट फ्रास्ट, नारायण प्रसाद 'बेताब', ख़लील जिब्रान, पाब्लो नेरुदा, फ़ैज़ अहमद फ़ैज़, ऑक्टोवियो पॉज़, क़ाज़ी नज़रूल इस्लाम, जॉन बर्जर, फ़्रांज़ काफ़्का, रवीन्द्रनाथ टैगोर, रायनर मारिया रिल्के, इस्मत चुग़ताई, लता मंगेशकर, कुलदीप नैयर, शैलेन्द्र, साहिर लुधियानवी, इक़बाल, अली सरदार जाफ़री, शंकर शेष, समरेश बसु, अमृता प्रीतम, पण्डित रविशंकर, मीनाकुमारी, राजकुमार मैत्रा, मैरी ओलिवर, शमशेर बहादुर सिंह, नागार्जुन, मार्टिन फ़्रीमैन, मार्क गेटिस, अकीरा कुरोसावा, इंग्मार बर्गमैन, एरिक सीगल, सुखदेव, बेगम अख़्तर, जोगिन्दर पाल, कुँवर नारायण, केदारनाथ सिंह, महाश्वेता देवी, सोनल मानसिंह, बॉब डिलेन, पॉल विलेमेन, आशीष राजाध्यक्ष, कमलेश्वर, अमीन सयानी, नसरीन मुन्नी कबीर, पं. सत्यशील देशपाण्डे, गोपी गजवानी, रीता गांगुली, नसीरुद्दीन शाह, सत्या सरन, सलीम आरिफ़, पवन झा, सबा महमूद बशीर, सुनयना काचरू, पवन के. वर्मा, मैथिली राव, यशवंत व्यास, अनिरुद्ध भट्टाचार्जी, बालाजी विट्टल, कौसर मुनीर, सैबल चटर्जी, विशाल भारद्वाज तथा मेघना गुलज़ार...

चौदह बरस लगे मुझे 'अयोध्या' पहुँचने में।
'अयोध्या' के राजकुँवर, 'यतीन्द्र मिश्र' मेरा इण्टरव्यू ले रहे थे।
पता नहीं क्या-क्या कहा मैंने।
लेकिन सारी ख़ूबी उनके सवालों की है—
मेरे जवाबों की नहीं।
यतीन्द्र ही की ख़ूबी थी कि वो मेरी ज़मीन को
इतनी गहराई तक खोद पाये।
मुझे लगता था शायद तेल निकल आये,
तो कुछ हासिल हो।
लेकिन हो सकता है सिर्फ़ मिट्टी हाथ आयी
या पानी का कुँआ निकला।
इसका फ़ैसला अब 'अरुण माहेश्वरी' करेंगे,
या आप! किताब पढ़ कर।
कुछ हीरे, पन्ने अगर यतीन्द्र के हाथ आये हैं तो
उनकी फ़राख़दिली है कि वो आप सब के साथ बाँट रहे हैं!

—गुलज़ार

چودہ برس لگے مجھے ایودھیا پہنچنے میں۔

ایودھیا کے راج کنور 'یتیندر مشرا' میرا انتظار کر رہے تھے۔

پتہ نہیں کیا کیا کتابیں کھنگالیں، اُن کا مشکور ہوں۔

لیکن ساری خوبی یتیندر کے سوالوں کی ہے، میرے جوابوں

کی نہیں۔ یتیندر جی کی بھی کوشش تھی کہ وہ میری زمین کو اتنی

گہرائی تک کھود جائیں۔

مجھے لگتا تھا شاید تیل نکل آئے تو کچھ حاصل ہو

لیکن ہو سکتا ہے صرف میٹھے پانی کا کنواں نکلا۔

اس کا فیصلہ اب ارون مہیشوری کریں گے یا آپ!

یہ کتاب پڑھ کر!

کچھ سنہرے پتے اگر یتیندر کے ہاتھ آئے ہیں،

تو اُن کی فراخدلی ہے کہ وہ آپ سب کے ساتھ

بانٹ رہے ہیں۔

گلزار

गुलज़ार सा'ब

हज़ार राहें मुड़ के देखीं...

हुए मर के हम जो रुस्वा, हुए क्यूँ न गर्क़े-दरिया
न कभी जनाज़ा उठता, न कहीं मज़ार होता

—मिर्ज़ा ग़ालिब

जो गुज़र गयी, कल की बात थी
उम्र तो नहीं, एक रात थी
रात का सिरा, फिर मिले कहीं...

1

एक आवाज़ हैं गुलज़ार। धुन्ध भरे रास्ते में आगे निकलती और जाड़े की धूप में खिली हुई...सफ़ेद की सादगी ओढ़े हुए एक ऐसे दरवेश, जिनके लिए फ़ुर्सत के रात-दिन दरअसल नज़्मों और गीतों में बँटे हुए वो पल हैं, जिनसे एक हरफ़नमौला कलाकार के दिल का पता मिलता है। उनकी रूमानियत के ढेरों ख़त हैं, जो कब के लिखे जा चुके; मगर किसी शहर के लिए पोस्ट होने से पहले आज तक उनकी नोटबुक में पड़े हैं। जज़्बात के रेशमी धागे से वे कभी न ख़त्म होने वाली उम्मीद की किताब का जिल्द सिलते हैं। अकसर शामों में दूर से टिमटिमाती रोशनी के पास जाने पर पता चलता है कि उस लौ की लालटेन में उनकी क़लम की स्याही भरी हुई है।

वो एक ख़ानाबदोश किरदार हैं, जो थोड़ी दूर तक नज़्मों का हाथ पकड़े हुए चलते हैं और अचानक अफ़सानों की मंज़रनिगारी में चले जाते हैं। फ़िल्मों के लिए गीत लिखते हुए कब डायलॉग की दुनिया में उतर जाते हैं, पता ही नहीं चलता। वे शायरी की ज़मीन से फ़िल्मों की पटकथाएँ लिखते हैं, तो अदब की दुनिया से क़िस्से लेकर फ़िल्में बनाते हैं।

एक पुरक़शिश आवाज़, समय को आईना बनाकर पढ़ने वाली जद्दोजहद, कविताओं की शक्ल में उतरी हुई सहल पर झुकी हुई प्रार्थना...आइए, ऐसे अदीब की ज़िन्दगी के पन्नों में उतरते हैं, कुछ सफ़हें पलटते हैं, कुछ बातें सुनते हैं। अपने दौर को हम इस तरह भी साहित्य और सिनेमा के एक सुख़नवर की नज़र से देखते हैं...

अभी न पर्दा गिराओ, ठहरो, कि दास्ताँ आगे और भी है
अभी न पर्दा गिराओ, ठहरो!...

अभी सुलगते हैं रूह के ग़म, अभी धड़कते हैं दर्द दिल के
अभी तो एहसास जी रहा है...

2

यह कुछ बरस पुरानी बात है। एक साहित्य समारोह की शुरुआत करते हुए गुलज़ार साहब ने अपनी नज़्मों की कहानी कुछ यूँ बयाँ की थी–

> *'हाँडी जब चूल्हे पर चढ़ाई जाती है, तो भाप जमने पर उस पर लगा ढक्कन भी फड़फड़ाने लगता है। उस वक़्त उस भाप के अन्दर मैं लिखता हूँ। वो भाप मेरी लिखाई है, मेरी नज़्म है। यूँ मानें कि इतनी जुबानों में हाँडियाँ रखी हुई हैं। सभी ने ज़िन्दगी चूल्हे पर रखी है और उबाल आ रहा है और ये जुबानें बहुत कुछ कर रही हैं। उबली हुई हाँडियाँ और इतनी सारी...सभी ने ज़िन्दगी चूल्हे पर चढ़ा रखी है। उम्मीदें डाल रखी हैं बिना छीले, बिना उनकी गिटक तोड़े, ख़मीरी ख़्वाब जिनकी भाप उड़ती है मगर हरेक हाँडी बुड़-बुड़ करती है। ये दानिशवर लोग और इतने सारे सभी मिलकर बिलोते हैं समन्दर, निथार देते हैं अमृत, मगर तिड़की हुई कुम्भी में कुछ रुकता भी नहीं...'*

अपनी नज़्म के लिए एक अनूठा-सा मेटाफ़र गढ़ते हुए गुलज़ार सिर्फ़ एक ऐसी बात नहीं कह रहे, जिसकी पोएटिक एक्सप्रेशन कहकर केवल तारीफ़ भर कर दी जाये। वे एक ज़रूरी मुद्दा उठाते हैं और उसके बहाने नज़्मों को भाप के अन्दर पकने की कैफ़ियत देते हैं। पानी और ऊष्मा और ताप मिलकर जिस भाप की संरचना करते हैं, उसकी आँच से गुलज़ार जैसे शायर की लिखावट बनती है। नज़्मों में हरारत भरती हुई, जिसे अनजाने में बिना समझे अगर छू लिया जाये, तो हाथ जल सकते हैं। जैसे कभी अचानक से भाप हमारी उँगलियाँ जला देती है। यहाँ इस पूरे कथन में रूपकों के ब्यौरे ग़ज़ब ढंग से आये हैं। मसलन, शायर का मानना है कि जिस भाप की लिखावट से वो नज़्में लिख रहे हैं, उस भाप के चूल्हे पर ढेर सारी ज़ुबानों की हाँडियाँ रखी हुई हैं। ज़ाहिर है कि ज़िन्दगी के फ़लसफ़े से भी जो उबाल इन ज़ुबानों को मिलती है, उससे न सिर्फ़ दूसरी आवाज़ों और बोलियों की इबारतें पक रही हैं, बल्कि ज़िन्दगी खुद भी उसी चूल्हे पर चढ़ी हुई, नज़्मों की आँच से धिक रही है। चूल्हे पर चढ़ी हुई ज़िन्दगी के बर्तन में ढेरों मानवीय संवेदनाएँ कुछ अनूठा पकाने के लिए हर समय कुछ नया रच रही हैं।

गुलज़ार जिसे 'हाँडी की बुड़बुड़' कहते हैं, दरअसल वो ख़ुद के होने को अर्थ देने वाली आवाज़ है, जो बड़े सलीक़े से नज़्मों की शक्ल में कुछ

नया परोस रही है। दानिशवर लोगों की जमात का जो इशारा यहाँ शायर ने किया है, ख़ुद वो उसी परम्परा से निकलकर आते हैं और उसी क्लास में बैठकर अपनी नज़्मों को दुरुस्त करने में लगे हैं, जिसमें कभी बरसों पहले उनके उस्ताद ग़ालिब ने बैठकर पढ़ाई की है। ग़ालिब, मीर, मोमिन, ज़ौक, सौदा और नज़ीर की ही परम्परा रही है, जो अपनी बोलियों की हाँडी लिये हुए कुछ नया हर समय रचने का जतन करते हैं। इन्हीं लोगों ने मिलकर ही उस महासमुद्र का मन्थन अपने रचना-कर्म से किया है, जिससे भाषाओं और बोलियों के निथार से सदाबहार नज़्मों और नग़मों का अमृत निकल सका है। ग़ालिब का यह शेर ऐसे ही ज़िन्दगी की आँच में तपकर हमें हासिल हुआ है—

न गुले-नग़्मा हूँ, न पर्दए-साज़
मैं हूँ अपनी शिकस्त की आवाज़।

3

बचपन याद है उन्हें। सरहद के उस पार का बचपन। झेलम ज़िले के दीना (अब पाकिस्तान में) की वो गलियाँ, जो उनके होने का वजूद उस मिट्टी से तय करती थीं, सब याद है। माँ सुजान कौर और पिता सरदार माखन सिंह कालरा का दुलारा 'पुन्नी' (सम्पूरन सिंह कालरा का पुकार का नाम) अपने नाना भाग सिंह से इकन्नी और नानी से दुअन्नी पाकर कैसे अपने बचपन के खेलों में डूबा रहता था। भाग सिंह, दीना और झेलम के बीच के पड़ोसी गाँव काला के निवासी थे। इस तरह सम्पूरन सिंह के नानी का गाँव पड़ोस में ही पड़ता था। ख़ुद दादा जी सरदार निहाल सिंह का पैतृक गाँव 'कुर्ला', दीना से लगभग एक मील दूर था।

कुर्ला, काला और दीना से गुज़रता हुआ सम्पूरन सिंह का बचपन अपने सबसे सुन्दर दिनों में बीत रहा था और उनकी परवरिश में बहुत सारी चीज़ें, ढेरों आवाज़ें अपनी पकड़ मज़बूत कर रही थीं। उन्हें याद है कि उनके गाँव और आसपास की बस्ती में हीर सुनाने वाले, गुरुबानी गाने वाले लोग रहते थे। बचपन से ही कानों को जपुजी साहिब और गुरुबानी के पाठ की लत लग चुकी थी। गुरुग्रन्थ साहिब की आरती, जो राग धनाश्री में पारम्परिक तौर पर गायी जाती है, उसे जब रागी अपने साज़-बाज़ के साथ गाते थे, तो उनका मन अजीब मस्ती में डोलता था। आरती की टेक वाली लाइन, जो हर अन्तरे के बाद आती थी, उनके मन का मौसम ख़ुशगवार कर देती थी—

कैसे आरती होय भवखण्डना तेरी
आरती अनहदा शब्द बाजन्त भेरी

आज के गुलज़ार साहब बहुत एहतराम से यह बताते हैं कि जिस सम्पूरन सिंह के कान में यह सब पड़ा है, उस पंजाबी और गुरुमुखी से उनका साबक़ा रहा है।

दीना बड़ा व्यापारी शहर था। बड़े क़स्बे की तरह का शहर। आढ़त वाले, थोक व्यापारी और कपड़ा बेचने वाले बजाज सभी उनके नानके काला तक व्यापार करने जाते थे। ...और इस तरह काला और दीना मिलाकर अच्छे-ख़ासे व्यापार के दो क़स्बे होते थे। दूसरे विश्वयुद्ध के दिन थे। दीना के स्टेशन पर वही ट्रेन रुकती थी, जिनमें फ़ौजियों के डिब्बे लगे होते थे। यह 1942-1945 के दरम्यानी सालों का वक़्त है और विश्वयुद्ध की प्रेत-छाया से डोलते हुए न जाने कितने मासूम क़स्बों, शहरों पर उसका कुछ न कुछ असर पड़ा हुआ है। आज गुलज़ार साहब नवासी वर्ष की उम्र में पीछे मुड़कर दीना के स्टेशन पर खड़े आठ साल के सम्पूरन सिंह की ओर जब ताकते हैं, तो उनके शायर का मन भी कलेजे को आ जाता है। आठ साल की उम्र में, सन् 1942 में उनका दीना छूटा और वे दिल्ली बसर के लिए आ गये। आज का शायर पीछे मुड़ता है, तो सेकेंड वर्ल्ड वार की तमाम खरोंचें जैसे उनके दामन को किसी अनजान नेज़े से थोड़ा खुरच देती हैं। गोया, वो वक़्त का छूटा हुआ लम्हा आज भी उनकी गिरफ़्त में हो।

वो बच्चा जो दीना में छूट़ गया, वो शायर जो दिल्ली में जवान हुआ, वो किरदार जो बम्बई में बैठकर अपने गाँव-क़स्बे, दादके-नानके, दीना और झेलम को याद करता है, उसकी बस तारीख़ बदल गयी है और बीच में लगभग पिचहत्तर बरस का लम्बा समय बीत चुका है। 'ज़ीरो लाइन' कविता में भी दीना ऐसे ही आता है–

मगर सन्नाटे का इक रास्ता था जो दिखाई दे रहा था
वो रास्ता 'दीना' जाता था...

बहुत छोटा-सा क़स्बा था, कभी वो
बहुत छोटा-सा गत्तों का बनाया एक स्टेशन था
वहाँ सब गाड़ियाँ रुकती नहीं थीं
मगर वो 'लाम' के दिन थे
वही रुकती थीं जिनमें फ़ौजियों के डिब्बे होते थे

धुआँ दिखता था गाड़ी का, तो दौड़ आता था स्टेशन पर
उसमें अब्बा हट्टी के लिए सामान लेकर लौटा करते थे...

बस इतने भर से पुन्नी की यादें पूरी नहीं होतीं। उनमें पूरा जीवन अपने क़स्बाई किरदार में इस क़दर रचा-बसा है कि उसमें से सरदार माखन सिंह कालरा के ख़ानदान की कहानी को निकालकर अलग नहीं किया जा सकता। यादें और बचपन, वहाँ की आब-ओ-हवा और मिट्टी, रागियों का सबद कीर्तन और गुरुबानी पाठ और गायन, सब कुछ को स्मृतियों से कहाँ निकाला जा सकता है? दीना उसी तरह अब सिर्फ़ स्मृतियों का ही नहीं, बल्कि विचार और रोज़मर्रा की ज़रूरतों का हिस्सा है। उसकी क़िस्सागोई में वहाँ का बाज़ार-हाट और नसीहतें सभी कुछ अमिट रूप से दर्ज हैं। दीना की कविता इस तरह आगे बढ़ती है–

बस इक बाज़ार था
इक 'टाल्हियों' वाली सड़क भी थी
वो अब भी है
मदरसा था जहाँ मैं टाट की पट्टी बिछाकर तख़्ती लिखता था
गली भी है...
वो जिसका इक सिरा खेतों में खुलता था
वो दीवारें टटोलें, कोयले से जिन पे उर्दू लिखा करता था...

गुलज़ार का शायर मन इतने तरीक़ों से, इतनी गलियों-नुक्कड़ों में बँटकर दीना में बसता है। उफ़! कई दफ़ा ये दर्द बाँट लेने का मन करता है।

वे अठहत्तर साल की उम्र में दोबारा दीना जा पाये। अपने घर, अपने बचपन, अपने दादा और नाना को याद करने। अपनी नानी की दुअन्नी की खनक टटोलने। माँ सुजान कौर को थोड़ा और साँसों और एहसास में बसा लेने के लिए। हाँ! एक और बात के लिए। दीना के उस स्टेशन को देखने, जिसके अब दो ट्रैक हो गये हैं। ट्रेन अब भी आती है, मगर अफ़सोस कि उसमें से बचपन नहीं उतरता। सत्तर बरस बाद जैसे सब कुछ को दोनों हाथों से समेटने की ग़रज़ के साथ गुलज़ार दीना में खड़े हैं और स्मृतियों में धुँधलाया सहमा पुन्नी सेकेंड वर्ल्ड वार के दिनों में ट्रेन से उतरते हुए फ़ौजियों को देख रहा है।

सत्तर साल लगे हैं मुझको
'दीना' वापस आकर ध्यूया छूने में
कितना दौड़ा हूँ मैं वक़्त के वीराने में
कितनी लम्बी आँख मिचौली खेली है! (ध्यूया)

यादें पीछा करती हैं, मगर समय उनकी रंगत में पीलापन भरने लगता है। सुनहरी होती जाती स्मृतियाँ, बचपन और सपनों को एक ख़ास ढंग से ख़ाली भी करती जाती हैं। इकतारे पर गाये जा रहे बाबा फ़रीद और बुल्लेशाह ही बस नेक आवाज़ों की तरह बचे रह जाते हैं। बुल्लेशाह के क़ौल में अन्तर्मन का संगीत गूँजता है–

उठ चल्ले गुआंढों यार, रब्बा हुण की करिये
उठ चल्ले हुण रहंदे नाही
होया साथ तियार
रब्बा हुण की करिये?

पिता, जिन्हें गुलज़ार अब्बू कहते हैं, स्टेशन पर खड़े मिलते हैं, मगर दीना का, उनके सीनें में दर्द से भारी होता हुआ समय पीछे छूटता जाता है। सब कुछ एक साथ स्मृतियों के सन्दूक से निकलकर एकबारगी हाथों से होता हुआ दामन में पसरता है और फिर धीरे-धीरे आँख के सामने से ओझल हुआ जाता है। असमंजस पलता है मन के भीतर और बाहर दोनों तरफ़...

बहुत दिनों की चिपकी हुई तस्वीर थी एक स्टेशन की
कुछ बीच हवा में ठहरा हुआ इंजन का धुआँ
पीली पड़ने लगी थी अब रंगत उसकी
ट्रेन के इक दरवाज़े में जो खड़े थे, मेरे अब्बू थे...

4

उन्होंने इकतारे पर बाबा फ़रीद और बुल्लेशाह को बहुत सुना है बचपन में... 'रांझा जोगीड़ा बन आया', 'जिस तन लगिआ इश्क़ कमाल', 'की बेदर्दां के संग यारी' और इसी तरह के न जाने कितने कलाम। ताडी जत्था गाता हुआ चलता था और उनके बचपन को कविता और संगीत से भरकर एक अलग ही रंग में रचता जाता था। उन्हें एक आवाज़ भी याद है, सुबह उठकर मथानी लेकर दही बिलोने की। तीसरी माँ विद्यावती उन्हें दही बिलोने के काम पर लगाती थीं। वे 'अधरिड़का' यानी आधा बिलोया हुआ दही उसके मक्खन और छाछ समेत हर रोज़ कांसे के बड़े गिलास से पीते थे। इसी मेहनताने के एवज़ में दही बिलोते थे, जिसमें मथानी और दही के बीच चलने वाली रस्साकशी से उपजने वाली गुड़प जैसी आवाज़ उनकी चेतना में बहुत दूर तक बसी हुई है। इसमें खुद की माँ के गुज़र जाने के बाद दूसरी माँओं का वो दौर भी शामिल है,

जिससे कभी सहजता नहीं बन सकी। ...और ये भी हुआ कि रिश्ते की महीन धागे सरीखी डोर के दूसरी तरफ़ से भी इस रिश्ते को बेहतर बनाने के लिए कभी कोशिशें नहीं हुईं।

अलबत्ता दीना से चला आया गुरुबानी सुनने का अभ्यास यहाँ दिल्ली में भी जारी रहा। हीर सुनाने वाले यहाँ भी गुरु-पर्व में गाने आते थे। आशा सिंह मस्ताना जैसे बड़े गवैये को उन्होंने बचपन में सुना है। कवि दरबार होते थे और उनके ख़ुद के रिश्तेदार दर्शन सिंह 'आवारा' पंजाबी के बड़े शायर हुए। गुलज़ार पर या यों कहें किशोर सम्पूरन सिंह पर इस तरह संगीत और कविता का प्रभाव पड़ता गया। बारह-तेरह वर्ष की उम्र में यह सब दिल्ली के सब्ज़ी मण्डी इलाक़े में सुना है उन्होंने। पंजाबी लोक संगीत की धरती दीना से निकलकर कब दिल्ली आकर अपनी जड़ें जमा गयी, ये आज तक ख़ुद गुलज़ार बूझ नहीं पाये। रोशनआरा बाग़ में भी यह चीज़ें उनके किशोर मन को अनजाने ही प्रभावित करती रहीं। बचपन में एक और चीज़ जुड़ी उनकी स्मृतियों में, जो बड़ी दिलचस्प और नयी बात थी। यह था आल्हा गायन सुनना। बुज़ुर्ग गुलज़ार आज ऐसे आल्हा की पंक्तियाँ सुनाते हैं, लगता है जैसे उनका किशोर मन जाग उठा है–

आल्हा ऊदल बड़े लड़ैया, ताका वार सहा न जाय

उन्हें याद है, बड़े भाई जसमेर सिंह का एक दोस्त होता था ध्रुव। वो गांधी जी के प्रिय भजन *'वैष्णव जन तो तेने कहिए'* को बड़े ही ख़ूबसूरत ढंग से गाता था। उनकी फ़ितरत में ध्रुव भी एक रोचक किरदार की तरह बसा हुआ है, क्योंकि उसने ही जवानी के दिनों में उनके मन को गांधी जी के इस भजन से रँगा था। इसी तरह स्कूल में दो दुआएँ पढ़ी जाती थीं। इनमें एक थी अल्लामा इक़बाल की *'लब पे आती है दुआ बनके तमन्ना मेरी'* और दूसरी *'तेरी शान जल्ले-जलाल हू'*।

यह सब मन के कपड़े को रँगने वाली ऐसी चीज़ें थीं, जिनके रंगरेज़ उसके बाद से बचपन और किशोरावस्था की स्मृतियों में कहीं गुम हो गये। तब से आज तक सम्पूरन सिंह के मार्फ़त गुलज़ार के भीतर का युवा वो सब खोजना, बीनना, बटोरना चाहता है, जो अनजाने ही रास्तों में छूट गयी हैं। अपनी यादों के बड़े से सफ़री झोले में सब कुछ को समेट लेने की एक नाकाम-सी, मगर बड़ी जद्दोजहद...इस जद्दोजहद में शायर का बहुत कुछ ऐसा पीछे छूट गया, जिसकी याद से मन ख़ुश्क़ हो जाता है और दर्द है कि न जाने कहाँ-कहाँ से रिसता रहता है।

यह रिसते हुए दर्द में खो जाने की तड़प और कुछ भी बचे न रह पाने की आह को कुछ कविताओं की अलग-अलग अभिव्यक्तियों में पढ़ा जा सकता है, जहाँ से गुलज़ार का किरदार एक मुकम्मल सूरत पाता है।

जाने कब छोटी का मुझ से छूटा हाथ
वहीं उसी दिन फेंक आया था अपना बचपन—
लेकिन मैंने सरहद के सन्नाटों में सहराओं में अक्सर देखा है
एक 'भमीरी' अब भी नाचा करती है
और एक 'लाटू' अब भी घूमा करता है! (भमीरी)

x x x

एक ही चक्कर लेता है चक्की पर रखा उम्र का चाक
एक ही चक्कर में सारा कुछ पिस जाता है...
रात और दिन की तसबीहें अब टूट रही हैं
इक बालिश्त हिस्सा बाक़ी है उम्र का शायद!
लौट रहा हूँ 'दीना' जहाँ से चाक चला था!

(एक ही चक्कर लेता है...)

x x x

मगर ये सिर्फ़ ख़्वाबों ही में मुमकिन है
वहाँ जाने में अब दुश्वारियाँ हैं कुछ सियासत की
वतन अब भी वही है, पर नहीं है मुलक अब मेरा
वहाँ जाना हो अब तो दो-दो सरकारों के दसयों दफ़्तरों से
शकल पर, लगवा के मुहरें, ख़्वाब साबित करने पड़ते हैं!

(अगर ऐसा भी हो सकता)

5

अतीत की बहुत सारी तस्वीरें गुलज़ार के यहाँ जमा हैं। बदलते मौसम के लिए पुराने कपड़े और रज़ाइयाँ सँभालकर बड़े-बड़े ट्रंकों में जिस तरह रखी जाती हैं, ठीक उसी तर्ज़ पर न जाने कितनी यादों के इन्दराज ख़ुद के भीतर सँजोये बैठे हैं गुलज़ार। जहाँ जीवन से जुड़ा हुआ मामला है, जिसमें रिश्तेदार और घर-परिवार के लोग शामिल हैं, उन पर बात अकसर नहीं होती। वे पार्टीशन पर खुलकर बोलने में थोड़े संजीदा हो जाते हैं, इसलिए नहीं कि उन्हें अपने माज़ी को छुपाना है, बल्कि इस कारण कि वो यादें शरीर पर सूखकर उन घावों की पपड़ियों की तरह हो गयी हैं, जिन्हें कुरेदने या छूने पर ख़ून निकल आता है।

दस-बारह साल की कच्ची उम्र में जब गुलज़ार के स्कूल जाने के दिन थे, तब उनके परिवार की व्यवस्था ऐसी थी कि उन्हें घर से अलग दुकान के स्टोर रूम में जाकर सोना होता था। उस स्टोर रूम में बिजली नहीं थी और अँधेरी रातों को फिर वे लालटेन की मद्धिम रोशनी के सहारे काटते थे। अकसर गर्मी, अँधेरे और उमस के कारण नींद देर से आती थी, तो रात काटने के लिए कुछ ऐसा चाहिए था, जो किशोर होते गुलज़ार को राहत दे पाता। इसकी एक नायाब तरकीब उन्होंने निकाल रखी थी, जिसके सहारे तारों-भरी रात भी सुकून से गुज़र जाती।

उन्हें पढ़ने का चाव था और पड़ोस में एक लाइब्रेरी थी। पाकिस्तान से आया हुआ एक रिफ़्यूजी उसे चलाता था और चन्द पैसों के एवज़ में किताबें पढ़ने को मिल जाया करती थीं। गुलज़ार उससे कुछ किताबें ले आते थे, जिनमें अधिकतर सस्ते मनोरंजक क्राइम थ्रिलर और जासूसी उपन्यास होते थे। वो रिफ़्यूजी चार आने पैसे पर हफ़्ते भर के लिए किताबें किराये पर देता था, अलबत्ता किताबों की संख्या कुछ भी हो सकती थी, जितनी आप गिनकर ले जाना और पढ़ना चाहें। गुलज़ार बताते हैं कि उन्हें पढ़ने का ऐसा चस्का था कि हर रात एक किताब ख़त्म हो जाती थी और दूसरे ही दिन उसे बदलकर वे नयी किताब ले आते थे। एक बार लाइब्रेरी चलाने वाला उन पर बुरी तरह झल्ला गया—'चार आने में तुम्हें मैं एक हफ़्ते में आख़िर कितनी किताबें दूँ?' और कुछ सोचकर उसने दूसरी अलमारी से निकालकर एक भारी-भरकम किताब दी और बोला—'इसे ले जा पढ़ने के वास्ते।'

बेमन से मिली किताब का उस दिन ग़ज़ब क़िस्सा हुआ। उसने गुलज़ार को गुरुदेव रवीन्द्रनाथ टैगोर की कविताओं की किताब 'द गार्डनर' का उर्दू तर्जुमा पढ़ने के लिए दिया था। हाथ में लेते ही उन्हें यह बात महसूस होने लगी कि यह कुछ अलग है या शायद ऐसी बोझिल किताब हो, जिसे पढ़ने में मुझे कुछ ज़्यादा दिन लगें। वो आदमी अपना पीछा छुड़ाने और हर दिन एक नयी किताब देने से आजिज़ आकर किशोर गुलज़ार को टैगोर की गम्भीर कृति पकड़ा गया था।

इस किताब ने हमेशा के लिए गुलज़ार के पाठक मन का ज़ायक़ा बदल दिया। वह किताब ऐसे दिल को छू गयी कि उनके लिए एक नयी दुनिया और नये ढंग के सपनों ने अपने दरवाज़े खोल दिये। एक नया सबेरा था और गुरुदेव की कविताएँ किशोर मन को बारिश की रस-भरी फुहार की तरह भिगो गयी थीं। गुलज़ार बताते हैं—

'मैं इसके प्रेम में पड़ गया। मेरा किताबों को पढ़ने का ढंग बदल गया और मैं अब किताबों के चयन में भी बदलाव महसूस करने लगा। किताब खोलते ही इसकी पहली कविता 'माली' आज भी याद है। ये संग्रह मुझे इतना भाया कि मैं दूसरी किताब की एवज़ में हमेशा इसे अपने पास रखता रहा और हफ़्ते-दर-हफ़्ते तब तक यह सिलसिला चला, जब तक कि वो आदमी, जो मुझे किराये पर किताबें देता था, इसे भूल ही गया।'

'द गार्डनर' ने उस अँधेरे स्टोर रूम में भी जीवन के लिए कुछ आशाएँ और विश्वास लालटेन की लौ में गुलज़ार के भीतर पनपने दिये थे। यह एक असाधारण घटना थी, जिसने उनके किशोर मन को एक नये ढंग की सकारात्मकता से भर दिया। जीवन ऐसे ही आगे बढ़ता गया और उनकी स्मृतियों में 'द गार्डनर' की भूमिका हमेशा ही बनी रही।

बरसों बाद गुलज़ार इस किताब के प्रेम में बँधे हुए नायाब तरीक़े से दुनिया के सामने आये—हिन्दी तर्जुमा 'बाग़बान' लेकर। अनुवाद की हुई हर कविता में जैसे वह किशोर गुलज़ार मौजूद हैं, जिन्होंने पहली बार कभी बचपन में हसरत से इस किताब को हाथों में लिया था। स्टोर रूम के उस छोटे से कमरे में इसे पढ़ते हुए सुकून-भरा उजाला महसूस करने वाले शायर के अनुवाद की एक बानगी भर पढ़ना यहाँ प्रासंगिक है, जिसमें बचपन में प्रेरित हुआ मन गुरुदेव के प्रति आदर से भरकर कृतज्ञ दिखाई देता है। एक कविता की कुछ पंक्तियाँ इसी आशय के तहत यहाँ प्रस्तुत हैं—

न कोई ख़ौफ़ है तुमको,
न कोई उन्स का बन्धन
न है उम्मीद कोई,
और न सर्गोशी, न रोना
न कोई घर,
न कोई सेज बिछी है
तुम्हारे पास बस दो पर हैं,
और इक आसमां है
दिशा कोई नज़र आती नहीं
प्रभात की स्याही मले इस आसमां पर,
पंछी, सुनो मेरे पंछी,
तुम अपने पंख न बन्द करना! (पंछी)

6

भारत-पाकिस्तान विभाजन के दौरान हुए दंगों की बेहद तल्ख़ और त्रासद स्मृतियाँ हैं गुलज़ार के यहाँ। उनको लम्हा-लम्हा उस वक़्त के वो सारे मंज़र याद हैं, जिनके इतने गहरे दाग़ हैं मन पर कि अकसर सोते समय चौंककर उठ जाया करते थे और आधी रात को नींद भी डराने लगती थी। उनको बहुत कुरेदो, तो बस इतना कहेंगे–'सुनते थे कि दिल्ली की इन जगहों–सब्ज़ी-मण्डी, सदर बाज़ार और पहाड़गंज में दंगे बहुत हुए उस दौरान।'

एक वाक़िया सुनाते हैं, जो उनकी शख़्सियत को पूरी तरह हिला गया था और उसकी दहशत वो आज भी नहीं भुला पाये हैं। वह घटना, जो उनके ही स्कूल में मौजूद एक मुस्लिम सहपाठी के साथ हुई थी। हर दिन की तरह एम.बी. मिडिल स्कूल, रोशनआरा बाग़ में सारे बच्चे, जिनमें गुलज़ार भी मौजूद थे, सुबह की प्रार्थना कर रहे थे। एक सरदार था, जहाँ तक नाम याद है सरदार समन्दर सिंह। वो सरदार उस मुस्लिम लड़के को सबके सामने रस्सी से बाँध के ले जा रहा था और अपने घरों की खिड़कियों से झाँकते हुए लोग यह सब देख रहे थे, मगर उसे बचाने कोई नहीं उतरा। किसी ने आवाज़ लगायी–'कित्थे लै के जा रिया?' उसने जवाब दिया–'पाकिस्तान छोड़ के आ रिया।' इस पर कोई कुछ न बोला, मगर सबके चेहरे दहशत से भरे हुए थे। वो सरदार जब रोशनआरा बाग़ के पास लौटकर आया तो उसके हाथ में एक लहू-भरी तलवार थी। गुलज़ार यह वाक़िया सदमे की तरह याद करते हैं। भारी दर्द और कुछ-कुछ ग्लानि के साथ बताते हैं–'उसका चेहरा आज तक नहीं भूलता। वो गोरा था, चेहरे पर चेचक के दाग़ थे और वो मुसलमान था।'

> *'यह वाक़िया विभाजन का आज भी याद है। कोई रोया नहीं। अगर कोई रोया हो, तो उसका रोना भी याद नहीं। दहशत भरी थी हर ओर। आज भी वो दहशत याद है। सब में वो दहशत जिस तरह मौजूद थी, अभी तक याद है। दहशत का वह मंज़र और दहशत का चेहरा याद है।'*

यह सब गुलज़ार बताते हुए ग़मगीन हो जाते हैं। यह एक ऐसी घटना है, जो उन्हें विभाजन की सबसे त्रासद सच्चाई लगती है। जहाँ अनजाने ही वे खुद मौजूद रहे और एक दंगाई द्वारा इंसानियत को शर्मसार होता हुआ देखने के लाचार गवाह बने। इसका असर जो तब पड़ा, वह आज तक निकलकर गया नहीं है।

रोशनआरा बाग़, सब्ज़ी-मण्डी, सदर और पहाड़गंज में सबसे ज़्यादा दंगे हुए थे, उन सबका इस शायर के किशोर मन पर न जाने क्या और कैसा गहरा प्रभाव पड़ा है। उन्हें लगता है जो वे ख़ुद इस तरह बयाँ करते हैं–

> *'हमें यह मालूम था कि भारत का विभाजन होने जा रहा है। वह दो अलग-अलग मुल्कों में तक़सीम हो रहा है, मगर हमने देखा कि इसके लिए कितने सारे लोग मारे जा रहे हैं सरहद के दोनों तरफ़। इसकी भला क्या ज़रूरत है? यह क्यों हो रहा है और किसलिए? इस बात का जवाब आज तक जान नहीं पाया।'*

यह सच है कि गुलज़ार ही नहीं, बल्कि दोनों तरफ़ की अमन पसन्द जनता यह आज तक जान नहीं पायी कि यह ख़ून-ख़राबा, मार-काट और दंगे आख़िर किसलिए हुए? आज जब हम गुलज़ार की कहानियों से गुज़रते हैं, तो यह प्रश्न और भी अधिक प्रासंगिक और बड़ा होकर हमारे सामने आ खड़ा होता है। 'रावी पार', 'एल.ओ.सी.', 'ओवर', 'जामुन का पेड़', 'हिल्सा', 'दुम्बे' और 'ख़ौफ़' जैसी कहानियाँ उसी समय और बाद के दंगों के दस्तावेज़ और ब्यौरे हैं, जिन्हें गुलज़ार ने अपनी स्मृतियों से इकट्ठा करके क़लमबद्ध कर दिया है। पार्टीशन जो भीतर कहीं जज़्ब है, शब्दों में इस क़दर नुमायाँ हुआ...इन कहानियों के छोटे-छोटे वाक्य-विन्यास पार्टीशन को लेकर हौले-से बहुत कुछ कह डालते हैं, जिनमें उस दौर का दर्द कराहता हुआ आज भी खड़ा नज़र आता है। 'ओवर' कहानी से ही यह दो लाइनें पढ़ी जा सकती हैं–'क्या कमाल के बॉर्डर हैं हमारे! अख़बारों में पढ़ते हैं तो यही लगता है जैसे कोई आग की लकीर खींची हुई है। ख़ून की धार बह रही है।'

फिर उस पर इन कहानियों के मद्देनज़र गुलज़ार की यह स्वीकारोक्ति विभाजन को लेकर प्रासंगिक बन जाती है, जब वे कहते हैं–

> *'कुछ अफ़साने यूँ हुए कि फोड़ों की तरह निकले। वह हालात, माहौल और सोसाइटी के दिये हुए थे। कभी नज़्म कह के ख़ून थूक लिया और कभी अफ़साना लिखकर जख़्म पर पट्टी बाँध ली। मगर एक बात है, नज़्म हो या अफ़साना, उनसे इजाज़ नहीं होता। वह आह भी है, चीख़ भी, दुहाई भी। मगर इंसानी दर्दों का इलाज नहीं है। वह सिर्फ़ इंसानी दर्दों को ममिया के रख देते हैं, ताकि आने वाली सदियों के लिए सनद रहे।'*

तफ़सील से सँभाली हुई ये सनदें कितना दर्द देती हैं, इसे वही जान सकता है, जिसने भोगा हो। जो बच गया है, उसको इन कहानियों से गुज़रते हुए कुछ

वैसी ही कैफ़ियत होती है, जैसे गुलज़ार के इन अफ़सानों की फ़ितरत है—जख़्म पर पट्टी के मरहम की तरह। इन जख़्मों पर पड़े मरहम को महसूस करते हुए, सिर्फ़ गुलज़ार ही नहीं, बल्कि सआदत हसन मण्टो, राजेन्द्र सिंह बेदी, कृष्ण चन्दर, इस्मत चुग़ताई, इन्तज़ार हुसैन, क़ाज़ी अब्दुल सत्तार और कृष्णा सोबती के अफ़साने भी याद आते हैं।

7

'घर में मिरासी पैदा हो गया है।' इस तरह की आवाज़ें कानों में आती थीं किशोर उम्र में, जब परिवार वालों को पता लगा कि यह तो कविताएँ और कहानियाँ लिखने लगा है, शायरी करने लगा है। पिता माखन सिंह कहा करते थे—'स्वाने उमरीयाँ जमा करता रहता है', मतलब जीवनियों की किताबें पढ़ता है। कहानियाँ और रिसाले इकट्ठे करता है।

घर-परिवार में सभी लोग यह फ़िकरे कसते थे कि दर्शन सिंह 'आवारा' की तरह बनेगा। हालाँकि वे पंजाबी के बड़े शायर हुए। मगर एक बात थी, जो पिता की आँखों में उस समय तसल्ली बनकर उतरती थी, जब कभी किसी अख़बार या उर्दू के परचे में गुलज़ार की शायरी छपती थी। उन दिनों के मशहूर अख़बार 'प्रताप' के रविवारी संस्करण में जब भी कुछ छपता था, तो उसको दिन भर हाथ में लेकर रखते थे। आँखों में चमक रहती थी कि बेटे का नाम छपा है। यह कम नहीं था उस पिता के लिए, जो बाद में कभी बेटे की तरक़्क़ी नहीं देख सके।

बाद में जो तरक़्क़ी आयी, वह अकेले ही गुलज़ार की ज़िन्दगी का हासिल बनी। उसमें पिता माखन सिंह और माँ सुजान कौर मौजूद नहीं थे। पिता की तस्वीर से उतरती छाया में बाप का प्रेम तो झलकता था, मगर वो तसल्ली नहीं दिखती, जो बेटे के कामयाब होने के बाद अकसर पिताओं में आ जाती है। सरदार माखन सिंह कालरा का इतना ही हासिल रहा कि वे उन अख़बारों के संडे एडीशंस देखकर खुश होते थे, जिसमें उनके बेटे का नाम प्रकाशित होता था। इतनी भर ख़ुशी के चलते उनके चेहरे पर आ जाने वाले सुकून को आज भी गुलज़ार साहब याद करते हुए इस अफ़सोस में डूब जाते हैं कि पिता उनकी कामयाबी देख नहीं पाये।

कुछ अनमनेपन और कुछ अफ़सोस के साथ यह बात इस क़दर गुलज़ार के मन के भीतर धँसी हुई है, जिसे निकाल पाना आज मुमकिन नहीं लगता।

राहत देने भर के लिए सिर्फ़ इतनी सी बात काफ़ी है कि बेटे के लिखे को पिता मुहल्ले भर में रोशन ख़ुशियों की तरह बाँटते फिरते थे कि उस दिन बेटे का नाम इतने बड़े अख़बार में छपा है।

8

जिस दौर में गुलज़ार की शायरी अपनी भाषा और विचार तलाश रही थी, वह प्रगतिशील शायरों का दौर था। ज़्यादातर नये व युवा शायर, लेखक उस समय अली सरदार जाफ़री के व्यक्तित्व और शायरी से सम्मोहित रहा करते थे। बम्बई (अब मुम्बई) में गिरगाँव के पास खेतवाड़ी का इलाक़ा, जहाँ रेड फ़्लैग हॉल हुआ करता था, पी.डब्ल्यू.ए. (प्रोग्रेसिव राइटर्स एसोसिएशन) की मीटिंग होती थी। सारे शायर और अदीब वहीं जमा होते थे और किसने क्या लिखा है? नया क्या लिखा जा रहा है? हालिया सियासत के कामों पर क्या तंज़ किया गया है?...यह सब बहुत बारीक़ी से देखा, समझा जाता था।

यह वह दौर था, जब हिन्दुस्तान की शायरी की फ़िज़ा में पाकिस्तान के फ़ैज़ अहमद फ़ैज़ और अहमद फ़राज़ छाये हुए थे। साहिर लुधियानवी, जाँ निसार अख़्तर का समय था वह, जिसमें अल्लामा दरपन की मौजूदगी भी बहुत असरकारी रहती थी। अल्लामा साहब उर्दू के चर्चित अख़बार 'इंक़लाब' में मुलाजिम थे और नौजवानों से ख़ासकर अदब से रिश्ता रखने वाले सुख़नवरों से उनकी दोस्ती क़ाबिले तारीफ़ थी।

गुलज़ार साहब याद करते हैं कि ज़्यादातर हम सभी 'इंक़लाब' के दफ़्तर में बैठकर एक-दूसरे को नज़्में सुनाते थे और उन पर बेबाकी से बात हुआ करती थी। एक बार यह हुआ कि फ़ैज़ साहब (फ़ैज़ अहमद फ़ैज़) किसी मुशायरे में शिरकत करने के लिए बम्बई आये। नौजवान शायरों के भीतर हलचल हुई कि किस तरह फ़ैज़ साहब को अपनी नज़्में सुनायी जायें? यह बात जब अल्लामा दरपन के मार्फ़त फ़ैज़ साहब तक पहुँची, तो उन्होंने कहा—'कहाँ सुनें?' इस पर अल्लामा दरपन साहब नये शायरों की नज़्में सुनाने के लिए उन्हें 'इंक़लाब' के दफ़्तर में लेकर आये। दफ़्तर की बिल्डिंग की सीढ़ियों के नीचे, जहाँ ख़ाली जगह बची रहती है, उसी जगह दरी बिछाकर बैठक हुई। सिर्फ़ फ़ैज़ साहब के लिए एक कुर्सी लगा दी गयी थी। यह महफ़िल क्या ख़ूब सजी और बाक़ायदा उत्साह और तबीयत से नयी आवाज़ों को सुनने के लिए फ़ैज़ साहब ने अपना समय दिया।

यह एक बड़ी बात थी। कम से कम उन नौजवान शायरों के लिए, जो लिखना,

पढ़ना शुरू कर रहे थे...और जिनमें अपनी नज़्मों को लेकर उस वक़्त उतनी गम्भीरता भले न रही हो, मगर फ़ैज़ साहब को सुनाने की एक दिली ख़्वाहिश बड़ी हसरत के साथ सभी में मौजूद थी। यह एक ऐसी घटना थी, जिसने गुलज़ार के भीतर इस विचार को पुख़्तगी दी कि शायर होना, बड़े ऐहतराम की बात है। बाद में तो जब गुलज़ार मशहूर हुए और उनके विदेशों के दौरे शुरू हुए, तो फ़ैज़ साहब से पहली मुलाक़ात उनकी मॉस्को में हुई और बाद में ताशकन्द में। इस तरह एक मोतबर शायर से गुलज़ार का बाक़ायदा तआरुफ़ हुआ, जिसमें ख़ुलूस और गर्मी पूरे शबाब पर थी। फ़ैज़ यूँ भी अपनी नज़्मों में इस बात के तरफ़दार रहे हैं कि गुलशन का कारोबार चलते रहना चाहिए, जो नयी कोंपलों के स्वागत के साथ ही सम्भव है—

गुलों में रंग भरे बादे-नौबहार चले
चले भी आओ कि गुलशन का कारोबार चले।

9

उन्हें माँ का चेहरा बिल्कुल भी याद नहीं है। माँ, सुजान कौर की जब भी बात निकलती है, गुलज़ार साहब गम्भीर हो जाते हैं। अपने माज़ी को जैसे वर्तमान में जीने लगते हैं। माँ की अनुपस्थिति ज़िन्दगी में ख़ालीपन लाती है। फिर ऐसे इंसान की ज़िन्दगी से माँ का दूर होना, जो इतने छुटपन में उन्हें छोड़कर चली गयीं कि यादों का कोई सिरा ही थामने के लिए उनके बेटे के हाथ में मौजूद नहीं है। ये स्थिति इतनी तकलीफ़देह है, जिससे गुलज़ार उबरकर भी उबर नहीं पाते। बाहर निकलना चाहते हैं और बाहर आकर भी, फिर कभी उसी तलाश में ख़ुद के भीतर चले जाते हैं।

यह अपने भीतर जाना, संवेदनाओं के गहरे अँधेरे कुएँ में उतरना, उन्हें परेशान करता है। वो बातचीत में बस इतना बताते हैं—'मैं इतना छोटा था कि मुझे माँ का चेहरा याद ही नहीं'। वे अपनी माँ को ख़ुद की नज़्मों में खोजते हैं, नज़्मों में ही शिकायत है और नज़्मों में ही उनसे बातचीत। ये कुछ-कुछ उसी तरह का मामला है, जिस तरह शायर इक़बाल ख़ुदा से सवालों की बड़ी कविता 'शिकवा' सम्भव करते हैं। यह अलग बात है कि वो ही फिर ख़ुदा की तरफ़ से उन सवालों के समाधान देते हुए 'जवाब-ए-शिकवा' लिखते हैं। गुलज़ार अपनी माँ से जिस बात पर शिकवा करते हैं, उसकी मूल भावना में भी यही विचार मौजूद है, शायद माँ ने ख़ुदा को देख लिया था, जो उन्हें छोड़कर चली गयीं। पूरी नज़्म गुलज़ार की उस तबीयत को समझने

के लिए पढ़नी चाहिए, जिसमें एक ओर माँ से सवाल किया जा रहा है, तो दूसरी ओर उन सवालों का जवाब पाने के लिए परेशान उनका बेटा सम्पूरन सिंह मौजूद है, दुनिया जिसे गुलज़ार कहकर पुकारती है। नज़्म इस तरह है–

तुझको पहचानूँ भी कैसे, तुझे देखा ही नहीं
ढूँढ़ा करता हूँ तुझे अपने ही चेहरे में कहीं

लोग कहते हैं मेरी आँखें, मेरी माँ-सी हैं
यूँ तो लबरेज़ हैं पानी से मगर प्यासी हैं

कान में छेद है, पैदाइशी आया होगा
तूने मन्नत के लिए, कान छेदाया होगा

सामने दाँतों में वक़्फ़ा है, तेरे भी होगा
एक चक्कर तेरे पाँव के तले भी होगा

जाने किस जल्दी में थी जन्म दिया, दौड़ गई
क्या ख़ुदा देख लिया था जो मुझे छोड़ गई

मेल कर देखता हूँ मिल जाये कोई मुझ-सी कहीं
तेरे बिन ओपरी लगती है कभी सारी ज़मीं

तुझको पहचानूँ भी कैसे, तुझे देखा ही नहीं
ढूँढ़ा करता हूँ तुझे अपने ही चेहरे में कहीं...

सवालों से भरे इस नज़्म में इस बात का अन्दाज़ा लगा पाना मुश्किल है कि इसमें अवसाद अधिक है या माँ से लगाव? एक रीतापन ठण्डे ढंग से गहराया है या प्रेम छलक उठा है, जो इतने दर्द के बाद भी उभर आया है। गुलज़ार नज़्म लिखकर भले ही अपनी माँ की याद को ख़ुद के लिए महफ़ूज़ कर लेते हैं, ख़ुद से उस कैथारिसिस (विरेचन) में चले जाते हैं, जिसके कारण माँ का ना होना, उन्हें कभी उदास शामों में परेशान करता है। माँ, सुजान कौर, जहाँ भी हैं... सात आसमान के ऊपर, वहाँ से अपने बेटे के लिए दुआएँ तो ज़रूर भेजती होंगी। बारिश के मौसम में जब भी पानी बरसता है, उसमें माँ का लाड़ भी बरसता होगा, ये गुलज़ार को बख़ूबी पता है। उनकी बनायी फ़िल्मों में माँ के किरदारों में वो तसल्ली बसती हुई दिखाई पड़ती है। 'किताब' में दीना पाठक जब अपने बेटे को लोरी सुनाती हैं, तो लगता है जैसे पुन्नी को उसकी माँ लोरी सुना रही हैं। यह बात इसलिए समझ में आती है, क्योंकि इस लोरी में आयी हुई अभिव्यक्ति बिना उस अवसाद को जिये बग़ैर सम्भव नहीं जान पड़ती–

मैंने साथ लिया ना कोई
दोशाला ना लोई
अपने छूटे सपने छूटे
आशा और छुड़ा दे
हरि दिन तो बीता शाम हुई,
रात पार करा दे...

10

गुलज़ार की तीन कविताएँ ऐसी हैं, जो विभाजन की त्रासदी से अलग, विभाजन और भारत-पाकिस्तान के सन्दर्भ में ही कुछ दूसरे ढंग से सरहद पार के रिश्तों के बारे में सादगी-भरी आभा लिए हुए सामने आती हैं। 'हमवतन' अहमद फ़राज़ के लिए है, दूसरी 'आँखों को वीज़ा नहीं लगता' मेहदी हसन की ग़ज़ल गायिकी को सुनने के सन्दर्भ में रची गयी है और तीसरी 'ज़िन्दांनामा', जिसमें फ़ैज़ अहमद फ़ैज़ का ज़िक्र आता है। ये तीनों ही नज़्में अपने कथ्य में विशेष तौर पर सरहद पार की संवेदनाओं के सन्दर्भ में एक रोचक पाठकीय अनुभव बनती हैं, जिसमें विभाजन, सांस्कृतिक ढंग से अपने बँटवारे को देखता-परखता है।

गुलज़ार का शायर शुरू से पोर्ट्रेट लिखने में माहिर रहा है, जिसमें एक किरदार की कैफ़ियत को बिल्कुल उसी तरह शब्दों के बहाने नज़्म में उतारा जाता है, जिस तरह की डिटेलिंग के साथ कोई पेंटर किसी की पोर्ट्रेट बनाता है। यहाँ सरहद पार के इन तीन मशहूर लोगों को सन्दर्भित कविताओं में शायर की चिर-परिचित शैली के पोर्ट्रेट नदारद हैं, बल्कि उन सभी की बहुत सहज उपस्थिति से उस देश की आब-ओ-हवा, अदब और मौसीक़ी के बहाने भारत-पाकिस्तान के रिश्तों पर कुछ गम्भीर बातें कही गयी हैं।

'ज़िन्दांनामा' में शायर की कैफ़ियत ही यह है कि किस तरह रुके हुए वक़्त की नब्ज़ चलने का इसरार पड़ोसी मुल्क के समवयसी शायर से किया जा सके, जो दोनों मुल्कों में सियासतों की वजह से कहीं गुम या ठहरी हुई है। दस पंक्तियों की इस छोटी-सी नज़्म की आख़िरी पाँच पंक्तियों में गुलज़ार कमाल करते हैं—

फ़ैज़ से मिलने गया था, ये सुना है
फ़ैज़ से कहने, कोई नज़्म कहो,
वक़्त की नब्ज़ रुकी है

कुछ कहो
वक़्त की नब्ज़ चले!

जिस लाहौर की गलियों से गुज़रकर और जेल की ऊँची दीवारों पर चढ़ने के बावजूद शायर पाकिस्तान में कोई आहट नहीं सुन पाता, उसके लिए फ़ैज़ अहमद फ़ैज़ की नज़्म से ख़ामोशी तोड़ने का सबब बहुत कुछ कह जाता है। इसी तर्ज़ पर अहमद फ़राज़ के लिए लिखी गयी नज़्म 'हमवतन' भी पाकिस्तान और भारत को कुछ दूसरे सन्दर्भों में एक ही धरातल पर लाकर खड़ा करती है। गुलज़ार लिखते हैं–

हर एक रोज़ तुम्हारी ज़मीं को सजदा किया
हर एक रात तुम्हारे फ़लक को चूमा है
कि मेरे चाँद सितारे तो आज भी हैं वही
जो छत पे लेटे हुए रोज़ देखते हो तुम

इसमें उस वतन में छूट गयी निशानियों की यादों का मुज़ाहिरा कितनी तड़प के साथ गुलज़ार करते हैं, देखा जा सकता है। बल्कि अगर यह कहें कि पूरी कविता ही इस तरह, अहमद फ़राज़ के बहाने उनको थोड़ी देर के लिए उस भूगोल से स्थगित करते हुए ख़ुद गुलज़ार को वहाँ की फ़िज़ाओं में देखती-परखती है, ज़्यादा मुनासिब होगा। कविता का अन्त भी इतना मानीख़ेज़ है कि आप पढ़ते हुए अपनी आँखों की कोरों में नमी महसूस करते हैं। कविता इस तरह बड़ी बनती है और भारत को पाकिस्तान व पाकिस्तान को भारत के सन्दर्भ में दो शायरों के आपसी जज़्बात के ज़रिए कुछ नसीहत जैसा दे जाती है। अन्तिम पंक्तियाँ इसी आशय के तहत पढ़नी चाहिए–

तुम्हें अज़ीज़ है अपना वतन, मैं जानता हूँ
मुझे भी उस से मुहब्बत है, तुम यक़ीं कर लो
ज़रा-सा फ़र्क़ है ग़र तुम समझ सको इसको
कि तुम वहीं के हो और मैं वहीं से हूँ।

'हमवतन' के बरअक्स हिन्दी के महत्त्वपूर्ण कवि केदारनाथ सिंह की 'बर्लिन की टूटी दीवार को देखकर' कविता अनायास ही याद आती है, जिसमें बेहद मर्मस्पर्शिता के साथ अहमद फ़राज़ का ज़िक्र आता है। केदारनाथ सिंह लिखते हैं–

यह एक छोटा-सा होटल है
जहाँ हम कुछ हिन्द-पाक लेखक

ठहरे हैं साथ-साथ
और हमारे पासपोर्ट चाहे जो कहते हों
यहाँ हममें से हरेक थोड़ा-थोड़ा हिन्द है थोड़ा-थोड़ा पाक

यह गुलज़ार की चिर-परिचित ज़मीन है, जिस पर 'हमवतन' कविता कही गयी। केदार जी बर्लिन की टूटी दीवार को देखते हुए अहमद फ़राज़ की ग़ज़ल के बहाने अपने होटल की खिड़की से उस पार देखते हैं, जहाँ एक पागल स्त्री फ़राज़ की ग़ज़ल को चीरती हुई चक्कर पर चक्कर लगाये जा रही है। कहीं कुछ है वहाँ उस स्त्री के पास कील की तरह, जो उसकी आत्मा में ठुँका हुआ है। कविता के अन्त में कुछ अर्थवान पंक्तियों से उजाला होता है, जिसमें पाकिस्तान और भारत का मामला आपस में गड्डमड्ड होकर इस उपमहाद्वीप में बिखर-सा जाता है। कविता की पंक्तियाँ इस तरह हैं—

देखता हूँ कि ग़ज़ल के बीच में
कोई मिसरा भूल रहे हैं अहमद फ़राज़
पिछले शेर और अगले के बीच का
एक अजब-सा सन्नाटा
भर गया है कमरे में...

इतने बरस हुए
ग़ज़लों से भरे इस उपमहाद्वीप में
मुझे एक भूले हुए मिसरे का अब भी इन्तज़ार है।

ऐसी मार्मिक पंक्तियों के हवाले से 'हमवतन' और 'बर्लिन की टूटी दीवार को देखकर' हमसफ़र नज़्में साबित होती हैं, जिनका स्वर कहीं भारत और पाकिस्तान की त्रासदियों को तटस्थ भाव से देखने में प्रामाणिकता हासिल करता है।

इसी तरह गुलज़ार की इधर की सबसे मशहूर और ज़रूरी कविता 'आँखों को वीज़ा नहीं लगता' कामयाब ढंग से पाठकों के सामने आती है। ख़्वाबों के मेटाफ़र से अपने दर्द को राहत देने की युक्ति के चलते शायर के तौर पर गुलज़ार वो सब कुछ बयाँ कर देते हैं, जो एक आम इंसान अपने दिल में सँजोये हुए ही घुटता रहता है, मगर किसी से कह नहीं पाता। गुलज़ार जब कहते हैं— *'बन्द आँखों से अकसर सरहद पार चला जाता हूँ मैं'* तब आप अगर यह महसूस करना चाहें कि जन्म देने वाले वतन की मिट्‌टी से बिछड़ने का ग़म क्या होता है? तो शायद इस पंक्ति के इरादे से पूरी तरह सहमत हो जायेंगे। फिर कविता के विचार से ही बेपनाह मुहब्बत होने लगेगी,

जिसकी कामना ही यह है कि जो सूख गये फूल किताबों में छोड़ आये हैं, उनसे मुलाक़ात अब शायद ख़्वाबों में ही हो सके।

इंसान के जज़्बात और उसके विचार के बीच पनपने वाली कौंध से जो कुछ भी हासिल होता है, अकसर वह दुःख की कविता को दूसरे अर्थों में बड़ा बना देता है। गुलज़ार जब अहमद फ़राज़ के बहाने या फ़ैज़ अहमद फ़ैज़ के मार्फ़त कुछ कहते हैं, तो सरहद के दोनों पार बैठकर लिखने वाले शायरों की क़लम से होने वाली रोशनी भी अकसर साझे ढंग से एक-दूसरे के चमन को उजाले से भर देती है। फिर भारत के शायर गुलज़ार या पाकिस्तान के फ़ैज़ अहमद फ़ैज़ की सोच या क़लम में कोई फाँक ढूँढ़ पाना मुश्किल होता है। तभी यह इबारत सम्भव हो सकती है कि भले ही दो मुल्कों के भूगोल बँट जायें, मगर उनमें रहने वाले नागरिकों के मन की ज़मीन पर किसका एकाधिकार सम्भव हो पाया है?

यहीं पर आकर गुलज़ार की कविता अर्थपूर्ण, सार्थक और रोशनी देने वाली बन जाती है—

आँखों को वीज़ा नहीं लगता
सपनों की सरहद होती नहीं
बन्द आँखों से रोज़ मैं सरहद पार चला जाता हूँ
मिलने, मेहदी हसन से!

11

गुलज़ार अकसर अपनी जवानी के दिनों की याद बिमल रॉय प्रोडक्शन से जुड़े दिनों के सन्दर्भ में करते हैं। ये यादें इतनी हसीन और जीवन से भरी हुई हैं कि आज भी उन्हें सुनकर सामान्य तौर पर किसी व्यक्ति को रश्क़ हो सकता है कि एक दौर वह भी था, जब सिनेमा की दुनिया में इस तरह से भी परदे के पीछे शूटिंग के दौरान एक उन्मुक्त जीवन जिया जाता था। बिमल दा के यहाँ उनके सहायकों का चार लोगों का एक ग्रुप था, जिनकी आपस में बहुत पटती थी। ये थे—देबू सेन, आर. झालानी, मुकुल दत्त और गुलज़ार। इन चारों की चौकड़ी बिमल रॉय से न सिर्फ़ डाँट खाती थी, अनुशासन सीखती थी, बल्कि उनके वत्सल स्वभाव के चलते एक पारिवारिक क़िस्म की ऊष्मा से संचालित भी रहती थी। यह फ़र्ज़ किया जा सकता है कि इन लोगों ने अपने पिताओं से उतनी डाँट न खायी होगी, जितनी कि पितातुल्य बिमल दा से झिड़कियाँ पाकर वयस्क हुए होंगे।

तो कहानी यह है कि बिमल रॉय पूरी तरह सिनेमा में डूबे हुए इंसान थे। उनका खाना, पीना, सोना, घर-बाहर और जीवन सब कुछ सिनेमा की दुनिया और सेल्युलाइड का चमकता हुआ परदा ही होता था। इन चारों ने बिमल दा के कड़े अनुशासन से अपने को बेपरवाह करते हुए और कभी-कभार हँसी-ठिठोली के चलते उनका एक नाम रखा हुआ था। वे सब उन्हें पीठ पीछे 'मैरिड-प्रिंट' कहते थे। यह कुछ-कुछ वैसा ही मामला है, जैसा अपने सबसे कठोर टीचर को देखकर क्लास के स्टूडेंट्स उनका कोई नाम रख देते हैं, जिस पर ख़ुद की तसल्ली के लिए, पीछे वही सम्बोधन पुकारकर ऐसा महसूस करते हैं, जैसे कोई जंग जीत ली गयी हो।

...तो यही बात बिमल दा के साथ भी उनके पीछे पूरे प्रोडक्शन हाउस में इन चारों के माध्यम से फैली थी कि इस सख़्तजान डायरेक्टर का एक नाम 'मैरिड प्रिंट' भी है। इन लोगों में यह जोक चलता था कि बिमल रॉय की शादी दरअसल फ़िल्मों से ही हुई है। सिनेमा की शब्दावली में 'मैरिड-प्रिंट' का आशय यह है कि जब दृश्य और ध्वनि के निगेटिव आपस में फ़्यूज़ होकर एक हो जाते हैं, तो जो पॉज़िटिव प्रिंट निकलती है, उसे 'मैरिड प्रिंट' कहा जाता है।

ऐसे सेंस ऑफ़ ह्यूमर के साथ देबू सेन, आर. झालानी, मुकुल दत्त और गुलज़ार बिमल दा के सहयोग में दिन-रात लगे रहते थे। चारों की कोशिश यह रहती थी कि बिमल रॉय के कहे अनुसार अपना बेहतरीन दे सकें। यह भी जानना ज़रूरी होगा कि उन दिनों जब बिमल रॉय के लिए ये सारे मित्र विनोदपूर्ण ढंग से उनका नाम बदलकर पुकारते थे, उस दौर में वे दो शिफ़्टों में काम करते थे। पहली शिफ़्ट सुबह सात बजे से दोपहर दो बजे की होती थी और दूसरी दोपहर दो से रात दस तक की। इस हालात में जब ख़ुद ही डायरेक्टर एक दिन में पन्द्रह घण्टे की कड़ी मेहनत करता था, तो आसानी से अन्दाज़ा लगाया जा सकता है कि ख़ुद उनके सहयोगियों के काम की अवधि कितने घण्टों की रही होगी? ऐसे में यह सोचकर मन में गुदगुदी उठती है कि अगर देबू सेन या गुलज़ार या अन्य दो सहयोगी उन्हें 'मैरिड प्रिंट' कहते थे, तो उसमें कोई बुराई भी नहीं थी।

12

'मुग़ल-ए-आज़म' जैसी शाहकार फ़िल्म रचने वाले के. आसिफ़ के साथ का एक दिलचस्प वाक़िया गुलज़ार के सिनेमाई जीवन से जुड़ा हुआ है। ये बात उन दिनों की है, जब मोहन स्टूडियो में बिमल रॉय प्रोडक्शंस और के. आसिफ़

की कम्पनी के दफ़्तर मौजूद थे। वहीं मोहन स्टूडियो के कम्पाउंड में फ़िल्मी किरदारों के लिए कॉस्ट्यूम बनाने वाले मक़सूद मियाँ दर्ज़ी का एक छोटा-सा कमरा होता था। इसी कमरे के बाहर सटा हुआ एक पब्लिक टेलीफ़ोन बूथ था, जिसे उस परिसर में मौजूद हर एक अपनी ज़रूरत के हिसाब से इस्तेमाल करता था...और बात करने के लिए बाक़ायदा लाइन लगती थी, जैसा बाद के दौर में पी.सी.ओ. बूथ के बाहर देखी जा सकती थी।

एक दिन गुलज़ार अपने दोस्त सुखबीर से फ़ोन पर बात कर रहे थे। वो बात भी कोई गम्भीर रूप में न होकर दोस्ताना लहजे की बातचीत थी, जिसमें बड़ी सहजता से गुलज़ार फ़ोन के चोंगे में डूबे हुए थे। बात करते-करते एकाएक जब वे घूमे, तो उन्होंने देखा कि के. आसिफ़ साहब बड़े सब्र से क़तार में खड़े फ़ोन करने का इन्तज़ार कर रहे हैं। इस पर थोड़ा अचकचाते हुए कि के. आसिफ़ साहब न जाने कितनी देर से खड़े हैं, गुलज़ार ने अपने मित्र सुखबीर से पंजाबी में कहा—'तेरे नाल बाद विच गल करूँगा, हुने फ़ोन रख दे।' (मैं बाद में बात करता हूँ, अभी फ़ोन रख दो)...और यह कहकर जल्दी से फ़ोन काट दिया।

इसके बाद आसिफ़ साहब ने अपना हाथ गुलज़ार के कन्धे पर रखा और पूछ बैठे—'मियाँ! आपने बिल्कुल एक पंजाबी की तरह बात की है। आपने यह भाषा कैसे सीखी?' इस पर गुलज़ार ने तपाक से जवाब दिया—'क्योंकि मैं एक पंजाबी हूँ।' अब प्रत्युत्तर की बारी के. आसिफ़ की थी। उन्होंने गुलज़ार से पंजाबी में टोकते हुए पूछा—'मैं सोच दा सी तुसी बंगाली हों, एत्थे स्टूडियो विच हर कोई एही जानदा है कि तुसी बंगाली हों' (मैं सोचता था कि आप बंगाली हैं, यहाँ स्टूडियो में हर एक यही जानता है कि आप बंगाली हैं)। गुलज़ार साहब बताते हैं कि के. आसिफ़ को बाद तक यह तसल्ली नहीं हुई कि वे बंगाली नहीं, पंजाबी हैं। एक छोटी-सी मुलाक़ात का यह रोचक पहलू है कि एक दिग्गज फ़िल्मकार अपने सामने एक नौजवान, जो फ़िल्मों में असिस्टेंट डायरेक्टर के तौर पर हाल ही के कुछ सालों में फ़िल्म इंडस्ट्री में आया है, उसकी ज़ुबान के ज़ायक़े में फँसकर सन्देह कर रहा है कि गुलज़ार बंगाली हैं, भले ही उन्होंने पंजाबी अच्छे से सीख रखी है।

13

गुलज़ार के अतीत में संघर्षों की कई छोटी-बड़ी पटकथाएँ मौजूद रही हैं। बचपन में अपनी पैदाइश के शहर दीना छूटने के साथ किशोरावस्था में दिल्ली

के रोशनआरा बाग़ के संस्मरण और वाक़ये उनके हमसाया रहे हैं। उनसे बात करते हुए जवानी के दिनों की निशानदेही करने में बहुत सारी ऐसी चीज़ें उनके स्मृति-पटल से उभरती हैं, जिन्हें सुनना आश्चर्य में डालता है। आज कही जाने वाली ये सारी बातें, भले ही उस दौर में उन्हें तकलीफ़ देती रही हों, मगर उनका सुना जाना प्रेरक लगता है। उनकी आँखें अपनी आपबीती सुनाते हुए जितना चमकती हैं, उससे कहीं ज़्यादा सुनने वाले की आँखों में रोशनी से चुँधियाने का मामला दाख़िल होता जाता है।

वे मुम्बई में अपने शुरुआती संघर्ष के दिनों, चार बँगले में एक कमरा लेकर रहते थे, जो उत्तर बम्बई का उपनगर था। इसी समय उन्होंने एक मोटर गैराज में नौकरी की, जिसके मालिक सुदर्शन बख़्शी थे। बॉम्बे सेंट्रल के पास, एलेक्जेंड्रा सिनेमा से लगा हुआ 'विचारे मोटर्स', बेलॉसिस रोड पर हुआ करता था। यहाँ एक्सीडेंट में ख़राब होकर आयी हुई गाड़ियों को उनके सटीक रंगों से मिलान करते हुए रँगने के काम पर गुलज़ार तैनात थे। गुलज़ार रंगों को आपस में मिलाकर नये-नये तरह के रंगों को बनाने में कुशल थे। उन्होंने जल्दी ही यह हुनर भी विकसित कर लिया था कि बिना बहुत सारा रंग बर्बाद किये हुए, किस तरह डैमेज्ड कारों के लिए सटीक रंग तैयार कर सकें।

गुलज़ार अपने काम को तल्लीनता से याद करते हुए बताते हैं कि किस तरह उन्हें इस बात का शौक़ रहा कि टूटी-फूटी गाड़ियों की मरम्मत के बाद, गाड़ी को इस तरह रंगा जाये कि उसके एक्सीडेंट की एक भी शिनाख़्त बाद में ढूँढ़ी न जा सके। गुलज़ार कहते हैं—

> *'मैं बहुत मन से और इत्मीनान के साथ अपना काम करता था। मुझे याद नहीं कि कभी मैंने किसी भी गाड़ी को यूँ ही निपटाया हो और बाद में यह शिकायत आयी कि पेंटिंग का काम दुरुस्त नहीं हुआ।' वे इसमें यह भी जोड़ते हैं कि 'विचारे मोटर्स' गैराज जहाँ पर था, उसके किनारे एक 'सारवी होटल' था, जहाँ उन दिनों चार आने में दो पाव, दो कबाब और पोदीने का एक गुच्छा मिलता था। इतना काफ़ी था एक समय के लिए पेट भरने के वास्ते।*

गुलज़ार साहब चहकते हुए बताते हैं—'यतीन्द्र! आप विश्वास नहीं मानेंगे, उस स्वाद को आज भी बहुत मिस करता हूँ। वो कबाब और पाव खाने का मज़ा, काम के बीच से थोड़ा-सा समय निकालकर आज भी अन्दर कहीं मौजूद है।' वहाँ की दिनचर्या और खाने-पीने के बन्दोबस्त की याद के साथ,

सीमित अर्थों वाली अपनी आजीविका को पीछे मुड़कर ताकना, उन्हें बड़ा बनाता है। रंगों से दोस्ती, गाड़ियों को उनको वाज़िब शक्ल में लौटाने का काम, पोदीने के गुच्छे को उसकी ताज़गी के साथ याद करने का मामला, गुलज़ार की ज़िन्दगी की तमाम बड़ी इबारतों की तरह ही, उनके भीतर ख़ुशनुमा यादों की तरह शामिल है।

आज, जब 'विचारे मोटर्स' से सम्बन्धित उनके इस काम के बारे में लिख रहा हूँ, तो गुलज़ार की रंगों से प्रेम की कहानी में एक तथ्य बताना ज़रूरी लगता है कि उन्होंने एक दौर में कैनवास पर ढेर सारी पेंटिंग्स बनायी हैं, जो आज भी किसी न किसी तरह जारी हैं। गाड़ियों से उठकर रंगों से खेलने का उनका यह प्रिय शगल, अब बान्द्रा रोड के उनके 'बोस्कियाना' में ईजल और कैनवास तक चला आया है।

14

उम्र के चौथे दशक में गुलज़ार को सितार सीखने का शौक़ हुआ। हर दिन सुबह उठकर सितार का रियाज़ करना उनका प्रिय काम होता था। संगीत और अन्य कलाओं के प्रति उदारवादी दृष्टि रखने वाले गुलज़ार सितार के दीवाने होंगे, यह बात कम लोगों को पता है। उनकी बेटी मेघना केवल सात साल की थीं, जब अपने पिता को रियाज़ करता देखती थीं। मेघना की बचपन की यादों में गुलज़ार की ऐसी स्नेहिल छवि पक्के तौर पर शामिल रही है। इतना ही नहीं, गुलज़ार को टेनिस का शौक़ रहा है। एक बार उनसे टेनिस के बारे में पूछने पर उन्होंने मुझसे कहा था—'बेटे! गाने कभी-कभी लिखता हूँ, टेनिस रोज़ खेलता हूँ।' उनके बहुत सारे दोस्त जो उनके साथ टेनिस खेलते हैं, पुराने दोस्त जो बैडमिंटन में उनके पार्टनर रहे, उनकी आत्मीयता के घेरे के वे लोग हैं, जो सिनेमा की दुनिया से ज़्यादा उन्हें प्यारे हैं। उनमें डा. किशन मोरवानी, उमेश पचीगर, डा. हुसैन टेलर को शिद्दत से याद करते हैं।

अपनी शायरी को लेकर सबसे ज़्यादा गुफ़्तगू पाकिस्तान के बड़े शायर और सम्पादक अहमद नदीम क़ासमी से होती रही है, जिन्हें वे प्यार से बाबा बुलाते हैं। बाबा पर उन्होंने पोर्ट्रेट भी लिखा है, जिसकी ये पंक्तियाँ उनकी बेपनाह मुहब्बत पर मुहर लगाती हैं—

तुमने जाते वक़्त क्यों
मुड़के देखा भी नहीं

साँस रोकी और तुम
मिट्टी ओढ़ सो गए!

दोस्ती के इतने पाबन्द कि उनकी ज़िन्दगी में आये हुए हर एक दोस्त पर एक नज़्म लिखी। मित्रताओं को अपने शब्दों से बाँधना चाहा। उर्दू शायरी में मुहब्बत का मुज़ाहिरा करना एक स्टीरियो-टिपिकल बात रही है, जिससे विद्रोह करते हुए गुलज़ार ने मित्रताओं को मुहब्बत के दायरे में ला दिया। कभी पंचम, तो कभी जगजीत सिंह, कभी अमृता प्रीतम तो कभी विशाल भारद्वाज को आवाज़ देते रहते हैं। अमृता प्रीतम के लिए लिखी ये लाइनें, प्यार से भीगे तीर की तरह दिल में उतरती हैं–

वो अपने कोरे कैनवास पर नज़्में लिखता है
तुम अपने काग़ज़ों पर नज़्में पेंट करती हो

इतना ही नहीं, मेरे जैसे लेखक के लिए भी उनके मन में जो प्यार है, उसे जब-तब लिखकर बयान करते हैं। एक बार मुम्बई, मैं और मेरी बहन मंजरी उनसे मिलने गये, तो अपनी नज़्मों की अंग्रेज़ी अनुवाद की किताब पर मेरे लिए कुछ उर्दू में लिखकर उन्होंने दिया। ...और उसे मेरी बहन को पढ़ाकर हँसने लगे, क्योंकि उन्हें मालूम था कि उसने उर्दू सीखी है। दोनों मिलकर इस बात पर हँस रहे थे कि यतीन्द्र के लिए जो लिखा गया है, वो उसके पल्ले नहीं पड़ रहा। जब हम दोनों 'बोस्कियाना' से निकलकर लौट रहे थे, तो मेरी बहन ने मुझे बताया, गुलज़ार साहब ने तुम्हारे लिए लिखा है–'प्रिय यतीन्द्र के लिए, जिसे उर्दू नहीं आती।' ...हँसमुख, अपनों के लिए सहज और गर्मजोशी से भरे हुए गुलज़ार एक शानदार मेज़बान भी हैं। आप अगर उनके क़रीबी हैं और उन्हें पता है कि आप मुम्बई में हैं, तो ये हो नहीं सकता कि सुबह का नाश्ता अपनी मर्ज़ी से कहीं और कर लें। वे न सिर्फ़ आपको बड़ी मुहब्बत से सुबह के नाश्ते पर ढेरों व्यंजन परोसेंगे, बल्कि ख़ुद भी तब तक कुछ नहीं खायेंगे, जब तक आप उनके घर पहुँच नहीं जाते। मेरे साथ कई बार ये हुआ कि मुझे पहुँचने में देर हो रही थी, मगर वे धैर्य से बिना कुछ खाये पिये, मेरा इन्तज़ार कर रहे थे। उनकी इस मेज़बानी में अकसर उनके आत्मीय क्लब के दोस्त अशोक बिंदल और अतुल तिवारी भी मौजूद रहते हैं।

गुलज़ार के आत्मीय दायरे में बहुत-सी चीज़ें शामिल रही हैं, जिनका उल्लेख किया जाये, तो वह कविता की किताब की व्याख्या लिखने जैसा होगा। जैसे, बेटी की यूनीफ़ार्म की सैश को रोज़ कलात्मक ढंग से ध्यान देकर बाँधना और

एक मामूली-सी चीज़ को एक ख़ूबसूरत-सी शक्ल दे देना। जैसे, होटल में खाना खाते वक़्त वेटर से चुहलबाज़ी करना, जब वो स्वीट-डिश के साथ बहुत छोटी-सी चम्मच लाकर रखता है, तो खिलन्दड़े अन्दाज़ में ये कहना—'इससे खीर कैसे खाऊँ, बेटा! ये तो ग्राइप वॉटर पीने के लिए है...' अपने किसी भी फ़ैन या दोस्त के साथ फ़ोटो खिंचवाते समय उसे यह हिदायत देना—'कैमरे की तरफ़ मत देखो, इधर देखो, मेरी तरफ़...'

ऐसे अनगिनत क़िस्से-क़हक़हों से आबाद है गुलज़ार की आत्मीयता की दुनिया। वो हम सबके लिए एक स्कूल भी हैं। स्कूल इसलिए, जब हमें यह पता लगता है कि उम्र के हर पड़ाव पर वह कोई नयी चीज़ सीखने के लिए लालायित रहे हैं। सितार सीखने से लेकर अलग-अलग बोलियों और भाषाओं के कवियों का तर्जुमा करने में उनका किरदार विस्तार पाता है। एक ऐसा जागरूक बुज़ुर्ग शायर, जो इतना कंटेम्परारी है कि उनके आई पैड पर हर दिन हब्बल-टेलिस्कोप से अन्तरिक्ष की ताज़ा-तरीन तस्वीरें आती रहती हैं। शायद इसीलिए 'प्लूटो' में गुलज़ार ये कह पाते हैं—

बहुर से और भी सय्यारे हैं इस कायनात में
बदल कर देखें कोई और मालिक ज़िन्दगी का
कहीं पे और भी कोई ख़ुदा होगा...

गुलज़ार ऐसे कई सय्यारों में मौजूद हैं। है ना?

15

It was at that age that poetry came in search of me.

-Pablo Neruda

गुलज़ार का कविता-व्याकरण अनूठा है। वे उर्दू की रवायत को हिन्दी में हिन्दुस्तानी ज़ुबान बनाकर पेश करते हैं। उनकी इमेजेज़ में कबीरी ठाठ से लेकर ग़ालिबाना नफ़ासत ढूँढ़ी जा सकती है। उनकी कविता जिस मिट्टी से आती है, उसकी ज़मीन में ढेरों सूफ़ियों और निर्गुनियों ने हल चलाया हुआ है। वे शायरी के फूल से उसकी मानी की पंखुड़ी को छितराते नहीं, बल्कि उसे फूल में ही लगे रहने की एक वाजिब सहूलियत देते हैं। और कभी-कभी उस मानी का रंग फूल के अपने स्वभाव से अलग होकर अकेला ही फूल जैसा चमकता है।

उनकी कविता चाँद की सहेली है। यहाँ पर इस बात का उल्लेख ज़रूरी है कि चाँद से उनकी दोस्ती को लेकर जो बिम्ब हमें नज़्मों और फ़िल्म गीतों में मिलते हैं, उन पर अलग से एक अध्याय में चर्चा की गयी है। यह देखने वाली बात है कि उनके यहाँ दरिया के पानियों से कविता के मटमैले हो चुके अर्थ भी कई बार धुलकर पोंछे जाते हैं। इसी कारण उनकी क़लम की रोशनाई से कभी रावी, तो कभी चिनाब का पानी बहता है। यह अलग बात है कि कविता की दोस्ती शहरी इलाक़ों से भी है, जिसमें कई दफ़ा महानगर की सड़कों पर बजने वाले गाड़ियों के हॉर्न से उनींदे सपने चौंक जाते हैं। वे जितने लोक में धँसे हुए हैं, उतने ही आधुनिक ढंग से जीवन में दो क़दम आगे बढ़े हुए ...उनकी कविता से क़दमताल करना, आधुनिक होने के साथ-साथ विरसे से लगाव रखने वाला भी है। गुलज़ार ऐसे ही हैं, परम्परा के जल से सींचे जाकर भी जीवन को उदार दृष्टि से देखने के हिमायती...और नयी सम्भावनाओं के साथ बराबर से छत पर पतंग की पेंचे लड़ाने वाले।

आज भी गुलज़ार की कविता का सफ़र कुछ इस तरह जारी है, जिसमें कविता बार-बार उनको तलाशती है और वे ख़ुद कविता को अलग-अलग रूपों में पकड़ने की कोशिश करते हैं। ऐसे ही ये आँख-मिचौली का खेल चलता रहता है। ...नेरुदा की काव्य-पंक्तियों के रूपक से कहें, तो उम्र से परे कविता, गुलज़ार का दामन कभी नहीं छोड़ती। जैसे-जैसे गुलज़ार की उम्र बढ़ती जाती है, कविता भी गुलज़ार से मुलाक़ात की अपनी उम्र लम्बी करती चलती है...।

16

गुलज़ार की कहानी 'सतरंगा'। कुछ कहानियों का अपना इतिहास होता है, जो किन्हीं वैचारिक बहसों के कारण अस्तित्व में आती हैं। गुलज़ार जब नौजवान थे और प्रगतिशील लेखक संघ की बैठकों में जाया करते थे, तब बहुत सारे समकालीन, वरिष्ठ अदीबों के बीच किन्हीं मुद्दों पर तीखी बहसें होती रहती थीं। गुलज़ार भी ऐसी बहसों में पड़कर कुछ जटिल सवालों के हल ढूँढ़ते रहते थे, जो शायद उस उम्र और अनुभव के दौर में उन्हें बहुत आश्वस्त नहीं कर पाते थे। एक बार ऐसे ही पी.डब्ल्यू.ए. की एक बैठक चल रही थी, वहाँ कई वरिष्ठ रचनाकार मौजूद थे, जिनमें बलराज साहनी भी शामिल थे। बहस का विषय था 'समाज में कलाकारों की भूमिका'। ज़्यादातर लोगों का यह मत था कि प्रगतिशील समाज की संरचना में किसान, मज़दूर और अन्य श्रमिकों की भूमिका सबसे बड़ी होने वाली है। गुलज़ार इससे पूरी तरह सहमत नहीं थे।

हालाँकि, उनके पास इसका कोई माकूल सा जवाब भी नहीं था। वे नये थे, इसलिए अपने अस्तित्व को इन सवालों से जोड़कर भी देखते थे।

गुलज़ार को लगता रहा कि क्या हम सब 'कला' जैसे एक ग़ैर-ज़रूरी काम के लिए लगे हुए हैं। उन्होंने उस मीटिंग में अपनी कोई बात नहीं रखी। भीतर से क्षुब्ध और अपने समकालीनों और वरिष्ठों के तर्कों से असहमत वे इन सवालों का कोई वाज़िब हल चाहते थे। यही वो पृष्ठभूमि थी, जब कला के ग़ैरज़रूरी अस्तित्व के सामने श्रम के महत्त्व को सन्दर्भित करते हुए उन्होंने 'सतरंगा' कहानी लिखी। बाद में उन्होंने पी.डब्ल्यू.ए. की अगली मीटिंग में इस कहानी का पाठ भी किया था। गुलज़ार ने अपना प्रतिवाद या एक समानान्तर जवाब, जो समाज में कलाकारों की भूमिका के सन्दर्भ से बहस में उतरी थी, 'सतरंगा' लिखकर जवाब दिया था।

ख़ैरू, नज्जो, ममदू, हीरा, बरखा और समीना के किरदारों से बुनी हुई गाँव के परिवेश की कहानी 'सतरंगा' में ख़ैरू का 'धुतंग-तुंग, धतुंग-तुंग' गाते हुए परांदी बनाने का आत्मीय जतन, बैलों के सींगों का रँगना, उन्हें घंटियाँ पहनाना, जगह-जगह कोई चित्र उकेरना, कहानी को कला में रमने की दृष्टि से भी उल्लेखनीय बनाता है। यहाँ संगीत का मेटाफ़र उस मेहनत में छुपा हुआ है, जिसे मेहनतकश पहचान नहीं पाता, जबकि एक कलाकार उसकी निशानदेही करके उसे व्यापक अर्थों में कला का अनुपम उदाहरण बना डालता है। मार्मिक ढंग से लिखी गयी इस कहानी का उद्‌देश्य श्रम और कला के बीच फाँक देखने में है, जिसे गुलज़ार प्रगतिशील लेखक संघ की बहसों में अपने लिए तर्क गढ़ते हुए सम्भव करते हैं। 'सतरंगा' को पढ़ते हुए, गुलज़ार के भीतर मौजूद एक कलाकार और रचनाकार के द्वन्द्व की शिनाख़्त करने वाली उनकी कई कहानियाँ स्मरण में कौंधती हैं, जिनमें 'सीमा', 'माइकल एंजिलो', 'नारंगी', 'साँझ' याद की जा सकती हैं।

17

दार्शनिक मन के चितेरे हैं गुलज़ार। उनके फ़िल्मी गीतों में इस बात को बहुत स्पष्ट ढंग से देखा जा सकता है कि उन्होंने सामान्य पटकथाओं में आने वाले किरदारों के लिए भी कुछ अलग क़िस्म के ऐसे गीत लिखे, जिनकी आन्तरिक सुन्दरता साहित्य की ज़मीन पर अपना अर्थ पाती है। गीतों को रचते हुए अनायास ही उन्होंने ऐसे क्षण पैदा किये हैं, जिनसे एक दार्शनिक क़िस्म का आनन्द मिलता है, अगर आप उन गीतों के साथ कहीं सफ़र में हों। कहने

का मतलब यह है कि एक गीतकार के तौर पर गुलज़ार रूहानी गीतों के सबसे बड़े शायर के रूप में उभरते हैं, जिनके यहाँ अकसर कोई गम्भीर बात एक ऐसे विचार के रूप में आती है, जिसका कोई न कोई फ़लसफ़ा ज़रूर मौजूद रहता है।

उदाहरण के तौर पर कुछ बानगियाँ देखी और सुनी जा सकती हैं। जैसे, 'घरौंदा' फ़िल्म के *'एक अकेला इस शहर में'* गीत में उनकी यह दार्शनिकता बड़े ख़ूबसूरत ढंग से दिखाई देती है।

दिन ख़ाली-ख़ाली बर्तन है
और रात है जैसे अन्धा कुआँ
इन सूनी अँधेरी आँखों में
आँसू की जगह आता है धुआँ

जीने की वजह तो कोई नहीं
मरने का बहाना ढूँढ़ता है
एक अकेला इस शहर में... (घरौंदा)

मरने का बहाना ढूँढ़ने वाली शर्त कितने संघर्ष से निकले हुए विचार के तहत गुलज़ार के मन में आयी होगी, कह पाना कठिन है। उनका पूरा बचपन और किशोरावस्था जिस तरह से संघर्ष के दिनों में खपे हैं, उसे राहत देने के लिए उनके पास सिर्फ़ चन्द किताबें थीं, जिनकी सोहबत में वे अपने दुकान के ऊपरी कमरे में सारी-सारी रात काट दिया करते थे। यथार्थ से ज़िन्दगी का मिलना इतने क़रीब से उनसे होकर गुज़रा है कि एक भटकते हुए युवा के किरदार को आवाज़ देते हुए 'घरौंदा' के गीत में वे जैसे अपनी बात कह डालते हैं। महानगर जिन लोगों को उनके वजूद के साथ स्वीकार नहीं पाता, उनकी असफलताओं की खरोंचों को कुछ गहरा बना देता है, गुलज़ार इस तरह की खरोंचों और दरारों से वाक़िफ़ रहे हैं, इसीलिए दिन के ख़ालीपन और रात के सन्नाटे को इतने गहरे अर्थ दे पाये हैं।

यह अलग बात है कि गुलज़ार के यहाँ 'ख़ालीपन' हमेशा से रात की जगह 'शाम' की तरह आता रहा है। उन्होंने दिन-रात के फेर में शाम को शायर की तबीयत के अनुसार ढाला है और सदा से इस बात के हिमायती रहे कि शाम ही वो एक ख़ास मंज़र है, जो पुरानी और नयी यादों के बीच, रिश्तों और दुनियादारी के मध्य और कविता व शब्दों के अन्तराल में अपनी जगह बनाता है। एक फ़िल्म गीत में इसका मुज़ाहिरा वे इस तरह करते हैं–

सहर भी, रात भी, दोपहर भी मिली लेकिन
हमीं ने शाम चुनी है, नहीं उदास नहीं
बस एक चुप-सी लगी है, नहीं उदास नहीं
कहीं पे साँस रुकी है, नहीं उदास नहीं। (सन्नाटा)

ख़ालीपन को कई तरह से अपने विचारों से भरते हुए गुलज़ार एक गीतकार के स्वरूप में भी फ़िल्मों में कुछ अतिरिक्त जोड़ देते हैं, जो उनके शायर का पक्ष बन जाता है, न कि उस फ़िल्म में ख़ुद उस गीत के किरदार का अक्स। यह बेहतरीन उपलब्धि है, उस गीतकार के लिए जिसने व्यावसायिक लेखन के लिए भी अपने शायर के अन्तर्मन का एक छोटा-सा कोना वहाँ पर बचाया हुआ है। 'माचिस' के इस गीत में शाम की अगवानी इसी ख़ालीपन के सन्दर्भ में देखनी चाहिए–

याद न आए कोई, लहू न रुलाए कोई
अँखियों में बैठा था, अँखियों से उठके
जाने किस देस गया...
शाम के दिये ने आँख भी न खोलीं
अंधा कर गई रात
और न जलाए कोई, याद न आए कोई...

इस ख़ालीपन को एक अलग जगह, उन्होंने इस तरह भी पकड़ा कि उदासी, विरह, अवसाद और दर्द के सारे आशय शाम के होने से एकाएक खुलकर अभिव्यक्त हो गये। गुलज़ार के सन्दर्भ में दिन के इस पहर का होना इसीलिए उस अकेलेपन को एक भंगिमा और तराश देता है, जिसके लिए मेटाफ़र चुनते वक़्त वे सचेत रहते हैं कि जब भी ख़ालीपन आये, अपने साथ शाम का रेशमी एहसास भी हौले-से लेकर चली आये।

ख़ाली हाथ शाम आयी है
ख़ाली हाथ जाएगी...

रात की सियाही कोई
आये तो मिटाये ना
आज न मिटायी तो ये
कल भी लौट जाएगी

ख़ाली हाथ शाम आयी है (इजाज़त)

फ़िल्म गीतों से अलग उनकी कविताओं, नज़्मों और त्रिवेणियों में भी 'शाम' इसी तरह मौजूद है। इस लिहाज़ से यह कहा जा सकता है कि कुछ मुद्दों

और अनुभवों को लेकर गुलज़ार का शायर मन और उनका गीतकार एक ही मनोदशा में टहलते हुए पाये जा सकते हैं। उनकी नज़्मों की किताब 'कुछ और नज़्में' से यह पंक्तियाँ शाम का ऐसा ही सलोनापन बयाँ करती हैं–

धुँधलाई हुई शाम थी अलसाई हुई-सी
और वक़्त भी बासी था जब आया था शहर में
हर शाख़ से लिपटे हुए सन्नाटे खड़े थे
दीवारों से चिपकी हुई ख़ामोशी पड़ी थी...

कहना न होगा कि इस ख़ालीपन, सन्नाटे और ख़ामोशी में एक फरेब और पीछे छूट जाने या धोखा खाने की नियति भी शामिल है, जो शायर हर पल महसूस करता है। ख़ालीपन के लिए गुलज़ार को इतनी तरह से शाम के मेटाफ़र में पढ़ते हुए ढेरों अन्य लोग भी याद आते हैं, जिनमें से कई उनके समकालीन रचनाकार भी रहे हैं। हिन्दी के अद्वितीय कवि शमशेर बहादुर सिंह जब शाम के बिम्ब के साथ कहते हैं– *'एक पीली शाम/पतझर का ज़रा अटका हुआ पत्ता'*, तो यह कहन गुलज़ार की रहगुज़र बनती है...और अगर हम उस्तादों के पास चले जायें, तो मीर तक़ी मीर के यहाँ– *'शाम ही से बुझा-सा रहता है/दिल है गोया चराग़ मुफ़लिस का'* या फिर फ़ैज़ अहमद फ़ैज़ के यहाँ तो 'शाम' कई तरह से अकेलेपन, सन्नाटे और दर्द को बाँटने आती रहती है। एक-दो जगह उनकी यह अभिव्यक्ति देखनी चाहिए, जिसकी अर्थ-छायाओं में गुलज़ार साहब जैसी ही राहत बसती है। शाम का यह रंग फ़ैज़ के यहाँ कुछ ऐसा है– *'अब कभी शाम बुझेगी न अँधेरा होगा/अब कभी रात ढलेगी न सवेरा होगा'* और यह मंज़र भी देखने लायक़ है– *'शामे-फ़िराक़ अब न पूछ आई और आके टल गई/दिल था केः फिर बहल गया, जाँ थी केः फिर सँभल गई...'*

मीर, फ़ैज़ और शमशेर से अलग गुलज़ार की शामों का ज़ायक़ा इन सबसे हमक़दम चलता हुआ सिनेमा की दुनिया में जाकर एक अलग ही चटख़ रंग लेता है, जहाँ से उदासी की समवेत ध्वनियों को एक साथ पढ़ना कई दफ़ा मानीख़ेज़ बन जाता है। गुलज़ार जब कोई गीत लिख रहे होते हैं, तो ख़ासतौर पर फ़िल्म गीतों में ऐसी स्थितियों का पुनर्वास करते हुए जैसे वे उसी हालात को बार-बार नये-नये अन्दाज़ में बयाँ करते हैं, जो वर्तमान दुनिया में हम सभी का हासिल बनता जाता है। ज़िन्दगी को इतने क़रीब से देखते हुए अकसर गीतकार या शायर अपने ज़िन्दगी का दर्द भी अपने रचे गये किरदारों में अनायास ही थोड़ा-बहुत डाल देता है। हालाँकि इसी समय फ़िल्म गीतों की दुनिया में जाकर यह देखना भी कम मानीख़ेज़ नहीं है कि एक ओर उनका

शायर मिज़ाज इतना सकारात्मक है कि वह इस धोखा देने वाली दुनिया से भी एक क़दम आगे बढ़कर गर्मजोशी से दोस्ती करने में यक़ीन करता है। ये न होता तो हम उनकी कविताओं से और फ़िल्म गीतों से वो लम्हे न चुन पाते, जो हमें जीने का बहाना देते हैं। 'थोड़ी-सी बेवफ़ाई' और 'सदमा' के इन गीतों में सकारात्मक होने की यह शर्त ख़ुद शायर के अपने वजूद से जद्दोजहद करती हुई देखी जा सकती है, जो हर हाल में जीवन की ओर हसरत से ताकता है। ऐसे में, इन पंक्तियों को पढ़ना या गुनगुनाना शायद कुछ अतिरिक्त अर्थ से हमारे दिन रोशन कर दे—

आज बिछुड़े हैं, कल का डर भी नहीं
ज़िन्दगी इतनी मुख़्तसर भी नहीं

कहने वालों का कुछ नहीं जाता
सहने वाले कमाल करते हैं
कौन ढूँढ़े जवाब दर्दों के
लोग तो बस सवाल करते हैं
आज बिछुड़े हैं, कल का डर भी नहीं...

(थोड़ी-सी बेवफ़ाई)

x x x

ऐ ज़िन्दगी गले लगा ले
हमने भी तेरे हर इक ग़म को
गले से लगाया है...है ना

छोटा-सा साया था, आँखों में आया था
हमने दो बूँदों से मन भर लिया
हमको किनारा मिल गया है ज़िन्दगी (सदमा)

ढेरों ऐसे गीत होंगे, जिनमें गुलज़ार ज़िन्दगी के स्वीकार का आमन्त्रण रचते-से मौजूद नज़र आते हैं। 'सदमा' और 'थोड़ी-सी बेवफ़ाई' के उदाहरण से जो बात ऊपर कही गयी है, उसकी निशानदेही के लिए दर्जनों गानों को सुना जा सकता है। हर बार हारी और रूठी हुई ज़िन्दगी को मनाने का जतन करते हुए गीतकार अपने उसी दार्शनिक अन्दाज़ में पहुँचता है, जो उसके इन गीतों को साहित्य की ज़मीन देता है। हम एक ऐसा रोचक आकलन भी गुलज़ार के सन्दर्भ में कर सकते हैं, जो फ़िल्मी गीतों से अलग उनके नज़्मों में भी ज़िन्दगी का सबसे उजला पक्ष व्यक्त करने के लिए रचा गया है। उन हर मुक़ामों पर उनका शायर अपने दार्शनिक मन से ही बात करते हुए नज़्मों को

ज़िन्दगी देता है। दार्शनिकता और विचार के उसी धरातल पर नज़्म कहने की चाहत को क्या ज़िन्दगी से अलग करके देखा जा सकता है? जब गीतकार से अलग उनका शायर मन यह कहता हुआ पाया जाये—

आओ, फिर नज़्म कहें...

फिर किसी दर्द को सहला के सुजा लें आँखें
फिर किसी दुखती हुई रग से छुआ दें नश्तर
या किसी भूली हुई राह पे मुड़ कर इक बार
नाम ले कर किसी हमनाम को आवाज़ ही दे लें
फिर कोई नज़्म कहें।

18

हिन्दी फ़िल्म गीतों के सनमख़ाने में बहैसियत गीतकार गुलज़ार एक बड़ा मुक़ाम माने जाते हैं। जिस दौर में वे बड़े अनमने ढंग से गीत लिखने के लिए फ़िल्मी परिदृश्य पर आते हैं, उस समय गीतकारों की वह लम्बी फ़ेहरिस्त जाँचनी चाहिए, जिसमें साहिर लुधियानवी से लेकर शकील बदायूँनी, मजरूह सुलतानपुरी, कैफ़ी आज़मी, जाँ निसार अख़्तर, हसरत जयपुरी, कैफ़ भोपाली, राजा मेंहदी अली ख़ाँ जैसे दिग्गज शायर और हिन्दी पट्टी के ढेरों अनूठे नाम समानान्तर ढंग से मौजूद रहे। शायरों की तुलना में हिन्दी कविता या उसकी बोली से सीधा वास्ता रखने वाले गीतकारों में पण्डित नरेन्द्र शर्मा, पण्डित भरत व्यास, इन्दीवर, सरस्वती कुमार दीपक, शैलेन्द्र, नीरज, प्रेम धवन और योगेश मज़बूती से शामिल थे। इन सबसे अलग ही धरातल पर पंजाबी ज़ुबान के गीतकार आनन्द बक्षी की आमद भी उन्हीं दिनों हो गयी थी, जिन्होंने फ़िल्म संगीत के परिदृश्य पर सत्तर के दौर से कुछ ऐसा एकाधिकार किया, जिस तरह वह संगीत के मामले में लक्ष्मीकान्त-प्यारेलाल के हिस्से आया था।

इन सबके बीच में गुलज़ार की एक स्थायी और गहरी उपस्थिति बनती है, जो उन्हें एक अदबी शायर के किरदार से जोड़ते हुए हिन्दुस्तानी ज़ुबान के ऐसे आधुनिक कवि का स्वरूप भी देती है, जो फ़िल्मी गीतों को मुक्त छन्द कविता पंक्तियों की तरह लिखने का जोखिम उठाते हैं। गुलज़ार तमाम दिग्गजों के बीच से अपनी राह बनाते हैं और बड़ी आसानी से हिन्दी और उर्दू के दोआबे को मिलाने वाली किसी सन्तुलित ज़मीन पर जाकर विशुद्ध हिन्दुस्तानी ज़ुबान के गीतकार बन जाते हैं। उनके यहाँ उर्दू, हिन्दी या पंजाबी की घुसपैठ गीतों में उसी तरह होती है, जिस तरह इस वतन का नागरिक अपनी मादरी ज़ुबान में

आम ढंग से बातचीत करता है। यह एक बड़ी ताक़त है या यह कहें कि यही वह राह है, जिससे गुलज़ार के गीतकार की यात्रा शाहराह (हाईवे) पकड़ लेती है।

एक ख़ूबसूरत शब्द को उसके सही जज़्बात के साथ गीत में किस तरह पिरोना है, गुलज़ार ने हमेशा ही उस पर बहुत कोमलता से काम किया है। एक हद तक चौकन्नी दृष्टि के साथ कि वह सिर्फ़ महफ़िलों या मंचों से पढ़ी जाने वाली एक बड़ी नज़्म या उम्दा शायरी भर न रह जाये, बल्कि उसका आम जीवन से दोस्ताना हो। आप जब यह तर्क गुलज़ार के गीतों के सन्दर्भ में पढ़ रहे हैं, तो मुझे कोई आश्चर्य नहीं है कि ढेरों ऐसे मुक़ाम आपको याद आयेंगे, जिनसे गुलज़ार के गीतों का प्रभाव बड़ा बनता है। 'मासूम' के लिए एक दर्द-भरा नग़मा लिखते वक़्त उनकी सोच उस गीत के सन्दर्भ में कुछ इस तरह व्यक्त हुई है, जिसे उन्होंने कई बार दोहराया है—'एक रोज़ ज़िन्दगी के रूबरू आ गये थे। ज़िन्दगी ने पूछा—दर्द क्या है? क्यों होता है? कहाँ होता है, ये भी तो पता नहीं चलता! तन्हाई क्या है, आख़िर कितने लोग तो हैं, फिर तन्हा क्यों हो?' मेरा चेहरा देखकर ज़िन्दगी ने कहा—'मैं तुम्हारी जुड़वाँ हूँ, मुझसे नाराज़ न हुआ करो।' ऐसे मोनोलॉग के साथ अपने गीतों से दोस्ताना बरतते हैं गुलज़ार। ...और यह देखकर एक बात समझ में आती है कि एक फ़नकार का अपनी कला से कितना जज़्बाती रिश्ता होता है। 'मासूम' के जिस गीत के सन्दर्भ में गुलज़ार यह फ़लसफ़ा अख़्तियार करते हैं, उसकी अपनी रूह भी ज़िन्दगी के दर्शन से ही निखार पाती है। गीत भी देख लीजिए—

तुझसे नाराज़ नहीं ज़िन्दगी
हैरान हूँ मैं
तेरे मासूम सवालों से
परेशान हूँ मैं

तुझसे नाराज़ नहीं ज़िन्दगी हैरान हूँ मैं...

जीने के लिए सोचा ही नहीं
दर्द सँभालने होंगे
मुस्कुराए तो मुस्कुराने के
क़र्ज़ उतारने होंगे
मुस्कुराऊँ कभी तो लगता है
जैसे होठों पे क़र्ज़ रखा है

तुझसे नाराज़ नहीं ज़िन्दगी हैरान हूँ मैं...

एक शायर के तआर्रुफ़ से गुलज़ार शायद अकेले ऐसे फ़िल्मी गीतकार हैं, जिन्होंने अपने लगभग हर दूसरी कम्पोजीशन के लिए उसकी पृष्ठभूमि, सिचुएशन और किरदार के लिहाज़ से ख़ुद के लिए कोई न कोई तर्क गढ़ रखा है। आप यदि विभिन्न म्यूज़िक कम्पनियों के बनाये उनके पसन्दीदा गीतों वाले एल.पी. डिस्क चेक करें, समय-समय पर रेडियो और 'विविध भारती' पर उनकी टिप्पणियों और 'बिनाका गीतमाला' के लिए प्रस्तोता अमीन सयानी से बातचीत को ढूँढ़कर सुनें, तो बड़ी सहजता से ढेरों गीतों का वह अन्दाज़-ए-बयाँ खुलता हुआ नज़र आता है, जिसके लिए वह रचना हुई और बाद में उसे संगीतकारों ने कम्पोज़ किया। यह एक असाधारण चीज़ है, जिसे पढ़ते हुए हम गीतकार की कैफ़ियत को बहुत आसानी से समझ सकते हैं। मिसाल के तौर पर एच.एम.वी. (सा रे गा मा) द्वारा बनाया गया उनका रेकॉर्ड 'फ़ुरसत के रात-दिन' में गुलज़ार की कमेंट्री सुनते हुए गीतों की परिभाषा देखिए, जो उनके शायर मन की खिड़कियों से निकलकर सुनाई देती है। ...और जिसे सिर्फ़ उन्हीं की क़लम के लिए नहीं, बल्कि किसी भी दौर के उतने ही समर्थ गीतकार के गीतों के सन्दर्भ में सटीक पाया जा सकता है। फिर वह साहिर लुधियानवी हों या मजरूह सुलतानपुरी, इन्दीवर हों या आनन्द बक्षी...

फ़िल्म-गीतों की यह व्याख्या गुलज़ार के शब्दों में कुछ यूँ है—

> *'एक मूड, एक कैफ़ियत, गीत का चेहरा होता है। कुछ सही से लफ़्ज़ जड़ दो, मौज़ूँ से धुन की लकीरें खींच दो, तो नग़्मा साँस लेने लगता है। ज़िन्दा हो जाता है। बस, इतनी सी जान होती है एक गाने की, एक लम्हे के जितनी...हाँ! कुछ लम्हे बरसों ज़िन्दा रहते हैं। गीत बूढ़े नहीं होते, उनके चेहरों पर झुर्रियाँ नहीं गिरतीं, वो पलते रहते हैं, चलते रहते हैं...सुनने वालों की उमर बदल जाती है, तो कहते हैं—हाँ! वो उस पहाड़ का टीला, जब बादलों से ढँक जाता था, तो एक आवाज़ सुनाई दिया करती थी।'*

शायरी को गढ़ने के लिए शायरी की ज़ुबान में इतनी सुन्दर परिभाषा करने वाले गुलज़ार, अपने लिखे गीतों से मुहब्बत तो करते हैं, मगर उससे कई दफ़ा बेनियाज़ भी बने रहते हैं। उनका यह कहना कि गीत बूढ़े नहीं होते, दार्शनिक ढंग से कविता की उस अमरता की ओर इशारा है, जिसके लिए दूसरी भाषाओं में भी कविता के हमेशा ही नये बने रहने की कामना की गयी है। इसमें एक अर्थ यह भी छुपा हुआ है कि कवि और शायर आते जायेंगे, सदियाँ बदलेंगी,

मगर कविता और नज़्म वैसे ही बरक़रार रहेंगी। गीतकार, शायर, बन्दिश रचने वाले बीत जायेंगे, लिखा हुआ हर एक हर्फ़ ज़िन्दा रहेगा। इस रंग की बात अली सरदार जाफ़री कुछ यूँ करते हैं–

अदब से आओ कि ग़ालिब की सरज़मीं है वह
अदब से आओ कि है मीर की मज़ार यहाँ

गुलज़ार गीतों की परिभाषा को एक उदार मानवीय सरोकार देते हैं। उसे एक जीवन और रूपाकार, जो स्वयं तो हमेशा चिर युवा और नवीन है, मगर उससे होकर गुज़रने वाले पाठक की उम्र बीत जाती है। यह एक हद तक कलाओं की दुनिया की अनश्वरता का ऐसा आत्मचिन्तन है, जिससे उसका शायर भी एक दिन बिछुड़ जाता है, परन्तु ख़ुद उसकी रचना कालातीत हो जाती है। जिस तरह गुलज़ार लम्हों की ज़िन्दगी पाये हुए नज़्म या गीत को उम्र से बेअसर बनाते हैं, उसी तर्ज़ पर दुनिया भर की भाषाओं में बिखरी हुई कविताओं का अमरत्व तय होता है। यह बात अलग है कि फ़िल्म गीतों के लिए की गयी इस परिभाषा को हम कविता के सन्दर्भ में भी उतना ही उपयोगी मान सकते हैं।

फ़िल्म गीतों के सन्दर्भ में जिस ज़मीन पर खड़े होकर गुलज़ार ने जतन से यह सब बटोरा है, वहाँ जज़्बात और शायरी का हासिल इन्हीं लम्हों में ज़िन्दगी को थाम लेने से भी बनता है, जिसके उदाहरण के तौर पर हम फ़िल्मों के गीतों का ज़िक्र करते हुए, ज़िन्दगी के सवालों की परेशानी को किरदार का हिस्सा बनाते हैं। उनके गीतों की लम्बी लिस्ट से कुछ ऐसे लम्हे भी ढूँढ़कर देखे जा सकते हैं, जहाँ पर गीत की उम्र को एकबारगी रोक दिया गया है।

'गीत बूढ़े नहीं होते, सुनने वालों की उमर बदल जाती है' के हवाले से गुलज़ार की उस तबीयत का ठीक-ठाक अन्दाज़ा लगाया जा सकता है, जिसके सहारे वे गीतों को उम्र देते हैं, उन्हें लम्हों में समग्रता से जीने का एहसास रचते हैं, उनके ज़िस्म की हरारत को बरसों बीत जाने के बाद धड़कता हुआ महसूस करते हैं और इंसानी ज़िन्दगी की भी उम्र तय कर डालते हैं, जज़्बात के जीवन को आकाश में विस्तार देते हुए...

19

निर्देशक के तौर पर गुलज़ार की पहली फ़िल्म थी–'मेरे अपने' (1971)। इस फ़िल्म के साथ वे फ़िल्म मेकिंग के उन अनुभवों को लेकर एक डायरेक्टर

के बतौर उतरे थे, जिसमें बिमल रॉय और ऋषिकेश मुखर्जी के साथ उनका लम्बा जुड़ाव शामिल था। एक स्वतन्त्र फ़िल्मकार के तौर पर उनकी पहली ही फ़िल्म इस बात का इशारा थी कि वे अपने गुरु-घराने से निकलकर किस तरह के तर्कों और विचारों को बनाने के लिए संकल्पबद्ध थे। 'मेरे अपने' 1968 में प्रदर्शित और 'राष्ट्रीय फ़िल्म पुरस्कार' से सम्मानित बांग्ला की फ़िल्म 'आपनजन' पर आधारित थी, जिसके निर्देशक तपन सिन्हा थे। 'आपनजन' से जुड़ा एक दिलचस्प पहलू यह भी था कि निर्माता एन.सी. सिप्पी इसके रूपान्तरण के अधिकार लेकर हिन्दी में बनाना चाहते थे। उन्हें मालूम था कि हिन्दी रूपान्तरण का अधिकार गुलज़ार के पास है, जिसे एन.सी. सिप्पी हिन्दी में किसी बड़े निर्देशक के साथ बनाने वाले थे। तपन सिन्हा जिस हिन्दी वर्जन के लिए इसे बनाने के इच्छुक थे, उसकी पटकथा को हिन्दी में गुलज़ार ने पूरा कर लिया था। बाद में जाकर यह हुआ कि तपन सिन्हा का इसे हिन्दी में बनाने का मन बदल गया, मगर हिन्दी स्क्रिप्ट गुलज़ार के पास ही रह गयी। एन.सी. सिप्पी से इस सन्दर्भ में गुलज़ार ने दृढ़ आत्मविश्वास से यह कहा—'मैं इसे बनाना चाहता हूँ।'

गुलज़ार साहब बताते हैं कि जब उनके घर में स्क्रिप्ट सुनाने को लेकर सिप्पी साहब के साथ उनकी मुलाक़ात हुई, तो एक बात उन्होंने पूरे आत्मविश्वास से कही, जिसका असर एन.सी. सिप्पी पर इस क़दर पड़ा कि 'मेरे अपने' अस्तित्व में आयी। गुलज़ार एन.सी. सिप्पी से बोले—

> *'तपन सिन्हा ने एक हिन्दी फ़िल्म को बांग्ला में बनाया है, जिसे वे ड्रीम सीक्वेंसेज, सांग्स और डांस के मार्फ़त रचते हैं। मैं एक बांग्ला फ़िल्म को हिन्दी में बनाना चाहता हूँ, जिसका सीधा-सादा नैरेटिव हो और रोमांटिक एंगिल न हो।'*

यह बात एक ऐसा नौजवान गीतकार, पटकथाकार, संवाद लेखक और असिस्टेंट डायरेक्टर कह रहा था, जिसकी पहली फ़िल्म को फ़ाइनेंस करने और बनाने का निर्णय होना शेष था। यह बिमल रॉय स्कूल की ट्रेनिंग थी, तरक़्क़ीपसन्द शायरी के रंग में डूबे हुए शायर की कैफ़ियत थी और कई सफल व सार्थक फ़िल्में लिख चुके लेखक का आत्मविश्वास था। एन.सी. सिप्पी राज़ी हुए और 'मेरे अपने' का ख़ाका बनना शुरू हुआ।

'मेरे अपने' एक हद तक गुलज़ार का ख़ुद की पहली फ़िल्म के बहाने उस दौर की वर्तमान सामाजिक, राजनीतिक परिस्थिति पर एक बयान था।

पिछली सदी का सत्तर का दशक युवाओं के बीच हताशा और कुण्ठा लेकर आया था, क्योंकि उस समय नौकरियाँ नहीं थीं। लोग बी.ए. पास करके एक अदना-सी नौकरी नहीं पा रहे थे और छात्र राजनीति के बहाने देश भर में राजनीतिक पार्टियाँ अपने ऐसे फ़ॉलोवर तैयार कर रही थीं, जिनका भविष्य राजनीतिक जकड़बन्दी से घिरकर अन्ततोगत्वा अपराध में आश्रय पाता था। इसी तनाव और युवाओं की कुण्ठा का नैरेटिव गढ़ते हुए 'आपनजन' की कोलकाता की पृष्ठभूमि 'मेरे अपने' में उत्तर प्रदेश के इलाहाबाद में विकसित होती है।

ये फ़िल्म एक साथ तीन स्तरों पर चलती है। कहानी के तीन रास्ते हैं, जहाँ से गुलज़ार फ़िल्म का कथानक बुनते हैं। पहला, विधवा आनन्दी देवी या नानी माँ के बहाने एक केन्द्रीय किरदार या नाट्यधर्मी अर्थों में कहें, तो सूत्रधार रखने की कोशिश, जिसे मीनाकुमारी ने संवेदनशीलता के साथ पर्दे पर उतारा। सच्चाई और प्रेम से सराबोर औरत का चरित्र लेकर, जो रास्ते से भटके हुए नौजवानों की आपसी मारपीट और झगड़े-लड़ाई को अपनी ममता से सुलझाने की कोशिश करती हुई खड़ी है। आनन्दी देवी के रूप में उन्हें बख़ूबी मालूम है कि ज़िन्दगी की तल्ख़ सच्चाइयाँ क्या हैं? ...और उससे बिना क़दमताल किये जीवन सहजता से आगे नहीं बढ़ सकता। बावजूद इसके वे एक आशा से भरा हुआ विचार हैं, जिनके ख़ाते में आये हुए अधिकतर संवाद जीवन से संघर्ष करके बिना समझौता किये हुए समस्याओं से बाहर निकलने को प्रेरित करते हैं। फ़िल्म का एक मार्मिक दृश्य है, जब उन्हें बहला-फुसलाकर, अपने दूर के रिश्ते का हवाला देकर अभिनेता रमेश देव उन्हें शहर इसलिए ले आता है, क्योंकि उसे घरेलू काम-काज के लिए नौकरानी चाहिए। बाद में जब यह ख़ुलासा आनन्दी देवी पर होता है और उन्हें बेइज़्ज़त करके रमेश देव और सुमिता सान्याल घर से निकालते हैं, तो उस प्रकरण में मीना जी का यह डायलॉग याद रह जाता है—'क्या अब माँएँ भी बिकने लगी हैं?'

दूसरा पहलू, नौजवानों का वह समूह है, जो भला है, एक ही टीम स्पिरिट से एक-दूसरे के लिए काम करता है, मगर उद्‌देश्यहीन भटकता है। समाज को लगता है कि वे किसी काम के नहीं हैं, जब कि ऐसा नहीं है। अपने मुहल्ले की सुरक्षा की जवाबदेही से लेकर भूखे ग़रीबों की मदद करना और बेरोज़गारी में अपने दोस्तों के प्रति समानानुभूति (एम्पैथी) रखते हुए जीना, उन्हें बेहतर मनुष्य बनाता है। एक सुन्दर व्यंग्य गीत उस दौर

की व्यवस्था और सामाजिक-राजनीतिक परिस्थिति पर इन्हीं नौजवानों के द्वारा गुलज़ार रचते हैं–

हालचाल ठीक-ठाक है
सब कुछ ठीक-ठाक है
बी.ए. किया है, एम.ए. किया है
लगता है वो भी ऐंवें किया है
काम नहीं है वरना यहाँ
आपकी दुआ से सब ठीक-ठाक है

इन्हीं नौजवान समूहों में दो ग्रुप हैं, जिनमें से एक संवेदनशील और शरीफ़, श्याम (विनोद खन्ना) हैं और दूसरी तरफ़ थोड़ा चालाक और बददिमाग़ छेनू (शत्रुघ्न सिन्हा)। इनकी दोस्ती, दुश्मनी और राजनीतिक पार्टियों द्वारा मोहरा बनाकर इस्तेमाल होने की युक्ति का एक सार्थक परिदृश्य 'मेरे अपने' में रचा गया है। जब गुलज़ार ने यह फ़िल्म बनायी थी, तो उन्हें यह क़तई अन्दाज़ा नहीं रहा होगा कि जिस कथानक को वे आज से पचास साल पहले समकालीन मानकर बना रहे थे, वो आज लगभग अर्द्धसदी बीत जाने के बाद एकदम से कंटेम्परररी बना हुआ है।

कहानी का तीसरा सिरा उन छोटे-छोटे दृश्य कोलाजों से बनता है, जिनका सीधा-सा कोई हस्तक्षेप कहानी के वृत्तान्त को प्रभावित नहीं करता, बल्कि अपनी पूरक उपस्थिति से पटकथा के विस्तार को ताक़त देता है। याद कीजिए, जब गुस्साये हुए युवकों की भीड़ यूनिवर्सिटी में फ़र्नीचर तोड़ रही है, तो उन्हीं में से एक नौजवान माउथऑर्गन से *'सारे जहाँ से अच्छा हिन्दोस्ताँ हमारा'* बजा रहा है। एक दृश्य में शत्रुघ्न सिन्हा के गैंग के लड़के असरानी को जब विनोद खन्ना टीम के लड़के बुरी तरह पीट देते हैं, तब असरानी की मरहम पट्टी करने के लिए मीनाकुमारी उस टूटे-फूटे घर में ले आती हैं, जहाँ दो अनाथ बच्चों ने उन्हें आसरा दिया हुआ है। मरहम-पट्टी के बाद जब वो लौट रहा होता है, तब आनन्दी देवी कहती हैं–'बेटा, पैर नीचे न रखना, इसे आराम देना, तो जल्दी ठीक हो जाओगे।' यह बात सुनकर उस बुरे आदमी में भी करुणा के जागने का दृश्य और मुहब्बत से भरकर मीनाकुमारी को पलटकर देखना, मनुष्यता के लौटने की आहट का स्वीकार भाव लगता है, जो फ़िल्म के लिहाज़ से एक बड़े दृश्य का फ़िल्मांकन है। पूरी फ़िल्म में फ़्लैशबैक का निर्देशक ने उन अवसरों के लिए प्रयोग किया है, जब आनन्दी देवी अपने पति निरंजन (देवेन वर्मा) को याद करती हैं।

बहुत हौले-से देवेन वर्मा का आना और अपनी पत्नी के साथ के ढेरों मानवीय प्रसंगों का फ़िल्म स्क्रीन पर बिखरना, आनन्दी देवी के त्रासद जीवन में ठण्डी फुहार की तरह दर्शाया गया है, जिसका संयोजन 'मेरे अपने' को एक सार्थक सिनेमा का स्वरूप देता है।

'मेरे अपने' का सबसे महत्त्वपूर्ण पक्ष मीनाकुमारी का किरदार है। गाढ़े दुःख में सना हुआ, जो गाँव का अपना एकाकी, मगर शान्त जीवन छोड़कर बड़े शहर में आती हैं और वहीं से उन्हें छलने का खेल शुरू होता है। वो यह समझ नहीं पातीं कि इन महानगरों में जीवन को लेकर वो उत्साह और गरमाहट क्यों नहीं है, जिससे आप किसी के सगे नहीं हो पाते। आनन्दी देवी या नानी माँ के रूप में मीनाकुमारी की सबसे बड़ी त्रासदी यह है कि महानगरीय जीवन में कोई एक भी ऐसा व्यक्ति नहीं है, जिसे वे अपना कह सकें। उनका कोई अपना न होने का दुःख ही गुलज़ार का वह 'मेरे अपने' है, जिसके लिए इस किरदार के पास सिर्फ़ करुणा, दया और ममता मिलती है, कोई कड़ुवाहट नहीं। सिर्फ़ हर परिस्थिति को तटस्थ भाव से देखने की ईमानदारी...इसी भाव को सँजोये हुए एक दिन आनन्दी देवी, श्याम और छेनू के आपसी झगड़े में ग़लती से चली पिस्तौल की गोली का निशाना बन जाती हैं। 'मेरे अपने' में मीनाकुमारी का अकेलापन कुछ-कुछ इंग्मार बर्गमैन की 'वाइल्ड स्ट्राबेरीज़' के उस नायक की तरह है, जो जीवन-स्पन्दन के बग़ैर, हमेशा अकेलेपन की त्रासदी भोगने के लिए अभिशप्त है। फ़िल्म के चर्चित 'ड्रीम-सीक्वेंस' में नायक अपने लिए जज से दण्ड के बारे में पूछता है। इस पर जज कहता है—'तुम्हारा एकाकीपन ही तुम्हारी सज़ा है' (द पनिशमेंट इज़ लोनलीनेस) इसी सज़ा को बदले हुए परिदृश्य में आनन्दी देवी भोगती हैं और यहाँ फ़िल्म में 'ड्रीम-सीक्वेंस' की जगह 'फ़्लैशबैक' में जाकर अपने पति निरंजन के साहचर्य का सुख, मानसिक तौर पर जीती हैं।

फ़िल्म के कथानक के अनुसार भले ही कहानी का अन्त एकबारगी मेलोड्रामा लगता हो, लेकिन थोड़ा ठहरकर सोचने पर यह बात गहराई से समझ में आती है कि किसी भी दौर में नयी पीढ़ी के भटकाव और आपसी अन्तःर्कलह को दूर करने या उनके बीच की खाईं पाटने में पिछली पीढ़ी के किसी उदार व्यक्तित्व की क्षति होती ही है। वह विचारधारात्मक रूप से हो या कि सामाजिक, राजनीतिक बदलावों के सन्दर्भ में। नानी माँ, श्याम और छेनू का झगड़ा मिटाने जाती हैं। वे श्याम के क़रीब हैं, मगर छेनू और उसके लोगों के ख़िलाफ़ नहीं। फ़िल्म इसी बात को मितकथन की तरह समझाती है कि

नफ़रत और क्रोध की भाषा सच्चे और ग़लत में फ़र्क़ नहीं समझती। एक मेटाफ़र की तरह मीनाकुमारी उस नकारात्मक होड़ के बीच फँसती हैं, जिसका समाधान आज तक राजनीतिक हलक़ों से लेकर सामाजिक रूप से जवाबदेह लोग दे नहीं पाये हैं। गुलज़ार इस अर्थ में एक बड़ी सम्भावना रचते हैं, 'मेरे अपने' जिसका राजनीतिक पाठ करने में सफल रहती है।

इस फ़िल्म का एक आकर्षण सलिल चौधरी का संगीत भी रहा है। मात्र चार गीतों वाली इस फ़िल्म में संगीतकार ने अपनी शैली के अनुरूप ही एक्सपेरीमेंटल म्यूज़िक दिया है। फ़िल्म के डिस्क पर चार गाने रिलीज़ होते हैं और फ़िल्म में सिर्फ़ दो गाने ही मुकम्मल तौर पर फ़िल्माये जाते हैं– *'हालचाल ठीक-ठाक है'* (किशोर कुमार एवं मुकेश) और *'कोई होता जिसको अपना/हम अपना कह लेते, यारो'* (किशोर कुमार), जबकि *'रोज़ अकेली आये रोज़ अकेली जाये'* (लता मंगेशकर) और मन्ना डे की आवाज़ में *'हो हो, गंगा की भरी गोदी में गंगा के राही चले रे'* डिस्क पर जारी होते हैं।

नज़रुल गीति पर आधारित *'रोज़ अकेली आये/रोज़ अकेली जाये/चाँद कटोरा लिये भिखारन रात'* में लता मंगेशकर का उसके मूल-गीत (*मेघला निशि भोरे/मन जे कैमोन कोरे*) की धुन पर गाना, बेहद संजीदगी से व्यक्त हुआ है। सलिल चौधरी के फ़िल्म-गीतों की सूची में यह गाना एक उपलब्धि जैसा है। अफ़सोस की बात यह है कि गुलज़ार के लाख चाहने के बावजूद वे इसे फ़िल्म के लिए मीना जी के साथ फ़िल्मा नहीं पाये, क्योंकि उस समय तक उनकी तबीयत बहुत बिगड़ चुकी थी और 'मेरे अपने' बस किसी तरह पूरी की जा रही थी। गुलज़ार ने इस बात को कई बार कहा है कि फ़िल्म का यह उनका सबसे फ़ेवरेट गाना था, मगर उनकी गिरती हुई सेहत के कारण यह सम्भव नहीं था कि मीनाकुमारी जी को लेकर इसे पिक्चराइज़ किया जा सके। वे यह भी नहीं चाहते थे कि इतनी सुन्दर अभिव्यक्ति के लिए गाने को फ़िल्म में बैकग्राउंड की तरह इस्तेमाल किया जाये। उस समय तक, जब फ़िल्म का काम अपने आख़िरी चरण में था, मीनाकुमारी इतनी बीमार थीं कि वापस दोबारा से सेट पर काम के लिए लौट नहीं सकीं। हालाँकि बाद में, संक्षिप्त रूप से *'रोज़ अकेली आये'* गाने को फ़िल्म के पार्श्व में गुलज़ार को रखना पड़ा। यह भी एक संयोग है कि *'मेरे अपने'* के रिलीज़ होने के कुछ ही महीनों बाद 1972 में उनकी मृत्यु हो गयी।

किशोर कुमार की आवाज़ में विनोद खन्ना पर फ़िल्माये दर्द-भरे गीत *'कोई होता जिसको अपना/हम अपना कह लेते यारो'* सलिल चौधरी का फ़िल्म को

दिया हुआ एक अलग-सा तोहफ़ा है, जिसे किशोर कुमार के सर्वश्रेष्ठ गीतों में आज तक शुमार किया जाता है। यह गुलज़ार की सिद्धहस्त क़लम का एक नया आयाम था, जो उनकी ख़ुद की बनायी फ़िल्म में इस तरह व्यक्त हुआ। हालाँकि इससे पहले वे दूसरे निर्देशकों की फ़िल्मों के लिए कुछ बेमिसाल गीत लिख चुके थे। किशोर कुमार की आवाज़ में रेकॉर्ड किये गये गुलज़ार के लिखे तब तक के दो गीत बरबस याद आते हैं, जो 'मेरे अपने' के पहले रिलीज़ हो चुके थे। ये *'हवाओं पे लिख दो हवाओं के नाम'* (दो दूनी चार) और *'वो शाम कुछ अजीब थी'* (ख़ामोशी, 1969) जैसे अमर गीत थे।

'हालचाल ठीक-ठाक है' उस व्यवस्था पर एक व्यंग्य-भरा तंज़ था, जिसे गुलज़ार के एक स्टेटमेंट की तरह भी देखना चाहिए। अधिकतर रूमानियत से भरे गीतों के सफल रचनाकार रहे इस गीतकार ने बाक़ायदा 'मेरे अपने' के हवाले से सामाजिक व्यवस्था का जो यथार्थ दिखाया था, वह आज भी बदला नहीं है। एक तरह से यह गीत और भी प्रासंगिक होकर आज पचास साल बाद हमारे सामने खड़ा है। इस गीत को लेकर एक महत्त्वपूर्ण बात अभी छह साल पहले 'हिन्दुस्तान टाइम्स' के 'ब्रंच' (5 नवम्बर, 2017 को प्रकाशित) के लिए गीतकार कौसर मुनीर के एक इंटरव्यू में गुलज़ार ने कही थी–

> *'मेरे गीत न गुस्से में हैं न ही कसैले, क्योंकि मैं कड़वाहट से नहीं भरा हूँ। मैं आशा से भरा हूँ और एक कलाकार को ऐसा ही होना चाहिए, सिर्फ़ अपने भविष्य के लिए नहीं, न ही अपने बच्चों के भविष्य के लिए, बल्कि पूरी दुनिया के लिए।'*

यह एक ऐसा बयान है, जिसके उजाले में हम 'मेरे अपने' के इस गीत को ज़्यादा अर्थपूर्ण ढंग से विश्लेषित कर सकते हैं।

आज 'मेरे अपने' को प्रदर्शित हुए पचास वर्ष से अधिक का समय बीत चुका है। भारतीय राजनीति में युवाओं की साझेदारी और छात्र-राजनीति को लेकर गाँवों, क़स्बों और शहरों में विभिन्न राष्ट्रीय और राज्य स्तरीय पार्टियों समेत लोकल राजनीतिक दलों की भागीदारी फैली हुई है। उससे उपजने वाला वर्ग संघर्ष हर तरफ़ दिखाई देता है। आज भी पढ़े-लिखे युवाओं के पास आजीविका के लिए नौकरियों का अभाव है, जिसके कारण बेरोज़गारी बढ़ने के साथ वैश्विक स्तर पर डिजिटल ढंग से रोज़गार के आधुनिक अवसर पैदा होने के चलते प्रतिभाओं की छँटनी का काम भी जारी है। एक नये ढंग का संघर्ष, दबाव और गुस्सा आज भी समाज में युवाओं के एक बड़े तबक़े में नज़र आता है।

ऐसे में, 'मेरे अपने' कहीं ज़्यादा प्रासंगिक होकर अपने प्रश्नों के साथ हमारे सामने खड़ी दिखाई पड़ती है। वर्तमान के लिहाज़ से गुलज़ार अपनी पहली ही फ़िल्म से ज़्यादा सामयिक बन गये हैं। आज भी हमारे आसपास सैकड़ों श्याम और छेनू मौजूद हैं, जो सत्ता के मठाधीशों के हाथों का मोहरा बने हुए हैं। यह और बात है कि तब सिर्फ़ गुस्साये हुए नौजवानों के हाथों में चाकू, हॉकी और देशी बम होते थे, जिन्हें आज आधुनिक हथियारों ने रिप्लेस कर दिया है। नये समय का गुस्सा अब मारपीट से ठण्डा नहीं पड़ता, उसके लिए विरोध करने वाले की हत्या आम बात हो चली है।

गुलज़ार ने *'हालचाल ठीक-ठाक है'* के सन्दर्भ में यह बात कही थी कि वे कड़वाहट से नहीं भरे हैं, वो वाज़िब लगती है। 'मेरे अपने' को तमाम दृष्टियों से देखते हुए और अपने वर्तमान से तुलना करने पर हम आसानी से यह बात कह सकते हैं कि गुलज़ार पूरी तरह उम्मीदों से भरे फ़िल्म निर्देशक रहे हैं। उनकी फ़िल्में सवाल उठाती हैं और उनका कोई समावेशी जवाब पाने का स्वप्न रचती हैं। उनका फ़िल्मकार और शायर वाला किरदार अगर आशाओं से भरा न होता, तो अपनी पहली ही फ़िल्म में समाज को सकारात्मक ढंग से चेताने के लिए वे आनन्दी देवी जैसा चरित्र न रचते। उन्होंने यह काम बड़े सलीक़े से किया है, इसलिए हम आश्वस्त हो सकते हैं कि यह फ़िल्मकार उम्मीदों की तरफ़ खुलने वाली खिड़की को खोलने का तलबगार रहा है। गुलज़ार, इस बात को शिद्दत से महसूस करते हैं कि कोई ऐसा ज़रूर होना चाहिए, जिसको हम अपना कह सकें—

कोई तो ग़म अपनाता, कोई तो साथी होता
कोई होता, जिसको अपना, हम अपना कह लेते, यारो

कोई दिलासा होता, कोई तो अपना होता
पास नहीं तो दूर ही होता, लेकिन कोई मेरा अपना...

20

शाम के कोहरे में बहता हुआ ख़ामोश नदी का चेहरा
गन्दुमी कोहरे में जलते हुए आँखों के चिराग़
इक लगातार सुलगता हुआ सिगरेट का धुआँ

नींद में डूबी हुई दूर की मद्धम आवाज़

अजनबी ख़्वाबों के उड़ते हुए सायों के तले
नक़्श चेहरे के, पिघलती हुई मोम की मानिन्द

हर नये ख़्वाब की धुन सुनके बदल जाते हैं
ऐसा लगता है न सोयेगा, न जागेगा, न बोलेगा कभी
शाम के कोहरे में बहता हुआ ख़ामोश नदी का चेहरा।

(बिमल रॉय : एक पोर्ट्रेट)

एक ध्यान देने वाली बात गुलज़ार के शायर व्यक्तित्व के बारे में यह रही है कि उन्होंने सिनेमा और साहित्य की दुनिया में जिनके साथ काम किया और कुछ सीखा, जिन लोगों के सम्पर्क में आये और उनसे प्रभावित हुए—सभी के बारे में ज़िन्दगी में किसी मोड़ पर जाकर एक पोर्ट्रेट ज़रूर लिखा। जैसे, वह यह तय कर लेना चाहते रहे हों कि अपने रिश्तों को उस क़िरदार के सन्दर्भ में समझते हुए ख़ुद के लिए पोर्ट्रेट लिखकर हमेशा के लिए क़ैद कर लेना है। एक परिभाषा दे देनी है। एक डोर बाँध लेनी है।

इस रस्मो-रिवाज़ में डोर बँधाई करते हुए वे अनजाने ही उन सभी की ज़िन्दगी की गहराई से तफ़्तीश भी कर गुज़रे हैं, जो शायद वैसे कभी करना ज़रूरी न समझते। यह अनायास हुआ और बख़ूबी हुआ। उनके प्रेम को मापने के लिए, जज़्बात को अपने महबूब लोगों के हिस्से से समझने के लिए और उन सबकी ख़ुद के सन्दर्भ में मौजूदगी को पढ़ने के लिए पोर्ट्रेट लिखते हुए गुलज़ार ने एक नयी रस्म शुरू की। इन नज़्मों/कविताओं से होकर गुज़रने से पहले उन वजहों में भी यह शायर गया, जिसके लिए एक नये ढंग की इबारत गढ़ने की ज़रूरत महसूस हुई।

अपने उस्तादों और दोस्तों पर पोर्ट्रेट लिखने की एक ख़ास वजह गुलज़ार साहब ने मुझसे बातचीत करते हुए विस्तार से बतायी है। मैंने जब उनसे इस ख़ास विधा के तहत लिखने के सन्दर्भ में पूछा कि, 'पोर्ट्रेट कविताओं की यह नयी लीक रचने के पीछे उनके कौन से विचार काम कर रहे थे?' इन कविताओं के सन्दर्भ में मेरा यह तर्क़ रहा कि जिस तरह कार्टूनिस्ट, अपने अनूठे शिल्प में इमेजरी के साथ समाज से किरदार चुनकर कार्टून बनाते हैं, क्या उस तरह का कोई विचार उनके मन में आया होगा, जब इस तरह की एक ख़ास शिल्प वाली नज़्मों को उन्होंने ईजाद किया? गुलज़ार साहब संजीदगी से इस सवाल के जवाब में कहते हैं—

'नहीं! ऐसा नहीं है... मेरा पेंटिंग्स से ताल्लुक़ था और मैं चित्रकला प्रदर्शनियाँ देखने जाया करता था। पेंटिंग की ओर थोड़ा-बहुत झुकाव भी था, अक्सर ब्रश लेकर बैठ भी जाया करता था। इट इज़

अ ब्यूटिफुल एक्सपीरियंस प्लेइंग विथ कलर्स। एक बिल्कुल अलग सेंसबिलिटी है, जब आप ब्रश में रंग लेकर कैनवास पर लगाते हैं। वो बहुत ख़ूबसूरत है... यह ज़रूरी नहीं कि आप कोई चेहरा या फ़ीगर ही बनायें। यह तो ब्रश और रंगों से प्रेम करने और एक-दूसरे ढंग की सेंसबिलिटी को अनायास समझने का मामला भी है। रोमांस विद द लाइन्स, रोमांस विद द ब्रश, रोमांस विद द कलर्स एंड रोमांस विद द ड्राइंग।

'आप जानते ही हैं कि बिमल दा के यहाँ काम करने से पहले मैं मोटर गैराज में काम करता था, वहाँ पर रंगों को मिक्स करके एक्सीडेंट हुई कार के रंग से मैच करने का काम करता था। इसका भी अनुभव रहा है, तो इसलिए वो फ़ॉर्म मैं समझता ज़रूर था। इसलिए मैंने लैंडस्केप पोएम्स लिखना शुरू किया। स्केचेज़ भी हैं, जिनसे पेंसिल स्केच की फ़ील आती है। उस तरह के स्केचेज़ भी किये हैं, जो पोर्ट्रेट की तरह बने और उन्हें नाम भी वैसा ही दिया। आप पोर्ट्रेट तभी लिख सकते हैं, जब उस शख़्सियत को मुकम्मल तौर पर जानते हों। जैसे एक पेंटर किसी का पोर्ट्रेट कैनवास पर बनाता है, तो यह क़तई ज़रूरी नहीं है कि वह उस किरदार के फ़ीचर्स का पूरी तरह डिस्क्रिप्शन करे। यह भी ज़रूरी नहीं है कि उस पोर्ट्रेट में सब्जेक्ट की पूरी पर्सनैलिटी निकलकर आये। एक रिजेम्बलेंस, एक स्ट्रोक या पर्सनैलिटी का एक इम्प्रेशन दिखना काफ़ी होता है। उस पेंटर ने किसी इंसान का पोर्ट्रेट रचते हुए अपने ब्रश और रंगों से क्या कमेंट किया है, वो ज़रूरी चीज़ है, जिसे देखने के लिए लोग बड़े-बड़े कलाकारों की पेंटिंग प्रदर्शनियों में जाते हैं। एक पोर्ट्रेट ज़रूरी नहीं है कि पूरी तरह अपने किरदार का चेहरा हूबहू दिखाये। उसके लिए तो फ़ोटोग्राफ़ देखना चाहिए। अगर आप पोर्ट्रेट देखते हैं, तो उसमें उस पर्सनैलिटी का कुछ ऐसा निकलकर आना चाहिए, जिसे पहले कोई देख नहीं पाया है। देख भी लिया है, तो उस तरह से कहा नहीं है। जो चीज़ इस तरह पेंटिंग में सम्भव है कि आप पोर्ट्रेट बनाकर एक कमेंट करते हैं, वही चीज़ आप कविता लिखकर कर सकते हैं। मिसाल के तौर पर, मुझे जिस तरह बिमल दा दिखे हैं, उसी तरह मैंने उन पर पोर्ट्रेट लिखा है।'

इस तार्किक जवाब के बाद गुलज़ार की इन कविताओं का वज़न अलग से बढ़ जाता है। वह अपने पूर्वजों और समकालीनों के प्रति सिर्फ़ नज़्म लिखने भर का मामला नहीं है, बल्कि जिस शख़्सियत को उन्होंने अपने क़रीब पाया है, उसके पूरे किरदार पर एक कमेंट, एक विचार, एक तर्क की तरह उसे

देखने का पूरा वैचारिक ख़ाका है। इसी कारण मिर्ज़ा ग़ालिब, रवीन्द्रनाथ टैगोर, जीवनानन्द दास, अहमद नदीम क़ासमी, गोपीचन्द नारंग जैसे अदब के बड़े लोगों, बिमल रॉय, सलिल चौधरी, आर.डी. बर्मन, बासु भट्टाचार्य, संजीव कुमार, नसीरुद्दीन शाह और मेघना गुलज़ार जैसे फ़िल्मी दुनिया के व्यक्तित्वों और जतिन दास जैसे चित्रकार को गुलज़ार की निगहबानी में समझना एक नये ही रिश्ते को समझने जैसा है। ग़ज़ल गायक और उनके अभिन्न मित्र जगजीत सिंह पर भी उनकी लिखी नज़्म उनके अपने विचार का विस्तार है। यह और बात है कि उन पर पोर्ट्रेट लिखने के अलावा, वे अलग से एक 'मर्सिया' भी लिखकर उनके प्रति अक़ीदत पेश करते हैं—

जाने कैसी सर्दी आके बैठ गयी थी,
जम गयी थी उसके सीने में,
ग़ज़ल की काँगड़ी जला के पहन लेता था...

सर्दी से ठिठुरने लगता था कभी
छदरी छदरी धूप ओढ़ लेता था

कल सुना है बर्फ़ गिर रही थी जब पहाड़ों पर
खिड़की खोल कर...
वो आग तापने चला गया...चिता की आग पर! (मर्सिया)

इन नज़्मों से उन तमाम लोगों के प्रति शायर का झुकाव और आदर भी झलकता है, जिसमें गुलज़ार से बनने वाले उन सभी के रिश्तों की गरमाहट को पढ़ते हुए हम महसूस कर सकते हैं। वे हर जगह उस चित्रकार की तरह उभरे हैं, जो अपने प्रिय विषय को कैनवास पर उतारने के लिए उन किरदारों के जीवन की ढेरों आड़ी-तिरछी रेखाओं को क़रीने से पेंसिल-स्केच करता है। जीवन की आपाधापी के बीच से गुज़र रहे संशयों, चिन्ताओं और संघर्ष को उसका वजूद देते हुए उचित रंगों के इस्तेमाल से कैनवास भरता है। साथ ही उसके साथ, अपने रिश्ते को एक विनम्र साहचर्य देते हुए सार्वजनिक ढंग से शब्दों के माध्यम से कमेंट करता है।

आप यदि गुलज़ार के मुरीद हैं, तो इन पोर्ट्रेस से मिलने वाले आशयों को समझ सकते हैं। फिर भी उनके एहसास को और नज़दीक से जानने के लिए इन कविताओं/नज़्मों की पूरी बसाहट में उतरना ज़रूरी है। जैसे, टैगोर की पोर्ट्रेट से इन पंक्तियों द्वारा, गुलज़ार का अपना रिश्ता रवीन्द्रनाथ टैगोर के साथ देखना चाहिए, जिसे उन्होंने उनके विपुल साहित्य से गुज़रकर बनाया

है। यह एक ऐसे किरदार पर लिखी गयी कविता है, जिस इंसान से वे रूबरू कभी मिल नहीं सके। यह कविता ही दरअसल गुलज़ार और टैगोर की आपसी मुलाक़ात और मैत्री का हासिल है।

एक देहाती सर पर गुड़ की भेली बाँधे,
लम्बे-चौड़े इक मैदां से गुज़र रहा था

धूप चढ़ती और सूरज की गर्मी पहुँची तो
गुड़ की भेली बहने लगी

मासूम देहाती हैरां था
माथे से मीठे-मीठे क़तरे गिरते थे
और वो जीभ से चाट रहा था
मैं देहाती...
मेरे सर पर ये टैगोर की कविता की भेली किसने रख दी!

(टैगोर)

टैगोर की तरह ही, मिर्ज़ा ग़ालिब के सन्दर्भ में भी यह बात पूरी तरह लागू होती है। गुलज़ार के क़द्रदान जानते हैं कि मिर्ज़ा ग़ालिब से उनका कैसा नाता रहा है। उनसे बिना मिले हुए ही गुलज़ार वह रिश्ता क़ायम करते हैं, जो उस्ताद और मुरीद के बीच होता है। जैसी डोर बँधाव निज़ामुद्दीन औलिया और अमीर ख़ुसरो के बीच रही है। जैसा आत्मीय संवाद शास्त्रीय संगीत की दुनिया में एक नया कलाकार अपने गुरु से बनाता है, जब वह उसके घराने में शामिल होता है। उस्ताद कलावन्त और शागिर्द के बीच की यह डोर ही दोनों का आपसी सौहार्द्र रचती है। गुलज़ार ने इसी तरह मिर्ज़ा ग़ालिब से अपनी डोर जोड़कर गुरु-शिष्य परम्परा का गण्डा-बन्धन कर रखा है। ग़ालिब के पोर्ट्रेट को इसी अन्दाज़ में पढ़ना चाहिए। ये पूरी नज़्म ही यहाँ साझा कर रहा हूँ–

बल्लीमाराँ के मोहल्लों की वो पेचीदा दलीलों की-सी गलियाँ
सामने टाल के नुक्कड़ पे, बटेरों के क़सीदे
गुड़गुड़ाती हुई पान की पीकों में वह दाद, वह वाह-वा
चन्द दरवाज़ों पे लटके हुए बोसीदा-से कुछ टाट के परदे
एक बकरी के मिमियाने की आवाज़
और धुँधलायी हुई शाम के बेनूर अँधेरे
ऐसे दीवारों से मुँह जोड़ के चलते हैं यहाँ
चूड़ीवालान के कटरे की 'बड़ी बी' जैसे
अपनी बुझती हुई आँखों से दरवाज़े टटोले

इसी बेनूर अँधेरी-सी गली क़ासिम से
एक तरतीब चराग़ों की शुरू होती है
एक क़ुरान-ए-सुख़न का सफ़ा खुलता है
'असद उल्लाह ख़ाँ ग़ालिब' का पता मिलता है...

इसी पोर्ट्रेट में ग़ालिब की दुनिया के रंग-बिरंगे तमाशे, जज़्बात और जीवन की धड़कती हुई कहानी पूरे शबाब पर मिलती है। गुलज़ार की शायरी की यही पुख़्ता ज़मीन भी है, जिसका ख़ाका इन पोर्ट्रेट्स के अलावा उनके लिखे कुछ लैंडस्केप्स और स्केचेज़ से मिलता है। उनकी बनायी हुई पेंटिग्स में भी यही बात अपना अफ़साना बयाँ करती है।

जीवनानन्द दास भी इसी तरह अदब के रिश्ते से गुलज़ार के मकान में दाख़िल होते हैं। हमेशा के लिए उस घर में अपने कवि-रिश्ते से बहैसियत दोस्त बनकर रहने के लिए। 'मोने पोड़! जीवनानन्ददास' की चन्द लाइनें इस रिश्ते की गरमाहट और सुन्दरता को देखने के लिए पढ़ी जा सकती हैं–

मैं आधी नींद में था उसने जब आवाज़ दी थी
वो शायद कूद के उतरा था चलती ट्राम से और...
और झील के पानी में पाँव जा पड़ा था
झील के पानी से राजहंस अपने दोनों
पंख खोले, शायें-शायें उड़ गया था!
'शुनाली' धूप की महकार पंखों से गिराके
चील अपने आशियां में लौट आई!

मिर्ज़ा ग़ालिब, रवीन्द्रनाथ टैगोर और जीवनानन्द दास के साथ साहित्य के अपने जुड़ाव के चलते गुलज़ाराना कैफ़ियत के साथ हमें ऐसी अर्थपूर्ण नज़्में हासिल हो सकी हैं। अगर हम गुलज़ार के वक्तव्य के हिसाब से इन महान रचनाकारों को उनके लिखे पोर्ट्रेट के लिहाज़ से मूल्यांकन करें, तो हर एक कविता, गुलज़ार के उन विचारों का कविता के बड़े कैनवास पर फैलाया हुआ वो रंग है, जिसके माध्यम से ग़ालिब, टैगोर और जीवनानन्द दास इस तरह भी व्यक्त होते हैं। कुछ अलग-अलग रेखाओं, तराशों और स्मृतियों के सघन जल के साथ...यहाँ पर ऑक्टोवियो पॉज़ की कविता की वह परिभाषा याद आती है, जिसे उन्होंने कविता के सन्दर्भ में कहा था– 'Each reader is a poet, each poem another poem' (हर पाठक एक कवि है, प्रत्येक कविता एक दूसरी कविता है)... बड़े सलीक़े से इन तीनों विभूतियों को अपनी

कविता में उतारते वक़्त गुलज़ार एक पाठक की हैसियत से क़लम चलाते हैं, जो कवि के रूप में ही उनकी भावनाओं का इज़हार बनती है।

ऑक्टोवियो पॉज़ के कथन के सहारे ही हम गुलज़ार की लिखी हुई वो नज़्में भी देख-परख सकते हैं, जिसे उन्होंने उन लोगों के सन्दर्भ में रचा, जिनके साथ उनके रचनात्मक और व्यक्तिगत जीवन का बड़ा समय साथ बीता। इनमें बिमल रॉय, सलिल चौधरी, बासु भट्टाचार्य, आर.डी. बर्मन, संजीव कुमार, नसीरुद्दीन शाह और जगजीत सिंह शामिल हैं। सलिल चौधरी पर लिखी नज़्म को यहाँ पढ़ना चाहिए, जो गुलज़ार का सलिल दा के प्रति कृतज्ञता ज्ञापन है—

कँपकँपाती हुई तालाब के पानी की सतह
सूत के तागों से बाँधे हुए सैलाब का शोर
हल्की सी ज़रब से झन्नाके बज उठते हैं
अपने ही आप से उलझी हुई परवाज़ की रफ़्तार
अपने ही आप से घबरा के न छुट जाये कहीं
अपने ही आप से हारी हुई रफ़्तार की परवाज़।

(सलिल चौधरी)

बिमल रॉय और सलिल चौधरी के ऊपर लिखी नज़्मों को हम पोर्ट्रेट पेंटिंग के सन्दर्भ में यदि परखें, तो वही बात खुलकर सामने आती है, जिसमें गुलज़ार ऐसी कविताओं के लिए कोई इशारा, कमेंट या पर्सनैलिटी का एक कोई इम्प्रेशन पकड़ते हैं। बिमल रॉय की पोर्ट्रेट में आता है—

इक लगातार सुलगता हुआ सिगरेट का धुआँ
नींद में डूबी हुई दूर की मद्धम आवाज़

इसे पढ़ते हुए बिमल दा के साथ गुलज़ार के सम्बन्ध के आख़िरी सालों के दिन याद आते हैं, जब वे अपनी महत्त्वाकांक्षी फ़िल्म 'अमृत कुम्भ की खोज' के लिए गुलज़ार के साथ उसकी पटकथा पर काम कर रहे थे, जो समरेश बसु के उपन्यास पर आधारित थी। बिमल रॉय, गुलज़ार को रोज़ ही पटकथा सम्बन्धी टीपे लिखवाते रहते थे। यह वो समय था, जब बिमल रॉय कैंसर से पीड़ित, जीवन के अन्तिम चरण में थे। सिगरेट उनका शौक़ था और जीवन भर वे चोरी छिपे इसे पीते रहे। नींद में डूबी हुई जिस मद्धम आवाज़ की बात गुलज़ार करते हैं, वह उस्ताद और शागिर्द के आपसी रिश्ते का एक ऐसा अनकहा साहचर्य भी रहा है, जिसके लिए यह पोर्ट्रेट मुकम्मल तौर पर बिमल रॉय पर पूरी तरह सटीक बैठती है। ब्रिटिश कला

समीक्षक जॉन बर्जर अपनी प्रसिद्ध किताब 'वेज़ ऑफ़ सीइंग' में कला को देखने की जिस दृष्टि की बात करते हैं, वह उक्ति गुलज़ार के लिखे पोर्ट्रेट्स, लैंडस्केप्स और स्केचेज़ को एक दूसरे ही धरातल पर अलग ढंग से सपोर्ट करती है। बर्जर लिखते हैं–'Seeing comes before words...The way we see things is affected by what we know or what we believe' (देखना, शब्दों के पहले आता है...जिस तरह हम किसी चीज़ को देखते हैं, वह इस बात से प्रभावित होती है कि हम क्या जानते हैं और क्या विश्वास करते हैं।)

जिस विश्वास और जानकारी के साथ कोई चरित्र देखा, समझा, पढ़ा या परखा जाता है, उसी के अनुसार कोई कलाकार, कवि, चित्रकार, लेखक या फ़िल्मकार उन किरदारों को लेकर अपने ढंग से देखता है और उसी के अनुरूप उपन्यास, जीवनी, कविता, सिनेमा या पेंटिंग में उसकी एक छवि गढ़ने की कोशिश करता है। गुलज़ार भी यही काम अपने अनुभव से करते हैं, जिस तरह उन्हें लोगों को नज़दीक से परखना सुलभ रहा है। इसी के सहारे वे पोर्ट्रेट में उतरते हैं। एक तरह से इन नज़्मों के माध्यम से वे ख़ुद के लिए इन चरित्रों की एक नयी परिभाषा करते हैं, जिसे एक कलाकार को दूसरे कलाकार को देखने के सन्दर्भ में समझना चाहिए।

नसीरुद्दीन शाह जैसे अभिनेता, जतिन दास जैसे चित्रकार, अहमद नदीम क़ासमी जैसे शायर, जगजीत सिंह जैसे ग़ज़ल गायक और आर.डी. बर्मन जैसे संगीतकार के लिए उनकी परिभाषाएँ इसी तरह रची गयी हैं। इन सब पर लिखने का एक विशेष परिप्रेक्ष्य है, जिसके हवाले से हम गुलज़ार के उस युग का बरसों बाद जाकर इस तरह आकलन कर पाने में सक्षम होंगे कि उस दौर में जब गुलज़ार जैसे शायर, अफ़सानानिगार और फ़िल्मकार अपनी कला से कुछ रच रहे थे, तब उनके आसपास के कला-संसार के लोगों का किरदार कैसा था, जो नज़्मों में इस तरह शुमार हुआ। मिसाल के तौर पर, नसीरुद्दीन शाह पर उनके पोर्ट्रेट की कुछ लाइनें पढ़नी चाहिए, जो एक अभिनेता और उसके निर्देशक के बीच शब्दों और अभिनय के रंगों से रची जाकर इस तरह जीवन्त हो उठी हैं–

इक अदाकार हूँ मैं!
मैं अदाकार हूँ ना
जीनी पड़ती हैं कई ज़िन्दगियाँ एक हयाती में मुझे!

मेरा किरदार बदल जाता है, हर रोज़ ही सेट पर

मेरे हालात बदल जाते हैं
मेरा चेहरा भी बदल जाता है...

पाकिस्तान के मशहूर शायर और गुलज़ार के अत्यन्त क़रीबी रहे अहमद नदीम क़ासमी पर लिखी यह नज़्म भी यहाँ दर्ज करनी चाहिए, जो दोनों के रिश्तों को एक बड़ा मानी देती है। गुलज़ार उनके प्रति जिस आदर और अपनेपन से भरे रहे हैं, यह बात वही इंसान समझ सकता है, जिसने उनसे क़ासमी साहब के बारे में बात की हो। मुझे याद है कि जिन मुलाक़ातों में गुलज़ार साहब से अहमद नदीम क़ासमी का ज़िक्र हुआ, उनका चेहरा खिल गया और संस्मरण सुनाते हुए उनकी आँखें डबडबा गयीं। इस शायर पर पोर्ट्रेट और मर्सिया दोनों ही लिखा गया है। उनके पोर्ट्रेट से यह मंज़र भी देख लीजिए, जो एक लैंडस्केप में बदलते हुए क़ासमी साहब को सलाम करता है—

उनपे उभरे हुए चेहरों को पढ़ा करता था
कोई अफ़साना सुनाता था, कोई नज़्म कभी
अदब-ओ-शेर के गुलशन में बहुत ज़िक्र सुना है
उसकी घनी छाँव का...!

अब भी जाता हूँ मैं जब अपने सखी पेड़ के पास
तो वो भर देता है झट से मेरी ख़ाली झोली...

नयी नज़्मों, नयी ग़ज़लों और नये अफ़सानों के साथ गुलज़ार आज भी जिस गुलशन में खड़े हैं, वहाँ की हरियाली, आब-ओ-हवा और पानी में शब्दों के जितने रंग घुले हैं, उतने ही रंगों से कविता के कागज़ पर पोर्ट्रेट लिखने का सफ़र जारी है। हम मुतमइन हो सकते हैं कि एक शायर इस तरह भी अपने समय को शब्दों में बाँधकर हमेशा के लिए किसी किरदार या रिश्ते को महफ़ूज कर लेता है। कभी-कभी तो यह भी आलम होता है कि ख़ुद का 'सेल्फ़ पोर्ट्रेट' लिखना भी उन्हें ज़रूरी लगता है। इसलिए भी लिखा जाना, ताकि सनद रहे और वक़्त पे काम आये।

रोज़ ही आईने पर लिख कर जाता हूँ मैं
सारे चिन्ह और चेहरा अपना
लौटूँ तो पहचानने में कोई भूल न हो...
लेकिन रोज़ बदल जाता है कुछ न कुछ
एक मोअम्मा बना हुआ हूँ अपने लिए
देखूँ तो...
पहले से हिर्स कुछ और ज़्यादा है आँखों में

उम्मीद की धड़कन बढ़ी हुई है
और चिन्ता के चिन्ह ज़्यादा गहरे होने लगे हैं

पक्का रंग है, काला तो, सुनते हैं
फिर भी...
जाने क्यों बालों का रंग उतरने लगा है
एक मोअम्मा बना हुआ है, आईने में!!

(सेल्फ़ पोर्ट्रेट)

21

गुलज़ार, अपने जन्म के वतन 'दीना' को लेकर जो साहित्य लिखते रहे हैं, उनमें कुछ ऐसी दस्तावेज़ी चीज़ें भी चुपचाप शामिल हो गयी हैं, जिन्हें उन्होंने इस लिहाज़ से क़तई न लिखा होगा कि वो इतिहास में अब एक शिनाख़्त की तरह यादगार होने जा रही हैं। कुलदीप नैयर जैसे बड़े किरदार वाले पत्रकार के बारे में संस्मरणनुमा कहानी 'कुलदीप नैयर और पीर साहब' लिखकर उन्होंने, अदब की दुनिया में इतिहास की रोशनी फैला दी है। ख़ुद कुलदीप नैयर ने अपनी आत्मकथा 'बिऑण्ड द लाइन्स : एन ऑटोबॉयोग्रॉफ़ी' में ख़ुद की पहचान को इस तरह नहीं उतारा, भले ही वह आज़ादी से लेकर इक्कीसवीं शताब्दी के पहले दशक तक के भारत की अन्दरूनी कहानी का वृत्तान्त प्रस्तुत करती है। गुलज़ार, नैयर साहब को एक बाना देते हैं, जैसे अपने यथार्थवादी सिनेमा के लिए स्क्रिप्ट में छोटा-सा किरदार गढ़ रहे हों।

गुलज़ार पिछले कई सालों से आज़ादी की पूर्व संध्या पर 14 अगस्त की शाम बाघा बॉर्डर तक जाते हैं। अपने दोस्तों के साथ हिन्द-पाक दोस्ती के नारे लगाते हुए, जब रात को बारह बजे तारीख़ बदलती है, तो शमाएँ जलाकर आज़ादी का स्वागत करते हैं। इस ख़ैरमक़दम में, बहुत सारे लोग जुड़ते हैं, मगर जो सबसे ज़रूरी बात है, वो यह कि गुलज़ार एक ऐसा मंज़र रचते हैं, जिसे भारत-पाकिस्तान की साझी मैत्री के सन्दर्भ में उनका आधिकारिक बयान भी माना जा सकता है। इस छोटी-सी कहानी में, जिसके मूल में नैयर साहब के घर से सटे पीर साहब की याद समेटी गयी है, उन्हें ठण्ड लगने पर कुलदीप नैयर एक रोज़ निज़ामुद्दीन औलिया की दरगाह पर चादर चढ़ा आये थे, जिसे अपने साथ स्यालकोट लेकर गये थे। पूरी कहानी ख़त्म होने पर पीर साहब की याद ख़ुशनुमा ढंग से आपको ख़ुश भले करती है, मगर जो बात

बाद तक नेज़े की तरह सीने में कहीं धँसती रहती है, वही शायद गुलज़ार का हासिल है, जिसके लिए वे इस कहानी को जन्म देते हैं।

बात इतनी सी है, कुलदीप नैयर के हवाले से जिसे गुलज़ार कहना ज़रूरी समझते हैं। वो बात भी सुन लीजिए—

> *'ये सड़क अगर इसी तरह सीधी चलती रहे और कोई गेट, कोई रुकावट ना आये, ना कोई वीज़ा पूछे, न पासपोर्ट देखे, और मैं पाकिस्तान घूम के आ जाऊँ, तो क्या लूट लूँगा उस मुलक का? लूटने वालों की तो ना इस मुलक में कमी है, ना उस मुलक में। उन्हें बाहर से आने की क्या ज़रूरत है?'*

इतने भर से बात मुकम्मल नहीं होती, गुलज़ार उन्हीं के हवाले से यह भी जोड़ते हैं—

> *'आख़िर वो भी तो वतन है मेरा? मेरा कितना बड़ा हिस्सा उस मुलक में पड़ा है?...*

इसी बात को समझने के लिए गुलज़ार और कुलदीप नैयर बाघा बॉर्डर पर जाते रहे हैं, यह देखने कि अगर यह सड़क इसी तरह सीधी चलती होती, तो दीना और स्यालकोट तक जाना, घर जाकर लौटने जैसा होता...

22

'धर्मयुग' के जनवरी 1994 के अंक में पंजाबी लेखिका अमृता प्रीतम ने गुलज़ार की नज़्मों की पड़ताल करते हुए एक टिप्पणी लिखी थी। अमृता प्रीतम के अनुसार—

> *'गुलज़ार ने अपनी बात अक्षरों में ढालते हुए उस ख़ामोशी की अज़मत रख ली है, जो एहसास से उतरना जानती है, पर होंठों पर आना नहीं जानती। एक ऐसी ख़ामोशी जो अक्षरों को पाकर भी बोलना नहीं जानती...'*

गुलज़ार एक बहुत प्यारे शायर हैं। उनकी एक नज़्म सामने रखती हूँ—

रात भर सर्द हवा चलती रही
रात भर हमने अलाव तापा
मैंने माज़ी से कई ख़ुश्क-सी शाखें काटीं
तुमने भी गुज़रे हुए लम्हों के पत्ते तोड़े
मैंने जेबों से निकालीं सभी सूखी नज़्में
तुमने भी हाथों से मुरझाए हुए ख़त खोले...

वे इस नज़्म को सहलाते हुए आगे बढ़ती हैं और भावों की शिनाख़्त में यह जोड़ती हैं–

> *'इन अक्षरों से गुज़रते हुए, एक जलते और बुझते हुए रिश्ते का कम्पन हमारी रगों में उतरने लगा है, इतना कि आँखें उस काग़ज़ की ओर देखने लगती हैं, जो इन अक्षरों के आगे ख़ाली है और लगता है–एक कम्पन है, जो उस ख़ाली काग़ज़ पर बिछा हुआ है...गुलज़ार ने उस रिश्ते के शक्ति-कण भी पहचाने हैं, जो कुछ एक बरसों में लिपटा हुआ है और उस रिश्ते के शक्ति-कण भी झेले हैं, जो जाने कितनी सदियों की छाती में बसा हुआ है...कह सकती हूँ कि आज के हालात पर गुलज़ार ने जो लिखा है, हालात के दर्द को अपने सीने में पनाह देते हुए और अपने ख़ून के क़तरे उसके बदन में उतारते हुए–वह उस शायरी का दस्तावेज़ है, जो बहुत सूक्ष्म तरंगों से बुनी जाती है।'*

लगभग ढाई दशक से कुछ ज़्यादा समय पहले गुलज़ार के सरोकारों को लेकर एक वरिष्ठ पंजाबी लेखिका, जिस तरह उनकी संवेदनाओं के कम्पन को महसूस करती हैं और उसे बाक़ायदा लिखकर ऐलान करती हैं, वह इतना अरसा बीत जाने के बाद भी बदला नहीं है, देखकर तसल्ली होती है। गुलज़ार के लिए नज़्मों की रूह कभी ज़ाहिर तौर पर कल्पना की वही कामयाब ज़मीन भर नहीं रही, जिस पर उनके समवयसी शायर और गीतकार चले हैं। फ़िल्मों के लिए लिखते हुए और लगातार उस माध्यम में सक्रियता के बावजूद, उनके शायर ने ख़ुद के लिए कोई नज़्म बुनते वक़्त, फ़िल्म गीतों की रूमानियत से बराबर दूरी बनाकर रखी। आपको गुलज़ार की शायरी में यह कभी देखने को नहीं मिलेगा कि सिनेमा में जो ट्रेंड चलता रहा, शायर ने वैसा ही मिलता-जुलता काम अपनी ग़ैरफ़िल्मी नज़्मों में भी कुछ फ़ेरबदल के साथ किया हो। अलबत्ता, यह ज़रूर हुआ कि सामाजिक सन्दर्भों के जो प्रश्न अलग-अलग दौर में किसी संवेदनशील रचनाकार को परेशान करते रहे हैं, उन सब पर एक चौकन्नी निगाह रखते हुए गुलज़ार उन सन्दर्भों की कविताओं का फ़िल्मी गीतों में भरसक रूपान्तरण करते रहे। मसला यह है कि क्या रूमान और प्रेम की कविताएँ लिखते हुए कभी इस शायर ने अपने समय को पीठ दिखाई है?

इसका जवाब भी सीधा-सा है कि ऐसा कभी नहीं हुआ कि गुलज़ार ने अपने शायर व्यक्तित्व की सबसे भरोसेमन्द शर्त–प्रश्न करने के अधिकार से मुँह मोड़ा हो। अमृता प्रीतम जिस बात को पूरे दार्शनिक तौर पर इसी लेख में आगे कहती हैं, उससे सहमति रखते हुए यह दर्ज किया जा सकता है कि गुलज़ार

के यहाँ जीवन के पूरे सम्मान के साथ समाज की तल्ख़ सच्चाइयों पर कविता में इशारे होते रहे हैं। उनकी ढेरों कविताओं में समय को सचेत करने की मुनादी होती रही है। उदाहरण के तौर पर, 'स्पीकर', 'परिन्दे हैं या परचम'?, 'कबड्डी', 'मुहाफ़िज़', 'बहुत से मसले लेकर गया था', 'जलसा', 'एक मंज़र' जैसी नज़्मों में सामाजिक तौर पर उस हस्तक्षेप की ही बात है, जो दुनिया के सामने एक शायर का हलफ़नामा प्रस्तुत करती है।

यह आश्चर्य की बात है कि गुलज़ार की कविताओं में रूमानियत के प्रति आग्रही रही अमृता प्रीतम ने उनकी सामाजिक सन्दर्भों वाली कविताओं को परखते हुए गुलज़ार के सरोकारों को सूक्ष्मता से पकड़ने की कोशिश की है। एक नज़्म *'वह जो शायर था, चुप-सा रहता था/बहकी-बहकी-सी बातें करता था...'* के बारे में उनके विचार पढ़ने लायक हैं–

> *'फ़ना के मुक़ाम का दीदार जिसने पाया हो, उसके लिए बहुत मुश्किल है, उन तल्ख़ घटनाओं को पकड़ पाना, जिनमें किसी रिश्ते के धागे बिखर-बिखर जाते हैं।'*

गुलज़ार की नज़्मों का यह पाठ दिलचस्प है और प्रासंगिक भी, क्योंकि इसे सिर्फ़ एक बड़ी लेखिका की प्रस्तावना ही नहीं मिली है, बल्कि वह उनतीस साल पहले किया गया ऐसा मूल्यांकन है, जिसकी सिलवटें अभी भी जस की तस हैं। गुलज़ार की पुरानी नज़्मों की तुलना में, यदि हम आज के समय में उनके सरोकारों को परखने का जतन करें, तो यह पायेंगे कि हाल ही में दुनिया भर में फैली महामारी कोविड-19 के सन्दर्भ में भारत में मज़दूरों के अपने शहर और गाँव वापसी पर उन्होंने अत्यन्त संवेदनशील नज़्म लिखी–*'मरेंगे तो वहीं जाकर, जहाँ ज़िन्दगी है...'* और बाक़ायदा इसका डिजिटल माध्यम के कई मंचों पर पाठ भी किया।

उनकी कविताओं में समाज और दुनिया में होने वाली घटनाओं को देखने की जो छटपटाहट है, वह शायरी में उस तरह ही दर्ज होती है, जिसे अमृता प्रीतम 'हालात के दर्द को अपने सीने में पनाह देने' की बात कहती हैं। वे अपने सबसे चहेते काव्य प्रतीक 'चाँद' को भी अकसर सामाजिक दायित्वबोध के परिसर में उतार लाते हैं, जो उस समय चाँद का स्वभाव भी बदल देता है। यह गुलज़ार ही हैं, जो अपनी सूक्ष्म तरंगों से बुनी हुई नज़्मों में वो ढेर सारे प्रश्न और समाज को बेहतर बनाने के लिए किये जाने वाले इशारे भर देते हैं, जिसके चलते नयी से नयी कविता उनके शायर का मन खोलकर दिखा देती है।

उस शायर का अन्तरंग, जिसने रूमान को भी अपनी क़लम से, दर्द और तकलीफ़ के पड़ोस में बैठने का सलीक़ा सिखाया हुआ है। चाँद की इमेजरी की कुछ पंक्तियाँ यहाँ लिखते हुए, अमृता प्रीतम की कही यह बात भी पढ़ लेनी चाहिए–

'धरती की छाती पर जो गुज़रती है, उसे देखकर चाँद, आसमान की मैली-सी गठरी में छुप जाता है, और जब गठरी से वह एक हाथ निकालता है, तो हाथ में चमकता हुआ ख़ंजर होता है...'

चाँद क्यूँ अब्र की उस मैली-सी गठरी में छुपा था?
ख़ून से लिथड़ी हुई रात के रहगीरों ने दोज़ानों पे गिरकर,
'रोशनी, रोशनी!' चिल्लाया था,
देखा था फ़लक की जानिब,
चाँद ने गठरी से इक हाथ निकाला था,
दिखाया था चमकता हुआ ख़ंजर!!

23

'परिचय' (1972) की कुछ ख़ूबियों की ओर ध्यान दिलाना ज़रूरी लगता है। यह फ़िल्म शुरू से अन्त तक बड़ी बारीक़ी से रिश्तों की नाज़ुक बुनावट को किरदारों के आपसी सन्दर्भ में परखते हुए परिस्थितियों का एक मानवीय ख़ाका उकेरती है। इस तरह फ़िल्म किसी भी किरदार को सही या ग़लत नहीं ठहराती। इस रूप में भी 'परिचय' देखी जानी चाहिए कि वो मानवीय संवेदनाओं को उनके सबसे नाज़ुक पलों में एक-दूसरे के प्रति जवाबदेह बनाती है। फ़िल्म का मूल विचार करुणा है। यह करुणा, राय साहब (प्राण) के मन में होते हुए भी किसी को दिखती नहीं। राय साहब के बेटे नीलेश राय (संजीव कुमार) का अपनी कला-साधना के लिए जो जुनून और समर्पण है, उसमें भी एक अतिरेकी करुणा का वास है, जिसे ख़ुद राय साहब अनदेखा करते हैं। पटकथा के स्तर पर भी 'परिचय' में कुछ ऐसे इशारे व्यक्त होते हैं, जिनसे फ़िल्म के नाटकीय दृश्यों को तनाव हासिल होता है। इस तनाव को फ़िल्म का कथानक बनाने के लिए गुलज़ार 1965 में प्रदर्शित अमेरिकन कल्ट सिनेमा 'द साउंड ऑफ़ म्यूज़िक' और राजकुमार मैत्रा की बंगाली कहानी 'रंगीन उत्तरियो' को आधार बनाते हैं।

इसका भी एक मनोरंजक क़िस्सा है। हुआ यह था कि इस कहानी को राखी ने बांग्ला पत्रिका 'उल्टो-रथ' में पढ़ा था और उससे प्रभावित होकर इसे गुलज़ार

को सुनाया था, इस पर एक बेहतर फ़िल्म बन सकती है। अभिनेता जीतेन्द्र, गुलज़ार के निर्देशन में एक फ़िल्म करने के इच्छुक थे, तो उन्होंने गुलज़ार से कहा कि कुछ कहानियों के प्लॉट उन्हें बतायें, जिससे किसी एक पर फ़िल्म बनाना तय किया जा सके। गुलज़ार ने कई कहानियाँ सुनायीं, जिनमें राखी द्वारा सुझायी गयी राजकुमार मैत्रा की कहानी भी शामिल थी। जीतेन्द्र को कोई कहानी पसन्द नहीं आयी और उन्होंने कुछ और कहानियाँ सुनने की ख़्वाहिश जतायी। कुछ दिनों बाद जीतेन्द्र उत्साह से गुलज़ार से मिले और उन्हें वही कहानी सुनायी, जो राखी के परामर्श पर गुलज़ार उन्हें पहले ही सुना चुके थे। जीतेन्द्र को उसमें फ़िल्म की सम्भावना दिखी और उस पर गुलज़ार से बोले—'मुझे ये कहानी अच्छी लग रही है, मुझे राखी ने सुनायी है।' गुलज़ार ने इस पर जीतेन्द्र को जवाब दिया—'मैं ये कहानी आपको पहले ही सुना चुका हूँ और आप इसे ख़ारिज कर चुके हैं।' इस पर मज़ाक़ करते हुए जीतेन्द्र ने कहा—'फिर आपको राखी से सीखना चाहिए कि कहानी कैसे सुनायी जाती है।' इस तरह 'परिचय' के लिए यह कहानी चुनी जा सकी थी।

हालाँकि, यह पहलू दिलचस्प है कि 'परिचय' मैत्रा के उपन्यास की ओर जितनी झुकी हुई है, उतना वह 'द साउंड ऑफ़ म्यूज़िक' से संवाद नहीं करती। फिर भी आंशिक रूप से इस फ़िल्म से प्रभावित 'परिचय', 'द साउंड ऑफ़ म्यूज़िक' की पृष्ठभूमि को, जो द्वितीय विश्वयुद्ध के कालखण्ड में विस्तृत होती है, का ऐतिहासिक परिप्रेक्ष्य छोड़ देती है। हिन्दी में इसे रचते हुए गुलज़ार उसके मूल भावनात्मक परिदृश्य का भारतीयकरण करते हैं। 'परिचय' में संवेदनशील ढंग से तीन पीढ़ियों के संघर्ष को इतनी सूक्ष्मता से दर्शाया गया है कि फ़िल्म के मुख्य नायक रवि (जीतेन्द्र) की उपस्थिति में निर्देशक को इंसानी जज़्बात के ढेरों शेड्स दिखाने का मौक़ा मिल जाता है। रवि, जो शहर में नौकरी के लिए प्रयासरत है, अपने मामा (ए.के. हंगल) के कहने पर गाँव आता है। यहाँ उसे राय साहब की हवेली में उनके बेटे के चार बच्चों को पढ़ाने की ज़िम्मेदारी मिलती है, जिसमें उसकी नौकरी उन्हें सभ्य और सुसंस्कृत बनाने की है। इस तरह फ़िल्म में नायक चार बच्चों और उनकी बड़ी बहन रमा (जया भादुड़ी) के साथ भावनात्मक ढंग से जुड़ते हुए कहीं न कहीं उनके मोह के धागे से बँध जाता है।

'परिचय' फ़िल्म का मूल विचार एक इंसान का दूसरे से आत्मीय परिचय कराने में है, जिसमें यह बात सार्थकता ग्रहण करती है कि हर एक के बिगड़े हुए रिश्ते, एक निश्चित समय अन्तराल के बाद न सिर्फ़ सुधरते हैं, बल्कि आपस

में मधुर हो जाते हैं। इस मधुरता में तीन पीढ़ियों की आपस की ग़लतफ़हमियाँ भी दूर होती हैं। एक-दूसरे के प्रति सम्मान का भाव पैदा होता है और जिस बात के लिए राय साहब तरसते रहते हैं कि उनके पोते-पोतियाँ उन्हें ग़लत न समझें, वह आशंका धीरे-धीरे ख़त्म होने तक पहुँच जाती है। बच्चों से अपने रिश्तों के सुधारने के उधेड़बुन में लगे राय साहब का यह संवाद, जो रवि से सम्बोधित है, उनकी हताशा को व्यक्त करता है—

> *'प्यार अगर दवा की तरह घोलकर पिलाया जा सकता, तो मैं वो भी कर देता, लेकिन मुश्किल तो ये है कि प्यार की कोई गोलियाँ नहीं मिलतीं, जो खिला दूँ इन बच्चों को...'*

इस पर रवि प्रतिवाद करता है—

> *'आप जिस सहूलियत और आराम को प्यार कहते हैं न, राय साहब! वो प्यार नहीं सिर्फ़, सहूलियत है, सिर्फ़ आराम है, जो किसी भी मरीज़ को किसी भी अस्पताल से मिल सकती है। आपने इन बच्चों को नर्स की तीमारदारी दी है, माँ की ममता नहीं। ज़रूरत की दवा तो आप इन्हें दे रहे हैं, लेकिन बिना ज़रूरत का प्यार, तो सिर्फ़ माँ-बाप ही दे सकते हैं।'*

'परिचय' फ़िल्म का पूरा दारोमदार इन दोनों के बीच का यही एक संवाद है, जिसे हम इस फ़िल्म की गतिशीलता का प्रस्थान-बिन्दु कह सकते हैं। बच्चों के लिए रवि, जिस प्यार की पैरवी, हमदर्दी की ज़रूरत और सहानुभूति की बात करता है, उसी के सम्मिलित विचार पर 'द साउंड ऑफ़ म्यूज़िक' की नींव रखी गयी थी। रवि का यह वक्तव्य, मूल फ़िल्म में बच्चों की गवर्नेस मारिया (जूली एण्ड्रूज़) के इस कथन से मेल खाता है, जब वे कैप्टन (क्रिस्टोफर प्लॅमर) से अधीर होकर कहती हैं—'ओह प्लीज़ कैप्टन! लव देम, लव देम ऑल!' (ओह कैप्टन! उन्हें प्यार करिए, उन सबको प्यार करिए!)।

'द साउंड ऑफ़ म्यूज़िक' के कालजयी गीत *'डो रे मी...'* के प्रभाव का ही गीत गुलज़ार 'परिचय' में *'सा रे के सा रे गा मा को लेकर गाते चले'* रचते हैं, जिसमें रवि उसी तरह बच्चों को बाहर सैर पर लेकर जाता है, जिस तरह 'द साउंड ऑफ़ म्यूज़िक' में मारिया, कैप्टन के बच्चों के साथ बाहर खुले हरे-भरे मैदान में ले जाकर अंग्रेज़ी सरगम का बेहतरीन गीत गाती हैं। गुलज़ार ने गीत के बीच में 'प' (पंचम-स्वर) पर आते हुए, अपने मित्र आर.डी. बर्मन, जिन्हें प्यार से 'पंचम' पुकारा जाता है, की तरफ़ आदर-भरा इशारा किया है। गीत के अन्तरे में सरगम इस तरह आती है— *'ग से गुनगुन*

ग ग ग, म से मद्धम म म म, प से एक पुजारी' इस समय ये गाते हुए रवि, रमा से पूछता है—'आप जानती हैं, हम क्या गा रहे हैं?' रमा जवाब देती है—'इतना भी नहीं समझूँगी? आप इन्हें सरगम सिखा रहे हैं...' हाँ तो कहाँ पहुँचे थे हम? रवि पूछता है, जिस पर रमा कहती है—'पंचम तक...'। गुलज़ार अपने दोस्त को यहाँ याद करते हुए उसी मशहूर सिनेमाई तकनीकी का इस्तेमाल करते हैं, जिसे 'ईस्टर-एग' कहा जाता है। ये गुलज़ार जैसे सिद्धहस्त निर्देशक की चुहलबाज़ी भी है, जिसे वे पंचम के लिए इस्तेमाल करते हैं, जो उनके लिए कला के स्तर पर सोलमेट जैसे रहे हैं।

'परिचय' की अनगिनत अच्छाइयों में लता-भूपेन्द्र का गाया, वो कर्णप्रिय गीत भी चुपचाप शामिल रहा है, जिसने लता मंगेशकर को उनका पहला 'राष्ट्रीय फ़िल्म पुरस्कार' दिलवाया था— *'बीती न बिताई रैना'*, गुलज़ार-पंचम जोड़ी का बेहद उल्लेखनीय गीत है। राग यमन कल्याण की स्वर-संगति पर आधारित इस गाने को आर.डी. बर्मन शास्त्रीयता की राह पर ले जाकर कोमलतम स्तर पर सम्भव करते हैं। इसी फ़िल्म का किशोर कुमार की आवाज़ में सदाबहार *'मुसाफ़िर हूँ यारो'* भी किशोर की अलमस्त गायिकी का नायाब उदाहरण बनकर सामने आता है। फ़िल्म में एक छोटी-सी सार्थक भूमिका में मौजूद संजीव कुमार पर फ़िल्माया गया भूपेन्द्र की आवाज़ में *'मितवा बोले मीठे बैन'* अपनी भावप्रवण सादगी में एक शानदार कम्पोज़ीशन थी। इसे भूपेन्द्र ने अपनी परिचित शैली में संजीदा ढंग से गाकर कुछ ख़ास बनाया था।

फ़िल्म में हास्य और व्यंग्य-विनोद के ढेरों दृश्य हैं, जिन्हें ए.के. हंगल, लीला मिश्रा और असरानी अपनी सहज एक्टिंग से ख़ूबसूरत बनाते हैं। नारायण (असरानी) का बात-बात पर मुँह दबाकर हँसना, आपको भीतर तक भिगोता है। राय साहब की हवेली में हँसना मना है और हँसने पर नौकरों की तनख़्वाह कटती है। नारायण लाचार है, क्योंकि हर महीने उसके दस-पन्द्रह रुपये हँसने पर कट जाते हैं। 'परिचय' में प्राण और जीतेन्द्र का अभिनय शिखर छूता है। मुझे व्यक्तिगत तौर पर यह लगता है कि जीतेन्द्र अभिनीत तमाम फ़िल्मों में 'परिचय' उनका उत्कर्ष है। प्राण इस फ़िल्म तक आते-आते बहुत पहले ही अपनी लीजेंड छवि बना चुके थे, जिसे 'परिचय' में परवाज़ मिलता है। रोबदार और अनुशासनप्रिय दादा जी के रूप में उनकी एक्टिंग के इतने रंग इस फ़िल्म में बिखरे हुए हैं, जिसे देखना, एक बड़े एक्टिंग स्कूल को समझने जैसा है। उस दौर की उनकी कुछ और बेहतरीन चरित्र-अभिनेता वाली फ़िल्मों को यहाँ

पर याद करना चाहिए, जो 'परिचय' के साथ एक पूरक क़िस्म का रिश्ता बनाती हैं। इनमें 'उपकार' (1968), 'ब्रह्मचारी' (1969), 'विक्टोरिया नम्बर 203' (1973), 'ज़ंजीर' (1974) और 'कसौटी' (1975) याद की जा सकती हैं। गुलज़ार ने जया भादुड़ी से भी उनके किरदार के मुताबिक़ संवेदनशील अभिनय कराया है, जो अपने मिनिमल टोन वाली अदाकारी में और भी असरकारी लगता है।

गुलज़ार ने 'परिचय' के माध्यम से एक बड़ी लक़ीर खींची है, जो 'द साउंड ऑफ़ म्यूज़िक' को भारतीय परिप्रेक्ष्य में मार्मिक और सार्थक ढंग से रूपान्तरित करती है। प्यार से सब कुछ जीता जा सकता है और संगीत टूटे हुए रिश्तों और मनुष्यों को जोड़ने में प्रभावी भूमिका निभाता है, 'परिचय' यही साबित करती है। फ़िल्म में रवि के मार्फ़त आया यह संवाद—'मुट्ठी क़ैद करने से ख़ुशबू कहाँ ख़त्म होती है?' जैसे, 'परिचय' की सोलह रीलों में फ़्रेम-दर-फ़्रेम व्यक्त होता हुआ नज़र आता है। आज के सन्दर्भ में इस फ़िल्म को देखकर इस बात पर निराशा होती है कि अच्छी अर्थपूर्ण पटकथा वाली फ़िल्मों का दौर क्यों समाप्त हो गया?

24

आर.डी. बर्मन के संगीत-जीवन में कई बेहतरीन मोड़ों को एक साथ सक्रिय देखा जा सकता है। उनके काम में आने वाली तमाम सूक्ष्मताओं के साथ उसी समय जटिलताओं का प्रवेश, शास्त्रीय ढंग की अत्यन्त सलोनी धुन बनाने के अलावा नये चलन के अनुसार इन धुनों की सम्पूर्ण काया बदलने की जद्दोजहद तथा एस.डी. बर्मन के आज़माये हुए सफल मगर अपनी सीमा तय कर चुके रास्ते से पीछा छुड़ाकर एक नयी सड़क पर दौड़ने की मंशा के बीच ही इस संगीतकार के जीवन का पूरा फ़लसफ़ा उपस्थित मिलता है। आर.डी. बर्मन को ऐसा क्रान्तिकारी संगीतकार भी कहा जा सकता है, जिसने फ़िल्म-संगीत की प्रचलित मान्यताओं को एक हद तक पुराना और बासी साबित करते हुए एक नये ट्रेंड का सूत्रपात ही कर दिया था।

'आर.डी.' की मान्यताओं में शास्त्रीयता से अलग पश्चिमी संगीत की वह असरकारी दुनिया भी गूँजती है, जिसके व्यापक सूत्रों को हम भारतीय ढंग से उनकी संगीत-निर्देशित हर दूसरी फ़िल्म में टटोल सकते हैं। यह देखना महत्त्वपूर्ण है कि आर.डी. बर्मन को मिलने वाले पाश्चात्य संगीत के संस्कार,

पश्चिमी संस्कृति से अभिभूत दक्षिणी कलकत्ता के उस आभिजात्य समाज से निकलकर हासिल हुए थे, जहाँ उनका प्रख्यात देव-बर्मनों का राज-परिवार रहता था। रासबिहारी एवेन्यू, कलकत्ता में मौजूद 'मेलोडी' नाम की प्रसिद्ध रेकॉर्ड की दुकान से पंचम को इस तरह के संगीत से परिचित होने में मदद मिली, जिसे बाद में उनके टीम के प्रमुख वादक केर्सी लॉर्ड (एकॉर्डियन एवं ड्रम के प्रमुख वादक तथा परकशन अर्थात ताल-वाद्य या आघात से उत्पन्न वाद्य-ध्वनियों के जानकार) की मित्रता व सोहबत ने प्रगाढ़ बनाया। यह केर्सी लॉर्ड ही थे, जिन्होंने बाक़ायदा पंचम को पाश्चात्य संगीत से भली-भाँति परिचित कराया। उन्होंने 'आर.डी.' को जैज़, लैटिन अमेरिकन, यूरोपियन, क्यूबा का बिग-बैंड एवं मध्य-पूर्वी देशों के संगीत के अनेक लांग प्ले रेकॉर्ड सुनने को उपलब्ध कराये। इस तरह धीरे-धीरे कलकत्ता के वेस्ट-ऑब्सेशन वाले माहौल, दोस्तों की दूसरे देशों के प्रति रचनात्मक संगीत की दीवानगी वाली सोहबत एवं जिज्ञासा से उत्पन्न सहज स्वाध्याय ने राहुल देव बर्मन के व्यक्तित्व का एक आधुनिक संस्करण वह भी तैयार किया, जो पश्चिम प्रेरित धुनों को भारतीय सन्दर्भों में रीइन्वेंट करने को लालायित था।

आर.डी. बर्मन के गम्भीर और क्रान्तिकारी संगीत के प्रमुख तत्त्वों को समझने के लिए हमें उनकी कुछ ऐसी मान्यताओं की चर्चा भी करनी पड़ेगी, जो कहीं न कहीं इस संगीतकार के मानस को प्रभावित करने के साथ उसकी दिशा को तय करने में भी अग्रणी भूमिका निभाती रही हैं। जैसे, उन्होंने अपने युवा दिनों में तबला-वादक ब्रजेन बिस्वास से कुछ दिनों तक तबला की तालीम भी ली थी, जो अन्धे होने के बावजूद एक बेहतरीन कलाकार थे। यह देखना दिलचस्प रूप से पंचम की प्रतिभा के प्रति कुछ रोचक ढंग से नये तथ्य मुहैया कराता है कि उनका तबला सीखने का क्रम लगातार जीवन भर टुकड़ों-टुकड़ों में चलता रहा। पचास के दशक के उत्तरार्द्ध में उन्होंने बम्बई में पं. सामता प्रसाद 'गुदई महाराज' से भी तबले की बारीक़ियाँ सीखीं। इसके अलावा कलकत्ता में रहकर उस्ताद अली अकबर ख़ाँ से सरोद भी सीखा। मगर सरोद सीखने से ज़्यादा मन उन लम्बी बैठकों में लगा, जहाँ उस्ताद अली अकबर ख़ाँ और पंडित रविशंकर आपस में सरोद और सितार की जुगलबन्दियों का अभ्यास किया करते थे। स्वयं आर.डी. बर्मन ने कई अवसरों पर यह बात पूरी विनम्रता के साथ स्वीकारी है कि कलकत्ता में चलने वाले इन दोनों महान कलाकारों की जुगलबन्दियों के अभ्यास के तहत मिलने वाले सान्निध्य के कारण उन्हें अपने संगीत के लिए पर्याप्त विचार व तर्क सुलभ हुए।

यह देखना भी आर.डी. बर्मन के संगीत समूह के बारे में महत्त्वपूर्ण है कि किस तरह उन्होंने अपने ऑर्केस्ट्रा (वाद्य-संयोजन का समूह) का निर्माण किया था, जिसमें तमाम तरह के हुनरमन्द कलाकार अपनी नयी सोच व आधुनिकता की वैचारिकी के साथ मौजूद थे। आर.डी. की टीम में लगभग अस्सी-नब्बे संगीतकार हर समय उपस्थित रहे हैं। जिस संगीतकार के पास मनोहारी सिंह, केर्सी लॉर्ड, जयराम आचार्य, ब्रजेन बिस्वास, किशोर देसाई, टोनी वॉज़ एवं लुई बैंक्स जैसे अपने-अपने क्षेत्रों के मशहूर वादक मौजूद हों, उसकी धुनें कितनी शिल्पगत सुघरता के साथ बनती रही हैं, ये अलग से विचार किये जाने लायक़ स्थिति है।

इसी समय उस पक्ष पर बात करना अर्थपूर्ण है, जिसके चलते पंचम की उपलब्धियों में गुलज़ार जैसे ज़हीन गीतकार के साथ गठजोड़ भी कुछ सार्थक ढंग के बेहतरीन गीतों के जन्म का कारण बनता रहा है। यह देखना गुलज़ार और आर.डी. बर्मन के सन्दर्भ में तर्क़संगत है कि जो केमेस्ट्री इन दोनों फ़नकारों के बीच विकसित हुई, वैसा ही समीकरण हम नौशाद और शकील बदायूँनी, रोशन और साहिर लुधियानवी, शंकर-जयकिशन और शैलेन्द्र तथा लक्ष्मीकान्त-प्यारेलाल और आनन्द बक्षी के बीच देख सकते हैं। आर.डी. बर्मन को जैसे गुलज़ार की दोस्ती में वो भरोसेमन्द साथ मिल गया था, जिसके सहारे वे फ़िल्म संगीत में स्तरीय कविता को सराहने की दृष्टि विकसित कर सकते थे। बहुत सारे चर्चित प्रसंग हैं पंचम-गुलज़ार जोड़ी के, जो ज़्यादातर फ़िल्म प्रशंसकों को मालूम होंगे। कैसे, रात भर बम्बई (अब मुम्बई) की सड़कों पर चक्कर लगाते और कार की डैशबोर्ड पर लय देते हुए *'मुसाफ़िर हूँ यारो'* की पूरी धुन बनायी गयी। *'इस मोड़ से जाते हैं'* की रेकॉर्डिंग का वह चर्चित क़िस्सा, जब पंचम ने गुलज़ार से पूछ लिया–'गुल्लू, ये नशेमन कहाँ है?' उन्हें 'नशेमन' किसी जगह का नाम लगा था। बाद में गुलज़ार ने उन्हें हँसते हुए बताया–'नशेमन मतलब घोंसला'। ऐसे कुछ वाक़ये और भी हैं, जिनमें 'घर' के गीत *'आपकी आँखों में कुछ महके हुए से राज़ हैं'* का सन्दर्भ बड़ा मज़ेदार है। हुआ यह कि इस गीत के अन्तरे में आने वाली पंक्ति *'आपकी बदमाशियों के ये नये अन्दाज़ हैं'* को लता दीदी के आगे कैसे रखा जाये, आर.डी. बर्मन परेशान थे। उन्हें 'बदमाशियों' जैसा शब्द खटक रहा था, कहीं लता दीदी इसे हल्का मानकर गाने से इंकार न कर दें। गुलज़ार इसे बदल दें, पंचम ने इसरार किया था। बाद में, लता मंगेशकर ने वो डुएट गाया और प्रसन्न होकर गुलज़ार व पंचम से कहा–'वही लाइन तो गीत को कुछ अलग-सा बनाती है।'

आज भी, आप उस गीत को यू-ट्यूब पर जाकर सुनें, तो 'बदमाशियों' को गाते हुए आपको लता जी की हँसी सुनाई देगी, जो इस गीत के एक्सप्रेशन को एकबारगी बढ़ा देती है। ऐसे न जाने कितने सुने-अनसुने प्रसंग हैं, जो गुलज़ार और आर.डी. बर्मन की दोस्ती से परे जाकर, उनको दो विभिन्न कला-माध्यमों में साथ काम करते हुए एक-दूसरे का पूरक बनाते हैं।

'फ़िल्मफ़ेयर' पत्रिका के कॉलम 'गीत गाता चल' में गुलज़ार का यह कथन पंचम के सन्दर्भ में उनकी म्यूज़िक कम्पोज़ीशन की स्टाइल को बयाँ करता है, उनके आपसी रिश्तों को भी...

> *'वेरी रेयरली डिड पंचम एंड आई सीट डाउन टू कम्पोज़ अ सांग। ही वाज़ वेरी क्रिएटिव, वेरी इम्पल्सिव एंड वेरी रेसलेस। वो उठते-बैठते, चलते-फिरते धुन बनाता रहता था। उनमें से अधिकतर धुनें उसकी कार में बनी हैं।'*

गुलज़ार इसी से जुड़ता हुआ एक बहुत आत्मीय संस्मरण शेयर करते हैं। गुलज़ार के अनुसार–

> *'अगर कोई धुन पंचम के दिमाग़ में आ जाती थी, तो वे उसे अपने तक नहीं रख पाते थे। एक बार ऐसा हुआ, हम दोनों एक ही दिशा में अपनी गाड़ियों में जा रहे थे, अचानक से ट्रैफ़िक जाम में फँस गये। उसी समय पंचम को एक ट्यून सूझ गयी। अब उस समय न जाने कैसे, हम दोनों की गाड़ियों के बीच में एक कार फँसी हुई थी। पंचम ने उस गाड़ी वाले से कहा, अपनी गाड़ी का विंडो नीचे करें, क्योंकि उसकी बग़ल वाली गाड़ी में उसे, मुझसे बात करनी थी। ...और ऐसे, उसने एक धुन के बारे में मुझसे बात करनी शुरू की। उसने गाने का मीटर समझाया, इस तरह यह गाना कम्पोज़ किया जायेगा। बीच की कार में फँसे आदमी की हालत देखने लायक़ थी, जो यह समझ ही नहीं पा रहा था कि आख़िर ये हो क्या रहा है? यह पंचम की टिपिकल स्टाइल थी, जिसमें वो अपने म्यूज़िक में पूरी तरह इन्वॉल्वड रहता था।'*

वैसे तो इस किताब के ढेरों अध्यायों में गुलज़ार और पंचम की जोड़ी के गीतों की बात की गयी है। गुलज़ार की जिन फ़िल्मों के लिए आर.डी. बर्मन ने संगीत दिया है, ज़्यादातर के बारे में कई अध्यायों में कभी विस्तार से, तो कभी टिप्पणीनुमा टीपें दर्ज हैं। यहाँ सिर्फ़ उस बॉण्डिंग, मैत्री और रचनात्मक साझेदारी को देखने का प्रयास किया गया है। उसी रूप में, जिस तरह गुलज़ार पंचम को और पंचम गुलज़ार को देखते रहे हैं। गुलज़ार का पंचम के लिए कहा

गया एक जुमला मुझे उनकी असीम मित्रता का सबसे मासूम और ईमानदार इज़हार लगता है—'मैं यह कह सकता हूँ कि मेरे ज़्यादातर गाने पंचम के घर में बच्चों की तरह खेलते हैं...' ऐसी मित्रता की जवाबदेही भी उतनी ही शानदार और भरोसेमन्द रही है। आर.डी. बर्मन का गुलज़ार के लिए यह कहना भी कम मानीख़ेज़ नहीं है—

> *'कभी-कभी जब मैं कोई कम्पोज़ीशन बना रहा होता हूँ, तो केवल तुम्हारा चेहरा देखता हूँ। यह मेरे लिए संकेत है कि मैं वो गाना अलग रख दूँ। मैं ख़ुद से कहता हूँ—यह गाना सिर्फ़ उसी की पिक्चर में आयेगा, दूसरा कोई नहीं लेने वाला है।'*

ऐसी दोस्तियों पर गीत के बोल और धुनों के प्रील्यूड (पूर्ववर्ती संगीत) और इंटरल्यूड (मध्यवर्ती संगीत) भी मुस्कुराना पसन्द करेंगे।

25

'गुड्डी' (1971) कहानी, पटकथा और संवाद के स्तर पर गुलज़ार का एक संजीदा मुक़ाम है। 1963 में गुलज़ार के कहानी-संग्रह 'चौरस रात' में एक कहानी 'गुड्डो' छपी थी, जिसे ऋषिकेश मुखर्जी ने इस फ़िल्म की पटकथा के लिए चुना था। मूल कहानी से गुड्डो नाम बदलकर फ़िल्म में गुड्डी किया गया था। घर की सबसे चहेती लड़की कुसुम, जिसे प्यार से गुड्डी (जया भादुड़ी) पुकारा जाता है, हिन्दी फ़िल्मों के सदाबहार अभिनेता धर्मेन्द्र पर मरती है। यह तरुणाई का वह लगाव है, जिससे कम उम्र के लड़के-लड़कियाँ अकसर गुज़रते हैं और अपने प्रिय नायक-नायिकाओं में अपने जीवन का प्रेम तलाशने लगते हैं। यह फ़िल्म अगर एक वाक्य में समझायी जाये, तो एक युवती के फ़िल्मों के अभिनेता के प्रति आसक्ति को विखण्डित करके देखने का प्रयास है। इस डीकंस्ट्रक्शन में सबसे अहम मुद्दा यह आता है कि किस तरह फ़िल्में जीवन के यथार्थ से इंसान को दूर ले जाती हैं, ठीक उसी समय फ़िल्मों के यथार्थ से सामना पड़ने पर चमकीले सपने बेजान लगने लगते हैं।

गुलज़ार ने यह काम ज़िम्मेदारी से करते हुए फ़िल्म के संवादों को भी पर्याप्त चुटीला बनाया है। वे गुड्डी के रूप में जहाँ जया भादुड़ी के चरित्र को दिवास्वप्न में डूबा हुआ रचकर फ़िल्मों की ही बातें करने वाला बनाते हैं, वहीं एक समझदार व्यक्ति के रूप में प्रोफ़ेसर गुप्ता के चरित्र में उत्पल दत्त को संजीदगी से उकेरते हैं। इन्हीं दोनों के बीच संवादों में 'गुड्डी' की सार्थकता तलाशी जा सकती है, जिसके चलते भ्रम और वास्तविकता

का अन्तर रेखांकित किया गया है। यह देखना ग़ौरतलब है कि आशीष राजाध्यक्ष और पॉल विलेमेन द्वारा बनायी गयी 'इनसाइक्लोपीडिया ऑफ़ इंडियन सिनेमा' में इस फ़िल्म को लेकर यह वक्तव्य बहुत कुछ कहता है– 'The film's tentative critique of stardom involves drawing a comparison between contemporary screen idols and gods.' (यह फ़िल्म सकुचाते हुए, स्टारडम पर टीका करती है; जहाँ पर्दे पर उपस्थित नायकों की छवि की तुलना देवताओं से की गयी है।)

फ़िल्म के कई फ़्रेम यादगार बने हैं। इनमें घर से पैसे चुराकर फ़िल्मों में भाग्य आज़माने के लिए कुन्दन (असरानी) का मायानगरी भागना, गुड्डी को मन से चाहने वाले नवीन (समित भंज) का हमेशा इस द्वन्द्व में रहना कि गुड्डी उसे और ख़ुद के जीवन को लेकर गम्भीर नहीं है, फ़िल्मों को मनोवैज्ञानिक दृष्टि से समझने और परखने की प्रोफ़ेसर गुप्ता की युक्ति। इन सब दृश्यों को अगर आप याद करें, तो वहाँ संवाद का चुटीलापन आपको परिस्थितिजन्य हास्य के कारण भीतर तक गुदगुदायेगा। विनोद से भरे अर्थप्रद संवादों के साथ यथार्थ की हर वाज़िब चीज़ की ओर 'गुड्डी' में इशारे किये गये हैं। एक दृश्य के हवाले से यह बात रेखांकित करना मज़ेदार होगा। फ़िल्म में यह दृश्य प्रोफ़ेसर गुप्ता यानी उत्पल दत्त का अपने एक मित्र देशपाण्डे से हाल-चाल पूछने से जुड़ा है, जिनके उपन्यास पर कभी फ़िल्म बनी है। प्रोफ़ेसर गुप्ता उनसे पूछते हैं–'देशपाण्डे! तुम्हारे नॉवेल की एक फ़िल्म बनी है ना? अब इस पर लेखक मित्र की तकलीफ़ सुननी चाहिए, जो 'गुड्डी' फ़िल्म में तमाम जगहों पर आये हुए व्यंग्य विनोद की एक बानगी भर है।' देशपाण्डे का जवाब इस तरह है–

> *'हाँ भइया! जब तक फ़िल्म नहीं बनी थी, तब तक वो नॉवेल मेरा ही था, फ़िल्म बनने के बाद ऐसा बेड़ा ग़र्क़ किया है, कहानी का कि कुछ मत पूछो। हीरो दस क़िस्म की दाढ़ियाँ लगाकर हीरोइन को रोमांस करने जाता है, कॉमेडियन बाप की पीठ पर बैठकर घोड़ा-घोड़ा खेलता रहता है। ऐसा सत्यानाश किया है, ऐसा सत्यानाश किया है कि कुछ मत पूछो...गोल-मोल चक्करों में हीरो-हीरोइन को ऐसा दौड़ाते हैं, ऐसा दौड़ाते हैं कि भइया ये पता ही नहीं लगता कि कौन किसे पकड़ रहा है। भइया और फिर हीरोइन चाहे लँगड़ी ही क्यों न हो, उसे नचाएँगे ज़रूर, अगर वैसे नहीं नाच सकती, तो ड्रीम सीक्वेंस में नाचेगी...और एक मज़ेदार बात तुम्हें बताऊँ–क्लाइमेक्स में जब हीरो विलेन का पीछा करता है, कुछ कारों में, कुछ घोड़ों पर, कुछ पैदल यानी अन्त*

में जब हीरो विलेन को पकड़कर मारता है, बाबू! तब तुम ये सोचोगे कि उसके पहले मैं क्यूँ नहीं मर गया।'

यह दृश्य एक बड़े व्यंग्य की ओर इशारा है कि सिनेमा वाले साहित्य से ठीक व्यवहार नहीं करते। किसी लेखक की कृति को जब वे फ़िल्माने के लिए चुनते हैं, तो अपने तमाम व्यावसायिक व लोकप्रियता के आग्रहों के चलते कथा की मूल आत्मा नष्ट कर डालते हैं। यह दृश्य लिखते हुए गुलज़ार को मज़ा आया होगा, क्योंकि वे एक लेखक और फ़िल्मकार दोनों की ही भूमिका में ख़ुद को डालकर ऐसा जीवन्त हास्य लिख सकते थे।

फ़िल्म के सबसे संवेदनशील दृश्य वे हैं, जिनमें सिनेमा की दुनिया में शूटिंग दिखाने के बहाने कलाकारों के असली जीवन की झलक दिखाई गयी है। जैसे, प्राण, खलनायक के तौर पर प्रतिष्ठित रहे हैं, कितने नेक इंसान हैं, यह फ़िल्म का नैरेटिव एक छोटे-से दृश्य से समझाता है। फ़िल्म में शूटिंग के दौरान अभिनेता धर्मेन्द्र प्राण की तारीफ़ करते हैं कि उन्होंने बहुत बढ़िया घड़ी पहन रखी है। इस पर प्रसन्न भाव से प्राण तुरन्त अपनी घड़ी उतारकर अभिनेता को दे देते हैं। इस समय गुड्डी के किरदार के बहाने यह सवाल उठाया गया है कि अभिनेता उनसे उपहार में कुछ भी हासिल न करे, क्योंकि वो एक खल-चरित्र इंसान हैं। इस पर हँसते हुए धर्मेन्द्र, जया भादुड़ी को समझाते हैं कि फ़िल्मों में जो दिखाया जाता है, उसका वास्तविक जीवन से कोई सम्बन्ध नहीं होता। वे बहुत नेकदिल व्यक्ति हैं, केवल सिनेमा के पर्दे पर निगेटिव रोल करते हैं। अच्छे और बुरे को परखने का मामला आपको जीवन और समाज के व्यवहार से आता है, इसमें फ़िल्मों की कोई भूमिका नहीं होती।

'गुड्डी' की पटकथा इसी अर्थ में सूक्ष्म ढंग से वास्तविकता और भ्रम के बीच की दूरी को फ़िल्मों के बाहरी और आन्तरिक जीवन से तुलना करके समझाती है। गुलज़ार इस बात के लिए हमेशा चौकन्ने बने रहते हैं कि समाज और सिनेमा के रिश्ते को किसी सन्तुलित बिन्दु पर साध सकें। उनकी यह सूझ-बूझ तब और भी कारगर होती दिखाई पड़ती है, जब उसमें व्यंग्य, सहज हास्यबोध और सामान्य ढंग से जीवन में आने वाले संशयों का समाधान किया जाता है। 'गुड्डी' की ही परम्परा में गुलज़ार की लिखी बाद की फ़िल्म 'ख़ूबसूरत' (1980) को यहाँ याद किया जा सकता है, जिसमें जीवन की एक समस्या के समाधान का रास्ता खुलता हुआ मिलता है। जिस तरह 'गुड्डी' वास्तविकता और दिवास्वप्न के बीच का फ़र्क़ समझाती है,

ठीक उसी तरह दूसरे अर्थों में 'ख़ूबसूरत' मौज-मस्ती और अनुशासन के बीच विभेद करती है। 'गुड्डी' का मानवीय पक्ष समाज को नैतिक रूप से शिक्षित करने में है। फ़िल्मों की दुनिया से परे भी एक जीता-जागता संसार बसता है, फ़िल्म यही बात अपने ढंग से बताती है। 'ख़ूबसूरत', 'गुड्डी' के ही आदर्श पर आगे बढ़कर समाज की व्यवस्था को सन्तुलित रखने के लिए घर की चारदीवारी के भीतर नैतिकता को आरोपित करती है। जो 'गुड्डी' का प्रश्न है, उसका एक तरह से, सामाजिक समाधान 'ख़ूबसूरत' के पास है। 'गुड्डी' और 'ख़ूबसूरत' को आपस में जोड़कर यदि सामाजिक प्रश्न की जवाबदेही को ग़ौर से देखा जाये, तो इन दोनों फ़िल्मों के उद्देश्य ही, समाधान की तरह सामने आते हैं।

26

'गुड्डी' फ़िल्म से सम्बन्धित एक रोचक तथ्य का उल्लेख यहाँ प्रासंगिक लगता है। यह फ़िल्म जनवरी, 1971 में प्रदर्शित हुई। उस दिन संयोग से गुलज़ार, ऋषिकेश मुखर्जी और फ़िल्म के प्रोड्यूसर एन.सी. सिप्पी दिल्ली में मौजूद थे। तीनों ही लोग फ़र्स्ट डे, फ़र्स्ट शो देखना चाहते थे, सिर्फ़ इस लिहाज़ से कि ऑडियंस को यह फ़िल्म कैसी लगी? गुलज़ार साहब बताते हैं, हम लोग दिल्ली के डिलाइट सिनेमा में इसे देखने गये।

फ़िल्म जब अपने अन्त तक पहुँची, तो उसमें वाणी जयराम की आवाज़ में अभिनेत्री जया भादुड़ी पर मीराबाई का भजन *'हरि बिन कैसे जिऊँ री'* फ़िल्माया गया, चल रहा था। वो भजन जैसे ही शुरू हुआ, ऑडियन्स हूटिंग करते हुए हँसने लगी। सारे लोग सहम गये, क्योंकि यही तो फ़िल्म का क्लाइमेक्स है! अब बात कैसे बनेगी? ऋषि दा तुरन्त सिप्पी साहब के साथ सिनेमा हॉल से बाहर आये और उन्होंने मुम्बई अजित बनर्जी को फ़ोन कॉल लगाया, जो फ़िल्म के आर्ट डायरेक्टर थे। उन्होंने अजित दा को तुरन्त निर्देशित किया कि उनके ख़ुद के घर में वे फिर से एक सेट लगायें और वे दिल्ली से मुम्बई शाम को लौटकर दूसरे ही दिन फ़िल्म का अन्त री-शूट करेंगे। ऋषि दा समझ गये थे, फ़िल्म बुरी तरह असफल होने वाली है।

गुलज़ार साहब आगे बताते हैं, दूसरे ही दिन मुम्बई पहुँचकर भजन हटाया गया और बिमल रॉय की 'मधुमती' का मशहूर गीत *'आ जा रे परदेसी, मैं तो कब से खड़ी इस पार'* को जया जी पर फ़िल्माया गया। मुझे आज तक इस बात का पता नहीं चल सका कि इसी गाने को लेकर ऋषि दा के मन

में क्यों यह बात सूझी और उन्होंने इसे अन्त के लिए किस कारण सुरक्षित कर लिया? अब समस्या यह थी कि अन्त तो री-शूट हो गया है, मगर देश भर के सिनेमा हॉलों में इसके प्रिंट जारी हो चुके हैं। इसका निगेटिव किस तरह हर सिनेमाघर तक पहुँचाया जाये और वहाँ अन्त बदलकर फ़िल्म नये सिरे से दिखाई जाये।

एन.सी. सिप्पी साहब बड़ी सूझ-बूझ वाले प्रोड्यूसर थे। उनका अपने निर्देशकों पर भरोसा पूरा रहता था, फिर वे ऋषि दा के तो बिज़नेस पार्टनर भी थे। उन्होंने बहुत जल्दी, कुछ ही दिनों के अन्तराल में इसे मैनेज कर लिया। इस तरह 'गुड्डी' का अन्त बदला गया और 'मधुमती' के गाने के साथ फ़िल्म डूबने से बच गयी। बाद में, उस अन्त ने ही फ़िल्म को क्लाइमेक्स के उस शिखर तक पहुँचाया, जिसके चलते 'गुड्डी' ने कामयाबी के बड़े कीर्तिमान स्थापित किये।

गुलज़ार साहब हँसते हुए बताते हैं, इस तरह 'गुड्डी' में लता मंगेशकर जी की आमद हुई, क्योंकि उनकी एक पुरानी क्लासिक कम्पोज़ीशन मुख्य नायिका पर फ़िल्मायी गयी थी। वो यह जोड़ना भी नहीं भूलते कि यही चीज़ उस्तादों से सीखने वाली है कि उन्हें (ऋषिकेश मुखर्जी) ऐसा क्या समझ में आ गया, जिससे फ़िल्म उबारी जा सकी। एक गाना, जो अपने आप में मुकम्मल ढंग से कम्पोज़ हुआ था, वह किन कारणों से अन्त में फ़िट नहीं बैठ रहा था, समझ से परे था। इसी तरह, एक पुराना गाना, जो पहले एक मशहूर फ़िल्म में न सिर्फ़ शाया हुआ, बल्कि बेहद पॉपुलर रहा है, को क्लाइमेक्स में शामिल कर लेने से इतना बड़ा अन्तर रचा जा सका। ऋषिकेश मुखर्जी की इस युक्ति की थाह आज तक गुलज़ार लगा नहीं पाये।

27

एक समय गुलज़ार सत्यजित रे से इस क़दर प्रभावित थे कि उनके मन में यह सपना पलता था कि रे के साथ कोई काम कर सकें। इप्टा और प्रगतिशील लेखक संघ के लोगों के साथ बैठते-उठते गुलज़ार की मनोदशा में रूमानियत से अधिक यथार्थवाद का बोध गहराता गया था। उनकी कविताओं के लिए जैसे आम आदमी की ज़िन्दगी की कशमकश और संघर्ष ही रूमान रचने की ऊर्जा देते थे। फिर वे बिमल रॉय जैसे बड़े फ़िल्मकार के असिस्टेंट रह चुके थे, जो सत्यजित रे के समकालीन थे और दोनों ने ही अपने मास्टरपीस 'दो बीघा ज़मीन' और 'पाथेर पांचाली' एक ही दौर में बनायीं। 'दो बीघा ज़मीन' 1953

में आयी और उसके ठीक दो साल बाद 1955 में एक नये ढंग के यथार्थवाद के साथ 'पाथेर पांचाली' भारतीय सिनेमाघरों में प्रदर्शित हुई।

रे के प्रति उनका आकर्षण शायद इसी कारण रहा होगा कि बिमल रॉय के साथ लम्बी पारी खेलने के बावजूद एक कलाकार के तौर पर जो सीखने की शेष रह गयी उत्कण्ठा गुलज़ार के मन में कहीं बैठी हुई थी, उसे सत्यजित रे के सिनेमा से जुड़ने पर विस्तार मिलता। यह हसरत एक हद तक पूरे होने का सुनहरा मौक़ा लेकर भी आयी, जब रे बच्चों के लिए बनायी गयी अपनी क्लासिक फ़िल्म 'गोपी गाइन बाघा बाइन' का ख़ुद ही हिन्दी रीमेक बनाना चाहते थे। इस फ़िल्म का हिन्दी रूपान्तरण करने के लिए पटकथा और संवाद लिखने का काम उन्होंने गुलज़ार को सौंपा था।

यह एक सुन्दर संयोग था कि सत्यजित रे जैसे दिग्गज फ़िल्मकार जो बच्चों के लिए लेखन करते हुए कार्टून आदि बनाते थे, वहीं दूसरी ओर गुलज़ार भी बच्चों के मनोरंजन के लिए अपने करियर के आरम्भिक दौर से उन्हें शिक्षित करने के लिहाज़ से बच्चों का साहित्य भी लिखते आये थे। 'गोपी गाइन बाघा बाइन' के हिन्दी रूपान्तरण के लिए सत्यजित रे का गुलज़ार को चुनना सायास ही रहा होगा। दोनों ही इस तरह से अपने-अपने मीडियम को समझते थे और अपनी प्रतिभाओं द्वारा बांग्ला और हिन्दी सिनेमा के लिए कुछ संवेदनशील ही रच रहे थे।

गुलज़ार बताते हैं—

> *'मेरी हमेशा से रे साहब के साथ काम करने की इच्छा थी। बांग्ला में 'गोपी गाइन बाघा बाइन' को सत्यजित रे ने अपने दादा उपेन्द्र किशोर रे चौधरी की लिखी पुस्तक के आधार पर पटकथा में तब्दील किया था, बाद में हम इसे हिन्दी में बना रहे थे।'*

मगर न जाने किस बिन्दु पर आकर रे ने इस फ़िल्म को बनाने का विचार ही छोड़ दिया, जबकि गुलज़ार हिन्दी में इसके गीत लिख चुके थे, जो स्क्रिप्ट का ही हिस्सा थे। गीत इस तरह विकसित किये गये थे कि वो पटकथा का ही विस्तार लगते, क्योंकि यह फ़िल्म म्यूज़िकल के तौर पर बनायी जा रही थी। एक बनता हुआ प्रोजेक्ट आसानी से तिरोहित हो चुका था और सत्यजित रे की इसे हिन्दी में बनाने की इच्छा बाक़ी नहीं बची थी। गुलज़ार इस बात को याद करते हुए रे के दिये गये ऑफ़र को जितना गर्व से देखते हैं, ठीक दूसरे ही क्षण फ़िल्म के डिब्बा बन्द होते ही उनका उत्साह एक कभी न पूरे होने वाले सपने के टूटने पर दुखी हो जाता है।

गुलज़ार, इसके बाद भी सत्यजित रे के काम पर पैनी नज़र रखे हुए, ख़ुद अपनी फ़िल्मों में व्यस्त थे। यह दौर उनके निर्देशकीय जीवन का सफलतम दौर भी माना जाता है, जब वे 1972 में 'परिचय' और 'कोशिश', 1974 में 'ख़ुशबू', 1975 में 'आँधी' और 1976 में 'मौसम' बना चुके थे। उन्हीं सालों के दरमियान सत्यजित रे ने प्रेमचन्द की कहानी पर हिन्दी में 'शतरंज के खिलाड़ी' बनाने का फ़ैसला किया। यह ख़बर पाते ही गुलज़ार उनके पास गये, क्योंकि वे अपने गुरु बिमल रॉय की तरह ही एक ऐसे समकालीन और महान फ़िल्मकार के साथ काम करने के इच्छुक थे, जो उन्हें बहुत कुछ सिखा देता। हालाँकि, रे ने उनसे माज़रत करते हुए, बस इतना कहा—'माफ़ कीजिए, मैंने किसी और से वादा किया है।' एकबारगी गुलज़ार को लगा कि जैसे उन्होंने एक बार फिर से अपना मौक़ा खो दिया है। गुलज़ार की सत्यजित रे के साथ काम करने की हसरत पूरी न हो सकी और वे 'गोपी गाइन बाघा बाइन' की बन चुकी पटकथा को कहीं मन के समन्दर में दबाकर बैठे रहे, जिसके पन्ने इस सारे प्रसंग को याद करते हुए आज भी आती-जाती लहरों की तरह भीतर कहीं उठते-गिरते रहते हैं। यह भी एक संयोग है कि दोनों ही फ़िल्मकार अपने-अपने मुहावरों में काम करते हुए सिनेमा की दुनिया को समृद्ध करते रहे। 1977 में सत्यजित रे की 'शतरंज के खिलाड़ी' और गुलज़ार की 'किताब' और 'किनारा' थोड़े समयान्तरालों में रिलीज़ हुईं।

एक सन्दर्भ यह भी ध्यान देने लायक़ है कि रे की जिस प्रसिद्ध बांग्ला फ़िल्म 'गोपी गाइन...' को हिन्दी में बनाने का ख़ुद सत्यजित रे ने ही फ़ैसला किया था, इस बात के बरसों पहले, यानी मूल बांग्ला फ़िल्म रिलीज़ होने के कुछ सालों बाद प्रख्यात फ़िल्मकार राज कपूर को लगा कि इस पर एक बेहतर हिन्दी फ़िल्म बनायी जा सकती है। वे इस फ़िल्म से बेहद प्रभावित हुए और उन्होंने फ़िल्म के हिन्दी वर्जन को अपने ढंग से बनाने के बारे में सोचा। इससे सम्बन्धित तमाम सारी तैयारियाँ पूरी कर ली गयी थीं, जिसे राज कपूर भव्य तरीक़े से घोषित करना चाहते थे। राज कपूर ने जब इसे हिन्दी में बनाने के अधिकार ख़रीदने के लिहाज़ से सत्यजित रे से सम्पर्क किया, तो उन्होंने यह अधिकार देने से साफ़ मना कर दिया। इस तरह ख़ुद एक यथार्थवादी बड़े दिग्दर्शक के तौर पर सत्यजित रे ने इसे बनाने का आइडिया न केवल ड्राप कर दिया, बल्कि हिन्दी सिनेमा में शोमैन की छवि रखने वाले निर्देशक राज कपूर को भी इसके निर्माण से वंचित रखा।

28

गुलज़ार की दोस्ती के रंग भी बड़े चटख़ रहे हैं। एक सिनेकार और कवि, शायर के किरदार से अलग उन्हें बतर्ज़ इंसान देखना भी शानदार अनुभव है, जब हम जान सकें कि संजीदा फ़िल्में बनाने और उतनी ही गहरी शायरी करने वाला व्यक्ति दोस्ती के लिए कुछ भी कर सकता था। कुछ ऐसी मज़ेदार चीज़ें भी, जिसे उनके आज के क़द को देखते हुए पढ़ना हैरत-भरा लगने के साथ-साथ मानवीय भी लगता हो। जैसे, बिमल रॉय के साथ काम करते हुए वे अपने मित्र मुकुल दत्त के आग्रह पर उनके लिए प्रेम-पत्र लिखा करते थे। उन दिनों मुकुल दत्त बीते दौर की अभिनेत्री चाँद उस्मानी पर आशिक़ थे। इस प्रसंग का मज़ेदार पहलू यह है कि जब मुकुल उनसे चिट्ठी लिखवाते थे...और लिखने के बाद गुलज़ार उसे पढ़कर दुरुस्त करना चाहें, तो उन्हें यह कहकर रोक देते थे–'इसे पढ़ो मत, केवल लिखो।' गुलज़ार साहब यह प्रसंग हँसते हुए बताते हैं कि मुकुल दत्त के वे गणेश बने हुए थे, जिनकी मोहब्बत के लिए उन्हें मुकुल बनकर ख़तो-किताबत करनी थी।

मित्र संजीव कुमार के आग्रह पर एक दौर में बहुत अधिक पान खाने वाले गुलज़ार ने एकबारगी जीवनभर के लिए पान खाना छोड़ दिया। हुआ यह था कि 'परिचय' फ़िल्म की शूटिंग हो रही थी। उसी दौरान एक दिन *'बीती न बिताई रैना, बिरहा की जाई रैना'* गीत का फ़िल्मांकन चल रहा था। इस गीत में एक दृश्य है कि लता मंगेशकर की आवाज़ में जब जया भादुड़ी (बच्चन) गीत के अन्तरे में आकर *'चाँद की...'* कहती हैं और उसी समय संजीव कुमार कमरे में अन्तरे को पूरा करते हुए प्रवेश करते हैं और भूपेन्द्र की आवाज़ में गाते हैं– *'बिन्दी वाली, बिन्दी वाली रतियाँ... ।'*

गुलज़ार के मुताबिक़ संजीव कुमार ने इस पूरे दृश्य को इतनी सहजता और बेहतरी के साथ अंजाम दिया कि निर्देशक के रूप में इसे फ़िल्माते हुए गुलज़ार ख़ुशी से भर उठे। उनके हिसाब से इस गीत में संजीव कुमार ने उम्दा परफ़ार्मेंस दिया था। इस बात से ख़ुश होकर गुलज़ार ने उन्हें बड़े लाड़ से भरकर बोला–'हरी भाई, (संजीव कुमार का असली नाम हरीभाई जरीवाला) आज आपने क्या कमाल का शॉट दिया है, बताइए इसके बदले मैं आपके लिए क्या कर सकता हूँ?' हमेशा ही संजीदा रहने वाले संजीव कुमार ने इस सवाल के जवाब में उतनी ही संजीदगी से कहा–'यार, पान खाना छोड़ दे।' ...और उसी पल से गुलज़ार के जीवन से पान हमेशा के लिए बाहर चला गया।

दोस्ती की एक मिसाल जो बेहद प्रचलित रही है, यह भी थी कि जब शैलेन्द्र से नाराज़ सचिन देव बर्मन उनके साथ 'बन्दिनी' के निर्माण के दौरान झगड़ा कर बैठे थे, तो शैलेन्द्र आहत होकर फ़िल्म से अलग हो गये। उस दौर में शैलेन्द्र और गुलज़ार की मुलाक़ातें बॉम्बे यूथ क्वॉयर में होती थीं, जहाँ दोनों ही नियमित सदस्य के तौर पर जाते थे। इस क्वॉयर को पार्श्वगायक, अभिनेता किशोर कुमार की पहली पत्नी रूमा गुहा संचालित करती थीं। अदब के शौक़ीन इन दो युवाओं में जल्दी ही मित्रता हो गयी थी और शायरी के बहाने भी यह रिश्ता ज़ोर पकड़ने लगा। शैलेन्द्र ने दादा बर्मन वाले वाक़ये के बाद, गुलज़ार को इस बात के लिए राज़ी किया कि 'बन्दिनी' के साथ वे जुड़ जायें और गीतों का काम पूरा करें। अपने हर साक्षात्कार और जीवन के प्रसंग सुनाते हुए इस नायाब गीतकार ने हमेशा ही यह स्वीकारा है कि वे कभी भी फ़िल्मों के लिए गीतकार नहीं बनना चाहते थे। इसी बात को दोहराते हुए उन्होंने अपने मित्र शैलेन्द्र से अपनी झिझक और फ़िल्मों से न जुड़ने में असमर्थता जतायी। शैलेन्द्र के लाख मनाने पर वे पहली बार बिमल रॉय के स्टूडियो में गये और एस.डी. बर्मन के साथ मिलकर अपना पहला फ़िल्मी गीत *'मोरा गोरा अंग लइ ले/मोहे श्याम रंग दइ दे...'* लिखा।

ये गीत बिमल रॉय और एस.डी. बर्मन को इतना भाया कि वो लता जी की आवाज़ में रेकॉर्ड भी हो गया। तब तक शैलेन्द्र से दादा बर्मन का मनमुटाव समाप्त हो चुका था। शैलेन्द्र 'बन्दिनी' के बाक़ी गीत लिखने के लिए वापस आये, क्योंकि एस.डी. बर्मन इस बात से थोड़े खिन्न थे कि वे गुलज़ार जैसे नवोदित गीतकार के साथ फ़िल्म के बाक़ी गीतों के लिए काम करना नहीं चाहते थे। इस बात से शैलेन्द्र दुखी हुए और गुलज़ार के प्रति संगीतकार के रवैये से खेद से भर गये कि जिस मित्र को वे इस फ़िल्म के गीत लिखने के लिए मनुहार करके लाये हैं, अब उसे कैसे फ़िल्म से अलग किया जा सकता है? यह बात बिमल रॉय को भी नागवार गुज़री कि यह क्या बात हुई कि एस.डी. बर्मन जब ख़ुश हों या नाराज़, तो मन मुताबिक़ कोई भी निर्णय लेने के लिए स्वतन्त्र हैं। इन सारी परिस्थितियों से गुलज़ार वाक़िफ़ थे। बिना किसी संकोच के उन्होंने शैलेन्द्र की झिझक मिटाते हुए एक बात कही। उस समय कही गयी बात आज के आपाधापी वाले प्रतिस्पर्धा से भरी फ़िल्मी दुनिया और गीतकारों के समुदाय में एक सीख जैसी है। गुलज़ार ने शैलेन्द्र से कहा—

'यह आपकी कुर्सी है, मैंने आपके लिए सँभाली थी। अब आप आ गये हो, तो इसे सँभालो।'

मित्रता से अलग सामान्य जीवन अनुभव में आने वाले किसी इंसान को उसकी गरिमा देने में भी गुलज़ार अग्रणी रहे हैं। एक क़िस्सा 'आँधी' फ़िल्म के सन्दर्भ में भी बड़ा रोचक रहा है। हुआ यह था कि दिल्ली के 'अकबर' होटल में बैठकर एक ही सिटिंग में कई दिनों तक स्क्रिप्ट पर काम करते हुए गुलज़ार ने फ़िल्म की पटकथा पूरी की थी। इस दौरान होटल का एक बैरा जे.के. दिन-रात उनकी आवभगत में लगा रहा था। गुलज़ार उसके सहयोग और अपनत्व से इतना प्रभावित हुए कि उन्होंने उससे वादा किया कि फ़िल्म में उनके हीरो का नाम उसी बैरा के नाम पर रखेंगे। ...और इस तरह 'आँधी' में संजीव कुमार का नाम 'जे.के.' रखा गया।

ऐसे ढेरों और प्रसंग हैं, जिनसे गुलज़ार के अन्तरंग का पता मिलता है। वे अपने जीवन में रिश्तों और मित्रता को सबसे ऊँचे मुक़ाम पर रखकर देखने के हिमायती रहे हैं। यही चीज़ उन्हें रिश्तों की गरमाहट का सबसे उम्दा शायर भी बनाती है। मित्रों की सोहबत में घुला हुआ यह प्रेम, अपनत्व और ख़ुद की ओर से दूसरे को देने का भाव उन्हें एक शानदार इंसान बनाता है। एक ऐसा दानिशमन्द किरदार, जिसकी सोहबत में चाँदनी रातें कुछ अतिरिक्त ख़ुशनुमा उजाला बिखेरती हैं। गुलज़ार के मिज़ाज के इन पक्षों को देखकर यह महसूस होता है कि उनकी शायराना तबीयत मित्रताओं के कारण भी अपने आँगन का विस्तार करती रही है। जीवन में हर एक मौक़े पर जहाँ उन्हें यह महसूस हुआ कि उनके चाहने वाले और दोस्तों ने कोई बात कही है, उन्होंने सिर झुकाकर हमेशा उस बात को इज़्ज़त दी। शायद इसी कारण जीवन में आस्था रखने वाली मानवीय गरिमा की अनूठी बानगियाँ, गीतों के माध्यम से हमें सबसे अधिक गुलज़ार के यहाँ ही मिलती हैं। 'गृह प्रवेश' फ़िल्म का यह गीत उनके इसी स्वभाव का विस्तार लगता है—

ज़िन्दगी फूलों की नहीं
फूलों की तरह महकी रहे
जब कोई कहीं गुल खिलता है
आवाज़ नहीं आती लेकिन
ख़ुशबू की ख़बर आ जाती है
ख़ुशबू महकी रहे...

29

विख्यात खगोलविद् और वैज्ञानिक गैलीलियो निरपराध होते हुए भी रोमन कैथोलिक चर्च की निगाह में गुनहगार थे। कॉपरनिकस की खोज कि पृथ्वी सूरज के चारों ओर घूमती है, के समर्थन और उस सिद्धान्त में कुछ नया जोड़ने के लिए तत्पर गैलीलियो से चर्च नाराज़ था। उस समय कैथोलिसिज़्म के ख़िलाफ़ जाना, बहुत ही संवेदनशील और ख़तरनाक माना जाता था। यह पूरा प्रकरण ही दरअसल साइंस वर्सेज रिलीजन का मामला था। ...इस जबरन थोपे गये अपराध के लिए गैलीलियो को पहले आजीवन कारावास की सज़ा दी गयी, जिसे बाद में जीवन के अन्त तक उन्हें गृह-बन्दी बनाकर रखा गया... गैलीलियो को यह आदेश भी दिया गया कि वह ऐसे किसी विचार को समर्थन देना बन्द करें और अपनी सारी खोज व काम पर विराम लगायें।

चर्च के इस तरह ग़लत ढंग से दिये गये दण्ड को लेकर गुलज़ार आहत रहते थे। उन्हें इस बात का बहुत दुःख था कि गैलीलियो जैसे बड़े वैज्ञानिक और खगोलशास्त्री के साथ समाज ने सही ढंग से बर्ताव नहीं किया। उनके इस विचार से सहमत रहते हुए यह बात समझ में आती है कि गुलज़ार सिर्फ़ शायर नहीं हैं। रचनाकार के लिबास में ऐसे जागरूक व्यक्ति भी हैं, जो साइंस की दुनिया में होने वाली घटनाओं, आविष्कारों पर चौकस निगाह रखते हैं। उन्हें कविताओं के लिए 'चाँद' जितना बड़ा प्रतीक लगता है, उसी तरह, दूसरे रास्तों से चलकर विज्ञान के पन्नों तक पहुँचना लुभाता है। वे कायनात का रहस्य जानने को हमेशा से उत्सुक रहते आये हैं। सौर-मण्डल और विज्ञान के करतबों के लिए कौतूहल और आदर से भरे हुए गुलज़ार को गैलीलियो प्रकरण की यह बात अखरती थी।

सोलहवीं सदी की इस शर्मनाक घटना से आहत, गुलज़ार का मन गैलीलियो के पक्ष में तो उमड़ता ही था, उनकी बेचैनी कम होने का नाम नहीं लेती थी, जब कभी भी यह प्रसंग उन्हें याद आता था। एक दिन उन्होंने यह बात अपने दोस्त भूषण बनमाली से शेयर की। इस बाबत भूषण बनमाली से बात करके यह तय किया गया कि इस मार्फ़त कुछ किया जाये। इस तरह, एक ख़त लिखा जाना तय हुआ, जिसे गुलज़ार लिखकर पोप को भेजते और उनसे यह गुज़ारिश करते—'गैलीलियो को माफ़ कर दिया जाये, क्योंकि उन्होंने कोई अपराध नहीं किया है, बल्कि समाज को विज्ञान की सही बात व घटना ही बतायी है।' बड़ी संजीदगी से गुलज़ार ने ये ख़त लिखकर पोप को भेज दिया।

...और यह तर्क भी ख़त में शामिल हुआ कि अब तो साइंस साबित कर चुकी है कि ज़मीन सूरज के इर्द-गिर्द घूमती है, न कि सूरज ज़मीन के इर्द-गिर्द। अब तो गैलीलियो को क़ानूनी माफ़ी मिलनी चाहिए या चर्च को उससे माफ़ी माँग लेनी चाहिए।

गुलज़ार साहब बताते हैं कि यह सत्तर का दशक रहा होगा, जब यह ख़त लिखा गया और बाक़ायदा एयर-मेल से पोप को भेजा भी गया था। एक शायर के मन पर जैसे एक खगोलशास्त्री का कोई क़र्ज़ था, जिसे वे अपने ढंग से चुकाना चाहते थे। ये अपने आप में एक अनोखी बात है कि एक दौर के महान वैज्ञानिक को मिली झूठी सज़ा के पीछे क़रीब साढ़े तीन सौ साल बाद, एक शायर उसे न्याय दिलाने के लिए ख़त लिखकर उस मुहिम में उतरता है, जो उसका, उस महान चिन्तन के पक्ष में हलफ़नामा भी है। ये सिर्फ़ न्याय दिलाने का एक नैतिक अभियान भर था, क्योंकि गैलीलियो की मृत्यु भी शताब्दियों पूर्व हो चुकी थी।

इस पूरे प्रकरण की सबसे रोशन बात ये है कि साढ़े तीन सौ साल बाद, 1992 में बाक़ायदा चर्च ने यह माना कि गैलीलियो सही थे और उन्हें आधिकारिक तौर पर तत्कालीन पोप ने मुआफ़ी दी। गुलज़ार के लिए वो दिन एक मानीख़ेज़ दिन था, क्योंकि उनके मन में जो बात आज से चालीस साल पहले आयी थी, उस पर आधिकारिक निर्णय आया। एक शायर ने एक खगोलविद् की तड़प और जुनून को गहराई से समझा था, भले ही उनके बीच कई मीलों और कई सदियों का फ़ासला मौज़ूद था। आज भी, गुलज़ार की ख़ुशियों का अन्दाज़ा नहीं लगाया जा सकता, जो एक ख़त के एवज़ में उनके सबसे प्रिय वैज्ञानिक को माफ़ी की शक्ल में साढ़े तीन सदी के बाद हासिल हो सका।

30

गुलज़ार के लिखे संवादों वाली फ़ेहरिस्त में 'आनन्द' (1971) अलग ही ज़मीन पर खड़ी एक ऐसी संवेदनशील फ़िल्म है, जिसने पटकथा, संवाद और गीतों के स्तर पर एक अलग तरह की सृजनात्मकता पैदा की थी। ऋषिकेश मुखर्जी निर्देशित अधिकांश फ़िल्मों का ग्रामर मूलतः पारिवारिक कहानियों का रहा है, जिसमें ह्यूमर उसका ज़रूरी एलीमेंट बनकर मौजूद रहता है। ...लेकिन 'आनन्द' और 'मिली' बिल्कुल जुदा ढंग से बीमारी की संवेदना को उकेरने वाली ऐसी दो फ़िल्में रही हैं, जिसमें ऋषिकेश मुखर्जी अपने दर्शकों की सहानुभूति को जीवन-मृत्यु के प्रश्नों के तहत हासिल करते हैं।

गुलज़ार इस फ़िल्म का एक अहम हिस्सा हैं, क्योंकि वे इस फ़िल्म में बतौर डायलॉग राइटर और गीतकार के रूप में शामिल थे। फ़िल्म के चार गीतों में दो गुलज़ार और दो योगेश के हिस्से आये। आज भी कैंसर जैसी जानलेवा बीमारी का कोई सफल इलाज ढूँढ़ा नहीं जा सका है। पचास साल पहले जाकर 'आनन्द' की पृष्ठभूमि में कैंसर को लेकर एक पूरी पटकथा को आकार देना व्यावसायिक सिनेमा की दुनिया में नया प्रयोग था। इस फ़िल्म को हम कहीं कॉमर्शियल और पैरलल सिनेमा के बीच रखकर देख सकते हैं, जिसमें बिना किसी अतिरिक्त भावुकता के फ़िल्म के मुख्य किरदार आनन्द सहगल (राजेश खन्ना) को कैंसर के लास्ट स्टेज का बीमार दिखाया गया है। उसके पास सिर्फ़ छह महीने बाक़ी हैं, जिसे वह जानते-समझते हुए एक सामान्य, स्वस्थ व्यक्ति की तरह जीना चाहता है। फ़िल्म इसी आयरनी पर केन्द्रित है कि हर दिन मौत के क़रीब जा रहा आनन्द सामान्य तौर पर जीना चाहता है और मेडिकल साइंस उसे पूरी तरह स्वस्थ न कर पाने की विडम्बना से हताश उसे मरता हुआ देख रही है।

इसे यदि अतिरेक न माना जाये, तो गुलज़ार इतनी भावुक पृष्ठभूमि को एक सामान्य-सा परिदृश्य देते हैं, जब उनके संवाद फ़िल्म में प्रभावी बनकर उपस्थित हैं। यह किसी भी संवाद लेखक के लिए चुनौती से कम नहीं है कि वह ऐसी सेंटीमेंटल फ़िल्म में करुणा और दया के इतने प्रसंग जोड़ दे कि फ़िल्म का मूल स्वभाव अतिरिक्त भावुकता में दरक जाये। बावजूद इसके, इतने जटिल विषय को सहजता से साधता हुआ 'आनन्द' का कथानक कहीं से भी दर्शकों को उनकी ज़ेहनियत में बोझिल नहीं बनाता। फ़िल्म के पहले ही फ्रेम से 'आनन्द' के मुख्य किरदार का जो चरित्र गढ़ दिया जाता है, उसे यह लेखकीय छूट हासिल है कि वह अपने आसन्न मृत्यु को सेलीब्रेट करे। उसका मित्र और कैंसर विशेषज्ञ डा. भास्कर बैनर्जी (अमिताभ बच्चन) इस बात से हैरान और कुढ़ता रहता है कि वह आनन्द सहगल को बचाने का कोई भी वाज़िब इलाज नहीं जानता। इलाज है भी नहीं। कैंसर पीड़ित लोगों के लिए यह फ़िल्म एक दुखान्त कथा की तरह है, जिनके जीवन की आस किसी भी भरोसे पर हल्की-सी भी चोट लगने पर टूट जाती है। फ़िल्म इसी बिन्दु से विस्तार लेती है कि जीवन अगर मिटने का नाम है, तो जो ज़िन्दगी बची हुई है, उसे भरपूर ख़ुशहाली से जिया जाये। राजेश खन्ना का यह संवाद, जो डा. भास्कर को सम्बोधित है, इसी सन्दर्भ में सुनने लायक़ है–

'मौत एक पल है, बाबू मोशाय! आने वाले छह महीनों में जो मैं लाखों पल जीने वाला हूँ, उसका क्या होगा? ...बाबू मोशाय! ज़िन्दगी बड़ी होनी चाहिए, लम्बी नहीं...'

यह एक ऐसा संवाद है, जिससे एक रोगी के पॉज़िटिव एट्टीट्यूड के बारे में जानकारी मिलती है। वैसे भी, गुलज़ार कभी भी उस भावुकता के पैरोकार नहीं रहे, जो किसी किरदार को उसके पूरे वजूद में दयनीय बनाती है।

एक मरते हुए इंसान की मानवीय गरिमा का ख़याल रखते हुए, फ़िल्म के स्ट्रक्चर से जुड़े हुए हर व्यक्ति ने 'आनन्द' में इसी तर्ज़ पर कथानक को विस्तार देने में अपनी भूमिका निभायी है। फिर वह निर्देशन के स्तर पर ऋषिकेश मुखर्जी रहे हों या दो गीतों के लिए योगेश की उपस्थिति, जो आनन्द सहगल को *'ज़िन्दगी कैसी है पहेली हाय'* जैसा गीत सुलभ कराते हैं। गुलज़ार का अलग से ऐसा मज़बूत मुक़ाम 'आनन्द' में शामिल रहा है, जिसमें संवादों से अलग, फ़िल्म के मुख्य किरदार के मार्फ़त उसके मित्रों के लिए सोच का सकारात्मक मुज़ाहिरा देखा जा सकता है, जब वह डा. प्रकाश कुलकर्णी (रमेश देव) और सुमन कुलकर्णी (सीमा देव) के इसरार पर उनकी शादीशुदा ज़िन्दगी की सलामती का यह गीत गाता है—

छोटी बातें, छोटी-छोटी बातों की हैं यादें बड़ी
भूले नहीं, बीती हुई एक छोटी घड़ी
जनम-जनम से आँखें बिछाई तेरे लिए इन राहों ने
मैंने तेरे लिए ही सात रंग के सपने चुने
सपने, सुरीले सपने...

'आनन्द' अपने हृदयस्पर्शी विषय, सार्थक गीतों और मुख्य तौर पर संवादों के लिए देखी जानी चाहिए गुलज़ार सब्जेक्ट की मार्मिकता में भी एक पोएटिक जस्टिस जैसा कुछ क्रिएट करते हैं, जो तनाव के हर फ़्रेम में राहत देता है। राजेश खन्ना और अमिताभ बच्चन के आपसी संवादों में कवितानुमा भंगिमाएँ पढ़ी जा सकती हैं, जो उसी संवाद-लेखक ने लिखा है, जिसका दिल एक शायर का है। कुछ उदाहरणों से इस बात को समझा जा सकता है—

'बाबू मोशाय! जब तक ज़िन्दा हूँ, तब तक मरा नहीं, जब मर गया, साला मैं ही नहीं...', 'उदासी ख़ूबसूरत नहीं होती बाबू मोशाय!' '...बाबू मोशाय! मैं अपनी मौत देख सकता हूँ, लेकिन तुम्हारा डरा हुआ चेहरा नहीं!'

इस तरह गुलज़ार फ़िल्म में तनाव के पलों को घटाते हैं और उसे एक दार्शनिक अभिव्यक्ति देते हैं, जो 'आनन्द' जैसी फ़िल्म को कला की ऊँचाई तक ले जाती है। इस फ़िल्म में एक कविता पढ़ी जाती है–'मौत तू एक कविता है...मुझसे एक कविता का वादा है...' 1971 में लिखी हुई इस कविता को गुलज़ार बाद में अपने बदले हुए पाठ के साथ 'कुछ और नज़्में' में शामिल करते हैं, जहाँ 'मौत तू एक कविता है' पंक्ति को हटाकर, 'मुझसे एक कविता का वादा है' में 'कविता' की जगह 'नज़्म' रखकर, यह कविता सम्भव होती है–

मुझसे इक नज़्म का वादा है, मिलेगी मुझको
डूबती नब्ज़ों में जब दर्द को नींद आने लगे
ज़र्द-सा चेहरा लिये चाँद उफ़क़ पर पहुँचे
दिन अभी पानी में हो, रात किनारे के क़रीब
न अँधेरा, न उजाला हो, यह न रात न दिन

जिस्म जब ख़त्म हो और रूह को जब साँस आए
मुझसे इक नज़्म का वादा है, मिलेगी मुझको...

'आनन्द' भावना और नियति के बीच फँसी हुई एक ऐसी कविता है, जिसमें आनन्द सहगल के हवाले से कही गयी कविता 'हम सब रंगमंच की कठपुतलियाँ हैं' शेक्सपियर की याद दिलाती है, जब हम उनके नाटक 'एज़ यू लाइक इट' से यह दृश्य याद करते हैं–

All the world's stage
And all the men and women merely players :
They have their exits and their entrances;
And one man in his time plays many parts.

रंगमंच की कठपुतलियों के रुदन से अलग, यह फ़िल्म जीवन में आस्था और विश्वास की बुनियाद पर खड़ी है। जीवन बड़ा होना चाहिए, लम्बा नहीं, इसी तर्क को तरजीह देते हुए फ़िल्म निराशा में जाने से हर उस पीड़ित और परेशान व्यक्ति को बचाने का प्रयास करती है, जो अपनी नियति से हार मान बैठा है। 'आनन्द' हमें बताती है कि भले हमारे सपनों के पूरे होने की उम्र नहीं बची, हमारे पास ख़ुद के लिए समय कम है, मगर हमें उन थोड़े से लम्हों को सार्थक ढंग से जीना पड़ेगा। दूसरों के जीवन में सात रंग के सपनों की कामना पालते हुए स्वस्थ बने रहना ही इस फ़िल्म का वो मैसेज है, जिसे ऋषिकेश मुखर्जी के

मार्गदर्शन में फ़िल्म के सारे कलाकार, पार्श्वगायक-गायिकाएँ, टेक्निकल टीम के सदस्य और ख़ुद गुलज़ार प्रसारित करने की कोशिश करते हैं।

31

उर्दू कविता की धारा में 'चाँद' को लेकर शेर कहने का जो चलन रहा है, वह हिन्दी कविता तक आते हुए बिम्ब और प्रतीक के लिहाज़ से एकदम बदल जाता है। इन दोनों ही भाषाओं की ज़मीन पर समान रूप से खड़े हुए गुलज़ार के यहाँ किसी मिलन-बिन्दु पर आकर उर्दू और देवनागरी की मिट्टी जिस तरह आपस में दोस्ताना निभाती है, वह हिन्दुस्तानी ज़ुबान बनकर उनके लिए 'चाँद' के हासिल को बिल्कुल अलग ही पुकार देती है। वहाँ पर 'चाँद', गुलज़ार का दोस्त बन जाता है और उनकी शायरी का सबसे भरोसेमन्द प्रतीक। वो बचपन से ही उनका चन्दा मामा नहीं रहा है, बल्कि संवेदना के स्तर पर कुछ-कुछ बॉब डिलेन के गीतों में आने वाले चाँद के बिम्बों की तरह का रिश्ता रखता दिखाई देता है। इस रिश्ते में दोस्ती, आसक्ति, प्रेम, बिछोह और एक पूरा जीवन-दर्शन जीने का हुनर मौजूद है। डिलेन के गाये हुए दो गीत यहाँ गुलज़ार के चाँद-प्रेम के सन्दर्भ में अनायास याद आते हैं, जिनमें 'फुल मून एंड एम्प्टी आर्म्स/द मून इज़ देयर फ़ॉर अस टू शेयर/बट व्हेयर आर यू?' (Full moon and empty arms/the moon is there for us to share/but where are you?) और 'ब्लू मून यू सॉ मी स्टैंडिंग अलोन/विदआउट अ ड्रीम इन माय हार्ट/विदआउट अ लव ऑफ़ माय ओन' (Blue moon you saw me standing alone / without a dream in my heart/without a love of my own) का ज़िक्र प्रासंगिक होगा।

'चाँद' गुलज़ार के लिए एक ऐसे रिश्ते में पड़ा शैदाई भी है, जिससे उनकी बातचीत, एक-दूसरे के घर में आना-जाना और शिकवे-शिकायतें लगी रही हैं। मशहूर शायर इब्न-ए-इंशा के हवाले से कहें, तो चाँद कुछ इस तरह की हैसियत पाता है कि उसके न रहने पर शायरी ही नहीं, ज़िन्दगी के मानी भी बदल जाते हैं। इंशा कहते हैं–

वो रातें चाँद के साथ गयीं, वो बातें चाँद के साथ गयीं
अब सुख के सपने क्या देखें, जब दुःख का सूरज सर पर हो

इब्न-ए-इंशा वाली इसी फ़ितरत के साथ चाँद गुलज़ार के आँगन में दाख़िल होता है। उनके जीवन, दिन-रात और सुख-दुःख के सरोकार बाँटने

के लिए। इस दोस्ती, चाँद के साथ हमजोली में यह ख़ास बात है कि गुलज़ार उससे हर बात का मशविरा करते हैं। हर तरह की कैफ़ियत के लिए उसे विचारों में उतार लाते हैं। यहाँ तक कि चाँद उनके सिर पर चढ़कर इठलाता है—

सीधा-सादा उफ़क़ से निकला था
सर पे अब चढ़ता जा रहा है चाँद

और एक यह कैफ़ियत 'त्रिवेणी' से भी देखनी चाहिए—

सितारे चाँद की कश्ती में रात लाती है
सहर के आने से पहले ही बिक भी जाते हैं

बहुत ही अच्छा है व्यापार इन दिनों शब का!

गुलज़ार की नज़्मों और फ़िल्म-गीतों की बड़ी पोथी उठाकर देख जाइए, जिसके चलते 'चाँद' इस शायर के यहाँ लगभग हर दूसरी कविता की पहचान बन गया है। एक हद तक काव्य-रूढ़ि की तरह, जिसे साहित्य-शास्त्र में हम 'मोटिफ़' के तौर पर जानते हैं। 'चाँद', गुलज़ार की कविता में अकेला ऐसा प्रतीक है, जो जब-जब हमसे मुख़ातिब होता है, हर बार उसका भेस बदला हुआ होता है, ...एक बहुरूपिये की मानिन्द। वह अकेले ही कभी पूरा का पूरा दृश्य बनता है या किसी नज़्म में अपने प्रवेश के साथ सारी दृश्यावली को एक विशिष्ट क़िस्म का 'गुलज़ार टाइप' बना देता है। एक तरह से 'चाँद' उनका सर्वप्रिय किरदार है, जिस पर वे अपने से भी ज़्यादा भरोसा करते हैं। 'चाँद' को लेकर उनका विश्वास इतना गाढ़ा और मुखर है कि एकाएक यह भरोसा करना मुश्किल हो जाता है कि बाक़ी के अन्य सारे प्राकृतिक बिम्ब उनके शायर के लिए कुछ कम महत्त्व के हैं। हालाँकि यह गुलज़ार ही हैं, जिनके यहाँ प्रकृति के प्रतीकों की भरमार रही है। फिर वह सूरज, तारे, पहाड़, बारिश, पतझड़, दिन-रात, शाम, नदी, बर्फ़, रेत, धुन्ध, हवा, फूल-पत्तियाँ, पेड़-डालियाँ कुछ भी हो सकता है। मगर चाँद शायद अकेला ही, ऐसा वज़नी व अर्थवान प्रतीक है; जो उनके साहित्य के रसायन को और गाढ़ा बनाता है।

आप उनकी ग़ज़लें लें या कोई कविता, किसी गीत को टटोलें या त्रिवेणियों की छोटी-छोटी सार्थक उपस्थितियाँ—सभी जगह चन्द्रमा पर आस्था गहराई ही है। उदाहरण के लिए उनके विपुल रचना-कर्म से कुछ निहायत सुन्दर और दुर्लभ 'चाँद' के प्रतीक चुनकर, यहाँ आपको याद दिलाता हूँ—

'आज फिर चाँद की पेशानी से उठता है धुआँ', 'चूम लेता यह चाँद का माथा', 'चाँद से गिर के मर गया है वो', 'दामन-ए-शब पे लटकता है अभी चाँद का पैबन्द', 'ज़र्द-सा चेहरा लिये चाँद उफ़क़ पर पहुँचे', 'चाँद बस पक के गिरने वाला था', 'रोज़ उठकर चाँद टाँगा है फ़लक पे रात को', 'चाँद क्यूँ अब्र की उस मैली-सी गठरी में छुपा था', 'चाँद की चिकनी डली है कि घुली जाती है', 'चाँद निकले तो गिरफ़्तार ही कर लो', 'चाँद चुभ जायेगा उँगली में तो ख़ून आ जायेगा', 'बहुत से लोग थे कल रात चाँद कश्ती में', 'माँ ने जिस चाँद-सी दुल्हन की दुआ दी थी मुझे', 'रात जो गुज़री, चाँद की कौड़ी डाल गयी उसमें', 'चलो ना चाँद की कश्ती में झील पार करें' और *'रोज़ इक चाँद बेलती है रात...'*

दो दशक पहले गुलज़ार अपने एक नॉन फ़िल्म गीतों के अल्बम 'सनसेट पॉइंट' में चाँद को ऊँचाई का ऐसा मेयार बनाते हैं, जहाँ से कूदना किसी बड़े पर्वत की चोटी से अपने कमर में रस्सी बाँधकर नीची गहरी खाई में रोमांच और आनन्द के साथ कूदने जैसा खेल बन जाता है। कहने का अर्थ यह है कि चाँद जहाँ भी है, जिस भी रूप में मौजूद है, गुलज़ार के शायर की पकड़ में आ ही जाता है। यह अलग बात है कि चाँद अपने को इतने तरह के रोल में खुद फँसा देखकर न जाने क्या सोचता होगा? 'सनसेट पॉइंट' के गीत के इस प्रयोग को भी यहाँ देखना मुनासिब होगा—

आ चल डूब के देखें
एक दो चाँद से कूदें...
आँखों की कश्ती में
रात बिताई जाए
झीलों के पानी पे
नींद बिछाई जाए
चलो ना डूबें
आ चल डूब के देखें
एक-दो चाँद से कूदें!

बुख़ार की हद तक पहुँचा हुआ गुलज़ार का यह 'चाँद-प्रेम' उनके फ़िल्मी गीतों में भी कुछ बहुत नये ढंग के दृश्य ले आया है। चाँद की यह कहानी, हर दूसरे गीत में ईद के पहले की 'चाँद-रात' बन जाया करती है, गुलज़ार जब एक ख़ास तरह से अपनी संवेदना को उन कथानकों के लिए परवाज़ देते हैं—

कुछ चाँद के रथ तो गुज़रे थे/पर चाँद से कोई उतरा नहीं...

(लेकिन)

बदरी हटा के चन्दा/चुपके से झाँके चन्दा... (बन्दिनी)

रोज़ अकेली आए, रोज़ अकेली जाए/
चाँद कटोरा लिये भिखारन रात... (मेरे अपने)

चाँद की बिन्दी वाली/बिन्दी वाली रतियाँ... (परिचय)

तुम जो कह दो तो आज की रात/
चाँद डूबेगा नहीं, रात को रोक लो... (आँधी)

एक सौ सोला चाँद की रातें/एक तुम्हारे काँधे का तिल...
(इजाज़त)

नीली नदी के परे/गीला-सा चाँद खिल गया... (लिबास)

ओ मोरे चन्द्रमा/तेरी चाँदनी अंग जलाये... (रुदाली)

तेरे बिना चाँद का सोना खोटा रे/
पीली-पीली धूल उड़ावे झूठा रे... (गुरु)

मैं चाँद निगल गयी दैया रे/भीतर-भीतर आग जरे...
(ओमकारा)

चाँद की गठरी सर पे ले ली/आपने कैसी ज़हमत दी है...
(कमीने)

याद आ जाए तो तेरा नाम लेके झूम लूँ/
शाम आ जाए तो उठके चाँद का माथा चूम लूँ...
(सूरमा)

फ़िल्म गीतों में चाँद की बहुरंगी उपस्थिति सिर्फ़ इस कारण ही सम्भव नहीं हुई होगी कि कहानी की सिचुएशन के हिसाब से गीतकार को कुछ वैसे मेटाफ़र रचने की ज़रूरत पड़ी होगी। यह गीतकार के रूप में गुलज़ार का एक बड़ा हासिल है कि वे फ़िल्मी परिस्थितियों को भी गौण बना देते हैं और अपने शायर मन को वरीयता देते हुए फ़िल्म गीतों में भी कल्पना की उस उड़ान तक पहुँच जाते हैं, जहाँ से किसी भी प्रतीक या बिम्ब को स्वतन्त्र रूप से प्रदर्शित करना उनका प्रिय शग़ल बन जाता है। इस कारण ही वे 'लेकिन', 'मेरे अपने' या 'परिचय' जैसी फ़िल्मों में कुछ अलग से चाँद के उपमान रचते हैं, जिनमें बादलों में चाँद के रथ का गुज़रना, भिखारन रात का अपने हाथ में चाँद का कटोरा लिये हुए होना और चाँद की सुरमई बिन्दी वाली रात का सम्मोहन बुनना, सब कुछ उनके गीत और कविता की दुनिया में शामिल होता

चला जाता है। जिन गीतों का यहाँ उदाहरण दिया गया है, उससे अधिक गीतों में गुलज़ार मुखर होकर चाँद की कहानी कहते नज़र आते हैं। चाँद को लेकर पारिवारिक, रूमानी, भावुक या दर्द का रिश्ता बनाते हुए गुलज़ार का शायर मन मुतमईन रहता है कि चलो एक तो कोई ऐसा जीवन में संगी-साथी मिला, जिसके भरोसे गीतों और शब्दों में चाँदनी बिखेरी जा सकती है। चाँद से उनकी आशनाई और फ़साने रचने का मामला अब लगभग पारम्परिक माना जा सकता है, मतलब हम उसे परम्परा की नुमाइन्दगी के तौर पर देख सकते हैं। इस कारण चाँद की मौजूदगी का कोई भी मेटाफ़र, गुलज़ार की कविता के लिए एक बड़ा जीवन-उत्सव है, जो दुःख और तकलीफ़ को भी राहत के तौर पर देखने की सहूलियत देता है। 'सितारा' फ़िल्म के गीत में यही दर्द, राहत की तरह मौजूद दिखता है—

कई चाँद उठकर जलाए-बुझाए
बहुत हमने चाहा ज़रा नींद आए

'सितारा' के अलावा कई अन्य फ़िल्म गीतों में यही प्रतीक अपने होने से अर्थों की सम्भावना को एक अलग ही मूड में रूपायित कर देता है, जिसके कारण बाक़ी के सारे बिम्ब उसके पीछे हमराह बने चले आते हैं। जैसे, 'देवता' फ़िल्म के इस गीत से चाँद की बिल्कुल एक अलग ही अर्थ-छवि देखी जा सकती है—

चाँद चुरा के लाया हूँ
चल बैठें चर्च के पीछे
न कोई देखे, न पहचाने
बैठें पेड़ के नीचे...

चर्च तक पहुँची हुई रूमान की यह इमेजरी 'किताब' फ़िल्म में एक क़दम आगे बढ़कर प्रेम की सघनता में अर्थ पाती है—*'धन्नो की आँखों में/है रात का सुरमा और चाँद का चुम्मा'*। प्रेम और मोह के कारण कुछ ऐसी परिस्थितियाँ भी बनती हैं, जो अनायास ही रूमान को एक अलग ही मनोदशा से देखने का मौक़ा देती हैं। ऐसे में वहाँ, उन नाज़ुक लम्हों में चाँद एक किरदार की तरह मुस्तैद नज़र आता है, गीतकार अगर गुलज़ार हैं तो...। इस तर्क़ का सबसे सुन्दर उदाहरण हमें उन्हीं की निर्देशित फ़िल्म 'लेकिन' के एक गीत से हासिल होता है—

जूठे नैना बोलें
साची बतियाँ

नित चमकावे
चाँद, काली रतियाँ
जूठे नैना बोलें...

हालाँकि इसी समय गुलज़ार के लिए चाँद की उपस्थिति किसी दूसरे गीत में ज़िन्दगी के सिक्के का दूसरा पहलू भी बन जाती है। शर्त बस इतनी सी है कि शायर को गीत की तबीयत के अनुरूप वहाँ चाँद की मौजूदगी चाहिए। 'जहाँ तुम ले चलो' के इस उदाहरण से भी यह बात स्पष्ट होती है—

कभी चाँद की तरह टपकी
कभी राह में पड़ी पाई
कभी छींक की तरह खनकी
कभी जेब से निकल आई
अठन्नी-सी ज़िन्दगी
ये ज़िन्दगी...

गुलज़ार के इस चाँद-प्रेम को उनकी रोशनाई में भीगी हुई उस ख़ुशबू से महसूस किया जा सकता है, जिसके लिए हमदर्द, हमराह, हमसुख़न सभी कुछ चाँद ही है। मुझे पक्का यक़ीन है कि गुलज़ार साहब ने अपने जीवन का संगे-मील चाँद को ही बनाया हुआ है। शायद इसी कारण 'बंटी और बबली' के एक गाने में वे चाँद को इस तरह बरतते हैं—

चाँद से होकर सड़क जाती है
उसी पे आगे जा के अपना मकाँ होगा

गुलज़ार के लिए चाँद से मुहब्बत सारे तर्कों से परे का मामला है। वे उसे उतनी ही इज़्ज़त से देखते हैं, जैसे उनके पूर्वज उस्ताद शायर अपनी नज़्मों के लिए माहताब को देखते रहे हैं। चाँद से इतनी गर्मजोशी से याराने के बावजूद गुलज़ार को अब भी लगता है कि वे इसे इमेजरी में उस तरह नहीं उतार पाये, जिस तरह उनके मित्र और गीतकार शैलेन्द्र ने आज से सत्तर साल पहले कुछ यूँ अपनी कल्पना में उतार लिया था—

दम भर जो उधर मुँह फेरे
ओ चंदा, मैं तुमसे प्यार कर लूँगी
बातें हज़ार कर लूँगी... ('आवारा', 1951)

वे, इब्न-ए-इंशा जैसे शायर की तरह ही चाँद की राह पर निकले हुए ऐसे मुसाफ़िर हैं, जिनके लिए प्रेम का सबसे बड़ा रूपक दूसरा कोई और नहीं हो सकता, भले ही शैलेन्द्र उनकी ही तरह चाँद की इमेजरी का अन्दाज़-ए-बयाँ उतने ही रूमान से क्यों न करते हों। इब्न-ए-इंशा भी तो उतने ही सलीक़े से कहते हैं–

कल चौदहवीं की रात थी शब भर रहा चर्चा तिरा
कुछ ने कहा ये चाँद है कुछ ने कहा चेहरा तिरा...

32

संजीव कुमार। गुलज़ार के अज़ीज़ 'हरी भाई'। उनके सबसे प्रिय अभिनेताओं में से एक। गुलज़ार की बनायी छह फ़िल्मों–'परिचय', 'कोशिश', 'आँधी', 'मौसम', 'नमकीन' और 'अंगूर' में उपस्थित। साथ ही, उनके संवाद-लेखन की तीन अन्य फ़िल्मों के महत्त्वपूर्ण किरदारों में शामिल, जिनमें एच.एस. रवेल की 'संघर्ष' में द्वारका प्रसाद, ऋषिकेश मुखर्जी की 'अर्जुन पण्डित' में अर्जुन और बासु भट्टाचार्य की 'गृह-प्रवेश' में अमर की भूमिका में...। संजीव कुमार और गुलज़ार की आपसी केमेस्ट्री और साथ कुछ-कुछ वैसा ही रहा है, जैसा बिमल रॉय का दिलीप कुमार के संग 'मधुमती', 'देवदास', 'यहूदी' का गठजोड़ माना जाता है। गुलज़ार से उनका रिश्ता बेहद पुराना है। यह पिछली सदी के पचास के दशक के अन्तिम वर्षों की बात है, जब संजीव कुमार और गुलज़ार दोनों ही इंडियन नेशनल थियेटर से जुड़े हुए थे। गुलज़ार जहाँ नाटक लिखते थे, वहीं संजीव कुमार रंगमंच अभिनेता थे। संजीव कुमार पी.डी. शेनॉय के स्टूडेण्ट थे, जो फ़िल्मालय स्कूल ऑफ़ ऐक्टिंग में अभिनय सिखाते थे और बाद में जाकर एक फ़िल्म निर्देशक बने। इसी कारण, अकसर दोनों की मुलाक़ातें बम्बई के भूलाभाई ऑडिटोरियम में होती थी, जहाँ संजीव कुमार किसी नये ड्रामे के रिहर्सल के लिए मौजूद रहते थे।

संजीव कुमार की एक स्मृति गुलज़ार के पास सँजोयी हुई है। वे तब बाईस-तेईस साल के रहे होंगे, जब उन्हें 'ऑल माय संस' नाटक में अभिनय करते गुलज़ार ने देखा था। वे एक बुजुर्ग के रोल में थे और लीला चिटणीस उनकी पत्नी के किरदार में। नाटक का सबसे बढ़िया कॉम्प्लीमेंट दिग्गज अभिनेता पृथ्वीराज कपूर की ओर से आया था, जब उन्होंने संजीव कुमार को लक्ष्य करके यह सवाल पूछा था–'वो बूढ़ा आदमी कौन था?' गुलज़ार इस पर फ़ख़्र करते हुए कहते हैं–

> *'जहाँ तक मेरा उनसे जुड़ाव का मामला है, संजीव कुमार मेरे लिए एक बुजुर्ग की तरह ही पैदा हुए और उन्होंने अपने समय से बहुत आगे जाकर फ़िल्मों में अभिनय किया है। मैं हमेशा यह मानता हूँ कि मेरी क्रिएटिव जर्नी के दो बड़े सहारे रहे हैं। पहले आर.डी. बर्मन और दूसरे संजीव कुमार।'*

गुलज़ार के इस बयान के मद्‌देनज़र संजीव कुमार का उनकी फ़िल्मों में चरित्र-चित्रण अधिकतर एक बुजुर्ग व्यक्ति या मैच्योर इंसान के तौर पर होता रहा है। फिर वह 'परिचय' हो, 'कोशिश' या 'मौसम', हर जगह एक अनुभव पगे सीनियर सिटीजन की तरह संजीव कुमार प्रकट होते हैं। यहाँ तक कि 'आँधी' में भी वे एक ऐसे अधेड़ उम्र के होटल मैनेजर जे.के. की भूमिका में हैं, जिसकी राजनेता पत्नी आरती देवी (सुचित्रा सेन) भी उम्रदराज़ हैं।

'अर्जुन पण्डित' (1976) में संजीव कुमार का पूरा चरित्र ही उस दिशाहीन नायक का है, जिसे गाँव के ही एक सज्जन और आदर्शवादी डॉक्टर अशोक कुमार सकारात्मक रूप से बदलने की कोशिश करते हैं। इसके चलते गाँव के सामन्ती परिवेश में दबंगई करने वाला अर्जुन, सुधरे हुए अर्जुन पण्डित के रूप में सामने आता है। गुलज़ार की क़लम से संजीव कुमार के लिए लिखा जाने वाला हर एक किरदार, किसी न किसी तरह की ज़िम्मेदारी से बँधा है। फिर वह 'परिचय' में अपनी बेटी और बच्चों को आत्मसम्मान से जीने की प्रेरणा देने वाला पिता हो, 'कोशिश' में गूँगा और बहरा बुजुर्ग, जिसे अपने पुत्र की हर सम्भव परवरिश करनी है, जिससे उसका बेटा एक बेहतर इंसान बन सके। 'मौसम' का लाचार पिता, जो अपनी खोयी हुई बेटी को ढूँढ़ने निकला है; और उसे तमाम प्रकार की समस्याओं से जूझना पड़ता है, क्योंकि कोठे पर पलने वाली बेटी उसे एक ग्राहक भर समझती है। कहने का लुब्बेलुबाब यह है कि गुलज़ार, संजीव कुमार को तमाम उन आदर्शवादी किरदारों में क़ैद करने की कोशिश करते हैं, जिसे सेल्युलाइड पर देखते हुए आम इंसान के भीतर यह धारणा गहराये कि ज़िम्मेदारी वाला जीवन संजीव कुमार जैसा शख़्स ही जी सकता है। गुलज़ार के लिए संजीव कुमार उनके सिनेमाई विचारों को बौद्धिक रूप से फ़िल्म के पर्दे पर उतारने वाले सबसे भरोसेमन्द अभिनेता बनते हैं। शायद उनको ध्यान में रखकर ही वे अपने निर्देशन की अधिकांश फ़िल्में लिखते रहे हैं।

दोनों को एक-दूसरे की दोस्ती के लिए फ़ुर्सत है। दोनों को ही एक-दूसरे की कला के प्रति भरोसा और उतना ही आदर। दोनों ही जानते हैं कि सिनेमा में जिन बातों का ध्यान रखा जाता है, जिन चीज़ों के फेर में एक कलाकार की

सबसे पुख़्ता शिनाख़्त की जाती है, उसे उन्होंने अपने-अपने तर्जुबों और मेहनत से पाया हुआ है। उसे जब-तब एक-दूसरे के सहकार में कला की शर्तों पर सम्पूर्णता से अभिव्यक्त करने की कोशिश करते रहे हैं। संजीव कुमार और गुलज़ार के इस समीकरण को समझने के लिए 'परिचय', 'कोशिश', 'आँधी', 'मौसम', 'नमकीन' और 'अंगूर' देख लेनी चाहिए। उसमें भी भावप्रवण अभिनय के लिए 'कोशिश' और 'मौसम', स्तरीय संवादों को आत्मसात् करने के लिए 'अर्जुन पण्डित' और 'आँधी', कॉमेडी की टाइमिंग के लिए 'अंगूर', फ़ेशियल जेस्चर को बारीक़ी से पढ़ने की ख़ातिर 'परिचय'...। इससे अलग बिल्कुल जुदा अन्दाज़ में *'दिल ढूँढ़ता है फिर वही फुरसत के रात-दिन'* वाला मामला हो या *'तेरे बिना ज़िन्दगी से शिकवा तो नहीं'* की कैफ़ियत, संजीव कुमार और गुलज़ार की जोड़ी हर फ़िल्म में बेमिसाल होकर उभरती है।

33

कमलेश्वर के उपन्यास 'आगामी अतीत' पर आधारित 'मौसम' (1975) की पटकथा गुलज़ार और भूषण बनमाली ने लिखी थी। यह भी कहा जाता है कि कमलेश्वर का यह उपन्यास ए.जे. क्रोनिन के नॉवेल 'द जूडास ट्री' से प्रेरित था। 'मौसम' इस तरह दोनों ही उपन्यासों से प्रभावित एक ऐसी मर्मस्पर्शी कहानी है, जिसमें अपनी प्रेमिका चन्दा (शर्मिला टैगोर) को गँवा चुका डा. अमरनाथ गिल (संजीव कुमार) बीस साल बाद फिर से दार्जिलिंग के उस इलाक़े में पहुँचता है, जहाँ उसे यह ख़बर मिलती है कि उसकी प्रेमिका, उसका इन्तज़ार करते-करते पागल-सी हो गयी थी और आठ महीने पहले ही उसकी मृत्यु हो चुकी है। अपने पीछे वो एक बेटी छोड़कर गयी है, जिसका कोई पता, ठिकाना गाँव वालों को मालूम नहीं है। उसे ढूँढ़ने की कशमकश में डाक्टर को यह पता लगता है कि अपनी माँ की हूबहू शक्ल वाली उसकी बेटी कजली (शर्मिला टैगोर का डबल रोल) कोठे पर जा पहुँची है, जहाँ गंगूरानी (दीना पाठक) की सरपरस्ती में जिस्मफ़रोशी करती है। 'मौसम' यहीं से आकार लेती है, जिसमें डा. अमरनाथ गिल, कजली को वापस इज़्ज़तदार ज़िन्दगी में लौटा लाना चाहते हैं, जिससे दिवंगत प्रेमिका की बेटी को वे अपना सकें और चन्दा को दिये गये शादी के वादे को न पूरा कर पाने का कहीं न कहीं पश्चात्ताप कर सकें।

पूरी फ़िल्म में शुरुआत से ही एक अवसाद तारी रहता है, जो धीरे-धीरे कहानी के आगे बढ़ने पर और भी संघनित होता जाता है। गुलज़ार अपनी सिग्नेचर

के तहत ही इस फ़िल्म को भी डेवलप करते हैं और अपने सर्वप्रिय फ़्लैशबैक के भीतर जाकर कहानी को वर्तमान से जोड़ते हुए बुनते हैं। बुज़ुर्ग डाक्टर के रूप में संजीव कुमार अपने अतीत को याद करते हुए वर्तमान से तालमेल बिठाते हैं, जिसमें उन्हें अपनी प्रेमिका चन्दा तो नहीं मिलती, बल्कि उसकी बेटी कजली ज़रूर मिल जाती है। फ़िल्म का पूरा प्लॉट ही चन्दा को ढूँढ़ने के फेर में कजली को हासिल करता है और निर्देशक शुरू से ही यह स्पष्ट कर देता है कि मूलतः प्रेमकथा होने के बाद भी यह फ़िल्म एक मार्मिक कहानी है। फ़िल्म में डॉ. अमरनाथ और कजली का रिश्ता भी प्रेम का है, मगर उसमें वात्सल्य मौजूद है, क्योंकि नायक और नायिका मूल रूप से पिता और पुत्री के सम्बन्ध को दर्शाते हैं।

'मौसम' तनाव से उपजती है, करुणा में विकसित होती है और भावुकता में तिरोहित हो जाती है। बावजूद इसके फ़िल्म का एक गीत पूरे कथानक को फ़ुर्सत के क्षणों में, एक ख़ास कोण से देखना पसन्द करता है। *'दिल ढूँढ़ता है फिर वही फ़ुरसत के रात-दिन'* को शुरुआत में ही फ़िल्माते हुए, जिस तरह बदली हुई धुन पर इसे बांद में लव-डुएट के अन्दाज़ में बरता जाता है, उसमें यह सम्भावना छुपी हुई है कि चन्दा और डा. अमरनाथ गिल का प्रेम ऐसे ही फ़ुरसत के पलों में ही परवान चढ़ा होगा, जब डाक्टर कलकत्ते से दार्जिलिंग अपनी डाक्टरी के इम्तिहान की तैयारी के लिए आता है।

'मौसम' दरअसल ज़िन्दगी के बदलते हुए मौसम का जायज़ा लेती है। मेटाफ़र के तौर पर यदि फ़िल्म के चरित्रों की बात करें, तो एक मौसम, चन्दा की ज़िन्दगी में आया हुआ है, जिसमें बसन्त जैसी यादें सँजोये हुए अधिकांश ज़िन्दगी रूखे पतझड़ में गुज़रती है। ठीक इसी तर्ज़ पर डा. अमरनाथ गिल का जीवन है, जिनके लिए सावन का इन्तज़ार कभी नहीं आता, क्योंकि तकलीफ़ और पुराने समय की पीड़ा एक ऐसी बारिश लाती है, जिसमें उनकी जवानी के सारे वादे कहीं दूर तक बह जाते हैं। ...और अन्ततः कजली के जीवन में किसी भी तरह से बसन्त या सावन नहीं आता, क्योंकि कोठे पर बैठकर यथार्थ की पथरीली ज़मीन को देखते हुए उसके जीवन में हमेशा जाड़ों की ऐसी सर्द रातें मौजूद रहती हैं, जिनकी बर्फ़ीली हवाएँ आधी रात को उसके शरीर को कँपा जाती हैं। यह सब मनोदशा के स्तर पर समझने की बात है, 'मौसम' में गुलज़ार इसी तरह से हर किरदार को ऐसा मौसम सौंपते हैं, जो उसे सुखी करने के बजाय परेशान करता है।

एक हद तक यह फ़िल्म मेलोड्रामा से भरी हुई है, जहाँ जीवन के दुःखों को बेधक ढंग से उकेरा गया है। जब डा. अमरनाथ, कजली को इज़्ज़तदार ज़िन्दगी की ओर लौटा लाते हैं और उसे एक सभ्य ज़िन्दगी देने की पूरी कोशिश करते हैं, तब कजली का यह संवाद कहीं दिल को चीरता है। कजली, डाक्टर से कहती है—'नंगों में बैठकर, अब नंगा नहीं लगता मुझे। शरीफ़ लोगों में बैठकर अब शरम आती है। अपना नंगापन दिखने लगता है।' यह एक ऐसा दुःख है, जिसका कोई अन्त होता कजली के जीवन में दिखाई नहीं पड़ता। डाक्टर की सहानुभूति पर कि उसे एक बेहतर ज़िन्दगी जीना चाहिए, कजली तड़पकर जवाब देती है—'अच्छा कौन रहने देता है? माँ की कोख से कोई रण्डी पैदा नहीं होती। बनाने वाले मिल जाते हैं।'

'मौसम' जैसे जटिल विषय को बड़े क़रीने से तराशते हैं गुलज़ार। उन्हें पता है कि जिस सब्जेक्ट को वे एक बड़े विचार की तरह दुनिया के सामने रच रहे हैं कि बदनाम बस्ती में रहने वाली एक औरत को पूरा हक़ मिले, जिससे वो इज़्ज़तदार जीवन जी सके, वह कहीं भावुकता में बहकर केवल दर्शकों की सहानुभूति में नहीं बदलता। ऐसी किसी भी भावुकता, सहानुभूति या करुणा से फ़िल्म का हर फ़्रेम गुलज़ार बचाने की कोशिश करते हैं। उनकी फ़िल्मों में सूक्ष्म स्तर पर मौजूद फ़िल्म का जो केन्द्रीय विचार है, वह सहज ढंग से विकसित होकर सतह पर मुखरित होता है। 'मौसम' इसी तरह से अपनी छाप छोड़ती है। यहाँ तक कि जब डाक्टर कजली को घर ले आते हैं, तो उन्हें ख़ुश रखने के भाव से वह कोठे पर सीखा हुआ लटके-झटकों वाला जो डांस करती है, वह उसकी मासूमियत को स्वर देता है। आशा भोसले का गाया *'मेरे ईस्क़ में लाखों लटके/बलम ज़रा हटके'* पर जो नाच दर्शाया गया है, वह निर्देशकीय क़ाबिलियत की ओर इशारा है कि दरअसल इसे फ़िल्माते हुए गुलज़ार नायिका के प्रति उसके अबोध और सच्चे भाव को तल्लीनता से दिखाना चाहते हैं।

ऐसे बहुत सारे दृश्यों में 'मौसम' कवितानुमा उठान लेती है, जहाँ से यह बात साबित होती है कि यह एक शायर की निगाह से सोची गयी फ़िल्म है। फ़िल्म की शुरुआत में डा. अमरनाथ और चन्दा के प्रेम के वे भोले-भाले दृश्य जहाँ चन्दा, डाक्टर से अपने पिता की छड़ी वापस पाने को अधीर है। चन्दा को जब उसका प्रेमी एक हार भेंट करता है और वह उसे हाथी दाँत का हार मानकर ज़िरह करती है कि उसका दाम क्या है, ऐसे दृश्य फ़िल्म को ख़ूबसूरत बनाते हैं। कजली भी अपनी माँ की तरह के कुछ संवाद जिस अन्दाज़ में

बोलती है, उसे अतीत से जोड़कर वर्तमान में विकसित करने के भाव से देखा जा सकता है, जो फ़िल्म की गति को एक ख़ास क़िस्म की तराश देता है। फ़िल्म जब अपने अन्त पर पहुँचती है, तो वहाँ दोबारा से कोठे पर लौट आयी कजली के रोने पर कोठे पर रहने वाली एक दूसरी औरत चम्पा उससे पूछती है—'बात क्या है?' इस समय ये संवाद, 'मौसम' को उस ऊँचाई पर ले जाता है, जिसके लिए आज से सैंतालीस साल पहले की गयी स्त्री सरोकारों की पैरवी हैरान करती है। गुलज़ार शानदार ढंग से ऐसे संवादों में उभरते हैं, जिसके लिए 'मौसम' एक आदर्श उदाहरण बनती है। कजली का चम्पा को जवाब सुनने लायक़ है—

> *'कुछ नहीं रे! रास्ता भूल गयी थी, चम्पा! मेरे अन्दर अभी तक एक औरत जी रही है। मैंने सोचा कि वो कब की मर गयी, लेकिन जीती है वो...'।*

एक औरत का बुरी से बुरी परिस्थिति में पड़कर जीने का जो भाव बचा रहता है, वो कमाल की बात है। एक औरत भीतर से जी रही है और जीना चाहती है, इससे सार्थक कोई बात हो ही नहीं सकती। गुलज़ार ऐसे भावों की पैरोकारी करते हैं, जो फ़िल्म को एक सकारात्मक सन्देश के तहत रूपायित करती है। मदन मोहन के अनूठे संगीत पर सजलता से गाया हुआ लता मंगेशकर का यह गीत, इसी भावना को बृहत्तर अर्थों में शब्द देता है। कजली का जीवन जिस सन्त्रास से गुज़र रहा है, उसके बावजूद सकारात्मक ढंग से आगे के भविष्य को देखने की हसरत, 'मौसम' का हासिल बनती है। लता मंगेशकर इसी समय अपनी आवाज़ के उतार-चढ़ाव से वो कमाल करती हैं, जिसके लिए कुछ भी अतिरिक्त कहना मुनासिब नहीं है। ये पंक्तियाँ इसी हवाले से पढ़नी चाहिए—

> *रुके-रुके-से क़दम, रुक के बार-बार चले*
> *क़रार ले के तेरे दर से बेक़रार चले*
>
> *सुबह न आई कई बार नींद से जागे*
> *थी एक रात की यह ज़िन्दगी, गुज़ार चले*
>
> *उठाए फिरते थे एहसान दिल का सीने पर*
> *ले, तेरे क़दमों में, यह क़र्ज़ भी उतार चले*

चन्दा के लिए पश्चात्ताप करते हुए डाक्टर अमरनाथ जिस तरह कजली को एक सार्थक ज़िन्दगी की तरफ़ पुनर्वास कराते हैं, वही उनकी ज़िन्दगी की

सार्थकता में तब्दील होता है। फ़िल्म के अन्त में संजीव कुमार से, बेटी सरीखी कजली (शर्मिला टैगोर) यह कहती है—

> *'यही हो ना तुम? बीस साल मेरी माँ को इन्तज़ार कराया था। तुम ही हो जिसके लिए मेरी माँ पागल हो गयी थी, जिसके लिए ज़िन्दगी उजड़ गयी थी उसकी...तुम्हारा दोष है सब! माँ तुम्हें कभी भी माफ़ नहीं करेगी, कभी नहीं करेगी'*

संजीव कुमार इस पर जवाब देते हैं—

> *'हाँ बेटी! चन्दा माफ़ नहीं करेगी मुझे। लेकिन मेरी कजली तो माफ़ कर सकती है मुझे। ...मैं जानता हूँ कि मैं दोषी हूँ, पापी हूँ, इसीलिए तो बार-बार तुम्हारे पास आता था, तुमसे अपना प्रायश्चित्त माँगने, बेटी!, मुझे माफ़ कर दो, बेटी! मेरे साथ चलोगी? पीछे मुड़कर देखने के लिए हम दोनों के पास कुछ नहीं है। ...चलो मेरे साथ।'*

यह पूरा दृश्य फ़िल्म के कथानक से कैथारिसिस (विरेचन) करता हुआ आँखें नम कर जाता है। फ़िल्म के अन्त में इसी संवाद की समाप्ति के साथ, कजली डाक्टर अमरनाथ के साथ बेहतर ज़िन्दगी जीने के लिए चली जाती है। क्लाइमेक्स में वादियों में खिले हुए लहराते फूलों को देखकर ख़ुशगवार मौसम का ख़ुशनुमा एहसास दर्शकों के मन पर हमेशा के लिए अंकित हो जाता है।

'मौसम' फ़िल्म समीक्षकों की निगाह में एक गम्भीर और उत्कृष्ट फ़िल्म मानी गयी, जिसे ढेरों पुरस्कार मिले। इस फ़िल्म के लिए 1976 में गुलज़ार को सर्वश्रेष्ठ निर्देशन का 'राष्ट्रीय फ़िल्म पुरस्कार' मिला। शर्मिला टैगोर को सर्वश्रेष्ठ अभिनेत्री का 'रजत कमल' समेत इसी वर्ष 'मौसम' को दूसरी सर्वश्रेष्ठ फ़ीचर फ़िल्म का 'राष्ट्रीय फ़िल्म पुरस्कार' भी प्राप्त हुए। 'फ़िल्मफ़ेयर' पुरस्कारों की श्रेणी में 'मौसम' को सर्वश्रेष्ठ फ़िल्म और गुलज़ार को सर्वश्रेष्ठ निर्देशन के पुरस्कार मिले। 'फ़िल्मफ़ेयर' पत्रिका ने 2014 में एक लम्बा सर्वेक्षण सर्वश्रेष्ठ हिन्दी फ़िल्मों के लिए किया था, जिसमें सौ दिनों तक सौ सर्वश्रेष्ठ फ़िल्मों का एक दिन नियत किया गया। 'मौसम' को इस सूची में जगह मिली और उसे 48वें दिन के पायदान पर रखा गया। 'फ़िल्मफ़ेयर' ने इस फ़िल्म के सन्दर्भ में अनुशंसा करते हुए यह लिखा—

> *'मौसम' एक जटिल कहानी को संवेदनशील और परिपक्व ढंग से कहे जाने का एक कालजयी उदाहरण है। यह किरदारों और परिस्थितियों*

को सँभालने का वह कुशल तरीक़ा ही है, जो 'मौसम' को एक महान फ़िल्म बनाता है'।

'मौसम' के सन्दर्भ में यह तथ्य जानना भी महत्त्वपूर्ण है कि इस फ़िल्म के संगीतकार मदन मोहन की 14 जुलाई, 1975 को मृत्यु हो गयी थी, इसलिए जब फ़िल्म रिलीज़ हुई, तो इसे उन्हें ही समर्पित किया गया था।

34

उन्हें लोक ज़ुबान बहुत लुभाती है। हिन्दी पट्टी के हों, जो पूर्वी, अवधी और पश्चिमांचल की बोलियों से प्रेरणा ग्रहण करते हैं, दूर बंगाल अंचल या पंजाब के, हर बोली-बानी का लोकगीत, क़िस्सों से निकलती हुई सूक्तियाँ, मुहावरा या परम्परा में चली आ रही कोई लोकोक्ति उन्हें भाषा की समृद्धि के लिए ज़रूरी लगती है। जैसे, उन्हें इस बात का एहसास हो कि हमारी बोलियाँ हमारी अपनी भाषाएँ गढ़ती हैं, जिनके पानी में इन गीतों, कहावतों और कथाओं के आने से उस भाषा की नदी का वेग बढ़ता है। भाषा के सहज बहाव में उसके चौड़े पाटों के किनारे ढेरों बसेरे बनते हैं। कबीरदास की आवाज़ में कहें, तो *'भाखा बहता नीर'* वाली बात ... गुलज़ार साहब को शायद इसीलिए गीतों की अभिव्यक्ति करते हुए अपनी बोलियों से चिन्हार ढूँढ़कर लाना सबसे दुरुस्त काम लगता है। उनके लिखे फ़िल्मी गीतों की लम्बी फ़ेहरिस्त में कई भाषाओं और बोलियों का पानी मिला हुआ है। वे धुनों पर बोल लिख रहे हों या अनर्थक शब्दों के मीटर पर कोई नग़मा तैयार कर रहे हों, हर जगह हौले-से कोई भाषा या बोली, एक पूरी लोक-जीवन की सभ्यता, उनकी क़लम का दामन पकड़ने के लिए चली आती है। उस वक़्त फिर मीटर के लिहाज़ से दिये गये कुछ बिना आशयों वाले अक्षर या शब्द, स्मृतियों के गहरे कोश से अपना रूप बदल लिया करते हैं। एक नये मानी के साथ उनकी हिन्दुस्तानी ज़ुबान में ढलकर बात करने लगते हैं।

गुलज़ार की इस लोक पगी गीत-यात्रा में कई दफ़ा बचपन की स्मृति में बसा हुआ कोई गीत, सबद-कीर्तन या मुहल्ले में देखे गये नाटकों, नौटंकियों की यादें भी शामिल हैं। किशोर उम्र में सुना गया पारम्परिक गायन 'आल्हा' की ये अभिव्यक्ति *'आल्हा ऊदल बड़े लड़ैया/ताका वार सहा न जाय'*... विशाल भारद्वाज की फ़िल्म 'ओमकारा' के लिए लिखते हुए वे 'आल्हा' के रिदम और शब्द-संयोजन को एक नया चेहरा देते हैं। जैसे इस गायन-शैली को एक विशेष

लय और ऊँची पट्टी पर पढ़ा या गाया जाता है, उस ठेठ तरीक़े को बरक़रार रखते हुए लय की पूरी समझदारी के साथ यह गीत बनता है–

धम धम धड़म धड़य्या रे
सबसे बड़े लड़य्या रे
ओमकारा, हे ओमकारा
आँखें तेज़ ततैइया, दो-दो जीभ साँप का फुंकारा
ओमकारा, हे ओमकारा
अरे बिजुरी-सा कौंधे सर पे जिसकी तलवार का झंकारा
ओमकारा, हे ओमकारा

'ओमकारा' की ही तर्ज़ पर उनके ढेरों गीतों की डायरी से कुछ गीतों को इस समय याद करना सुखद होगा, जिनमें दूसरी भाषाओं ने उनकी अपनी ज़ुबान को समृद्ध करने के साथ-साथ, उसी समय मोहक भी बनाया है। इसमें एक ज़रूरी बात यह देखने वाली है कि अधिकतर ऐसे प्रयोग वाले गीतों में जहाँ किसी बोली या भाषा का मामला केन्द्र में रहा है, गुलज़ार पंजाबी और बंगाली ज़ुबान के अधिक निकट मिलते हैं। एक भाषा उनकी अपने वतन की, जन्म-स्थान की है; तो दूसरी के प्रति अनुराग गहराया क्योंकि वे अपने करियर के शुरुआती दिनों में ही सिनेमा जगत् के दिग्गज बंगाली कलाकारों के सम्पर्क में आते हैं। इनमें बिमल रॉय, सलिल चौधरी, एस.डी. बर्मन, देबू सेन, राखी के सान्निध्य प्रभावी माने जा सकते हैं।

यहाँ कई उदाहरणों से ये तर्क़ समझा जा सकता है कि कैसे गुलज़ार के यहाँ पंजाबी और बंगाली भाषाओं से उनकी नज़दीकी ने फ़िल्म गीतों में एक अलग ढंग का सौन्दर्य पैदा किया है। बोलियों के स्तर पर दोस्ताना निभाते हुए किस तरह गुलज़ार इन ज़ुबानों से फ़ोक एलीमेंट चुनकर एक नयी इमेजरी गढ़ते हैं, वह क़ाबिले तारीफ़ है। पहले यहाँ पंजाबी ज़ुबान के प्रभावों वाले गीतों की चर्चा कर रहा हूँ, जो एक तरह से उनके ख़ुद के पुरखों के घरों में भाषा के माध्यम से लौटने का मामला बनता है। 'सितारा' फ़िल्म का एक गीत है– *'थोड़ी-सी ज़मीं थोड़ा आसमाँ/तिनकों का बस इक आशियाँ'*। इस गीत के अन्तिम अन्तरे में बोल इस तरह आते हैं–

रात कट जाएगी तो कैसे दिन बिताएँगे
बाजरे के खेतों में कौए उड़ाएँगे
बाजरे के सिट्टों जैसे बेटे हो जवाँ
तिनकों का बस इक आशियाँ...

यहाँ बाजरे के सिट्टों जैसे बेटे हो जवाँ की इमेजरी उन्होंने पंजाबी के एक लोकगीत से उठायी, जिसमें आता है– *'धीयाँ क्यूँ जमिया नी माय/कणकाँ लमिया नी माय'*। हालाँकि गीत में ये सन्दर्भ माँ और बेटी के बारे में आता है, मगर गुलज़ार 'सितारा' का ये गीत लिखते हुए इसी गाने की इमेजरी तक चले जाते हैं। पंजाबी से चलकर आयी यह इमेजरी हिन्दी में अलग ढंग से चमकती है।

ऐसे कई गीतों के अन्तरों से पंजाबी की वो देसी महक ढूँढ़ी जा सकती है, जिसे जस का तस रखते हुए गुलज़ार हिन्दुस्तानी ज़ुबान का एक समृद्ध गीत बनाते हैं। कई भाषाओं के जानकार इस गीतकार की फ़ितरत इस मायने में अनोखी है कि वे चाहते तो उस पंक्ति का सीधे हिन्दी में तर्जुमा करके रख देते, तो भी गीत पूरी तरह सम्पूर्ण होता। बावजूद इसके गुलज़ार हिन्दी को समृद्ध करते हुए दूसरी क्षेत्रीय भाषा से निकटता बनाते हैं। उनकी इस मंशा पर अलग से बात होनी चाहिए। यह बहुत सम्भव है कि इस तरह अपनी भाषा की एक मीठी-सी छौंक लगाते हुए वे गीत को भारतीयता के बड़े परिसर में विस्तृत करने का जतन करते हैं। उनके पंजाब की टेर तब उत्तर प्रदेश, बिहार, मध्य प्रदेश या राजस्थान जैसे हिन्दी अंचलों की पुकार भी बन जाती है। मिसाल के तौर पर 'माचिस' के गीत *'चप्पा चप्पा चरखा चले'* ध्यान में आता है। इस गीत की दूसरी ही पंक्ति *'औनी-पौनी यारियाँ तेरी, बौनी-बौनी बेरियों तले'* पंजाबी ज़ुबान का ज़ायका कानों में घोल देती है। जिन अन्य गीतों में यह चीज़ बेहतर ढंग से दिखाई पड़ती है, उनमें हम 'साथिया' फ़िल्म के गीत *'मेडा यार मिला दे साईयाँ'* में भी ऐसी ही हरारत होती महसूस करते हैं–

हुण मेणे ते रुसवाईयाँ
मेडा यार मिला दे साईयाँ

इसी गाने में पंजाबी के कुछ और शब्द भी आते हैं, जो हिन्दी ज़ुबान की ज़मीन नहीं हैं। इस तरह हिन्दी में इनका आना, गीत के बहलाव के लिए भी एक सुन्दर प्रयोग है, जिसे हम गुलज़ार के यहाँ एक शिल्प की तरह पाते हैं। ज़ाहिर है, यह युक्ति उनके गीतकार ने सायास चुनी है, जिसके चलते फ़िल्म-गीतों के स्तर पर दो ज़ुबानों का संगम होता दिखाई देता है–

मैंने पोटा-पोटा फ़लक छाना...
मैंने टोटे-टोटे तारे चुने...
मेरा यार मिला दे...

'माचिस' फ़िल्म के 'चप्पा-चप्पा चरखा चले' की तरह गुलज़ार के ढेरों ऐसे अन्य गीत अपने पाठ में आकर्षित करते हैं, जहाँ बीच में स्थायी या अन्तरे के अन्तरालों में कहीं पंजाबी का कोई शब्द या एक पूरी पंक्ति अपनी चमक में मौजूद मिलती है। कुछ एक उदाहरणों से यह बात स्पष्ट तौर पर देखी जा सकती है। जैसे, 'पहेली' फ़िल्म के गीत *'फिर रात कटी और दिन निकला/जब दिन निकला तो रात चढ़ी'* में आने वाली पंक्ति– *'रब राखा बेलियाँ'*, 'बंटी और बबली' *के गीत 'छोटे-छोटे शहरों से/ख़ाली बोर दुपहरों से' में 'खसमा नू खाये बाक़ी जहाँ/चाँद का टीका मत्थे लगाके'*, 'चुपके से' फ़िल्म के गीत *'कजरारे-कजरारे नैणावाले'* में *'ओ जीवें तेरे नैनाँ दे लुटेरे'*, 'सत्या' के *'सपने में मिलती है'* में बार-बार आने वाली अलग-अलग दो पंक्तियाँ *'ओ मुण्डा मेरा'* और *'ओ कुड़ी मेरी'*, 'स्लमडॉग मिलेनियर' फ़िल्म के अन्तरराष्ट्रीय ख्याति पा चुके गीत *'जय हो'* की पहली ही पंक्ति, जो गीत में कई दफ़ा एक स्थायी टेक की तरह आती है, उसमें *'जिन्दे'* शब्द का प्रयोग– *'आजा आजा, जिन्दे, शामियाने के तले आजा'* अलग से रेखांकित किये जा सकते हैं।

'ओमकारा' फ़िल्म के गीत *'बीड़ी जलइले जिगर से पिया'* में एक पंक्ति आती है– *'जा पड़ोसी के चूल्हे से आग लइ ले'*। 'पड़ोसी के चूल्हे से आग लेने' की बात दरअसल पंजाबी का लोक-प्रचलित मुहावरा है, जिसे बीते दौर में साँझा-चूल्हा के सन्दर्भ में कहा जाता था कि उसके यहाँ कोयला जल रहा होगा, जाकर थोड़ी-सी आग माँग लाओ। यह जो स्मृतियों में बसे हुए सन्दर्भ हैं, उनका उसी ठेठ अन्दाज़ में ख़ूबसूरत इस्तेमाल गुलज़ार गीतों के मिसरों के बीच करते रहे हैं। यह चीज़ न सिर्फ़ उनकी स्मृतियों का सांगीतिक बखान हैं, बल्कि एक दूसरे ही स्तर पर अपने बचपन और जवानी के दिनों में उस संस्कृति से साझा करने और नये सन्दर्भों में फिर से अपनापन जोड़ लेने की भली-सी कोशिश भर है। इसके चलते फ़िल्मों के किरदारों को भी कुछ सार्थक शब्दावली और साझी विरासत के गुनगुनाये जाने वाले गीत मिल जाते हैं।

जब गुलज़ार साहब की अपनी मादरी ज़ुबान पंजाबी के सन्दर्भ में हम फ़िल्म गीतों में उनके द्वारा किये गये इन प्रयोगों की बात कर रहे हैं, तो उसी समय यह भी साथ लेकर चलना चाहिए कि विगत दो दशकों में हिन्दी फ़िल्म संगीत की दुनिया में क्या-क्या बदलाव हुए। एक बात जो ट्रेंड की तरह उभरकर सामने आयी, वह यह रही कि अब हर दूसरी फ़िल्म में पंजाबी ज़ुबान का एक गाना रखना ज़रूरी हो गया। जो गीतकार सीधे पंजाबी बोली से जुड़े भी नहीं थे, उनके आगे भी यह चुनौती रही कि अपने गीतों को पंजाबी के

छौंके के साथ परोस सकें। फ़िल्मों की पृष्ठभूमि भी अधिकतर ऐसे कथानक चुनती रही, जहाँ पंजाब से विदेशों में बसे हुए अप्रवासियों की कहानी को तवज्जो मिली। रिद्म और परकशन के लिहाज़ से भी पंजाबी बोलियों के गाने चटख़ और डांस नम्बर के लिए उपयुक्त होते हैं, इसीलिए उनके हिट होने की सहूलियत आसान हो जाती है। इन्हीं सन्दर्भों में इस सदी की शुरुआत हिन्दी फ़िल्म संगीत में पंजाबी के गीतों की बयार लेकर आयी, जो पहले सिर्फ़ प्रयोगों या किसी फ़िल्म में ख़ास परिस्थिति के सन्दर्भ में ही इस्तेमाल होते रहे थे। गुलज़ार के गीतकार व्यक्तित्व का इस आधार पर मूल्यांकन भी बेहद दिलचस्प होगा, जिसमें इन बीस सालों में लिखे गये उनके फ़िल्म गीतों को याद करना चाहिए। इस तरह हमें एक नयी चीज़ यह पता लगती है कि जहाँ पहले गुलज़ार सिर्फ़ किसी शब्द, मिसरे, मुहावरे या पंक्ति द्वारा अपने गीत में पंजाबी ज़ुबान से उस संस्कृति की झलक दिखाते थे, वहाँ अब ढेरों ऐसे गीत देखे जा सकते हैं, जिनमें पंजाबी का भरपूर प्रयोग हुआ है और कुछ गीत तो बिना किसी हिन्दी शब्द के ही मुक़म्मल हुए हैं।

ऐसे में पूरी एक लम्बी सूची ही गुलज़ार के नये गीतों की सामने आती है, जो इस ट्रेंड के तहत उल्लेखनीय ढंग से पिछले लगभग बीस सालों में सफल रही है– *'मार उडारी नि कुगिये मार उडारी'* और *'वतना वे ओ मेरे यार वतना वे'* ('पिंजर', 2003), *'हो आजा रब्बा इश्क़ दी खोल गुत्थियाँ'* ('झूम बराबर झूम', 2007), *'राँझा-राँझा करदी वे मैं आपे राँझा होई'* ('रावण', 2010), *'ताली मार दो हत्थी बीरा, ताली बज्जेगी'* ('वीर', 2010), *'झल्ला की लभदा फिरे/यारों ओदा घर केणा/लोकाँ तो पूछदा फिरे'* ('जब तक है जान', 2012), *'सजदे बिछावां वे'* ('किल-दिल', 2014), *'क़िस्से लम्बे ने लकीरां दे'* ('क्या दिल्ली क्या लाहौर', 2014), *'डूंगे दर्द जुदाइया दे ते कड लेंदे ने जान/ला चिंगारी इश्क़ दी, ला चिंगारी इश्क़ दी/अग लगे आसमान, ओ मिर्ज़िया हो'* ('मिर्ज़िया', 2016), *'इश्क़ दी बाजियाँ/जीतियाँ न हारियाँ'* ('सूरमा', 2018) जैसे गाने पूरी तरह पंजाबी ज़ुबान के सहारे अपना अस्तित्व गढ़ते हैं, जिनमें कई दफ़ा हिन्दी की पंक्तियाँ भी साथ आकर हमजोली की तरह खिलखिलाती हैं।

ऊपर जिन अधिकांश फ़िल्मों के पंजाबी बोली के प्रभावों वाले गीतों की चर्चा की गयी है, उनमें 'जब तक है जान' फ़िल्म का एक गीत यहाँ अलग से रेखांकित करने लायक़ है, जो इस भाषा के लिए भी इधर के दौर के फ़िल्म

गीतों में विशेष उदाहरण बनता है। इसलिए भी कि यह गीत एक 'हीर' है, जो हिन्दी फ़िल्म संगीत का प्रिय विषय रहा है। हालाँकि हिन्दी फ़िल्मों में बेहद कम 'हीर' प्रयुक्त हुई हैं। एक ख़ास पारम्परिक ढंग से पढ़ी और लिखी जाने वाली हीर की यह विशेषता होती है कि उसमें अधिकांश विरह और दर्द के प्रभाव लक्षित किये जाते हैं। इस फ़िल्म के लिए लिखी गयी हीर के आशय को देखना चाहिए—

हीर हीर ना आखो अड़ियों
मैं ते साहिबां होई
घोड़ी ले के आवे लै जाए
हो मैनूं ले जाए मिर्ज़ा कोई
ले जाए मिर्ज़ा कोई

ओदे जेही मैं ते ओ मेरे वरगा
हँसदा है सजरे सवेरे वरगा
अख बंद कर ले ते ठण्डे हनेरे वरगा
ओदे जेही मैं तो ओ मिर्ज़ा मेरे वरगा

पंजाबी की ही तरह बंगाली भाषा के सन्दर्भ में भी फ़िल्म गीतों के ढेरों इशारे गुलज़ार के यहाँ मौजूद हैं। ऐसे में यह देखना भी एक तरह से विमर्श की ज़मीन तैयार करता है कि उनके गीतों में रवीन्द्र संगीत, नज़रुल गीति, पूजा गीत, बंगाल का भजन-संकीर्तन, भटियाली का प्रभाव और बाउलों की पुकार कहाँ तक समायी है। अकसर यह भी हुआ है कि इस तरह के प्रभावों का गीत रचते हुए कई बार संगीतकार ने ही इस बात का मन बनाया कि अमुक धुन या बोल पर ही उन्हें गीत रचना है, जिसका मीटर भी उसी मूल बांग्ला कविता की तरह का हो। ठीक इसी तर्ज़ पर कई बार यह भी हुआ कि ख़ुद वे किसी कविता या धुन के सम्मोहन में पड़े और उसी पृष्ठभूमि को यथावत् बनाये रखते हुए उन्होंने अपना गीत सिरजा। इस दो तरह की आवाजाही के चलते गुलज़ार के फ़िल्म गीतों के ख़ज़ाने में बाक़ायदा ऐसी समृद्ध कविताओं की आमद हुई, जिन्हें फ़िल्मों के परिप्रेक्ष्य से अलग रखकर सुनने पर भी उसमें साहित्य और संगीत के बड़े आशय झलकते हैं।

गुलज़ार के कई गीत बंगाल के क्रान्तिकारी कवि क़ाज़ी नज़रुल इस्लाम की नज़रुल गीति से प्रेरित रहे हैं। इसमें एक गीत 'मेरे अपने' फ़िल्म का है—*'रोज़ अकेली आए/रोज़ अकेली जाए/चाँद कटोरा लिए भिखारन रात'*। इसे उन्होंने *'मेघला निशि भोरे/मोन जे कैमोन कोरे'* की ज़मीन पर लिखा।

सलिल चौधरी इस गीत की धुन भी मूल बांग्ला की धुन पर ही विकसित करते हैं, जिससे हिन्दी फ़िल्म संगीत को *'रोज़ अकेली आए/रोज़ अकेली जाए'* जैसा ऑफ़बीट गीत लता मंगेशकर की भाव-प्रवण गायिकी के तहत सुलभ होता है।

दूसरा गीत जो याद आता है वह नज़रुल गीति की अत्यन्त लोकप्रिय कम्पोज़ीशन मानी जाती है। इसे बंगाल के ढेरों बड़े गायकों, संगीतकारों ने अपने-अपने ढंग से गाया है। इनमें एस.डी. बर्मन, मन्ना डे, मानबेन्द्र मुखोपाध्याय, अखिल बन्धु घोष जैसे कलाकार शामिल रहे हैं। गुलज़ार ने यह गीत अपनी अपूर्ण फ़िल्म 'देवदास' के लिए लिखा था, जिसे आर.डी. बर्मन के संगीत पर लता मंगेशकर ने अत्यन्त कोमलता और खुलेपन के साथ गाया है। नज़रुल गीति का यह मूल गीत इस तरह है–

कुहू कुहू कुहू कुहू
कोयलिया कोयलिया
कुहरिला महुआ बोले महुआ बोले

गुलज़ार ने नज़रुल गीति के मुखड़े को जस का तस लेते हुए उसमें अपने शब्द डालकर उसे पूर्वी उठान का ऐसा गाना बनाया, जो ठेठ उत्तर प्रदेश की ठुमरी, दादरा के चलन में कम्पोज़ किया गया है। 'देवदास' का यह गाना इस तरह है–

कुहू कुहू कुहू कुहू
कोयलिया बुलाए रे
अंबुआ तले
कुहू कुहू कुहू कुहू

सरौली से मीठा
मेरे पिया का बुलौआ
महके जिया में जैसे
जंगल में महुआ
बोले बागों में

कुहू कुहू कुहू कुहू...

आर.डी. बर्मन ने गीत को मूल नज़रुल कविता की तरह का स्वर देते हुए वैसे ही कम्पोज़ किया है, जैसा कि मूल गीत का चलन रहा। बांग्ला के इस गीत में तीसरी पंक्ति में आये हुए *'महुआ बोले'* की तीन बार आवृत्ति होती है। 'देवदास' के इस गीत में लता जी तीसरी पंक्ति में आये हुए *'अंबुआ तले'*

को उसी अन्दाज़ में तीन बार गाती हैं। देखने में इस गीत की पूरी इमेजरी नज़रुल गीति की है, मगर इसका रंग पूरब का है। यह चीज़ एक ख़ास तरीक़े से गुलज़ार के हर उस गाने का सौन्दर्य बढ़ाती है, जहाँ वे दूसरी भाषा के प्रयोगों से फ़िल्म गीतों को समृद्ध करने का मामला रचते हैं।

इस तरह के ढेरों अन्य उदाहरण गुलज़ार के लेखन में मौजूद हैं, जो इस बात की पैरवी करते हैं कि बोलियों और लोकगीतों से भाषा का आँगन बड़े परिसर वाला बनता है। शायद इसीलिए वे कई दफ़ा दूसरी भाषाओं के गीतों के वज़न का हिन्दी गीत उसी तर्ज़ और उठान पर लिखते हैं, लगता है जैसे अपनी भाषा में वे उस भाव-जगत् का सबसे सार्थक तर्जुमा कर रहे हों। राजन तरफ़दार की बनायी बांग्ला भाषा की फ़िल्म 'गंगा' के एक गीत—*'अमाए डुबैली रे/ अमाए भाषायली रे'* की तर्ज़ पर उन्होंने अपने करियर के शुरुआती दिनों का यह उल्लेखनीय गीत इसी विचार के तहत रचा था—

गंगा आए कहाँ से, गंगा जाए कहाँ रे
लहराए पानी में जैसे, धूप-छाँव रे। (काबुलीवाला)

'किताब' फ़िल्म में उन्होंने रवीन्द्र संगीत से प्रेरित एक ऐसी मधुर लोरी लिखी, जिसकी कम्पोज़ीशन भी आर.डी. बर्मन ने सारगर्भित तरीक़े से बेजोड़ बनायी। इसे गुज़रे ज़माने की गायिका राजकुमारी ने तन्मयता और कुछ ऐसे शान्ति भाव से गाया है कि गीत के बोलों के अर्थ भी बिल्कुल अलग से स्पष्ट होते हैं। रवीन्द्र संगीत की सुन्दर बानगी के इस हिन्दी गीत में 'काल' और 'कूल' का प्रयोग रवीन्द्रनाथ टैगोर की कविता से ही छनकर आया है—

हरि, दिन तो बीता, शाम हुई, रात पार करा दे
बीता मेरा काल तो बीता, कूल पार करा दे

मैंने साथ लिया न कोई
दोशाला न लोई
अपने छूटे, सपने छूटे
आशा और छुड़ा दे

एक बात गम्भीर तौर पर गुलज़ार के इस तरह के प्रयोगों के सन्दर्भ में यह भी देखनी चाहिए कि उन्होंने उस्ताद कलाकारों की ठुमरियों, पुराने सूफ़ी और आदि कवियों की पदावलियों तथा अंचल विशेष के ठेठ पारम्परिक लोक संगीत की बन्दिशों के मुखड़ों को सीधे उठाकर बाद का पूरा गीत अपनी

शैली में विकसित किया है। परम्परा के प्रचलित पदों को इस तरह आत्मसात् करते हुए और उनकी अठखेलियों से उपजी किसी नयी बन्दिश का स्वरूप भी इस कारण उनके फ़िल्म संगीत के मामले में एक अलग ही लीक रचता है। उदाहरण के तौर पर हम यहाँ कई प्रयोगों को देख सकते हैं। जैसे, राजस्थान में प्रचलित और परम्परा में बरसों से राग माण्ड में गायी जा रही बन्दिश *'केसरिया बालम आओ जी, पधारो म्हारे देस'* को 'लेकिन' फ़िल्म में दो अलग-अलग तरह से बन्दिशों की तरह रचते हैं। मुखड़े में *'केसरिया बालमा'* जस का तस रहता है, बाक़ी दोनों जगहों पर ही बन्दिश बदल जाती है, जो गुलज़ार की अपनी शैली में विन्यास पाती है। यहाँ पर दोनों ही बन्दिशों का एक-एक टुकड़ा दे रहा हूँ—

केसरिया बालमा मोहे

बावरी बोलें लोग
ना मैं जीवती ना मरियों मैं...
बिरहा म्हारो रोग रे
बावरी बोलें लोग

X X X

केसरिया बालमा आओ जी
कि तुमसे लागे नैन...नैन रे
कि तुमसे लागे नैन, केसरिया बालमा...
रँग लियो मैं
आज अंग-अंग तेरे रंग में
तन हुआ मन हुआ केसरिया...
चाँदनी है रात, अब तो आ जा पिया...

संगीतकार हृदयनाथ मंगेशकर ने राग माण्ड की लोकधुन पर आधारित करके ही इस बन्दिश को लता मंगेशकर से गवाया था। सारंगी, तबला, घुँघरू, रावणहत्था को लेकर कम्पोज़ किये गये इस गीत में दादरा ताल, लग्गी-लड़ी सहित उपस्थित है। यह देखना 'लेकिन' के इस गीत के सन्दर्भ में प्रासंगिक है कि फ़िल्म में दो बार प्रयुक्त हुए इस गीत को दो भिन्न भाव-निर्मितियों के साथ गायिका ने दो भिन्न बोलों पर गाया है। यह गीत लता मंगेशकर की आवाज़ में इतने सरस ढंग से अभिव्यक्ति पाता है कि यह समझना ज़रूरी लगता है कि किसी अंचल विशेष की संस्कृति को उसके मूल चलन से न भटकाकर किस तरह उसी रंग का अनुसरण करते हुए भी अपनी ओर से

कुछ अतिरिक्त आशय सुलभ कराया जा सकता है, यदि पार्श्वगायिका लता मंगेशकर हों और बन्दिश रचने वाले गुलज़ार सरीखे अदीब।

एक ऐसी ही सिचुएशन गुलज़ार के सामने तब आयी, जब संगीतकार लक्ष्मीकान्त प्यारेलाल ने 'गुलामी' फ़िल्म के लिए हज़रत अमीर ख़ुसरो की अत्यन्त प्रचलित नज़्म की शुरुआती दो पंक्तियों पर धुन बना ली, जिस पर गुलज़ार को गीत लिखना था। यह अमीर ख़ुसरो की उन शुरुआती कविताओं में शुमार है, जो फ़ारसी-हिन्दी मिश्रित छन्द कहलाते हैं। इसमें एक पंक्ति फ़ारसी और एक पंक्ति बृज भाषा में प्रयुक्त होती है। ख़ुसरो के इस प्रयोग की चार पंक्तियाँ यहाँ देखनी चाहिए—

जे हाले मिसकीं मकुन तग़ाफ़ुल
दुराय नैना बनाय बतियाँ
किताबे-हिजराँ न दारम् ऐ जाँ
न लेहु काहे लगाय छतियाँ...

गुलज़ार साहब के अनुसार फ़िल्म के निर्देशक इतनी कठिन फ़ारसी की पंक्तियाँ रखने के पक्ष में नहीं थे, जबकि लक्ष्मीकान्त जी का बड़ा मन था कि कम से कम गीत का शुरुआती मुखड़ा ख़ुसरो की कविता की पहली पंक्ति से शुरू हो। गीतकार ने वही किया, अमीर ख़ुसरो की कविता के रंग को लेकर पूरा गीत रच डाला...और इस तरह हिन्दी फ़िल्म गीतों में फ़ारसी-हिन्दी मिश्रित काव्य-पंक्ति भी अपना स्थान बना गयी, जिसकी महक आज तक महसूस की जाती है।

ज़िहाले मिस्कीं मकुन बरंजिश
बहाले हिजरां बेचारा दिल है
सुनाई देती है जिसकी धड़कन
तुम्हारा दिल या हमारा दिल है...

अमीर ख़ुसरो की पदावली के अलावा उपशास्त्रीय संगीत की पारम्परिक रीति में गायी जा रही ठुमरी और दादरा की बन्दिशों को भी अपनी गीत-यात्रा में गुलज़ार ने शामिल किया। इसका सबसे महत्त्वपूर्ण उदाहरण बेगम अख़्तर साहिबा द्वारा नायाब ढंग से गायी गयी पूरब अंग दादरा की बन्दिश *'हमरी अटरिया पे आओ सँवरिया/देखा-देखी बलम होइ जाए'* है, जिसका मुखड़ा लेकर और उसी धुन की उठान पर गुलज़ार 'डेढ़ इश्क़िया' के लिए एक नयी बन्दिश रचते हैं। एक ख़ास बात इस गीत के लिहाज़ से यह देखनी चाहिए

कि सिर्फ़ *'हमरी अटरिया पे आ जा रे सँवरिया/देखा-देखी तनिक हुई जाए'* के अलावा पूरी कम्पोज़ीशन गुलज़ाराना अन्दाज़ में ही सम्पन्न होती है। आपको ज़रा देर के लिए भी यह नहीं लगता कि कविता की जो लोनाई गीतकार यहाँ रचता है, उसमें शास्त्रीय संगीत से उसका सम्बन्ध और साहित्य की गरिमा कहीं हल्के पड़े हैं। यहाँ तक कि उस्तादों की बन्दिश से तुलना करने पर यह आधुनिक गीत किसी भी तरह पुराने दादरा से उन्नीस नहीं ठहरता है। इसी के साथ यह भी ध्यान में रखना चाहिए कि मूल दादरा की पंक्ति से ही यह गाना शुरू नहीं होता, बल्कि उसके पहले कोरस के स्वरों में छह पंक्तियों का एक टुकड़ा गीत के साथ लगा हुआ है...इसके गायन से जुड़कर सातवीं पंक्ति में *'हमरी अटरिया पे आ जा रे साँवरिया'* आता है, जो तबले पर सम रचते हुए बेहिसाब सुन्दर बन जाता है। शुरुआती पंक्तियों से लेकर पहले अन्तरे तक की यह गुलज़ार की बन्दिश इसी अन्दाज़ में पढ़नी चाहिए—

सजके सजाए बैठी
साँसों में बुलाए बैठी
कहाँ गुम हुआ अंजाना
अरे अरे दिए रे जलाये रे जलाये
ना अटरिया पे आया परवाना

कौन सौतन हाय, बरमाये रे
हमरी अटरिया पे, आजा रे सँवरिया
देखा देखी तनिक हुई जाए
किवड़िया से लग के
पिया करे झाँका झाँकी
बहुत कौड़ी फेंके पिया उड़ावे जहाँ की
क़सम देवे जाँ की
आजा गिलौरी, खिलाय दूँ क़िमामी
लाली पे लाली तनिक हुई जाए...

...लोक-गीतों, बोलियों और उन भाषाओं की कविताओं पर आधारित गीतों का यह सिलसिला गुलज़ार की इमेजरी को पढ़ने के लिए एक ज़रूरी पाठ तैयार करता है। किस तरह भाषाओं के तमाम प्रदेशों से घूमकर हिन्दुस्तानी ज़ुबान या बोल-चाल की हिन्दी का गीत रचने में गीतकार का यह भाषाप्रेमी मन सुन्दर प्रेरणाएँ ग्रहण करता रहा है, उनके अपने गीतों की सूची देखकर समझा जा सकता है।

राजस्थान के लोकसंगीत और बोलियों की मिठास के साथ कुछ रचनात्मक नमूने हम गुलज़ार के यहाँ पंजाबी और बंगाली की ही तरह पाते हैं। राजस्थानी लोकरंग में डूबी ऐसी शब्दावली हम 'ढोला मारू', 'पहेली', 'मिर्ज़्या' और 'पटाखा' जैसी फ़िल्मों में ढूँढ़ सकते हैं। गुलज़ार यहाँ इस प्रदेश की बोली को इतनी चतुरता से अपनी शब्दावली में ढाल लेते हैं कि एकबारगी लगता है, जैसे वे कभी इसी धरती में रचे-बसे रहे हों। *'ढोला मारू'* में *'म्हारे राजा की रोको सवारी रे/साथ भरवाइले म्हारे हजारी रे'*, 'पहेली' में *'कंगना रे कंगना रे.../थारो कौनो रंग ना भावे/म्हाने थारो ढंग ना भावे.../ढोला रे ढोला...घोर अमावस जाये ना ढोला...'* और 'पटाखा' के *'एक तेरो बलमा रे, एक मेरो बलमा/तेरो गुंडो बलमा रे, मेरो नेक बलमा'* की बानगियाँ देखने लायक़ हैं। हाल के वर्षों में प्रदर्शित राकेश ओमप्रकाश मेहरा की फ़िल्म 'मिर्ज़्या' जिसके पटकथा, संवाद और गीत गुलज़ार साहब ने लिखे थे, के कुछ गीत राजस्थानी बोली के एडॉप्टेशन के सार्थक उदाहरणों में गिने जा सकते हैं। इनमें *'आवे रे हिचकी'*, *'कागा रे कागा'*, *'अरे ढोला/अरे आसमान पर उड़े चकोरा'* और *'डोली रे डोली चली'* शामिल हैं।

'चकोरा' गीत की कुछ पंक्तियों से राजस्थानी के इस रंग को यहाँ पढ़ा जा सकता है—

अरे डोला
अरे आसमान पर उड़े चकोरा
उड़े चकोरा, उड़े चकोरा
अरे आसमान पर उड़े चकोरा
चाँद पकड़ने जावे, जावे रे जावे
इश्क़ पड़े जब तेज़ धार पे
दोनों पंख कटावे, कटावे, कटावे...

बाती जले अपनी अग्नि में
उस पर जले पतंगा डोला...

लिपट-लिपट जल गयो रे डोला...

राजस्थानी की ही तरह उत्तर प्रदेश की अवधी का इस्तेमाल उन्होंने उन गीतों में किया है, जहाँ किसी तरह के प्रदर्शन, नौटंकी, ब्याह-शादी या समारोह का मामला पटकथा में आकार लेता रहा हो। पूर्वी उत्तर प्रदेश में बोली जाने वाली अवधी और उस तरह की बोलियों की कुछ मिसालें भी यहाँ इसी सन्दर्भ में प्रासंगिक बन जाती हैं। जैसे, 'मौसम' के लिए लिखा उनका सदाबहार गीत *'मेरे ईस्क़ में लाखों लटके/बलम ज़रा हटके'*, 'नरम

गरम' फ़िल्म के लिए उनका लिखा *'कैसन सादी रचाए हो देखो हमरी बहिनिया/अरे मेहँदी से हथेलियों पे लिखियो कहानियाँ'*, 'सितारा, के लिए युगल-प्रेम की देशज पुकार का गाना *'सजना का कंगना/ओ कंगना में हीरा/हीरा मैं खइ के मरूँ'*, 'नमकीन' के लिए नौटंकी का गीत *'ऐसा लगा कोई सुरमा नज़र मा...हो सैयां तेरी खुसबू आए, आए रे आए'*, 'पलकों की छाँव' का *'घुँघटा गिरा है, ज़रा घुँघटा उठा दे/कोई झूठी-मूठी किवड़िया हिला दे रे'*, 'आशीर्वाद' फ़िल्म का *'झिर-झिर बरसें सावनी अँखियाँ/ साँवरिया घर आ जा/मानत ना, मानत ना जियरा/झिर-झिर बरसें'* और 'देवता' में सहज रूमान के साथ व्यक्त *'मैं तो कारे बदरवा से हारी/गरजे तो रात जगाए/बरसे तो आग लगाए/मैं तो कारे बदरवा से हारी'*...गीतों के उदाहरण पूर्वी उत्तर प्रदेश की बोलियों को उनकी पूरी स्थानीय रंगत में प्रदर्शित करते हैं।

इसी समय उन गीतों के प्रयोगों को भी याद करना चाहिए, जो मुख्य रूप से उत्तर प्रदेश के पश्चिमी क्षेत्रों—मेरठ, बिजनौर, हापुड़, सहारनपुर और मुज़फ़्फ़रनगर जैसे शहरों में खड़ी बोली के रूप में प्रचलित हैं। इन शहरों से बनने वाले पश्चिमांचल में जैसी ठेठ हिन्दी बोलने की रवायत रही है, उसका सर्वोत्तम रूप गुलज़ार 'ओमकारा' में व्यक्त करते हैं। आप आसानी से इस फ़िल्म के दो गीत *'नैणा ठग लेंगे'* और *'लाकड़ जल के कोयला होय जाय'* में यह बात देख सकते हैं। *'नैणा ठग लेंगे'* की कुछ पंक्तियों को पढ़कर पश्चिम की बोली का स्वाद समझा जा सकता है।

नैणों की मत माणियों रे
नैणा ठग लेंगे
नैणों की मत सुणियो रे
नैणा ठग लेंगे...

नैणा रात को चलते-चलते
स्वर्गां में ले जावें
मेघ-मल्हार के सपने बीजें
हरयाली दिखलावें
नैणों की ज़ुबान पे भरोसा नहीं होता
लिखत पढ़त ना रसीद ना खाता
सारी बात हवाई रे...

भाषा से प्रेरणा ग्रहण करने का मामला गुलज़ार के यहाँ पीछे के समय तक जाता है। हम जानते ही हैं, उन्होंने सूफ़ी कवियों और निर्गुनियों की पदावलियों

को न सिर्फ़ बचपन से सुन रखा है, बल्कि एक अदीब की हैसियत से ख़ूब पढ़ा भी हुआ है। ऐसे कवियों और शायरों के कलाम पढ़कर गुलज़ार के यहाँ उनकी ख़ुद की नज़्मों की ज़मीन सूफ़ियात की मिट्टी से भी लीपी गयी है, जैसे हम अपने आँगन, चौगान और देहरी को कच्ची मिट्टी से लीपकर पवित्र करते हैं। इसी कारण हिन्दुस्तानी ज़ुबान की कविता करते वक़्त उन्होंने इन शायरों की देशज बोलियों से अपनी अभिव्यक्ति का विस्तार किया है। इनमें एक नाम जो फ़ौरन याद आता है, वह बाबा बुल्लेशाह का है, जो पंजाब की माटी की सोंधी गन्ध में गूँजता हुआ नाम है। पाखण्ड के विरोधी, जाति व्यवस्था के ख़िलाफ़ हमेशा सजग रहने वाले, हिन्दू और मुसलमानों के आपसी वैमनस्य को ख़ारिज करते हुए और हमेशा ही अपने रब के इश्क़ के क़ायल बुल्लेशाह मानवीयता के गायक हैं। उनको पंजाब से लेकर पूरे भारत में मक़बूलियत हासिल रही और उनके कलामों का रुतबा यह रहा कि पंजाबी, उर्दू और हिन्दी में वे एक सर्वमान्य बड़े कवि के रूप में स्थापित हैं। गुलज़ार का उनसे रिश्ता बचपन का है, जिसमें वे इस सूफ़ी शायर के कलामों से अपना व्यक्तिगत जुड़ाव महसूस करते हैं। बुल्लेशाह की एक मशहूर नज़्म की पंक्तियाँ हैं—

तेरे इश्क़ नचाया कर थईया-थईया,

तेरे इश्क़ ने डेरा मेरे अन्दर कीता,
भर के ज़हर पिआला मैं तां आपे पीता,
झबदे वहुड़ी वे तबीबा नहीं ते मैं मर गईआं

इस नज़्म की बहर को बरक़रार रखते हुए 'थईया-थईया' शब्द-युग्म को लेकर उसे 'छैंया-छैंया' के जोड़ वाले शब्द में रूपान्तरित कर दिया। इस तरह मणिरत्नम की फ़िल्म 'दिल से' के लिए सूफ़ियात रंग का हमेशा के लिए एक सदाबहार नग़मा गुलज़ार रचते हैं, जिसे बुल्लेशाह की परम्परा में पढ़ना ही वाज़िब होगा। इस गीत का एक अन्तरा और उसके अन्त में लगा टेक की तरह का मुखड़ा, मिसाल के तौर पर यहाँ दे रहा हूँ। इसी वक़्त एक बात यह भी रेखांकित करने लायक़ है कि अपने ज़्यादातर फ़िल्म-गीतों में गुलज़ार मुक्त छन्द की कविता को गीत बनाते हुए उसके मुखड़े से टेक लेते हुए एक लय पैदा करते हैं। इस गीत में यह टेक बार-बार आती है और बेहद ख़ूबसूरत ढंग से लिरिकल हो जाती है। यह वही युक्ति है, जिस तरह ऊपर दिये गये बुल्लेशाह की नज़्म में *'तेरे इश्क़ नचाईआं कर थईया-थईया'* स्थायी टेक की

तरह बार-बार आती है। गुलज़ार के यहाँ इसका बदला हुआ रूप लोक भाषा की दीवानगी के अर्थ में देखने लायक़ है—

मेरा नग़मा वही, मेरा कलमा वही
वो यार मिसाले ओस चले
पाँव के तले फ़िरदौस चले
कभी डाल-डाल
कभी पात-पात
मैं हवा पे ढूँढूँ उसके निशाँ

वो यार है जो ख़ुशबू की तरह
है जिसकी ज़ुबां उर्दू की तरह
मेरी शामो-रात मेरी कायनात
वो यार मेरा सैंया सैंया
चल छैंया, छैंया...
सर इश्क़ की छाँव, चल छैंया छैंया
चल छैंया, छैंया...

इतने प्रदेशों के आँगन से लोकभाषा, बोलियों, मुहावरों, कहावतों और पारम्परिक गीतों की ज़मीन से प्रेरणा पाती हुई गुलज़ार की क़लम पिछले सात दशकों से हिन्दी फ़िल्म गीतों को एक अलग ही रोशनी में स्थापित करती चली आ रही है। उसमें निखालिस उर्दू या हिन्दुस्तानी की ही झलक नहीं है, कई बार नायाब ढंग से पंजाबी, बंगाली, राजस्थानी, अवधी, खड़ी बोली हिन्दी की देसी आवाजाही भी शामिल है। गीतों की ऐसी लड़ियाँ बनाती हुई, जिसमें बोली और भाषा आपस में मिलकर सहकार की आवाज़ बन जाया करती हैं।

35

I shall be telling this with a Sigh
Somewhere ages and ages hence :
Two roads diverged in a wood, and I–
I took the one less traveled by,
And that has made all the difference.

–Robert Frost

(From 'The Road Not Taken')

गुलज़ार के गीतों को इत्मीनान से पढ़ते हुए एक सबसे रौशन बात यह हाथ लगती है कि अधिकांश गीतों की शब्द-रचना और उसका केन्द्रीय भाव उनकी ऐसी ग़ैरफ़िल्मी कविताओं में भी अपने ढेरों अर्थों के साथ उपस्थित है, जो उनके फ़िल्मी किरदार से कोसों दूर है। 'गोलमाल' फ़िल्म के गीत *'आनेवाला पल जानेवाला है'* को पढ़ते समय हमें एकाएक उनकी कविता *'आदमी बुलबुला है'* याद आती है। दोनों ही जगहों पर गुलज़ार एक ही भाव को अलग-अलग ढंग से लिख रहे होते हैं। यह देखना दिलचस्प पाठकीय अनुभव बन जाता है कि कैसे एक कविता किसी फ़िल्म-गीत के क़रीब चली जाती है या एक फ़िल्म गीत की अभिव्यक्ति का रंग किसी दूसरी कविता के पाठ में झलक आता है। वे उस कारीगर की तरह बर्ताव करते नज़र आते हैं, जो अपनी ही कैंची से काटे हुए रेशम-साटन के टुकड़ों, कतरों को अलग-अलग मिज़ाज के कपड़े सिलते हुए भिन्न शिल्पों में संयोजित करता है। हिन्दी कवि कुँवर नारायण इसी से मिलती-जुलती बात अपनी डायरी में दर्ज करते हैं–

> *'कवि सपने रचता है–प्रेम के सपने, सुन्दर सपने, अमर सपने–लेकिन सब दूसरों के लिए। ख़ुद, वह उस बेचारे ग़रीब कारीगर की तरह है, जो अपने ही बनाये सपनों से वंचित रहता है।'*

इस सन्दर्भ को ध्यान में रखते हुए यहाँ पर गुलज़ार द्वारा गढ़ी गयी दोनों ही स्थितियाँ पढ़नी चाहिए। 'आदमी बुलबुला है' की पंक्तियाँ इस तरह हैं–

आदमी बुलबुला है पानी का
और पानी की बहती सतह पर
टूटता भी है, डूबता भी है

फिर उभरता है, फिर से बहता
आदमी बुलबुला है पानी का। (आदमी बुलबुला है)

'गोलमाल' के गीत की अभिव्यक्ति इसी सन्दर्भ के कारण कुछ अलग-सी बन जाती है, जब हम उसे 'आदमी बुलबुला है' कविता के आशयों के साथ पढ़ते हैं। गाने का अन्तिम अन्तरा संजीदा ढंग से जीवन की पल-प्रतिपल बदलने वाली क्षण-भंगुरता को व्यक्त करता है–

इक बार वक़्त से
लम्हा गिरा कहीं

वहाँ दास्ताँ मिली
लम्हा कहीं नहीं
थोड़ा-सा हँसाके
थोड़ा-सा रुलाके

पल जो ये जानेवाला है
आनेवाला पल जानेवाला है

फ़िल्मी गीतों की समानार्थी-सी लगती गुलज़ार की ढेरों कविताएँ और ग़ज़लों का पुनःपाठ दिलचस्प होगा, यदि उनके सन्दर्भों से काटकर हम उन्हें एक जगह रखकर पढ़ सकें। इस तथ्य के सहारे वहाँ उस शायर व्यक्तित्व की झलक देख पाना भी शायद आसान हो, फ़िल्म-कला में ढेरों अन्य चीज़ें पढ़ते वक़्त जिन्हें हम आसानी से भुला देते हैं। वहाँ किरदार की कैफ़ियत, पटकथा की बारीकियाँ और गीत की सिचुएशन ज़्यादा प्रभावी होती है और यहाँ कवि का अन्तर्मन, कविता का भाषा-संस्कार और कथ्य की व्याप्ति पर ज़ोर रहता है। मगर इन दोनों के सहमेल से विकसित किसी विचार या शब्द को पकड़ पाना उस कवि, गीतकार और क़िस्सागो के अन्तरंग में झाँकने जैसा है, जहाँ हमें एक साथ तीनों के किरदार गले मिलते दिखाई पड़ते हैं।

यह स्थितियाँ कई जगह बनी हैं और गुलज़ार के शायर और गीतकार दोनों को ही एक राह पर लाकर खड़ा करती हैं। एक-दो उदाहरणों से यह बात और भी स्पष्ट रूप से देखी जा सकती है। दो भिन्न मनःस्थितियों को एक जगह पर देखने की यह कोशिश, एक तरह से शायर को समझने के औज़ार भी मुहैया कराती है। 'अलाव' कविता के सन्दर्भ में 'दिल से' फ़िल्म का गीत और उसी तरह 'चाँदघर' कविता की पृष्ठभूमि से लगा हुआ 'माया मेमसाब' का गीत इस बात के सबसे सुन्दर नमूने बनते हैं—

रात भर सर्द हवा चलती रही
रात भर हमने अलाव तापा
रात भर जो मिला उगते बदन पर हमको
काट के डाल दिया जलते अलाव में उसे
रात भर फूँकों से हर लौ को जगाये रखा
और दो जिस्मों के ईंधन को जलाये रखा (अलाव)

इस कविता की अर्थ व्याप्ति से लगा हुआ गीत—

जिया जले जाँ जले
नैनों तले धुआँ चले...

रात भर धुआँ चले
देखते हैं तन मेरा, मन में चुभती है नज़र
होंठ सिल जाते हैं, उनके नर्म होंठों से मगर
गिनती रहती हूँ मैं अपनी करवटों के सिलसिले
क्या करूँ कैसे कहूँ
रात कब कैसे ढले (दिल से)

कितना अरसा हुआ कोई उम्मीद जलाये
कितनी मुद्दत हुई किसी क़न्दील में जलती रौशनी रखे

(चाँदघर)

इस कविता की अर्थ व्याप्ति से लगा हुआ गीत—

मेरे सरहाने जलाओ सपने
मुझे जरा-सी तो नींद आये (माया मेमसाब)

ऐसे गीतों और कविताओं की लयात्मक जुगलबन्दी हमें गुलज़ार की अब तक की रचना-यात्रा में बड़ी आसानी से दिख जाती है। यह अकारण नहीं है, क्योंकि गीत लिखते हुए उनके भीतर बैठा कवि बार-बार उन्हीं शाश्वत मूल्यों और सम्भावनाओं से टकराता है, जिनसे पहले ही उनका शायर कभी रूबरू हो चुका है। ऐसा भी सम्भव है कि किसी गीत को रचते समय उस विशिष्ट परिस्थिति ने उनके कवि मन को कुछ अदेखे धरातलों से भी घेरा होगा, जिसके कारण वे गीत लिखने के बाद भी उस परिस्थिति से आसानी से अपना पीछा छुड़ा नहीं पाते। उस परिस्थिति से उनका निकल पाना तभी सम्भव है, जब वे उस मनोदशा को अन्य तरीक़ों से भी परखते हुए कुछ अतिरिक्त कविताएँ उन्हीं सम्भावनाओं पर लिख डालें। एक गीत और कविता की आपस में तिरोहित हो जाने वाली यह युक्तियाँ दरअसल दोनों की आपसी समझदारी में ही कहीं अन्तरलय की तरह गहरे पानी में डूब जाती हैं।

यह अलग बात है कि इसके चलते शायर और गीतकार एक-दूसरे का हाथ पकड़े दूर तक टहलते मिलते हैं। दिन डूबने के बाद, लालटेन की लाल होती जाती लौ तक फ़लक पर चलते हुए...।

36

आशा भोसले। गुलज़ार के फ़िल्मी जीवन की निर्देशकीय पारी में इस पार्श्वगायिका का मुक़ाम एक अलग तरह की रोशनी में नहाया हुआ है। यह विमर्श तब

रोचक बन जाता है, जब हम आशा भोसले के पार्श्वगायन करियर का एक महत्त्वपूर्ण हिस्सा गुलज़ार द्वारा निर्देशित फ़िल्मों के उन दर्जनों गीतों में देखते हैं, जिनमें उनकी उपस्थिति इस गायिका को एक अलग रंगत देती है, जिसे उनकी पारम्परिक ओ.पी. नैयर वाली शैली के समानान्तर देखा जा सकता है। ज़ाहिर है, ऐसे तमाम गीतों के बनने की प्रक्रिया में गुलज़ार और आशा भोंसले के साथ आर.डी. बर्मन की मौजूदगी का आशय यहाँ कुछ अलग है। हालाँकि दोनों प्रमुख मंगेशकर बहनों ने आर.डी. बर्मन के ही संगीत निर्देशन में गुलज़ार की फ़िल्मों में कमाल का गायन किया है। लता जी, जहाँ अपने भावों की सुन्दरता और आवाज़ की दमसाज उपस्थिति के साथ पराकाष्ठा पर हैं, वहीं आशा जी भी अपने वयस्क होते हुए दिनों में कुछ अतिरिक्त शोखी से भरी हुई संजीदा दिखती हैं, अगर गुलज़ार का सिनेमा वहाँ मौजूद है।

आशा भोंसले के सांगीतिक जीवन में एक वह समय था, जब आर.डी. बर्मन के साथ उनका काम शिखर पर जा रहा था और ओ.पी. नैयर के साथ उनका दौर लगभग समाप्त हो चुका था। नैयर के साथ उस समय में उनकी जोड़ी की जो चन्द फ़िल्में बचती हैं, उनमें 1968 में आयी दो महत्त्वपूर्ण फ़िल्मों 'हमसाया' और 'क़िस्मत' के गीत क्रमशः *'कितना हसीं है ये जहाँ/आँखों से बरसे मस्तियाँ'* और *'आओ हुज़ूर तुमको सितारों में ले चलूँ'* के अलावा 1969 में 'सम्बन्ध' का *'अकेली हूँ मैं पिया आ'* और 1973 में आयी 'प्राण जाये पर वचन न जाये' का *'चैन से हमको कभी आपने जीने न दिया'* बरबस याद आते हैं।

इसी समय यह देखना ज़रूरी होगा कि गुलज़ार की फ़िल्मों में आशा भोसले की आमद से पहले आर.डी. बर्मन, आशा भोसले को लेकर एक बड़ी सफलता रच चुके थे। यह पीरियड लगभग पाँच वर्षों (1971-1975) का पंचम-आशा की जोड़ी के सन्दर्भ में प्रयोगों भरा रहा है। अब तक ढेर सारे कम्पोज़ीशन आशा भोसले को एक नयी ज़मीन दे चुके थे, जिनमें— *'दैया ये मैं कहाँ आ फँसी'* ('कारवाँ', 1971), *'दम मारो दम, मिट जाये गम'* ('हरे रामा हरे कृष्णा', 1971), *'ऐ आओ ना, गले लगा लो ना'* ('मेरे जीवन साथी', 1972), *'लोगो, न मारो इसे, यही तो मेरा दिलदार है'* ('अनामिका', 1973), *'चुरा लिया है तुमने जो दिल को'* ('यादों की बारात', 1973), *'सोना रूपा लायो रे'* ('जोशीला', 1973) और *'सपना मेरा टूट गया'* ('खेल-खेल में', 1975) जैसे कई गीत मिसाल के तौर पर याद किये जा सकते हैं। ऐसे सदाबहार गाने आशा भोंसले की नयी पारी के सन्दर्भ में चर्चित तो ज़रूर हो रहे थे, मगर तब तक उनकी छवि कैबरे

सांग, आइटम नम्बर और इसी तरह के चुलबुले गीतों को गाने में स्थापित हो चुकी थी। इसी समय गुलज़ार की क़लम से लिखे गीतों के लिए पंचम की धुनों पर गाने की शुरुआत और बाद में उनके द्वारा बनायी फ़िल्मों के लिए स्थायी तौर पर आशा भोंसले और पंचम का जुड़ना, एक दूसरे ही स्तर पर इस पार्श्वगायिका की मौजूदगी को विस्तृत करना शुरू करता है, जहाँ से गुलज़ार के कारण उनके गीतों की शक्ल कुछ सार्थक ढंग से पोएटिक होने लगती है। कविता के गहरे आशयों तक विस्तार देती हुई गीतों की आमद, जिससे एक नया आशा भोंसले रेंज शुरू होता है।

गीतों का इस लिहाज़ से अध्ययन, गुलज़ार-परम्परा की एक नयी खोज है, जिसे आसानी से अनदेखा नहीं किया जा सकता। इनमें कई मिसालें ऐसी भी मिल जायेंगी, जिनका होना आशा भोसले के पार्श्वगायन के दूसरे दौर में उनकी फ़ास्ट-टेम्पो वाले थिरकते गीतों से अलग, संजीदगी की एक नयी परिभाषा, एक नयी चमक लेकर आता है। जिस दौर में आशा-पंचम मिलकर दूसरे बैनर की फ़िल्मों में धमाल रच रहे थे। 'हरे रामा हरे कृष्णा', 'कारवाँ', 'जवानी दीवानी', 'अनामिका', 'मेरे जीवन साथी', 'यादों की बारात' और 'खेल-खेल में' जैसी फ़िल्मों से हिन्दी फ़िल्म संगीत में नयापन ला रहे थे, उसी समय 1975 में गुलज़ार की 'ख़ुशबू' प्रदर्शित होती है। इस फ़िल्म से आर.डी. बर्मन, आशा भोसले का एक सर्वथा नया चहकता हुआ, कुछ अतिरिक्त रूमान से भरा अन्दाज़ लेकर सामने आते हैं और दुनिया को *'घर जायेगी, तर जायेगी'* व *'बेचारा दिल क्या करे'* जैसी बेहतरीन कम्पोज़ीशंस हाथ लगती हैं। 'ख़ुशबू' में ये चीज़ नये अन्दाज़ के साथ सामने आती है, जो ताज़गी-भरी है और कहीं ख़ुद आशा भोसले को एक बड़े स्तर पर एक्सप्लोर करती है। ऐसी शोख़ी पहले उन कैबरे गीतों में भी नहीं देखी गयी थी, जिसे वे अब आज़मा रही थीं–

घर जाएगी
तर जाएगी
डोलिया चढ़ जाएगी

मेहँदी लगाय के रे
काजल सजाय के रे
दुल्हनिया मर जाएगी...

'ख़ुशबू' का ही दूसरा गीत, उन्हीं की आवाज़ में अपनी धुन और बोलों के हिसाब से नये ज़माने के ऐसे उन्मुक्त गीत की तरह सामने आता है, जिसमें

पुरानापन ढूँढ़े नहीं मिलेगा। आप याद करें– *'बेचारा दिल क्या करे/सावन जले, भादों जले/दो पल की राह नहीं/इक पल रुके, इक पल चले...'*

गुलज़ार की फ़िल्मों में फिर आशा भोसले की यह रेंज चकित करना शुरू करती है, जिसके पोएटिक एक्सप्रेशंस दिन-दिन ख़ूबसूरत होते जाते हैं। कविता की इमेजरी, भाषा का खेल और उसके आशय संजीदगी से गाने को बड़ा बनाने का काम करते हैं, जिसकी शेल्फ़-लाइफ़ हमेशा के लिए लम्बी होने का इतिहास रचती है। उदाहरण के तौर पर–'नमकीन' (1982) का गीत–

फिर से आइयो बदरा बिदेसी
तेरे पंखों पे मोती जड़ूँगी
भर के जाइयो हमारी तलैया
मैं तलैया किनारे मिलूँगी
तुझे मेरे काली कमली वाले की सौं
फिर से आइयो बदरा बिदेसी...

और एक अलग ही मूड में चैती की उठान पर गाया गया *'बड़ी देर से मेघा/बरसा हो रामा/जली कितनी रतियाँ'* को पंचम के म्यूज़िक पर आशा भोसले की आवाज़ में तिरते हुए देखना भी यहाँ असरकारी है। पिछली सदी के सत्तर के दशक के अन्त में आशा भोसले की इस तरह की अदायगी का एक ख़ास अर्थ है, क्योंकि इस दौर में वे तमाम दूसरे बैनरों के लिए भी संजीदा गाने सिरजने लगी थीं। गुलज़ार की फ़िल्मों में उनकी ऐसी अलग-सी उपस्थिति को देखकर यह कहा जा सकता है कि आर.डी. बर्मन ने उन्हें गुलज़ार के लिखे गीतों और उनके द्वारा बनायी फ़िल्मों में कम्पोज़ किये गये गानों में उसी तरह चमकाया है, जिस तरह एक दौर में लता मंगेशकर के लिए आर.के. बैनर में शंकर-जयकिशन और फ़िल्मिस्तान कम्पनी के लिए सी. रामचन्द्र करते रहे थे।

'ख़ुशबू' के जिन दो गीतों की चर्चा से हम आशा भोसले की नयी उन्मुक्तता, अदायगी और तैयारी पर बात कर रहे हैं, उसी के साथ एक साल पीछे जाकर 1974 में 'दूसरी सीता' में भी यह शोख़ी, इन तीनों की मौजूदगी में देखनी चाहिए–

तू जहाँ मिले मुझे
वहीं मेरे दोनों जहाँ
दोनों जहाँ वहीं मेरे
मिले मुझे तू जहाँ...

इसी तरह उन्मुक्त उल्लास, खिलखिलाते सौन्दर्य और प्रेम से भरी कामना का गीत रचने में गुलज़ार की क़लम और आशा भोसले की आवाज़ हर दूसरे गीत में मौजूद पोएट्री को नया मानी उपलब्ध कराती हैं। ख़ुद की निर्देशित 'अंगूर' (1981) के लिए गुलज़ार ने अभिनेत्री के उल्लास को भी परदे पर सादगी से दर्शाया है, जिसमें गीत के बोल पर अभिनय करती दीप्ति नवल आकर्षक लगने के साथ गम्भीर ढंग का रूमान रचती नज़र आती हैं। अलग से गायिका का खुले मन से हाई-पिच पर जाकर इस गीत को गाना और आर.डी. बर्मन द्वारा इन्टरल्यूड्स को अतिरिक्त सुरीला बनाने का जतन, नये ज़माने को ताज़गीभरा संगीत परोसता है। इन तीनों ने मिलकर फ़िल्म संगीत के इतिहास में कुछ ऐसा ट्रेंड सेट किया है, जिन पर अलग से कुछ सैद्धान्तिक और रचनात्मक बातें की जा सकती हैं। 'अंगूर' के इस गीत की कुछ पंक्तियाँ पढ़िए, तो इस पूरे संयोजन की ख़ुशनुमा यादें मन में पसर जायेंगी–

रोज़-रोज़ डाली-डाली
क्या लिख जाए
भँवरा बावरा बावरा
कलियों के नाम कोई

लिखे पैग़ाम कोई
बावरा भँवरा बावरा...

इसके बाद तो इस टीम (आशा, पंचम, गुलज़ार) की 'अंगूर' (1981), 'नमकीन' (1982), 'इजाज़त' (1987) और नॉन फ़िल्मी गीतों का एल्बम 'दिल पड़ोसी है' (1987) के साथ आशा भोंसले का सांगीतिक सफ़र एक नयी कहानी गढ़ता है। 'इजाज़त' के चारों ही गीत हर एक के फ़न के लिहाज़ से बेमिसाल माने जाते हैं, जिनके बारे में संगीत समीक्षकों और सुधी विश्लेषकों ने यह तक कहा है कि लगता है जैसे गुलज़ार, आशा और पंचम मिलकर सेल्युलाइड पर कोई कविता लिख रहे हैं या अपने समय को पेंट कर रहे हों। चारों ही गीतों की चन्द पंक्तियों को यहाँ पढ़ना ज़रूरी है, जो इस रचनात्मक मैत्री का एक बड़ा हासिल बनता है–

मेरा कुछ सामान
तुम्हारे पास पड़ा है
सावन के कुछ भीगे भीगे दिन रखे हैं
और मेरे इक ख़त में लिपटी रात पड़ी है
वो रात बुझा दो...

मेरा वो सामान लौटा दो...

x x x

क़तरा क़तरा मिलती है
क़तरा क़तरा जीने दो
ज़िन्दगी है, बहने दो
प्यासी हूँ मैं, प्यासी रहने दो...

तुमने तो आकाश बिछाया
मेरे नंगे पैरों में ज़मीं है
पा के भी तुम्हारी आरज़ू हो
शायद ऐसे ज़िन्दगी हँसी है
आरज़ू में बहने दो
प्यासी हूँ मैं, प्यासी रहने दो...

x x x

छोटी-सी कहानी से
बारिशों के पानी से...
सारी वादी भर गई
ना जाने क्यूँ, दिल भर गया
ना जाने क्यूँ, आँख भर गई...

x x x

ख़ाली हाथ शाम आई है
ख़ाली हाथ जाएगी...
आज भी ना आया कोई
ख़ाली लौट जाएगी
ख़ाली हाथ शाम आई है...

'इजाज़त' के साथ आशा भोसले की सांगीतिक उपस्थिति का एक बड़ा आकाश बनता है, जिसकी ज़मीन पर गुलज़ार की लिखावट और निर्देशकीय क्षमता का बेहद मौलिक और संवेदनशील हस्ताक्षर पड़ा हुआ है। 1975 में 'खुशबू' से लेकर 1987 में 'इजाज़त' तक आते हुए, इस एक दशक से थोड़े अतिरिक्त अवधि वाले समय में गुलज़ार बैनर के लिए आशा भोसले एक नयी व्याप्ति हैं, एक नये ढंग से दोबारा से सोची गयी आवाज़, जिन्होंने नैय्यर दौर को पीछे छोड़ते हुए अपनी शोख़ी को फिर से खुद के लिए ढूँढ़ा।

अलग से जिन फ़िल्मों में गुलज़ार ने गीतकार की बहैसियत काम किया और आर.डी. बर्मन व आशा भोसले वहाँ मौजूद रहे, उन गीतों में भी इस टीम का लाजवाब काम देखा जा सकता है। इसका भी मूल्यांकन एक हद तक गुलज़ार परम्परा के तहत ही किया जाना चाहिए, जो आशा जी के पार्श्वगायन की एक अलग ही इबारत गढ़ते हुए उन्हें बाद की पारी में कुछ अतिरिक्त मैच्योर और कंटेम्परारी बनाता है। ऐसे में 'रत्नदीप' (1979) का *'मन बहक रहा है बार-बार शाम से/श्याम का बदन महक रहा है शाम से'*, 'सितारा' (1980) का *'आप आए ग़रीबख़ाने में/आग-सी लग गई ज़माने में'*, 'ख़ूबसूरत' (1980) का *'पिया बावरी, पिया बावरी/पी कहाँ, पी कहाँ/ पिया-पिया बोले रे'*, 'नरम-गरम' (1981) के *'मेरे चेहरे में छुपा है/मेरी माँ का चेहरा/मेरी आँखों से/मेरी माँ की महक आती है'* और *'मेरे अँगना आये रे/घनश्याम आये रे'*, 'बसेरा' (1981) का *'आऊँगी एक दिन, आज जाऊँ/ कहिए अगर अपना पता दे जाऊँ'*, 'मुसाफ़िर' (1984) का *'सावन साँवरी अँखियाँ चूम के/फिरे जाए'* जैसे अनगिनत गाने अलग-अलग ज़मीन के इतने समृद्ध और प्रयोग से भरे हैं, जिन पर अभी सांगीतिक बातें सिनेमा-विमर्श के लिहाज़ से होनी बाक़ी हैं। अस्सी के दशक की 'जीवा' (1986) में फिर वही बात रचनात्मक रूप से सामने आती है। हम यह देखते रह जाते हैं कि इस कम्पोज़ीशन में शायर बड़ा है या संगीतकार; या कि गायिका और उसके साथ सुर में सुर मिलाने वाला सह-गायक अमित कुमार। आपको यह गाना ज़रूर याद होगा, जिसके अल्फ़ाज़ को इत्मीनान से आज भी एक सुन्दर प्रेम कविता की तरह पढ़ा जा सकता है—

रोज़-रोज़ आँखों तले
एक ही सपना चले
रात भर काजल जले
आँख में जिस तरह
ख़्वाब का दीया जले
रोज़-रोज़ आँखों तले...

जब से तुम्हारे नाम की मिसरी
होंठ लगाई है
मीठा-सा ग़म है
और मीठी-सी तन्हाई है
रोज़-रोज़ आँखों तले...

इसी चलन में अलग से 'सितारा' की उस कम्पोज़ीशन की बात करनी चाहिए, जो इन तीनों के सहमेल का एक बड़ा उदाहरण है। इस गीत को आशा भोसले, आर.डी. बर्मन और गुलज़ार ने मिलकर जिस मेयार पर जाकर रच दिया है, उस मंज़िल को पाना बेहद कम गानों को नसीब होता है। हिन्दी फ़िल्म संगीत के इतिहास में जब भी अलग-अलग ढंग से कभी पार्श्वगायिका के तौर पर आशा भोसले की, किसी फ़िल्मी सिचुएशन को गीत में मक़बूल ढंग से उकेरने के लिए गीतकार की और अपनी ख़ास शैली से इन्टरल्यूड्स और कम्पोज़ीशन रचने के लिए संगीतकार की चर्चा होगी, तो उस लिस्ट में 'सितारा' का यह गीत ज़रूर शामिल किया जायेगा। कई बार तो मुझे भी गुलज़ार, पंचम और आशा भोसले की कम्पोज़ीशन के तौर पर ये गीत आदर्श लगता है, जिसमें कुछ भी, ज़रा-सा भी अतिरिक्त नहीं है। इसकी कुछ लाइनें पढ़ते हुए हम उस तरन्नुम में लौट सकते हैं, जिससे बाहर निकलने का कभी मन न करे–

ये साए हैं, ये दुनिया है परछाइयों की
भरी भीड़ में, ख़ाली तन्हाइयों की
ये साए हैं, ये दुनिया है...

यहाँ कोई साहिल सहारा नहीं है
कहीं डूबने को किनारा नहीं है
यहाँ सारी रौनक़ है रुसवाइयों की
ये साए हैं, ये दुनिया है...

'सितारा' के इस गीत के बनने की कहानी गुलज़ार साहब ने बड़ी संवेदनशीलता से बयाँ की है। उनके मुताबिक़–ये गीत एक फ़िल्म अभिनेत्री के लिए लिखा गया है, क्योंकि फ़िल्म में वो एक्ट्रेस का किरदार लिये हुए है। ...वो दिन रात की रोशनियों के तले थक-सी गयी है। उसे सब कुछ माँगा-माँगा उधार लिया हुआ सा लगता है। यहाँ तक कि ज़िन्दगी भी उधार की लगने लगती है। सच बताऊँ, तो यह गीत लिखते हुए मुझे मीना जी (मीनाकुमारी) की बहुत याद आयी। वो अकसर एक शेर सुनाया करती थीं–

एक धड़का-सा लगा रहता है खो जाने का
ज़ीस्त हमसाये से माँगा हुआ ज़ेवर तो नहीं...

मुस्कुराते हुए गुलज़ार साहब यह भी बताते हैं कि पूछने के बाद भी शायर का नाम उन्होंने नहीं बताया था, जिसे बाद में बहुत ढूँढ़ने के बाद, वे भी पा

न सके। देखने वाली बात यहाँ इतनी सी है कि जीवन की ऐसी ढेरों उदास शामों से भरी गलियों से गुज़रते हुए एक गीतकार किसी गीत को उस ऊँचाई पर ले जाकर जीता है, जिसे फ़िल्म या दूसरी कला के लिए कम्पोज़ करते हुए उसके पार्श्वगायक और कम्पोज़र को भी ढेरों तकलीफ़ों से गुज़रना पड़ता है। आशा जी की शोख़ी और उदासी में एक साथ डूबी हुई इस बेहतरीन कम्पोज़ीशन को सुनते हुए सिनेमाप्रेमी यह कहाँ जानते रहे होंगे कि इस गीत के जन्म में कहीं शायर के भीतर किसी ट्रेजेडियन अदाकारा का एहसास भी लुके-छिपे ढंग से साँस ले रहा है?

आशा भोंसले, आर.डी. बर्मन और गुलज़ार का साथ 'दिल पड़ोसी है' (1987) जैसे एच.एम.वी. के उनके नॉन फ़िल्मी एल्बम में भी उरुज पर है, जिसकी बनने की ढेरों पारिवारिक और आत्मीय कहानियाँ हैं। यह एल्बम हमें उस तरह से आज भी नास्टेल्जिया में ले जाता है, जिसमें तीन दोस्तों की आपसी रिश्तों की महक शामिल है। ढेरों गीत हैं, जिनमें कई तरह के एक्सपेरीमेंट किये गये। यह लगता ही नहीं है कि आज से तैंतीस-चौंतीस साल पहले जारी हुए इसके डिस्क की ताज़गी कहीं बासी पड़ने पायी है। फ़िल्मी कम्पोज़ीशन से एकदम भिन्न ज़मीन पर इस एल्बम के हर गीत को गुलज़ार, आर.डी. बर्मन और आशा भोसले की दोस्तियों के तहत असाधारण ढंग से सुना जा सकता है। आशा भोसले का यह गुलज़ार-पंचम युग इस एल्बम से भी अपनी सम्पूर्णता पाता है, जिसमें हर एक कम्पोज़ीशन, एक नया प्रयोग, एक नया प्रस्थान है। मिसाल के तौर पर ये नज़्म देखिए—

'रात क्रिसमस की थी
ना तेरे बस की थी
ना मेरे बस की थी

चाँद पेड़ों पे था और मैं गिरजे में थी
तू ने लब छू लिये जब मैं सजदे में थी
कैसे भूलूँगी मैं वो घड़ी ग़श में थी
ना तेरे बस की थी
ना मेरे बस की थी...

इसे पढ़ते और सुनते हुए आप समझ सकते हैं कि इस एल्बम में इस कम्पोज़ीशन को लेकर पोएट्री के स्तर पर कितना बेहतर प्रयोग हुआ है। इसी तरह, धुनों को शास्त्रीयता की राह ले जाकर पंचम साढ़े आठ मात्रा के थोड़े मुश्किल चाल में— *'जूठे तेरे नैन/सौतन की छबि छू के आए/सौतन संग बिताई रैन'*

बाँधते हैं। उसी समय फ़ोक का आधुनिक रूप, जिसमें भारतीय और पश्चिमी वाद्यों के सहमेल से ये गीत बनाया गया है, देखने को मिलता है–

माँझी रे माँझी
रमैया माँझी
मोइनी नदी के उस पार जाना है
उस पार कोई आया है जोगी रे
जोगी सुना है बड़ा सयाना है
उस पार जाना है रमैया
माँझी रे माँझी...

इसी एल्बम की एक अन्य नज़्म में रिश्तों की गरमाहट, बेचैनी और उसके घनेपन को भी इसी समय देखना चाहिए, जो गुलज़ार, पंचम और आशा भोसले के संग-साथ का भी एक जीवन्त दस्तावेज़ है। इसे 'दिल पड़ोसी है' के सन्दर्भों से अलग ले जाकर सुनने-गुनने में भी वही राहत मिलती है, जिसे एक कला-माध्यम के तहत विकसित होते हुए आप सुन पाते हैं। चन्द पंक्तियों से इस संवेदनशीलता को हौले-से छूकर देखना चाहिए–

जाने दो मुझे, जाने दो
रंजिशें या गिले, वफ़ा के सिले
जो गए जाने दो
जाने दो मुझे जाने दो...

थोड़ी ख़लिश होगी
थोड़ा-सा ग़म होगा
तन्हाई तो होगी
एहसास कम होगा...

आशा भोसले के पार्श्वगायन जीवन की दूसरी रचनात्मक पारी के सन्दर्भ में यह सारे बयान भले ही फ़िल्म संगीत के इतिहास का एक ज़रूरी मुद्दा बनते हों, जिसे गुलज़ार-पंचम युग के मार्फ़त मैंने कहने की कोशिश की है, मगर आशा जी ने हमेशा ही गुलज़ार साहब को, जिन्हें वे भाई कहती हैं, मज़ाक़ में यह ताना मारा कि आप और पंचम भले ही मेरे लिए बढ़िया गाने बनाते हैं, मगर फ़िल्म का सबसे बेहतरीन गीत आप दीदी (लता मंगेशकर) से गवाते हैं। इस पर गुलज़ार साहब थोड़ा अचकचा जाते थे। लता जी और आशा जी के सन्दर्भ में जब भी मैंने इस मुद्दे पर उनसे कोई बात की, तब हमेशा ही हँसते हुए उन्होंने यह कहा–

> *'यह मेरा काम नहीं था कि मैं अपनी पसन्द की आवाज़ों की पेशकश पंचम से करता। जब भी पंचम कोई धुन बनाता था, तो उसके मन में यह बात तय हो जाती थी कि इसे दीदी गाने वाली हैं या आशा जी। मैंने कभी किसी भी गीत को लेकर यह इसरार नहीं किया, क्योंकि वो मीडियम म्यूज़िक डायरेक्टर का था। मेरा काम फ़िल्म की सिचुएशन के हिसाब से एक सटीक गीत लिखने भर का रहा है, भले ही वह मेरे प्रोडक्शन की ही फ़िल्म क्यों न हो। हालाँकि हम दोनों में मज़ाक़ भी चलता था। पंचम मुझसे अगर यह कहता था कि फ़लाँ गीत को दीदी से गवायेंगे, तब हँसकर मैं उससे कहता था—फिर तू आशा जी को देख लेना।'* (मुस्कुराते हैं)

गुलज़ार साहब आगे बताते हैं कि एक दफ़ा मैंने आशा जी से कहा—

> *'आप दोनों ही महान गायिकाएँ हैं और मेरी ख़ुशक़िस्मती है कि मेरी फ़िल्मों के लिए आप दोनों ने बेहतरीन ढंग से गाया है। मैं एक काम की बात कहता हूँ कि मैंने अपने प्रोडक्शन की दो फ़िल्में इस लिहाज़ से मंसूब कीं कि वे अलग-अलग लता जी और आशा जी के प्रति मेरा आदर-भाव हैं। 'इजाज़त' पूरी तरह से आशा जी की फ़िल्म है और ठीक उसी तरह 'लिबास' से लता दीदी का एहतराम करता हूँ।'*

गुलज़ार साहब यह सब कहते हुए भावुक हो उठते हैं और अपनी फ़िल्मों को ख़ुद की शायरी, संवाद, पटकथा या फ़िल्मांकन के लिहाज़ से नहीं, बल्कि उसकी दो पार्श्वगायिकाओं के हक़ के सिलसिले में नवाज़ते हैं।

यह बड़ी बात है...और दो महान आवाज़ों का साथ आर.डी. बर्मन और गुलज़ार के रिश्ते को एक मानी देता है। ऐसे अनगिनत मुक़ाम हैं गुलज़ार के यहाँ, जिससे संगीत की वादियों का ख़ुशनुमा मौसम दिखाई देता है। अलग से फ़िल्म संगीत प्रेमियों के लिए यह व्यक्तिगत पसन्द का मामला हो सकता है कि वे 'इजाज़त' के *'मेरा कुछ सामान'* के साथ 'लिबास' का *'सीली हवा छू गयी'* सुनना पसन्द करते हैं या 'किनारा' के *'अब के न सावन बरसे'* सुनते हुए 'मुसाफ़िर' के *'सावन साँवरी अँखियाँ चूम के'* की धुन में डूब जाते हैं...

37

भीमसेन निर्देशित 'घरौंदा' (1977) की स्क्रीनप्ले और दो गीतों 'एक अकेला इस शहर में' और 'दो दीवाने शहर में', गुलज़ार ने लिखा था। फ़िल्म के संवाद पर गुलज़ार और भूषण बनमाली ने मिलकर काम किया था। एक

गीत नक़्श लायलपुरी की क़लम से निकला था, जिसके बोल हैं, *'तुम्हें हो न हो मुझको तो इतना यक़ीं है'*। भीमसेन ने एक दौर में कला-सज्जाकार के रूप में गुलज़ार की लिखी बच्चों की कई किताबों का आकल्पन और डिज़ाइन भी बनाया था। वे चाहते थे, गुलज़ार स्वयं उनकी फ़िल्म का निर्देशन करें, मगर गुलज़ार ने ही उन्हें इस बात के लिए राज़ी किया कि उनकी पहली फ़िल्म है, इसलिए निर्देशित भी उन्हें ख़ुद करना चाहिए।

'घरौंदा' व्यावसायिक रूप से सफल फ़िल्म थी, जिसके गानों को अपार लोकप्रियता मिली और शंकर शेष की कहानी पर आधारित इस फ़िल्म की चुस्त पटकथा को गुलज़ार ने ख़ूबसूरती से सँवारा था। तीन मुख्य किरदारों अमोल पालेकर, ज़रीना वहाब और डा. श्रीराम लागू के अभिनय वाली इस फ़िल्म में गुलज़ार फ़िल्म के नायक को यह मानवीय अधिकार देते हैं कि वो अपनी प्रेमिका के आगे कमज़ोर पड़े। फ़िल्म इस अर्थ में भी महत्त्वपूर्ण थी कि इसमें किसी तरह के शुचितावाद की पैरवी नहीं की गयी थी। फ़िल्म के कथानक में नायिका अपने प्रेमी को छोड़कर उम्र में बड़े पुरुष से विवाह कर लेती है, मगर प्रेमी कोई दोषारोपण नहीं करता। इस लिहाज़ से यह फ़िल्म स्त्रीवाद का एक स्तर पर भावनात्मक रूपान्तरण भी थी, जिसमें नायिका को स्वतन्त्र निर्णय लेने वाला दर्शाया गया है। फ़िल्म के क्लाइमेक्स के थोड़ी देर पहले जब पति श्रीमान् मोदी (डा. श्रीराम लागू) को यह मालूम पड़ता है कि उनकी पत्नी छाया (ज़रीना वहाब), सुदीप (अमोल पालेकर) से प्रेम करती थी, तो यह जानने के बाद भी वह किसी भी प्रकार अपने रिश्ते के अधिकार से बेजा हस्तक्षेप नहीं करते। ये कुछ चीज़ें ऐसी थीं, जो 'घरौंदा' को एक बड़ी फ़िल्म का स्ट्रक्चर देती हैं।

नायिका ज़रीना वहाब अपने व्यवसायी पति डा. श्रीराम लागू के साथ उनके गाँव जाती हैं, तब दोनों के बीच, गुलज़ार का लिखा संवाद एक स्तरीय फ़िल्म का मर्म खोलकर रखता है। दोनों की छोटी-सी बातचीत यहाँ सुनने लायक़ है। छाया अपने पति मोदी से मुख़ातिब हो कहती हैं–

> *'कितना अच्छा लगता है गाँव में। कोई टेंशन नहीं, कोई जल्दी नहीं। वक़्त भी ढेर-सा लगता है और शहर में, वहाँ तो दिन को पकड़ते-पकड़ते ही दिन निकल जाता है।'*

मोदी जवाब देते हैं–

> *'यहाँ ज़मीन पर हैं ना, ज़मीन से जुड़े हुए हैं। शहर में तो पाँव ही नहीं लगते ज़मीन को। हर आदमी दूसरे के कन्धे पर पाँव रखकर ऊपर*

चढ़ रहा है। किसी ने मेरे कन्धे पे पाँव रखे हैं और कोई उसके कन्धे पर पाँव रखकर चढ़ रहा है।'

'घरौंदा' एक ऐसे मानवीय स्तर पर इंसानी रिश्तों के समीकरण को मनोवैज्ञानिक स्तर पर देखने का प्रयास करती है, जिसमें एक युवक महानगर की आपाधापी और उसकी निर्ममता से त्रस्त होकर यह कहने को अभिशप्त होता है–

इन उम्र से लम्बी सड़कों को
मंज़िल पे पहुँचते देखा नहीं
बस दौड़ती-फिरती रहती हैं
हमने तो ठहरते देखा नहीं

इस अजनबी-से शहर में
जाना-पहचाना ढूँढ़ता है
एक अकेला इस शहर में...

इसी गीत के आशय तले नायक अमोल पालेकर (सुदीप) के मानसिक द्वन्द्व, हताशा और हार जाने की कैफ़ियत समझने लायक़ है, जब वह मुम्बई महानगर छोड़कर जा रहा होता है। ऐसी स्थिति में फ़िल्म के अन्त में आकर नायिका से यह कहता है–'छाया, यह शहर, जिसने तोड़ दिया है, मैं छोड़कर जा रहा हूँ। मेरे सारे रास्ते तुम तक आते थे, तुमसे टूटकर ये रास्ते पता नहीं कहाँ ले जायेंगे... ।' फ़िल्म अपना कोई निर्णय नहीं देती, बल्कि परिस्थितियों के मारे अपने किरदारों को अलग-अलग ढंग से समझने का स्पेस ज़रूर रचती है। इसी में गुलज़ार वैसा तनाव रचते हुए सफल होते हैं, जो किसी भी बड़े शहर में मध्यमवर्गीय लोगों के सपनों को न केवल असमय कुचल देता है, बल्कि कुछ ऐसे निर्णय लेने पर विवश कर देता है, जिसका बौद्धिक चेहरा तो सामने होता है, मगर आत्मीय पक्ष दब-सा जाता है।

अपनी उम्र से बड़े व्यक्ति से शादी करके नायिका किस तरह सामंजस्य बिठाती है और एकबारगी अपने चाहने वाले को छोड़ देती है, इसे निःसंगता से पटकथाकार विकसित करता है। फ़िल्म की एक कलात्मक उपस्थिति इसी कारण बन सकी थी कि इसकी पटकथा पर मेहनत से काम हुआ था। एक ऐसे बोल्ड सब्जेक्ट का फ़िल्मी रूपान्तरण, जो सत्तर के दशक के अन्तिम वर्षों में सोच पाना जोखिम-भरा काम था। कम बजट वाली इस फ़िल्म को निर्देशक भीमसेन अपनी कलात्मक अभिव्यक्ति के सन्दर्भ में इस तरह परखते हैं कि प्रत्येक किरदार को उसकी सम्पूर्णता में देखने का मानवीय प्रयास

सम्भव होता हुआ नज़र आता है। यह सुखद है कि आज से चार दशक पहले बनायी गयी इस फ़िल्म का विषय, जैसे आज के समय से मेल खाता है और इस बात की नुमाइन्दगी में अव्वल रहता है कि एक स्त्री अपने निर्णयों के साथ स्वतन्त्र तौर पर जीने की अधिकारी है। भले ही उसके लिए उसे कड़े निर्णय क्यों न लेने पड़ें। फ़ेमिनिज़्म का बिना ढोल पीटे, 'घरौंदा' एक शानदार उदाहरण है, जेंडर स्टडीज़ के समाज-वैज्ञानिक अध्ययन के लिए, जहाँ नायिका के सामने नायक अपनी सारी अच्छाई और व्यावहारिकता के बावजूद पिछड़ता है।

फ़िल्म के अन्त में जब शहर छोड़कर वापस जा रहे नायक अमोल पालेकर को, सह-नायक डा. श्रीराम लागू यह कहते हैं—'जब तुम ऑफ़िस से निकले थे, तो मैं समझा था, तुम ज़िन्दगी से लड़ना चाहते हो, ख़याल था कि लड़ सकोगे ...लेकिन तुमने लड़ाई की शुरुआत ग़लत की थी। शॉर्टकट अपनाये हैं, इसलिए लड़ाई शुरू होने से पहले ही हार गये।' इस पर नायक का जवाब ही 'घरौंदा' के सन्देश को एक उज्ज्वल इबारत में तब्दील करता है। पालेकर का जवाब है–'इस बार सही शुरुआत करूँगा लड़ाई की, यहीं पर... ज़िन्दगी केवल छाया ही तो नहीं, कहीं असलियत भी है। और जो असलियत है, वो छाया नहीं।' पटकथा में गुलज़ार नायक को इस बात की सहूलियत भी देते हैं कि वह अपने तर्कों के साथ नायिका को ठुकरा सके, क्योंकि सिर्फ़ प्रेम पा लेना ही ज़िन्दगी का असली मानी नहीं होता। फ़िल्म में यह एक बेहतरीन कंट्रास्ट है कि नायिका अपनी वजह से और नायक ख़ुद के कारणों से एक-दूसरे को छोड़ते हैं। फ़िल्म जब ख़त्म होने लगती है, तब नायक के नये जीवन की शुरुआत करने को लेकर जो उत्साह जगता है, उसमें पार्श्व से यह सन्देश, एक गीत के टुकड़े के रूप में बजता है–*'राह को मंज़िल कर लेना... ।'*

'घरौंदा' इसी बात को तीन किरदारों में मनोवैज्ञानिक ढंग से अभिव्यक्त करती है। यह अलग बात है कि फ़िल्म के पूरे प्रभाव में भूपेन्द्र की आवाज़ में ग़म का *'एक अकेला इस शहर में'* दिल में कहीं ख़लिश की तरह अटका रह जाता है। एक फ़िल्म कई तरह से आपके जीवन को छूती और बदलती है।

38

गुलज़ार और आर.डी. बर्मन की जोड़ी की चर्चा में अकसर सलिल चौधरी और गुलज़ार की साझेदारी की बात पीछे छूट जाती है। बावजूद इसके,

सलिल दा के यहाँ गुलज़ार ने अपने गीतों को एक बिल्कुल अलग ही अन्दाज़ में न सिर्फ़ समृद्ध किया है, बल्कि नये ढंग से एक्सपेरीमेंटल बनाते हुए हिन्दी फ़िल्म गीतों को कुछ नायाब सौगातें दी हैं। गुलज़ार का लिखा पहला गीत बिमल रॉय निर्देशित 'बन्दिनी' (1963) का *'मोरा गोरा अंग लई ले'* रहा है। यह अलग बात है कि 'काबुलीवाला' (1961) पहले रिलीज़ हुई, इसलिए स्क्रीन पर प्रदर्शित होने वाले पहले गीत का श्रेय इसी फ़िल्म के *'गंगा आए कहाँ से, गंगा जाए कहाँ रे'* को मिला। गुलज़ार ने जब फ़िल्में बनानी शुरू कीं, तो पहली ही फ़िल्म 'मेरे अपने' (1971) के लिए प्रोड्यूसर एन.सी. सिप्पी ने सलिल चौधरी को संगीतकार के रूप में चुन लिया था। गुलज़ार ने इस निर्णय का सम्मान करते हुए सलिल दा के साथ उसी उत्साह के साथ काम किया, जितना वो अपने मित्र संगीतकार आर.डी. बर्मन के साथ करते। इतना ही नहीं, वेस्टर्न प्रभावों के संगीत की समझ के लिए गुलज़ार सलिल चौधरी को ही क्रेडिट देते हैं, जिनके चलते वे वेस्टर्न सिम्फनीज़ से जुड़ सके। सलिल चौधरी की संगीतबद्ध हिन्दी फ़िल्मों में गुलज़ार 'मेरे अपने' को छोड़कर सिर्फ़ चार फ़िल्मों के मात्र पाँच गीतों के साथ उपस्थित हैं। इसमें 'काबुलीवाला' के एक गीत के अलावा 'प्रेम-पत्र' (1962) का एक, 'आनन्द' (1971) के दो और 'अनोखा दान' (1972) का एक गीत शामिल है। ...यह ग़ज़ब बात है कि इन पाँच गीतों और गुलज़ार के निर्देशन की 'मेरे अपने' को जोड़कर यह साझेदारी न सिर्फ़ यादगार बनी है, बल्कि आज तक सराही और सुनी जाती है। अलग से बांग्ला की फ़िल्म 'लाल पाथोर' (1964) में गुलज़ार एक गीत के साथ उपस्थित हैं, जिसकी रोचक कहानी आगे आयेगी...

गुलज़ार के गीतों पर ऑफ़बीट धुनें रचने वाले सलिल चौधरी के संगीत के बारे में कुछ तथ्यों को जानना ज़रूरी है। उनके लिए यह कहा जाना चाहिए कि वे अकेले ऐसे संगीतकार होने का गौरव पाते हैं, जिनके यहाँ पाश्चात्य संगीत से लेकर असम, बंगाल, कुमाऊँ कहीं का भी संगीत प्रेरणा रच सकता था। वे एक साधारण लकड़ी के टुकड़े को उठाकर कोई रिद्म या लय का पैटर्न बुन सकते थे, तो ठीक उसी क्षण प्रचलित शास्त्रीय वाद्यों से लोकधुन सिरजने का काम भी ले सकते थे। ठीक इसी तरह, कई ग़ैरमामूली वाद्यों के सहमेल से ऐसी उत्कृष्ट शास्त्रीयता अर्जित कर पाते थे, जिसके लिए पारम्परिक ढंग का अनुसरण अनिवार्य न था। कहने का मतलब यह है कि सलिल चौधरी के भीतर हमेशा ऐसा सजग दिमाग़ सक्रिय रहा,

जिसने उनकी हर कम्पोज़ीशन में एक अलग ही क़िस्म की लय, रिद्म और सिम्फ़नी सँजोयी है। यह देखना भी महत्त्वपूर्ण है कि अपनी किशोरावस्था के दौरान 1944 में वे 'इप्टा' (इंडियन पीपुल्स थिएटर एसोसिएशन) से जुड़े और वहाँ पर बलराज साहनी, साहिर लुधियानवी, मजरूह सुलतानपुरी, ए.के. हंगल और गुलज़ार के सम्पर्क में आये। यह देखना 'इप्टा' के जुड़ाव के तहत ही जानकारी-भरा होगा कि उनकी आरम्भिक रचनाओं में 'गण-संगीत' (आम जनता के लिए रचा जाने वाला इप्टा का प्रयोगधर्मी संगीत) की छाया दिखाई पड़ती है। इसी दौर का संस्कार ही शायद उन्हें संगीत में सभी की भागीदारी तय करने वाले सामूहिक अभिव्यक्ति के गायन-वादन के लिए प्रेरित करता रहा, जिसके चलते उन्होंने ग़ैरफ़िल्मी और फ़िल्मी संगीत के क्षेत्र में 'क्वॉयर' स्थापित करवाने का श्रेय पाया। यह सलिल चौधरी के प्रसिद्धि के खाते में ही जायेगा कि उन्होंने 'बॉम्बे यूथ क्वॉयर' से कई अविस्मरणीय गीत गवाये, जिससे उन दिनों मुकेश, लता मंगेशकर, मन्ना डे और रूमा गांगुली आदि जुड़े हुए थे। बाद में यह काम उन्होंने 'कोलकाता यूथ क्वॉयर' के सहयोग से भी सम्भव किया था।

सलिल चौधरी के संगीत में कई विपरीत छोर एक साथ सक्रिय नज़र आते हैं, जिनमें यह चीज़ प्रमुखता से उभरती है कि एक ओर उनका नव-यथार्थवाद अपनी साम्यवादी सोच के चलते सक्रिय है, तो दूसरी ओर असम और बंगाल की संस्कृति की स्नेहिल छाया से उत्पन्न भावुकता और स्वच्छन्दतावाद भी पूरे शिखर पर जाकर दिखाई पड़ती है। इस तरह सलिल चौधरी की भूमिका को हम वामपन्थ और कला के उस सन्तुलित बिन्दु पर केन्द्रित देख सकते हैं, जहाँ रूमानियत भी वैचारिकी का दामन थामकर हमसे मुख़ातिब होती है और विचारधारा भी कलात्मक संस्पर्श के साथ अपना रूपाकार ग्रहण करती है। शायद इन्हीं वजहों के चलते सलिल चौधरी की कला को थोड़ा संश्लिष्ट और लीक से काफ़ी दूर खड़ा हुआ माना जाता है। अधिकांश गायक-गायिकाएँ भी इसी के चलते सलिल चौधरी की रचनाओं को गाने में कठिनाई महसूस करते हैं। उन्हें अभिव्यक्ति के तमाम स्तरों पर इस संगीतकार की कंपोज़ीशन में इतनी जटिलता और इतने प्रयोग दिखाई पड़ते हैं कि उन्हें जल्दी-जल्दी समझकर आत्मसात् कर पाना थोड़ा मेहनत वाला काम लगता है।

ज़्यादातर संगीत समीक्षकों ने उन्हें पारम्परिक रूप से लोक-संगीत से प्रेरित तथा 'इप्टा' के जन-संस्कृति को बढ़ावा देने वाले नाटकों व क्रान्तिकारी गीतों का रहगुज़र मानते हुए उस दिशा की ओर भी लक्ष्य किया है, जो सलिल चौधरी

की सबसे प्रमुख पहचान रही है। वे इस रूप में अनूठे ढंग से एक जिज्ञासु संगीतकार के रूप में हमारे सामने आते हैं, जिन्होंने विदेश के तमाम संगीत का गहन अध्ययन कर रखा है। यह जानना दिलचस्प है कि उनके संगीत में पड़ने वाली छायाएँ अकसर मोत्ज़ार्ट, बीथोवन, शोपेन एवं हैंस इज़्लर की सिम्फ़नीज़ से निकलकर आती थीं, तो उसी समय उनकी धुनों में कॉर्ड आधारित ढेरों प्रकार के वेस्टर्न ऑर्केस्ट्रेशन का प्रभाव भी शामिल रहता था। इसमें समकालीन लातिन अमेरिकी संगीत के टुकड़े, रूस की साम्यवादी विचारधारा को व्यक्त करने वाले प्रयाण-गीत (मार्चिंग-सांग), अफ़ग़ानिस्तान की लोकधुन समेत तमाम जगहों के प्रचलित पाश्चात्य लोक-संगीत की अनुगूँजें भी सलिल चौधरी की सांगीतिक दुनिया का भारतीय अर्थों में विस्तार करती थीं। एक हद तक यह कहा जा सकता है कि उन्होंने इस तरह के प्रभावों की कभी साहित्यिक या कलात्मक चोरी नहीं की, वरन् उसे अपनी समझ से एक नया तेवर दिया है। सलिल चौधरी का ऑर्केस्ट्रा (वाद्य-संयोजन) भी इसी कारण पूरब और पश्चिम के साज़ों की सन्तुलित व्यवस्था का एक आदर्श उदाहरण माना जाता है। इसमें जहाँ भारतीय वाद्यों में बाँसुरी, सितार, तबला और ढोलक मौजूद मिलते हैं, वहीं पाश्चात्य वाद्यों में वायलिन, चेलो, ओबो, क्लैरोनेट, सैक्सोफ़ोन, गिटार और बांगो की उपस्थिति ज़रूरी तौर पर रहती आयी है।

आधुनिक भाव-बोधों से जुड़े हुए सलिल चौधरी की गुलज़ार के साथ छोटी-सी फ़िल्मोग्राफ़ी में हर गीत एक नयी संरचना के साथ अपने संगीत को व्याख्यायित करता है। इसमें प्रील्यूड और इंटरल्यूड के सामंजस्य भी असरदार हैं, जो गीतों के बोलों को उनके पूरे सामर्थ्य के साथ रिफ़्लेक्ट करते हैं। मिसाल के तौर पर, 'आनन्द' के दो गीतों *'ना जिया लागे ना'* (लता मंगेशकर) और *'मैंने तेरे लिए ही सात रंग के सपने चुने'* (मुकेश) की कम्पोज़ीशंस अलग से खड़ी दिखाई देती हैं। राग बागेश्री के कोमल गान्धार की उपस्थिति और राग रागेश्री के शुद्ध गान्धार की मौज़ूदगी के मिश्रण से राग मालगूँजी पैदा होती है। इसी राग की स्वर-संगति पर आधारित *'ना जिया लागे ना'* के स्वर-लगाव को आत्मसात् करते हुए लता मंगेशकर की खनकती आवाज़ में इसे सुनना अभूतपूर्व है। गुलज़ार की इमेजरी से एक अन्तरे की बानगी, फ़िल्म संगीत के किसी सलोने पड़ाव पर ठहरकर ताज़ा-दम होने जैसी है—

जीना भूले थे कहाँ याद नहीं
तुझको पाया है जहाँ, साँस फिर आई वहीं

ज़िन्दगी, तेरे सिवा हाय भाये ना
जिया लागे ना...

इस फ़िल्म में मुकेश भी पीछे नहीं रहते। सलिल दा ने इस गीत में ऑर्केस्ट्रेशन का एक बिल्कुल नया पैटर्न बुना है, जिसमें दो अन्तरों के बीच वेस्टर्न सिम्फनीज़ की मूल कम्पोज़ीशन के साथ ऐसी संगति रची गयी है, जो दोनों को आपस में मिलाकर सुनने पर अलग-सा प्रभाव देती है। गीत के अन्तरों की आख़िरी पंक्तियों में मुकेश की आवाज़ की हरकतें देखने लायक़ हैं, जिसके बाद स्थायी के साथ 'सम' मिलायी जाती है। तीनों अन्तरों, क्रमशः– *'जनम-जनम से आँखें बिछाई तेरे लिए इन राहों ने', 'कभी-कभी तो आवाज़ देकर मुझको जगाया ख़्वाबों ने'* और *'तेरे बिना भी, तेरे लिए ही दीये जलाए आहों ने'* को सुनकर गाने की जटिल बुनावट को धुन की मधुरता के सम्बन्ध में परखा जा सकता है।

बिमल रॉय की 'प्रेम-पत्र' के सारे गीत राजेन्द्र कृष्ण ने लिखे थे। मात्र एक गीत *'सावन की रातों में ऐसा भी होता है'* (लता-तलत) गुलज़ार की क़लम से निकला प्रेम के इज़हार का उज्ज्वल-सा गीत है। इसी तरह, 'आनन्द' के एक साल बाद आयी 'अनोखा दान' का एक ही गाना गुलज़ार का लिखा था– *'मद-भरी ये हवाएँ/पास आएँ, नाम लेकर मुझको ये बुलाएँ'*। बोल और कम्पोज़ीशन के स्तर पर ये एक बड़ी रचना थी, जिसे लता मंगेशकर ने कोमलता से गाकर ख़ूबसूरत बनाया। ये देखने वाली बात है कि अधिकतर पार्श्वगायक-गायिकाओं ने सलिल चौधरी या रोशन साहब के यहाँ उनके ढेरों गीतों में अपनी आवाज़ को कुछ एक्स्ट्रा सॉफ़्ट बनाया है। कुछ तो उस धुन की चलन के कारण, दूसरा संगीतकार की उस पसन्द के चलते, जहाँ लाउड वॉयस को अंडर-स्टेटमेंट की तरह रखे जाने का मामला रहा है। लता मंगेशकर इसी गीत को अगर शंकर-जयकिशन या लक्ष्मीकान्त-प्यारेलाल के संगीत में गा रही होतीं, तो भले ही ऑर्केस्ट्रेशन का काम बिल्कुल बदला हुआ होता, जो संगीतकार जोड़ी की अपनी सिग्नेचर के कारण मुमकिन होता। ...मगर वहाँ यह सम्भावना ज़रूर होती कि ऊँचे स्वरमान (हाई-पिच) पर ही इसे सम्भव किया जाता। इस अर्थ में सलिल चौधरी एक बड़े संगीतकार के रूप में उभरते हैं, जिनके यहाँ सॉफ़्ट ढंग से कुछ गीतों को कोमल ज़मीन पर ही विकसित करके रेकॉर्ड किया जाता है।

बांग्ला की 'लाल पाथोर' के लिए गुलज़ार ने हिन्दी का एक गीत *'रुके-रुके से क़दम/मुड़ के बार-बार चले'* लिखा था, जिसे सलिल दा ने मुबारक़ बेगम से गवाया। मुजरा शैली के इस गीत का चलन तेज़ गति पर है,

जिसे बाद में इसी गीत का मुखड़ा लेकर गुलज़ार ने अपनी फ़िल्म 'मौसम' (1976) में इस्तेमाल किया था। मदन मोहन के संगीत में इस गीत को लता मंगेशकर ने 'लाल पाथोर' के गीत से बिल्कुल अलग, ग़ज़ल की रंगत में गाया है। यह तथ्य जानना भी रोचक है कि बांग्ला के लिए पहले लिखे गये इस गीत और बाद में 'मौसम' में इस्तेमाल हुए इस गीत के बोल अलग-अलग हैं। यहाँ 'मौसम' में सिर्फ़ मुखड़े को ही मूल रूप में बरक़रार रखा गया है। मूल बांग्ला के गीत के मुखड़े में *'मुड़ के बार-बार चले'* आता है, जिसे गुलज़ार बाद में *'रुक के बार-बार चले'* करते हैं। बांग्ला फ़िल्म का गीत, जिसे सलिल दा अपने ही शिल्प में हारमोनियम, सारंगी, तबला और अन्य पारम्परिक वाद्यों के साथ रचते हैं, का एक अन्तरा यहाँ पढ़ा जा सकता है–

रुके-रुके से क़दम, मुड़ के बार-बार चले
क़रार ले के तेरे दर से बेक़रार चले
सहर न आई कई बार आफ़ताब आया
हम इन्तज़ार में ये रात भी गुज़ार चले...

गुलज़ार की पहली ही फ़िल्म 'मेरे अपने' के लिए सलिल दा कामयाब ढंग से कुछ बेहतरीन ऑफ़बीट धुनों का संयोजन करते हैं। इन गीतों की चर्चा 'मेरे अपने' अध्याय में इन्हीं सन्दर्भों के तहत की गयी है, इसलिए यहाँ वही बात लिखना दोहराव का कारण होगा। गुलज़ार के सन्दर्भ में इतना ज़रूर कहना चाहिए कि अपनी पहली फ़िल्म बनाते हुए वे इस बात पर विशेष तौर पर सतर्क रहते हैं कि उन्हें एक ऐसे संगीतकार के साथ काम करना है, जो मुख्यधारा में रहते हुए भी पूरी तरह लोकप्रियता की शर्तों पर काम नहीं करता। बाद में ये भी एक संयोग है कि जब लता मंगेशकर ने उनसे अपने पसन्द की एक फ़िल्म निर्देशित करने की गुज़ारिश की, जिसके लिए वे पुराने दौर की तरह स्तरीय गीत गा सकें, तो वहाँ भी लता जी ने बिमल रॉय की फ़िल्म 'मधुमती' का हवाला दिया था, जिसके संगीतकार सलिल चौधरी थे।

39

ऋषिकेश मुखर्जी की 'आशीर्वाद' (1968) कई मामलों में गम्भीर फ़िल्म है, जिसका स्ट्रक्चर कविता और संगीत की संगति से बनता है। गुलज़ार इस फ़िल्म में बतौर डायलॉग और सांग राइटर मौजूद रहे। 'आशीर्वाद' को लेकर गुलज़ार के मन में बहुत आदर है। इस फ़िल्म का जब भी ज़िक्र होता है, वे बड़े सम्मान के साथ इसके कथानक, पटकथा और फ़िल्म पर बात करते हैं।

इस बात के मद्देनज़र कि अशोक कुमार की उपस्थिति से यह फ़िल्म एक कल्ट सिनेमा का बाना अख़्तियार करती है। जोगी ठाकुर की भूमिका में अशोक कुमार एक ऐसे नैतिक इंसान के रोल में मौजूद हैं, जो अपने ऊँची जाति और सामन्ती वर्ग से आने के बावजूद ग़रीबों, दलितों की मलिन बस्ती में उनका रहनुमा बनकर जीवन जीना पसन्द करता है। एक दलित बैजू ढोलकिया (हरीन्द्रनाथ चट्टोपाध्याय) से ढोल सीखने वाले जोगी ठाकुर मन से कवि हैं और कविता की दुनिया में उनकी वो समानान्तर दुनिया बसती है, जिसमें रहकर उन्हें बाहरी दुनिया के सामाजिक आडम्बर, अत्याचार और ऊँच-नीच के विभेद से दूर रहना पसन्द है। फ़िल्म जोगी ठाकुर और उसकी बेटी नीना (सुमिता सान्याल) के मार्मिक रिश्तों पर टिकी हुई है।

मुझे 'आशीर्वाद' देखते हुए यह बात समझ में आती है कि भला यह फ़िल्म गुलज़ार के हृदय-प्रदेश में क्यों वास करती है। 'आशीर्वाद' जिस तरह पिता और बेटी के कविता की ज़मीन पर रिश्ते का निर्धारण करती है, वो असाधारण ढंग से फ़िल्म की पटकथा और संवादों से व्यक्त होता है। बेटी कम उम्र में भी इस बात को लेकर संवेदनशील है कि उसके पिता, जिस सबसे बड़े काम में मुब्तिला हैं, वो कविता लिखने से सम्बन्धित है। जब भी जोगी ठाकुर अपनी पत्नी (वीणा), जिन्हें रानी माँ कहा जाता है, से असहमत हो आधी रात को भी घर छोड़कर बाहर जाते हैं, तो ये उनकी बेटी ही है, जो अपने पिता को ओढ़ने की चादर और उनकी कॉपियों का झोला सँभालकर सौंपती है। रानी माँ ज़मींदारी प्रथा की हृदयहीन प्रतीक हैं, जिनकी अपने सच्चे और नैतिकता बोध से भरे पति से कभी नहीं पटती। यह फ़िल्म इस लिहाज़ से महत्त्वपूर्ण है, जोगी ठाकुर अपनी बेटी के लिए हमेशा कविता लिखता है। बेटी के लिए पिता को लिखी कविता की मर्मस्पर्शिता मन को छूती है, जैसे सधे हुए सितार पर सहसा उँगलियाँ पड़ जायें–

इक था बचपन...
छोटा-सा नन्हा-सा बचपन
बचपन के इक बाबूजी थे
अच्छे-सच्चे बाबूजी थे
दोनों का सुन्दर था बन्धन
इक था बचपन...

गुलज़ार की कविता से रचा गया फ़िल्म का समानान्तर नैरेटिव अद्भुत ढंग से 'आशीर्वाद' को एक बड़े पुकार की फ़िल्म बनाता है, जिसमें हरीन्द्रनाथ

चट्टोपाध्याय के दो गीत *'रेलगाड़ी, रेलगाड़ी'* और *'नाव चली, नानी की नाव चली'* कलात्मक ढंग से योगदान करते हैं। जोगी ठाकुर जीवन के दुःखों से उबरने के लिए कविता पढ़ते हैं। इस प्रकरण में जेल से अवसाद में पढ़ी गयी कविता, गुलज़ार की क़लम का वो संवेदनशील पहलू है, जिसे 1968 के बाद आज तक वे लगातार माँजते रहे हैं। कविता की चाक पर अपनी नज़्मों को सँवारते जाने का निरन्तर अभ्यास, कुछ-कुछ शास्त्रीय संगीतज्ञों की दुनिया के साधना जैसा है, जिसमें षडज क़ायम करना, सबसे बड़ी चुनौती होती है। अशोक कुमार की आवाज़ में दुःख में पढ़ी गयी यह कविता 'आशीर्वाद' के सन्दर्भ में पढ़ने लायक़ है–

बस एक ही सुर में
एक ही लय में
सुबह से देख-देख कैसे
बरस रहा है उदास पानी
फुहार के मलमली दुपट्टे से उड़ रहे हैं
तमाम मौसम टपक रहा है
तमाम कायनात रिस रही है
हर एक शय भीग-भीग कर
देख कैसी बोझिल सी हो गयी है
दिमाग़ की गीली-गीली सोचों से
भीगी-भीगी उदास यादें बरस रही हैं
थके-थके से बदन में
बस धीरे-धीरे साँसों का
गर्म लोबान जल रहा है...

इस कविता-दृश्य के बाद कैमरा सीधे जवान हो चुकी जोगी ठाकुर की बेटी के कमरे तक जाता है। उसके लिए बरस रहा पानी उदास नहीं है, बल्कि वह दूसरी परिस्थितियों में पुलक-भरा सावन बन जाता है। नीना की खनकती हुई आवाज़ में लता मंगेशकर बेहद ख़ुशनुमा अन्दाज़ में वसन्त देसाई के संगीत पर यह गाती हैं–

झिर-झिर बरसें सावनी अँखियाँ
साँवरिया घर आ
तेरे संग सब रंग बसन्ती
तुझ बिन सब सूखा...

यह देखने लायक़ है कि दोनों ही दृश्यों में कंट्रास्ट जक्स्टापोज़ीशन होता है। इसे गुलज़ार सम्भव करते हैं, क्योंकि दोनों ही जगह पर गुलज़ार की क़लम ही है, जो जोगी ठाकुर के लिए उदास पानी को नीना के लिए रेशमी बूँदों में तब्दील करता है। गुलज़ार को यह फ़िल्म इस कारण भी बहुत भाती होगी, क्योंकि इसमें अधिकांश दृश्यावली भारतीय सन्दर्भों, देशज कला रूपों और संवादों के साथ स्थापित होती है। जोगी ठाकुर जब पहली बार संगीत सुनने जाता है, तो वह लावणी सुनता है। इसी तरह बैजू ढोलकिया से सीखते और ढोल बजाते हुए, वो ढोल के परन, बोल-बनाव को ख़ूबसूरत ढंग से मुक़ाबले में एक-दूसरे के साथ मैत्री भाव में पढ़ता है। बच्चों को बाइस्कोप पर तमाशा दिखाता हुआ नायक असली भारत के उन दृश्यात्मक प्रतीकों के साथ उलझता है, जिनसे बचपन को मासूमियत से परखने की छवियाँ रची जाती हैं। गुलज़ार अपने गीतकार और संवाद लेखक की भूमिका में कुछ अप्रतिम रचते हैं, जिनमें जीवन का फ़लसफ़ा हर दूसरे संवाद में चमकदार ढंग से उपस्थित है।

अशोक कुमार के किरदार का यह संवाद—'हाँ, हाँ गिर! और पैर में गिर! इसीलिए तो लोग तुझे कुचलते हैं...उठ!' अपनी छाती दिखाते हुए—'यहाँ नहीं गिर सकता?' ...इसी तरह भौतिकता के प्रति तटस्थता बरतते हुए यह सूक्तिपरक बात कहना—'रुपया ही सबको बिगाड़ता है, मोहन भइया, वरना तो दिल का कोई बुरा नहीं होता।' ...यहाँ तक कि जेल से रिहा होते हुए क़ैदी से जेलर का सम्बोधन भी सिर्फ़ गुलज़ार ही लिख सकते थे। वे सोशियो पॉलिटिकल दृश्यों में भी शायरी और फ़िलॉसफ़ी की ज़मीन तलाश लेते हैं। जेलर का यह कथन ग़ौर से सुनने लायक़ है—'हम मुजरिमों को क़ैदख़ाने में इसलिए रखते हैं, ताकि वो बाहर के तमाम रिश्तों-नातों से कटकर अपने आप के साथ रहें। अपने आप को देखें, अपनी अच्छाइयों और बुराइयों को ख़ुद पहचानें और परखें उन्हें।'

'आशीर्वाद' जीवन में कविता और संगीत, नैतिकता और सम्मान, सच्चाई और भरोसे की मियाद पर खड़ी नज़र आती है। ऐसे में बड़े से बड़ा त्याग ज़रूरी लगता है, यदि सच्चाई से जीवन जीने की धुरी अपने केन्द्र से थोड़ा खिसकी हुई हो... इसमें अशोक कुमार का जीवन्त अभिनय, हरीन्द्रनाथ चट्टोपाध्याय का ढोल पर बोल-परनों का विस्मयकारी पाठ, छोटी बच्ची नीना के रूप में बेबी सारिका की मासूमियत जितना दिल को मोह लेने वाले हैं, उतना ही मार्मिक पल भी पैदा करते हैं।

कविता, संगीत, ढोल-वाद्य, लावणी और *'झिंगापुर ताकुर-ताकुर'* जैसी बन्दिशों की उठान के साथ 'आशीर्वाद' कुछ सलोना-सा रच जाती है। सच्चाई का ऐसा हार्दिक कोलाज़, जो भारतीय सन्दर्भों में फ़िल्म को बड़ा बनाता है। गुलज़ार के स्तरीय संवादों और उतने ही मार्मिक गीतों के साथ यदि यह फ़िल्म उनकी पसन्दीदा फ़िल्मों में शुमार है, तो उसमें कोई दो राय नहीं हो सकती। मन्ना डे की आवाज़ में शान्ति पैदा करता और उसी समय दर्शन के समीप जाता यह गीत, फ़िल्म को उस ऊँचाई तक ले जाता है, जिसकी कल्पना फ़िल्म के निर्देशक ऋषिकेश मुखर्जी और संवाद लेखक गुलज़ार ने ज़रूर की होगी। यह पंक्तियाँ कहीं गहरे मन में अटकी रह जाती हैं—

दिन और रात के हाथों नापी, नापी एक उमरिया
साँस की डोरी छोटी पड़ गयी, लम्बी आस डगरिया
भोर के मंज़िल वाले, उठकर भोर से पहले चलते
ये जीवन के रस्ते
जीवन से लम्बे हैं बन्धू, ये जीवन के रस्ते...

40

'आँधी' (1975) दरअसल एक प्रेम-कहानी है। राजनीति, जिसकी पृष्ठभूमि में रहकर पटकथा को विस्तार देते हुए तनाव भी देती है। फ़िल्म की मूलकथा एक महिला राजनीतिक आरती देवी (सुचित्रा सेन) और होटल मैनेजर जे.के. (संजीव कुमार) के प्रेम-विवाह और उस विवाह के अपनी धुरी से सरकते अधूरे दाम्पत्य की असफल यात्रा है। इस कथानक को गुलज़ार की पटकथा, संवाद और गीतों ने सामाजिक, राजनीतिक इशारों की आँधी में तब्दील किया है। एक महत्त्वाकांक्षी व्यवसायी पिता (रहमान) विदेश से क़ानून की पढ़ाई कर वापस देश लौटी अपनी बेटी को सफल राजनीतिक के रूप में देखने की कामना रखता है। उसकी राजनीतिक सफलता की आकांक्षा ही 'आँधी' की पृष्ठभूमि में विन्यस्त है, जिसके रास्ते में प्रेम-विवाह ही वो काँटा है, उद्योगपति पिता उसे किसी तरह निकाल फेंकना चाहता है।

'आँधी' हिन्दी के प्रख्यात कथाकार कमलेश्वर के उपन्यास 'काली आँधी' से प्रेरित थी, जिसे पटकथा में कुछ तब्दीलियों से गुलज़ार ने विकसित किया था। यह सर्वविदित है कि 'आँधी' जब प्रदर्शित हुई, तब देश में इमरजेंसी नहीं थी, थोड़े ही दिनों के बाद जब देश में इमरजेंसी लगी (26 जून, 1975), तब उसके कुछ दिनों बाद इस फ़िल्म पर बैन लगा दिया गया। जिस समय

फ़िल्म पर प्रतिबन्ध लगा, उस समय गुलज़ार और संजीव कुमार देश के बाहर मॉस्को इंटरनेशनल फ़िल्म 'फ़ेस्टिवल' में 'आँधी' की स्पेशल स्क्रीनिंग के लिए गये थे। हुआ दरअसल यह था कि फ़िल्मफ़ेयर फ़िल्म मैग्ज़ीन में 'आँधी' को लेकर उस दौरान एक स्टोरी छपी, जिसका शीर्षक था–'सी योर प्राइम मिनिस्टर ऑन स्क्रीन' (अपने प्रधानमंत्री को रुपहले पर्दे पर देखिए)। दरअसल, कांग्रेसियों को उस समय यही लगता रहा कि यह फ़िल्म इन्दिरा गांधी से प्रेरित है। ऐसा इसलिए हुआ था, क्योंकि फ़िल्म में सुचित्रा सेन को जिस तरह तेज़ क़दमों से चलते हुए फाइल हाथों में लिए आत्मविश्वास से सीढ़ियाँ उतरते हुए, बालों में सामने से हल्की सी सफ़ेदी और हैंडलूम की कॉटन-साड़ियाँ पहने हुए दिखाया गया है, वह काफ़ी कुछ इन्दिरा गांधी की चाल-ढाल और पहनावे से मेल खाता था।

यह एक रोचक तथ्य है कि इमरजेंसी लगने के थोड़ा पहले ही फ़िल्म रिलीज़ हुई थी, लेकिन इस लेख के छपने के बाद, इमरजेंसी के दौरान उसके तेईसवें हफ़्ते में फ़िल्म बैन कर दी गयी। हालाँकि, कुछ ही दिनों बाद यह थियेटर में कुछ छोटे-मोटे बदलावों के साथ दोबारा वापस प्रदर्शित की गयी। गुलज़ार ने फ़िल्म से कुछ दृश्य हटाये और एक ख़ास दृश्य का फ़िल्मांकन करते हुए उसे फ़िल्म में अलग से जोड़ा। इस नये दृश्य में सुचित्रा सेन अपने पिता रहमान के साथ राजनीतिक जीवन में उतरने और उसके फ़ायदे को लेकर बहस में मुब्तिला हैं। इस सीन में, पीछे दीवार पर पार्श्व में एक फ़ोटो टँगी हुई दिखाई गयी है, जिसमें इन्दिरा गांधी मौजूद थीं। इसी तस्वीर को देखते हुए सुचित्रा सेन, यानी फ़िल्म की मुख्य किरदार आरती देवी से यह संवाद कहलाया गया–'मैं उन्हें अपना आदर्श मानती हूँ'। इसी दृश्य को जोड़ने के साथ फ़िल्म से जुड़ा विवाद भी बैठ गया और 'आँधी' दोबारा से जनता के बीच जा सकी।

इस पूरे सन्दर्भ में एक ध्यान देने वाली बात यह भी है कि गुलज़ार हमेशा ही इस फ़िल्म के लिए दिये गये अपने ढेरों इंटरव्यूज़ में यह जवाब दोहराते रहे कि उन्होंने इन्दिरा गांधी पर आरती देवी का किरदार नहीं रचा है। उनकी फ़िल्म मूलतः एक लव-स्टोरी है। यह सच भी है। आप यदि धैर्य से 'आँधी' फ़िल्म को देखें, तो पहले ही दृश्य से फ़िल्म के अन्त तक 'आँधी' टुकड़ों-टुकड़ों में, कभी फ़्लैशबैक में जाकर, तो अकसर फ़्लैशबैक से वर्तमान में आते हुए सीधे संजीव कुमार और सुचित्रा सेन के जीवन के सामान्य पहलुओं से इस तरह जुड़ती है, आप हैरत से उन दोनों के बीच की कैमेस्ट्री, दाम्पत्य के अधिकार और मित्रवत् जुड़ाव का गम्भीर भाव देख सकते हैं। यह पति-पत्नी को उनके

व्यक्तिगत दायरे में ले जाकर रूमान की अभिव्यक्ति देता है। फ़िल्म में दो जगह यह बताया गया है कि आरती देवी और जे.के. नौ सालों से अलग-अलग रह रहे हैं। फिर भी दाम्पत्य की कोमल भावनाएँ, जो फ़िल्म के नायक और नायिका के मन के भीतर कहीं कई परतों में पलती रही हैं, वो सूखती नहीं। आरती देवी एक परिपक्व राजनेता की तरह इन्हीं वर्षों में उभरकर सामने आती हैं, मगर परिवार टूटने की टीस कहीं मन में गहरे दबी रहती है। 'आँधी' राजनीति को विषय बनाकर प्रेम-कहानी का ज़्यादा संश्लिष्ट तौर पर विस्तार है। फ़्लैशबैक की युक्तियों में दोनों का गोल्फ़ खेलना, बुक शॉप में मिलना, प्रेम विवाह के लिए नायिका का कई दृश्यों में अपने पिता को राज़ी करना और पूरी फ़िल्म में कई मौक़ों पर नायक का अपनी पत्नी को कविता सुनाना, ऐसे पल हैं; जहाँ से प्रेम-कथा को समझा जा सकता है। एक सुन्दर बात नायक से कविता पढ़ते समय गुलज़ार ये कहलवाते हैं–'सारी इमेज ख़राब कर दी...', जो कविता के प्रति निर्देशक के लगाव को ही बयाँ करता है। इस तरह गुलज़ार की फ़िल्म में कविता का मूड या भाव नहीं बिगड़ता, इमेज बिगड़ जाती है। आरती देवी का यह कथन–'तुम्हारे पास कविता न होती, तो बहुत ही ऑर्डनरी आदमी होते।' पत्नी के रूप में प्रेमिका का वो संवाद है, जो बराबरी के स्तर पर मित्रवत् रहते हुए ही सम्भव हो सकता है।

फ़िल्म में नायक-नायिका का एक-दूसरे के प्रति समझदारी का भाव बड़े सूक्ष्म स्तर पर गुलज़ार रच पाते हैं। संजीव कुमार का यह कहना–'तुम्हें याद है सब?', सुचित्रा सेन का जवाब–'तुम भी तो नहीं भूले हो', कविता जैसा आस्वाद देता है। फ़िल्म के आरम्भ में ही जे.के. और उनके नौकर बिन्दा (ए.के. हंगल) का डायलॉग फ़िल्म की मूल भावना को स्पष्ट कर देता है। बिन्दा कहते हैं–'अब इतने सालों में बहुत कुछ बदल गया, बहुत कुछ टूट गया'। जे.के. प्रतिवाद में कहते हैं–'सालों से रिश्ते टूट जाते हैं क्या?' इस पर बिन्दा फिर से कहता है–'इस घर से तो टूट ही गया ना रिश्ता'...जे.के. जैसे ख़ुद में सोचते हुए बोलते हैं–'पता नहीं कहाँ से टूटा है और कहाँ से जुड़ा हुआ है अब तक'। ये दृश्य इस बात की सफलतापूर्वक चुग़ली करता है कि जे.के. और आरती देवी के बीच जो दूरी आयी है, वह सैद्धान्तिक है। कोई डोर है, जो अभी भी जुड़ी हुई है। कोई बात है, जिसके चलते दोनों के बीच प्रेम बचा हुआ है। अगर ऐसा न होता, तो यह जानने के बाद कि जिस होटल में आरती देवी रुकी हैं, उसका मैनेजर उनका पति है, जिसका घर छोड़कर वे नौ साल पहले चली गयी थीं। उसी दिन रात में उनसे मिलने होटल के पीछे उनके बँगले में जाती हैं। प्रेम के इस गझिन मगर तनावपूर्ण

रिश्ते को शायद सुचित्रा सेन से बेहतर कोई दूसरा व्यक्त नहीं कर पाता। संजीव कुमार और सुचित्रा सेन की आपस की समझदारी को फ़िल्म की पटकथा ख़ुशनुमा रंग देती है।

सबा महमूद बशीर ने गुलज़ार की 'आँधी' पर एक छोटी-सी किताब लिखी है, उसमें वे इस बात की पैरवी करती दिखाई पड़ती हैं कि आरती और जे.के. के शादीशुदा जीवन के रिश्ते में विट और ह्यूमर मौजूद रहा है, जो उनके परिपक्व रिश्ते की निशानी है। यहाँ तक कि अपने प्रेगनेंट होने की बात को आरती देवी एक टेलीग्राम के मार्फ़त अपने पति को बताती हैं न कि सुबह नाश्ते के वक़्त घर पर, जो उनके रिश्ते में मौजूद आत्मीयता, प्रेम और रोमांस को भी नये ढंग से पारिभाषित करता है। सबा महमूद बशीर के विश्लेषण में 'आँधी' कुछ इस तरह उतरी है–

> *'एक स्तर पर गुलज़ार की 'आँधी' दो ज़िद्दी और व्यक्तिवादी लोगों के अजीब ढंग के प्रेम के बीच सम्भव होती है। दूसरी तरफ़ यह देश के राजनीतिक परिदृश्य पर एक व्यंग्यनुमा कमेंट्री भी है।'*

यह एक सटीक मूल्यांकन है, जिसके तहत हम 'आँधी' के बहाने देश के उस कालखण्ड के सामाजिक-राजनीतिक परिदृश्य पर भी कुछ बातें कह सकते हैं।

इस फ़िल्म में वो सब कुछ बहुत क़रीने और सुचिन्तित तरीक़े से फ़िल्माने की कोशिश की गयी है, जिसका ज़्यादा विस्तृत रूप हम आज की वर्तमान राजनीति और उससे सम्बन्धित चुनावों के बीजगणित में देख सकते हैं। फ़िल्म में अपोज़ीशन पार्टी के नेता चन्द्रसेन (ओम शिवपुरी) और आरती देवी के सहयोगी लल्लू लाल (ओम प्रकाश) के किरदार सिनेमा के राजनीतिक रंग को प्रभावी ढंग से स्पष्ट करते हैं। गुलज़ार अपनी पटकथा को रचते हुए इस तथ्य को व्यक्त करने में सक्षम रहे हैं कि राजनीति के अपने अन्तर्द्वन्द्व, स्वभाव, ऊहापोहों और रचनात्मक दरारों का आख़िरी मुक़ाम क्या होता है? फ़िल्म में ढेरों प्रसंगों के तथ्यपरक फ़िल्मांकन के साथ गीतों के साभिप्राय संकेत भी 'आँधी' को गहरा सामाजिक अर्थ देते हैं। मेटाफ़र की तरह कहें, तो हर दौर में समाज, व्यवस्था और उसकी जनता के बीच एक अलग ही स्तर पर आँधी चलती रहती है। कभी राजनीतिक, कभी धार्मिक तो कभी सामाजिक धूल-गुबारों वाली...

महिला स्वातन्त्र्य की पैरवी के बड़े सन्दर्भों वाली इस फ़िल्म को समझने के कई मुक़ाम हैं। इसमें फ़िल्म पर हुए विवाद पर बात करने के अलावा ढेरों

चीज़ों पर बहस की जा सकती है, जिसमें फ़िल्म की सिनेमाई भाषा महत्त्वपूर्ण ढंग से अपना विस्तार लेती है। संजीव कुमार और सुचित्रा सेन के खाते में आने वाले छोटे संवाद भी, कविता की उठान-सा संकेत रचते हैं। अलग-अलग दृश्यों में आरती देवी के रूप में सुचित्रा सेन के संवाद बड़े कारगर रहे हैं। इनमें से कुछ को यहाँ सिलसिलेवार अलग से पढ़ना चाहिए—'घर इतना साफ़ कौन रखता है?', 'एक बार घर लौटी थी, तुम नहीं थे...मैंने भी देर कर दी थी'। 'झूठ बोलकर सच्चाई कभी नहीं जीती जा सकती'। 'मैं राजनीति में जा रही थी, तो देश की सेवा के लिए, आपकी दुकान चलाने के लिए नहीं और छोड़ रही हूँ, तो अपना घर बसाने के लिए...' ये सधे हुए संवाद जैसे फ़िल्म के प्रमुख किरदार के हवाले से बोले गये पटकथा का मर्म हैं, जिनके होने से आरती देवी के चरित्र को एक बड़ी ज़मीन मिलती है—ख़ुद्दार, ताक़तवर और दूरदृष्टि से सम्पन्न स्त्री की...

'आँधी' इसी कारण केवल राजनीतिक आशय ही नहीं व्यक्त करती, बल्कि एक हद तक वह फ़ेमेनिज़्म का भी उदाहरण बनती है, जिसमें पुरुष की स्थिति भी महिला के सम्मान के साथ जुड़कर अपना वजूद पाती है। फ़िल्म के क्लाइमेक्स में जे.के. का यह संयत-सा संवाद, जो आरती देवी से सम्बोधित है, बेहतरीन ढंग से फ़िल्म को शिखर तक ले जाता है। जे.के. के किरदार में संजीव कुमार अपने सधे हुए परिपक्व अभिनय के साथ गम्भीर ढंग से यह कहते हैं—'तुम्हारा जाना ज़रूरी है। मैं समझता हूँ...जो काम शुरू किया है, उसे पूरा करो। मैं तुम्हें हमेशा कामयाब देखना चाहता हूँ...हमेशा'। ये पति द्वारा पत्नी को कामयाब देखने की इबारत ही 'आँधी' का वो हासिल है, जिसके चलते एक स्त्री अपने व्यक्तित्व को पूरे आत्मविश्वास के साथ विस्तार देती है। जिन सुस्त क़दम रस्तों पर गुलज़ार के दोनों किरदार तेज़ क़दम राहों के साथ चले हैं, उसकी शिनाख़्त ही प्रेम के मज़बूत रास्ते पर हुई है। 'आँधी' में सार्थक ढंग से आया हुआ फ़ेमेनिज़्म, कुछ दूसरे अर्थों में सत्यजित रे की 'महानगर' के कथानक से भी जुड़ता हुआ लगता है, जहाँ नौकरी करने के लिए एक स्त्री को उसका पति पहले सहयोग करने से मना कर देता है, बाद में साथ देने को राज़ी हो जाता है।

'आँधी' गुलज़ार की फ़िल्मोग्राफी में मील का पत्थर है। जो विवादित होने के बावजूद पिछली शताब्दी के सत्तर के दशक की एक चर्चित फ़िल्म का कलेवर हासिल करती है। एक ऐसी फ़िल्म, जिसका संगीत भी आज तक याद किया जाता है। संगीत की रहगुज़र से बनी हुई ऐसी कलात्मक निर्मिति, जहाँ गीतकार

गुलज़ार ये कहते दिखाई पड़ते हैं—

जीने की तुमसे वजह मिल गयी है
बड़ी बेवजह ज़िन्दगी जा रही थी
तुम आ गये हो, नूर आ गया है...

41

इस मोड़ से जाते हैं
कुछ सुस्त क़दम रस्ते
कुछ तेज़ क़दम राहें...

इक दूर से आती है
पास आके पलटती है
इक राह अकेली-सी
रुकती है न चलती है
ये सोच के बैठी हूँ
इक राह तो वो होगी
तुम तक जो पहुँचती है
इस मोड़ से जाते हैं...

गुलज़ार की फ़िल्म-यात्रा में उनके लिखे कुछ गीत ऐसे हैं, जिनमें लता मंगेशकर और किशोर कुमार की आवाज़ ने बड़े फ़लक पर जाकर हिन्दी फ़िल्म संगीत को प्रतिष्ठित किया है। गुलज़ार और आर.डी. बर्मन की जोड़ी के ढेरों सुरीले गीतों में लता मंगेशकर की उपस्थिति अलग से रेखांकित करने वाली है। यह एक सुन्दर परिदृश्य है कि गुलज़ार-पंचम-आशा भोसले की मशहूर टीम के जितने भी गीत आज लोगों की ज़ुबान पर हैं, उसी अनुपात में गुलज़ार-पंचम-लता मंगेशकर-किशोर कुमार की मैत्री भी काम करती रही है। उदाहरण के तौर पर, 'आँधी' फ़िल्म को ही यदि इसका एक मानक बनाया जाये, तो तीन लाजवाब लव-डुएट को लता-किशोर की आवाज़ ने हमेशा के लिए अविस्मरणीय बना दिया है। *'इस मोड़ से जाते हैं', 'तुम आ गये हो, नूर आ गया है'* और *'तेरे बिना ज़िन्दगी से शिकवा तो नहीं '* की असरदार उपस्थिति से भी गुलज़ार के फ़िल्म-गीतों की यात्रा दिलचस्प बनती है।

सत्तर के दशक में जब लता मंगेशकर अपने शिखर पर थीं और अधिकतर लक्ष्मीकान्त-प्यारेलाल के संगीत निर्देशन में हिट गीतों की लड़ियाँ पिरो रही

थीं, उस दौर में भी आर.डी. बर्मन के संगीत पर गुलज़ार के लिखे गीतों, जिनमें कुछ उनकी निर्देशित फ़िल्में शामिल हैं, में लता मंगेशकर ने एक अलग ही मुक़ाम तय किया था। इस पूरे परिदृश्य को लता मंगेशकर की केन्द्रीय उपस्थिति के सन्दर्भ में लक्ष्मी-प्यारे बनाम आर.डी. बर्मन की प्रतिभाओं की रोशनी में भी देखा जा सकता है। हालाँकि, हम यहाँ लता मंगेशकर के साथ किशोर कुमार के गाये हुए युगल-गीतों की चर्चा कर रहे हैं, जिनकी मधुरता और संगीत संयोजन आर.डी. बर्मन के निर्देशन में क्लासिक ढंग की रही है। इन गीतों में गुलज़ार के शब्दों से भी कम्पोज़ीशन का वज़न बढ़ता है। कहना न होगा, लता-किशोर की दूसरी पारी की अभूतपूर्व सफलता में गुलज़ार के लिखे गीतों का अपना योगदान रहा है।

'आँधी' के तीनों प्रणय-गीत, शायद गुलज़ार निर्देशित फ़िल्मों की भी सबसे कामयाब और उत्कृष्ट संरचनाएँ रही हैं। *'इस मोड़ से जाते हैं'* में लता की हाई-पिच से शुरू हुई गायिकी में अजीब-सा सम्मोहन और कशिश मौजूद है। इस कम्पोज़ीशन में आर.डी. बर्मन तीव्र मध्यम जोड़ते हुए राग यमन के आँगन में चले जाते हैं। यह युक्ति लव-डुएट को असाधारण बनाते हुए गायिकी को भी बड़े सन्दर्भों में प्रतिष्ठित करती है। यह जानना सुखद होगा कि *'इस मोड़ से जाते हैं'* में ज़रीन दारूवाला की सरोद, जयराम आचार्य का सितार और हरिप्रसाद चौरसिया की बाँसुरी ने संगत की है। मेरी खुद की नज़र में, ये गीत आर.डी. बर्मन की बनायी सर्वश्रेष्ठ धुनों में से एक है, जिसमें लता मंगेशकर की खनकती हुई कोमल आवाज़ के साथ किशोर कुमार की ठहराव लेती हुई गायिकी, सुघर जुगलबन्दी करती है।

कश्मीर के शालीमार बाग़ और मार्तण्ड मन्दिर में फ़िल्माया गया *'तेरे बिना ज़िन्दगी से शिकवा तो नहीं'* भी मार्मिक ढंग से अपनी अभिव्यक्ति को खोलता है, जिसमें जयराम आचार्य के सितार के नाज़ुक कण एक अलग ही धरातल पर इस डुएट को सेंटीमेंटल मूड का गाना बनाते हैं। आर.डी. बर्मन के जीवनीकार अनिरुद्ध भट्टाचार्जी और बालाजी विट्टल ने इस गीत के बारे में एक दिलचस्प तथ्य यह बताया है कि गाने की शुरुआत में उसकी धुन पर पंचम की ही बनायी राग नन्द की कम्पोज़ीशन *'जीते दाओ अमाए देको ना'* की छाया पड़ती है। यह भी कि इस गीत को रचने से पहले आर. डी. बर्मन ने बंगाल की दुर्गापूजा का एक पूजा-गीत जिस धुन पर रचा था, उसके बोल हैं— *'जेते-जेते पोथे होलो देरी'*। गुलज़ार ने यही धुन लेकर *'तेरे बिना ज़िन्दगी से शिकवा'* लिखा था। गीत को सेंटीमेंटल मूड देने के लिए

पंचम इसके प्रील्यूड (पूर्ववर्ती संगीत) में जयराम आचार्य से सितार का एक नाज़ुक टुकड़ा बजवाते हैं।

'तुम आ गये हो, नूर आ गया है' को आर.डी. बर्मन ने अपने पसन्दीदा माइनर स्केल पर कम्पोज़ किया था। गुलज़ार के बोलों के लिहाज़ से भी यह गीत उस कोमल भावना के अनन्तिम इज़हार सरीखा है, जहाँ प्रणय के लिए उपस्थित स्त्री-पुरुष दोनों ही एक-दूसरे के साथ सामंजस्य बनाते हुए, रूमान में घुल-मिल जाते हैं। गुलज़ार इस भावना को बख़ूबी समझते हुए कविता में इस तरह व्यक्त करते हैं–

कहाँ से चले

कहाँ के लिए
ये ख़बर नहीं थी मगर
कोई भी सिरा जहाँ जा मिला
वहीं तुम मिलोगे
कि हम तक तुम्हारी
दुआ आ रही थी
तुम आ गए हो...

'आँधी' के गीतों को लेकर गुलज़ार का यह बयान, गीतों के सन्दर्भ में एक बड़ी स्थापना करता है, जिसे उनकी गीत-यात्रा में एक वैचारिक उपस्थिति की तरह देखा जाना चाहिए–

> *'गीतों की सिचुएशन नैसर्गिक ढंग से पटकथा लिखे जाने की प्रक्रिया में आती है। सामान्यतः मैं एक गीत से गुज़रना पसन्द करता हूँ, बनिस्बत उससे बच निकलने के। मैं संगीत प्रशंसक हूँ और यह महसूस करता हूँ कि सिनेमा के अपने अनुभव में गीतों का होना, उसका एक ज़रूरी हिस्सा होता है। इसलिए जब भी मुझे लगता है कि पटकथा में यहाँ एक गीत की सिचुएशन है, तो मैं वहाँ एक गीत ज़रूर रखता हूँ। 'आँधी' में मैंने यही तरीक़ा अपनाया है।'*

'आँधी' के गीत इसलिए भी मक़बूल रहे हैं कि उन्हें किशोर कुमार और लता मंगेशकर ने (फ़िल्म का क़व्वाली गीत 'सलाम कीजिए' छोड़कर) संगीतकार की शैली का अनुसरण करते हुए वैसा ही बरता है, जिस तरह माइनर नोट पर जाकर आर.डी. बर्मन इन कम्पोज़ीशंस को अतिरिक्त सुन्दर बनाते हैं। सुचित्रा सेन और संजीव कुमार ने इन गीतों पर अपने जीवन्त अभिनय

से उनकी दृश्यात्मकता को अद्वितीय कलात्मक भंगिमा दी है। *'तेरे बिना ज़िन्दगी से शिकवा तो नहीं'* में दोनों के संवाद एक ऐसी हरारत पैदा करते हैं, जिसे गीतकार, म्यूज़िक कम्पोज़र और पार्श्वगायक-गायिका ने इस तरह सोचा ही नहीं होगा कि ये प्रणय-गीत में कुछ अलग रंग भरेगा। फ़िल्म के कथानक को विस्तार देने के लिए रची गयी यह इबारत गीतों के पक्ष में जाकर खड़ी होती है, जो 'आँधी' के म्यूज़िक एल्बम को सफल बनाती है। संजीव कुमार का सुचित्रा सेन से कहा गया ये संवाद याद रह जाता है– 'ये जो चाँद है ना? इसे रात में देखना। ये दिन में नहीं निकलता।' सुचित्रा सेन–'ये तो रोज़ निकलता होगा।' संजीव कुमार फिर कहते हैं–'लेकिन बीच में अमावस आ जाती है। वैसे तो अमावस पन्द्रह दिन की होती है, लेकिन इस बार बहुत लम्बी थी।' सुचित्रा सेन के इस प्रत्युत्तर पर 'नौ बरस लम्बी थी ना?' गाना आगे बढ़ता है और अपनी संवेदना-भरी गायिकी से उत्कर्ष प्राप्त करता है।

यह कहा जा सकता है कि 'आँधी' में संगीतकार के रूप में आर.डी. बर्मन बेहद सधे हुए ढंग से गीतों के मध्यवर्ती संगीत (इंटरल्यूड) और पूर्ववर्ती संगीत (प्रील्यूड) में लाजवाब ढंग से आर्केस्ट्रेशन का काम रचते हैं। उसी तर्ज़ पर 'तेरे बिना ज़िन्दगी से शिकवा तो नहीं' के बीच में आने वाले गुलज़ार के संवाद और बोलों की नफ़ासत पूरी कम्पोज़ीशन को असरदार बनाते हैं। लता मंगेशकर और किशोर कुमार अपनी कलाओं की परिपक्वता से पार्श्वगायिकी को सुरीलेपन के सम्मोहन में ले जाते हैं। इसी समय गुलज़ार, आर.डी. बर्मन व लता मंगेशकर और किशोर कुमार की टीम के कुछ अन्य लव-डुएट्स याद कर लेने चाहिए, जिनमें मेलोडी शिखर पर जाकर चमकती है। इन गीतों में *'आपकी आँखों में कुछ महके हुए से राज़ हैं'* (घर), *'हज़ार राहें मुड़ के देखीं'* (थोड़ी-सी बेवफ़ाई), *'चाँद चुरा के लाया हूँ'*, *'गुलमोहर गर तुम्हारा नाम होता'* (देवता) याद किये जा सकते हैं।

42

जाने क्या सोचकर नहीं गुज़रा
एक पल रात-भर नहीं गुज़रा

इक घड़ी का सफ़र नहीं गुज़रा
जाने क्या सोचकर नहीं गुज़रा...

'किनारा' (1977) सेंटीमेंटल सिनेमा का संजीदा उदाहरण है। आज की पीढ़ी जब साढ़े चार दशक पुरानी इस फ़िल्म की ओर लौटती है, तब यह बहुत सम्भव है कि उसे यह धीमी गति वाली फ़िल्म दिखाई दे। तकनीकी से समृद्ध फ़ोटोग्राफ़ी और ग्राफ़िक्स वाले युग में 'किनारा' जैसी फ़िल्में अपनी मन्द उपस्थिति के कारण शायद बहुत सारे सिनेमा-प्रेमियों को पुरानी लग सकती हैं। फिर भी, गुलज़ार के निर्देशन के सन्दर्भ में इस सिनेमा का अपना ख़ास ऐंगल है। भावुकता के बारीक़ रेशों से रचा गया एक ऐसा रचनात्मक काम, जिसका सामाजिक सन्देश आज भी प्रासंगिक है।

फ़िल्म का कथानक, इसके मुख्य पात्र इन्दर (जीतेन्द्र) के अपराधबोध से अपना अस्तित्व तलाशता है। एक ऐसा व्यक्ति, जिसकी ग़लती से नायिका आरती सान्याल (हेमा मालिनी) की ज़िन्दगी तबाह हो जाती है। आरती, जो प्रसिद्ध नृत्यांगना है, अपने मंगेतर चन्दन आर्य (धर्मेन्द्र) के साथ शादी करने वाली है, मगर शादी के पाँच दिन पहले इन्दर के कारण हुए एक्सीडेंट में चन्दन की असमय मृत्यु हो जाती है। यह एक ऐसा सन्त्रास है, जिसके साथ आरती को बाक़ी ज़िन्दगी बितानी है। फ़िल्म इसी त्रासदी से शुरू होती है, जब आरती सान्याल अपना परफ़ार्मेंस दे रही होती है और उसे देखने के लिए उसका मंगेतर और इन्दर दोनों ही 'विद्या-हॉल' पहुँचने की जल्दी में इस एक्सीडेंट के शिकार बनते हैं। आरती की ज़िन्दगी में यह पीड़ा इन्दर के कारण आयी है, जिसने उसका भविष्य तबाह कर डाला है। इन्दर यह बात जानने के बाद कि वही चन्दन के एक्सीडेंट का दोषी है, गिल्ट में पड़ जाता है। एक संवेदनशील आदमी की तरह, जब वह आरती की ज़िन्दगी में अपनी उपस्थिति से कुछ बेहतर करना चाहता है, एक दुर्घटना और घट जाती है। माण्डू में मौजूद बाज़ बहादुर महल के भग्नावशेषों की सीढ़ियों से आरती फिसलकर गिर पड़ती है। गिरने से उसकी आँखों में चोट लगने के कारण रेटिना में हैमरेज होता है, जिससे उसकी आँखों की रोशनी चली जाती है। एक बार फिर से इन्दर के कारण ही आरती की ज़िन्दगी में दोबारा त्रासदी का प्रवेश होता है। मूल कथा इन्हीं दो दुर्घटनाओं के केन्द्र में है, जिसके चलते एक स्त्री के जीवन में आने वाली मुश्किलें कम होती नज़र नहीं आतीं। एक ही व्यक्ति इसका ज़िम्मेदार है और सितम यह कि वही उसका हमदर्द बनने की असफल कोशिश करता है।

भूषण बनमाली की कहानी पर विकसित यह फ़िल्म गुलज़ार के नज़रिए से लिखी गयी पटकथा पर केन्द्रित है। एक ऐसी दर्द-भरी कहानी का मनोविश्लेषणात्मक रूपान्तरण, जो दो इंसानों की अपनी नियति के चलते कई

तरह की जटिलताओं से घिरा हुआ है। एकबारगी देखने में यह फ़िल्म एक स्त्री के संघर्ष और उसकी जिजीविषा का सिनेमाई रेखांकन नज़र आती है, मगर फ़िल्म के दृश्यों के बीच मौजूद अन्तरालों में यह कथा, दरअसल एक पुरुष के ईमानदार पश्चात्ताप का बयान बनती दिखाई पड़ती है। दिलचस्प बात यह है कि जो व्यक्ति परिदृश्य से चला गया है, फ़िल्मकार उसके लिए कोई अतिरिक्त भावुकता पैदा करके अभिनेत्री के हिस्से में कोई सिम्पैथी नहीं रचता। वह विकट परिस्थितियों में पड़ी एक महिला के जीवन को आगे ले जाने और दोबारा से यत्नपूर्वक सँभालने की युक्ति रचता है। इस काम में नायिका के सम्बन्ध में नायक के किरदार की जटिलताओं के मद्देनज़र एक भिन्न स्तर पर फ़िल्मकार संवाद करता है।

फ़िल्म में एक असरदार किरदार डा. श्रीराम लागू के हिस्से आया है, जो व्यावहारिक और दृष्टिसम्पन्न व्यक्ति हैं। अपने भतीजे इन्दर से एक गम्भीर बात कहते हैं कि एक एक्सीडेंट, महज़ एक एक्सीडेंट होता है। हो सकता है, उस एक्सीडेंट में चन्दन की जगह तुम्हारी मौत हो जाती। वो जीतेन्द्र को उनके अपराधबोध से निकालने के लिए यह तर्क रखते हैं कि अगर तुम्हें आरती की इस कारण मदद करनी है कि उसके मंगेतर की मृत्यु तुम्हारे चलते हुई, तो इस बात से जितनी जल्दी दूर हो सको, हो जाओ। उस लड़की के प्रति इस भाव से दिखाई गयी कोई भी सहानुभूति और दया न तुम्हें चैन लेने देगी और न ही उसे सुख से जीने देगी...मगर तुम्हें आरती से यदि सचमुच का प्यार हो गया है, तो सारे अपमान, घृणा और नाराज़गी को भूलकर उससे जाकर कहो कि उससे सच्चे अर्थों में प्रेम करते हो...और उसका साथ कभी न छोड़ो, भले ही आज वह लड़की तकलीफ़ में है और दुर्घटनावश अन्धी हो चुकी है। अगर ऐसा कर सकते हो, तो उसके लिए मैं धरती से स्वर्ग तक तुम्हारा साथ देने के लिए खड़ा हूँ...

डा. श्रीराम लागू का यह डायलॉग ही पूरी फ़िल्म की धुरी है, जिससे 'किनारा' में संवेदनशीलता के ढेरों दरवाज़े खुलते हैं। आप इसे मेलोड्रामा कह सकते हैं, एक इंसान के द्वारा अनजाने में हुए अपराध के भूल-सुधार के बतर्ज़ देख सकते हैं या इन सबसे अलग मानवीय परिस्थितियों की संश्लिष्ट बुनावट को अलग-अलग किरदारों में अपनी नैतिकताओं के साथ पढ़ सकते हैं। आरती के चरित्र को पूरी तरह उभारने में संवादों को सीधा-सरल, ईमानदार और दो टूक रखा गया है। याद नहीं पड़ता कि हेमा मालिनी द्वारा अभिनीत फ़िल्मों में किरदार की सारी जटिलताओं को आँखों से व्यक्त कर देने की ख़ूबसूरती, 'किनारा' से अलग

जल्दी कहीं देखने को मिलेगी। अन्य फ़िल्मों में अपने सीमित अभिनय कौशल से अलग, हेमा मालिनी इस फ़िल्म में कमाल के एक्सप्रेशंस देती हैं, जो आरती की त्रासदी को सिनेमा के दर्शकों के मन में स्थापित करने के लिए ज़रूरी जान पड़ता है। इन्दर के किरदार में जीतेन्द्र का चरित्र कुशलता से विकसित किया गया है। नायक की सेंसिबिलिटी उभारने में छोटे-छोटे तर्क भी अपना बड़ा महत्त्व रखते हैं, जिनका ख़ास ध्यान रखा गया है। उसने अपने जीवन का लक्ष्य ही अब यह बना लिया है कि चन्दन के प्रति नायिका की जो भी ज़िम्मेदारी है, अभिलाषाएँ हैं, सपने हैं—उसे ईमानदारी और निष्ठा से उसे पूरा करना है। फिर, उसकी लिखी किताब का प्रकाशन हो, आरती को दोबारा से नृत्य के लिए उत्साहित करके उसका आत्मविश्वास वापस दिलाना हो या उसके मन में पल रही असीम पीड़ा को अपनी मित्रता से कम करना हो, वह सब कुछ पूरे जतन और जुनून से करता है। इसके लिए उसे अपना नाम बदलकर भी आरती के सामने आना पड़े, तो कोई गुरेज नहीं। आरती को इन्दर से नफ़रत है, मगर प्रकाश (फ़िल्म में जीतेन्द्र का बदला हुआ नाम) से सहजता; तो वह अपने नाम और वजूद को भी मिटा देने की कोशिश करता नज़र आता है।

पूरी फ़िल्म में एक उद्देश्य यह भी समानान्तर रूप से बहता हुआ दिखाई देता है कि चन्दन की मृत्यु के बाद उसकी लिखी हुई पाण्डुलिपि की किताब प्रकाशित होनी है। आरती उसे अपने सबसे बड़े सपने के रूप में देखती है, जबकि इन्दर उस सपने को पूरा करने में दृढ़ता से मौजूद है। इस मेटाफ़र के सहारे एक हद तक, किसी दार्शनिक किताब की तरह भी 'किनारा' पढ़ी जा सकती है। वह किताब, जो कविता, नृत्य, इतिहास और प्रेम की इबारतों से बनी है...एक शोकगीत की तरह 'किनारा' का आस्वाद आपके भीतर गहराता जाता है, जिसमें फ़िल्म में आये हुए सारे गीत, कथानक के निहितार्थों को बड़ा बनाने में सहयोग करते हैं। उदाहरण के तौर पर, माण्डू के खण्डहरों में *'नाम गुम जायेगा, चेहरा ये बदल जायेगा'* जैसा मर्मस्पर्शी गीत हो, इन्दर के अपराधबोध को पोएटिक जस्टिस देता है—*'जाने क्या सोचकर नहीं गुज़रा'* या फिर आरती सान्याल को उसके अतीत से बाहर निकालने और वर्तमान में आत्मविश्वासी बनाने के लिए कलात्मक ढंग से फ़िल्माया गया *'मीठे बोल बोले, बोले पायलिया...'*

फ़िल्म में लता मंगेशकर की आवाज़ में एक दर्द भरा नग़मा शास्त्रीय संगीत की रागदारी पर विकसित किया गया है। आर.डी. बर्मन ने इस गीत *'अबके ना सावन बरसे/अबके बरस तो बरसेंगी अँखियाँ/अबके ना सावन बरसे'*

को अपने पिता एस.डी. बर्मन के एक प्राइवेट बंगाली गीतों के रेकॉर्ड से निकालकर एक गीत की धुन पर रचा था। यह गीत *'कांदीबोना फागुन गेले/ बिदाय दिबो तारे मोनी ही पजेले'* पर आधारित है, जिसे सचिन देव बर्मन ने हिन्दुस्तान रेकॉर्ड कम्पनी के लिए सन् 1936 में 'राग बेस्ड बेंगाली सांग्स' नामक डिस्क पर जारी किया था। इस गीत की धुन को हूबहू 'किनारा' में उठाकर पंचम उसे आधुनिक संस्पर्श देते हुए लता मंगेशकर की आवाज़ में एक बड़ा गीत बना डालते हैं, जिसकी फ़िल्म पटकथा के हिसाब से भी एक संगति बनती है।

गुलज़ार की क़लम की रूमानियत को स्वर देता फ़िल्म में अलग-सा एक गाना भूपेन्द्र की आवाज़ में 'किनारा' के दर्द-भरे प्रभाव को थोड़ी देर के लिए राहत में ले जाता है। यह गीत *'एक ही ख़्वाब कई बार देखा है मैंने/तूने साड़ी में उरस ली हैं मेरी चाबियाँ घर की'*। इसे बड़े रूमानी अन्दाज़ में फ़िल्माया भी गया है, जिसमें धर्मेन्द्र और हेमा मालिनी की उस दौर की आपसी केमेस्ट्री भी खिलकर दिखाई देती है। इस छोटे से कैमियो रोल के सन्दर्भ में एक दिलचस्प बात गुलज़ार साहब बताते हैं—जब फ़िल्म के लिए इस किरदार को ध्यान में रखकर एक बार हेमा मालिनी से उन्होंने ज़िक्र किया कि चन्दन के रोल के लिए किसी बड़े अभिनेता को लेने का मन है। इस पर हेमा जी ने सहजता से ये कहा था—'आप मेरे दोस्त को क्यों नहीं ले लेते?' उस समय धर्मेन्द्र का उन्होंने ना तो नाम लिया और ना ही गुलज़ार ने उनके बारे में कोई बात की...मगर वे समझ गये कि किस मित्र की चर्चा की जा रही है और ये रोल अब कौन निभाने वाला है।

गुलज़ार की निर्देशकीय कुशलता का एक बड़ा फ़लक इस फ़िल्म के उन छोटे-छोटे फ़्लैशबैक में चलने वाले रूमानी दृश्यों में खुलता है, जिसे धर्मेन्द्र, हेमा मालिनी के ऊपर फ़िल्माते हुए वे गम्भीर पटकथा में कुछ राहत और चैन के पल सँजोते हैं। इसकी एक मिसाल उस दृश्य संयोजन की है, जिसे प्रेम की सघनता को सच्चाई से दर्शाने के लिए फ़िल्म के आन्तरिक विन्यास में कवितानुमा ढंग से रखा गया है। माण्डू में एक 'अशर्फ़ी-महल' मौजूद है, जिसके लिए जनश्रुति है कि बादशाह जहाँगीर अपनी गर्भवती पत्नी नूरजहाँ को, इस महल की सीढ़ियों पर चढ़ने के लिए, हर एक सीढ़ी पर, एक अशर्फ़ी नज़र करते थे। फ़िल्म में उस पुराने समय को वर्तमान में दोहराते धर्मेन्द्र और हेमा, उसी तरह अशर्फ़ी-महल की सीढ़ियों पर जहाँगीर और नूरजहाँ के किरदारों में आगे बढ़ते हैं। आरती, जो गर्भवती होने का अभिनय करते हुए

सीढ़ियाँ चढ़ती हैं, उदारता से चन्दन सौ का नोट हर एक सीढ़ी पर उन्हें भेंट करता है। प्रेम की उदात्तता के इस मिथकीय प्रमाण को निर्देशक वर्तमान में इस आशय से पुनर्सृजित करता है, जिससे चन्दन और आरती के परस्पर प्रेम की गहराई को पवित्रता से दर्शाया जा सके। अब देखने वाली बात यह है कि फ़िल्म से यदि इन दृश्यावलियों को हटा दिया जाये, तो 'किनारा' एक अवसादी कला-फ़िल्म की तरह रह जायेगी, जिसके दर्द और दबावों को आत्मसात् करना मुश्किल होगा।

फ़िल्म का एक संवेदनशील पहलू यह भी है कि मुख्य नायक के साथ नायिका का कोई भी दृश्य, गीत और संवाद, प्रेम को लेकर नहीं है। उनके आपसी रिश्ते के तनाव में, कहीं ग़लती से भी एक दृश्य ऐसा नहीं है, जहाँ दर्शकों को यह सहूलियत मिल सके कि इनका रिश्ता आगे जाकर किस मुक़ाम पर खड़ा होगा? सिर्फ़ फ़िल्म का क्लाइमेक्स दोनों की संवेदनाओं को अपने नज़रिये से देखने का बहाना देता है, जिसमें दो परिपक्व लोग एक-दूसरे के प्रति भावनात्मक रूप से समीप आते हैं। आप जब तक इस बात का इन्तज़ार करें कि फ़िल्म की समाप्ति के पहले जीतेन्द्र और हेमा मालिनी के परस्पर प्रेम का कोई एक फ़्रेम अपने मन में सुख की तरह बसाकर थिएटर से बाहर निकलें, वह भी सम्भव नहीं होता। एक-दूसरे को समझकर, साथ हो जाने के गरिमामय फ़िल्मांकन के साथ ही फ़िल्म ख़त्म हो जाती है। सिर्फ़ प्रतीक रूप में गिरजाघर में मदर मैरी के सामने दो मोमबत्तियाँ जलती रहती हैं, जिसे इस अर्थ में प्रकाशित किया गया है कि सपने पूरे होने पर धन्यवाद ज्ञापन के लिए भी चर्च में आना चाहिए। यह गुलज़ाराना इमेजरी ही 'किनारा' के दो विपरीत किनारों पर खड़े किरदारों के जीवन को आलोकित करती है। हम हतप्रभ-से फ़िल्म को ख़त्म होता हुआ देखते हैं। चाहकर भी राहत और चैन के वे आत्मिक क्षण अपनी मुट्ठियों में समेट नहीं पाते, जो बालू की तरह एकबारगी हाथ से सरक जाते हैं।

फ़िल्म की सफलता ही इस बात पर टिकी हुई है कि निर्देशक ने 'किनारा' के सामाजिक सन्देश को बेहद कम संवादों, थोड़ी-सी भावुकता और मनःस्थितियों की मौनभाषा से व्याख्यायित किया है। इसमें आर.डी. बर्मन की बनायी धुनों को पार्श्व में धीमे स्वर में बजाने से परिदृश्य में मार्मिकता आती है। फ़िल्म की शुरुआत में जिस तरह नायिका के पैरों से एक घुँघरू छिटककर टूटता है...और अन्त में वही नायिका अपने पैरों में नायक द्वारा उपहार में दी हुई पायलों को पहने हुए ख़ुशी से दिखाती है, कमाल के दृश्य-संयोजन हैं। जीवन में रुकावट और उस गतिरोध से बाहर आकर,

नये ढंग से जीवन शुरू करने की कामना के सलोने बिम्ब, जो अपनी बेहद सामान्य उपस्थिति से कथानक का मर्म बड़े स्तर पर खोलते हैं। 'किनारा' का यह सबसे बेहतर हासिल है।

इसे बृहत्तर अर्थों में सार्वजनिक करते हुए फ़िल्म के सहायक किरदार भी असरदार ढंग से अपने अभिनय को अंजाम देते हैं। सशक्त माँ के रूप में दीना पाठक, दादा की स्नेहिल उपस्थिति रचते हुए ओम शिवपुरी, जीतेन्द्र को माँ की तरह असीसतीं बुज़ुर्ग चाची लीला मिश्रा और एक क़द्दावर, भरोसेमन्द अभिभावक की तरह डा. श्रीराम लागू—सभी का होना 'किनारा' को उनके थोड़े-थोड़े योगदान से बड़ा बनाता है। यह एक ऐसी फ़िल्म है, जो गुलज़ार के मुहावरे में पूरी तरह फ़िट बैठती है। जिस दौर में वे यह फ़िल्म बना रहे थे, उस समय कॉमर्शियल सिनेमा के तमाम बड़े प्रोजेक्ट्स में फ़िल्म के तीनों ही कलाकार—धर्मेन्द्र, हेमा मालिनी और जीतेन्द्र कामयाब बॉक्स ऑफ़िस फ़िल्में कर रहे थे। यह एक बड़ी बात है कि गुलज़ार ने बॉक्स ऑफ़िस का ज़रा भी मोह न पालकर, 'किनारा' की सेंसिबिलिटी को एक उद्देश्यपूर्ण किताब के सन्देश की तरह रचा। वो यह कर पाये, तो आज इतने साल बीत जाने के बाद भी हम यह आकलन कर सकते हैं कि जीतेन्द्र और हेमा मालिनी के खाते में एक अर्थपूर्ण फ़िल्म बिना किसी शोर-शराबे के शामिल हुई। साथ ही, एक छोटे-से किरदार में अपनी उपस्थिति दर्ज कराकर धर्मेन्द्र भी एक सार्थक फ़िल्म का हिस्सा बन पाये। गुलज़ार के लिखे इस फ़िल्म के गीतों में से एक गीत को यहाँ लिखना प्रासंगिक लगता है, जो फ़िल्म से अलग भी, जीवन से तालमेल बिठाने की प्रेरणा देने वाली पंक्तियों की तरह शामिल है—

कोई नहीं है कहीं
सपनों में क्यूँ खो गयी रे

बात थी ख़्वाब की
ख़्वाब में बीत चुकी है
ख़्वाब दोहराते नहीं
ज़िन्दगी सपना नहीं रे
कोई नहीं है कहीं...

43

अपनी फ़िल्मों के लिए अकसर लोकेशन तलाशते हुए गुलज़ार भारत के ऐसे सुन्दर अंचलों में भी पहुँचे जहाँ की ख़ूबसूरती ने उनको अपने सम्मोहन में

ले लिया। इसमें मध्य प्रदेश का माण्डू ऐसी जगह है, जिससे कोई पुराना नाता वे महसूस करते हैं। बताते हैं कि जब भी बम्बई से उत्तर भारत की ओर गाड़ी से सफ़र के लिए निकले हैं, तो माण्डू हमेशा से रात के बसेरे का उनका प्रिय स्थल रहा। माण्डू में बाज़ बहादुर और रानी रूपमती के प्रेम की जो उदात्त छाप मौजूद है, उसकी निशानियाँ देखना उन्हें हमेशा भाता रहा है। माण्डू में इन दोनों के प्रेम के अवशेष रूप में उपस्थित भवनों के जो खण्डहर आज भी जस का तस खड़े हैं, उनसे एक शायर को अपनी नज़्मों और कविताओं के लिए तसल्ली मिलती है।

यह लोक-प्रचलित बात है कि सोलहवीं शती के विख्यात प्रेमी युगल होने के अलावा बाज़ बहादुर और रानी रूपमती के नाम भारतीय संगीतज्ञों के बीच आदर से लिये जाते हैं। बाज़ बहादुर संगीत-प्रेमी होने के साथ ही एक अच्छे संगीतज्ञ भी थे। उसी तरह, रूपमती की तीक्ष्ण बुद्धि, काव्य-प्रतिभा और संगीत-प्रेम के विषय में अनेक गाथाएँ प्रचलित हैं। साफ़ी ख़ाँ कृत 'मुंखबुल लुबाब' तथा ग़ुलाम हुसेन ख़ाँ कृत 'सियारुल मुताखिरीन' के अनुसार रूपमती गाने में बेनज़ीर थीं। वह हिन्दी ज़ुबान में अकसर नाज़ुक मज़मूनों को बाँधती थीं और उनमें अपना नाम बड़ी ख़ूबसूरती से लाती थीं। रानी रूपमती की एक बन्दिश का ज़िक्र यहाँ प्रासंगिक है, क्योंकि हम उन्हीं के प्रेम के प्रतीक शहर माण्डू में गुलज़ार की फ़िल्म के एक लव-डुएट की लोकेशन पर बात कर रहे हैं। रानी रूपमती की लिखी इस बन्दिश का सौन्दर्य देखिए—

यौवन जात दिये दगा
और रंगन की कहा कहूँ तोसो जैसा कुसंभ रगा

कारे कागा चले घर अपने पहने श्वेत झगा
रूपमती कहे बाज़ बहादुर कोउ नहि जिये सदा...

'तारीख़े-मालवा' में रूपमती की क़ब्र का सारंगपुर में होना लिखा है, जब कि 'मुआसिरुल उमरा' के अनुसार बाज़ बहादुर और रूपमती दोनों उज्जैन के तालाब के बीच पुश्ता पर आराम कर रहे हैं। कुछ विद्वानों का मत है कि माण्डू में रेवाकुण्ड पर रूपमती की क़ब्र है और सामने है बाज़ बहादुर का महल।

रानी रूपमती-बाज़ बहादुर की कहानियों के ऐतिहासिक उजाले में फँसे हुए एक गीतकार की उस तड़प को समझा जा सकता है, जिसने इन दोनों के प्रेम को अपनी एक नज़्म के लिए पकड़ना चाहा। जैसे, माण्डू उनके प्रेम का एक

प्रतीक हो, जहाँ 'किनारा' (1977) के गीत को इतिहास में साँस लेने वाली इस दास्तान से कोई इशारा मिलता नज़र आता हो। गुलज़ार साहब ने मुझे यह बताया था कि जिस गीत को इस फ़िल्म के लिए वे लिख रहे थे; उस गीत को फ़िल्माने की लोकेशन उनके मन में बिल्कुल स्पष्ट थी। यह माण्डू ही हो सकता था, जो इतिहास में अपनी रूपसी रानी और संगीत व कलाप्रेमी शासक के प्रेम को सँजोये हुए अपनी हवाओं में उनके संगीत और कविता-प्रेम की धड़क को बसाये हुए था। प्रेम के इस सुन्दर रूप को पकड़ने की एक कामयाब कोशिश गुलज़ार ने इसीलिए वहाँ जाकर की। गीत था—

नाम गुम जायेगा, चेहरा ये बदल जायेगा
मेरी आवाज़ ही पहचान है, ग़र याद रहे...

'किनारा' फ़िल्म के लिए यह गीत फिर वहीं फ़िल्माया गया, जिसमें हेमा मालिनी, जीतेन्द्र और धर्मेन्द्र मुख्य भूमिकाओं में अदाकारी कर रहे थे। यह एक अमर-गीत है गुलज़ार के अपने गीतों की बड़ी किताब से, जिसमें शायरी भी बहुत हसीन ढंग से शब्द पा सकी है। यहाँ हमें अन्तरे की कुछ पंक्तियाँ भी पढ़नी चाहिए, जो कहीं गीतकार के मन में बसे रूपमती और बाज़ बहादुर के प्रेम को समकालीन सन्दर्भों में एक आधुनिक रंग देती हैं। यह प्रेम जैसे इस गीत के बहाने सार्वकालिक महत्त्व का बन जाता है, जिसमें इतिहास और वर्तमान आपस में एक होकर सिर्फ़ प्रेम की उदार कविता लिखने लगते हैं। पंक्तियाँ इस तरह हैं—

वक़्त के सितम कम हसीं नहीं

आज है यहाँ कल कहीं नहीं
वक़्त से परे अगर मिल गए कहीं
मेरी आवाज़ ही पहचान है ग़र याद रहे...

हालाँकि, 'नाम गुम जायेगा' के इस अर्थ-ध्वनि वाले अन्तरे के लिए हम यह नहीं कह सकते कि निर्देशक ने इसे बाज़ बहादुर और रानी रूपमती के प्रेम को दिमाग़ में रखकर ही लिखा है, क्योंकि फ़िल्म में इसे नेत्रहीन नायिका (हेमा मालिनी) के अपने प्रेमी (धर्मेन्द्र) के तसव्वुर में रचा गया है, जो अपने प्रेमी की आवाज़ को ध्यान में रखकर गा रही है, जबकि वहाँ पर परिस्थिति यह है कि इसे फ़िल्म के दूसरे नायक (जीतेन्द्र) की शख़्सियत और आवाज़ को ध्यान में रखकर फ़िल्माया गया है। प्रेम के त्रिकोणात्मक द्वन्द्व और प्रेमी को आवाज़ की मार्फ़त पहचानने की कोशिश में यह युगल-गीत सम्भव होता है।

निर्देशक की परिकल्पना में माण्डू एक सजीव प्रेम का जीवन्त उदाहरण रहा है, इसलिए वहाँ की पृष्ठभूमि में इस प्रेम-गीत को कुछ भावनात्मक तराश भी मिलती है, जिसमें परिदृश्य की विशेष भूमिका है।

लता मंगेशकर और भूपेन्द्र की आवाज़ों से रचा गया यह गीत आज फ़िल्म संगीत के लिए ऐतिहासिक महत्त्व रखता है। इस गीत का एक दूसरा पक्ष भी बनने के बाद जैसे उभर आया है, जो 'किनारा' फ़िल्म से या माण्डू के बाज़ बहादुर और रानी रूपमती के प्रेम के प्रति कोई सरोकार नहीं रखता। ख़ुद गुलज़ार भी नहीं जानते थे कि वे जिस गीत को अपनी सौन्दर्याभिरुचि के तहत एक युगल प्रेम-गीत की शक्ल में रच रहे हैं, बाद में उसका एक दूसरा ही अर्थ बन जाने वाला है। यह गीत अपनी रेकॉर्डिंग और फ़िल्म प्रदर्शन के बाद से लता मंगेशकर की पहचान का गीत बन गया, जो कहीं उनकी शख़्सियत को कविता के रूप में व्यक्त करता है। अगर हम इस गीत को लता जी की आवाज़ के सन्दर्भ में पढ़ें, तो वह कहीं उनको व्यक्त करने वाली एक ऐसी काव्यात्मक परिभाषा बन गयी है, जिसे उनकी पहचान से अलग हटाकर देखना नामुमकिन लगता है। फिर, जिस अन्दाज़ में लता मंगेशकर इसे गाकर व्यक्त करती हैं, वो उनकी शख़्सियत को बड़े गरिमापूर्ण ढंग से आम दुनिया के आगे प्रकट करती है। *'मेरी आवाज़ ही पहचान है, गर याद रहे...'* तो जैसे सूक्ति की तरह लता मंगेशकर को पहचानने की पंक्ति बन चुका है।

माण्डू और उसके ऐतिहासिक युगलप्रेमी ज़रूर उदास और दुःखी होंगे कि उनके प्रेम से प्रसिद्ध माण्डू में फ़िल्मायी गयी रचना अब आधुनिक सन्दर्भों में एक महान पार्श्वगायिका की पहचान बन चुकी है। इस पहचान में फ़िल्म के तीनों किरदार ज़रूर प्रसन्न होंगे कि एक सार्थक गीत की अभिव्यक्ति उनके सिनेमाई खाते में आयी है।

44

1968 में एच.एस. रवेल ने महाश्वेता देवी के बांग्ला उपन्यास 'लायली आस्मानेर आयना' पर आधारित 'संघर्ष' फ़िल्म बनायी थी। उन्नीसवीं सदी के आरम्भिक काल में बनारस की पृष्ठभूमि पर रचा गया यह कथानक काशी के पण्डों द्वारा ठगी के माध्यम से धर्म और कर्मकाण्ड के विकृत रूप को उजागर करता है। पण्डों के दो ख़ानदानों की आपसी ख़ूनी रंजिश और उसके तहत बनारस में आने वाले श्रद्धालुओं के शोषण व हत्या को रेखांकित करती

यह फ़िल्म आज के मुहावरे में कहा जाये, तो 'डार्क फ़िल्म' थी। इस फ़िल्म का एक रोचक पहलू यह भी रहा कि इसके संवाद गुलज़ार ने लिखे थे। शुरुआती दिनों में इसकी पटकथा पर अबरार अल्वी जुड़े थे, मगर बाद में वे फ़िल्म से अलग हो गये। फ़िल्म के क्रेडिट रोल में अबरार अल्वी का नाम भी संवाद लेखक के बतौर दिया गया है। गुलज़ार के सिनेमाई पटकथा और संवादों की छोटी, मगर सार्थक सूची में 'संघर्ष' अलग से नज़र आती है। इस फ़िल्म के संवादों को लेकर इसलिए भी अलग से टिप्पणी करना आवश्यक लगता है, क्योंकि गुलज़ार ने अपनी प्रचलित शैली से बिल्कुल अलग एक ऐसी फ़िल्म के लिए डायलॉग लेखन किया था, जो उनके लिखे के चरित्र से बहुत मेल नहीं खाता।

यह अचरज का विषय है कि व्यावसायिक सिनेमा की शुद्ध मनोरंजक, मेलोड्रामा से भरी हुई फ़िल्म, जिसमें—हत्या, अपराध, बदला, भावुकता से अतिरंजित दृश्यावलियाँ और वैसा ही लाउड संगीत मौजूद है, गुलज़ार जुड़े हुए थे। आज जब हम पीछे पलटकर देखते हैं, तो गुलज़ार की लिखी हुई, संवेदनशील पटकथाओं व संवादों की लिस्ट में 'आनन्द', 'नमक हराम', 'आशीर्वाद', 'बावर्ची', 'गुड्डी', 'गृह प्रवेश', 'बसेरा', 'मासूम' और ख़ुद उनकी बनायी फ़िल्मों के साथ 'संघर्ष' को देखना एक अलग ही क़िस्म का विमर्श रचता है। इस कारण भी कि विशुद्ध समानान्तर व कला-सिनेमा की बग़ल में खड़े हुए गुलज़ार एक शुद्ध मसाला फ़िल्म के लिए क़लम चलाते हैं। आज 'संघर्ष' देखने पर इस बात से सहमति होती है कि एक मेलोड्रामा से भरी हुई फ़िल्म की पटकथा में संवाद लिखते हुए गुलज़ार अपनी शाइस्तगी निभा जाते हैं। वह भी तब, जब वे उस दौर में इस फ़िल्म के बनने के कुछ वर्षों पूर्व तक बिमल रॉय प्रोडक्शन के लिए पटकथा व संवादों पर काम कर रहे थे। 'दो दूनी चार' बनकर प्रदर्शित हो चुकी थी और बिमल रॉय के ड्रीम प्रोजेक्ट 'अमृत कुम्भ की खोज' स्क्रिप्ट के स्तर पर कम्पलीट की जा चुकी थी, जिसमें बार-बार बिमल रॉय गुलज़ार से कुछ तब्दीलियाँ कराते रहते थे। इस सन्दर्भ में गुलज़ार की कहानी 'बिमल दा' देखी जा सकती है, जिसमें मार्मिक ढंग से उनके कैंसर से जूझने के अन्तिम समय का सजीव ख़ाका खींचा गया है।

हर उस जगह गुलज़ार मौजूद दिखते थे, जहाँ से कुछ सार्थक रचे जाने की गुंजाइश उन्हें दिखती थी। इसी के चलते ऋषिकेश मुखर्जी और बासु भट्टाचार्य के लिए पटकथा लेखन करना उन्हें अपने तईं, एक लेखक की हैसियत से

दृष्टि को फैलाव देने वाला लगता था। मुझे लगता है कि 'संघर्ष' उन्होंने एक चुनौती की तरह, अपनी क़लम का ज़ायक़ा बदलने के लिए और यह साबित करने के लिए ही लिखा होगा कि शुद्ध मनोरंजक फ़िल्में भी वे उतने ही गम्भीर ढंग से लिख सकते थे। एच.एस. रवेल बैनर के लिए, जिन्होंने पहले भी कुछ कामयाब और अच्छी फ़िल्में बनायी थीं, 'संघर्ष' को लिखना गुलज़ार ने पसन्द किया। यह लिखा जाना सम्भव किया। रवेल साहब ने एक दौर में 'शरारत' (1959), 'मेरे महबूब' (1963), 'महबूब की मेहँदी' (1971), 'लैला-मजनूँ' (1976) जैसी सदाबहार फ़िल्मों का सृजन किया, जिसका संगीत भी बहुत लोकप्रिय हुआ था।

इसी रोशनी में हम गुलज़ार के लिखे संवादों की इस फ़िल्म को आज इसके प्रदर्शन के लगभग आधी सदी बीत जाने के बाद याद कर रहे हैं। एक गम्भीर कथानक, जिसमें अधिकतर नकारात्मक किरदार लिये हुए पात्र मौजूद हैं, के डायलॉग कितनी परतों में लिखे जा सकते हैं? यह कहने में ज़रा भी संकोच नहीं कि 'संघर्ष' इस लिहाज़ से भी देखी जानी चाहिए कि एक हरफ़नमौला लेखक किस तरह ईमानदारी से उस विषय के साथ न्याय करता है। 'संघर्ष' हमें बताती है, अगर गुलज़ार ने व्यावसायिक सिनेमा के लिए आगे भी उसी तरह पटकथा व संवाद लेखन किया होता, तो आने वाले दशकों में नये रंग की कुछ और महत्त्वपूर्ण फ़िल्में देखने को मिलतीं। गुलज़ार का इस फ़िल्म को लेकर डायलॉग लिखने का अप्रोच यह बताता है कि वे किसी भी तरह के विषय को फ़िल्मों में आसानी से लिख सकते हैं...और वह भी माक़ूल ढंग से। 1968 में 'संघर्ष' के संवादों को देखते हुए जब हम एक वर्ष बाद ही प्रदर्शित ऋषिकेश मुखर्जी की 'आशीर्वाद' को टटोलते हैं, तो गुलज़ार की बड़ी-सी रेंज का पता लगता है।

'संघर्ष' के अभिमानी, जघन्य अपराधी और काली उपासक भवानी प्रसाद (जयन्त) के संवादों को सुनिए और फिर 'आशीर्वाद' में नैतिकबोध से भरे हुए एक पिता (अशोक कुमार) को मिलने वाले संवादों से रूबरू होइए, यह अपने आप स्पष्ट हो जायेगा कि गुलज़ार ने पटकथा को गहराई से आत्मसात् करके किरदारों के मानस पकड़े हैं। संवादों के साथ न्याय किया है।...और यह देखना भी ग़ज़ब है कि 'संघर्ष' में तो बड़े कलाकारों की भीड़-सी लगी हुई है, जिसमें दिलीप कुमार, बलराज साहनी, संजीव कुमार, जयन्त, सप्रू, उल्हास के साथ दुर्गा खोटे, सुलोचना और वैजयन्तीमाला के मज़बूत चरित्रों को देखा जा सकता है। गुलज़ार ने हर एक किरदार की आन्तरिक बनावट के हिसाब से उनके

संवादों में रंग भरा है। 'पीरियड' फ़िल्म का आभास देती 'संघर्ष', जो आज एक 'कल्ट-मूवी' ही मानी जायेगी, उसमें संवादों का स्तर ऊँचाई पर खड़ा है। शब्दों की उचित वज़नदारी, बदले की भावना को उकेरने के लिए पर्याप्त तंज़ और प्रहार करती हुई कटूक्तियों के साथ कुछ-कुछ दार्शनिक अन्दाज़ में जीवन-मरण, पाप-पुण्य, उचित-अनुचित, कर्म-न्याय पर ख़ूबसूरत ढंग से संवाद खुलकर कथानक को स्पष्टता देते हैं। महाश्वेता देवी के उपन्यास की पटकथा के दृश्यबन्धों को गुलज़ार समग्रता में सन्तुलित करते हैं। दो चरित्रों के बीच कंट्रास्ट रचते हुए असली तनाव और विरोधाभासी छवियाँ डायलॉग के स्तर पर उरूज पाती हैं। जिससे कहानी में गति आती है और दर्शक दम साधे भावुकता और आदर्श के दो विपरीत छोरों पर खड़ी 'संघर्ष' की कहानी से अपना तारतम्य जोड़ता है।

गुलज़ार साहब बताते हैं कि वे 'संघर्ष' के संवाद-लेखन से जुड़ाव ही इस कारण महसूस करते हैं कि वो महाश्वेता देवी के इस बड़े कैनवास वाले उपन्यास को सिनेमाई आकार दे रहे थे। इसी वजह से उन्होंने इसे बड़ी मेहनत से लिखकर रवेल साहब को सौंपा था। एक दर्शक और लेखक के तौर पर मेरा ऑब्जर्वेशन यह है कि 'संघर्ष' उनके सिनेमाई लेखन में अलग से खड़ी हुई अकेली ऐसी फ़िल्म है, जो उनसे एक ऐसे रेंज की अभिव्यक्ति कराती है, जिसे मनोरंजक स्तर पर स्तरीय ढंग का स्वरूप देते हुए साधा जा सकता है। उनके इस फ़िल्म के लिए संवाद-लेखन को देखकर यह सीखने की प्रेरणा मिलती है कि कैसा भी सब्जेक्ट हो, एक ईमानदार लेखक उसे अपने तरीक़े से विस्तार देते हुए हमेशा के लिए कला के स्तर पर प्रासंगिक बना देता है।

45

1973 में प्रदर्शित ऋषिकेश मुखर्जी की 'नमक हराम' गुलज़ार की लिखी पटकथा और संवाद का एक अहम मुक़ाम है। यह फ़िल्म फ्रेंच नाटककार जीन एनुइल के प्रसिद्ध नाटक 'बेकेट' (1959) पर आधारित थी, जिस पर बाद में 1964 में पीटर ग्लेनविल ने मशहूर अंग्रेज़ी फ़िल्म 'बेकेट' बनायी। 'नमक हराम' ऋषिकेश मुखर्जी की सहज सामाजिक धारा से अलग ट्रेड यूनियन मज़दूरों की ज़िन्दगी पर आधारित है। गुलज़ार ने नाटक का सफलतापूर्वक एडॉप्टेशन करते हुए इसे भारतीय परिप्रेक्ष्य में परिवर्तित किया था। बड़ी कुशलता से फ़िल्म की पृष्ठभूमि में बम्बई की टेक्स्टाइल मिलों में कामगार लोगों के हक़ और मेहनत के सवाल उठाये गये हैं, जिसका कालखण्ड पिछली

सदी के साठ के दशक का उत्तरार्द्ध है। ऋषिकेश मुखर्जी का यह अन्दाज़ बिल्कुल नया था, जो यथार्थवादी सिनेमा की ओर झुका हुआ लगता है। ऐसे ही सामाजिक नैतिक सरोकारों वाली 'अर्जुन पण्डित' उन्होंने तीन साल बाद 1976 में बनायी, जिसका विषय सामन्ती परिवेश में गाँव के एक दबंग और अनपढ़ व्यक्ति को सुधारने के प्रयास और शिक्षा की महत्ता पर आधारित रहा है।

ऋषि दा की इन दोनों ही फ़िल्मों के परिप्रेक्ष्य में यह बात ग़ौर करने वाली है कि वे सामाजिक सरोकारों और जीवन-मूल्यों के प्रश्न रखने वाली प्रस्तावना भी संवेदनशील ढंग से उकेरते हैं। हालाँकि, उनका मूल्यांकन उन पारिवारिक सामाजिक फ़िल्मों से ही सम्भव होता है, जिनमें 'अनुराधा', 'मेम दीदी', 'छाया', 'साँझ और सवेरा', 'अनुपमा', 'आशीर्वाद', 'सत्यकाम', 'चैताली', 'गुड्डी', 'गोलमाल', 'अभिमान', 'चुपके चुपके', 'बावर्ची', 'आलाप', 'नौकरी', 'कोतवाल साब', 'नरम-गरम', 'ख़ूबसूरत', 'बेमिसाल', 'रंग-बिरंगी', 'किसी से न कहना' जैसी फ़िल्में आती हैं। 'नमक हराम' से अलग कैंसर जैसी बीमारी के धरातल पर मार्मिक ढंग से रची गयी 'आनन्द' और 'मिली' का आस्वाद बिल्कुल भिन्न तरह का है। फिर भी, यदि ऋषिकेश मुखर्जी की फ़िल्म-यात्रा में उनकी निर्देशित पहली ही फ़िल्म 'मुसाफ़िर' (1957) से बात शुरू करके आख़िरी 'झूठ बोले कौआ काटे' (1998) तक निगाह दौड़ायी जाये, तो हर फ़िल्म एक ऐसे सामाजिक-वृत्त में सम्भव होती है, जहाँ छोटी-छोटी घटनाएँ और जीवन के प्रसंग पूरी फ़िल्म को एक घरेलू पारिवारिक फ़िल्म का कलेवर देते हैं। सिर्फ़ 'नमक हराम' ऐसी फ़िल्म है, जो इस पृष्ठभूमि से अलग हटकर सामाजिक-राजनीतिक आशयों में विस्तृत होती है।

इसी समय गुलज़ार की क़लम के वो इशारे इस फ़िल्म की पटकथा और संवाद के सन्दर्भ में समझ में आते हैं, जिसे वे मिल और ट्रेड यूनियन, मिल मालिक और कामगार मज़दूरों के आपसी तनाव के दृश्यों को सँजोने में लिखते हैं। हमें यह भूलना नहीं चाहिए कि गुलज़ार अपनी युवावस्था में प्रगतिशील लेखक संघ की मीटिंग्स में जाते रहे हैं। साथ ही तरक़्क़ीपसन्द शायर, अदीबों और चिन्तकों के साथ उठे-बैठे हैं, उनकी सोहबत में अपने विचारों को उर्वर बनाया है। कहने का लुब्बेलुबाब यह है कि यह गुलज़ार हैं, जो 'नमक हराम' की पटकथा में प्रगतिशीलता की एक सन्तुलित छौंक लगाते हुए समाज और देश की अवधारणा को विचारोत्तेजक ढंग से संवादों के ज़रिये अभिव्यक्ति देते हैं।

फ़िल्म दो किरदारों विक्की (अमिताभ बच्चन) और सोमू (राजेश खन्ना) की अटूट मैत्री पर आधारित है, जिनके बीच शासक और वंचित वर्ग के संघर्ष व तनाव दूरी ले आते हैं। राजेश खन्ना को मज़दूरों के हितैषी के रूप में जो भूमिका दी गयी है, उसमें गुलज़ार पूरी तरह फ़लसफ़े में डूबे हुए ढेरों ऐसे डायलॉग लिखते हैं, जिनसे फ़िल्म में एक वैचारिक ऊष्मा आती है। राजेश खन्ना द्वारा बोला गया एक ही संवाद, फ़िल्म की पूरी कैफ़ियत को बयाँ करने के लिए काफ़ी है—'ग़रीब की भूख, प्यास, पैसे सब साझे होते हैं, उसमें तेरा-मेरा नहीं होता।' ऐसे संवादों की अनगिनत लड़ियाँ पिरोयी गयी हैं, जिनसे 'नमक हराम' में वर्ग-संघर्ष और शासक व शोषित का रिश्ता मुखरित होता है। फ़िल्म का एक किरदार अलम, जिसे रज़ा मुराद ने निभाया है, वह वंचित वर्ग के एक प्रतीक या मेटाफ़र की तरह मौजूद है। अलम शासक वर्ग से लड़ते-लड़ते थक चुका है, इसलिए शराब में डूब गया है। ... और मज़ेदार बात यह है कि उसकी ज़ेहनियत एक शायर की है, जो समाज पर तल्ख़ी से तंज़ करता रहता है। यह लेखक का मास्टर-स्ट्रोक है, जिसे वे एक सिम्बल की तरह फ़िल्म में प्रगतिशील विचारों और उसके विश्लेषण के लिए रखते हैं। उसके हिस्से जीवन में ख़ुशियाँ शुमार नहीं हैं, बावजूद इसके मरते हुए वह अपनी आजीविका चलाने के लिए जिन पतंगों और माँझा-डोर को बेचने का काम करता है, उसे बच्चों में बाँट जाता है, बच्चों की क्षणिक ख़ुशियों भर के लिए...। फ़िल्म के एक कारुणिक दृश्य में राजेश खन्ना को प्रतिरोध में लिखी हुई अपनी कविताएँ इस भरोसे से सौंपता है कि अब वो ही वंचितों के दुःख-दर्द की लड़ाई आगे ले जायेगा। कहना ना होगा, गुलज़ार यहाँ अलम के किरदार में जो मायूसी, समाज से नाराज़गी, बेफ़िक्र शायराना तबीयत और शराबनोशी का भाव रचते हैं, उसके बैकग्रॉउंड में कहीं सआदत हसन 'मण्टो' जैसे तरक़्क़ीपसन्द लेखक और मजाज़ लखनवी जैसे इंक़लाबी शायर की कौंध दिखाई देती है।

इतने भर से ही फ़िल्म की पटकथा में सँजोयी गयी प्रगतिशीलता पूरी नहीं होती। फ़िल्म में एक अमीर सेठ की बेटी के रूप में सिमी ग्रेवाल (मनीषा का किरदार) का चरित्र बुना गया है, जो सारे ऐशो-आराम में रहने के बावजूद विचारों से प्रोग्रेसिव है। वो सोशलिज़्म में विश्वास करती है और एकतरफ़ा अमिताभ बच्चन (विकी) से प्रेम करती है। विकी के साथ उसके रिश्ते की आयरनी यह है कि वो पूरी तरह सामन्ती परिवेश में डूबा हुआ समाज के उस आभिजात्य वर्ग की नुमाइन्दगी करता है, जिसे वंचितों के दुःख-दर्द से कोई

वास्ता नहीं। बावजूद इसके उसे हर मौक़े पर सही सलाह देती है। यह अलग बात है कि फ़िल्म में अपने मित्र के प्रति सहानुभूति और ईमानदार प्रेम रखते हुए आख़िरकार सोमू की हत्या हो जाने पर, अपने पिता का अपराध स्वीकार करते हुए विकी जेल जाता है।

'नमक हराम' के संवादों को वैचारिक रूप से सामाजिक व्यवस्था के अन्तर्गत लिखते हुए गुलज़ार सिनेमा में एक तर्क यह रचते हैं कि समाज में बराबरी और ख़ुशहाली किस तरह आ सकती है। ऐसे दृश्यों के लिए उन्होंने ट्रेड यूनियन के लीडर ए.के. हंगल (बिपिन लाल) का किरदार बुना है, जो ईमानदार और भले इंसान हैं; हमेशा उसूलों पर क़ायम रहते हैं। हंगल और राजेश खन्ना के बीच के कुछ संवादों द्वारा यह बात गहराई से स्पष्ट होती है कि पूँजीपतियों और शोषित वर्ग के बीच जो दूरी है, उसका अन्त किस तरह किया जा सकता है। पूँजीपतियों के षड्यंत्रों, लालच और महत्त्वाकांक्षा के साथ आम जनता का सम्बन्ध उनके सरोकार और हस्तक्षेप को समझने के लिहाज़ से 'नमक हराम' पाठ्य-पुस्तक की तरह मौजूद है। गुलज़ार पटकथा को न तो अतिरिक्त भावुकता देते हैं और न आदर्शवादी ही बनाते हैं। दो मित्रों के आपसी सामंजस्य के कारण परिस्थितिजन्य दृश्यावलियों में व्यावहारिक ढंग की बात कहने में यह फ़िल्म असाधारण है। फ़िल्म के वे सारे दृश्य उल्लेखनीय हैं, जहाँ एक पूँजीपति पिता के रूप में ओम शिवपुरी (सेठ दामोदर महाराज) और बेटे के किरदार में अमिताभ बच्चन (विक्रम महाराज) के आपसी संवाद घटित होते हैं। इन दृश्यों में दो पीढ़ियों के अन्तराल, व्यावहारिकता और आदर्शवाद की मुठभेड़ के साथ बेईमानी और नैतिकता को निर्मम ढंग से परखा गया है।

'नमक हराम' गुलज़ार के करियर में एक पटकथाकार और संवाद लेखक के रूप में मील का पत्थर है, जिसे ऋषिकेश मुखर्जी उतनी ही संलग्नता से फ़िल्माते हैं। फ़िल्म के सारे कलाकार अपने अभिनय से पटकथा के सन्देश को जीवन्तता से अभिव्यक्त करते हैं। छोटे-छोटे किरदारों का मेयार भी बड़े स्तर पर सुनायी पड़ता है, जिसमें वत्सलता से भरी माँ के रूप में दुर्गा खोटे, भोले-भाले मित्र का किरदार लिये हुए असरानी और सेठ दामोदर के विश्वासपात्र नौकर के रूप में मनमोहन विशेष तौर पर याद रह जाते हैं। यह फ़िल्म अपने प्रदर्शन के लगभग आधी सदी बाद आज भी पूरी तरह प्रासंगिक बनकर खड़ी है, तो इसमें सबसे बड़ा योगदान उसके लेखक का है,

जिसने अपनी जवानी के दिनों को प्रगतिशील कविता के साये तले धारदार बनाया है। 'बेकेट' का भारतीय रूपान्तरण, मूल कथा के आस्वाद की तरह मौजूद है।

46

रमेश तलवार निर्देशित 'बसेरा' (1981) में गुलज़ार, संवाद लेखक के तौर पर अलग से नज़र आते हैं। हालाँकि, इस फ़िल्म के गीत भी उनके ही लिखे हुए हैं। लीला फंसालकर के मराठी उपन्यास पर आधारित इस फ़िल्म में रिश्तों की ऐसी जटिल बुनावट मौजूद है, जिसमें फ़िल्म की नायिका नीमा (रेखा) और उसके व्यवसायी पति बलराज (शशि कपूर) की एक सुखी गृहस्थी है। चौदह साल पहले बलराज की पहली पत्नी शारदा (राखी) एक हादसे में अपना मानसिक सन्तुलन गँवाकर कोमा में चली जाती हैं। इस बात से निराश बलराज कि शायद ही कभी शारदा स्वस्थ होकर वापस लौट सकें, उसकी छोटी बहन नीमा से शादी कर लेता है। यह शादी बलराज और शारदा के बेटे सागर (राज किरण) को पालने के चलते हुई है। बाद में नीमा से एक बेटा बब्बू (मास्टर विकास) पैदा होता है। फ़िल्म में मेलोड्रामा के सीन प्रभावी तौर पर तब उभरते हैं, जब चौदह साल बाद बलराज की पहली पत्नी स्वस्थ होकर अपने घर, अपने पुराने बसेरे में लौटती है। शशि कपूर, रेखा और पूरा परिवार राखी से इस बात को छिपाते हैं कि उनका विवाह हो चुका है। अब यह घर (बसेरा) राखी का ना होकर, रेखा का हो चुका है। इसी उधेड़बुन में एक तरफ़ रेखा अपने रिश्तों को बचाने और राखी की निगाह में इसे छुपाने की जद्दोजहद में मुब्तिला हैं, जबकि दूसरी ओर राखी द्वारा अपने पुराने रिश्ते को उसी अधिकार और प्रेम से खुद के लिए सँजोने और पति पर उसी विश्वास से जीवन जीने के सन्दर्भ में यह फ़िल्म आगे बढ़ती है।

तनाव और विरोधाभास के बीच बदलते रिश्तों की कहानी है 'बसेरा'...फ़िल्म की दोनों नायिकाओं के अपने-अपने बसेरे एक ही पुरुष के साहचर्य से बने हैं। इन्हें बनाने, बचाने और दूसरे के लिए त्याग देने के आदर्श के बीच गमन करती 'बसेरा' के टाइटिल सांग में गुलज़ार दो तरह से जीवन के बसेरे की बात करते हैं। इसी कारण गीतकार के बतर्ज़ गुलज़ार दो तरह से यहाँ ये पंक्तियाँ लिखते हैं– *'जहाँ पे सवेरा हो, बसेरा वहीं है'* और *'जहाँ पे बसेरा हो, सवेरा वहीं है...'* इन्हीं दो पंक्तियों के बीच, जैसे पूरी फ़िल्म अपने कथानक और संवादों के साथ खुद को अभिव्यक्ति देती हुई मौजूद मिलती है।

पिछली सदी के सत्तर-अस्सी के दशक में जिस तरह सामाजिक सन्दर्भों की ढेरों फ़िल्में बनती रही थीं; उनमें शक्ति सामन्त, प्रमोद चक्रवर्ती, जे. ओमप्रकाश, राज खोसला और रामानन्द सागर की शुद्ध व्यावसायिक सामाजिक फ़िल्मों से अलग हटकर कुछ ऐसी सामाजिक फ़िल्मों का भी निर्माण हुआ, जिनमें कम बजट में कुछ किरदारों और साधारण सी लोकेशन व सेट के साथ अर्थपूर्ण फ़िल्में बनायी जाती रहीं। ऋषिकेश मुखर्जी इस परम्परा के सबसे बड़े चितेरे थे। फिर यह देखना और भी वाजिब लगने लगता है, जब ऐसी फ़िल्मों की परम्परा में स्वयं गुलज़ार शामिल होते हैं। यहाँ उनकी उपस्थिति को मैं एक निर्देशक के बतौर इंगित कर रहा हूँ। ढेरों ऐसी फ़िल्मों की फ़ेहरिस्त है, जिनमें कलात्मक ढंग से सामाजिक विषयों पर आधारित कॉमर्शियल सिनेमा बनाया गया। 'बसेरा' उसी लीक पर चलती एक ऐसी फ़िल्म थी, जिसे पूरी तरह आर्ट फ़िल्म या कॉमर्शियल सिनेमा के दायरे में रखकर नहीं देखा जा सकता।

ऐसी ढेरों फ़िल्में, जिनमें से अधिकांश गुलज़ार और उनके जैसे कुछ और महत्त्वपूर्ण लेखक लिख रहे थे, कला फ़िल्मों की हल्की-सी रंगत लिए हुए सामने आती हैं। 'बसेरा' (1981) में प्रदर्शित होती है। ये साल उसी तरह की कुछ दूसरी ऐसी महत्त्वपूर्ण फ़िल्मों का भी है, जिन्हें पूरी तरह कॉमर्शियल सेटअप की मसाला फ़िल्म नहीं कहा जा सकता। 'बसेरा' की तरह ही उसी वर्ष प्रदर्शित गुलज़ार की 'नमकीन', चेतन आनन्द की 'कुदरत', सई परांजपे की 'चश्म-ए-बद्दूर', शशि कपूर की 'कलयुग', यश चोपड़ा की 'सिलसिला' और ऋषिकेश मुखर्जी की 'नरम गरम' को याद किया जा सकता है।

जैसा कि शुरुआत में ही इस बात का उल्लेख किया गया है, 'बसेरा' का सबसे उल्लेखनीय पहलू गुलज़ार के संवाद रहे हैं। हर एक किरदार को उसकी संवेदना के साथ परखते हुए इस तरह डायलॉग विकसित किये गये हैं कि आप इन्हीं संवादों के बहाने पूरे किरदार की डिटेलिंग समझ सकते हैं। फ़िल्म में कोई बहुत बड़ा विजुअल आकर्षण नहीं है। एक बड़े से घर में फ़िल्म का सत्तर प्रतिशत कथानक फ़िल्माया गया है, जो थोड़ी देर के लिए भी बोर नहीं करता। यह इसलिए भी कि कथानक का फैलाव, संवादों के साथ सामंजस्यपूर्ण तौर पर गुँथा हुआ है। इसके कारण रिश्तों की महीन बुनावट को फ़िल्म के संवाद बड़ी ज़िम्मेदारी से खोलते हैं, जिससे फ़िल्म में गति और तनाव दोनों बना रहता है। उदाहरण के तौर पर, एक दृश्य का उल्लेख करना चाहूँगा।

इस दृश्य में जब अभिनेत्री रेखा को यह पता लगता है कि उसकी बड़ी बहन राखी कभी भी अचानक से वापस आने वाली हैं और डाक्टर की हिदायत पर उन्हें वैसा ही माहौल दिया जाना है, जैसा वे अपनी बीमारी के पहले छोड़कर गयी थीं। इस दृश्य को एक ही संवाद से गुलज़ार पूरी गम्भीरता दे देते हैं। फ़िल्म में सोफ़े पर बैठी हुई अभिनेत्री रेखा अपनी पीड़ा में घर के पुराने नौकर रामू से सम्बोधित होकर यह कहती हैं—'चौदह साल पहले की दुनिया कैसे दूँ उन्हें? चौदह साल में मन बदल जाते हैं, आँखों के रंग बदल जाते हैं, उम्र बदल जाती है...मैं दीवारों के रंग बदल सकती हूँ, चद्दरें बदल सकती हूँ, लेकिन इन दीवारों से, चद्दरों से लिपटे हुए चौदह साल मैं कैसे अलग करूँगी? मेरे बस में नहीं है...रामू!' यह बानगी इस बात को स्पष्ट करने के लिए काफ़ी है कि 'बसेरा' के संवाद और गीत लिखते हुए, गुलज़ार एक साधारण-सी व्यावसायिक फ़िल्म को भी, कला फ़िल्म की तरह का संजीदा बाना दे डालते हैं। उनके द्वारा संवाद लिखी फ़िल्मों में 'बसेरा' की चर्चा कम ही होती है, इसलिए अलग से इसका ज़िक्र करना वाज़िब लगता है।

47

गुलज़ार की 'किताब' (1977) अपने समय से आगे की फ़िल्म है। बांग्ला के मशहूर साहित्यकार समरेश बसु की कहानी 'पथिक' पर आधारित गुलज़ार परम्परा की पूर्व निर्मित फ़िल्मों से अलग, ऑफ़बीट सिनेमा की ओर झुकी हुई, एक ऐसी कॉमर्शियल फ़िल्म थी, जिसके कथानक के अनुरूप फ़िल्म का एक्सपेरीमेंटल संगीत अपनी स्तरीयता में बेजोड़ था। एक बच्चे को केन्द्र में रखकर, बाल मनोविज्ञान के इर्द-गिर्द घूमते परिवेश को एक फुल-लेंथ फ़ीचर फ़िल्म के रूप में बदलने का कमाल गुलज़ार सहजता से कर पाये थे। वह भी उस दौर में, जब कॉमर्शियल रूप से सफल होने वाली मसाला फ़िल्में ही मुख्य धारा का सिनेमा मानी जाती थीं। अमिताभ बच्चन की एंग्री यंगमैन वाली छवि वाला सुनहरादौर अपने उरुज पर था। इसी साल 'किताब' की तुलना में जो सुपरहिट फ़िल्में रिलीज़ हुईं, उनमें—'अमर अकबर एंथोनी', 'चाचा-भतीजा', 'धरमवीर', 'ड्रीम गर्ल', 'दुल्हन वही जो पिया मन भाए', 'हम किसी से कम नहीं' याद की जा सकती हैं। हालाँकि, 'किताब' की तरह की कुछ गम्भीर फ़िल्में भी इसी वर्ष पर्दे पर आयीं, जिनमें ख़ुद गुलज़ार की एक अन्य फ़िल्म 'किनारा' के अलावा श्याम बेनेगल की 'भूमिका', भीमसेन की 'घरौंदा', गिरीश कर्नाड और ब.व. कारन्त की 'गोधूलि', बासु चटर्जी की 'खट्टा मीठा' और 'स्वामी', सत्यजित रे की 'शतरंज के खिलाड़ी' के नाम लिये जा सकते हैं।

कहने का लुब्बेलुबाब यह है कि इस साल प्रदर्शित कला-फ़िल्मों की श्रेणी में ही 'किताब' जैसी फ़िल्म का मूल्यांकन हो सकता है, जिसके साथ कुछ बेहद सार्थक ढंग का सिनेमा सहोदर के रूप में सामने आता है।

यह फ़िल्म खुद इसके निर्देशक की व्यक्तिगत पसन्द में शुमार है। मुझे लगता है कि इसकी एक ख़ास वजह यह भी है कि कहीं न कहीं गुलज़ार इस फ़िल्म से अपना व्यक्तिगत नाता महसूस करते हैं। फ़िल्म के मुख्य किरदार बाबला (मास्टर राजू) के चरित्र को जिस तरह विकसित किया गया है, वह कहीं न कहीं गुलज़ार की किशोरावस्था की छाया जैसा है। फ़िल्म की कहानी में बाल-मनोविज्ञान को सूक्ष्मता से पकड़ने की जिस तरह कोशिश की गयी है, वह ढेरों प्रश्नों और जिज्ञासाओं से फ़िल्म को पोएटिक एक्सप्रेशन देती है। फ़िल्म का केन्द्रीय विचार है कि सभ्य समाज में क्या हम बच्चों को पूरी संवेदनशीलता के साथ परवरिश दे पाते हैं? ऐसे कई दृश्यों में 'किताब' अपना अर्थ खोलती है, जिसके लिए छोटी-छोटी घटनाएँ बड़े सन्देश दे जाती हैं।

फ़िल्म के कथानक के मुताबिक़ मास्टर राजू अपने मन में ढेरों जिज्ञासाओं के साथ बचपन और किशोरावस्था की सन्धि पर खड़ा है, जहाँ उसके प्रश्नों, सपनों और चिन्ताओं को समझने के लिए किसी के पास वक़्त नहीं है। गाँव से शहर आकर अपनी बड़ी बहन (विद्या सिन्हा) और बहनोई (उत्तम कुमार) के यहाँ रहकर पढ़ते हुए उसे अकसर भावनात्मक अलगाव महसूस होता है। बहन के पास फ़ुर्सत नहीं है और जीजा दफ़्तर से लौटकर जब भी इस बच्चे से मुख़ातिब होता है, तो उसके मन की बातें पढ़ने में चूक-सा जाता है। फिर भी बचपन की ऊर्जा इतनी क्रिएटिव होती है कि सारी उपेक्षाओं के बाद भी, इन्हीं द्वन्द्वों में फँसे हुए बाबला का मन तितली के पंख लगाकर उड़ता है। उसे स्कूल, मास्टर साहब की डाँट-फटकार, दोस्तों से खुलकर दोस्ती न निभा पाने की सामाजिक जड़ता, परेशान करते हैं।

गुलज़ार संकेतों में जीवन के फ़लसफ़े को व्यक्त करते हैं। इस तरह फ़िल्म टुकड़ों-टुकड़ों में अलग-अलग दृश्यों के संयोजन से बालमन के तमाम कौतूहलों को उस तरह व्यक्त करती है, जिस तरह एक किताब के विभिन्न पन्ने किसी विषय के ज्ञान का प्रसार करते हैं। उदाहरण के तौर पर दो दृश्य याद किये जा सकते हैं, जहाँ 'किताब' का आशय संवेदनशील ढंग से व्यक्त होता है। पहला दृश्य है, जिसमें बाबला (मास्टर राजू) और उसका सहपाठी दोस्त पप्पू (मास्टर टीटो) जलेबी बनाने वाले हलवाई के पास जाकर पूछते हैं कि वो उन्हें

जलेबी बनाना सिखायेगा? हलवाई का जवाब सुनने लायक़ है, जो पलटकर इन दोनों बच्चों से कहता है—अरे तू पहले खाना सीख, बेटे! वही बहुत है। अच्छे घर के लड़के हो, हलवाई बनके क्या करोगे।' इस पर मास्टर राजू का सवाल सुनने में चकित करता है—'क्या हलवाई अच्छे घर के नहीं होते?'...इस पर हलवाई कहता है—'तुम पढ़-लिखकर अफ़सर बन जाओ, बेटे, ये हम छोटे लोगों के काम हैं।' दूसरा लड़का (पप्पू) इस पर मासूमियत से पूछता है—'क्या आप छोटे लोग हैं...?'

दूसरा दृश्य है, जिसमें बाबला और पप्पू मदारी के पास जाकर उससे जादू सीखने की गुज़ारिश करते हैं। वहाँ भी छोटे दृश्य में बड़े मानी का ये संवाद देखा जा सकता है...बाबला मदारी से कहता है—'आप हमें जमूरा बना लो न?' मदारी—'बेटे, तुम्हें जमूरा बनायेंगे, तो स्कूल कौन जाएगा?'...बाबला उसके बेटे अनवर को इंगित करके कहता है कि यह तो स्कूल नहीं जाता। इस पर मदारी अफ़सोस से कहता है—'बेटे! यही तो बदनसीबी है कि गरीब बाप के साथ पिस रहा है, तुम ख़ुशनसीब हो कि स्कूल जाते हो, तुम्हारे माँ-बाप पढ़ाते हैं।' इन दोनों दृश्यों से जीवन की तल्ख़ सच्चाइयाँ बयाँ होती हैं और समाज की वह मनोदशा भी उजागर होती है कि ग़रीबी में जूझते अधिकतर बच्चे अगर ठीक से पढ़-लिख जाये, तो समाज से ग़रीबी और विषमता बहुत हद तक घट जायेगी।

बाबला को फ़िल्म के हर मुक़ाम पर मिलने वाली नसीहतों में यह बात बार-बार दोहरायी जाती है कि पढ़ना और स्कूल जाना बड़ी बात है। वहाँ जाने से जीवन बड़ा बनता है। जब कि विरोधाभास यह है कि स्कूल में न तो प्रिंसिपल और न ही मास्टर साहब को इस बात की चिन्ता है कि बच्चों के सर्वांगीण विकास के लिए उनके दायित्व क्या हैं? वे रुटीन के तौर पर विद्यालय में आते हैं और अपनी ड्यूटी पूरी करके लौट जाते हैं। प्रिंसिपल कहता भी है—'आप हर एक बात को चिट्ठी लिखकर पेरेंट्स को भेज दो।' स्टूडेंट की ग़लती बताकर अपना कर्तव्य पूरा करने में मास्टर जी की चिट्ठी एक बेहतर मेटाफ़र है। फ़िल्म में व्यंग्यबोध से भरा एक गीत भी मौजूद है, जिसमें यही संकेत गुलज़ार करते हैं—

अ-आ, इ-ई, अ-आ, इ-ई
मास्टरजी की आ गई चिट्ठी
चिट्ठी में से निकली बिल्ली

बिल्ली खाए जरदा-पान
काला चश्मा पीले कान
कान में झुमका, नाक में बत्ती
हाथ में जलती अगरबत्ती

दरअसल यह फ़िल्म प्रगतिशील हिन्दी कवि नागार्जुन की उस कविता का सिनेमाई रूपान्तरण लगती है, जिसमें वे मदरसे की सच्ची तस्वीर दिखाते हैं। नेहरूयुगीन दौर में जब सब कुछ नया गढ़ने के संकल्प के साथ देश में नवजागरण का माहौल था, समाज अपने सपनों को पूरा करने के लिए तत्पर नज़र आता था...उस समय समाज के हर क्षेत्र में जिस तरह पतन की शुरुआत हुई, उसमें शिक्षा-व्यवस्था सबसे ज़्यादा विचलन का शिकार हुई। शिक्षकों में दायित्वबोध जाता रहा और शिक्षा का असली समाज-सेवा वाला भाव कहीं पीछे छूट गया। इन्हीं सब सामाजिक, राजनीतिक परिस्थितियों से चिढ़कर नागार्जुन ने यह कविता लिखी थी—

घुन खाए शहतीरों पर की
बाराखड़ी विधाता बाँचे
फटी भीत है, छत चूती है
आले पर बिस्तुइया नाचे
लगा-लगा बेबस बच्चों पर
मिनट-मिनट पे पाँच तमाचे
इस तरह से दुःखहरन मास्टर
गढ़ता है आदम के साँचे

ये दुःखहरन मास्टर समाज में लगातार बढ़ते ही गये और बच्चों की सहज मनोदशा के साथ मित्रता नहीं कर पाये। इसका नुक़सान यह हुआ कि शिक्षक और विद्यार्थी के बीच एक ऐसी अनचाही दूरी बन गयी, जिसमें स्कूल क़ैदख़ाना लगने लगा। गुलज़ार बेहद सतर्क निगाह से इस निर्मम सत्य को कुरेदते हुए 'किताब' रचते हैं, वहीं इस बात का ख़ासा ध्यान रखते हैं कि शिक्षा के अपने सम्मानित ढाँचे को कोई ठेस न पहुँचे। वे बच्चों की निगाह से 'किताब' की दुनिया रचते हैं। इस रचाव में कहीं न कहीं नागार्जुन की कविता का व्यंग्य 'किताब' फ़िल्म के मूल विचार का एक बयान लगता है। समरेश बसु की कहानी में अपने लेखकीय सामर्थ्य के साथ गुलज़ार जिस तरह हस्तक्षेप करते हैं, वह कहीं न कहीं इस फ़िल्म को पटकथा के लिहाज़ से अर्द्धकथात्मक आत्मकथा भी बनाता है।

गुलज़ार के बचपन में जिस तरह उन्हें अपने पिता से अकसर दूर रहना पड़ता था। दुकान के गोदाम में जाकर रातें बितानी पड़ीं। अकेलेपन के साथी के रूप में सिर्फ़ लाइब्रेरी से लायी हुई किताबों ने ही राहत दी...यह सब फ़िल्म की बहुस्तरीय संरचना में गम्भीरता से देखा जा सकता है। अन्तर बस इतना है कि किशोर गुलज़ार किताबें पढ़कर अपना अवसाद कम करते थे, यहाँ बाबला अपने दुःख कॉपी में लिखकर ख़ुद को हल्का करता है। उनके अतीत की खरोंचों और दरारों ने बिना किसी नाराज़गी के फ़िल्म में काव्यात्मक बखान पाया है। यह सब उनकी जीवनी के पन्नों का रचनात्मक अंश है, संयोग से फ़िल्म जिसे उतनी ही संवेदना के साथ प्रदर्शित करती है। फ़िल्म में एक अलग-सा चरित्र अन्धे भिखारी का है, जिसे डाक्टर श्रीराम लागू ने निभाया था। मास्टर राजू घर से भागकर रेलवे स्टेशन पर उसके सम्पर्क में आता है। भिखारी का एक संवाद, फ़िल्म को दार्शनिक अर्थ देता है, जब वह बच्चे को समझाते हुए कहता है–'मैंने देखा है, लोग मजूर को उतना नहीं देते, जितना फ़क़ीर को देते हैं। काम कितने भी बुरे कर लें, लेकिन धरम बचाकर रखते हैं ये लोग...'। आगे यही संवाद बढ़ते हुए अपने शिखर पर पहुँचता है, जब वह ये जानकर कि बाबला की गाड़ी कहीं छूट गयी है, नसीहत देता है–'कौन सी गाड़ी छूट गयी तेरी? गाड़ी छूटने का ग़म न करियो, बालक! स्टेशन न छूटने पाये। चढ़े कहाँ से ये याद नहीं, उतरने का समय मत भूलियो...'।

ऐसे भावुक करने वाले क्षण, जिनमें आपका गला भर आये, 'किताब' जैसी फ़िल्म बड़ी सहजता से उभारती है। यहाँ संक्षिप्त संवादों से किया गया यह खेल, मितकथन में अपना विचार दर्शाता है। उस पर भिखारी के चरित्र पर फ़िल्माया गया गीत एक अलग ही व्यंजना रच देता है–

मेरे साथ चले न साया
धरम नहीं, करम नहीं
जनम गँवाया

मेरे लिए दिन भी अँधेरा
मेरे लिए रात भी लाए न सबेरा

जो दे उजाला, दे सबेरा
वही मेरा हमसाया

धरम नहीं, करम नहीं...

जीवन की सच्चाई को निःसंगता से व्यक्त करता हुआ यह गीत उन कुछ प्रश्नों का जवाब भी है, जिसे फ़िल्म की पटकथा में हर एक वाजिब मौक़े पर मास्टर राजू के किरदार के हवाले से गुलज़ार पूछते हैं। उसके पास एक नोटबुक की कॉपी है, जिस पर वह अपने मन की कही-अनकही को लिखता रहता है। अकसर शाम को जब स्कूल से लौटकर होमवर्क करने बैठता है या फिर देर रात को जब उसके अकेलेपन का अवसाद उसे बाहरी दुनिया से प्रश्न करने के लिए प्रेरित करता है। फ़िल्म में संवादों के कई ऐसे मोन्ताज बनाये गये हैं, जो न सिर्फ़ चकित करते हैं, बल्कि भीतर तक गुदगुदाते हैं। उन दृश्यों में कभी उसके जीजा (उत्तम कुमार) से संवाद है, तो कभी अपने सहपाठी मित्र पप्पू (मास्टर टीटो) के साथ और फ़िल्म के शुरुआती दृश्यों में अपनी माँ (दीना पाठक) की सोहबत में...। इन कुछ संवादों के उदाहरण से बाल-मनोविज्ञान की सहज ईमानदारी को फ़िल्म के माध्यम से समझा जा सकता है। जैसे, उत्तम कुमार से मास्टर राजू का यह कहना—'पण्डित रविशंकर सितार सीखने के लिए जॉग्रफ़ी पढ़कर क्या करते? ...अपने दोस्त पप्पू से खीझते हुए यह कहना—'पता नहीं कब बड़े होंगे?' बड़ों की सबको ज़रूरत होती है, पर बड़ों को किसी की ज़रूरत नहीं होती। ये दुनिया हमारी मुश्किल नहीं समझती।' इसी तरह 'देवदास' उपन्यास पढ़ने पर बाबला को अपनी दीदी विद्या सिन्हा से डाँट पड़ती है, तब उत्तम कुमार का यह डायलॉग राहत देता है—'शरतचन्द्र को पढ़कर कोई ख़राब नहीं होता...', यह कुछ ऐसे मुकाम हैं, जहाँ एकबारगी हँसी आती है, तो दूसरे ही क्षण इन संवादों के सन्देश मन में उतरने लगते हैं। गुलज़ार ने इस फ़िल्म के हर एक दृश्य-बन्ध को ख़ूबसूरती से रचा है। एक अन्य उदाहरण से भी इसकी गहराई समझी जा सकती है। मास्टर राजू जब अपने दोस्त मास्टर टीटो को अपनी पार्कर की फ़ाउंटेन पेन गिफ़्ट में दे देता है, तो इसके चलते उसके दोस्त के पिता से पप्पू को और घर में अपने जीजा से बाबला को डाँट पड़ती है। बाबला इस पर कुछ हैरत में पड़ता है और चुपचाप अपनी किताब में यह दर्ज करता है—'यह भी कोई ज़िन्दगी है, जिसमें दोस्त को एक पेन भी प्रेजेंट नहीं कर सकते?' निर्देशक बड़ी चतुराई से इस दृश्य के माध्यम से यह बात समझा देते हैं कि लेन-देन और भेंट-सौगात का मामला भी वयस्क और सयाने लोग दाम देखकर तय करते हैं। बचपन की सहज मित्रता और खिलन्दड़ापन उन्हें सौग़ातों की क़ीमत नहीं समझाता। यह एक ऐसे असरकारी तर्क का फ़िल्म में प्रयोग है, जिसे आज 'किताब' के प्रदर्शित होने के छियालीस साल बाद भी समाज में हम, वैसा ही पाते हैं, जो फ़िल्म को बेहद कटेंम्पररी भी बना डालता है।

'किताब' ऐसे ढेरों बेधक प्रश्नों को बच्चे की मानसिकता के साथ आपके सामने लाती है। बच्चों को केन्द्र में लेकर इससे पहले भी हिन्दी फ़िल्मों की दुनिया में कुछेक फ़िल्में मर्मस्पर्शी ढंग से बनीं, जिनमें 'बूट-पॉलिश', 'घर-घर की कहानी', 'दो कलियाँ', 'नन्हा फ़रिश्ता' को याद किया जा सकता है। मगर यह फ़िल्में बाल कलाकारों के जीवन पर आधारित होकर भी पूरी तरह उनकी फ़िल्में नहीं थीं। बाल-मनोविज्ञान को लेकर यह सम्भवतः पहली फ़िल्म है, जिसे उस दौर में संवेदनशील ढंग से बरता गया। 'किताब' के प्रदर्शन के बाद, उसी परम्परा में बाद में बनी कुछ ऐसी फ़िल्मों को यहाँ ज़रूर याद करना चाहिए, जिनमें इस फ़लसफ़े को उतने ही मानवीय संवेदना के साथ परखा गया। इनमें शेखर कपूर की 'मासूम' (1983), महेश भट्ट की 'काश' (1987), विशाल भारद्वाज की 'मकड़ी' (2002), नागेश कुकुनूर की 'इक़बाल' (2005), आमिर ख़ान की 'तारे ज़मीन पर' (2007), सन्तोष सिवान की 'तहान' (2008) विशेष तौर पर याद आती हैं।

'किताब' को उसके गीत-संगीत के लिए भी अलग से याद किया जाना चाहिए। ख़ासकर फ़िल्म के दो उल्लेखनीय गीतों–*'हरि दिन तो बीता शाम हुई' और 'धन्नो की आँखों में है रात का सुरमा'*। *'हरि दिन तो बीता शाम हुई'* को बीते दौर की पाटदार आवाज़ वाली पार्श्वगायिका राजकुमारी जी ने गाया था, जो लोरी के रूप में रचा गया है। रवीन्द्र संगीत से प्रभावित, यह गीत अपनी अदायगी में आर.डी. बर्मन के संगीत की कुछ अलग तरह की सौग़ात है संगीत-प्रेमियों के लिए। इसे लोरी का वातावरण देने के लिए गायिका ने बहुत हौले-से स्वर-लगाव करते हुए मध्य सप्तक पर इसे सुन्दर बनाया है। राजकुमारी जी की दूसरी पारी के चन्द गीतों में से एक उत्कृष्ट गीत। दूसरी तरफ़ *'धन्नो की आँखों में'* पंचम-गुलज़ार की जोड़ी की सदाबहार कम्पोज़ीशन के रूप में याद की जाती है। इसे आर.डी. बर्मन ने गाते वक़्त, जिस तरह खुलकर रूमानियत दी है, वह कम हिन्दी फ़िल्म-गीतों को नसीब हुई है। इसकी कुछ पंक्तियों पर ग़ौर करें, तो 'चाँद का चुम्मा' और 'रात का सुरमा' की तुकबन्दी से अलग, शायरी भी फूटती है, जो कहीं मन में गड़ जाती है–

धन्नो तुझे ख़्वाब में देखा है
लैला की, हीर की किताब में देखा है...

इस गीत का फ़िल्मांकन भी नये ढंग से किया गया है। गीत की सिचुएशन में एक ट्रेन तड़के सबेरे स्टेशन से गुज़रती है, एक स्टेशन देर रात में पड़ता है,

कुछ स्टेशन ख़ाली गुज़रते हैं...ट्रेन के इंजन में उसे चलाने वाला ड्राइवर लगातार कोयला डाल रहा है और इंजन में ही लाल होता हुआ कोयला उसकी चिमनी से धुआँ निकालता है, तो लगता है जैसे आकाश में एक घुड़सवार इसी धुएँ का मफ़लर लपेटे अपने घोड़े पर उड़ा जा रहा है। कथानक के अनुसार ट्रेन का ड्राइवर अपनी पत्नी के लिए यह गाना गा रहा है, जो गुज़रते हुए स्टेशन के बग़ल गाँव में रहती है। जिस दिन उस रास्ते से ड्राइवर ट्रेन लेकर गुज़रता है, उसकी पत्नी हर बार गाँव से निकलकर नज़दीक के स्टेशन पर उसे देखने आती है।

इस गीत के निर्माण की प्रक्रिया की दिलचस्प बातें गुलज़ार साहब ने मुझे बतायी थीं, उसे साझा कर रहा हूँ—*'धन्नो की आँखों में'* एक नार्मल-सी धुन पर रचा गया साधारण सा गाना था। जब पहली बार पंचम ने मुझे इसकी ट्यून सुनायी, तो उसे अपनी बेस वॉयस में गाकर सुनाया। उसी दिन मैंने यह तय कर लिया था कि इस गीत को पंचम ही गायेगा। मुझे मालूम था कि जिस तरह की हरकतें गाकर उसने मुझे सुनायी थीं, उससे बेहतर कोई दूसरा गायक उसे गा नहीं सकता। बाद में यह प्रश्न उठा कि धुन के बीच में हम कैसे ट्रेन और उसके पहियों की आवाज़ें डाल सकते हैं। आर.डी. ने एक सिंथेसाइज़र विदेश से मँगवाया था, जिसमें यह सहूलियत थी कि हम कुछ विशेष आवाज़ों को दोबारा से बना सकते हैं, जिसमें दौड़ती हुई ट्रेन की आवाज़ भी शामिल है। फिर हमने यह तय किया कि इसी सिंथेसाइज़र से एक्सपेरीमेंट करेंगे और ट्रेन की आवाज़ को गाने के बिल्कुल शुरुआत में रखेंगे। इसी कारण यह फ़िल्म का टाइटिल सांग भी बन सका। यह एक एक्सपेरीमेंट भर था, जो सफल हो गया और इस तरह हम एक बेहतरीन गाना बना सके।' गुलज़ार साहब इसमें एक मज़ेदार संस्मरण साझा करते हैं, जो उनको एक बड़े अभिनेता द्वारा दिया गया कॉम्प्लीमेंट भी है। वे बताते हैं—'जब शम्मी कपूर जी ने यह गाना देखा, तो मुझसे उन्होंने शिकायत की—*तुमने इस गाने के लिए मुझे क्यों नहीं बुलाया। मैं सिर्फ़ इस एक गाने के लिए आ जाता। तुम्हें मुझसे कहना चाहिए था।* यह मेरे लिए एक बड़ी शाबाशी की तरह था।' (हँसते हुए) '...आप यक़ीन नहीं करेंगे, वे इस गाने को देखने के बाद जब भी मुझे किसी आयोजन में मिलते थे, तो हमेशा यह शिकायत करते थे कि तुमने उस गाने के लिए मुझे क्यों नहीं बुलाया।'

'किताब' के इस गीत की कहानी जितनी दिलचस्प है, सुनने में भी *'धन्नो की आँखों में रात का सुरमा'* बेजोड़ लगता है। राजकुमारी जी का गाया *'हरि दिन*

तो बीता' का अपना रुतबा है, जो इस गीत को उस दौर के सुरुचि से रचे गये कलात्मक गीतों की श्रेणी में ऊपरी पायदान पर रखता है। इसके अलावा सपन चक्रवती की आवाज़ में *'मेरे साथ चले ना साया'* भी पार्श्वगायक की अलग-सी आवाज़ के कारण सुनने में कर्णप्रिय लगता है। यह देखने वाली बात है कि 'किताब' के चारों गीत उस दौर के प्रचलित पार्श्वगायकों/गायिकाओं ने नहीं गाये हैं, बल्कि उनमें गुज़रे दौर की राजकुमारी, संगीतकार आर.डी. बर्मन, सपन चक्रवर्ती, शिवांगी और पद्मनी कोल्हापुरे हैं, जो बच्चों का गीत *'मास्टर जी की आ गयी चिट्ठी'* गाती हैं।

'किताब' एक साधारण से विषय को असाधारण दृष्टि से देखने की काव्यात्मक कोशिश है, जिसमें बचपन के मनोविज्ञान और संवेदनाओं को सामाजिक स्तर पर देखने का प्रयास किया गया है। एक विचार, जो बच्चों की कोमल मानवीय भावनाओं को समय से पहले कुम्हलाने और नष्ट हो जाने से बचाने की मेहनत से सँजोया गया है। फ़िल्म के मर्मस्पर्शी विचार को बरतते हुए निर्देशक कहीं भी भावुकता की ज़मीन पर नहीं जाते हैं, बल्कि ढेरों ऐसी चलताऊ युक्तियों से अपना पीछा छुड़ाते हैं, जो इस तरह की फ़िल्म को हाथ से फिसल जाने देती। थोड़े से दृश्यों के लिए माँ का भरपूर लाड़ उड़ेलने के अभिनय में दीना पाठक जितनी कामयाब रहीं, उतने ही प्रिंसिपल और मास्टर के रूप में ओम शिवपुरी, टी.पी. जैन व केष्टो मुखर्जी सफल दिखाई देते हैं। दीदी और जीजा के तनाव-भरे रिश्तों की सुन्दर नुमाइन्दगी थोड़े से ही दृश्यों से पूर्णता को पाती है, जिसे संजीदा अभिनेता उत्तम कुमार और विद्या सिन्हा बख़ूबी निभाते हैं। अलग से जिस किरदार की चर्चा करनी चाहिए, उसमें इन्द्राणी मुखर्जी का अभिनय भी फ़िल्म के हिसाब से पूरी तरह खिलकर व्यक्त होता है। इनके अलावा मास्टर राजू और मास्टर टीटो के अभिनय चकित करते हैं। इसमें निर्देशक की कुशलता भी शामिल माननी चाहिए। अलग से पटकथा का कसा हुआ विन्यास और ख़ुद इन बच्चों की सहजता मन मोह लेती है।

'किताब' एक फ़िल्म ही नहीं, समय से आगे जाकर सोची गयी ऐसी संवेदना है, जिसके लिए कर्तव्यबोध और जागरूकता पहली शर्त रहे हैं। ईमानदार सच्चाई की तरह...वो एक समस्या की लिरिकल अभिव्यक्ति भी है। एक विचार का सोचा-समझा क्रियान्वयन, जिससे एक ईमानदार सिनेमा की शिनाख़्त होती है। फ़िल्म में गुलज़ार का आरम्भिक जीवन कहीं गहरे साँसें लेता नज़र आता है, जिसे समझने और विश्लेषित करने के लिए बहुत धैर्य चाहिए। यह गुलज़ार की

फ़िल्मों में एक ऐसी अर्थपूर्ण फ़िल्म का लिबास लिये हुए है, जिसे भविष्य में भी सिनेमा अध्ययन के लिए देखना और समझना जारी रहेगा। हिन्दी सिनेमा के कैटलॉग में तो 'किताब' हमेशा के लिए एक बौद्धिक और सार्थक फ़िल्म की तरह शुमार रहने वाली है।

48

बंगाल के लोकप्रिय अभिनेता उत्तम कुमार की कॉमेडी फ़िल्म 'भ्रान्ति-बिलास', जो ईश्वरचन्द्र विद्यासागर के इसी नाम के बंगाली उपन्यास पर आधारित थी, बिमल रॉय प्रोडक्शन ने 1963 में इसी फ़िल्म की रीमेक 'दो दूनी चार' नाम से बनायी। ...और यह दोनों फ़िल्में ही अंग्रेज़ी के कालजयी नाटककार शेक्सपियर के कॉमेडी ड्रामा 'द कॉमेडी ऑफ़ एरर्स' से प्रेरित रहीं। यह भी कहा जाता है कि ईश्वरचन्द्र विद्यासागर का उपन्यास भी शेक्सपियर के नाटक को ही कथानक के स्तर पर फ़ॉलो करता है। बांग्ला और हिन्दी में एक-एक फ़िल्में बनने के बाद भी कुछ कसर ज़रूर बाक़ी बची थी, जिसे आधुनिक सन्दर्भों में कहने का गुलज़ार का मन था। 'दो दूनी चार' जिन परिस्थितियों में बनी, वह बिमल रॉय का कैंसर से बीमारी का आख़िरी दौर था। बिमल दा के सहयोगियों और टीम से जुड़े सदस्यों के ऊपर एक नैतिक ज़िम्मेदारी थी कि किसी भी तरह से बैनर ज़िन्दा रहना चाहिए, इसी विचार के तहत 'दो दूनी चार' शुरू हुई थी। इस प्रोडक्शन हाउस ने बैनर की निरन्तरता बनाये रखने की ख़ातिर फ़िल्मों के निर्माण को जारी रखना उचित समझा और इसके साथ यूनाइटेड प्रोड्यूसर्स भी मदद के भाव से जुड़ गये थे, जिनमें सुबोध मुखर्जी और मोहन सहगल शामिल थे। इन दोनों को फ़िल्माये गये शॉट दिखाने पड़ते थे, जिससे टीम में असुविधा होती थी कि खुलकर बिमल रॉय के युवा सहकर्मी फ़िल्म नहीं बना पा रहे। इस कारण भी 'दो दूनी चार' धीमी गति से आगे बढ़ रही थी। बुझे मन से ही, मगर पूरी ईमानदारी से बिमल रॉय प्रोडक्शन के सदस्य देबू सेन 'दो दूनी चार' का निर्देशन और पटकथा व गीतों का काम गुलज़ार कर रहे थे। ऐसी ही परिस्थितियों में, फ़िल्म बन तो गयी, मगर गुलज़ार के मन में फ़िल्म को लेकर आश्वस्ति नहीं हुई। शायद यही कारण रहा हो, जब उसे उन्होंने दोबारा से बनाने की ठानी और 'दो दूनी चार' के प्रदर्शन के चौदह साल बाद 'अंगूर' (1981) अस्तित्व में आयी।

'दो दूनी चार' की पटकथा में मामूली-सी तब्दीलियों के साथ गुलज़ार 'अंगूर' सिरज रहे थे, अपने ख़ास शिल्प और अन्दाज़-ए-बयाँ की पूरी गम्भीरता के

साथ...गुलज़ार जानते थे कि वे अपने गुरु के बैनर की फ़िल्म का रीमेक बना रहे हैं, इसलिए बहुत सम्भव है कि बदले हुए समय के साथ उनकी फ़िल्म की आलोचना भी हो। 1980 तक आते हुए उनकी निर्देशकीय पारी दस वर्ष पूरे कर चुकी थी। विभिन्न प्रोडक्शन हाउस और ख़ुद के बैनर सहित इसके पहले वे नौ फ़िल्में बना चुके थे। एक तरफ़ यह फ़िल्में भी फ़िल्म-आलोचकों की कसौटी पर प्रशंसित हो रही थीं, तो दूसरी ओर बॉक्स ऑफ़िस पर सफलता भी हासिल कर रही थीं। 'अंगूर' के साथ महत्त्व की बात यह शामिल रही है कि पहली बार वे एक कॉमेडी फ़िल्म बना रहे थे। उनके फ़िल्मी करियर में केवल 'अंगूर' ही एकमात्र हास्य फ़िल्म है, जो पूरी तरह गुलज़ार की पटकथा, संवादों और गीतों के साथ उसी चुटीले अन्दाज़ में देखी जा सकती है, जैसा उनके लेखन में व्यंग्य के पैनेपन को कथ्य के आन्तरिक विन्यास में शाइस्तगी से देखा जा सकता है; कभी राजनीतिक तो अकसर सामाजिक विट के साथ...

'अंगूर' के निर्माण से सम्बन्धित एक दिलचस्प वाक़िया यह रहा कि जब वे इस फ़िल्म को बनाने की ख़्वाहिश रख रहे थे, उसी दौरान प्रोड्यूसर यश जौहर ने उनसे एक फ़िल्म बनाने का प्रस्ताव रखा। गुलज़ार ने यश जौहर से कहा—'चलिए एक कॉमेडी बनाते हैं।' इस पर प्रोड्यूसर ने पूछा—'किस तरह की कॉमेडी?' तब, गुलज़ार ने 'दो दूनी चार' का रीमेक बनाने की पेशकश की। जौहर ने 'दो दूनी चार' के बारे में तमाम जानकारियाँ उन्हीं से लेते हुए आश्चर्य-भरे स्वर में यह कहा—'यह फ़िल्म तो चौथे दिन ही फ़्लॉप हो गयी थी। लोग हिट फ़िल्मों का रीमेक बनाते हैं और आप फ़्लॉप फ़िल्म को क्यों दोबारा से बनाना चाहते हैं?' बहरहाल, यश जौहर के साथ बात नहीं बनी। उसी दौरान, व्यापारी जय सिंह फ़िल्म प्रोडक्शन में उतरना चाह रहे थे, जब बाद में गुलज़ार से इसे बनाने की बात हुई। उन्होंने कॉलेज के दिनों में शेक्सपियर का ये नाटक पढ़ रखा था और उससे प्रभावित भी थे। उन्होंने बिना किसी संकोच के 'द कामेडी ऑफ़ एरर्स' के हिन्दी में गुलज़ार की पटकथा के एडाप्टेशन को सेल्युलाइड पर रचने की सहमति दी। गुलज़ार का सालों पुराना सपना उनकी शर्तों पर इस तरह रचा जाना सम्भव हुआ।

फ़िल्मी बिरादरी में यह बात शुरू से प्रचलित रही कि गुलज़ार ने कभी बाज़ार के दबाव में कोई काम नहीं किया। वे चाहते, तो एक से बढ़कर एक कॉमर्शियल सक्सेस वाली फ़िल्में बनाते हुए उस लीक में जाकर खड़े होते, जिसमें उनके समकालीन ढेरों निर्माता-निर्देशक समानान्तर रूप से काम कर रहे थे। शक्ति सामन्त, राज खोसला, जे. ओमप्रकाश, यश चोपड़ा, प्रकाश मेहरा, रमेश

सिप्पी, मनमोहन देसाई और तमाम ऐसे हिट फ़िल्मकारों की ज़मात से अलग गुलज़ार ने अपना मुहावरा ख़ुद गढ़ा और अपनी शर्तों पर ख़ुद की फ़िल्मों की सफलता सुनिश्चित की। वे जोखिम लेने से कभी नहीं डरे। शायद इसी कारण 'अंगूर' तक आते हुए उनके खाते में सार्थक सिनेमा की एक लम्बी सूची शामिल हो चुकी थी, जिसमें 'मेरे अपने', 'परिचय', 'कोशिश', 'अचानक', 'ख़ुशबू', 'आँधी', 'मौसम', 'किनारा' और 'किताब' जैसी बेहतरीन फ़िल्में याद की जा सकती हैं।

गुलज़ार के अपने हुनर में मुब्तिला रहने और बॉक्स ऑफ़िस का मोह न पालने के सन्दर्भ में चर्चित उर्दू लेखिका इस्मत चुग़ताई का उनकी फ़िल्मों के मूल्यांकन वाला लेख याद करना चाहिए, जो उन्होंने 'दिनमान' के 9-15 अक्टूबर 1983 के अंक में 'बातें गुलज़ार और उनकी फ़िल्मों की' नाम से लिखा था। उसी लेख के एक अंश को यहाँ पढ़ना प्रासंगिक बन जाता है। चुग़ताई लिखती हैं—'फ़िल्म देखकर पता चला कि लो भई ये भी गये काम से। उन्हें भी अब न्यू थियेटर की फ़िल्मों की लिस्ट में डालना पड़ेगा। बिमल रॉय, ऋषिकेश मुखर्जी, सत्यजित राय के क़बीले में एक और बढ़ोतरी हो गयी। तब तक श्याम बेनेगल, गिरीश कर्नाड, बासु चटर्जी और गोविन्द निहलानी नहीं खिले थे।...उनकी हर फ़िल्म के बाद डर लगता है कि ये आख़िरी न हो, क्योंकि गुलज़ार को बॉक्स ऑफ़िस से कोई दिलचस्पी नहीं। बड़े-बड़े सूरमा बॉक्स ऑफ़िस के आगे हथियार डाल चुके हैं। गुलज़ार की फ़िल्में बिमल रॉय और ऋषिकेश मुखर्जी जैसा बॉक्स ऑफ़िस नहीं समेटती होंगी। बॉक्स आफ़िस से चिढ़ भी है और उसके बाद फ़िल्म का मक़सद भी ख़त्म हो जाता है।'

'अंगूर' के सन्दर्भ में ऊपर दिये गये विवरणों का मामला यह देखने के तहत मुनासिब लगता है कि एक सार्थक फ़िल्म बनाने के लिए गुलज़ार समय के साथ कभी नहीं बहे। उन पर उस दौर के स्थापित निर्माताओं का यह दबाव कि एक अदद हिट फ़िल्म चाहिए, उन्होंने शालीनता से ऐसे डिमांड से परहेज़ किया। ऐसा नहीं था कि उन्हें कॉमर्शियल रूप से सफल फ़िल्में बनानी नहीं थीं। उनका बस इतना सा तर्क रहा कि जो फ़िल्में उनके अपने मुहावरे, समझदारी और पटकथा की ज़रूरत के मुताबिक़ बननी चाहिए, वही फ़िल्में उन्हें बनानी हैं। इस पर अगर वे फ़िल्में सफल होती हैं, तो यह अच्छी बात है। गुलज़ार के निर्देशन में बनी उनकी पूरी फ़िल्मोग्राफ़ी को देखकर यह कहा जा सकता है कि उनका सिनेमा, कॉमर्शियल और पैरलल के बीच एक अलग रास्ते पर खड़ा है, जहाँ से दोनों तरह के सिनेमा को बराबर दूरी से देखा जा सकता है।

सार्थक सिनेमा का ऐसा मिड-वे, जहाँ से सफलता और कला, दोनों ही सन्तुलित अनुपात में गुलज़ार के सिग्नेचर का अनुमोदन करती हैं।

वापस 'अंगूर' पर आयें, तो यह बात देखने और समझने में आती है कि 'अंगूर' पूरी तरह से एक मुकम्मल पटकथा का रूपान्तरण है। गुलज़ार, ईश्वरचन्द्र विद्यासागर के नॉवेल 'भ्रान्ति-बिलास' को आधार नहीं बनाते, बल्कि विलियम शेक्सपियर की 'द कॉमेडी ऑफ़ एरर्स' को ही सोर्स-मैटिरियल की तरह इस्तेमाल करते हैं। इस फ़िल्म के सन्दर्भ में उनके द्वारा दिये गये इंटरव्यूज़ को पढ़ने के बाद यह बात और भी स्पष्ट हो जाती है कि 'दो दूनी चार' की पटकथा पर जिस तरह व्यवस्थित ढंग से काम नहीं हो पाया था, गुलज़ार ऐसी कोई कसर इसमें छोड़ना नहीं चाहते थे। कॉमेडी के सन्दर्भ में भी जिस तरह अस्सी के दशक तक स्थूल और फूहड़ हास्य ने अपना फैलाव शुरू किया था, 'अंगूर' उससे अछूती थी। यही इस फ़िल्म की बड़ी सफलता भी थी। फ़िल्म के हर फ़्रेम में शालीन हँसी का फौव्वारा मौजूद है। चुटीले संवादों, व्यंग्य की तरह का आस्वाद गढ़ती दृश्य-छवियाँ 'अंगूर' को सामयिक अर्थों में भी विचार का पैनापन देती हैं। संजीव कुमार और देवेन वर्मा यहाँ जुड़वाँ किरदारों में हैं। दोनों ही जोड़े आपस में मालिक और नौकर की भूमिका में हैं, जहाँ संजीव कुमार के दोनों किरदारों के नाम अशोक हैं, वहीं देवेन वर्मा बहादुर नाम से अपने दोनों चरित्रों में मौजूद हैं। इसमें अशोक का एक किरदार जासूसी उपन्यासों का रसिया है, हर समय सामाजिक परिस्थितियों को एक जासूसी फ़िल्म के अन्दाज़ में परखता रहता है। उसी अशोक यानी संजीव कुमार यानी जुड़वाँ में छोटे भाई का एक संवाद है, जब वह कारोबार के सिलसिले में एक किसान व्यापारी से मिलता है। यहाँ अशोक और उस व्यापारी के मुलाज़िम मस्ताना की आपसी बातचीत सुनने लायक़ है। अशोक, मस्ताना से कहता है–'मैं अपनी जेब में दस रुपये से ज़्यादा पैसे रखता ही नहीं, ख़तरा बहुत है न।' इस पर मस्ताना जवाब देता है–'हुज़ूर, ख़तरा तो सब जगह है। घर में रखो, तब ख़तरा, बैंक में रखो तब ख़तरा। घर में रखो, तो चोर देख लेते हैं, बैंक में रखो तो गवर्नमेंट देख लेती है।'

'अंगूर' में ऐसे संवादों की लड़ियाँ पिरोयी हैं। इसे यूनुस परवेज़ का किरदार (मंसूर मियाँ) परवाज़ देता है, जो एक जौहरी के यहाँ काम करता है। वो अपनी ख़ालिस उर्दू में जब दो टूक कोई बात करता है, तो उसकी गम्भीर ढंग से संवाद अदायगी का शिल्प और कॉमेडी की टाइमिंग देखने लायक़ है। उसके अनेको डायलॉग, अनायास हँसी की फुलझड़ियों में तब्दील होते हैं।

अशोक (बड़ा भाई) के यह कहने पर कि हार का दाम कुछ ज़्यादा है, परवेज़ का जवाब सुनिए—'सोने का भाव भी बीवियों के मिज़ाज की तरह ही चढ़ता जा रहा है।' फ़िल्म के संवाद अपने पैनेपन में आपको गड़ते नहीं, गुदगुदाते हैं। दरअसल, यह फ़िल्म हँसाने से अधिक गुदगुदाती है। फिर वह ग़लती से आपस में बदल गये अशोक और बहादुर के दोनों किरदारों का मसला हो, टैक्सी वाले का बार-बार कथानक में प्रवेश, जिसे सन्दिग्ध मानकर छोटा भाई अशोक उस पर शक़ करता है, गणेशीलाल (टी.पी. जैन) की उपस्थिति और उनका दिन के ग्यारह बजे तक अपने ग्राहक से भुगतान ले लेने की ख़ब्त, सभी चरित्र सामाजिक संरचना में आपस में इस तरह गुँथे हुए हैं कि परिस्थितिजन्य हास्य को बहुत शान्त ढंग से सम्भव करते हैं। वैसे भी, गुलज़ार की फ़िल्में लाउड नहीं होतीं। उनकी अपनी सिनेमाई परवरिश में बिमल रॉय और ऋषिकेश मुखर्जी की सीख ने मिनिमल ढंग से अपनी बात कह देने का सलीक़ा सिखाया हुआ है। कुछ भी अतिरिक्त नहीं, न ही ज़रा-सा किसी भी दृश्य-संयोजन को लेकर असन्तुलित होने का मामला... 'अंगूर' अपनी साफ़-सुथरी विनोदप्रियता के साथ कुछ-कुछ उसी तरह की फ़िल्म का उदाहरण है, जिस तरह ऋषिकेश मुखर्जी के यहाँ 'बावर्ची', 'नरम-गरम', 'चुपके-चुपके', 'गोलमाल' बनायी जाती रही हैं।

फ़िल्म के केन्द्र में संजीव कुमार और देवेन वर्मा हैं, जिनके हास्यबोध, सहज और आत्मीय लगते हैं। बहादुर और अशोक की जोड़ी के बीच आने वाले तीन मुख्य किरदारों में मौसमी चटर्जी (सुधा), दीप्ति नवल (तनु) और अरुणा ईरानी (प्रेमा) के अभिनय अपने-अपने रोल के साथ न्याय करते हैं। इसमें सबसे मज़ेदार ढंग से मौसमी का चरित्र रचा गया है। वे एक ईर्ष्यालु, बात-बात में रूठने वाली और अपने पति पर शक़ करने वाली महिला हैं। तुनकमिज़ाजी में पीड़ित होकर जितनी बार वे फ़िल्म के परदे पर रोती हैं, उतनी ही बार दर्शकों को हँसी आती है। मौसमी को 'अंगूर' में देखने के बाद, यह बात थोड़ा असहज भी करती है कि ऐसी सम्भावनाशील अभिनेत्री को फ़िल्मों में कुछ और बेहतर रोल क्यों नहीं मिले? दीप्ति नवल अलबत्ता बाद की फ़िल्मों में बेहतरीन रोल पा सकीं, जिनमें 'रंग-बिरंगी', 'कथा', 'चश्म-ए-बद्दूर', 'कमला', 'अनकही', 'एक बार फिर' को याद किया जा सकता है। इस फ़िल्म में भी उनका सहज ढंग से होना, उनकी प्रेजेंस को यादगार बनाता है...ख़ासकर, दीदी और जीजा के साथ उनके सम्बन्धों के आपसी तनाव को समझने और समझाने की कोशिश वाले संवादों में। *'रोज़-रोज़ डाली-डाली, क्या लिख जाए भँवरा, बावरा'* गीत में भी वे शालीन ढंग से अपनी उपस्थिति को मुखर बनाती हैं।

गुलज़ार ने पूरी फ़िल्म को कॉमेडी का एक नया ढब दिया है, जो आपको पूरी तरह मुतासिर करता है। शुरुआत में ही शेक्सपियर को याद करते हुए उनके नाटक का हवाला देते समय, सी.एच. आत्मा के गीत *'प्रीतम आन मिलो'* को कॉमिक ढंग से रखने की युक्ति, अशोक के दूसरे किरदार के शक्की मिज़ाज को नाटकीय बनाने के लिए जेम्स बांड थीम म्यूज़िक का इस्तेमाल, जब मस्ताना से मुलाक़ात होती है, वेद प्रकाश कम्बोज जैसे अपने दौर के मशहूर जासूसी उपन्यासकार की किताब दर्शाने का दृश्य और फ़िल्म के अन्त में तस्वीर के अन्दर से शेक्सपियर का आँख मारना, सब कुछ मौलिक ढंग से 'अंगूर' को एक सन्तुलित कॉमेडी फ़िल्म का स्ट्रक्चर देते हैं। यह फ़िल्म गुलज़ार की निर्देशकीय क्षमता का एक अलग ही प्रस्थान है, क्योंकि अपने इस पूरे फ़िल्मी करियर में उन्होंने एकमात्र यही एक कॉमेडी बनायी। अगर सत्यजित रे 'गोपी गाइन बाघा बाइन' का हिन्दी रूपान्तरण करते, तो शायद गुलज़ार की पटकथा और गीत उस फ़िल्म के बहाने हिन्दी सिनेमा में कॉमेडी की एक दूसरे ही मुक़ाम पर सफलता रच रहे होते।

49

पटकथा और संवाद लेखक के तौर पर गुलज़ार की यात्रा पर बात होनी चाहिए। अकसर देखने में यह आता है कि जब भी उन्हें याद किया गया, तो वह उनकी निर्देशित फ़िल्मों की चर्चा और फ़िल्मों के लिए लिखे गये गीतों के कारण होती रही। उनका एक व्यापक प्रशंसक समाज वह भी है, जो ग़ैरफ़िल्मी नज़्मों को पसन्द करता है। उसके साथ अपने जीवन के तमाम उतार-चढ़ावों, तनावों को जोड़कर पढ़ने में सुकून पाता है। जैसे वे, राहत देने के लिए अपनी शायरी करते हों या कि उन तमाम मायूस लोगों की ज़िन्दगी में अपने शब्दों से मरहम रखते हों। यह देखना विचित्र अनुभव होगा, मगर यह बात आसानी से लक्ष्य की जा सकती है कि पिछले कई सालों के दरम्यान जिन लोगों के हुनर से जुड़कर आम जनता राहत तलाशती रही है, उनमें रूहानी शब्दों से रिश्ता जोड़ने वालों में गुलज़ार का नाम सबसे ऊपर है। यह बात जहाँ उनके पक्ष में ख्याति बनकर खड़ी होती है, वहीं दूसरी तरफ़ गुलज़ार के उस हुनर के रंग को पूरी तरह खिलने नहीं देती, जिसके लिए उन्होंने एक अलग ही मुक़ाम बनाया है।

गुलज़ार एक मँजे हुए संवाद लेखक हैं और उतनी ही गहराई से फ़िल्मों की पटकथाएँ लिखते रहे हैं। यह काम उन्होंने अपने लिए बनायी जाने वाली

फ़िल्मों के अलावा दूसरे लोगों द्वारा निर्देशित हिन्दी सिनेमा की कुछ नामचीन फ़िल्मों के लिए भी किया है। कई दफ़ा यह बात आश्चर्य में डालती है कि इतने सारे लिबासों में लिपटे हुए गुलज़ार अपनी सर्जनात्मकता के लिए इतनी ऊर्जा कहाँ से तलाश पाते हैं? उनकी लिखी कई फ़िल्में इस मामले में उनके लेखक व्यक्तित्व का एक नया ही पहलू दिखाती हैं, अगर हम उनके नज़दीक जाकर उन कहानियों, पटकथाओं और उन पटकथाओं के लिए लिखे जा रहे संवादों को ग़ौर से पढ़ सकें। ऐसी पटकथाओं और संवादों को उनके साहित्यिक जुड़ाव से जोड़कर भी देखना चाहिए। ये फ़िल्में हैं–'आशीर्वाद' (1969), 'गुड्डी' (1971), 'नमकीन' (1972), 'नमक हराम' (1972), 'आनन्द' (1971), 'अर्जुन पण्डित' (1976), 'घर' (1977), 'घरौंदा' (1978), 'गृह-प्रवेश' (1979), 'ख़ूबसूरत' (1980), 'सितारा' (1980), 'बसेरा' (1981), 'मासूम' (1982), 'एक पल' (1983), 'सदमा' (1983), 'न्यू दिल्ली टाइम्स' (1986) और 'रुदाली' (1995)। एक संजीदा फ़िल्मकार, गहराई में उतरकर जीवन-संघर्ष की कहानी लिखने वाला कहानीकार और ख़ुद के जीवन के अनुभवों को निर्मम ढंग से देखने वाला शायर–ये तीनों लोग, जो एक ही आदमी की तीन अलग-अलग जिल्द हैं, आपस में जब कभी चाय पर मिलते हैं, तो आम ज़िन्दगी की त्रासदी और उसके टूटते सपनों को रोशनी देने वाली पटकथाएँ मिलती हैं। ये तीनों लोग मिलकर यह तय करते हैं कि आपस में इनका जो चेहरा 'गुलज़ार' के नाम से जाना जाता है, उससे सलाह लेकर, अपनी शर्तों पर आम मध्यम-वर्ग की कहानियाँ सहजता से कह पाये। ऐसी फ़िल्मों की पटकथाओं में गुलज़ार का कई स्तरों पर चलने वाला लेखक मन समाज के लिए कुछ गुंजाइश रचता है, जिसके सहारे निराश ज़िन्दगी को नये सिरे से सँभालने का तरीक़ा मिलता है।

आदमी अगर हताश है, तो भी उसके जीवन में उम्मीद बची होनी चाहिए, जैसा 'गृह-प्रवेश' में होता है। जीवन में आनन्द और अनुशासन के बीच सामंजस्य के साथ दोस्ती रहे, तभी एक इंसान की ज़िन्दगी मुरझाती नहीं–इसके लिए 'ख़ूबसूरत' लिखी जाती है। लोगों से इम्पैथी रखते हुए किस तरह हम उनके कष्टों का भूगोल कम कर सकते हैं, यह बात 'आनन्द' से बेहतर कोई दूसरी फ़िल्म नहीं बताती। तरुणाई की उम्र में हम सपनों को जीते हुए फ़िल्मी दुनिया की चकाचौंध से इस क़दर प्रभावित रहते हैं कि जीवन की वास्तविकता और सिनेमा की चमक-दमक के पीछे मौजूद अँधेरे में फ़र्क़ नहीं कर पाते। जब इस बात का भान आता है तब उस दुनिया के प्रति कोई आकर्षण नहीं बचता। सिनेमा में रहते हुए सिनेमा की मृगतृष्णा को समझाने के लिए इतनी बेहतरी

से 'गुड्डी' लिखी जाती है। सिनेमा की दुनिया से अलग, यथार्थ की पथरीली राह पर मेहनतकश इंसान और शोषक वर्ग के अन्तःसम्बन्ध को जीवन के क्रूरतम सत्य के साथ स्थापित करने के लिए 'नमक हराम' के संवाद बनते हैं। अपने उसूलों पर एक सार्थक जीवन जीना ज़रूरी है, भले ही वह यात्रा सतत कष्टों का कभी न ख़त्म होने वाला रास्ता हो, इसको जानने के लिए 'आशीर्वाद' अस्तित्व में आती है।

गुलज़ार पटकथाओं और संवादों को लिखते हुए वहाँ बाज़ी मार ले जाते हैं, जहाँ स्त्रियों के अन्तर्मन को देखने का मामला मौजूद है। स्त्री किरदारों के साथ उनके अन्तरंग को समझना और उसे पूरी गरिमा के साथ बिना कोई नारा दिये हुए रच देना, उनकी सबसे बड़ी ताक़त रही है। इस ओर बात कम हुई है, जिससे गुलज़ार की उस सूक्ष्म दृष्टि का पता मिलता है, जो अपनी लिखी फ़िल्मों के बहाने स्त्री-स्वातंत्र्य की पैरवी करते हैं। वे कोई शोर नहीं मचाते, न ही बग़ल बैठे व्यक्ति को उँगली तरेरकर दिखाते हैं—'देखो! मैंने इन कहानियों में महिलाओं को गरिमा से जीने के कौन-कौन से नुस्ख़े पकड़ाये हैं।' बड़ी शालीनता के साथ गुलज़ार का लेखकीय चरित्र, स्त्रियों के साथ हमक़दम बनता है। शायद वे अपनी माँ सुजान कौर को याद करते हों, जिनका साथ बहुत बचपन में छूट गया था। हो सकता है, वे अपनी मित्र और ज़हीन अदाकारा मीनाकुमारी को एक पल के लिए किसी किरदार की रूह में उतारते हों, जो बेहद संवेदनशील महिला थीं। वे उन कहानियों की स्त्रियों को एक मुकम्मल पहचान देने के लिए फ़िल्म की पटकथा के उनके किरदार में जो रंग भरते हैं, वे सारे रंग, संघर्ष और जीवन जीने की अदम्य कामना के रंग हैं। सफ़ेद से आश्वस्त रहते हुए भी, गुलज़ार के यहाँ महिलाएँ अपने चटख़ रंगों में मौजूद होती हैं। आप अगर इसकी शिनाख़्त करना चाहें, तो बड़ी आसानी से 'ख़ुशबू' में हेमा मालिनी, 'घर' और 'इजाज़त' में रेखा, 'गृह-प्रवेश' और 'नमकीन' में शर्मिला टैगोर, 'सितारा' में ज़रीना वहाब, 'बसेरा' में राखी, 'मासूम' और 'एक पल' में शबाना आज़मी, 'सदमा' में श्रीदेवी और 'रुदाली' में डिम्पल कपाड़िया के चरित्रों को देख सकते हैं। हैरत होती है कि इन फ़िल्मों के लिए अलग-अलग कभी संवाद तो पटकथा लिखते हुए गुलज़ार ने स्त्री-मन को पूरी शिद्दत से उभारा है। निःसंगता के साथ, उनकी भीतरी आकांक्षा के कुएँ में झाँकते हुए...यहाँ तक कि कुछ फ़िल्मों में थोड़ी देर के लिए ही परिदृश्य पर आने वाली स्त्रियाँ भी अपना सत्य उजागर करती हैं। ख़ासतौर पर 'नमकीन' में वहीदा रहमान, 'किताब' में दीना पाठक, 'किनारा' में लीला

मिश्रा और 'रुदाली' में राखी...ये सारे चरित्र मूल पटकथा की वो साँकल कुण्डी हैं, जिन्हें उनके नियत स्थान से हटा देने पर पूरी कहानी का दरवाज़ा खुला रह जाता है।

हिन्दी फ़िल्मों में मिलने वाली पटकथाओं के बड़े से कैटलॉग में जाकर जब हम गुलज़ार के इस काम का तफ़सील से आकलन करते हैं, तो यह हासिल होता है कि एक शायर ने अपने अफ़सानानिगार को, अफ़साना लिखने वाले ने अपने फ़िल्मकार को, फ़िल्मकार ने ख़ुद के गीतकार से ये वादा ले रखा है कि स्त्रियों को परखते हुए हम तीनों को ही एहतराम के साथ उनके जज़्बात के बड़े से समुन्दर के आगे सजदे में खड़े रहना है। ऐसा हुआ है, इसीलिए यह सारी स्त्रियाँ फ़िल्मों के अपने किरदारों में संकटों और तकलीफ़ों को झेलते हुए भी फ़िक्रमन्द रहती हैं, नाउम्मीदी को बुहारकर फ़लक से दूर फेंक आती हैं और जब मुस्कुराती हैं, तो उनमें मानवीय गरिमा खिलखिलाकर दिखाई देती है।

मेलोड्रामा से किनारा करते हुए, अतिरेकी भावुकता से बचकर, संवादों को जीवन का सहज अंग बनाते हुए, किरदारों के आपसी रिश्तों को बुनने में साहचर्य को तटस्थता से देखते हुए इस पटकथाकार ने एक वैकल्पिक दुनिया रच दी है, जो इन फ़िल्मों का बड़ा हासिल है। इन पटकथाओं को नये सिरे से पढ़ना, उनसे आत्मीय संवाद बनाना इस लिहाज़ से भी एक ज़रूरी काम है; जिसके कारण हम गुलज़ार जैसे पटकथाकार को समग्रता में विश्लेषित कर सकते हैं। उस रोशनी में, जिसमें उनसे वरिष्ठ और समकालीन अन्य पटकथाकारों—वज़ाहत मिर्ज़ा, कमाल अमरोही, ख़्वाजा अहमद अब्बास, नबेन्दु घोष, राजेन्द्र सिंह बेदी, अबरार अल्वी, अख़्तर-उल-ईमान, विजय आनन्द, सचिन भौमिक, शमा ज़ैदी, डा. राही मासूम रज़ा, जावेद सिद्दीक़ी, सलीम ख़ान, जावेद अख़्तर, सागर सरहदी और कमलेश पाण्डे को याद किया जाता है।

50

मूक-बधिरों के जीवन की संवेदनशीलता से पड़ताल करती हुई गुलज़ार की 'कोशिश' (1972) एक सन्देश है कि किस तरह विपरीत परिस्थितियों में रहते हुए भी आदर्श जीवन जिया जा सकता है। दो प्रमुख किरदारों हरिचरन माथुर (संजीव कुमार) और आरती माथुर (जया भादुड़ी) के प्रेम और दाम्पत्य की कहानी कहती हुई यह फ़िल्म मुख्य रूप से उनके गूँगे-बहरे होने की स्थिति का ऐसा मर्मस्पर्शी आख्यान भी है, जिनके द्वारा हम निम्न मध्यमवर्गीय जीवन

की विसंगतियों, संघर्षों, समाज से तालमेल और उसमें छोटी-छोटी ख़ुशियों को बड़ा बनाकर जीने की कोशिश के तहत परख सकते हैं। अपनी हर फ़िल्म की तरह ही गुलज़ार इस फ़िल्म में भी उस मानवीयता का दामन नहीं छोड़ते, जिनसे संघर्षरत लोगों की जिजीविषा को ताक़त मिलती है। इस फ़िल्म में एक चरित्र नारायण का भी है, जिसे ओम शिवपुरी ने अभिनीत किया है। नारायण अन्धे हैं, जो बोल-सुन तो सकते हैं, मगर देख नहीं सकते। गुलज़ार बेहतर ढंग से नारायण, हरिचरन और आरती के आपसी सम्बन्धों को काव्यात्मक निकष पर कसते हैं कि जीवन की विसंगतियों से जूझते हुए भी यह तीन पात्र जिस तरह आपसी मैत्री में गुँथे हुए हैं, उन्हें देखने, सुनने या बोलने के स्तर पर आपस में कोई जुड़ाव नहीं बनता, फिर भी अपनी मित्रताएँ बिना किसी परेशानी या शिक़ायत के निभा ले जाते हैं।

फ़िल्म के कुछ दृश्य निर्देशकीय पकड़ को व्यक्त करते हैं, जिनमें बिना संवादों के वह भाषा दर्शकों तक आसानी से कम्युनिकेट हो जाती है, जिसे वह दृश्यावली अभिव्यक्त करना चाहती है। इनमें सबसे सुन्दर दृश्य तब का है, जब विवाह के उपरान्त हरिचरन और आरती अपने निजी क्षणों में एक-दूसरे के प्रति प्रेम प्रकट करते हुए दाम्पत्य जीवन की आशाएँ और आशंकाएँ बाँटते हैं। तब हरिचरन के रूप में संजीव कुमार का विस्मय का वह भाव, जिसमें उन्हें अपने दिल की धड़कन सुनाई पड़ती है, इस बात को बेहद सुन्दर ढंग से दिखाया गया है। यह दृश्यावली रचते हुए गुलज़ार कहीं यह कमेंट करना चाहते हैं कि मानवीय भावनाओं की अभिव्यक्ति के लिए कोई भी रुकावट आड़े नहीं आती, भले ही वह ज़ुबान से निकली भाषा हो या कानों को सुनाई देने वाले शब्द। बिना बोले और सुने हुए हरिचरन और आरती एक-दूसरे के मन की बात को समझ जाते हैं और उतनी ही प्रसन्नता से दर्शकों तक वह दृश्य ख़ुद को अभिव्यक्त कर देता है, जिसमें एक सात्त्विक क़िस्म की सन्तुष्टि मिली हुई है।

'कोशिश' में एक अद्‌भुत दृश्य है, जिसमें समुद्र किनारे आरती और हरिचरन डूबते हुए सूरज का आनन्द ले रहे हैं और वहीं नारायण से मुलाक़ात होने पर तीनों की आपस में बातचीत होती है। जब आरती और हरिचरन जो देख सकते हैं, मगर बोल या सुन नहीं पाते, क्षितिज पर डूबते हुए सूरज को देखकर प्रसन्न होते हैं, तो उसी समय नारायण भी उनकी ख़ुशी में शामिल होता है। नारायण के यह पूछने पर कि सूरज डूब रहा है क्या? आरती और हरिचरन को आश्चर्य होता है कि दृष्टिहीन नारायण यह पल कैसे पकड़ पा रहे हैं। इस

समय गुलज़ार ने बिना किसी कोरी भावुकता के, नारायण की अपनी परिस्थिति को जीतते हुए आत्मविश्वास से भरा जो संवाद लिखा है, वह क़ाबिलेतारीफ़ है। नारायण उनसे कहता है—'मैं आँखों से देख नहीं सकता, पर रोशनी सूँघ सकता हूँ।' यह संवाद जीते-जागते समाज के लिए एक नैतिक पाठ की तरह है, जो उन्हें इस बात के लिए ज़रूर प्रेरित करता है कि अपनी सारी इन्द्रियों के साथ स्वस्थ रहने वाला व्यक्ति इन अशक्त लोगों से कुछ सकारात्मक चीज़ें सीखकर अपना जीवन बेहतर कर सके।

इसी तरह का एक संवाद आरती की शिक्षिका सीमा देव का है, जो कहीं न कहीं स्वस्थ समाज पर एक तमाचे की तरह महसूस होता है। सीमा देव का यह कहना—'हम शुरुआत ही इस आशीर्वाद से करते हैं कि बच्चों, तुम बहुत ख़ुशनसीब हो, जो बुरा सुनने से बच गये, बुरा बोलने से मुक्ति मिल गयी।' यह डायलॉग हमारे गर्हित होते जा रहे समाज पर व्यंग्य है, गुलज़ार को जिसे लिखने में महारत हासिल है। 'कोशिश' एक संवेदनशील कविता की तरह पढ़ी जाने वाली फ़िल्म है, जिसके दो मुख्य किरदारों के हाव-भाव ही उनके संवाद बन गये हैं। जिसने भी यह फ़िल्म देखी होगी, वह संजीव कुमार और जया भादुड़ी के अभिनय से प्रभावित हुए बिना नहीं रह सकता। छोटे-से कथानक को एक बड़े सन्देश की फ़िल्म में बदलने में गुलज़ार ने बड़ी सजगता दिखाई है।

यह फ़िल्म जापानी फ़िल्म 'हैपिनेस ऑफ़ अस अलोन' की प्रतिक्रिया में बनायी गयी थी। 'कोशिश' की पटकथा और संवाद गुलज़ार ने ही लिखे थे, जिसमें उन्होंने एक अन्धे व्यक्ति का चरित्र डालते हुए यह बात स्थापित करने की कोशिश की कि इंसानों के बीच संवाद स्थापित करने के लिए न बोलने की ज़रूरत है न ही भाषा की दरकार है। यही चीज़ फ़िल्म के अन्त में गुलज़ार हरिचरन के बेटे अमित के मुँह से संवाद के रूप में बुलवाते भी हैं। इस फ़िल्म से सम्बन्धित एक ग़ौर करने लायक़ तथ्य यह भी है कि मूल जापानी फ़िल्म से प्रख्यात फ़िल्म निर्देशक राज कपूर भी प्रभावित हुए थे और हिन्दी में इसे अपने ढंग से बनाना चाहते थे, जिसकी पटकथा ख़्वाजा अहमद अब्बास लिखने वाले थे। 'कोशिश' को गुलज़ार ने अपने मुहावरे में विकसित किया और एक सार्थक फ़िल्म का स्वरूप दे पाये। यह जानना भी प्रासंगिक है कि इस फ़िल्म को सर्वश्रेष्ठ पटकथा का 'राष्ट्रीय फ़िल्म पुरस्कार' भी हासिल हुआ। साथ ही, सर्वश्रेष्ठ अभिनय के लिए 'राष्ट्रीय फ़िल्म पुरस्कार' का 'रजत कमल' संजीव कुमार के हिस्से आया।

'कोशिश' के सन्देश का जो शिखर है, वह फ़िल्म के अन्त में निहित है। संजीव कुमार अपने बेटे अमित की शादी एक गूँगी-बहरी लड़की से करते हैं। क्लाइमेक्स आते हुए फ़िल्म के परदे पर यह उभरता है कि यह कोशिश जारी रहती है। निर्देशक यह विचार प्रसारित करने में कामयाब होता है कि एक स्वस्थ इंसान, इस तरह किसी शारीरिक कमज़ोरी वाले इंसान को अपने जीवन का साथी बना सकता है, जिससे उसे भी एक सामान्य जीवन जीने वाले व्यक्ति के साथ बराबर का हक़ मिल सके। सिर्फ़ आदर्श पैदा करना या संवेदनशील ढंग से भावुकता का मेयार खड़ा करना ही गुलज़ार का इस फ़िल्म के लिए उद्देश्य नहीं रहा है। वे ज़्यादा व्यापक अर्थों में 'कोशिश' को एक सार्थक फ़िल्म का स्वरूप देते हैं। हालाँकि, यह फ़िल्म ऑफ़-बीट सिनेमा का आदर्श उदाहरण है, जिसका सन्देश गम्भीर होने के साथ-साथ लाउड भी है। गुलज़ार अपनी निर्देशकीय प्रतिभा से यह साबित करते हैं कि बड़े से बड़े ऑफ़-बीट सब्जेक्ट पर वे एक सफल, सार्थक और बेहतरीन फ़िल्म बना सकते हैं।

51

भाषा के लिहाज़ से गुलज़ार की कविता, जो फ़िल्म गीतों में ढलती रही है— आश्चर्यजनक ढंग से नवगीतों, ग़ज़लों एवं समकालीन कविता के ऐसे विरल मोड़ पर खड़ी दिखाई देती है, जहाँ ध्वनि और शब्दों की आन्तरिक लय पर लगातार मेहनत करने का रिवाज रहा है। ध्वनि को बिल्कुल काव्यशास्त्रीय (पोएटिक्स) अर्थों में न लेकर, गुलज़ार उसका लोकपक्ष या मानवीय कोण पकड़ने का प्रयास करते हैं; जिससे बोलचाल की आमफ़हम ज़रूरत उनके गीतों की बोली-बानी बन जाये। वर्तनी, शब्दों, ध्वनियों और मात्राओं को लेकर कुछ जटिल तो कुछ सहज, कुछ अटपटा तो कुछ बेहद अनोखा प्रयोग, उनके गीतों को साधारण गीतों के दर्जे से उठाकर साहित्यिक गीतों की धारा के बराबर ले आता है। ध्वनियों की ये बारीक़ियाँ शुरू से ही उनका मानस प्रभावित करती रही हैं। हमें यह नहीं भूलना चाहिए कि उनकी विकास-प्रक्रिया में जो चीज़ें सबसे अधिक प्रभावी रहीं—उनमें बंगाल का संगीत, टैगोर की दार्शनिक कविताएँ, उर्दू भाषा में लिखना और बेहतर शायरी रचने के लिए तालीम लेने की परम्परा कारगर रहे हैं। इसी के साथ, प्रकृति द्वारा उपहार में मिली तमाम सारी रचनात्मक उपस्थितियों से लगाव—कहीं न कहीं से उनकी रचनात्मकता की लय को भंग होने से बचाते रहे हैं; साथ ही ध्वनियों के प्रति उनकी जवाबदेही भी तय करते आये हैं। अगर ऐसा न होता, तो उनके

कुछ बेहद श्रुतिमधुर गीतों में हम 'ध्वनियों' की मुखर आवाजाही के साथ 'शब्द-युग्मों' को इतनी कलात्मकता से न देख पाते।

यहाँ मिसाल के तौर पर उन गीतों को ही रख रहा हूँ, जिनकी पोएटिक-सेंसिबिलिटी बेहतरीन होने के साथ-साथ 'शब्द-युग्मों' के प्रयोग से खिलती है। *'रोज़-रोज़ डाली-डाली क्या लिख जाए'* (अंगूर), *'चप्पा-चप्पा चरखा चले'* (माचिस), *'छई छप छई-छपाके छई'* (हू-तू-तू), *'माही रे माही-माही रे'* (फ़िज़ा), *'मइया-मइया गुलाबी तारे चुन ले सारे चुन'* (गुरु), *'दिल हूम-हूम करे'* (रुदाली), *'ये रात कौड़ीयाले कोबरे की रात'* (अक्स), *'छलका-छलका रे कलसी का पानी'* (साथिया), *'पाँव जन्नत चले चल छैंया-छैंया'* (दिल से), *'क़तरा-क़तरा मिलती है क़तरा-क़तरा जीने दो'* (इजाज़त) इत्यादि। इन उदाहरणों में आये हुए *'डाली-डाली', 'चप्पा-चप्पा', 'माही-माही', 'हूम-हूम', 'छलका-छलका', 'छैंया-छैंया', 'मइया-मइया', 'क़तरा-क़तरा'* जैसे शब्द-युग्म का प्रयोग गुलज़ार के गीत-लेखन की शिल्पगत विशिष्टता है। एक तरह से गीत रचने का उनका टूल, जिस पुनरुक्ति के कारण गीत को अलग-सी आभा मिलती है।

अकसर यह पुनरुक्ति, गीतों के स्थायी से हटकर अन्तरे में भी प्रभावी रूप से मौजूद दिखती है। वहाँ भी कविता के लालित्य में कोई फ़र्क़ नहीं पड़ता, वरन् उन जगहों पर अर्थ की सम्मोहित करने वाली छटा ज़रूर दिखाई देती है। 'खुशबू' फ़िल्म के गीत *'दो नैनों में आँसू भरे हैं'* के बीच में आने वाली पंक्ति *'डूबी-डूबी आँखों में सपनों के साये'* में शब्द-युग्म सार्थक ढंग से अपना अभिप्राय हासिल करता है। ऐसे कई उदाहरण हैं, जहाँ गुलज़ार अपने क्राफ़्ट के लिहाज़ से शब्दों को जोड़े में बरतते हैं। 'ख़ूबसूरत' फ़िल्म के गीत *'पिया बावरी'* में दोनों अन्तरों की शुरुआत में आने वाले शब्द-युग्म, गीत की सुन्दरता बढ़ाते हैं। इन पंक्तियों— *'डार-डार पिया फूलों की चादर बुनी'* और *'काले-काले पिया सावन के बादल चुने'* में गीत सुनते वक़्त महसूस किया जा सकता है कि पार्श्वगायिका की आवाज़ में 'डार-डार' और 'काले-काले' की पुनरुक्ति *'पिया बावरी, पिया बावरी'* गाते वक़्त संगीत के साथ घुल-मिल जाती है। गीत में इस तरह इन शब्दों का मिल जाना ही उसके सौन्दर्य को बढ़ाने में योगदान करता है।

कहने का आशय यह है कि फ़िल्मी गीतों के सन्दर्भ में गुलज़ार की अपनी एक तकनीकी और शब्दावली है, जिसे कम्पोज़र द्वारा दिये गये ट्यून पर डमी-वर्ड्स के साथ खेलते हुए वे इस्तेमाल करते हैं। इसमें जोड़े के शब्दों का आना भी,

उनके द्वारा सायास की गयी कोशिश है, जो गीतों को सुन्दर बना देती है। इस बाबत पूछने पर गुलज़ार यही बताते हैं—'वो स्टाइल है मेरी'। वे इसे लगातार तराशते रहे हैं, उन्हें जब लगता है कि ट्यून के साथ 'शब्द-युग्मों' की साउंड बहुत बेहतर जायेगी, तो वे इस तरह का प्रयोग करते हैं। गुलज़ार-विमर्श में शिल्प के इस प्रयोग पर भी बात करना ज़रूरी बन जाता है। एक तरह से गुलज़ारियत की एक ये भी अदा है, जो शब्दों के बहाने अपना रंग जमाती है।

52

हिन्दी फ़िल्मों के इतिहास में गीतों की यात्रा को लेकर एक संजीदा लेख गुलज़ार ने 'ए सांग ट्रैवेल्स' नाम से लिखा था, जिसमें मुख्य तौर पर सन् 1903 से लेकर 1960 तक के गीतों और उनके बहलावों-बदलावों पर चर्चा की गयी है। 'ब्रिटेनिका इनसाइक्लोपीडिया ऑफ़ हिन्दी सिनेमा' में शामिल यह लेख फ़िल्मी गीतों और उनके बुद्धिजीवी गीतकारों को केन्द्र में रखकर लिखा गया है, जिनमें कुछ बेहद महत्त्वपूर्ण स्थापनाएँ गुलज़ार करते हैं। लेख में फ़िल्म संगीत के शुरुआती दौर के कुछ आला दर्जे के गीतकारों—मुंशी आरज़ू लखनवी, डी.एन. मधोक, पण्डित प्रदीप, केदार शर्मा, क़मर जलालाबादी, तनवीर नक़वी, पण्डित भूषण, पण्डित नरेन्द्र शर्मा, पण्डित इन्द्र, पण्डित मधुर, पण्डित बेताब, नख़्शब, गोपाल सिंह नेपाली, राजेन्द्र कृष्ण, नाज़िम पानीपती, शेवन रिज़वी, प्रेम धवन आदि के बारे में उस दौर में मौजूद संगीत की प्रवृत्तियों के लिहाज़ से चर्चा की गयी है। उन सभी गीतकारों की सर्जनात्मक उपस्थिति, उस दौर के दबावों, सामाजिक-राजनीतिक परिवेश और पॉपुलर कल्चर के सन्दर्भ में गीत-निर्माण की ज़मीन पर जाकर गम्भीरता से विमर्श करता यह सन्दर्भ-लेखन गुलज़ार के आलोचक पक्ष को एक अलग ही अन्दाज़ में पेश करता है। उनके मानस को पढ़ने के लिए पाठकों को बौद्धिक तौर पर तैयार करता है। उनके संशयों को खोलता है और प्रश्नों को एक नया परवाज़ देता है।

गुलज़ार सधे तर्कों के साथ साठ साल के फ़िल्मी गीतों की रचना-प्रक्रिया का आकलन करते हैं, जिसमें एक यहाँ पढ़ने लायक़ है—'हिन्दी फ़िल्मों के गीत पिछली शताब्दी के चालीस के दशक में भारी बदलावों से गुज़र रहे थे। इनमें पहले लोक बोलियों की ज़ुबानें, ख़ासकर—अवधी, पूर्वी और भोजपुरी अधिक इस्तेमाल की जाती थीं, बनिस्बत खड़ी बोली हिन्दी के। खड़ी बोली में लिखे जाने वाले गीत बाद में मॉडर्न उर्दू और हिन्दी में रचे जाने वाले गीतों का बड़ा

आधार बन सके। इस तरह भाषा की अदायगी और बदलाव का दौर सन् 1945 की शुरुआत से लेकर आज़ादी के बाद तक होता रहा। इसका सबसे बड़ा प्रभाव यह पड़ा कि फ़िल्मों में गीत और उसके कथानक धीरे-धीरे शहरी हिन्दी और उर्दू की चाल में ढल गये, जिसका एक बड़ा अन्तर सन् 1945 के बाद की बनने वाली अधिकांश फ़िल्मों में लगातार देखा जा सकता है।'

बोलियों और भाषाओं की ज़मीन पर गीतों और फ़िल्मों के कथानक को लेकर होने वाली चर्चा, गीतकारों द्वारा भाषा के स्तर पर किये जाने वाले नित नये प्रयोगों और पटकथा, संवाद लेखकों द्वारा बदलते दौर के हिसाब से उर्दू और खड़ी बोली हिन्दी के तर्ज़ पर कथानक लिखने का जो ऐतिहासिक दौर शुरू हुआ, उसका जायज़ा गुलज़ार पूर्वज परम्परा से लेकर बाद तक अपने इस ऐतिहासिक लेख 'ए सांग ट्रैवेल्स' में करते हैं। इसी समय यह जानना भी कम रुचिकर नहीं है कि अपने रचनात्मक लेखन और सिनेमाई यात्रा में उन्होंने बोलियों और भाषा के लिहाज़ से न सिर्फ़ अपने बनाये हुए सीमान्तों को तोड़ा है, बल्कि हिन्दी और उर्दू का मेल कराने वाली हिन्दुस्तानी ज़ुबान में जाकर गीत, संवाद और पटकथाएँ लिखीं। एक ऐसी भाषा में अपने लेखन का विन्यास किया, जिसकी शुरुआत पण्डित प्रदीप, केदार शर्मा, आरज़ू लखनवी और वली साहब से होती है। यहाँ, इस बात को इस तरह भी कहा जा सकता है कि हिन्दी और उर्दू के शुरुआती धरातल पर एक पुल बनाते हुए गुलज़ार ने अपना लेखन-कर्म सृजित किया है। भाषा के इस आम बोलचाल वाले हिन्दुस्तानी ज़ुबान के पुल पर पूर्ववर्ती और समकालीन परम्परा के उर्दू के तमाम गीतकार और हिन्दी पट्टी के गीत लिखने वाले कहीं एक जगह पर आकर गले मिलते दिखाई देते हैं।

दरअसल 'ए सांग ट्रैवेल्स' के बहाने यदि ख़ुद इसके लेखक के गीत-लेखन की यात्रा का मूल्यांकन किया जाये, तो यह बात समझ में आती है कि अन्तर्धारा की तरह चलकर जो गुलज़ार के गीतों की लम्बी यात्रा बहती हुई वर्तमान तक आयी है, उसमें उनके साथ पूर्वज परम्परा की अनुगूँजें भी शामिल थीं।

53

लकड़ी की काठी काठी पे घोड़ा
घोड़े की दुम पे जो मारा हथौड़ा
दौड़ा दौड़ा दौड़ा, घोड़ा दुम उठा के दौड़ा

घोड़ा था घमंडी, पहुँचा सब्जी मंडी
सब्जी मंडी बरफ पड़ी थी,
बरफ में लग गई ठंडी
दौड़ा दौड़ा दौड़ा, घोड़ा दुम उठा के दौड़ा (मासूम)

गुलज़ार के रचनात्मक जीवन में एक गीतकार की हैसियत से यह जानना ख़ूबसूरत अनुभव है कि उनके यहाँ शायर के घर में एक कोना वह भी है, जो निहायत घरेलू व व्यक्तिगत की जवाबदेही से उपजा है। वह कोना उनकी संवेदना का सबसे उर्वर प्रदेश भी माना जा सकता है। ज़ाहिर है, यहाँ हम यह सारी बात बच्चों की दुनिया, उनके बचपन और उस बचपन में अटाटूट भरी जीवन्त संवेदनाओं की सहज उपस्थिति के सन्दर्भ में कर रहे हैं।

जहाँ तक मेरी जानकारी है, हिन्दी फ़िल्मों में बच्चों के लिए या उनसे सन्दर्भित जितने भी गाने लिखे गये, सभी कर्णप्रिय व सुन्दर होने के बावजूद एक ख़ास ढर्रे पर बने हैं, जिनका बच्चों से सीधा जुड़ाव नहीं दिखता। उन गीतों में बच्चे मौजूद हों, तो भी लगता है कि उनकी बालसुलभ कौतुकता, किसी वयस्क हाथों की ज़द में क़ैद है; जहाँ वे सिर्फ़ कठपुतलियों की तरह प्रहसन करने के लिए मजबूर हों। मगर गुलज़ार इस परम्परागत ढाँचे को एक ही झटके में तोड़ डालते हैं। वे गाना भी ख़ुद बच्चे की मानसिकता में जाकर लिखते हैं और उन्हें बच्चों की निराली टीम के साथ ऊबड़-खाबड़, तेज-धीमे स्वरों में जस का तस फ़िल्माते हैं। इससे उस बचपन को रेखांकित करने में मदद मिलती है, जिस पर सिनेमा की दुनिया में पहले कभी नहीं सोचा गया। आप 'मासूम' के बच्चों की बालसुलभ मैत्री याद करें या 'चाची 420' की चाची के हुलिए का बखान। आप 'मकड़ी' का अद्‌भुत सांग सीक्वेंस अपनी स्मृति में कुरेदें या 'किताब' के गीत के बारे में सोचें—सभी जगह बच्चों की दुनिया उनकी अपनी शर्तों पर सम्भव होती हुई जान पड़ती है...और जहाँ सभी का बचपन सुरक्षित है।

'मासूम' के गीत *'लकड़ी की काठी, काठी पे घोड़ा'* के बारे में तो मेरी यह प्रबल धारणा रही है कि यह हिन्दी फ़िल्म गीतों के इतिहास में अपनी अभिनवता व बालमन की कौतुकता के लिए ऐतिहासिक ऊँचाई प्राप्त करता है। इस गीत के वज़न के बराबर के दो अन्य गीत जो सहज ही याद आते हैं और जिनको जोड़कर इस श्रेणी के गीत अपनी मुकम्मल पहचान बनाते हैं, वह 1960 में प्रदर्शित 'मासूम' फ़िल्म का गीत *'नानी तेरी मोरनी को मोर ले गए/बाक़ी जो बचा था काले चोर ले गए'* (गीतकार : शैलेन्द्र) तथा 1961 में प्रदर्शित

'घराना' का गाना— *'दादी अम्मा दादी अम्मा मान जाओ/छोड़ो जी ये गुस्सा ज़रा हँस के दिखाओ'* (गीतकार : शकील बदायूँनी) हैं। 'मासूम' के इस अमर गीत के हवाले से गुलज़ार की यह बात याद करना भी इस समय सामयिक होगा, जो उन्होंने आर.डी. बर्मन के संगीतकार के सन्दर्भ में की थी। उनका कहना था—"मैं यह कह सकता हूँ कि मेरे ज़्यादातर गाने पंचम के घर में बच्चों की तरह खेलते हैं।' यह अपने समवयसी कलाकार के प्रति आदर-भरा ऐसा हार्दिक बयान है; जिसमें इस बात की अन्तर्ध्वनि भी व्यंजित हो रही है कि गुलज़ार पंचम के साथ अपने गानों को लेकर जो सहजता महसूस करते थे, वह एकदम बालसुलभ सहजता थी। ऐसी सहजता, जो बचपन के साथ-साथ खेलते हुए दो बच्चों में स्वतः ही विकसित हो जाती है। यह भी संयोग की बात है कि 'मासूम' और 'किताब' के ऐसे सुन्दर गाने, आर.डी. बर्मन और गुलज़ार की जोड़ी की देन हैं।

'लकड़ी की काठी' के अलावा 'मकड़ी' फ़िल्म का *'ओ पापड़ वाले पंगा ना ले/थप्पड़ बजेगा पंगा ना ले'*, *'चुपड़ी-चुपड़ी चाची'* (चाची 420) और *'अ-आ, इ-ई,/मास्टर जी की आ गयी चिट्ठी'* (किताब) भी बच्चों के लिए रचे गये गीतों में मानक गीत की तरह याद किये जा सकते हैं। हालाँकि गुलज़ार ने दूरदर्शन पर एक दौर में प्रसारित हुए बच्चों के धारावाहिकों के लिए दो बहुप्रशंसित गीत लिखे थे, जिन्हें आज भी याद करने पर गुनगुनाने का मन करता है। ये गीत हैं—

'जंगल-जंगल बात चली है
पता चला है
चढ्डी पहन के फूल खिला है—फूल खिला है'

तथा

'अगर-मगर डोले नईया/अगर-मगर जाए रे पानी'।

बचपन से दोस्ताना दरअसल गुलज़ार की कविता का सबसे नायाब हासिल है, जिसके चलते यह सोचने के लिए मन विवश होता है कि किस तरह इस शायर, गीतकार ने अपनी संवेदनाओं को इतना कोमल, हृदयस्पर्शी और बच्चों की दुनिया के एकदम समीप बनाया हुआ है। यह देखना भी गुलज़ार की तारीफ़ में इज़ाफ़ा करता है कि मानसिक रूप से कमज़ोर, विकलांग बच्चों के लिए भी गुलज़ार कुछ न कुछ लिखते-सिरजते रहते हैं। भोपाल की 'आरुषी' संस्था से सम्बद्ध गुलज़ार का शायर मन बच्चों की असीमित सम्भावनाओं को

लिखकर पंख देता रहा है। उनके करतब, हुनर और अभिव्यक्तियों के लिए इस शायर ने विपुल बाल-साहित्य की सर्जना की है।

यहाँ तक कि बच्चों के मनोविनोद के लिए अनूठी-सी देवनागरी की वर्णमाला भी रची है। इसके लिए वे ख़ुद ही कहते हैं–'ज़बान सीखने की ज़रूरत किसी भी उम्र में पड़ सकती है। ऐसे ही जैसे इश्क़ किसी भी उम्र में हो सकता है।' उसी वर्णमाला की किताब 'हिन्दी फ़ॉर हॉर्ट' से दो अक्षरों के सन्दर्भ की बाल सुलभ कविताएँ यहाँ पढ़ने के लिए लिख रहा हूँ–

मोना मेरी सहेली थी न?
मेंहदी मेंहदी खेली थी न?
मोहसिन के संग भाग गई है

(म)

जंगल-जंगल बात चली है
जल्दी से बरसात बुलाओ
जुगनू की दुम में आग लगी है

(ज)

गुलज़ार का बच्चों के प्रति प्रेम और अपनत्व बरबस ख़लील जिब्रान के इस कथन का स्मरण कराता है, जो उनकी किताब 'मिरर्स ऑफ़ द सोल' में संकलित है। जिब्रान कहते हैं–Keep me away from the wisdom which does not cry, the philosophy which does not laugh and the greatness which does not bow before children. (मुझे उस ज्ञान से दूर रखो जो रोता न हो, उस दर्शन से दूर रखो, जो हँसता न हो और उस महानता से दूर रखो, जो बच्चों के सामने सिर न झुकाती हो)

54

उन्हें कई निर्माता-निर्देशकों की पहली फ़िल्में लिखने का अवसर मिला, जिनमें से अधिकांश अपने समय के मशहूर लोगों ने बनायीं। यह गुलज़ार की सिनेमाई-यात्रा के खाते में उल्लेखनीय ढंग से दर्ज हुआ कि उन्होंने इन पहली फ़िल्मों के लिए जो गीत, संवाद और पटकथाएँ लिखीं, उनमें से अधिकांश शाहकार फ़िल्में साबित हुईं। एक हद तक यह कहा जा सकता है कि ढेरों फ़िल्मकारों की पहली बड़ी सफलता में कुछ अंश गुलज़ार की लेखनी का भी शामिल रहा है। दो रचनात्मक लोगों के बीच निभने वाला वह मैत्री-भाव, जिससे एक बड़े कला-उदाहरण का जन्म होता है।

पहली बार सम्भव ऐसे सहकार की फ़िल्मों में तमाम ऐसी फ़िल्में याद की जा सकती हैं। जैसे, रमेश सिप्पी की फ़िल्म 'अन्दाज़' (1971) के लिए गुलज़ार ने संवाद लिखे थे, जिसकी कहानी सलीम-जावेद और सचिन भौमिक की थी। मेराज़ के निर्देशन की 'पलकों की छाँव में' (1977) के लिए पटकथा और गीत, भीमसेन की ऑफ़बीट सिनेमा का संवेदनशील नमूना 'घरौंदा' (1978) के लिए पटकथा, संवाद और गीत लिखे। इसी तरह कल्पना लाज़मी द्वारा निर्मित 'एक पल' (1983) के लिए पटकथा, संवाद और गीत, प्रकाश झा की 'हिप-हिप हुर्रे' (1984) के लिए पटकथा, संवाद और गीत, रोमेश शर्मा की 'न्यू दिल्ली टाइम्स' (1986) की पटकथा, शाद अली की 'साथिया' (2002) के लिए संवाद और गीत, मेघना गुलज़ार की 'फ़िलहाल' (2002) के लिए गीत तथा सोना उर्वशी की 'चुपके से' (2004) के लिए गीत लिखे। साथ ही, शेखर कपूर की मर्मस्पर्शी फ़िल्म 'मासूम' (1982) के लिए पटकथा, संवाद और गीत लिखे थे, जो एरिक सीगल के उपन्यास 'मैन, वुमेन एंड चाइल्ड' पर आधारित थी।

गुलज़ार याद करते हैं कि 'मासूम' के लिखने को लेकर शेखर कपूर की शुरुआती बातचीत में जब शेखर कपूर ने फ़िल्म की कहानी उन्हें सुनायी, तो उनसे यह भी पूछा कि एरिक सीगल का वह नॉवेल उन्होंने पढ़ा है? वे यह जानना चाहते थे कि इस कहानी को सुनने के बाद क्या गुलज़ार मूल उपन्यास पढ़ना पसन्द करेंगे? गुलज़ार ने इस बात से असहमति जतायी कि उन्हें पटकथा लिखने से पहले या उसके दौरान यह नॉवेल पढ़ना है। उन्होंने इतना ही कहा—

> *'आपने जितनी कहानी मुझे सुनायी है, वो काफ़ी है। इसे मेरे साथ रहने दीजिए और भीतर जज़्ब होने दीजिए। मेरे लिखने के बाद अगर आपको लगता है कि स्क्रिप्ट में कुछ कमियाँ रह गयी हैं या थोड़े से बदलाव करने हैं, तो मैं ज़रूर यह नॉवेल पढ़ लूँगा।'*

शेखर कपूर आश्वस्त होते हुए बोले—

> *'आप मेरी ही बतायी स्टोरी लाइन पर काम करें और नॉवेल पढ़ने का इरादा छोड़ दें।'*

उन दिनों पटकथा लिखने के लिए गुलज़ार की मनपसन्द जगह बंगलौर का 'वेस्ट एंड होटल' होता था। उन्होंने कहानी का साधारण-सा ख़ाका तैयार किया और पटकथा लिखने के लिए बंगलौर पहुँच गये, जहाँ लगातार कुछ दिनों रहकर उन्होंने 'मासूम' की पटकथा पूरी की। इस तरह एक नये निर्देशक

की पहली फ़िल्म, जो एक क्लासिक का दर्जा पाने जा रही थी, गुलज़ार की क़लम से सम्भव और मशहूर हुई। गुलज़ार यह भी याद करते हैं कि कैसे स्क्रिप्ट लिखते वक़्त ही यह ख़याल उनके दिमाग़ में आया– *'तुझसे नाराज़ नहीं ज़िन्दगी/हैरान हूँ मैं/तेरे मासूम सवालों से परेशान हूँ मैं।'* शेखर कपूर को जब यह विचार सुनाया गया, तो बातचीत के दौरान यह रज़ामन्दी बनी कि इसे मुखड़ा बनाते हुए एक पूरा गीत मुकम्मल किया जायेगा, जो फ़िल्म की पटकथा के विचार को ही गीत के माध्यम से व्यक्त कर रहा होगा। बाद में बम्बई लौटने पर उनके मित्र पंचम (आर.डी. बर्मन) के साथ कई बैठकों में यह गीत तैयार हुआ और इसे बिल्कुल नयी आवाज़ अनूप घोषाल और लता मंगेशकर जी के एकल स्वरों में रेकॉर्ड किया गया। गुलज़ार हँसते हुए बताते हैं–'अनूप की आवाज़ को लेकर मैं थोड़ा पशोपेश में था, क्योंकि वह अपने बंगाली उच्चारण के कारण कुछ शब्द सही से गा नहीं पा रहे थे। ख़ासकर 'हैरान हूँ मैं' को 'हौरान हूँ मैं' कर दे रहे थे। जब मैं उन्हें इस ग़लती पर इंगित करता था, तो पंचम मुझे घूरकर कहता था–'ठीक तो बोल रहा है', मैं खीझकर कहता–'वह भी बंगाली और तुम भी बंगाली, तुम कैसे हिन्दी के सही तलफ़्फ़ुज़ को पहचानते हो?' हालाँकि अनूप ने बहुत मेहनत करके यह गाना गाया। आज भी मुझे लगता है कि उसकी गायिकी में एक कच्चापन था, वह पूरी तरह परफ़ेक्ट नहीं थी, शायद इसी कारण वह दिल को छूने वाला, पूरी तरह ईमानदार और सीधे दिल से निकला हुआ गीत बन सका।'

अपनी फ़िल्म के गीतों और पटकथाओं को लेकर ऐसे ढेरों वाक़ये, संस्मरण और दिलचस्प क़िस्से गुलज़ार के दिल में महफ़ूज़ हैं, जिन्हें सुनने और समझने का जब-तब अवसर मिल सका। जब भी किसी ख़ास लम्हे में कोई गीत या फ़िल्म को लेकर उन्होंने अपने दिल की खिड़की ज़रा-सी खोली, तो वहाँ से यादों की बयार बह निकली। उन्हें ही क़लमबद्ध करता रहा हूँ। पंजाबी की शीर्षस्थ लेखिका अमृता प्रीतम के हवाले से कहें, तो गुलज़ार के 'इल्म के दस्तावेज़' इकट्ठा करने निकला हूँ।

'मासूम' के गाने की तरह ही जज़्बात भीतर घुमड़ते रहे हैं, जिन्हें गुलज़ार से बेहतर शायद ही कोई गीतकार इस तरह व्यक्त कर सके–

छोटी-सी दो झीलों में वो
बहती रहती है
कोई सुने या ना सुने कहती रहती है
कुछ लिख के और कुछ जुबानी

थोड़ा-सा बादल
थोड़ा-सा पानी
और इक कहानी...
दो नैना और इक कहानी... (मासूम)

55

रूमान और प्रेम की कविताओं से अलग गुलज़ार का एक चेहरा वह भी है, जो सामाजिक जवाबदेही के सन्दर्भ से बनता है। उनके शायर की तबीयत में यह संवेदना बहुत गहरे तक धँसी हुई है, जिसके राजनीतिक निहितार्थ भी रहे हैं। उनकी फ़िल्मोग्राफी में यह बात स्पष्ट रूप से दिखाई देती है कि समय-समय पर जब भी उन्हें आम जनता के सरोकारों में सामाजिक, राजनीतिक और धार्मिक उथल-पुथल का मंज़र दिखा है, उन्होंने ईमानदारी से उसे अपनी फ़िल्मों का विषय बनाया। गुलज़ार निर्देशकीय प्रतिभा की अपनी पहली ही फ़िल्म 'मेरे अपने' (1971) में उस दौर के नौजवान बेरोज़गारों की असहायता को फ़िल्म का विषय बनाते हैं। 'मेरे अपने' उस युवा-वर्ग को सम्बोधित है, जिसके पास आजीविका का कोई साधन नहीं है, न ही उनमें से अधिकांश युवकों के पास जीवन को लेकर कोई सार्थक मक़सद ही मौजूद है। ऐसे में इन युवाओं की निराशा और अवसाद, दिशाहीनता और समाज के प्रति कुण्ठित होती जा रही मानसिकता को गुलज़ार सार्थक ढंग से 'मेरे अपने' के बहाने अभिव्यक्त करते हैं। यह याद रखना चाहिए कि उसी दौर में जब 'मेरे अपने' आयी थी, यह शायर रूमान के गीत भी लिख रहा था। जहाँ, वे 'ख़ामोशी' (1969) के लिए *'हमने देखी है उन आँखों की महकती ख़ुशबू'* और 'आशीर्वाद' (1969) में *'झिर-झिर बरसे सावनी अखियाँ'* लिख रहे थे, वहीं 'मेरे अपने' में जाकर उनका स्वर व्यंग्य और आलोचना का बन जाता है। तत्कालीन समाज की ईमानदार छवि गढ़ते हुए वे युवाओं के अवसाद को तार्किक अर्थ देते हुए यह गीत लिखते हैं—

हाल-चाल ठीक-ठाक है
सब कुछ ठीक-ठाक है
बी.ए. किया है, एम.ए. किया है
लगता है वो भी ऐंवें किया है
काम नहीं है वरना यहाँ
आपकी दुआ से सब ठीक-ठाक है

इस गीत में वो सारी बातें मुखर होकर व्यक्त होती हैं, जो हमारे समाज में पचास साल पहले व्याप्त थीं। लोकतन्त्र के प्रति लोगों का गुस्सा बढ़ रहा था और भ्रष्टाचार अपनी जड़ें पसार चुका था। एक पढ़ा-लिखा युवा जिस तरह भटकन का शिकार होकर कुण्ठित होता जा रहा था, वह निराशा बेहद अर्थपूर्ण ढंग से इस व्यंग्य-गीत के माध्यम से सिनेमा के परदे पर चरितार्थ हुई। यह एक गीतकार का सिर्फ़ अपनी फ़िल्म की पटकथा के अनुरूप गीत-लेखन ही नहीं था, बल्कि एक स्टेटमेंट भी था कि एक ज़हीन शायर समाज को कैसे देख, समझ और परख रहा है।

'फ़िल्मफ़ेयर' पत्रिका के अपने गीतों के स्तम्भ 'गीत गाता चल' में गुलज़ार ने इस गीत को लेकर एक बयान यह भी दिया था, जिसे उपर्युक्त परिप्रेक्ष्य के सन्दर्भ में जोड़कर भी देखा जा सकता है और उससे अलग उनके समाज में कलात्मक ढंग से राजनीतिक हस्तक्षेप के हवाले से भी समझा जा सकता है। उन्होंने *'हाल-चाल ठीक-ठाक है'* के लिए कहा—

> *'1971 में जब बांग्लादेश की मुक्ति का संघर्ष चल रहा था, तब मैंने सुखदेव की बनायी और भावुक कर देनी वाली एक डाक्यूमेंट्री फ़िल्म 'नाइन डेज टू फ्रीडम' देखी। बांग्लादेश की मुक्ति के सम्बन्ध में उस समय हुए नरसंहार का यह फ़िल्म मार्मिक चित्रण करती थी। साथ ही, भारत उस समय एक बहुत ही उथल-पुथल के दौर से गुज़र रहा था। ऐसी परिस्थिति में जो घटनाएँ मेरे इर्द-गिर्द और देश भर में हो रही थीं, मैं उन्हें नज़रअन्दाज़ नहीं कर सकता था। उस तकलीफ़ को भी मैंने एक कमेंट के तौर पर 'मेरे अपने' फ़िल्म में 'हाल-चाल ठीक-ठाक है' के मार्फ़त व्यक्त किया है।'*

इस तरह गुलज़ार भारतीय सन्दर्भों में यहाँ की उथल-पुथल-भरी सामाजिक परिस्थिति की ज़मीन पर बांग्लादेश के मुक्ति संघर्ष को भी अपने गीत में पॉलिटिकल सेटायर बनाकर अभिव्यक्त करते हैं।

बाद में चार साल बाद 1975 में 'आँधी' फ़िल्म में भी राजनीतिक भ्रष्टाचार को केन्द्र में रखकर रची गयी पटकथा में यही व्यंग्य दोबारा से मुखरित होता है। फ़िल्म में मुख्य किरदार आरती देवी (सुचित्रा सेन) इलेक्शन लड़ रही हैं और जब वे चुनाव प्रचार के दौरान अपने निर्वाचन क्षेत्र में जाती हैं, तो उन पर राजनीतिक टिप्पणी-सा करते गीत के बहाने उस दौर का पूरा हुलिया सामने आता है, जो पूरी व्यवस्था के ऊपर एक सवालिया निशान है। गीत इस तरह है—

सलाम कीजिए, आली जनाब आये हैं
यह पाँच सालों का देने हिसाब आये हैं
जो इन ख़ुदाओं को सज्दा करे न, काफ़िर है
बस एक वोट नहीं है, यह जान हाज़िर है
बहुत लगाए-उतारे हैं नाम के लेबल
चलाईं कुर्सियाँ हमने, जमाए हैं टेबल
हिसाब दीजिए, हम बे-हिसाब आये हैं
सलाम कीजिए, आली-जनाब आये हैं...

इस गीत में चुनाव के परिदृश्य को लेकर मजाहिया पैरोडी की गयी है। गीत में चुनाव से पहले और बाद के हालातों के विरोधाभास को कटूक्ति के माध्यम से व्यक्त किया गया है। यह फ़िल्म-गीत के दायरे से आगे निकलकर भारतीय चुनाव पद्धति के बारे में एक शायर का हलफ़नामा भी है। यदि इसे 'आँधी' फ़िल्म की पटकथा से बाहर निकालकर किसी भी दौर की राजनीति के सन्दर्भ में नेताओं के चुनाव प्रचार अभियानों के ख़िलाफ़ एक पर्चे की तरह पढ़ा जाये, तो वह और भी अधिक प्रासंगिक होगा। गोया, वह एक नागरिक का उसके क्षेत्र में लड़ने आये नेता के ख़िलाफ़ 'नोट ऑफ़ डिसेंट' हो। ...और इतने भर से बात नहीं बनती, हम गुलज़ार की शायरी के सफ़र में इस बात को बख़ूबी पकड़ सकते हैं कि उनका नागरिक मन राजनीतिक रूप से हमेशा सजग बना रहा है। यह अलग बात है कि ख़ुद वे कभी राजनीतिक होना पसन्द नहीं करते। उनके विचार और राजनीति को लेकर सारी मर्यादाएँ एक ऐसे ऑबज़र्वर की हैं, जो उस सिस्टम से थोड़ी दूरी बरतते हुए उसके क्रिया-कलापों, विचार-पद्धतियों और सामाजिक सहभागिता के प्रति प्रश्न करता है। उनकी कई 'त्रिवेणियों' में यह परेशानी साफ़ नज़र आती है। एक-दो उदाहरण से यह बात राजनीतिक आशयों के तहत और भी अधिक बेधक ढंग से समझी जा सकती है—

परचियाँ बँट रही हैं गलियों में
अपने क़ातिल का इन्तख़ाब करो

वक़्त यह सख़्त है चुनाव का!

x x x

गोले, बारूद, आग, बम, नारे
बाज़ी आतिश की शहर में गर्म है

बंध खोलो, कि आज सब 'बन्द' है।

त्रिवेणियों में जहाँ कम जगह और कम शब्दों में बड़े प्रश्न उठा दिये गये हैं, वो शायर का अपनी क़लम व विचारों पर पुख़्तगी और सामंजस्य का इशारा हैं। इनमें वह पोएटिक जस्टिस भी शामिल है, जिसके लिए गुलज़ार कविताओं की शरण में जाते हैं। उसी समय यह देखना एक रोचक विमर्श को दावत देता है, जब वे फ़िल्म-गीतों की शक़्ल में सामाजिक या राजनीतिक मुद्दे की बात करते हैं। उस समय उनका व्यंग्य-बोध अपने शिखर पर होता है और कई बार तो वह ठिठोली, प्रश्नवाचकता या व्यंग्य से ऊपर उठकर निन्दापूर्ण तंज़ में बदल जाता है। उनकी बहुत बाद की फ़िल्म 'हू तू तू' जो राजनीतिक सन्दर्भों पर एक बयान की तरह नज़र आती है, में भाऊ के चरित्र (नाना पाटेकर) के द्वारा गाया गया यह गीत पढ़ना और सुनना चाहिए, जो सामाजिक, राजनीतिक अन्तर्विरोधों को नंगा कर देता है–

आटे में घपला जी बाटे में घपला
रेल में घपला जी तेल में घपला
एल.आई.सी. में बैंक में घपला
जीप में घपला टैंक में घपला
फ़ौजों के बूटों से लेकर बन्दूक़ों में घपला है
करोड़ के नोट भरे इन सन्दूकों में घपला है...
घपला है भाई घपला है भाई
घपला है भाई घपला है

गीत के इस अन्तरे पर कुछ अतिरिक्त कहने की ज़रूरत नहीं है, जो ख़ुद हमारे सामाजिक ताने-बाने में राजनीतिक भ्रष्टाचार को बड़े स्तर पर मुखर ढंग से व्यक्त कर रहा है। इसी तर्ज़ पर 'हू तू तू' का दूसरा गीत भी बेहद ज़रूरी पाठ है, जिसके सहारे हम राजनीतिक टिप्पणियों को गुलज़ार की क़लम से चरितार्थ होता हुआ देख सकते हैं। दूसरे गीत की शुरुआती पंक्तियाँ ही पढ़ने के लिए काफ़ी होंगी– *'बन्दोबस्त है ज़बर्दस्त है, बन्दोबस्त है ज़बर्दस्त है/ख़ून की ख़ुशबू बड़ी मस्त है।'* इसी तरह कुछ साल पहले आयीं दो महत्त्वपूर्ण फ़िल्मों 'मटरू की बिजली का मंडोला' (2013) और 'हैदर' (2014) में गुलज़ार की क़लम लाजवाब करती है, जब वे सामाजिक परिदृश्य की नियति का चित्रण एक अभियान की तरह लिखते हैं। इन फ़िल्मों के बहाने उनके तेवर और गीतकार के भीतर के अन्तर्द्वन्द्व को समझा जा सकता है, जिसे वे आम जीवन की दुश्वारियों के बीच से चुनते हैं। इसमें 'मटरू की बिजली का मंडोला' के दो गीत *'डोल-डोल...हट लूटनेवाले/हट-हट लूटने वाले'* और *'रे सुनो भाइयो,*

भाभियो सुनो री/कथा-चोर की रे चोरी-चोरी' विशेष अभिप्राय वाले हैं। उसी तर्ज़ पर, 'हैदर' का *'लाल-लाल हुआ/लाल-लाल हुआ ना झेलम/झेलम लाल-लाल हुआ'* भी कश्मीर के राजनीतिक, सामाजिक ऊहापोहों को लेकर एक बड़ा स्टेटमेंट है, जो गीत के बहाने कहा गया है।

गुलज़ार के अन्य फ़िल्मी गीतों में 'लाल सलाम' (2002), 'यहाँ' (2005), 'रावण' (2010) और 'राजनीति' (2010) जैसी फ़िल्मों का जायज़ा लेना भी ज़रूरी बन जाता है। इस लिहाज़ से भी कि वे उसी परम्परा की बानगियाँ हैं, जिसे कभी पचास साल पहले उसके शायर ने 'मेरे अपने' (1971) के माध्यम से आवाज़ दी थी। ऐसी परिस्थितियों में जहाँ राजनीतिक, सामाजिक आशयों के सवाल बड़े बन गये हैं, गुलज़ार का गीतकार एक एक्टिविस्ट की तरह प्रभावी खड़ा दिखाई देता है। यहाँ उनके वही पी.डब्ल्यू.ए. वाले संस्कार नज़र आते हैं, जब वे किशोरावस्था में अली सरदार जाफ़री की तकरीरें सुनने के लिए रोमांचित हो उठते थे। कभी गुलज़ार की राजनीतिक सन्दर्भों वाली कविताओं, त्रिवेणियों, नज़्मों और फ़िल्म गीतों का कोई ख़ाका बनाया जायेगा, तो वह उतना ही भारी होगा, जितना कि वे प्रेम और रोमान के सदाबहार गीत लिखकर मशहूर हुए हैं।

मिसाल के तौर पर ऊपर सन्दर्भित फ़िल्म गीतों के मुखड़ों को एक बार याद कर लेना चाहिए, जिनसे एक दूसरे रंग का गुलज़ार मुहावरा विकसित होता है। 'लाल सलाम' के *'ज़रा-सा आओ ना बैठो वतन की बातें करें',* 'राजनीति' का *'बूढ़ा आसमाँ धरती दे घेरे/धन है धरती रे, धन-धन धरती रे',* 'रावण' का *'ठोंक दे किल्ली'* और 'यहाँ' का *'पूछे जो कोई मेरी निशानी/रंग हिना लिखना'* विशेष उल्लेखनीय हैं। इसमें 'यहाँ' के गीत में एक अजब-सी बात है कि एकबारगी उसे पढ़ने में वह एक रूमान का गीत लगता है। फिर उसे आप कश्मीर और फ़िल्म के परिदृश्य में रखकर जब दोबारा से पढ़ते हैं, तो उसमें अनुगूँजों की तरह सामाजिक, राजनीतिक आशय भी दिखने लगते हैं। अलग से 'रावण' के गीत को यहाँ मिसाल के तौर पर रख रहा हूँ, जिसका सामाजिक, राजनीतिक आशय भी गम्भीर ढंग से अपनी परवाज़ टटोलता है—

ठोंक दे किल्ली, ठोंक दे किल्ली
कि दूर नहीं है, चलेगा दिल्ली
सबको बुरे आँख दिखाए, तानाशाही डरे-डराए
ओ बागड़ बिल्ली, ओ ठोंक दे किल्ली
तू मार दे डण्डा, उड़ा दे गिल्ली

राजनीतिक सन्दर्भों को थोड़ी देर के लिए परे रख दें, तो सामाजिक सरोकारों वाले गीतों में वही पैने व्यंग्य आसानी से दिखाई देते हैं, जो गुलज़ार के शायर मन का वह अलग-सा कोना है, जिसमें विचारों की खिड़की उसी गलियारे से निकलकर दूसरी ओर खुलती है। इसमें महानगरों में बसे हुए मध्यमवर्गीय जीवन की वह समस्याएँ भी वाबस्ता हैं, जो दशकों पहले भी वही थीं, जो कमोबेश आज भी नहीं बदली हैं। जैसे 'बीबी और मकान' (1966) के इस गीत में यह समस्या उजागर होती है—

रहने को घर दो
छत पे फ़र्श या फ़र्श पे छत दो
रहने को घर दो...

इसी तरह 'घरौंदा' (1977) का यह गीत भी 'बीबी और मकान' के सवालों का विस्तार है, जहाँ एक अदद घर पाना, बड़ी समस्या का कारण है—

दो दीवाने शहर में
रात में या दोपहर में
आब-ओ-दाना ढूँढ़ते हैं
इक आशियाना ढूँढ़ते हैं

सामाजिक रूप से जीवन की आपाधापी, असमंजस और अन्तर्विरोधों को लेकर गुलज़ार के यहाँ कविताई का रंग गहरा है। सामान्य ज़िन्दगी के बिम्बों से लेकर कुछ व्यंग्य और प्रश्नाकुलता की ज़द में ढेरों चीज़ें सम्भव हो रही हैं। ऐसे में शुद्ध कविता से अलग, गीतों में भी यह तनाव बेहद ख़ूबसूरती से गुलज़ार निभाते हैं। फिर वह 'गोलमाल' (1979) के *'गोलमाल है भई सब गोलमाल है/हर सीधे रस्ते की इक टेढ़ी चाल है'* जैसा स्वर हो या 'नो स्मोकिंग' (2007) का *'कश लगा, कश लगा/ज़िन्दगी के कश लगा/हसरतों की राख उड़ा'* और 'जहाँ तुम ले चलो' (1999) में *'कभी चाँद की तरह टपकी/कभी राह में पड़ी पाई/अट्ठन्नी सी ज़िन्दगी...ये ज़िन्दगी'*। हर गीत का अपना एक फ़लसफ़ा है, जो समाज की परेशानियों और ज़िन्दगी से उसके सामंजस्य को लेकर अपने अर्थ पाता है। गुलज़ार के लिए यह सब बहुत आसान भी नहीं है, क्योंकि उन्होंने अपनी शायरी में जिस बेपरवाह ज़िन्दगी की तमन्ना की है, वह ऐसे सरोकारों के फेर में पड़कर अकसर सामाजिक जवाबदेही में बदल जाती है। हमें यह भूलना नहीं चाहिए कि किशोर उम्र से गुलज़ार जिस तरक़्क़ीपसन्द अदब के दौर से जुड़े रहे, उसकी निशानदेही

भी भीतर कहीं गहरे मौजूद है, जो उनकी अभिव्यक्तियों में लगातार उतनी ही चोट के साथ दर्ज होती रहती है।

ज़ाहिर है, जब ऐसी जवाबदेही का होना वे ख़ुद तय करते हैं, तो गीतों और नज़्मों से निकलकर कुछ कहानियाँ भी लिखते हैं। कुछ मंज़र, कुछ ऐसे शब्द-चित्र, जिनका असर बेधक और टीस देने वाला होता है। वे ऐसी कहानियों को लिखकर किसी उपदेशक या नैतिक शिक्षा देने वाले समाजशास्त्री की भूमिका में नहीं आना चाहते, बल्कि सिर्फ़ एक इशारा भर करते हैं और उस दुखती हुई रग पर अपनी उँगलियाँ रख देते हैं, जो आपके एहसास को छूते ही भीतर का दर्द उभार देता है। ऐसे में बलात्कार पर 'रेप मार्केट' और 'हिल्सा', भारत-पाकिस्तान सरहद के रिश्तों पर 'ओवर', 'एल.ओ.सी.', 'दुम्बे', 'कुलदीप नैयर और पीर साहब' और मुम्बई के फुटपाथों पर गुज़र-बसर करने वाले भिखारियों की त्रासदियों को शक्ल देती 'अठन्नियाँ' इन्हीं सन्दर्भों के तहत पढ़नी चाहिए।

गुलज़ार के रचनात्मक कर्म में यह बात विचित्र ढंग से अपनी परिभाषा गढ़ती है कि वे किसी मानवीय सरोकार, सामाजिक प्रश्न या रचनात्मक प्यास को विचार देते हुए अपनी पूरी कला-परिक्रमा से गुज़रते हुए कभी कविताओं तो कभी नज़्मों या छोटे बहर की तीन पंक्तियों वाली त्रिवेणियों, छोटे-छोटे दृश्यों में तब्दील होती हुई कहानियों और फ़िल्म के कथानक के अनुसार विकसित हुए गीतों में कहीं भी व्यक्त होते रहते हैं। उनके विचारों का एक वृत्त, मुख्यमार्ग को जाती हुई एक लम्बी पगडण्डी या शब्दों के बहाने विभिन्न कला-माध्यमों में चेहरे का मेकअप बदलकर मंच पर आने की छटपटाहट, सब कुछ एक साथ विभिन्न पलों में होते हुए देखी जा सकती हैं। राजनीतिक और सामाजिक आशयों की यह दुर्लभ अभिव्यक्तियाँ भी उसी का एक हासिल हैं, जिनमें कविताएँ सबसे पहले उन्हें इन विचारों को क़लमबद्ध करने का आमन्त्रण देती हैं। पिछले कुछ वर्षों की एकदम नयी कविताओं में भी इस इशारे और सामाजिक हस्तक्षेप की ज़रूरत को महसूस किया जा सकता है। 'परिन्दे हैं या परचम?', 'लकीरें', 'स्पीकर', 'बहुत से मसले लेकर गया था', 'कबड्डी', 'मुहाफ़िज़', 'एक मंज़र' और 'जलसा' ऐसी ही महत्त्वपूर्ण बानगियाँ हैं, जिनसे गुज़रकर गुलज़ार के सामाजिक सरोकारों की खिड़की में झाँकने का अवसर मिलता है। एक ऐसी ही खिड़की में झाँकते हुए इन पंक्तियों पर बरबस नज़र ठहरती है—

लकीरें हैं तो रहने दो
किसी ने रूठ कर ग़ुस्से में शायद खींच दी थीं
उन्हीं को अब बनाओ 'पाला' और आओ—
कबड्डी खेलते हैं!...

तुम्हारे 'पाले' में जब 'कुडी कुडी' करता जाऊँ मैं
मुझे तुम भी पकड़ लेना
मुझे छूने नहीं देना वो सरहद की लकीरें
किसी ने ग़ुस्से में जो खींच दी थीं!
उन्हीं को अब बनाओ 'पाला' और आओ—
कबड्डी खेलते हैं! (कबड्डी)

56

पिछले कई सालों से उनसे बात करते हुए फ़िल्म गीतों की बुनावट और उसके स्ट्रक्चर पर कई दफ़ा बात हुई। हर बार गीतों के शिल्प, उनकी संरचना और उससे पैदा होने वाली रोशनी के बारे में, जो अकसर उन बोलों के अर्थों में छुपी होती है, पर बड़ी गम्भीरता से उन्हें बोलते हुए सुना है। गोया उस समय वह शायर, गीतकार गुलज़ार न हों, एक क़लन्दर हों, जो अपनी धूनी की आग को कुरेदते हुए चिमटे से अंगारों को इकट्ठा करता है।

बोलों पर गुलतराशी करने वाले किसी गीतकार के फ़न को समझते हुए हमेशा ही गुलज़ार साहब ने अपने वर्तमान को भी टटोला है, जिसमें समय की धारा ने कई तब्दीलियाँ की हैं। हालाँकि यह सवाल अब पुराने पड़ते हुए नज़र आते हैं, क्योंकि जब इस किताब की बात शुरू हुई थी, उसे गुज़रे हुए अठारह-बीस साल हो चुके हैं। फिर भी इन सवालों के जवाब चूँकि गुलज़ार दे रहे हैं, तो उसे यहाँ रखना आज भी ताज़गी-भरा लगता है। मेरे इस सवाल पर कि आजकल गानों में हमारा भारत नहीं दिखता, वे कुछ यूँ फ़रमाते हैं—'मियाँ, आपको गीतों में भारत कैसे दिखेगा? जब फ़िल्मों में ही हिन्दुस्तान नज़र नहीं आता, तो हिन्दुस्तानियत कैसे दिखेगी गानों में?' वे जैसे कुछ समझाते हुए बात का सिरा आगे बढ़ाते हैं—'बरख़ुरदार! आपको यह जानना चाहिए कि गानों की वजह से यह सोसाइटी नहीं थी, बल्कि सोसाइटी की वजह से गाने थे। आज ज़िन्दगी की रफ़्तार बदल गयी है। आप देखें; फ़िल्मों में हर तरफ़ न्यूयॉर्क है, वाशिंगटन है, यूरोप है, लन्दन है, उसमें भारत कहाँ है? कैसे आप गीतों में उसे ढूँढ़कर लायेंगे, जिसको आपने दिखाना बन्द कर दिया है...

'आपके रहन-सहन में अब फटे हुए कपड़े शामिल हैं। वो आपका फ़ैशन है, जिसे आप बड़े गर्व से बताते और निबाहते हैं...तो आज गाने भी उसी तरह ख़स्ताहाल, अपने धागों से अलग मुँह चिढ़ाते हुए ही न मिलेंगे आपको? जब समय ने आपको फ़ैशनपरस्त बनाया है, तो गानों का भी वैसा ही फ़ैशन आम हुआ समझिए। यह बहुत मार्मिक बात है कि आप जिस चलन से मुँह मोड़ आये हैं, उसी के लिए नॉस्टैल्जिक होकर गानों में अपनी हिन्दुस्तानियत ढूँढ़ने निकले हैं। आज कोई क्यूँ पण्डित प्रदीप होगा, जो आपके लिए गीतों में यह लिखे– *'दूर हटो ऐ दुनिया वालो हिन्दुस्तान हमारा है'* या *'आओ बच्चो तुम्हें दिखायें झाँकी हिन्दुस्तान की'*?...

'...आप आज के गीतों से ऐसी उम्मीद ही क्यों करते हैं?'

मैं अवाक्। चकित भाव से उन्हें गीतों पर बोलते हुए सुनता हूँ और धीरे से अपना प्रश्न बदल देता हूँ।

57

'मीरा' फ़िल्म के बनने की प्रक्रिया को लेकर गुलज़ार साहब ने एक लेख 'मीरा : विचार से पर्दे तक का सफ़र', 15 दिसम्बर, 1978 को लिखा था, जो बाद में 1979 में राधाकृष्ण प्रकाशन से प्रकाशित हुआ। यह लेख, फ़िल्म के बारे में उपजे उन कई सवालों का जवाब भी था, जो बतौर पार्श्वगायिका लता मंगेशकर के इस फ़िल्म से न जुड़ने से सन्दर्भित था। मुझे आज भी यह लेख उनकी फ़िल्म-यात्रा के सन्दर्भ में एक ज़रूरी दस्तावेज़ लगता है, इसलिए लगभग उसी लेख को कुछ अपनी भाषा में बरतते हुए यहाँ दोबारा से प्रस्तुत कर रहा हूँ।

कृष्ण भक्त कवयित्री मीराबाई के जीवन को लेकर फ़िल्म बनाने का प्रस्ताव निर्माता प्रेमजी की तरफ़ से गुलज़ार साहब के पास आया। इसे सुनकर ही वे खुश हो गये कि अब तक उन्हें यह विचार क्यों नहीं सूझा था, जिसके चलते ऐसी सन्त गायिका पर कोई फ़िल्म बनाने की सोचते। जब फ़िल्म बनाने की बात तय हो गयी, तब प्रेमजी ने ही उन्हें इस बात के लिए मशवरा दिया कि हम मीराबाई पर बनने वाली फ़िल्म का मुहूर्त लता मंगेशकर से करायेंगे, क्योंकि आज के समय में आधुनिक मीरा की हैसियत तो वही रखती हैं। गुलज़ार साहब को यह बात भायी और एक दिन लता जी को भी इस बात के लिए मना लिया गया कि वे 'मीरा' का मुहूर्त करेंगी। लता जी मुहूर्त के लिए राज़ी

हो चुकी थीं, मगर उन्होंने यह बात धीरे-से गुलज़ार साहब से कह दी कि वे इस फ़िल्म के लिए गा नहीं सकेंगी। दशहरे के दिन 14 अक्टूबर, सन् 1975 को 'मीरा' का मुहूर्त हुआ। उस समय गुलज़ार साहब ने उनसे बहस करना ज़रूरी नहीं समझा और इस बात को अपने मन में ही रख लिया कि अभी तो मुहूर्त हो रहा है, जब फ़िल्म की पटकथा पूरी होकर शूटिंग के लिए फ़्लोर पर जायेगी और उस समय गानों की रेकॉर्डिंग शुरू होगी, तब दीदी को मना लेंगे।

स्क्रिप्ट पूरी होने में लगभग एक वर्ष लगा और फ़िल्म की शूटिंग का पहला दिन आया 19 जून, 1976 को। इसके पहले फ़िल्म के संगीतकार के रूप में लक्ष्मीकान्त-प्यारेलाल का चयन हो चुका था और यह तय पाया गया कि पहले ही गीत 'मेरे तो गिरधर गोपाल' की रेकॉर्डिंग लक्ष्मी-प्यारे करेंगे। गुलज़ार ने संगीतकार जोड़ी को यह बता भी दिया था कि लता जी ने इस फ़िल्म के लिए गाने से मना कर दिया है। लक्ष्मीकान्त-प्यारेलाल को ख़ुद पर यह विश्वास था कि वे लता जी को आख़िरकार मना लेंगे। ...मगर होनी को कुछ और ही करना था। लता जी इस फ़िल्म में गाने के लिए राज़ी ही न थीं। रेकॉर्डिंग के पहले लक्ष्मीकान्त जी ने गुलज़ार से कहा वे एक बार चाहें तो प्रयास करके देख लें, क्योंकि लता जी उनके कहने के बाद भी फ़िल्म में गाने को तैयार नहीं हैं। लक्ष्मीकान्त-प्यारेलाल इस बात से दुविधा में थे और यह तय नहीं कर पा रहे थे कि बिना लता मंगेशकर के वे 'मीरा' के भजनों को किस दूसरी आवाज़ में रेकॉर्ड करेंगे?

इस पर गुलज़ार फिर से लता मंगेशकर को मनाने के लिए उनसे 'मीरा' के गीतों की रेकॉर्डिंग के लिए बात करने गये। गुलज़ार साहब बातचीत में यह बताते हैं कि जब लता जी ने न गाने की वजह बतायी, तो वह उन्हें भी उचित ही लगी, जिसके कारण वे इस फ़िल्म में गाना नहीं चाहती थीं। लता जी ने गुलज़ार से यह कहा था कि वे मीरा के दो प्राइवेट लाँग प्ले रेकॉर्ड पहले ही गा चुकी हैं...और जिस श्रद्धा और भक्ति के साथ उन्होंने मीरा के भजन गाये हैं, उन्हें नहीं लगता कि उसके बाद अब उनको किसी भी कॉमर्शियल नज़रिये से मीरा के भजनों को गाना चाहिए। गुलज़ार साहब को यह तर्क़ पसन्द आया और इसका पूरा एहतराम करते हुए उन्होंने लता जी की बात को शब्दशः लक्ष्मीकान्त-प्यारेलाल को बता दिया। उन्होंने यह दरख़्वास्त भी की, कि वे अब कोई दूसरी आवाज़ चुन लें, जिससे 'मीरा' के गीतों की रेकॉर्डिंग हो सके। लक्ष्मीकान्त-प्यारेलाल ने लता जी की अनुपस्थिति में फ़िल्म छोड़ना मुनासिब समझा और वे फ़िल्म से अलग हो गये। गुलज़ार के पास फिर से परेशानी का

मंज़र खड़ा हो गया कि कैसे वे अपनी इस संगीतप्रधान फ़िल्म में मीरा की आवाज़ के लिए कोई पार्श्वगायिका चुन सकें और एक ऐसा संगीतकार उनके दरपेश हो, जो लता जी की क़द्दावर शख़्सियत के सामने उनके बग़ैर भी कोई दूसरी आवाज़ चुनते हुए 'मीरा' का एल.पी. तैयार कर सके।

गुलज़ार के करियर की यह शायद पहली फ़िल्म रही होगी, जिसका संगीत तैयार हुए बग़ैर ही फ़िल्म की शूटिंग शुरू हुई हो। गुलज़ार साहब यह भी स्वीकारते हैं कि उनके बेहद अज़ीज़ दोस्त पंचम (आर.डी. बर्मन) ने भी 'मीरा' के लिए संगीत देने से इंकार कर दिया था। वे लता जी से न गवाकर किसी विवाद में पड़ना नहीं चाहते थे। एकबारगी गुलज़ार को लगा कि बिना आवाज़ और संगीत के 'मीरा' का क्या होगा? कहीं फ़िल्म ही न बन्द करनी पड़े।

अकसर मुश्किलों वाले दौर में कोई उम्मीद की रोशनी जलती है। ऐसा ही 'मीरा' के साथ हुआ, जब शूटिंग के दौरान ही फ़िल्म के आर्ट डायरेक्टर देश मुखर्जी ने प्रख्यात सितार-वादक और हिन्दी सिनेमा की दुनिया में चुनिन्दा फ़िल्मों के संगीतकार रहे पण्डित रविशंकर का नाम सुझाया। यह नाम गुलज़ार को गहरी आश्वस्ति दे गया। उन्हें लगा कि पण्डित जी संगीत के ऐसे बड़े फ़नकार रहे हैं कि अगर उन्हें फ़िल्म का पूरा कांसेप्ट पसन्द आ जायेगा, तो शायद वे संगीत देने के लिए मान जायें। उन दिनों पण्डित रविशंकर अमेरिका में रहते थे और हिन्दी फ़िल्मों में संगीत देने से दूरी बरत चुके थे। गुलज़ार को यह मशक़्क़त थोड़ी संशय में डालने वाली भी लगने लगी कि एक तरफ़ वो अमेरिका में बैठे हैं, दूसरी तरफ़ हिन्दुस्तान में रहकर पूरी फ़िल्म का संगीत तैयार किया जाना है। अगर वे मान भी गये, तो हम यह संगति कैसे बिठायेंगे कि उन्हें भारत बुलाकर सारे के सारे गीत एक बार में ही रेकॉर्ड करा लिये जायें...उस पर यह समस्या भी कि लता जी के मना करने के बाद भला पण्डित जी का फ़िल्म को लेकर क्या रुख़ रहेगा?

ख़ैर, किसी तरह मेहनत करके उनका अमेरिका और लन्दन प्रवास का नम्बर पता किया गया, जिस पर गुलज़ार ने 'मीरा' के सन्दर्भ में पण्डित जी से बात की। गुलज़ार साहब बताते हैं कि बातचीत करते हुए ही उन्हें इस बात का आभास हो गया था कि वे फ़िल्म में संगीत देने के लिए मान जायेंगे। उन्होंने बस एक छोटी-सी यह शर्त रख दी—'आप मुझे फ़िल्म की स्क्रिप्ट सुना दीजिए। मुझे अच्छी लगी, तो मैं ज़रूर ही संगीत दूँगा।'

गुलज़ार साहब बताते हैं कि 'मीरा' की स्क्रिप्ट को उन्होंने पण्डित रविशंकर को लगभग तीन घण्टे के बड़े से फैले हुए समय में इत्मीनान से सुनाया था। इस तीन घण्टे की पटकथा सुनाने की मीटिंग के बाद 'मीरा' फ़िल्म के लिए पण्डित रविशंकर ने संगीत देने की हामी भर दी। गुलज़ार ने उनसे कोई बात छुपायी नहीं और लता मंगेशकर प्रकरण भी बता दिया कि कैसे उनके न गाने के निर्णय को सम्मान देते हुए लक्ष्मीकान्त-प्यारेलाल पहले ही इस फ़िल्म से अलग हो चुके हैं और आर.डी. बर्मन ने भी इंकार कर दिया है। पण्डित जी इस पर कुछ नहीं बोले, मगर उन्होंने इस बात पर अफ़सोस ज़रूर ज़ाहिर किया कि यदि लता गातीं, तो बात ही कुछ और होती।

जिन दिनों गुलज़ार ने पण्डित रविशंकर से मिलकर 'मीरा' के संगीत-निर्देशक के तौर पर उन्हें मनाया था, उसी दौरान लता जी एक कंसर्ट के सिलसिले में वाशिंगटन में थीं। गुलज़ार साहब ने लता जी से मिलकर उन्हें यह बताया कि पण्डित रविशंकर अब 'मीरा' के लिए म्यूज़िक दे रहे हैं। लता मंगेशकर ने इस बात पर प्रसन्नता ज़ाहिर की थी। इसके बाद दस-बारह दिनों तक स्क्रिप्ट और उसमें मीरा के भजनों को लेकर पण्डित रविशंकर और गुलज़ार में बात होती रही और वे स्क्रिप्ट के लिहाज़ से अपने नोट विस्तार से लिखते रहे। गुलज़ार साहब को यह जानकर आश्चर्य हुआ कि एक बड़ा संगीतकार किस तरह से अपना काम करता है। अगस्त, 1976 में गुलज़ार के भारत लौटने तक यह फ़ैसला हो चुका था कि इस फ़िल्म के लिए 'मीरा' के गाने वाणी जयराम गायेंगी।

हालाँकि पण्डित रविशंकर ने फ़िल्म बनने के वर्षों बाद अपनी आत्मकथा 'रागमाला' में यह बात नोटिस की कि 'मीरा' का संगीत बनाते हुए उन्हें बेहद आनन्द आया था। यह फ़िल्म कॉमर्शियल हिट नहीं थी, बावजूद इसके संवेदनशीलता और सुन्दरता के साथ रची गयी थी। उन्होंने यह भी लिखा कि फ़िल्म में मीराबाई की आवाज़ के लिए उन्हें वाणी जयराम को फ़िल्म की मुख्य गायिका बनाना ठीक लगा, जो उन दिनों दक्षिण भारतीय फ़िल्मों की एक प्रमुख स्वर रही थीं।

सन् 1976 के ही नवम्बर माह की शुरुआत में पण्डित रविशंकर भारत आये। 22 नवम्बर, 1976 से 'मीरा' के गानों की रिहर्सल शुरू हुई, जिसमें वाणी जयराम समेत संगीत की यूनिट के सारे लोग शामिल थे। 30 नवम्बर से 15 दिसम्बर, 1976, यानी कुल पन्द्रह दिनों के बीच 'मीरा' के गीतों का पूरा

एल्बम महबूब स्टूडियो में रेकॉर्ड हुआ, जिसमें पण्डित रविशंकर का सहयोग विजय राघव राव ने किया।

...'बाला मैं बैरागन हूँगी', 'करुणा सुनो श्याम मोरी', 'श्याम मने चाकर रखो जी', 'मैं साँवरे के रंग राँची', 'जागो बंसी वाले ललना', 'बादल देख डरी हो श्याम', 'करना फ़क़ीरी फिर क्या दिलगीरी', 'राणा जी मैं तो गोविन्द के गुण गासूँ', 'प्यारे दर्शन दीजो आय', 'जो तुम तोड़ो पिया, मैं नाहीं तोडूँ रे', 'मेरे तो गिरधर गोपाल' और *'ए री मैं तो प्रेम दीवानी'* जैसे अमर गीत रचे जा चुके थे। 'मीरा' के कुल तेरह गानों और एक पण्डित दिनकर कैंकिणी की पाटदार आवाज़ में आलाप हमेशा के लिए रेकॉर्ड के तवों पर अंकित हो चुका था। वाणी जयराम के स्वर में पण्डित रविशंकर ने एक ऐसे शानदार सांगीतिक अनुभव को सदा के लिए 'मीरा' फ़िल्म के लिए दर्ज कर दिया था, जो भविष्य में अपनी सांगीतिक ऊँचाई को ऐतिहासिक अर्थों में समृद्ध करने वाला था।

फिर क्या था ...आध्यात्मिक पुट लिये हुए शास्त्रीयता के रंग में पगा पण्डित रविशंकर की परम्परा की दर्शन कराने वाला 'मीरा' का संगीत पूरा हुआ और एक बार फिर से फ़िल्म की शूटिंग की विधिवत् तैयारी शुरू हो गयी...। 'मीरा' के किरदार में डूबी हुई हेमा मालिनी अपने महल के परकोटे से डोले पर बैठकर जब अपनी विदाई में भोजराज के साथ निकलीं, तब मीराबाई का यह शाश्वत सन्देश, जैसे सेल्यूलाइड पर हमेशा के लिए फ़िल्म इतिहास के सुन्दर दृश्यों में शुमार हो गया। वाणी जयराम की आवाज़ का वैभव इस गीत के बैकड्रॉप में सुनना आज भी चकित करता है–

बाला मैं बैरागन हूँगी,
जिन भेषां मेरे साहब रीझे,
सो ही भेष धरूँगी...

58

कई दृष्टियों से गुलज़ार की 'नमकीन' (1982) एक अविस्मरणीय फ़िल्म है। बांग्ला के प्रसिद्ध कथाकार समरेश बसु की कहानी 'अकाल बसन्त' की ज़मीन पर विकसित की गयी एक अन्तहीन उदासी की पटकथा...यह फ़िल्म इस मायने में रोचक जान पड़ती है कि यहाँ तक की यात्रा में आकर गुलज़ार जैसे अपने ही गुरु बिमल रॉय को एक दूसरे ही कैनवास पर दोबारा से रच

रहे थे। फ़िल्म में वह सब कुछ है, जो ज़िन्दगी के मानवीय अर्थों को उसके सबसे इकहरेपन में जाकर देखने की कोशिश करता है।

वैसे तो ये फ़िल्म चार स्त्री और एक पुरुष पात्र के इर्द-गिर्द घूमती है, मगर बड़ी आसानी से ढाई घण्टे का लम्बा रास्ता तय करते हुए आपको पता ही नहीं लगता कि एक बड़े कलेवर के सिनेमा से निकलकर आये हों। 'जुगुनी' (वहीदा रहमान), 'निमकी' (शर्मिला टैगोर), 'मिट्ठू' (शबाना आज़मी) और 'चिंकी' (किरण वैराले) के साथ 'गेरूलाल' (संजीव कुमार) का एक छोटे-से पहाड़ी क़स्बे के खण्डहरनुमा घर में जाकर ऐसा रिश्ता बनता दिखाई देता है, जिसे जीवन की त्रासदियों की खिड़की के आर-पार जाते हुए देखना हैरान करता है। गुलज़ार समरेश बसु की बंगाल की पृष्ठभूमि की कहानी को हिमाचल की लोकवादियों में विस्तृत करते हैं। एक ऐसे नैसर्गिक लैंडस्केप में रचते हुए, जिसमें शाम का धुँधलका और सुबह की ख़ामोश धूप भी कथानक की उदासी को एक मूड देती है। गुलज़ार के नमूनों में से एक उम्दा संयोजन, जहाँ फ़िल्म की नाटकीयता इतने एफ़र्टलेस ढंग से खुलती है कि ज़िन्दगी के ढेरों पड़ाव अपने सबसे बारीक़ रेशों, धागों के साथ मौजूद मिलते हैं।

'नमकीन' की कहानी में उदासी का नमक शामिल है और ज़िन्दगी की विसंगतियों का कपड़े की खुलती हुई तुरपाई की तरह निर्मोही आकलन भी...वहीदा जी के रोल में जुगुनी का किरदार उस नौटंकी की औरत का है, जो अपने सारंगिया प्रेमी के फ़रेब में पड़कर दिन-रात खटती है और एक दिन अपनी ही कला से ऊब जाती है। इस चरित्र में प्रिंसली इंडिया और ब्रिटिश कॉलोनियल दौर की उन नाचनेवालियों, बाईयों की ज़िन्दगी का अफ़साना भी समानान्तर ढंग से साँस लेता है, जिन्हें सिर्फ़ मनोरंजन की वस्तु के तौर पर बरता जाता रहा। फ़िल्म में कई संवाद ऐसे हैं, जो यथार्थ को निर्मम ढंग से चीरकर रख देते हैं। हालाँकि गुलज़ार ने जुगुनी को रचते हुए उसका मेयार बड़ा दिलचस्प बनाया है। वो अपने पति से इतनी आहत है कि तीन जवान बेटियों की दुश्चिन्ता में घुलती जाती है। बड़ी बेटी 'निमकी' (शर्मिला टैगोर) ही दरअसल फ़िल्म की मुख्य नायिका भी है और कहानी के सूत्रधार की तरह की केन्द्रीय उपस्थिति भी...वो दिन-रात परिवार को साधे हुए बहनों को सँभालती इस आस में जीती है कि कोई तो ज़रूर आयेगा और दुनिया एकाएक बदल जायेगी। जिस खँडहर जैसे छीजते मकान में ये चारों औरतें रहती हैं, वह भी कहीं अतीत और वर्तमान के बीच में फँसा हुआ धँसता जाता है...

गुलज़ार एक बेहतरीन नैरेटिव रचते हैं, जिसके तहत कविता लिखने वाली मझली लड़की मिट्ठू (शबाना आज़मी) किशोर वय में किसी हादसे के चलते गूँगी हो चुकी है। वो अल्हड़ है, ख़ुशमिज़ाज और दया से भरी हुई ...मौज-मस्ती में कभी माँ से छुपकर हाट-बाज़ार से पान भी खाती है और अकसर अपने एकान्त को ख़ुद के लिए पूर्णता में जीते हुए कविता लिखती है। बादलों की, सावन की, हंस की...

फिर से आइयो बदरा बिदेसी
तेरे पंखों पे मोती जड़ूँगी
भर के जाइयो हमारी तलैया
मैं तलैया के किनारे मिलूँगी...

फ़िल्म का दर्द यह है कि उसे तलैया के किनारे कोई नहीं मिलता, जो उसके एकान्त और पीड़ा को दूर कर सके। अलबत्ता अकेलापन, हताशा और तकलीफ़ ही हाथ आते हैं, जिसके कारण वो पागल हो जाती है और जीवन का वसन्त हमेशा के लिए समाप्त हो जाता है।

गुलज़ार ख़ुद शायर हैं, एक कैरेक्टर को बुनते हुए उसकी सारी संवेदना का वाज़िब इन्तज़ाम करते हैं, जिसके लिए 'मिट्ठू' का किरदार खड़ा होता है। फ़िल्म का नायक गेरूलाल (संजीव कुमार) वत्सल-भाव से इस कवि-मन स्त्री को देखता है और कविता लिखने की डायरी देकर लौट जाता है। एकबारगी देखने पर 'नमकीन' जैसी फ़िल्म जीवन की त्रासदियों की एक अधूरी डायरी ही लगती है, जिसमें सारे रिश्ते एक-दूसरे के दरपेश खड़े हैं। हर रिश्ते को दूसरे रिश्ते से कुछ पाने की आकांक्षा है, जिसका सपना उनकी आँखों में पलता है। जुगनी और उसकी तीनों बेटियों का रिश्ता ताश के उन घरौंदों की तरह है, जिनमें एक पत्ता गिरते ही पूरा घर भरभरा जाता है। 'निमकी' (शर्मिला टैगोर) का यह कहना इसी सिलसिले में बड़ा कारुणिक जान पड़ता है– 'मैं चली जाऊँगी, तो कोई नहीं बचेगा।'

'नमकीन' के रिश्ते ऐसे ही हैं। एक माला में मोती की तरह बिंधे हुए...और एक भी मोती निकल जाने पर पूरी तरह बिखर जाने वाले...फ़िल्म के एक दृश्य से यह बात समझी जा सकती है। उस सीन में शर्मिला टैगोर, नायक संजीव कुमार की इस बात पर 'वापस आऊँ?' के बाद कहती हैं–'वापस आओ, पर मेरे लिए नहीं...' दर्द को सतह पर ले आता है। परिवार के एक धागे में बँधी हुई रिश्ते की बसाहट को तार-तार कर देता है।

अपनी संवेदनशील दृष्टि के साथ एक निर्देशक के बतौर गुलज़ार पूरी फ़िल्म में छोटे-छोटे मानवीय प्रसंगों का अद्‌भुत कोलाज रचते हैं। आपको पता ही नहीं लगता कि कहीं से आप सिनेमा के दृश्यों से बँधे हुए हैं। बड़े हौले-से आपके दिल के कमरे में आकर यह फ़िल्म बैठती है और रिश्तों की बनती हुई नयी अर्थछवियाँ आपको बहुत अपनी लगने लगती हैं। फिर, वह चाय का प्याला पकड़ाने से लेकर घड़े में पानी भरने का सीन हो, खाना परोसने के दृश्यों से लेकर बहनों का रात में लालटेन बुझाते हुए सोने का मामला ...सभी जगह एक परिवार की गरमाहट बसती है। जब भी लड़कियाँ सोने जाती हैं और अपनी चुहल में हँसती-खिलखिलाती हैं, तो गुलज़ार के उस कामयाब फ़िल्मकार को दाद देने का मन करता है, जिसने मुस्कान और पीड़ा को भी सही अनुपात में फ़िल्माने का क़ायदा अपने गुरु बिमल रॉय से सीखा हुआ है।

ऊपर से वहीदा रहमान के चरित्र में मौजूद झुँझलायी हुई बेबस औरत का कुछ भी कटूक्ति में कह देना, सहज ढंग से जीवन की निशानदेही कराता है, जिसमें भाषा और लफ़्ज के लिहाज़ से समाज में परिवर्तन की बात भी कही गयी है। वहीदा जी फ़िल्म में उस प्रतीक की तरह हैं, जिनका समय बीत चुका है और बाक़ी बचे जीवन की समाज के लिए उपयोगिता शेष नहीं है। भले ही उनका होना एक बड़ी रवायत का मामला बनता हो। ज़्यादातर ज़िन्दगियों में ऐसा होता भी रहता है, कि हम उन चीज़ों से अपना सरोकार घटा लेते हैं, जिनकी बहुत उपयोगिता फिर हमारे किसी काम की नहीं होती। फ़िल्म के अन्त को कविता की ख़ूबसूरती के साथ फ़िल्माया गया है, जहाँ विरह और संयोग को बहुत सहजता से सहलाते हुए निर्देशक आगे बढ़ता है। संजीव कुमार का यह संवाद हमेशा के लिए याद रह जाता है—

> *'निमकी, उस बार तुमने कहा था मैं सब कुछ छोड़कर नहीं जा सकती पर सब के सब तुम्हें छोड़कर चले गये। इस बार मैं तुम्हें छोड़कर नहीं जाऊँगा।...यहाँ से साथ ले चलने के लिए कुछ नहीं है। जो बीत चुका है उसे छोड़ दो, जो बाक़ी है, वो बचा लो...'*

दरअसल कहानी के बावजूद 'नमकीन' की कोई कथा नहीं है। यह भावनाओं की लड़ियों की तरह है, जिसमें हर क्षण जीवन एक नया रूप लेता है। फ़िल्म समीक्षक सैबल चटर्जी ने ठीक ही लक्ष्य किया है—

> *'यह फ़िल्म एक ऐसा मानवीय ड्रामा है, जिसमें स्तब्ध कर देने के स्तर पर जाकर हृदयस्पर्शी घटनाएँ व्यक्त होती हैं।'*

गेरूलाल के साथ निमकी चली तो जाती है, मगर पीछे उसके परिवार का जो अतीत छूटता है, उससे जुड़ी त्रासदी भी वो अपने ट्रक ड्राइवर प्रेमी के साथ लेकर जाती है। एक अलग ही धरातल पर फ़िल्म के सन्दर्भ से संगीत को लेकर गुलज़ार की फ़िल्मों के अध्येता पवन झा कहते हैं—

> *'फ़िल्मकार गुलज़ार 'नमकीन' के गीत 'आँकी चली बाँकी चली' से अपने गुरु बिमल रॉय और उनके सिनेमा को और पंचम अपने पिता को श्रद्धांजलि देते प्रतीत होते हैं। याद कीजिए फ़िल्म 'बन्दिनी' का सचिन देव बर्मन कृत वो गीत 'ओ पंछी प्यारे', जिसमें जेल की महिला कै़दी इसी तरह मसाला कूटते हुए गीत छेड़ती है...इस गीत के ओखली-मूसल और उनका रिद्म और स्वर उस गीत की बरबस याद दिलाते हैं। 'बन्दिनी' के उस गीत में अनाज बीनने के लिए छाज के स्वर भी प्रमुख तौर पर नज़र आते हैं। 'नमकीन' के इस गीत में छाज नहीं है, लेकिन गुलज़ार और पंचम फिर भी उसके साउंड की सिचुएशन निकाल ही लेते हैं। ताज़े और बासी खाने के बेमेल-सा दिखने वाला, लेकिन अनूठा और मज़ेदार कॉम्बिनेशन—वैसे ही जैसे झुम्मन मियाँ और झुनियाबाई के किरदारों की जोड़ी है गीत में, बेमेल मगर मज़ेदार लगती है।'*

पवन झा जिस गीत के मर्म को खोलते हुए यह स्थापना रच रहे हैं, वह हिमाचल की वादियों में जाकर सम्भव होता है। ये गाना भी फ़िल्म संगीत के इतिहास में महान गीत की श्रेणी में आता है—

आँकी चली
बाँकी चली
चौरंगी में झाँकी चली
पांता भाते टटका बेगुन पोरा...

झुम्मन के घर बेटी जनमी
झुनिया जैसे गाल
मूँछ मरोड़ के निकले झुम्मन
जा पहुँचे ससुराल
बात-बात पर फ़ारसी बोलें
पानी माँगें 'आब'
प्यासे मर गए झुम्मन मियाँ
पर ना छोड़ी 'ताब'
पांता भाते टटका बेगुन पोरा...

'पांता भाते टटका बेगुन पोरा' में जिस बंगाल और पंजाब का मिलन हो रहा है, वह जितना गुलज़ार और आर.डी. बर्मन का मामला है, उतना ही 'नमकीन' फ़िल्म के आस्वाद को पंजाब बनाम बंगाल के सांस्कृतिक मैत्री के सम्बन्ध में व्यक्त करता है। बासी भात और ताज़ा बैगन भाजा मिलकर जिस तरह खाने का ज़ायक़ा रचते हैं, उसी तर्ज़ पर 'नमकीन' में मौजूद उदासियों और जीवन में बासी पड़ गये रिश्तों के भीतर नयी चमक रचने का जतन गुलज़ार करते हैं। मानवीय संवेदनाओं की अन्तहीन कड़ियों को आपस में जोड़ते हुए 'नमकीन' बनती है और एक हद तक मृणाल सेन की 'खँडहर' और श्याम बेनेगल की 'हरी-भरी' के मुहावरे की बग़ल में खड़ी मिलती है, जिनके यहाँ निम्न-मध्यम वर्ग अपनी ठसक और क़हक़हों के बीच जीता हुआ मौजूद है। इस वर्ग की तकलीफ़ों के इशारे भी परिवार की चारदीवारी के बीच सिसकते हैं। वैसे ही, जैसे 'नमकीन' में वहीदा रहमान, शर्मिला टैगोर, शबाना आज़मी और किरण वैराले अपनी-अपनी ज़िन्दगियों से ऊबकर सिसकती हैं।

59

गुलज़ार की फ़िल्म कविता का रूमान कुछ दूसरे ढंग से भी पढ़ा जा सकता है। उनके यहाँ जितने तरह के बिम्ब इस्तेमाल होते रहे हैं, ग़ौर से देखने पर ये बात समझ में आती है कि सभी के फ़ॉर्म इमोशंस को बरतने के फेर में आपस में बदल जाते हैं। विज्ञान की भाषा में जिसे 'मर्जिंग ऑफ़ सेंसेज़' (Merging of Senses) कहा जाता है, कुछ-कुछ उस तरह की युक्ति के चलते गुलज़ार के गीतों में सामान्य ढंग से संवेदना को महसूस करने की राह बदल जाती है। अकसर ऐसी परिस्थिति में उनके लिखे गीतों के मेटाफ़र अपनी संवेदना को बदली हुई भूमिका की तरह व्यक्त करते हैं।

जैसे, गुलज़ार के यहाँ ऐसे ढेरों प्रतीक और इमेज देखे जा सकते हैं, जहाँ वे रंग से छूने की बात करते हैं। खुशबू से देखने का काम लिया जाता है। ध्वनि को कानों में पहन सकते हैं। इस तरह के खिलवाड़ से वे उसी तरह का 'सर्रियलिज़्म' (अतियथार्थवाद) पैदा करते हैं, जिस तरह लेखक फ़्रांज़ काफ़्का के लेखन से 'काफ़्केस्क्यू' जैसी अवधारणा विकसित हुई। गीतों के चन्द उदाहरणों में से हम गुलज़ार के यहाँ की इन 'गुलज़ाराना' हरकतों को देख सकते हैं—

हमने देखी है उन आँखों की महकती ख़ुशबू... (ख़ामोशी)

आँखें जब दे रही हों आवाज़ें...	(सीमा)
नैनों की बाँसुरी कोई सुनाए...	(किनारा)
खट्टी-मीठी आँखों की रसीली बोलियाँ...	(गृह-प्रवेश)
साँसों पे रखा हुआ तेरे होठों का सपना अभी है वहीं...	(अशोका)
तेरी बातों में क़िमाम की ख़ुशबू है...	(बंटी और बबली)
घूँघट ही बना लो रौशनी से नूर के...	(झूम बराबर झूम)
फीकी-फीकी, बे-सवादी, बे-सवादी रतियाँ...	(गुरु)
सुरीली अँखियों वाले...	(वीर)

ये प्रयोग अनायास ही शायर की क़लम का हासिल हैं, जिनके कारण फ़िल्म-गीतों में एक नये क़िस्म का विमर्श पढ़ा जा सकता है, जो संवेदनाओं के फ़ॉर्म को अपनी सहूलियत के हिसाब से बदल देता है। इस कोशिश में हिन्दी कविता की स्वच्छन्द धारा के कवियों और गीतकारों की आवाज़ को भी शामिल करके देखना चाहिए, जहाँ प्रतीकों का इस्तेमाल, आधुनिक ढंग से गीतों में नव्यार्थ ले आता है, कई दफ़ा तो, बिम्बों का सघन प्रयोग गाने को ऑफ़बीट सिनेमा के गीतों की तरह के विरल उदाहरण में तब्दील कर डालता है। गुलज़ार जिन इमेजेज़ (बिम्बों) को कथ्य के अर्थ बदलने के अन्दाज़ से उन गीतों की पंक्तियों में रखते हैं, उनमें फ़रेब नहीं है। न किसी तरह की आतुरता कि इसके चलते उनको पढ़ने या समझने वाले समाज में उनका कोई रुतबा बढ़ने वाला है। एक जुनून है, जो उनके एक्सपेरीमेंट को नयी ज़मीन पर लाकर, नये आशयों को खोजने का विकल्प देता है। याद करें, किस तरह 'सदमा' का गीत लिखते हुए वे कह जाते हैं—

हमने भी तेरे हर इक ग़म को
गले से लगाया है, है न!

ग़म, जो जीवन में आने वाली एक मानवीय अनुभूति है, उसे एक दोस्त या हमसफ़र की तरह गले लगाना, उसकी आन्तरिक उपस्थिति को भौतिक स्वरूप देने जैसा है। यही 'गुलज़ारियत' है कि वो अपनी सूक्ष्म अन्तश्चेतना में मानवीय अनुभूतियों को बाक़ायदा परसॉनिफ़िकेशन करके देखने में यक़ीन करती है। इसी मानवीकरण को अतियथार्थ तक खोलते हुए गुलज़ार अकसर मिस्टीक

भी गढ़ते हैं। उनके रूमानी बिम्बों को दार्शनिक अर्थ अख़्तियार करना हो या जीवन के नैतिक प्रश्नों को रूमान में ढालकर हल करने की पैरवी, यह रहस्य और सर्रियलिज़्म का खेल उन्हें कामयाब बनाता है। फ़िल्मी गीतों में इसके उदाहरण भरे पड़े हैं, जिनमें यह युक्ति आसानी से लक्ष्य की जा सकती है। यही हाल ग़ैरफ़िल्मी गीतों, नज़्मों और सूक्तिपरक कविताओं का भी है, जहाँ गुलज़ारियत अपने रहस्य को कविता का विचार बना देने में आनन्दित होती है। गुलज़ार के असंख्य दीवाने नयेपन से उपस्थित इमेजरी को सेलीब्रेट करते नज़र आते हैं, जब उनकी नज़्मों से कोई प्रतीक, बिम्ब या उपमान छिटककर 'काफ़्केस्क्यू-पैटर्न' की तरह गुलज़ारियत का तिलिस्म गढ़ता है। 'पुखराज', 'रात पश्मीने की', 'रात, चाँद और मैं', 'कुछ और नज़्में', 'पन्द्रह पाँच पिचहत्तर' और 'प्लूटो' में यह घटना सरेआम घटती है, जिसे शायर बख़ूबी पहचानता है। फ़िल्मी गीतों की बड़ी-सी ज़िल्द में मौजूद ढेरों ऐसी स्थितियाँ अपने उरुज पर नज़र आती हैं, जब हम उनसे दो-चार होते हैं।

काफ्का के लेखन की शिल्पगत अद्वितीयता की डगर पर चलते हुए ऐसे ढेरों मुक़ाम गुलज़ार के गीतों में देखने चाहिए, जो उनके द्वारा पैदा की गयी सर्रलिज़्म की तरह की स्थिति को गाढ़ा करते हैं। 'रॉकफ़ोर्ड' फ़िल्म के गीत *'आस्माँ के पार शायद और कोई आस्माँ होगा'* में आने वाली यह पंक्ति गुलज़ारियत की ही एक अभिव्यक्ति है—

इन लम्बे रास्तों पर सब तेज़ चलते होंगे
कॉपी के पन्नों जैसे यहाँ दिन पलटते होंगे।

'माया मेमसाब' में भी *'ओ दिल बंजारे'* गीत का अन्तरा इसी तरह प्रभावशाली ढंग से अपने कथ्य को दो फ़ॉर्म की आपसी आवाजाही में गड्डमड्ड करता है। यह स्थिति ख़ूबसूरत लगती है और फ़ॉर्म के आपसी फेरबदल के चलते गीत सुनने में रूमानियत से भर जाता है—

धूप से छनती छाँव
ओक में भरना चाहूँ
आँख से छनते सपने
होंठ से चखना चाहूँ
एक बार अब तो डोल रे...

गुलज़ार का यह अन्दाज़-ए-बयाँ, जिसमें इमेजरी गढ़ते वक़्त 'मर्जिंग ऑफ़ सेंसेज़' की प्रक्रिया होने लगती है, उनका निहायत व्यक्तिगत एक्सपेरीमेंट है।

यह फ़िल्मी गीतों की दुनिया में बहुत लोकप्रिय भी हुआ। इस युक्ति के चलते उनके गीतों को आसानी से पहचाने ज़ाने की भी प्रक्रिया शुरू हुई, जिसमें संगीत-प्रेमियों ने इस तरह का कोई भी बिम्ब पाकर यह जान लिया कि गीत गुलज़ार की क़लम से ही निकला है। यह अलग बात है कि बाद के गीतकारों में अधिकांश लोगों ने इस गुलज़ारियत की ख़ूब नक़ल की और अपने ढंग से क्लोन बनाये। इस पूरे मामले का अध्ययन कभी गुलज़ार साहब के गीतों के हवाले से अलग से करना मज़ेदार होगा।

60

'खुशबू' (1975) फ़िल्म में एक लोरी है—*'दो नैनों में आँसू भरे हैं, निन्दिया कैसे समाए'*, इसे आर.डी. बर्मन के संगीत पर लता जी ने गाया है। गुलज़ार साहब एक रोचक प्रसंग इस गीत के बनने का बताते हैं कि फ़िल्म की पटकथा के अनुसार कुसुम (हेमा मालिनी) को यह गाना चरन (मास्टर राजू) के लिए गाना है, जिसे वो अपने बेटे की तरह प्यार करती है और माँ की तरह ही उसकी देख-भाल करती है। फ़िल्म का यह दृश्य एक साधारण-सा ही फ़्रेम है, जिसमें उस बच्चे को सुलाने के लिए अभिनेत्री को लोरी गानी है। जब यह गाना रेकॉर्ड हो रहा था, तो लता जी को यह सारी सिचुएशन पता थी। अमूमन लता जी किसी भी गीत को रेकॉर्ड करते हुए उसका पूरा परिदृश्य, किस अभिनेत्री पर फ़िल्माया जाना है और कहानी के अनुसार उस दृश्य में गीत का मूड क्या रखा गया है, यह सब बारीक़ जानकारियाँ लेने के बाद ही गाना पूरा करती रहीं। गुलज़ार जैसे सधे हुए फ़िल्मकार के साथ और शरतचन्द्र की कहानी पर आधार करके रची गयी 'खुशबू' की पटकथा में हेमा मालिनी के लिए गाते वक़्त उनको यह अन्दाज़ा था कि यह लोरी है और इसे एक बच्चे को सुलाने के सन्दर्भ में कोमल भाव से गाकर रेकॉर्ड करना है।

...कुछ गीतों का अपना इतिहास बनना होता है, तब उनकी परिस्थितियाँ और रेकॉर्डिंग और फ़िल्माये जाने का भाव आपस में बदल जाते हैं। इस गीत के साथ भी कुछ ऐसा ही हुआ। जब आर.डी. बर्मन की धुन पर लता जी ने अपनी आवाज़ दी तो वह इस महान पार्श्वगायिका के निराले अन्दाज़ में एक ऊँचे स्वरमान का ऐसा करुणा से भरा गीत भी बन गया, जो उनकी कला में तमाम अन्य गीतों के साथ होता रहा है। रेकॉर्डिंग पूरी होने के बाद जब गुलज़ार और आर.डी. बर्मन ने इसे एक साथ सुना, तो गाने की सारी ख़ूबसूरती के बावजूद गुलज़ार थोड़े उदास हो गये। उन्हें नीची-पिच पर हौले-से उठने वाली लोरी चाहिए थी, जिससे उस किशोर को सोने में सहूलियत

मिलती। यहाँ तो नायिका अगर इस गीत को परदे पर गायेगी, तो वह कुछ अटपटा-सा लगने वाला है, क्योंकि इस गीत को तो लता मंगेशकर ने बेहद ऊँची-पट्‌टी पर जाकर सम्भव किया है।

दोनों मित्र असमंजस में कि दीदी तक यह बात कैसे पहुँचाई जाये? दीदी भी ऐसी कि अपना बेहतरीन गा लेने के बाद भी वह हमेशा संगीतकार और उसके निर्देशक का इशारा समझकर किसी भी गीत को कभी भी दोबारा से उसी तरह गाने के लिए तत्पर, जैसा कि फ़िल्म की डिमाण्ड है। ऐसा लता मंगेशकर के जीवन में भी कई दफ़ा हुआ कि संगीतकार के कहे मुताबिक़ उन्होंने किसी गाने के कई टेक सम्भव किये। एक मशहूर क़िस्सा मदन मोहन जी के संगीत निर्देशन का है, जब 'चिराग़' फ़िल्म के लिए उसका मशहूर गीत *'तेरी आँखों के सिवा दुनिया में रखा क्या है'* रेकॉर्ड करते हुए संगीतकार ने लता जी से कई टेक करवाये। हर बार उतनी ही चुस्ती, उत्साह और परफ़ेक्शन के साथ पार्श्वगायिका ने वह करने का जतन किया, जो मदन मोहन के मन में बसा था।

...तो दिक़्क़त यह नहीं थी कि लता जी इसे दोबारा उस तरह गा देतीं, जैसा कि गुलज़ार साहब 'ख़ुशबू' में फ़िल्माने के लिए सोच रहे थे। दिक़्क़त दरअसल यह थी कि दोनों ही दोस्तों को इस नायाब ढंग से ऊँची पट्टी पर गाया हुआ दीदी का यह गीत भा गया था। दोनों ही इस अनूठे ढंग से गायी गयी लोरी के सम्मोहन में थे और यह तय कर पाने में परेशान कि इस बेहतरीन कम्पोज़ीशन को फ़िल्म में उसी अन्दाज़ में लेकर किस तरह जस्टीफ़ाई किया जा सकता है।

फिर क़िस्सा यह हुआ कि आर.डी. बर्मन की हिम्मत नहीं हुई कि वे दीदी से इसे दुबारा लो-पिच पर रेकॉर्ड करने के लिए कहें। गुलज़ार को लगा कि एक बार कहकर देखते हैं, लता जी मना करेंगी, तो सोचेंगे कि आगे क्या करना है? अपनी बात लेकर वे सीधे दीदी के पास इस इसरार से पहुँचे कि फ़िल्म में जो सिचुएशन है, उसके लिहाज़ से आपने उसे थोड़ा ऊँचे सुर में गा दिया है। सीन के मुताबिक़ इसको थोड़ा अंडरप्ले करते हुए फ़िल्माया जाना है, जिससे रात की ख़ामोशी भी बरक़रार रहे और जिस बच्चे को लोरी सुनाते हुए सुलाना है, वो आराम से नींद में चला जाये। लता जी, फ़ौरन तैयार हो गयीं कि इसका दूसरा वर्ज़न रेकॉर्ड करते हैं।

गुलज़ार साहब बताते हैं कि लता जी की इस सहजता ने उनका बिगड़ा काम आसान कर दिया था। बाद में बिना संगीत के सिर्फ़ वाइब्रोफ़ोन को पार्श्व में रखकर नीचे स्वरमान के साथ *'दो नैनों में आँसू भरे हैं'* रेकॉर्ड हुआ। यह

वर्ज़न भी लता जी ने विलक्षण ढंग से सुन्दर बनाया, जिसे फ़िल्म में पिक्चराइज़ किया गया। बाद में संगीत के साथ हाई-पिच वाला गाना डिस्क पर जारी किया गया। इस तरह गुलज़ार और आर.डी. बर्मन ने एक ही लोरी के दो संस्करणों को 'खुशबू' फ़िल्म के लिए सुरक्षित कर लिया। ...यह अच्छा ही हुआ क्योंकि इससे संगीत-प्रेमियों का भला हो सका और हिन्दी फ़िल्म संगीत के इतिहास में एक कम्पोज़ीशन इस तरह अपनी उपस्थिति रच गयी।

जब गुलज़ार साहब इस किताब से सम्बन्धित संस्मरणों को मुझे रेकॉर्ड कराते समय इस गीत की कहानी सुना रहे थे, तो पूरे प्रसंग को सुनते हुए और उनके मुस्कान भरे चेहरे के पीछे कहीं यह बात भी दबी हुई थी कि *'दो नैनों में आँसू भरे हैं'* के दोनों वर्ज़न बड़े स्तर पर एक ही आवाज़ की दो शानदार शिनाख़्त हैं। आप चेक करना चाहें, तो हाई-पिच वाला वर्जन एल.पी. पर सुन लीजिए और फ़िल्म में जाकर बिना संगीत की लोरी देख डालिए...

'दो नैनों में आँसू भरे हैं, निन्दिया कैसे समाए...' आपको अपने आगोश में ले लेगा, यह मैं यक़ीन से कह रहा हूँ।

61

सत्तर और अस्सी के दशक में 'एल.पी.' का सामान्य अर्थ 'लांग-प्ले' रेकॉर्ड के अलावा लक्ष्मीकान्त-प्यारेलाल भी लिया जाता था, जिसकी सीधी व्यंजना यह रही कि उस दौर में ज़्यादातर फ़िल्मों के जो लांग-प्ले रेकॉर्ड प्रदर्शित होते थे, उनमें बहुतायत में 'एल.पी.' ही बतौर संगीतकार मौजूद रहते थे। लक्ष्मीकान्त शान्ताराम कुडालकर और प्यारेलाल रामप्रसाद शर्मा ने मिलकर संगीत के जिस अति लोकप्रिय युग का सृजन किया, वह हिन्दी फ़िल्मों के लिए आज धरोहर जैसा है। इस बारे में कोई शक़ नहीं किया जा सकता कि लक्ष्मीकान्त-प्यारेलाल की जोड़ी ही शायद अकेली ऐसी शीर्षस्थ संगीतकार जोड़ी रही है, जिसने लोकप्रियता के मामले में बाक़ी जोड़ियों को पीछे छोड़ दिया था। एल.पी. की तुलना में हम 'एस.जे.' (शंकर-जयकिशन) एवं 'के.ए.' (कल्याण जी-आनन्द जी) के सदाबहार युगल-अवदान को याद कर सकते हैं, जो लक्ष्मीकान्त-प्यारेलाल के साथ मिलकर संगीत के साम्राज्य की एक प्रभावी तिकड़ी बनाती है।

लक्ष्मी-प्यारे के सुपरहिट संगीत वाले पॉपुलर दौर में एक गीतकार के तौर पर गुलज़ार लगभग नदारद हैं। सत्तर और अस्सी के उस दौर में समानान्तर रूप से

दो धाराएँ चलती हुई दिखाई पड़ती हैं। लक्ष्मीकान्त-प्यारेलाल-आनन्द बक्षी और आर.डी. बर्मन-गुलज़ार। इन्हीं दो धाराओं के बीच अधिकांश कर्णप्रिय गीतों की फ़ेहरिस्त बड़ी होती है, जिसे हम आसानी से उन दशकों की फ़िल्मोग्राफ़ी में जाकर देख सकते हैं। गुलज़ार के सन्दर्भ में लक्ष्मी-प्यारे की लगभग अनुपस्थिति की अजीब वजह हैरान करती है। लगता है, लक्ष्मीकान्त-प्यारेलाल और आनन्द बक्षी जब पॉपुलर म्यूज़िक का मिथक रच रहे थे, तब उस समय गुलज़ार, पंचम के साथ अपनी कलात्मकता का विचार विस्तृत करने में लगे थे। दोनों ही संगीतकारों के काम को एक-दूसरे के आमने-सामने रखकर देखने पर यह कभी नहीं लगता कि दोनों की रचनात्मकता, एक-दूसरे की काट बन रही है। यह पूरक तौर पर बनती दिखाई पड़ती है, जिसमें गुलज़ार उसी तरह आर.डी. बर्मन के लिए प्रभावी आवाज़ हो जाते हैं, जिस तरह लक्ष्मीकान्त-प्यारेलाल के यहाँ लोकप्रिय ढंग से आनन्द बक्षी मौजूद हैं।

गुलज़ार की एल.पी. के साथ प्रमुख तौर पर दो फ़िल्मों का साझा महत्त्वपूर्ण रहा है, जिनमें हम 'पलकों की छाँव में' (1977) और 'गुलामी' (1985) को देख सकते हैं। दोनों फ़िल्मों को मिलाकर कुल सात गीतों की सुरीली यात्रा, जिसमें 'गुलामी' का एक गीत *'मेरे पी को पवन किस गली ले चली'* फ़िल्म में टुकड़ों-टुकड़ों में तीन हिस्सों में अलग-अलग इस्तेमाल होता है। लक्ष्मीकान्त-प्यारेलाल और गुलज़ार की जोड़ी का ये गीत ही सर्वाधिक रचनात्मक गीत भी है। इसकी कम्पोज़ीशन को संगीतकार जोड़ी ने अपने प्रचलित मुहावरे पर विकसित करते हुए एक नये अन्दाज़ में रचा है। गीत का वो वर्ज़न, जो प्रसन्न भाव के साथ फ़िल्माया गया है, उसमें लता मंगेशकर की हाई-पिच गायिकी के साथ तालमेल बिठाते हुए सिंथेसाइज़र, सितार, वॉयलिन, सन्तूर, बाँसुरी और तबले के साथ घटम का प्रयोग सुखद लगता है। गीत के अन्तरालों में जब स्थायी के बाद अन्तरों के साथ मध्यवर्ती संगीत (इंटरल्यूड्स) चलता है, तो उसमें बाँसुरी और घटम के प्रयोग ख़ुशियों के बीच एक अज़ीब-सी नीरवता का माहौल बनाते हैं। गीत की पूरी उठान के बैकग्राउंड में सितार और सन्तूर की जुगलबन्दी का कमाल लक्ष्मीकान्त-प्यारेलाल की उस सिग्नेचर शैली का मामला है, जो अधिकांश ऐसे मार्मिक शब्दावली वाले कम्पोज़ीशंस के साथ वे करते रहे हैं। राग मिश्र भूपाली और देस के मिले-जुले प्रभावों पर आधारित इस गीत का दूसरा वर्ज़न, जो सैड सांग की आभा लिये हुए है, उसमें वॉयलिन और सरोद का सहमेल ख़ूबसूरती से उभरता है। इसमें हल्की ध्वनि में डफ़ का भी इस्तेमाल किया गया है और बाँसुरी उसी तरह लाजवाब ढंग से अन्तर्धारा

की तरह बहती है, जिस तरह पूरे गीत में वह उपस्थित रही है। इस दुखान्त वर्ज़न में मरुस्थल में तेज़ हवाओं से उड़ने वाली धूल की ध्वनि को भी पार्श्व में रखा गया है। हवा की आवाज़ का म्यूज़िक के साथ बराबर से बने रहना, गीत के इस अंश में अलग-सा रंग ले आता है, जो फ़िल्म के कथानक के साथ अपना अनूठा आयाम विकसित करता है। मुझे लगता है कि *'मेरे पी को पवन'* गुलज़ार और लक्ष्मीकान्त-प्यारेलाल के सहकार का सबसे अनूठा गीत है, जो नायाब ढंग से इन दोनों की फ़िल्मोग्राफ़ी में उपस्थित है। गुलज़ार की सार्थक शब्दावली के इस गीत की पंक्तियाँ, कुछ-कुछ दार्शनिक ढंग से जीवन के सुख और दुःख के समेकित प्रभाव का जायज़ा लेती हैं–

वक़्त बीजा था, बोया था उसके लिए
मैंने पल-पल पिरोया था उसके लिए
मेरे दिन-रात की रोशनी ले चली
मेरे पी को पवन किस गली ले चली
कोई रोको मेरी ज़िन्दगी ले चली...

'गुलामी' का दूसरा मशहूर गीत–

ज़िहाले मिस्कीं मकुन बरंजिश
बहाले हिजरां बेचारा दिल है
सुनाई देती है जिसकी धड़कन
तुम्हारा दिल या हमारा दिल है...

जिसे आज की नयी पीढ़ी भी यू-ट्यूब पर न केवल सर्च करती है, बल्कि इसकी लाजवाब कम्पोज़ीशन पर थिरकती भी है। गुलज़ार बोलियों के प्रभाव वाले गीत लिखने में माहिर रहे हैं, जिसमें यह गीत भी उसका एक आदर्श उदाहरण बनकर उभरता है। अमीर खुसरो की आरम्भिक रचना *'ज़ेहाले मिस्कीं मकुन तग़ाफुल, दुराय नैना बनाय बतियाँ'* के मुखड़े से प्रेरित इस गीत में ऑर्केस्ट्रेशन का काम लक्ष्मीकान्त-प्यारेलाल ने उतने ही वैभवपूर्ण ढंग से किया है, जिस तरह वे सैकड़ों लोगों के समूह वाले आर्केस्ट्रा के साथ साठ और सत्तर के दशक में कोई नृत्य-गीत कम्पोज़ करते रहते हुए रचते थे। ये गीत भी उसी तरह की कम्पोज़ीशन की एक सार्थक नुमाइन्दगी है। यहाँ सिंथेसाइज़र, वॉयलिन, शहनाई, पियानो, ढोलक, खँजड़ी, डफली और बाँसुरी का सहमेल देखा जा सकता है। गीत में कुछ जगहों पर म्यूज़िक में अतिरिक्त सौन्दर्य पैदा करने के उद्देश्य से लकड़ी के विभिन्न आकारों वाले टुकड़ों का भी इस्तेमाल किया है, जिसे सिनेमा संगीत की शब्दावली में 'वुड ब्लॉक्स' कहा जाता है।

सभी वाद्यों का कुशलतापूर्वक अरेंजमेंट गाने को एक यादगार कम्पोज़ीशन बना डालता है। गीत के अन्त में आयी हुई ये पंक्तियाँ– *'तुम्हारी पलकों से गिर के शबनम/हमारी आँखों में रुक गयी है...'* शानदार ढंग से अभिव्यक्ति पाती हैं, जब लता मंगेशकर और शब्बीर कुमार इसे बारी-बारी से दोहराकर गीत का चरम रचते हैं।

'गुलामी' से अलग 'पलकों की छाँव में' के संगीत में विविधता देखी जा सकती है, इस फ़िल्म के पाँच गीतों में *'डाकिया डाक लाया', 'अल्ला मेघ दे पानी दे'* और *'घुँघटा गिरा है, ज़रा घुँघटा उठा दे रे'* जैसे तीन गीत मशहूर हुए थे। *'डाकिया डाक लाया'* तो अपने कथन और गाँव की पृष्ठभूमि में चिट्ठी और सन्देशों के दार्शनिक पक्षों को उभारने का ऐसा साहित्यिक गीत बना कि आज भी वह पोस्ट ऑफ़िस को सन्दर्भित करने वाले गीत के रूप में जाना जाता है। किशोर कुमार ने अपने निराले अन्दाज़ में गाकर इस गीत को हमेशा के लिए सदाबहार बना दिया है। गाँव के हाल-चाल, वहाँ से विस्थापित लोगों का शहर से परिवार को याद करना और गाँव में इन्तज़ार कर रही शहर कमाने गये युवक की पत्नी का विरह-सन्देश गुलज़ार लोक की ज़मीन पर कई परतों में व्यक्त करते हैं। एक अन्तरा इसी आशय में पढ़ना चाहिए। आज यह भी जानना सामयिक होगा कि इतने स्तरीय गीत को उस समय लोकप्रियता मिलने के बावजूद सन् 1977 की 'बिनाका गीतमाला' के मुख्य पायदानों पर उपस्थिति नहीं मिल सकी थी, इसीलिए इस गाने को 'छाया-गीत' में स्थान दिया गया था। फ़िलहाल, यह अन्तरा देखिए–

बिरहा में कैसे, कैसे काटूँ रतियाँ...
सावन सुनाए बैरी भीगी-भीगी बतियाँ
अग्नि की बूँदों में जले, जले बावरिया
नौकरिया छोड़ के तू आजा ना साँवरिया
आजा रे साँवरिया आजा, आया बैसाख आया
डाकिया डाक लाया, डाक लाया...

इसी तरह, लता मंगेशकर की गायिकी में *घुँघटा गिरा है, ज़रा घुँघटा उठा दे रे'* सुनने में सलोना लगता है। गुलज़ार इस गीत के बोल लिखने में उसे देशज अभिव्यक्ति देते हुए फ़ोक ट्यून की एक कामयाब मिसाल बनाते हैं। लता जी ने इसे जितनी सहजता से गाया है, उतनी ही सहजता से गीतकार ने गीत के तीनों अन्तरों को लय में बाँध दिया है। इन तीनों अन्तरों की आख़िरी पंक्तियों पर ध्यान देना चाहिए, जो इस तरह आती हैं– *'मैं दुलहिन-सी*

लगती हूँ, दुल्हन बना दे रे', 'जो पैरों में मेहँदी की अग्नि लगा दे रे' और *'कोई झूठी-मूठी किवड़िया हिला दे रे...'*। अपने आप सहज ही यह बात सत्यापित होती है कि एक स्त्री की मनोदशा को लोक-व्याप्ति में किस तरह समझा जा सकता है। ये पारम्परिक सा लगता हुआ गीत, दरअसल गीतकार की सुचिन्तित और प्रयोगधर्मी क़लम का हासिल है, जिसने गीतों के माध्यम से संगीत-वैचारिकी को एक नयी उड़ान दी है।

मेरे लिहाज़ में 'पलकों की छाँव में' का सबसे महत्त्वपूर्ण गीत *'अल्ला मेघ दे पानी दे'* है, जिसे गुलज़ार बंगाल की उस पारम्परिक ज़मीन से उठाकर लाते हैं, जिसे बरसों पहले पूर्वी बंगाल (अब बांग्लादेश) के बेहद प्रचलित वर्षा-गीत की धुन व बोलों पर जस का तस उठाकर हिन्दी में रचा गया है। इस गीत को उस दौर के प्रख्यात लोकगायक अब्बासुद्दीन अहमद ने गाया था। इस गीत से सम्बन्धित एक दिलचस्प तथ्य यह है कि इसे हूबहू सबसे पहले एस.डी. बर्मन ने विजय आनन्द की कालजयी फ़िल्म 'गाइड' (1965) के लिए कम्पोज़ किया था और ख़ुद गाया था। बाद में, लक्ष्मीकान्त-प्यारेलाल 'पलकों की छाँव में' के लिए इस गीत को दुबारा से गुलज़ार से पुनर्सृजित करवाकर, किशोर कुमार और आशा भोसले की आवाज़ों में संगीतबद्ध करते हैं। 'गाइड' में जहाँ यह पूरा गीत ही मूल गीत की शब्दावली और धुन में बिना बदलाव के जस का तस लिया गया है, इस फ़िल्म तक आकर इसमें ढेरों बदलाव होते हैं। गुलज़ार गीत की मूल भावना को बरक़रार रखते हुए अपनी कविता से इसे अर्थ-सम्भवा बनाते हैं। कुछ पंक्तियाँ इसी अन्दाज़ में देखनी चाहिए—

अल्लाह मेघ दे पानी दे
पानी दे, गुड़-धानी दे
अल्लाह मेघ दे, पानी दे
पानी दे मैं दान कराऊँ
दान कराऊँ गइया
गइया बैकुण्ठ पार कराये
तैर के तेरा पानी...

गुलज़ार के लिखे बोलों को उत्साह से भरे हुए गीत में तब्दील करके लक्ष्मीकान्त-प्यारेलाल इसे सार्वजनिक पुकार का ऐसा गीत बनाते हैं, जिसे गाँव का हर दूसरा व्यक्ति अपनी प्रार्थना की तरह गाता है। ज़ाहिर है *'पलकों की छाँव में'* एक ऐसा एल्बम है, जिसके तीन मधुर गीतों को

गीतकार और संगीतकार की जोड़ी सफल और लोकप्रिय बनाती है। बाक़ी के दो गीत *'सुरमे वाले सैंया हमारो जी'* और *'लड़खड़ाने दो मुझे होश में रुसवाई है'* भी कम्पोज़ीशन और लेखन दोनों के ही स्तर पर स्तरीय गीत हैं। यह अलग बात है कि इन गीतों की वैसी चर्चा नहीं हुई।

गुलज़ार के फ़िल्म गीतों के बड़े कैटलॉग में जहाँ हर तरह के मनोभावों के सदाबहार गीत मौजूद हैं, 'गुलामी' और 'पलकों की छाँव में' की बात इसलिए भी अलग से रेखांकित करने योग्य बन जाती है, क्योंकि उसमें लक्ष्मीकान्त-प्यारेलाल जैसे अपने ढंग के लोकप्रिय और प्रतिष्ठित संगीतकार जोड़ी का जुड़ाव शामिल हो जाता है। *'मेरे पी को पवन'* और *'डाकिया डाक लाया'* की उत्कृष्टता इस बात की ओर इशारा करती है कि अगर इस गीतकार-संगीतकार जोड़ी ने साथ में कुछ और फ़िल्मों में मिलकर योगदान किया होता, तो 'एल.पी.' के शिल्प में संगीतप्रेमी गुलज़ाराना मुलायमियत को कुछ और गीतों के माध्यम से भव्य ऑर्केस्ट्रेशन के तहत सुनने को पाते, जो निश्चित ही एक अनूठी बात होती। फ़िलहाल तो इन्हीं दो फ़िल्मों के गीतों से यह बात प्रश्न की तरह सहज ही मन में उठती है कि गुलज़ार और लक्ष्मीकान्त-प्यारेलाल ने एक लम्बी पारी साझे में आख़िरकार क्यों नहीं खेली?

62

'बावर्ची' (1972), 'चुपके-चुपके' (1975) और 'ख़ूबसूरत' (1980) गुलज़ार की लिखी पटकथाओं और संवादों वाली ऐसी फ़िल्में हैं, जिनका सहज हास्य आज भी धूमिल नहीं हुआ है। ऋषिकेश मुखर्जी के लिए लिखी गयी इन तीनों फ़िल्मों में कॉमेडी, शालीन ढंग से मुखरित होती है, जहाँ किसी भी तरह की फूहड़ता को प्रवेश नहीं मिला है। आज जब हम ऋषिकेश मुखर्जी की फ़िल्मों की तुलना में बाद के निर्देशकों की कॉमेडी फ़िल्में देखते हैं, तो इस बात पर अफ़सोस होता है कि हास्य के नाम पर द्विअर्थी संवादों और फूहड़ता ने पूरी फ़िल्म का स्तर गिरा दिया है। वहीं इन फ़िल्मों के बारे में यदि बात की जाये, तो कॉमेडी के अलावा एक सामाजिक सन्देश भी इन फ़िल्मों के माध्यम से प्रसारित होता हुआ देखा जा सकता है।

'बावर्ची' के लिए संवाद लिखते हुए, 'चुपके-चुपके' की पटकथा और संवाद, 'ख़ूबसूरत' के लिए संवाद और गीत लिखते हुए कुछ असाधारण, छोटे-छोटे दृश्यबन्धों में हास्य पैदा करने के पल सँजोते हुए किरदारों की आपसी टाइमिंग को सटीक ढंग से लिखा गया है। इसे करने में गुलज़ार ने इन

फ़िल्मों की पटकथाओं को कहीं भी अपने संवादों से हल्का नहीं होने दिया है। बल्कि संवादों के कारण फ़िल्म का पूरा स्ट्रक्चर और भी कसावट से भरा चुटीला हो गया है। इनमें कई किरदारों का विशेष ढंग से चित्रांकन, ऐसी गुदगुदाने वाली परिस्थितियों को जन्म देता है, जिनके सेल्युलाइड पर सामने आते ही हँसी का फव्वारा छूटता है। 'बावर्ची' में यह काम बुज़ुर्ग हरीन्द्रनाथ चट्टोपाध्याय के चरित्र, 'चुपके-चुपके' में ओम प्रकाश की उपस्थिति और 'ख़ूबसूरत' में अशोक कुमार व दीना पाठक की मौजूदगी के चलते सम्भव होता है। गुलज़ार ने संवादों के साथ न्याय करते हुए इन फ़िल्मों को एक कम्पलीट हास्य फ़िल्म की तरह डेवलेप होने में सहूलियत दी है। यहाँ तक कि 'ख़ूबसूरत' के लिए गाने लिखते वक्त भी उन्होंने इस बात का ख़ास ख़याल रखा कि फ़िल्म की निरन्तरता में हास्य के पल जुटाने वाले मौक़ों को उनके लिखे गीत मदद करें, जिससे पूरी फ़िल्म में सहज हास्यबोध की फुलझड़ियाँ क़ायम रह सकें।

'बावर्ची', 'चुपके-चुपके' और 'ख़ूबसूरत' याद करते हुए आपको ढेरों ऐसे मंज़र याद आयेंगे, जिनके डायलॉग्स आपको बिना किसी फूहड़ता के हँसाने का काम करते हैं। आपको अनायास 'चुपके-चुपके' में प्यारे मोहन उर्फ़ डाक्टर परिमल त्रिपाठी (धर्मेन्द्र) का राघवेन्द्र कुमार शर्मा (ओम प्रकाश) से नोंक-झोंक के वे सारे दृश्य याद आयेंगे, जहाँ वे परेशान करने के लिहाज़ से ओम प्रकाश को चिढ़ाते हैं और अंग्रेज़ी के ग्रामर के अनुसार कुछ शब्दों की वर्तनी पर बात करते हैं। इसी तरह 'बावर्ची' में रघु (राजेश खन्ना) का शिवनाथ शर्मा (हरीन्द्रनाथ चट्टोपाध्याय), जो दादू जी के किरदार में हैं, के साथ की नायाब केमेस्ट्री और दादू की घर भर के सदस्यों पर की जाने वाली कटूक्तियों को सुनना, हँसाते-हँसाते लोट-पोट करने वाला है।

'ख़ूबसूरत' में भी यही बात उजागर होती है, जब परिवार की सबसे बड़ी सदस्य निर्मला गुप्ता (दीना पाठक) की अनुशासनप्रियता से पूरा संयुक्त परिवार परेशान है और हँसी-ख़ुशी के छोटे-छोटे पल भी जी नहीं पाता। ऐसे में मंजू (रेखा) की उनके परिवार में उपस्थिति और उसकी प्रत्येक सदस्य के जीवन में दख़लन्दाज़ी से बनने वाली कॉमेडी की टाइमिंग लाजवाब है। यह तीनों ही फ़िल्में इस मामले में याद रखे जाने योग्य हैं कि आज इनके बनने के चालीस-छियालीस वर्ष बीत जाने के बावजूद विषय और कॉमेडी के स्तर पर इनकी पूरी संरचना कहीं फीकी नहीं पड़ी है। आज भी यह फ़िल्में ताज़गी का एहसास देती हैं और तनाव के क्षणों में राहत देती हुई दवा की तरह असर करती हैं। गुलज़ार जीवन में हँसी और ख़ुशी

के पलों को सँजोते हुए, जिस सहज हास्य की पैरवी करते हैं, उसे 'ख़ूबसूरत' के इस गीत से बल मिलता है—

सारे नियम तोड़ दो
नियम पे चलना छोड़ दो...
खाओ पिओ मज़ा करो,
खिलखिला कर हँसा करो
कल की चिन्ता करेंगे कल
आज तो आज ही जिया करो...

इन फ़िल्मों के डायलॉग ही कॉमेडी की दृश्यावलियाँ रचते हैं। कुछ रोचक किरदारों के मार्फ़त 'बावर्ची', 'चुपके-चुपके' और 'ख़ूबसूरत' विशिष्ट फ़िल्में बन जाती हैं। ऐसी हँसोड़ फ़िल्में, जो अपनी सादगी में भी मनोरंजन का बड़ा परिवेश रचती हैं। गुलज़ार मुकम्मल तौर पर कुछ बेहतरीन रचते हैं, जो इन फ़िल्मों के सीन-दर-सीन जीवन्त हास्य से बरबस अभिव्यक्त होता है।

63

गुलज़ार की फ़िल्मों में उनकी क़लम से रचे गये स्त्री किरदार बोल्ड होने के साथ ही असीम धैर्य रखने वाले रहे हैं। उनकी स्त्रियाँ विद्रोह करते हुए भी उस प्रतिरोध को नारे की तरह इस्तेमाल नहीं करतीं, जैसा आम ज़िन्दगी में होता आया है। वे औरतें, किसी जुलूस में शामिल भी हों, तो अपने घरों का पता-ठिकाना भूलती नहीं हैं। गुलज़ार की क़लम से निकली हर स्त्री आवाज़ का अपना ख़ुद का वजूद है। वो फ़िल्म के किसी छोटे-से फ़्रेम में मौजूद हैं, तो वहाँ से भी दुनियादारी की बाज़ी पलट सकती हैं। 'आँधी' की महत्त्वाकांक्षी राजनेता आरती देवी अपने पति के पास, घर वापस लौटने के लिए ख़ुद का करियर दाँव पर लगा देती हैं। 'सितारा' की धनिया या सरिता, दुनिया की निगाहों में अपना वजूद मिटाकर धनिया बनकर ख़ुद से अपने गाँव लौटती है, क्योंकि उसे अपना प्यार खोना नहीं है। 'किनारा' की दृष्टिहीन नर्तकी आरती सान्याल को ख़ुद पर पछतावा होता है कि वह अपने दोस्त को समझ नहीं पायी, जो उसके मंगेतर की आख़िरी इच्छा पूरी करने के लिए उसकी किताब छपवाने के प्रति ईमानदारी से लगा हुआ है। 'ख़ुशबू' की कुसुम अपना स्वाभिमान नहीं छोड़ती और अपने पति को इस बात का एहसास दिलाती है कि वह खुलकर क्यों नहीं उस पर अपना अधिकार जताता। 'घरौंदा' की छाया, अपने प्रेम को त्यागकर फ़र्ज़ की राह चुनती है।

इस तरह बहुत सारे ऐसे मुक़ाम देखे जा सकते हैं, जहाँ गुलज़ार अपने स्त्री पात्रों को मनुष्य होने की सहूलियत देते हैं। उनके यहाँ उन्मुक्त प्रेम के लिए कोई वर्जना नहीं है और न ही प्रेम के स्वीकार-भाव पर कोई दबाव या पहरा बैठा हुआ है। गुलज़ार जो सबसे क़ायदे की बात रचते हैं, वो यह कि उनके महिला किरदार या अन्य पात्र अपनी भूल-ग़लतियों के साथ इंसानी तौर पर मिलते हैं। उन पर किसी तरह आदर्शवाद का मुलम्मा नहीं चढ़ाया जाता और न ही वे किसी प्रकार की महानता से ग्रसित होते हैं। ये सारे कैरेक्टर हमारे आपके बीच के हैं, बिल्कुल पड़ोस से उठकर ऐसे चले आये हैं, जैसे आप फ़िल्म के किसी पात्र को न देखकर, मोहल्ले में घट रही कोई घटना देख रहे हों। गुलज़ार के यहाँ इन स्त्री-छवियों को जीती हुई अभिनेत्रियाँ न बेवजह नाराज़ होती हैं और न ही भावना के अतिरेक में अकारण आह्लादित ही होती हैं। यहाँ तक कि जब वे इतिहास-समय से चुनकर मीरा जैसा पात्र उठाते हैं, तो वे भी सहज मानवी के रूप में हमारे सामने होती हैं। मीराबाई, जिसे *'संत देख दौड़ आयी जगत देख रोई'* कहती हैं, कुछ-कुछ वैसा अभिप्राय लेकर गुलज़ार के सिनेमा के लिए रची गयी स्त्रियाँ भी परदे पर अपना किरदार अभिनीत करती हैं। पटकथाओं के स्तर पर जिस तरह आनन्दी देवी, आरती देवी, कुसुम और निमकी मौजूद हैं, उसका सहज नाटकीय रूपान्तरण देखने के लिए हम मीनाकुमारी, सुचित्रा सेन, हेमा मालिनी और शर्मिला टैगोर की शरण में जाते हैं।

64

फ़ौजी भाइयों के लिए फ़िल्म संगीत के मशहूर रेडियो कार्यक्रम 'विशेष जयमाला' (विविध भारती) के एक एपिसोड में गुलज़ार और आर.डी. बर्मन साथ आये थे। दोनों ने उस एपिसोड में आपसी साझेदारी के कुछ लोकप्रिय गीतों की चर्चा की थी। इस कार्यक्रम का उल्लेख यहाँ इसलिए कर रहा हूँ कि दोनों ही दोस्त सहज ढंग से आपस में नोंक-झोंक भी करते हैं। आर. डी. बर्मन गुलज़ार से कहते हैं—'म्यूज़िक रूम में तुम जब आते हो, तो ऐसे उल्टे-सुल्टे कुछ लिखकर लाते रहते हो, जो मुझे जमता ही नहीं। और मैं कुछ उल्टा-सुल्टा गाता रहता हूँ, वो तुमको पसन्द नहीं आता। उस बात पर बहस होना शुरू होती है।' गुलज़ार इस पर प्रतिवाद करते हैं—'इसकी वजह सिर्फ़ एक ही रही है कि तुम्हारी ज़ुबान बंगाली है, अब, जब मैं कोई भी गाना ट्रांसलेट करके बताऊँ, तो दिक़्क़त होती है। जैसे, इस गाने *'बीती न बिताई रैना'* में हमारी बहस हुई थी कि *'बिरहा की जाई रैना'* में *'बिरहा*

की जाई' का मतलब क्या है? अब इसे पहले किसी ने कहा नहीं था। उस रात को जो बिरहा में न कटे *'बिरहा की बेटी'* कह देना, वो बात नयी थी, अब इसे समझाने में कम से कम घण्टा भर सर फोड़ना पड़ा था आपसे।' इसके बाद दोनों लोग आपसी सहमति में हँसते हैं और फ़ौजी भाइयों को यही गीत सुनाया जाता है।

गुलज़ार इसी में आगे कहते हैं, जब आर.डी. बर्मन को उनके किसी गाने से शिकायत होती है, तो वे उन्हें 'गुलज़ार साहब' कहकर बुलाते हैं, नहीं तो पंचम उन्हें हमेशा 'गुल्लू' कहकर पुकारते हैं। इस पर वे आगे जोड़ते हैं–'जब भी मैं कोई गाना लेकर गया हूँ और आपको ये लगा कि ये लफ़्ज़ मुश्किल है या ये लाइन मुश्किल है, तो उस वक़्त आप मुझे गुलज़ार सा'ब कहते हैं, तब मैं यह समझ जाता हूँ कि ये गाना ठीक नहीं हुआ।' यह सुनकर आर. डी. बर्मन हँसते हैं। गुलज़ार आगे कहते हैं–'इसी तरह जब ये एक सावन का गाना मैं लेकर आया था, तब आपने ये कहा था कि आप सावन-भादों में बहुत रहते हैं, कभी कोई नयी बात भी कीजिए। तो सावन वही है, बातें वही हैं, लेकिन कोई न कोई नया ढंग तो कहने का ढूँढ़ना पड़ता है, उन्हीं लफ़्ज़ों में। तो, जब मैं ये बोल लाया था, आपसे मैंने भी यही बातें कही थीं कि सावन के आप तीन-चार गाने मेरे साथ कर चुके हैं, आप तर्ज़ बदलकर बताइए हमें।' 'आपका मतलब मैं सेम तर्ज़ रखता हूँ?' पंचम पलटकर पूछते हैं। इस पर गुलज़ार का जवाब मज़ेदार है–'नहीं! मतलब मुझे कुछ म्यूज़िक की समझ आ गयी है और आपको पोएट्री की!' इस पर हँसकर पंचम कहते हैं–'मतलब संगत ठीक है हमारी...' पार्श्व से लता मंगेशकर की सोज़ भरी गायिकी में 'किनारा' का ये गीत बजता है–

अबके ना सावन बरसे
अबके बरस तो बरसेंगी अँखियाँ
अबके ना सावन बरसे...

65

मेराज़ निर्देशित 'सितारा' में गुलज़ार एक पटकथा और संवाद लेखक के तौर पर उसी तरह मौजूद हैं, जैसा वे भीमसेन की 'घरौंदा' में दिखाई पड़ते हैं। 'सितारा' गाँव में मौजूद दो युगलप्रेमियों की कहानी है, जिसे उनका प्रेम रचते हुए पटकथाकार हर वह सम्भव स्वतन्त्रता देता है, जिसके लिए कोई भी इंसान हमारे लोकतान्त्रिक जीवन-मूल्यों के साथ रहते हुए बड़ा या छोटा नहीं है।

फ़िल्म के कथानक की ज़मीन निम्न-मध्यमवर्गीय समाज है। गुलज़ार को बख़ूबी मालूम है कि मानवीय संवेदनाएँ किसी एक वर्ग के प्रति सदाशयी नहीं होतीं, बल्कि उनका विस्तार हर तरह की विपन्नता से परे लोगों के आत्मीय जुड़ाव में अपना स्वरूप विकसित करता है। ये फ़िल्म चलताऊ हिन्दी फ़िल्मों की तरह ही एक ग़रीब लड़की के सपने देखने और उन्हें पूरा कर पाने की तमन्ना लेकर महानगरों तक जाकर संघर्ष करने की यात्रा पर एकाग्र है, जहाँ एक चुलबुली किशोरी एकाएक सफल अभिनेत्री बनने के मुक़ाम तक पहुँचती है।

गुलज़ार की अपनी प्रचलित स्टाइल के अनुरूप प्रेमकथा सहज ढंग से विकसित होती है, जहाँ नायक और नायिका किसी रोमांटिक सीन के तहत नहीं मिलते हैं, बल्कि किशोर उम्र से ही साथ में बने हुए हैं। उनकी मित्रता व रिश्तों की सहजता ही उनके बीच परस्पर प्रेम सम्भव करती है, जिसे आप उनके कथानक में बने रहने के साथ ही परिपक्व होता हुआ देख सकते हैं। यहाँ फ़िल्म में कोई जादू-भरी बात या परिकथा जैसा रूमान नहीं रचा जाता, बल्कि सामान्य जीवन से निकलकर एक-दूसरे की ज़रूरतों को समझते हुए प्रेम को मानी मिलता है। इस लिहाज़ से गुलज़ार की लिखी 'सितारा' आम जीवन की तल्ख़ सच्चाइयों के साथ अपने सफ़र पर निकलती है। स्त्री-पुरुष सम्बन्धों की आपसी समझदारी को गुलज़ार मनोवैज्ञानिक ढंग से विश्लेषित कर पाते हैं, जहाँ पर उनके प्रेम का रूमान भी यथार्थवादी लगने लगता है। 'सितारा' में ज़रीना वहाब (धनिया) और मिथुन चक्रवर्ती (कुन्दन) के प्रेम में भी एक तरह की मैच्योरिटी है, जिसे आधुनिक सन्दर्भों में अगर डिकोड किया जाये, तो वह कुछ-कुछ लिव-इन-रिलेशन जैसा मामला लगता है। हालाँकि, इस रिश्ते में किसी तरह की फूहड़ता या हल्कापन नहीं है। सहज ढंग से निभ रहे रिश्ते में हँसी-ठिठोली के अवसर हैं, खिलन्दड़ापन है और सच्चे अर्थों में एक-दूसरे के हमराही बनते हुए नायक और नायिका प्रेम की गम्भीरता को भी समझते हैं। गुलज़ार ने रिश्तों की जटिलता को ख़ूबसूरत अन्दाज़ में न सिर्फ़ स्वर दिया है, बल्कि संवादों के ज़रिये मानवीय ढंग से बराबरी के स्तर पर स्त्री-पुरुष किरदारों की पैरवी करते हैं। यहाँ तक कि जब उनकी भोली-भाली नायिका एक सफल अभिनेत्री बन जाती है, तो भी वह अपने प्रेमी को उसी मासूमियत से चाहती है, जैसा वह बम्बई आने के पहले गाँव की परिस्थितियों में चाहती रही थी।

पटकथाकार प्रेम की उपस्थिति को दरकने नहीं देता, बल्कि कथानक के विस्तार में ढेरों परतों वाली क़िस्सागोई को साधते हुए स्त्री का पुरुष और

पुरुष का स्त्री के प्रति भरोसा बचाकर रखता है। यह एक ऐसी सुन्दर युक्ति है, जिसे गुलज़ार ने फ़िल्म के हर फ्रेम में नाज़ुक ढंग से पकड़ने की कोशिश की है। फ़िल्म में अभिनेत्री के स्क्रीन टेस्ट के दृश्य में यह डायलॉग आता है– 'अ स्टार इज़ बॉर्न', तो यह कहीं न कहीं 1937 में प्रदर्शित अमेरिकी फ़िल्म 'अ स्टार इज़ बॉर्न' की तरफ़ इशारा लगता है। यह गुलज़ार की महारत है कि वे प्रेम को गरिमा देते हुए, लव-स्टोरी ट्रैजिडी परम्परा को भारतीय सन्दर्भों में बदलते हुए 'सितारा' की पटकथा के अन्त को सुखान्त बना डालते हैं। फ़िल्म में अल्हड़ प्रेम के ख़ुशनुमा इज़हार का गीत लिखने में गुलज़ार कामयाब रहे हैं। इसकी पूरी तराश नेचुरल ढंग से ज़रीना वहाब व मिथुन चक्रवर्ती के किरदारों पर खिलती है, जब प्रेमी युगल आशा भोसले और भूपेन्द्र के स्वरों में यह गीत गाते हैं–

सजना का कंगना
ओ कंगना में हीरा
हीरा मैं खई के मरूँ
इक बार के दुई बार
के तीन बार के कै बार मरूँ...

'सितारा' संवेदनशील ढंग से लिखी गयी एक सहज पटकथा की बानगी है, जिसे गुलज़ार व्यंग्य-विनोद के साथ भी साधने की कोशिश करते हैं। यहाँ कन्हैयालाल जैसे बड़े चरित्र अभिनेता की उपस्थिति असरदार लगती है। अभिनेत्री के किरदार के लिए लिखा गया उनका लोकप्रिय गीत *'ये साए हैं, ये दुनिया है'* उनके गीतों की लिस्ट में ऊँचे पायदान पर रहा है, जिसे आर.डी. बर्मन ने बेहद कोमलता से कम्पोज़ किया है। गीत का एक अन्तरा पढ़ने के लिए दे रहा हूँ, जिसमें सिनेमाई ज़िन्दगी के उतार-चढ़ाव गहराई से उजागर होते हैं–

यहाँ सारे चेहरे हैं माँगे हुए-से
निगाहों में आँसू भी टाँगे हुए-से
बड़ी नीची राहें हैं ऊँचाइयों की
ये साए हैं, ये दुनिया है परछाइयों की
भरी भीड़ में, ख़ाली तन्हाइयों की
ये साए हैं, ये दुनिया है...

'सितारा' को गुलज़ार के गीतों, संवाद और पटकथा के लिए देखा जाना, उस टेक्स्ट को पढ़ने की तरह है, जहाँ हम एक ही इंसान द्वारा तीन भूमिकाओं को

एक साथ निभाते हुए देख सकते हैं। पटकथा और संवाद के दायरे में जाकर भी इस फ़िल्म की उपस्थिति गहरे अभिप्राय हासिल करती है।

66

लता मंगेशकर के बैनर 'दीनानाथ कला मन्दिर' के तहत बनी 'लेकिन' (1990) में गुलज़ार की निर्देशकीय प्रतिभा के बख़ान से अलग इस फ़िल्म को संवादों की मौलिकता के लिए भी याद किया जाना चाहिए। वैसे भी, 'लेकिन' को एक संगीतमय फ़िल्म का स्वरूप हासिल है, जो इसी विचार के तहत बनायी गयी थी कि स्तरीय संगीत का दौर उस समय छीज रहा था। 'महल' और 'मधुमती' की तर्ज़ पर 'लेकिन' का निर्माण किया गया था। गुलज़ार ने इस फ़िल्म की रहस्यमयता के सन्दर्भ में प्रमुख स्त्री किरदार रेवा (डिम्पल कपाड़िया) का जो चरित्र रचा है, उसके लिए ढेरों ऐसे संवादों की लड़ियाँ पिरोयी गयी हैं, जिन्हें साहित्यिक ढंग का कलेवर दिया गया है।

इस ऑफ़बीट फ़िल्म की कहानी एक स्त्री-आत्मा रेवा के इर्द-गिर्द घूमती है। वह समय-चक्र में इस तरह जकड़ी हुई है कि जीवित और मृत के बीच किसी सन्धि-रेखा पर नज़र आती है। चूँकि फ़िल्म के संवादों को गुलज़ार के शब्द मिले हैं, इस कारण रेवा के मेटाफ़िज़िकल-प्रेज़ेंस (पराभौतिक उपस्थिति) की काव्यात्मक ढंग से की गयी व्याख्या वास्तविक लगती है। फ़िल्म के मुख्य पुरुष किरदार समीर नियोगी (विनोद खन्ना) हैं, जो सरकारी अधिकारी के रूप में राजस्थान की एक सूनी पड़ी हवेली से पुरातत्त्व की चीज़ें, सरकारी म्यूज़ियम के लिए एकत्र करने जाते हैं। इस यात्रा में और हवेली की पुरानी कहानियों के बीच कहीं रेवा मौजूद है, जो उन्हें बार-बार मिलती है और अपने अतीत से परिचय कराती है। इसी परिचय के दौरान और उसकी दर्द-भरी दास्तान सुनते हुए समीर उसके प्रति सहानुभूति रखने लगता है।

एक स्वगत-संवाद के दौरान समीर, रेवा के प्रति कहता है—'शरीर से मुक्त होकर तुम उस पल से मुक्त नहीं हुई हो, जो ज़िन्दगी और मौत के बीच है।' इसी तरह ये संवाद आगे विस्तार लेते हुए इस निष्कर्ष पर पहुँचता है, जब रेवा के सन्दर्भ में ये बात कही जाती है—'निकल जाओ मौत के इस पल से, रेवा! नहीं तो ये कहानी तुम बार-बार दोहराती रहोगी और बार-बार मरती रहोगी।' कहना न होगा, गुलज़ार बड़ी दक्षता के साथ इस रहस्यमयता को जीवन का अंग बनाते हुए कुछ सार्थक संवाद लिखते हैं।

'लेकिन' में गुलज़ार एक पारलौकिक कहानी को बहुत ही संवेदनशील ढंग से सँभालते हैं। इसमें रेवा की मुक्ति जादू-टोना के किसी अतिशय नाटकीयता से नहीं होती, बल्कि प्रेम के, स्वीकार्यता के, सदाशयता के उस भाव से होती है, जिससे रेवा आख़िरकार रेगिस्तान पार कर लेती है। यह पल में रुक जाना, वक़्त के दायरे में फँसने की बात करते हुए गुलज़ार मनोविज्ञान की ज़मीन पर ट्रॉमा की बात करते हैं, जिसमें फँसकर इंसान जीवन की एक परछाईं-सा रह जाता है। यह ख़लिश कहीं उन असंख्य दर्द के पलों की भी है, जो गुलज़ार ने ख़ुद अपने बदन पर झेले हैं। ट्रॉमा हीलिंग का बहुत बड़ा हिस्सा अपना दुःख, अपनी कहानी कह पाना होता है। चेख़व की प्रसिद्ध कहानी 'द लैमेंट' के उस कोचवान की तरह, जो किसी के न सुनने पर अपने घोड़े से ख़ुद का दुःख साझा करता है। 'लेकिन' की रेवा की तरह गुलज़ार भी अपना दुःख कहानी की तरह अपने साहित्य और सिनेमा में कहकर ही मुक्ति तलाशते हैं। 'फ़ुटप्रिंट्स ऑन ज़ीरो लाइन' में जोगिन्दर पाल से बातचीत करते हुए गुलज़ार कहते हैं—

> *'विभाजन की विभीषिका मेरे अन्दर इतने गहरे पैठ गयी थी कि मैं सालों तक दुःस्वप्नों से जागता रहा। अगर मैं उस समय रो लिया होता, बेहिसाब रो लेता, तो शायद लिख न पाता। लिखने ने मेरी मदद की। सब कुछ एक साथ नहीं, पर धीरे धीरे...'*

'लेकिन' की शुरुआत में एक अद्भुत डायलॉग समीर के माध्यम से कहलवाया गया है, जिसकी अपूर्व व्याख्या की जा सकती है। शुरुआत में जब वह राजस्थान की सूनी पड़ी हवेली में पहुँचता है और उसका साथी मित्र शफ़ी अहमद सिद्दीक़ी (अमजद ख़ान) उससे पूछता है—'क्या सूँघ रहे हो तुम?', तो वह जवाब देता है—'वक़्त सूँघ रहा हूँ...' 'लेकिन' इसी तरह एक ख़ास वक़्त को अपने गन्ध से पकड़ने का प्रयास करती है। उस काल को पोएटिक और म्यूज़िकल बनाकर सिनेमाई भाषा देने के लिए यह फ़िल्म एक बार ज़रूर देखी जानी चाहिए। फ़िल्म के ढेरों संवाद पूरे कथानक को जिस विशेष दौर में प्रतिष्ठित करते हैं, उस समय को छूना या पकड़ पाना या फ़िल्म के हीरो की ज़ुबान में सूँघना, ऐसा दार्शनिक मामला है, जिससे रेवा की कहानी में रहस्यमयता की गुंजाइश बढ़ती है। फ़िल्म के ढेरों गाने मक़बूल हुए थे, मगर यहाँ उसी समय-विशेष के अर्थ में, जिसमें रेवा फँसी हुई है, गुलज़ार की क़लम कुछ असाधारण रचती है। इस संवेदनशीलता को समझना, ख़ुद को किसी टाइम-ज़ोन में रखकर देखने जैसा है—

मैं एक सदी से बैठी हूँ
इस राह से कोई गुज़रा नहीं
कुछ चाँद के रथ तो गुज़रे थे
पर चाँद से कोई उतरा नहीं
दिन-रात के दोनों पहिये भी
कुछ धूल उड़ा कर बीत गए
मैं मन-आँगन में बैठी रही
चौखट से कोई गुज़रा नहीं

'लेकिन' में रेगिस्तान को एक चरित्र की तरह निबाहते हुए रखा गया है। इसमें रहस्य-रोमांच के सुर फैलाने में तानपूरा, सुर-मण्डल, पखावज, घुँघरू, तबला, सारंगी, सितार और सरोद की भी अग्रणी भूमिका रही है। यह फ़िल्म गुलज़ार के निर्देशन में अपना अलग-सा क्लासिक मुक़ाम रखती है, जिसमें एक भटकती हुई आत्मा के समय-निरपेक्ष किरदार को बेहद ख़ूबसूरत और मौलिक संगीत से सजाया गया है। संवादों की दार्शनिकता फ़िल्म का अलग से ऐसा अनूठा पहलू रहा है, जिसके लिए गुलज़ार-विमर्श में यह फ़िल्म कुछ दूसरे ढंग से भी दर्ज होती है। गुलज़ार के गुरु ने 'मधुमती' बनायी थी, जिसकी कहानी ऋत्विक घटक जैसे प्रगतिशील फ़िल्मकार ने लिखी थी। यह फ़िल्म रचते हुए कहीं न कहीं गुलज़ार, बिमल रॉय को एक ट्रिब्यूट देते हैं।

67

'लेकिन' (1990) के बनने की कहानी भी बड़ी अर्थपूर्ण है। हुआ यूँ कि बड़े दिनों से लता मंगेशकर इस बात को लेकर थोड़ी अप्रसन्न थीं कि अब फ़िल्मों में अच्छे और स्तरीय गाने नहीं बनते। उन्हें लगातार इस बात पर अफ़सोस होता था कि अब वह दौर चला गया, जिसमें 'महल' (1949) और 'मधुमती' (1958) जैसी फ़िल्में बनती थीं। इन फ़िल्मों के गीत भी रोमेंटिक होते हुए भी हॉण्टिंग होते थे, मगर कर्णप्रिय लगते थे। इन गीतों में रहस्य और डर के भाव होने के बाद गीतों से प्रेम होता था, डर नहीं लगता था। इस बात को थोड़े शिकायत-भरे अन्दाज़ में एक बार उन्होंने गुलज़ार साहब से कहा—'आजकल तो लगता है कि गाने जैसे पंसारी की दुकान से उठकर चले आ रहे हों।' इस खिन्नता में उन्होंने यह भी जोड़ा कि एक बार फिर से 'महल' और 'मधुमती' जैसी संगीत-प्रधान फ़िल्में बननी चाहिए, जिनमें मन लायक़ कुछ गम्भीर बोलों के गीत गाये जा सकें।

गुलज़ार साहब बताते हैं कि एक तो स्तरीय गीतों वाली फ़िल्म और उस पर कुछ रहस्य, रोमांच से भरपूर क़िस्सागोई प्रदर्शित करने वाली पटकथा हो, जिसमें दर्शकों का मन अन्त तक लगा रहे, ऐसी फ़िल्म बननी चाहिए, यह लता जी की इच्छा थी। फिर यह भी कि इस फ़िल्म का निर्देशन गुलज़ार करें और गीत भी उसी तरह लिखे जायें, जो 'मधुमती' जैसी क्लासिक फ़िल्म का इतिहास दोहरा सकें। 'मधुमती' जैसी अनुगूँज वाली फ़िल्म का अस्तित्व सामने आया, जिसके निर्देशक, पटकथाकार, संवाद-लेखक और गीतकार गुलज़ार थे। 'लेकिन' बनी और इसने शास्त्रीय संगीत को फ़िल्मी समझ के साथ एक बार नये ढंग से प्रतिष्ठित किया। गुलज़ार के लिखे स्तरीय गीतों ने लता मंगेशकर की वह सदिच्छा भी पूरी की, जिसमें उन्होंने आग्रह किया था कि गीत ऐसे न हों, जो लगे कि पंसारी की दुकान से उठकर चले आ रहे हैं।

फ़िल्मी पर्दे पर शास्त्रीय संगीत के प्रभावों से रँगी हुई 'लेकिन' विलम्बित ख़्याल की तरह का प्रभाव डालने वाली फ़िल्म साबित हुई। इसने गुलज़ार की निर्देशकीय क्षमता का एक नया रंग हासिल कराया, जिसमें उनकी क़लम ने एक बन्दिशकार की भूमिका अदा की। अपने प्रचलित शिल्प से अलग जाकर गुलज़ार एक उस्ताद बन्दिशकार की भूमिका में मुकम्मल तौर पर उतरे। हालाँकि इससे पहले वे कई फ़िल्मों में बन्दिशनुमा चीज़ें लिख चुके थे, जो उनकी लोक-संगीत और शास्त्रीयता पर पकड़ और एकाधिकार को व्यक्त करती हैं। इनमें *'बोले रे पपीहरा'* (गुड्डी), *'मितवा बोले मीठे बैन'* (परिचय), *'मीठे बोल बोले/बोले पायलिया'* (किनारा), *'कुहू-कुहू-कुहू-कुहू/कोयलिया बुलाए रे'* (देवदास), *'बड़ी देर से मेघा बरसा हो रामा'* (नमकीन) जैसे गीतों को याद किया जा सकता है। 'लेकिन' तक आकर एक गीतकार के बतर्ज़ गुलज़ार बन्दिशनुमा कम्पोजीशंस लिखने का एक बड़ा प्लेटफ़ार्म ईजाद करते हैं। इस फ़िल्म के लगभग सभी गाने उसी पारम्परिक बन्दिश की चलन में थे, जिसे अपनी क़लम से आधुनिक शब्दावली देने में वे सफल हुए। *'मैं एक सदी से बैठी हूँ'*, *'जूठे नैना बोलें साँची बतियाँ'*, *'यारा सीली सीली बिरहा की रात का जलना'*, *'केसरिया बालमा'* और *'सुनियो जी अरज म्हारी'* जैसे गीतों को इसी धरातल पर देखा जाना चाहिए, जो एक ही रेकार्ड-डिस्क में गुलज़ार के गीतों की नयी उठान थी।

इसी फ़िल्म में एक ख़ास गीत की चर्चा भी इस वक़्त करनी चाहिए, जिसका कुछ अलग-सा पाठ होता रहा है। यह गीत आशा भोसले और ग्वालियर घराने के प्रसिद्ध गायक पण्डित सत्यशील देशपाण्डे की आवाज़ों में *'जूठे नैना बोलें*

साँची बतियाँ' था। इसका शिल्पगत ढाँचा शास्त्रीय संगीत की अवधारणा के साथ बहुत क़रीने से बुना गया है। इस गीत के बारे में पण्डित सत्यशील देशपाण्डे ने मुझे बताया था कि वे राग विलासखानी तोड़ी की एक पारम्परिक बन्दिश *'वहीं जाओ-जाओ बलमा'* गाकर अकसर अपने मित्र पण्डित हृदयनाथ मंगेशकर को सुनाया करते थे, जिससे प्रेरित होकर हृदयनाथ जी ने इसका रूपान्तरण अपनी फ़िल्म के लिए किया। गुलज़ार साहब से जब इस बन्दिश पर दूसरी बन्दिश रचने के लिए आग्रह किया गया, तो उन्होंने उतनी ही सुन्दरता से बन्दिश के अनुशासन में उतरकर इस गीत का ढाँचा विकसित किया। इस गीत को लेकर एक भ्रम भी प्रचलित हुआ कि स्थायी वाली पंक्ति में आये हुए शब्द 'जूठे' की जगह 'झूठे' है। ज़्यादातर लोग इसे ख़ुद से दुरुस्त करके *'झूठे नैना बोलें साँची बतियाँ'* गाते हैं, जबकि गीतकार की शब्दावली में तो यह 'जूठे नैना' ही है। यह शब्द, गीत में ग़ैर-काव्यात्मक रूप से आता है, बावजूद इसके यह गुलज़ार हैं, जिनके यहाँ प्रेम में डूबी हुई आँखें भी प्रेमी के द्वारा जूठी हो जाती हैं और हद तो इस बात की होती है कि जूठे होने के बाद भी प्रेम की सारी ऐन्द्रिक व गोपन बातें सच्चाई के उजाले में एकाएक खुलकर तिनका-तिनका बिखर जाती हैं। फ़िल्मी गीतों के सन्दर्भ में या समकालीन कविता के बड़े दायरे में प्रेम की उपस्थिति रचते समय झूठे नैनों की बात तो हुई होगी, पर जूठे नैना तो सिर्फ़ 'लेकिन' के गीत से ही हमें मिल पाये हैं।

शब्दों के साथ किये गये कौतुक से अलग, गीत की संरचना भी सुन्दर बनायी गयी है, जिसकी शुरुआत पण्डित सत्यशील देशपाण्डे के स्वर में राग विलासखानी तोड़ी की विलम्बित की बन्दिश *'नीके घुँघरिया ठुमकत चाल चलत है'* की गायिकी से होती है, जिसके बीच में ही आशा भोसले, गुलज़ार की शब्दावली के साथ *'जूठे नैना बोलें साँची बतियाँ'* पर आ जाती हैं। इस तरह आशा भोसले की अदायगी से समाप्ति पर पहुँचते हुए गायन में एक बार फिर से पण्डित सत्यशील देशपाण्डे इसी राग का तराना लेकर उपस्थित हो जाते हैं। स्थायी और तराने के साथ देशपाण्डे जी और बीच के पूरे गीत के स्थापत्य में आशा भोसले ने समवेत रूप से मिलकर इस बेहतरीन गीत का गायन किया है।

इसी चलन के तहत महफ़िलों के लिए रची जाने वाली ठुमरियों और दादरों की बन्दिशों की तरह का आभास देती हुई *'सुनियो जी अरज म्हारी'* को सुनना और पढ़ना रोमांचक अनुभव है। पण्डित हृदयनाथ मंगेशकर ने इस गीत को पंजाबी ठेके पर रचते हुए रावणहत्था, सुर-मण्डल, वॉयलिन, सरोद, सारंगी, तबला-तरंग, पखावज और तबले के सुरों पर इस तरह विकसित किया है,

लगता है कि हम एक पारम्परिक बन्दिश को उसकी पूरी आभा के साथ राग मांड के सुरों पर आधारित करते हुए सुन रहे हैं, जिनमें कहीं-कहीं राग शुद्ध कल्याण की छाया भी दिखाई देती है। बोलों पर बीच-बीच में जहाँ कहीं वीणा के सुर अपनी निष्कलंक झंकार में सुनाई देते हैं, वहाँ पूरी बन्दिश को असंख्य दीपों की रोशनी से भर देते हैं। अलग से गुलज़ार की क़लम का सौन्दर्य देखने लायक़ है—

बिसरा दियो हे काहे
बिदेस भिजाय के
हम का बुलाय ले बाबुल
डोलिया लिवाय के
भेजो जी डोली उठाए चारों कहार
सुनियो जी अरज म्हारी
ओ बाबुला हमार
सावन आयो घर लई जइहो
बाबुला हमार...

68

कर्नाटक शास्त्रीय संगीत में दीक्षित और मृदंगाचार्य टी.वी. गोपालकृष्ण के शिष्य इलैयाराजा को तमिल फ़िल्म संगीत में परिवर्तन और आधुनिकता के वाहक के रूप में देखा जाता है। हिन्दी फ़िल्मों में अपने मौलिक संगीत प्रयोगों से पहली बार वे बालू महेन्द्र की फ़िल्म 'सदमा' (1983) से परिदृश्य पर आये। हालाँकि बेहद कम हिन्दी फ़िल्मों में उन्होंने संगीत दिया, जिनमें 'सदमा' अलग से उत्कृष्टता के मिसाल के तौर पर देखी जा सकती है। 'सदमा' से पहले जिन फ़िल्मों में वे संगीत दे रहे थे, उनका फ़िल्म-जगत और संगीत-प्रेमियों ने नोटिस ही नहीं लिया था। याद करने के लिए भी यदि उन फ़िल्मों के नाम लिये जायें, तो वे अलक्षित ही जायेंगी। जैसे—'कन्याद्वीप' (1982), 'संध्यादीप' (1982) आदि। ख़ैर, यहाँ हम 'सदमा' की बात कर रहे हैं, जिसके संवाद और गीत गुलज़ार ने लिखे थे। गीतों को लेकर 'सदमा' गुलज़ार की क़लम का एक ऐसा वेरिएशन है, जिस पर संगीत के लिहाज़ से भी बात होनी चाहिए। 'सदमा' में इलैयाराजा का एक्सपेरीमेंटल म्यूज़िक एक अलग ही क़िस्म की रवानी के साथ देखा जा सकता है, जिसमें गायन-शैली, रिद्म पैटर्न और ऑर्केस्ट्रेशन का काम स्तरीय होने के साथ-साथ आधुनिकता की नुमाइन्दगी करने में सफल रहा था।

'ओ बबुआ ये महुआ महकने लगा है' को गुलज़ाराना इमेजरी की ख़ूबसूरती के साथ सुनते हुए एक बिल्कुल नये ढंग की धुन हाथ लगती है, जिसे इस कामुक नृत्य-गीत को और अधिक मुलायम बनाने के लिए इलैयाराजा रचते हैं। एक ख़ास बात इस धुन के साथ यह चस्पाँ रहती है कि उन्मुक्तता के चरम पर जाकर रचे जाने के बावजूद शालीनता, संगीत के साथ अपना दोस्ताना नहीं छोड़ती। यही बात आशा भोसले की गायिकी पर भी लागू होती है, जब वे गिटार के कॉर्ड्स के साथ रिद्म और परकशन को साधते हुए एक-एक पंक्ति को पर्याप्त पॉज़ के साथ गाती हैं। उनकी गायिकी के इस शिल्प से रूमान की पंक्तियाँ, शृंगारिक (एरोटिक) ढंग से सौन्दर्य (एस्थेटिक्स) रचने लगती हैं। गुलज़ार साहब का अन्दाज़ भी नये तरीक़े से इलैयाराजा की शैली पर अपना वजूद प्रकट करता है। इसी गीत के अन्तरे और स्थायी का आपस में खेल देखना चाहिए—

शाम सुलगती है जब भी
तेरा ख़याल आता है
सूनी-सी गोरी बाहों में
धुआँ-सा भर जाता है
बर्फ़ीला रास्ता कटता नहीं
ज़हरीला चाँद भी हटता नहीं
तेरे बिना...
ओ बबुआ ये महुआ महकने लगा है

ऑर्केस्ट्रेशन के हिसाब से भी इलैयाराजा इसकी कम्पोज़ीशन से चकित करते हैं। वैसे तो, संगीतकार ने आधुनिक ढंग से एनालॉग पैटर्न पर ही 'सदमा' की सारी धुनें बनायी हैं, फिर भी इलेक्ट्रॉनिक म्यूज़िक का हस्तक्षेप यहाँ आसानी से देखा जा सकता है। *'ओ बबुआ ये महुआ'* का ट्रैक, 'पैनिंग-साउंड' की कुशल संगति से रचा गया है। इसमें किक-ड्रम बायीं ओर से ध्वनि लेकर दायीं ओर 'शेकर' की तरफ़ आती है। दायीं तरफ़ मौजूद 'शेकर-साउंड' (छन-छन, छुन-छुन, छ-छ जैसी ध्वनियाँ) को बेहतरीन ढंग से यहाँ अभिव्यक्ति मिलती है। इस पैनिंग ट्रैक में, गीत की धुन-सिंथेसाइज़र, फ़्लूट, गिटार और सेक्सोफ़ोन की उपस्थिति के कारण कर्णप्रिय तो बनती ही है, एक इनोवेटिव-पैटर्न पर इसका स्ट्रक्चर, गीत को अलग-सा बनाता है। आशा भोसले जिस तरह 'तेरे बिना' गाकर पूरी कम्पोज़ीशन को एक अलग प्लेटफ़ॉर्म पर उठाती हैं, वो बेहतर ढंग से उनकी गायिकी की तमाम परतों को उजागर करता है।

गुलज़ार की इमेजरी *'शाम सुलगती है जब भी/तेरा .खयाल आता है'* में वही इमेज़ेज नये ढंग से काम करती हुई दिखाई पड़ती हैं, जिसके लिए गुलज़ार के चहेते बिम्बों में 'शाम' की स्थायी मौजूदगी रही है। इस मादक गीत को उतने ही कोमल संस्पर्श की कविता के तौर पर पढ़ना भी, इस गीत को कुछ अलग-सा मूड देता है, जिसे इलैयाराजा और गुलज़ार जैसे दो इनोवेटिव फ़नकार मिलकर सम्भव करते हैं। *'ओ बबुआ ये महुआ'* जैसा मिलता-जुलता प्रयोग बहुत बाद में ए.आर. रहमान 'गुरु' (2007) के लिए करते हैं, जो ख़ुद इलैयाराजा के यहाँ उनके समूह में सालों तक कीबोर्ड पर अपना हुनर तराशते रहे। अपने उस्ताद की देख-रेख में उन्होंने भी इलेक्ट्रॉनिक म्यूज़िक का ऐसा कैनवास विकसित किया, जो बाद में एक पूरे 'रहमान युग' की तरह पिछले तीस सालों में देखा जा सकता है। 'गुरु' में 'सदमा' की तरह ऐसी ही एक मादक नृत्य-दृश्य की परिस्थिति है, जिसे गुलज़ार की क़लम *'मइया-मइया गुलाबी तारे चुन लें'* लेकर आती है। इस कम्पोज़ीशन में रहमान की बेहतर धुन पर अनायास ही इलैयाराजा याद आते हैं और 'सदमा' का बरसों पुराना *'ओ बबुआ...'* नये तरीक़े से यादों में जीवन्त हो उठता है।

'सदमा' की सबसे मनोहारी कम्पोज़ीशन एक लोरी गीत थी, जिसे राग पीलू की स्वर-छाया पर संगीतकार ने विकसित किया था। ये गीत *'सुरमई अँखियों में नन्हा-मुन्ना एक सपना दे जा रे'* गुलज़ार की लिखी बेहतरीन लोरियों में से एक है। इसी समय उनकी अन्य लोरियाँ– *'दो नैनों में आँसू भरे हैं/निन्दिया कैसे समाए'* (खुशबू), *'हरि दिन तो बीता शाम हुई रात पार करा दे'* (किताब), *'आए-आए रे नन्हे-मुन्ने राजा को निन्दिया सुलाए'* (दूसरी सीता), *'पलकों पे चलते-चलते जब ऊँघने लगती है'* (दायरा) याद आती हैं। वत्सल-भाव से भरे हुए इस गीत में अर्थ अपने सलोनेपन में मानवीय संवेदन के उज्ज्वल प्रतीकों को चुनकर रखता है। जैसे, इन पंक्तियों को देखना चाहिए–

सच्चा कोई सपना दे जा
मुझको कोई अपना दे जा
अनजाना-सा, मगर कुछ पहचाना-सा
हल्का-फुल्का शबनमी
रेशम से भी रेशमी...
निन्दिया के उड़ते पाखी रे
अँखियों में आ जा साथी रे...

हर अन्तरे के साथ संगति बिठाता 'रा-री रा-री, ओ रा-री रुम' की टेक, लोरी

का सौन्दर्य बढ़ाती जाती है। इलैयाराजा अपनी कम्पोज़ीशंस के मध्यवर्ती संगीत (इंटरल्यूड्स) में अकसर बाँसुरी और वॉयलिन के अनगढ़ प्रयोग करते थे। इस गीत में वे बाँसुरी, सिंथेसाइज़र और तबला का जिस तरह फ़्यूजन कराकर धुन की एक नाज़ुकसी ज़मीन बनाते हैं, वह सुनने में बेहद प्रभावी है। यह कम्पोज़ीशन बीट्स के स्ट्रक्चर को बेहतर ढंग से उभारती है, जिससे 'ढंग' और 'टक' की ध्वनि (किक-ड्रम/स्नेयर) सुन्दर ढंग से सुनायी देते हैं। इस पद्धति को इलैयाराजा 'सुरमई अखियों में' जैसी रचना में इस्तेमाल करके वाद्यों का अरेंजमेंट प्रभावी ढंग से सुनिश्चित करते हैं। फिर, येसुदास की आवाज़ में यह लोरी कुछ और भी अधिक सार्थक बन जाती है, क्योंकि उनकी आवाज़ की शास्त्रीय तैयारी में लोक-कण्ठ की पुकार, एक अलग ही स्तर पर देवदूतों को निमंत्रित करने की निश्छल आवाज़ लगती है। खुद गुलज़ार, 'फ़िल्मफ़ेयर' पत्रिका के अपने कॉलम में इस लोरी को याद करते हुए कहते हैं–

> *'मुझे लगता है कि लोरी के लिए येसुदास की आवाज़ सबसे प्रभावी आवाज़ बन जाती है। येसुदास को सुनकर मुझे लोरी लिखना सन्तुष्टि देता है। मुझे व्यक्तिगत तौर पर हमेशा यह लगता है कि अगर लोरी गायी जाये तो वह पिता की आवाज़ में ही हो, क्योंकि ऐसे में उसे येसुदास गा रहे होंगे। मुझे नहीं लगता कि लोरियाँ माँएँ, नाना या नानियाँ गायें। 'सदमा' का यह गीत मुझे उस फ़िल्म का सबसे बेहतर गाना लगता है।'*

'सदमा' के दो अन्य गीत *'ऐ ज़िन्दगी गले लगा ले'* और *'एक दफ़ा इक जंगल में'* भी अपनी स्तरीयता में महत्त्वपूर्ण हैं। *'ऐ ज़िन्दगी'* तो गुलज़ार की क़लम से निकला हुआ ऐसा शाहकार है, जो निराश ज़िन्दगी को रोशनी में ले जाने का सबक़ देता है। सुरेश वाडकर ने इसे उतनी ही उन्मुक्तता से गाकर इसके अर्थ-अभिप्राय को विस्तार दिया है। कई स्तरों पर वाद्यों का संयोजन यहाँ आकर्षक ढंग से खिलकर सामने आता है, जिसमें सिंथेसाइज़र, बेस गिटार, गिटार, सितार, तबला और फ़्लूट की जुगलबन्दी देखी जा सकती है। *'एक दफ़ा इक जंगल में'* अभिनेता कमल हासन की आवाज़ में ऐसा मौलिक प्रयोग है, जिसके साथ इलैयाराजा जैसे संगीतकार ही न्याय कर सकते थे।

परम्परा से हटकर प्रयोग करने के लिए मशहूर इलैयाराजा ने लोक-संगीत और पाश्चात्य शास्त्रीय-संगीत को आपस में साझेदारी कराते हुए एक ऐसे ऑर्केस्ट्रेशन पर ले जाकर 'सदमा' का लांग प्ले रेकॉर्ड विकसित किया था, जहाँ

उनके द्वारा इस्तेमाल की जा रही रिद्म-पैटर्न और सिम्फनी कुछ असरकारी सृजित कर पायी थी। तमिल भाषा की मूल फ़िल्म 'मून्दरम पिरई', जिस पर 'सदमा' बनी, का संगीत भी हिन्दी फ़िल्म संगीत की दुनिया में अस्सी के दशक में ताज़ी हवा के झोंके की तरह था।

69

अपनी पत्नी राखी के लिए गुलज़ार ने कहानियों के पहले संकलन 'रावी पार' में समर्पण के पेज पर लिखा था—'द लांगेस्ट शॉर्ट स्टोरी ऑफ़ माय लाइफ़' (मेरी ज़िन्दगी की सबसे लम्बी छोटी कहानी)। यह कहते हुए गुलज़ार अपने व्यक्तिगत रिश्ते को पारिभाषित करते हैं। अभिनेत्री राखी के साथ शुरू हुई फ़िल्मकार गुलज़ार की प्रेम-कहानी, जिसकी नींव पिछली सदी के साठ के दशक के अन्त में पड़ी। इन दोनों की पहली मुलाक़ात कलकत्ता में तरुण मजूमदार की फ़िल्म 'राहगीर' के पटकथा लेखन के दौरान हुई, साल था 1968। तरुण, बंगाली हिट फ़िल्म 'पालातक' की रीमेक बना रहे थे, जिसमें विश्वजीत और सन्ध्या रॉय की मुख्य भूमिकाएँ थीं। राखी, सन्ध्या रॉय की गहरी दोस्त थीं और उन्हीं के साथ सालों से उनके घर में रह रही थीं।

गुलज़ार और राखी की मुलाक़ात ने एक नये अध्याय को जन्म दिया। दोनों में मित्रता हुई और धीरे-धीरे ये दोस्ती नज़दीकी में बदलने लगी। गुलज़ार कुछ फ़िल्मों की स्क्रिप्ट और डायलॉग पर काम कर रहे थे, जिनमें 'आशीर्वाद' (1968), 'संघर्ष' (1968) और 'ख़ामोशी' (1969) विशेष उल्लेखनीय हैं। उसी दौरान राखी का हिन्दी फ़िल्मों में करियर भी 1969 में राजश्री प्रोडक्शन की 'जीवन मृत्यु' फ़िल्म से शुरू हुआ। अपने-अपने क्षेत्रों में मुक़ाम बनाते हुए राखी और गुलज़ार ने 18 अप्रैल, 1973 को शादी की।

गुलज़ार की शादी के ब्यौरे भी बड़े रोचक हैं। उनके संगीत में ग़ज़ल मलिका बेगम अख़्तर ने शिरकत की थी और अपनी पाटदार आवाज़ से ख़ुशी के मौक़े को कुछ और आलीशान बनाया था। जब मैं 'अख़्तरी' किताब पर काम कर रहा था, तब बेगम साहिबा की प्रमुख शिष्याओं में से एक, रीता गांगुली ने अपने इंटरव्यू में यह ख़ुलासा किया कि वे ख़ुद अम्मी (बेगम अख़्तर का शिष्याओं द्वारा सम्बोधन) के साथ गुलज़ार की शादी के संगीत में राखी के घर 'मुक्तांगन' सांताक्रूज़ पहुँची थीं। उन्होंने यह भी जोड़ा—'मुझे आज भी अच्छी तरह याद है कि अम्मी ने वहाँ राग दरबारी का एक छोटा ख़्याल गाया था और एक मुबारक़बादी भी गायी थी, जिसके बोल थे—

मुबारक़बादियाँ ऐसी हो शादियाँ
अल्लाह रसूल ने तोहे दीन्हीं...

इस शादी में अभिनेता सुनील दत्त ने वधू-पक्ष की ओर से राखी के भाई वाली सारी रस्में निभायी थीं। गुलज़ार की ओर से शादी के सारे इन्तज़ामों में निर्माता एन.सी. सिप्पी प्रमुखता से लगे थे। उन्हीं के ऑफ़िस से निमन्त्रण-कार्ड बाँटे गये थे। शादी और रिसेप्शन दोनों ही 'टर्फ क्लब' में सम्पन्न हुए, जिसका बन्दोबस्त भी सिप्पी साहब ने ही किया था। गुलज़ार की बेटी मेघना गुलज़ार ने अपने पिता पर लिखी किताब 'बीकॉज़ ही इज़' में एक दिलचस्प घटना का उल्लेख किया है कि शादी के दिन सारे रस्म-ओ-रिवाज़ सम्पन्न कराने के लिए दोनों ही पक्षों के लोग पण्डित को बुलाना भूल गये थे। अब क्या हो, इस आपद-काल में शादी कराने के लिए पास के एक मन्दिर से गुजराती पण्डित बुलवाया गया। इसका रोचक पहलू ये रहा कि सारी रस्में गुजराती में सम्पन्न हुईं, जिसे ना राखी समझ पायीं, न ही कुछ भी गुलज़ार के पल्ले पड़ा।

गुलज़ार की ज़िन्दगी में राखी की उपस्थिति थोड़े समय के लिए रही, मगर जो लोग दोनों को व्यक्तिगत तौर पर जानते हैं, वो यह समझते हैं कि दोनों किरदारों में आपसी सहमेल और समझदारी कितने बड़े स्तर पर सम्भव होती रही है। जब राखी, गुलज़ार से अलग हुईं और बरसों बाद दोनों एक-दूसरे की दोस्ती में बराबर से मिलते रहे, उसके बीच के वक़्त में भी दोनों ओर से दोस्तियाँ क़ायम रहीं। यहाँ तक कि मेघना की परवरिश में भी गुलज़ार और राखी ने इस बात का ख़ासा ध्यान रखा कि आपसी दूरी का कोई भी असर उनकी बिटिया पर न पड़ने पाये।

मेघना ने एक संवेदनशील पहलू को खुद के जीवन से खोज निकाला। वो यह कि गुलज़ार की बनायी ज़्यादातर फ़िल्मों में घर का कंसेप्ट एक टूटे-फूटे या खँडहर होते जाते रूप में मौजूद रहा है। वहाँ कभी भी एक व्यवस्थित घर का ख़ाका नहीं खींचा जा सका। यह शायद व्यक्तिगत तौर पर गुलज़ार के अव्यवस्थित वैवाहिक जीवन का मामला रहा होगा, जिसके चलते अनायास ही उनकी फ़िल्मों के घरों के स्वरूप भी वैसे ही अव्यवस्थित रूप में दिखाई पड़ते हैं। 'मेरे अपने', 'ख़ुशबू', 'आँधी', 'किनारा' और 'नमकीन' में इसी तरह के घरों की प्रतिच्छायाएँ देखी जा सकती हैं। बहरहाल यह देखना संवेदनशील स्तर पर परखा जा सकता है, गुलज़ार की ज़िन्दगी में राखी की उपस्थिति का अपना विशेष महत्त्व रहा है। एक मित्र के तौर पर और एक हमराही के रूप में...

हमसफ़र के तौर पर गुलज़ार, राखी को देखते हों, बात इतनी भर नहीं है। एक समर्थ अभिनेत्री के तौर पर उन्होंने राखी को हमेशा ही ऊँचे मुक़ाम पर रखा है। ख़ासकर, रमेश बक्षी के उपन्यास 'अठारह सूरज के पौधे' पर आधारित अवतार कृष्ण कौल की पैरलल सिनेमा के व्याकरण में ढली '27 डाउन' (1974) में उनके अभिनय को लेकर... वे इस फ़िल्म को राखी की संजीदा अदाकारी की सबसे बेहतर फ़िल्म मानते हैं। हालाँकि, इसी समय यश चोपड़ा के निर्देशन में व्यावसायिक सफलता की विशुद्ध मनोरंजन वाली फ़िल्मों—'दाग़', 'त्रिशूल', 'काला पत्थर' और 'कभी-कभी' को भी राखी के अभिनय की अच्छी फ़िल्मों की तरह गुलज़ार ने देखा है। उनका मानना है कि कुछ अदाकार ऐसे होते हैं, जिनसे एक विशेष समय फ्रेम में कुछ संवेदनशील निर्देशक उनका सर्वोत्तम हासिल कर लेते हैं। यश चोपड़ा ऐसे ही चलन के निर्देशक रहे, जिन्होंने अपनी फ़िल्मों में राखी को बेहतरीन किरदार निभाने के लिए दिये।

अकसर वे ऐसी फ़िल्मों के उदाहरण भी चुनते हैं, जिनकी व्यावसायिक सफलता से अलग उन फ़िल्मों के हर एक पहलू ने उसे कामयाबी दी है। वे सुबोध मुखर्जी की 'शर्मीली' (1971) में राखी के डबल रोल की चर्चा करते हैं, जिसे दो विभिन्न मनोदशाओं के किरदारों को निभाते हुए राखी ने बेहतरीन अभिनय किया। रमेश तलवार निर्देशित 'बसेरा' के लिए संवाद और गीतों का काम गुलज़ार ने किया है। इस फ़िल्म में राखी का किरदार जिस तरह घटनाओं और मानवीय भावनाओं के कई स्तरों को छूता हुआ एक संवेदनशील बिन्दु पर पहुँचता है, उसमें राखी का चरित्र अद्‌भुत ढंग से बयाँ हुआ। हमेशा अपनी पत्नी के प्रति लगाव और आदर की कैफ़ियत में डूबे गुलज़ार ने 1990 में 'फ़िल्मफ़ेयर अवॉर्ड' के अवसर पर एक आत्मीय जुमले से राखी के प्रति सार्वजनिक तौर पर प्यार का इज़हार किया था। इस साल उन्हें सुभाष घई की फ़िल्म 'राम-लखन' के लिए सर्वश्रेष्ठ सह-अभिनेत्री का पुरस्कार मिला था। जब स्टेज पर गुलज़ार को पुरस्कृत कलाकार के नाम की घोषणा करने और अवॉर्ड देने के लिए बुलाया गया, तो उन्होंने बिना किसी का नाम लिये सीधे पुकारा—'अजी सुनती हो...'

दोनों के आपसी रिश्तों के दरमियान तीन ऐसे ख़ूबसूरत चेहरे मौजूद हैं, जिनसे एक मुकम्मल तस्वीर बनती है। मेघना, गोविन्द और समय...गुलज़ार और राखी का आपसी जीवन एक ऐसी कविता के मज़मून सरीखा है, जहाँ रिश्तों को सहलाने के लिए कायनात में मौजूद ढेरों चीज़ों ने अपना-अपना किरदार चुना

हुआ है। कभी राखी जी से यह पूछने का मन ज़रूर करता है कि गुलज़ार की शायराना तबीयत में जो पूरा ब्रह्माण्ड शामिल है, उसमें आने वाला चाँद, छोटा-सा अवांछित ग्रह प्लूटो, आकाशगंगाएँ और शाम के साये में उतरते हुए ढेरों सितारे क्या राखी के लिए ही बने हैं? उस रिश्ते को परिभाषा देने के लिए, जिनने दोनों को हमराह बनाते हुए नदी के दो छोरों की तरह अविरल बहने की सहूलियत दी है?

आज भी 'बोस्कियाना' की पहली मंज़िल पर जब आप गुलज़ार साहब के साथ नाश्ते पर बैठे हों या खाना खा रहे हों—हर जगह पारिवारिक फोटोज़ के बड़े-बड़े कोलाज देखकर यह समझ में आता है कि गुलज़ार कितने संवेदनशील तौर पर पारिवारिक इंसान रहे हैं। मेघना और गोविन्द के बेटे समय की फ़ोटो देखिए, जिसमें समय की नानी राखी उसे गोद में लिये हैं, किसी दूसरी तस्वीर में समय के साथ खेल रही हैं। होली के रंगों से सराबोर पूरा परिवार एक-दूसरे को प्रेमभरी निगाहों से देख रहा है। मैंने गुलज़ार साहब की वो चमकती हुई आँखें देखी हैं, जिनमें समय के लिए तो प्रेम अटाटूट छलक रहा है, मगर राखी जी के लिए भी जो प्रेम और आदर मौजूद है, उसे हौले-से वो छुपा लेते हैं।

70

गुलज़ार का लिखने-पढ़ने का कमरा। एक तरह से उनका ऑफ़िस, जहाँ बैठकर वे फ़िल्म गीतों समेत संवादों और पटकथाओं पर काम करते रहे हैं। मुम्बई के पश्चिमी बांद्रा इलाक़े में पाली हिल पर चढ़कर जब नरगिस दत्त रोड पर आप पहुँचते हैं, तो वहाँ गुलज़ार साहब का हरियाली से भरा हुआ बंगला 'बोस्कियाना' मिलता है। इसी घर के ग्राउंड फ़्लोर पर अन्दर जाकर वो दुनिया मौजूद है, जहाँ से शब्दों की जादूगरी का काम गुलज़ार करते रहते हैं। इस पढ़ने-लिखने के कमरे में चारों तरफ़ किताबें मौजूद हैं। बेशुमार किताबें, मोटे-मोटे जिल्दों वाली...हर ओर क़रीने से सजे हुए बुद्ध प्रतिमाओं के चेहरे। कुछ छोटे, कुछ बड़े, जिन्हें देश भर की अलग-अलग जगहों से एकत्र किया गया है। गुलज़ार को बुद्ध का चेहरा और उनकी शान्त भंगिमाएँ प्रभावित करते हैं, इसलिए वे इन्हें सालों से इकट्ठा करते रहे हैं, जो विभिन्न धातुओं, पत्थरों और लकड़ियों से बने हैं।

पढ़ने के कमरे में अपनी कुर्सी पर बैठने को गुलज़ार रोज़ी या काम पर बैठना कहते हैं, ये बात अपनी सहजता और बौद्धिक ऐन्द्रिकता में लुभाती है। एक तरफ़ उनके सबसे चहेते शायर मिर्ज़ा ग़ालिब की बेहद जीवन्त हाफ़-बस्ट लगी

है, जिसमें उस्ताद अपनी विख्यात टोपी पहने हुए मौजूद हैं। बग़ल की दीवार पर उनके मित्र और चित्रकार गोपी गजवानी की बनायी हुई गुलज़ार के विभिन्न पहलुओं की ड्रॉइंग्स और कैरीकेचर लगे हुए हैं। एक सुन्दर व्यवस्थित कमरे में हर तरफ़ शायराना माहौल है, जिसे गुलज़ार मद्धिम रोशनी के वातावरण में और भी गहरा व रहस्यमय बनाते हैं।

वहाँ बैठना और गुलज़ार से बात करना, इस मायने में अनूठा है कि आप एक सूफ़ी शायर को उसकी ख़ानक़ाह में पकड़ने जैसा अनुभव महसूस करते हैं। बग़ल ही में उनके सचिव का कमरा है और उनके कामों का बन्दोबस्त देखने वाली फ़रहाना की कुर्सी भी। फ़रहाना जब भी आपसे मुख़ातिब होंगी, यह पता लग जायेगा कि वो किनकी शागिर्दी में काम करती रही हैं। गुलज़ार का कमरा, एक हद तक उस दरवेश के दिल का पता देता है, जिसने तमाम नज़्में और कहानियाँ अवाम को मुहैया करायी हैं। उनसे जब पूछो कि आपने सबसे बेहतर नज़्म कौन सी लिखी है? तब शरारती निगाह से यह जुमला उछालेंगे—'बरखुरदार! एक शायर का सबसे बेहतरीन तो उसके डस्टबिन में ढूँढ़ना चाहिए, जिसे लिखकर वह सन्तुष्ट नहीं होता और फाड़कर कूड़ेदान के हवाले करता रहता है।'

ऐसी बातों से गुलज़ार आपको अवाक् करते हैं...अकसर सम्मोहित भी। रोज़ी पर बैठने वाले और हर दिन दूसरे माध्यमों में काम करने वाले लोगों की तरह अपने रोज़गार को शब्द देने वाला शायर कितने मौलिक ढंग से अपनी बेहतरीन रचनाओं के बारे में सोचता है। कमरे में मौजूद बुद्ध के ढेरों चेहरे इन तर्कों पर हौले-से मुस्कुराते हैं।

71

इक-इक याद उठाओ और पलकों से पोंछ के वापस रख दो...

गुलज़ार की कविता के लिए किसी प्रकार का मेटाफ़र चुनना हो, तो पाठकों या आलोचकों को ख़ासी मुश्किल का सामना करना पड़ेगा। कारण यही कि शायद ही कोई ऐसा रूपक या प्रतीक बचा होगा, जिसकी नयी-नयी अभिव्यक्तियाँ उनके साहित्य में दर्ज होने से रह गयी हों। उनके रूमानी ख़यालात हों, प्राकृतिक बिम्ब हों, संस्मरणों के लम्बे मार्मिक दृश्य हों या जीवन के फ़लसफ़े को स्पष्ट करने वाली बेहद चुटीली व्यंजनाएँ, हर कहीं उनका रचनात्मक मन साधारण चीज़ों से अपने लिये सम्बन्ध स्थापित कर लेता है। यह सम्बन्ध फिर

असाधारण की यात्रा पर निकल जाता है, मार्ग में आने वाली ढेरों सम्भावनाओं को ख़ुद की भाषा-शब्दावली के लिए चिन्हित करता हुआ...।

लगता है, जैसे उनकी सम्पूर्ण लेखकीय यात्रा में एक शायर, एक कहानीकार, एक पटकथा लेखक, एक फ़िल्म निर्देशक और एक ग़ज़लकार ख़ानाबदोश की तरह, अपने चेहरे बदल-बदलकर एक ही लय में यात्रा करते हैं। कुछ उस तरह, जैसा वे कहते हैं—

आओ, सारे पहन लें आईने
सारे देखेंगे अपना ही चेहरा
रूह? अपनी भी किसने देखी है।

सारे आईनों को पहन लेने की तड़प ही गुलज़ार को एक बेहतरीन शायर बनाती है। वे उदासी का संगीत रचते हुए और जीवन की तमाम परेशानियों पर अपनी उँगली रखते हुए उस अनन्तिम सत्य तक पहुँचते हैं, जहाँ से साधारण आदमी का लौटना मुश्किल है। अपनी कविता द्वारा, जीवन का इतना बड़ा संगीत सुनाते हुए यह गुलज़ार ही हैं, जिनके यहाँ तमाम ऐसी बातें पढ़ने को मिल जाती हैं, जो हमें उस दोराहे पर ला खड़ा करती हैं कि हम अपनी ही आँखों द्वारा ख़ुद का चेहरा साफ़-साफ़ देख सकें। इस मुँह-दिखाई में उनकी सर्जनात्मक ईमानदारी ही अन्तिम तौर पर मुहर लगाती है कि यह मेरी शिनाख़्त है।

कुछ भी क़ायम नहीं है कुछ भी नहीं
और जो क़ायम है, बस इक मैं हूँ
मैं जो पल-पल बदलता रहता हूँ...

72

उन्होंने उर्दू कविता में एक नयी फ़ॉर्म ईजाद की—'त्रिवेणी'। पहली बार कमलेश्वर के सम्पादन में निकलने वाली 'सारिका' पत्रिका में 1972-73 के दौरान ये त्रिवेणियाँ लगातार प्रकाशित हुईं। गुलज़ार के लिए यह बड़ी चुनौती से कम नहीं था कि वे भाषा में एक विधा को पहचान दिला रहे थे। ...और वह भी ऐसा फ़ॉर्म, जिसकी नींव उनकी ही रखी हुई थी। गुलज़ार अपनी बनायी त्रिवेणियों के बारे में कहते हैं—

'शुरू-शुरू में जब यह फ़ॉर्म बनायी थी, तो पता नहीं था यह किस संगम तक पहुँचेगी—'त्रिवेणी' नाम इसलिए दिया था कि पहले दो

मिसरे, गंगा-जमुना की तरह मिलते हैं, और एक ख़याल, एक शेर को मुकम्मल करते हैं। लेकिन इन दो धाराओं के नीचे एक और नदी है—सरस्वती। जो गुप्त है। नज़र नहीं आती; त्रिवेणी का काम सरस्वती दिखाना है। तीसरा मिसरा, कहीं पहले दो मिसरों में गुप्त है। छुपा हुआ है।'

गंगा, जमुना और सरस्वती के रूपक से तीन पंक्तियों वाली इस शायरी का जो मजमून गुलज़ार तैयार करते हैं, उसकी दो शुरुआती पंक्तियाँ आपस में क़ाफ़िया मिलाती हैं, जैसे किसी ग़ज़ल के मिसरे हों। तीसरी पंक्ति ऊपर वाले शेर या बात को नयी भंगिमा देती है। जैसे, उसके अर्थ में कोई लचीला-सा बदलाव लाती है या प्रचलित-सी लग रही शायरी में कोई सेंधमारी करती है। लगता है, सरस्वती की अदृश्य उपस्थिति, गंगा और जमुना को अपने अस्तित्व का एहसास कराना चाहती हो। दो के बीच तीसरे को गलबाँही देते हुए...

लिखने का यह तरीक़ा गुलज़ार की अपनी मौलिक सोच का परिणाम है, जिसके तहत उन्होंने अब तक सैकड़ों त्रिवेणियाँ अपने फ़ैंस के लिए लिख डाली हैं। त्रिवेणी की एक मिसाल से इस कैफ़ियत को महसूस किया जा सकता है—

हमको ग़ालिब ने ये दुआ दी थी
तुम सलामत रहो हज़ार बरस
ये बरस तो फ़क़त दिनों में गया।

73

गुलज़ार में कॉमिक सेंस भरपूर है। वे हास्य फ़िल्मों के लिए संवाद लिखते हुए अपनी इस अचूक क्षमता का परिचय बार-बार देते हैं। उनकी फ़िल्मोग्राफ़ी को पलटने पर ये बात समझ में आती है कि चुटीले, व्यंग्यपूर्ण और स्वस्थ मनोरंजन के छोटे-छोटे संवादों में उन्होंने बेहतर ढंग से संवाद-योजना को अंजाम दिया है। ऋषिकेश मुखर्जी के लिए संवाद लिखते हुए उन्होंने 'गुड्डी', 'सबसे बड़ा सुख', 'बावर्ची', 'चुपके-चुपके', 'ख़ूबसूरत' जैसी फ़िल्मों में यह काम तो शानदार ढंग से किया ही है, खुद की बनायी 'अंगूर' में भी कॉमेडी का चरम देखा जा सकता है। 'अंगूर' के पहले बिमल रॉय प्रोडक्शन की 'दो दूनी चार' में भी सहज हास्य के दृश्य आपको भीतर तक गुदगुदाते हैं। यहाँ तक कि जब वे सीरियस ढंग का सामाजिक ड्रामा लिखते हैं, तब वहाँ

भी चुटीले संवादों की योजना देखने लायक़ है। आपको आसानी से उनकी मशहूर फ़िल्मों मसलन—'परिचय', 'किताब', 'मौसम' और 'आँधी' के कुछ दृश्यों में उनका यह हुनर दिख जायेगा, जहाँ थोड़ी-सी सम्भावना पाने के बाद भी गुलज़ार का खिलन्दड़ा अन्दाज़ एक ऐसी अभिव्यक्ति को आवाज़ देता हुआ दिखाई पड़ता है, जहाँ से विट को वे अद्भुत ढंग से संवादों में लोकेट करते हैं।

गुलज़ार की इस प्रवृत्ति को हम, जो हँसने-हँसाने के लिए उन्हें पटकथाओं की बड़ी ज़मीन मुहैया कराती है, आसानी से 'सेंस ऑफ़ ह्यूमर' वाले अन्दाज़ में उनके डायलॉग राइटर को पकड़ा जा सकता है। इसी समय यह बात भी ध्यान देने वाली है कि न जाने क्यों उन्होंने अपने इस हुनर को सीमित रखा, बहुत सारी फ़िल्मों के लिए अपने कॉमिक सेंस का शानदार इस्तेमाल नहीं होने दिया। उनकी निर्देशकीय प्रतिभा में समानान्तर सिनेमा के वे बीज छुपे हुए हैं, जहाँ गम्भीर क़िस्म का काम उनके नेचर के क़रीब नज़र आता है। हो सकता है जान-बूझकर ही उन्होंने बहुत ज़्यादा कॉमेडी लिखने का मन नहीं बनाया। नहीं तो, ये बहुत सम्भव है कि उनके संवाद-लेखन में हमें प्रचुर मात्रा में ऐसी फ़िल्में देखने को नसीब होतीं। संवादों से अलग, जब कभी भी उन्हें फ़िल्म गीतों में ऐसे अवसर नज़र आये, उन्होंने बख़ूबी इस टैलेंट का इस्तेमाल किया। 'किताब' के *'अ-आ, इ-ई, अ-आ, इ-ई/मास्टर जी की आ गई चिट्ठी'*, 'मासूम' के *'लकड़ी की काठी, काठी पे घोड़ा'* के लिए लिखे गये गीतों के अलावा 'मकड़ी' का *'ओ पापड़ वाले, पंगा न ले'* और 'चाची 420' का *'चुपड़ी-चुपड़ी चाची'* याद कीजिए। ये सारे गीत, उसी खिलन्दड़े अन्दाज़ की बेहतर बानगियाँ हैं, जो हल्के-फुल्के ढंग से हास्य की एक सुन्दर ज़मीन तैयार करती हैं।

हमेशा सीरियस ढंग से अपनी पटकथाओं और फ़िल्मों के लिए जाने गये गुलज़ार के मन का एक कोना हमेशा से हँसी-ठिठोली से भरा रहा है। आप जब उनसे मुख़ातिब हों और अदब या सिनेमा की चर्चा में शामिल, तब भी उनके किरदार से उस पक्ष को आसानी से झाँकता हुआ देख सकते हैं, जो विट और कॉमेडी के साथ कुछ सार्थक बातें करने के लिए जानी जाती है। दरअसल, गुलज़ार के यहाँ हास्य केवल सामान्य तौर पर हास्य नहीं रहा है, बल्कि वह व्यंग्य और कटूक्तियों के माध्यम से एक बड़े सेटायर में बदलता है। उनकी बनायी फ़िल्मों और दूसरे निर्देशकों की फ़िल्मों से ऐसे ढेरों दृश्य ढूँढ़े जा सकते हैं, जहाँ सामान्य-सी परिस्थिति में भी गुदगुदाने का भाव गुलज़ार रचते रहे हैं। मिसाल के तौर पर,

'परिचय' में असरानी और लीला मिश्रा, 'नमकीन' में वहीदा रहमान, 'अंगूर' में यूनुस परवेज़ और देवेन वर्मा, 'किताब' में उत्तम कुमार, 'मौसम' में ओम शिवपुरी, 'आँधी' में ओमप्रकाश और 'चाची 420' में जॉनी वॉकर व अमरीश पुरी के हिस्से आने वाले संवादों में ये गुदगुदाने का भाव देखा जा सकता है। अकसर हैरानी इस बात पर होती है, जब हम गम्भीर दृश्यों से गुज़रते हुए अचानक ऐसे संवादों की गिरफ़्त में आते हैं, जहाँ से गुलज़ार के 'सेंस ऑफ़ ह्यूमर' और 'सेंस ऑफ़ विट' की बेहतरीन नुमाइन्दगी देख पाते हैं। बावजूद इसके उनकी पूरी फ़िल्मोग्राफ़ी से गुज़रते हुए इस बात पर अफ़सोस होता है कि उन्हें कुछ और कॉमेडी फ़िल्में बनानी चाहिए थी। साथ ही, पसन्द के निर्देशकों के लिए कुछ अतिरिक्त कॉमेडी फ़िल्मों की पटकथाएँ और संवाद लिखने चाहिए थे। उन्होंने जिस भी कारण अपने कॉमिक सेंस को बहुत अनुशासन में रखा, उसका एक वाज़िब तर्क़ जानने की हमेशा उत्सुकता बनी रहेगी।

74

'दुम्बे', 'हिल्सा' और 'दि स्टोन एज़' जैसी कहानियाँ, या छोटे मंज़रनामे, सरहद पर झगड़े, तनाव और लड़ाइयों, दंगों की बड़ी त्रासदी को जाड़ों की सर्द रातों की तरह चीरती हुई मन में उतरती हैं। 'दुम्बे', सुचीतगढ़ (हिन्दुस्तान) और स्यालकोट (पाकिस्तान) में दोनों तरफ़ लड़ने-लड़ाने की रोज़ की कैफ़ियत पर लिखी गयी है। गुलज़ार लिखते हैं–

> *'हिन्दुस्तान-पाकिस्तान की लड़ाई! ऐवईं स्कूल के बच्चों की तरह लड़ते रहते हैं। इसकी बाँह मरोड़, उसका घुटना तोड़। इसकी सिलेट तोड़ दी। उसकी तख़्ती छीन ली। कभी निब चुभो दी। कभी स्याही गिरा दी। याद है स्कूल में थे, तो दुम्बों की लड़ाई देखने जाया करते थे।'*

'हिल्सा' भी दंगों की ख़बरों से भरी हुई, एक शिनाख़्त या रिपोर्ट है, जिसमें एक हामला लड़की की तस्वीर अख़बार में छपी है। उसे गैंगरेप किया गया था, जो ब्लीड करते-करते मर गयी थी। गुलज़ार तटस्थ ढंग से, इस विभीषिका को थोड़ा और फैलाते हुए उस मरी हुई लड़की की आँखों और चेहरे की तफ़्तीश कुछ इस तरह करते हैं, जैसे परात में पड़ी समुद्र से निकली मरी हुई हिल्सा मछली की आँखें होती हैं।

'दि स्टोन एज़' भी हमले, दंगों के मार्फ़त युवा मन के भटकन की तलाश है। किस तरह एक मासूम बचपन इस पत्थर होते जाते युग में अपनी सोच और जीने के ढंग को एकाएक बदल डालता है। गुलज़ार बार-बार कहते हैं–

> *'शुरू में इंसान ने पत्थरों के हथियार बनाये। वो शिकार करते थे और ग़ारों में रहते थे। जिन क़बीलों के पास आग थी। वो अफ़ज़ल माने जाते थे। वो मैदानों में रहते थे, सफ़र करते थे और जगह-जगह जाकर ज़मीनें फ़तेह किया करते थे...'।*

कहानियों के माध्यम से गुलज़ार हमारे वर्तमान समय की ज़्यादतियों का नक़ाब उतारकर दिखाते हैं। हम असलियत में समाज को किस विद्रूप की ओर ले जा रहे हैं, इनके पाठ जैसे उसी सच्चाई का आईना हैं। ज़ाहिर है, गुलज़ार ने ऐसे मंज़र अपने बचपन में भी देखे थे, जिनका असर यह रहा कि उस भय से रोना तो क्या आया, बल्कि वो हमेशा के लिए मन में कहीं, गहरी तकलीफ़ बनकर बैठ गया। एक ऐसे सूखे घाव की तरह, उसकी पपड़ी को जब भी छुओ, तो वो छिल जाती है और उसमें से ख़ून टपकने लगता है। यह कहानियाँ इंसानी रिश्तों को उनका असली मानी समझाने के लिए लिखी गयी हैं, जिनकी आज पहले से कहीं ज़्यादा ज़रूरत है।

एक शायर, गीतकार, अफ़सानानिग़ार और फ़िल्म निर्देशक से अलग गुलज़ार ऐसी तकलीफ़ों से गुज़रकर बनने वाले किरदार भी हैं, जिसकी गवाही में 'दुम्बे', 'हिल्सा' और 'दि स्टोन एज़' कहानियाँ खड़ी हैं। इनसे होकर गुज़रना, उन आदिम कष्टों की बेपनाह आह से वाबस्ता होकर मानवीयता की कचहरी में हलफ़नामा दायर करने जैसा है।

75

गुलज़ार की बनायी 'लिबास' (1988) अकेली ऐसी फ़िल्म है, जिसे उन्होंने ख़ुद की कहानी 'चाबी' पर विकसित किया था। ये कहानी बाद में उनके संग्रह 'रावी पार' में 'सीमा' नाम से प्रकाशित हुई। तीन किरदारों, सुधीर (नसीरुद्दीन शाह), सीमा (शबाना आज़मी) और टी.के. (राज बब्बर) के रिश्तों से गुज़रती हुई, 'लिबास' का केन्द्रीय विचार एक स्त्री के स्वतन्त्र ढंग से जीने में निहित है। 'लिबास' के स्त्री किरदार सीमा के जीवन में दो पुरुष आते हैं...और दोनों ही से उसे ज़िन्दगी के आशय को बड़ा करने वाली सहूलियतें नहीं मिलतीं। वह इस उधेड़बुन में ही जीती है कि उसका पूर्व पति सुधीर, जो उसका दोस्त और साथ काम करने वाला रंगकर्मी है, कितनी शिद्दत से उसे चाहता है। ठीक उसी समय, जब वह अपनी पहली शादी से निकलकर टी.के. के पास जाती है और उससे दूसरी शादी करती है, तो इस व्यवसायी और स्वच्छन्द व्यक्ति के साथ रहते हुए उसे अपने पुराने रिश्ते की याद फिर

भी बनी रहती है। उस रिश्ते की, जिसमें कुछ सार्थक और .ख़ुशियों-भरे मंज़र मौजूद रहे हैं।

शादी के टूटने और नये रिश्ते में पड़ने के जटिल समीकरण से उपजा 'लिबास' का प्लॉट मुख्य तौर पर रंगमंच के जीवन से गुज़रकर दो मैच्योर लोगों के आपसी संवाद, साझेदारी और विश्वास को भी टटोलता चलता है। सुधीर, जो महत्त्वाकांक्षी रंग-निर्देशक है, हमेशा रंगमंच के अन्य कलाकारों की तरह ही अपनी पत्नी को ट्रीट करता है। वो सीमा पर भरोसा करता है और उससे प्रेम भी, बावजूद उसे यह समझाने में विफल रहता है कि वह ध्यान रखने वाला पति है, जिसके लिए अपनी पत्नी के प्रति उसके मन में ख़ास आकर्षण और लगाव है। सीमा हमेशा इस परेशानी में जीती है कि उसकी अहमियत रंगमंच पर खेले जाने वाले किसी नाटक के पात्र से अधिक नहीं है। वह कई दफ़ा सुधीर को टोकती भी है, मगर सुधीर की रंगमंच को लेकर प्रतिबद्धता पत्नी से कहीं ज़्यादा है। एक बार जब थिएटर में नाटक की रिहर्सल करते हुए सीमा अपनी लाइनें भूल जाती है, तब वह नाराज़ होकर कहता है—

> *'ये लो...इसमें से पढ़ो और याद रखो, खाना पकाना भूल जाओ, तो माफ़ कर सकता हूँ, लेकिन अपनी लाइनें भूल गयीं, तो माफ़ नहीं करूँगा।'*

इस बात से आहत सीमा को यह लगने लगता है कि सुधीर के साथ उसका रिश्ता सही ढंग से बढ़ नहीं रहा, बल्कि वह कहीं जाकर थम गया है। उस रिश्ते में अब कोई ख़ूबसूरती बाक़ी नहीं बची है। 'लिबास' में यही तनाव, रिश्तों की जटिलताओं को समझने के लिए अपने ढंग से कई स्तरों पर चलता है और सुधीर, सीमा और टी.के. किरदारों को आपस में ताश के पत्तों की तरह फेंटते हुए अलग-अलग दिशाओं में फैलाव देता है। 'लिबास' एक परिपक्व कहानी का उतना ही संवेदनशील आकलन है, रंगमंच की पार्श्व-छवियाँ और सरोकार जिसे गति देते हैं।

गुलज़ार की फ़िल्मों का एक प्रमुख घटक उसका संगीत रहा है। यह संगीत सिर्फ़ मनोरंजन भर न होकर, कथानक के साथ तालमेल बिठाता है और उसके प्रमुख विचार को अपने ढंग से विस्तार देता है। यह स्थिति उनकी बनायी लगभग हर फ़िल्म में देखी जा सकती है। 'लिबास' जिस दौर में बनी है और अपने सब्जेक्ट को जिस तरह ट्रीट करती है, उसमें सीमा के किरदार से सम्बद्ध कई गीतों की जटिल दृश्यावलियाँ बनती हैं, जिन्हें उसी अनुपात में फ़िल्म में पिरोया गया है। इस फ़िल्म के सारे गीतों को लता मंगेशकर

की आवाज़ मिली है, जो भावनात्मक जटिलताओं को नैसर्गिक ढंग से व्यक्त करने में सबसे मुफ़ीद आवाज़ मानी जाती हैं। उनके गाये मुख्य रूप से तीन गाने *'फिर किसी शाख़ ने'*, *'सीली हवा छू गयी'* और *'ख़ामोश सा अफ़साना'* सीमा की अलग-अलग सिचुएशन में मनोदशाओं को अर्थ देते हैं। यह बहुत सम्भव है कि ये सारे गीत 'लिबास' के कथानक को विस्तार देते से लगते हैं, जब निर्देशक उन सिचुएशंस में मानसिक उथल-पुथल को गीतों में उतरी हुई संवेदना और कविता के बहाने अभिव्यक्ति देना चाहता है। एक गीत इसी आशय के तहत शबाना आज़मी के आन्तरिक उथल-पुथल को संश्लिष्ट ढंग से पुकार देता है—

ख़ामोश-सा अफ़साना
पानी से लिखा होता
ना तुमने कहा होता
ना हमने सुना होता
सहमे से रहते हैं
जब ये दिन ढलता है
एक दिया बुझता है
एक दिया जलता है
तुम ने कोई तो
दीप जलाया होता

एक दूसरा गीत जो बहुत मशहूर हुआ, लता मंगेशकर की प्ले-लिस्ट का महत्त्वपूर्ण गाना माना जाता है, ख़ुद गुलज़ार के पसन्द के गीतों में शुमार है, जिसे वे 'लिबास' की थीम से भी जोड़कर देखते हैं। उनका कहना है—

> *'लिबास' एक अलग तरह की पोशाक थी, थिएटर बैक-ग्राउंड पर एक कहानी थी। 'चाबी' के नाम से मेरे पहले मजमुए में छपी थी। थिएटर के कैरेक्टर्स में एक अजीब तरह की फुरती होती है। उनके मूड भी 'लिबास' की तरह बदलते रहते हैं। 'लिबास' ही की तरह दिन पहनते हैं और उतार देते हैं। कुछ ऐसी ही कैफ़ियत इस गाने में है—*

सीली हवा छू गई
सीला बदन छिल गया
नीली नदी के परे
गीला-सा चाँद खिल गया...

'लिबास' इसलिए भी अलग से रेखांकित की जाने वाली फ़िल्म है कि इसमें थिएटर की दुनिया के कुछ बेहतरीन नाटकों को सन्दर्भ के तहत फ़िल्म के दृश्यों

में उसके मूल विचार के साथ इस तरह समानान्तर रूप से बुना गया है कि वह अपनी दृश्य-छवियों और संवादों के कारण फ़िल्म को एक गम्भीर किताब जैसा स्वरूप देता है। इसमें मोहन राकेश के 'आधे-अधूरे', गिरीश कर्नाड के 'हयवदन' के दृश्यों के अलावा पटकथा में गिरीश कर्नाड के 'तुग़लक' और विजय तेन्दुलकर के 'सखाराम बाइंडर' व 'शान्तता! कोर्ट चालू आहे' का ज़िक्र आता है। यह जानना सुखद है कि गुलज़ार अपनी फ़िल्मों की पटकथाओं में ऐसे स्तरीय व गम्भीर नाटकों को याद करते हैं, बिना इस बात का फ़िक्र किये कि इनकी उपस्थिति से फ़िल्म की व्यावसायिक सफलता पर क्या असर होगा? अपनी ही कहानी को ख़ुद की सिनेमाई रचनाशीलता के साथ फ़िल्माने वाले गुलज़ार ने इस फ़िल्म को अपनी सबसे मैच्योर कृति कहा था। आज ये लिखते हुए अफ़सोस होता है कि 'लिबास' जैसी गम्भीर फ़िल्म सिर्फ़ चन्द फ़िल्म फ़ेस्टिवल में ही दिखाई जा सकी, थिएटर तक नहीं पहुँच पायी। एक सार्थक काम, आम दर्शकों तक नहीं पहुँच सका, जिसके लिए गुलज़ार के प्रशंसकों के अलावा, हिन्दी फ़िल्मों के मुरीद भी एक एक्सपेरीमेंटल फ़िल्म से वंचित रह गये।

76

सपने पे पाँव पड़ गया था
सपनों में, बहने दो
प्यासी हूँ मैं, प्यासी रहने दो...

गुलज़ार की बनायी फ़िल्मों में 'इजाज़त' (1987) का एक अलग ही मुक़ाम है। ये फ़िल्म परिपक्व फ़िल्म का उदाहरण है, जिसे सेल्युलाइड पर पोएट्री की तरह पढ़ा जा सकता है। बांग्ला के मशहूर कथाकार सुबोध घोष की कहानी 'जातो-गृह' पर रची गयी यह फ़िल्म प्रेम त्रिकोण का ऐसा सुघर, मगर उतना ही जटिल विन्यास है, जिसे तीन प्रमुख पात्रों सुधा (रेखा), महेन्द्र (नसीरुद्दीन शाह) और माया (अनुराधा पटेल) के आपसी सम्बन्धों और उन सम्बन्धों से उपजते तनाव के इर्द-गिर्द रचा गया है। ख़ुद गुलज़ार के लिए यह फ़िल्म संवाद, पटकथा और गीतों, तीनों ही सन्दर्भों में सशक्त और गम्भीर ढंग से विकसित हुई देखी जा सकती है। 'इजाज़त' में कथानक उतना महत्त्वपूर्ण नहीं है, जितना कहानी के नैरेटिव का ट्रीटमेण्ट है। एक फोटोग्राफर और पंचगनी के स्कूल में पढ़ाने वाली सुलझी हुई शिक्षिका के दाम्पत्य में समानान्तर रूप से एक तीसरी मौजूदगी भी है, जिसे प्रचलित अर्थों में हम विवाहेतर सम्बन्ध के

तौर पर देख सकते हैं। यह तीसरी उपस्थिति उन्मुक्त व स्वच्छन्द ढंग से जीने वाली माया की है, जो महेन्द्र की ज़िन्दगी में प्रेमिका के बतर्ज़ मौजूद है। यह कुछ-कुछ 'पति', 'पत्नी' और 'वो' जैसा मामला है, जिसमें तमाम उतार-चढ़ाव, रिश्तों को समझने के तहत दरपेश हैं।

'इजाज़त' को सिनेमा विश्लेषकों ने गम्भीर और सार्थक सिनेमा का पर्याय माना है। फ़िल्म में जिस तरह रेलवे स्टेशन के वेटिंग रूम में अजनबियों की तरह पूर्व में पति-पत्नी रहे दो लोगों की मुलाक़ात होती है, वह फ़िल्म के पहले ही दृश्य से यह तय करने में कामयाबी हासिल करती है कि आगे पूरा कथानक रिश्तों की ऐसी ही महीन पच्चीकारी को रेशा-रेशा उघारकर देखने में विन्यस्त होने वाला है। 'ब्रिटेनिका इनसाइक्लोपीडिया ऑफ़ हिन्दी सिनेमा' के 1976-1989 वाले दौर को पारिभाषित करने वाले अध्याय 'रिबेल्स विदआउट अ कॉज़' में मैथिली राव का यह कथन क़ाबिलेग़ौर है—

> *'इजाज़त' अब तक परिचित हो चुकी विवाह-संस्था में निरन्तर सुनाई देता जो विवादी सुर है, उसको रेखांकित करती है...लेकिन इसमें जो दिलचस्प बात है, वो गुलज़ार की रची वह दूसरी औरत है, एक निर्बाध स्त्री, जो अपने प्रेम से भी नहीं बँधती; बिल्कुल इज़ाडोरा डंकन की तरह।'*

यह एक रोचक पहलू है, जिसके हिसाब से भी इस फ़िल्म की पड़ताल की जा सकती है। वेटिंग रूम में जब टुकड़ों-टुकड़ों में अपने अतीत को कभी सुधा, तो कभी महेन्द्र याद करते हैं, तो वे रिश्तों में छूट गये उस अन्तराल को भी समझने की कोशिश करते हैं, जिसके चलते आज वे अजनबियों की तरह एक-दूसरे के सामने हैं। रिश्तों के इस गह्वर सम्मोहन को उनके जुड़ाव से छिटककर देखने पर तीनों ही किरदारों के पास ख़ालीपन एक बड़े स्पेस की तरह उनकी ज़िन्दगियों को छूता है।

गुलज़ार कुशल चितेरे हैं, इसलिए फ़िल्म के क्रेडिट रोल से ही वे जिस बिम्ब (इमेज) को पूरी फ़िल्म के लिए एक मेटाफ़र की तरह इस्तेमाल करते हैं, वह इमेज पानी की है। बहता हुआ बेबाक दरिया, कल-कल करती पहाड़ी नदी, छोटे-छोटे सोतों से उन्मुक्त बहता झरना और लगातार बरसता पानी फ़िल्म में गवाह की तरह मौजूद हैं, जो कहीं न कहीं दो स्त्रियों और एक पुरुष की मनोदशा को अपने ढंग से चित्रित करते हैं। हिन्दी के कवि रघुवीर सहाय की कविता 'पानी के संस्मरण' याद आती है, जिसमें पानी अनेक परतों

में बहता हुआ मन पर कई तरह के संस्मरण उकेरता है। गुलज़ार पानी के इस रूप को फ़िल्म के पहले ही गीत से बयाँ करते हैं, जो क्रेडिट रोल के साथ उभरता है—

छोटी-सी कहानी से
बारिशों के पानी से
सारी वादी भर गई
ना जाने क्यूँ, दिल भर गया
ना जाने क्यूँ आँख भर गई

'इजाज़त' दरअसल लिव इन रिलेशन का मुद्दा भी उठाती है, जिसे बहुत कोमल ढंग से गुलज़ार अपनी पटकथा में उकेरते हैं। इसे फ़िल्म के संवाद गहरे अर्थ मुहैया कराते हैं। फ़िल्म में सबसे बेहतरीन संवाद रेखा के हिस्से आये हैं, जिससे उनकी बौद्धिकता और सुलझी हुई पर्सनैलिटी रिफ़लेक्ट होती है। एक जगह जब महेन्द्र इस पशोपेश में सुधा को यह बताता है कि वह उससे मंगनी करने के बावजूद किसी दूसरी औरत के प्रेम में पड़ा है। आगे का रास्ता उसे नहीं सूझता कि वह क्या करे? ऐसे में सुधा का संवाद 'इजाज़त' का हाई प्वाइंट बनता है, जिससे नैरेटिव को एक लम्बा विस्तार लेने में मदद मिलती है। रेखा कहती हैं—'जो सच है और सही है, वही कीजिए।' इसके बावजूद कहानी में विरोधाभास इस बात का है कि जो सही था, उसे महेन्द्र नहीं कर पाता और अपने दादा के दबाव व प्रेमिका की अनिश्चितता के चलते सुधा से शादी कर लेता है।

बाद में जब वेटिंग रूम में सुधा और महेन्द्र में सहज ही बात होने लगती है, तब फिर से स्त्री-पुरुष के द्वन्द्व का मामला उभरता है। नसीर, रेखा पर अकारण चीखते हैं और अपनी ग़लती का एहसास होने पर उनसे माफ़ी माँगते हैं। इस समय भी सुधा के किरदार में मौजूद रेखा का एक छोटा-सा संवाद पूरी फ़िल्म को कविता की रोशनी सरीखी चमक देता है। वो कहती हैं—'आदत भी चली जाती है, अधिकार नहीं जाते।' यह एक ऐसा फ्रेम है, जिसमें पति-पत्नी के मैच्योर सम्बन्ध को समझाने की नींव रखी गयी है। दर्शक दोनों ही किरदारों से सहानुभूति नहीं रखता, मगर इस तर्क के नज़दीक चला जाता है कि कितना भी बेहतर, सामंजस्यपूर्ण और सार्थक रिश्ता क्यों न हो, किसी तीसरे के आने से दरक जाता है।

फ़िल्म के तमाम फ्रेम, गीतों का ख़ूबसूरत फ़िल्मांकन और छोटे-बड़े सारे ही किरदारों के सशक्त अभिनय से एक तरह की दृश्यात्मक सुन्दरता पैदा होती है।

मतलब, गुलज़ार 'इजाज़त' को सिनेमैटिक ढंग से एक असरदार फ़िल्म बनाते हैं, जिसमें फ़िल्म के छायाकार अशोक मेहता का कैमरा-वर्क कमाल का दृश्य-संयोजन रचते हैं। यह फ़िल्म देखते हुए अनायास ही जापान के महान फ़िल्मकार अकीरा कुरोसावा की आत्मकथा 'समथिंग लाइक ऐन ऑटोबायग्राफ़ी' की यह पंक्तियाँ याद आती हैं, जिसे 'इजाज़त' के हर दूसरे फ़्रेम में घटित होते हुए देखा जा सकता है। कुरोसावा लिखते हैं–

> *'कुछ है ऐसा, जिसे सिनेमाई सौन्दर्य कहा जा सकता है। यह केवल फ़िल्म में ही व्यक्त हो सकता है और इसके बिना फ़िल्म मार्मिक नहीं हो सकती; जब यह बहुत अच्छी तरह अभिव्यक्त होता है, तो फ़िल्म देखते हुए हमें एक बहुत गहरी भावना का अनुभव होता है।'*

ये लाइनें कितनी वाज़िब लगती हैं, जब हम सिनेमाई सुन्दरता के सन्दर्भ में 'इजाज़त' को न सिर्फ़ फ़िल्म की तरह, बल्कि एक कलाकृति की तरह भी देखते हैं।

मैं यहाँ पर फ़िल्म के दो मुख्य गीतों का उल्लेख करना चाहूँगा, जिनमें यह सुन्दरता कैमरे के साथ दोस्ती करती हुई एक बड़े प्लेटफ़ॉर्म पर विकसित हो जाती है। *'क़तरा-क़तरा मिलती है'* और *'मेरा कुछ सामान तुम्हारे पास पड़ा है'* में इसे देखा जा सकता है। इसी समय *'मेरा कुछ सामान'* गीत को अलग से रेखांकित करना चाहिए, जो फ़िल्म को लोकप्रिय बनाने के साथ ही नैरेटिव को आगे बढ़ाने में मदद करता है। अनुराधा पटेल का माया जैसा किरदार, जो एक स्वतन्त्र और रिबेल करने वाली औरत का है, के बारे में ये गीत बहुत कुछ खुलकर कह देता है। इस गीत की बेमिसाल कम्पोज़ीशन को जितना आर.डी. बर्मन निखारते हैं, उससे कहीं ज़्यादा, एक क़दम आगे बढ़कर आशा भोसले अपनी गायिकी से जीवन्त करती हैं।

एक सौ सोला चाँद की रातें
एक तुम्हारे काँधे का तिल
गीली मेहँदी की ख़ुशबू
झूठ-मूठ के शिकवे कुछ
झूठ-मूठ के वादे भी सब, याद करा दूँ
सब भिजवा दो
मेरा वो सामान लौटा दो

अगर मैं ग़लत नहीं हूँ, तो यहाँ सुलझे हुए चरित्र की सुधा और उन्मुक्त माया का कंट्रास्ट वैसा ही है, जिस तरह का शेड राज कपूर निर्देशित 'श्री 420' में

सुलझी हुई टीचर विद्या (नरगिस) और स्वच्छन्द माया (नादिरा) के किरदार में मिलता है। हालाँकि, वहाँ माया कुछ ज़्यादा ही भौतिकवादी समाज की ओर उन्मुख ऐसी स्त्री के रूप में मौजूद हैं, जो नायक को ग़लत राह पर ले जाती हैं। 'इजाज़त' की माया न भौतिकवादी समाज से जुड़ती है और न ही नायक को नकारात्मक ढंग से किसी काम के लिए उकसाती है। बावजूद इसके माया और सुधा का द्वन्द्व फ़िल्म में सेंट्रल थीम की तरह मौजूद रहता है। 'इजाज़त' इस अर्थ में भी एक उल्लेखनीय फ़िल्म है, जो इन दो स्त्रियों के आपसी रिश्ते को ख़ूबसूरती से बयाँ करती है।

यह रिश्ता अदृश्य है, इस रिश्ते में कोई हल्कापन नहीं है, न ही इस रिश्ते में एक-दूसरे के प्रति कोई अनुदार भावना मौजूद है। दोनों ही स्त्रियाँ, एक-दूसरे के स्वभाव को भाँपती हुई, अपना विचार रखती हैं, जो बहुत ही नेचुरल है। माया जब पहली बार सुधा की आवाज़ टेलीफ़ोन पर सुनती है, तो महेन्द्र से उत्साह में भरकर कहती है—'जानते हो, दीदी की आवाज़ तुमसे प्यारी है, मानो काँच के गले से निकल रही है।'...वहीं दूसरी तरफ़ सुधा, हवाई जहाज़ के अन्दर अपने पति से मुख़ातिब हो माया के लिए कहती है—'इस पगली पर तरस भी आता है और प्यार भी...' कहना ना होगा, 'इजाज़त' रेखा और अनुराधा पटेल के आपसी रिश्तों के तनाव, महेन्द्र को लेकर उनके बीच आने वाले ठहराव, अपने-अपने अधिकारों के अन्तराल में मौजूद अबूझ समझौते पर टिकी हुई है। इसीलिए दोनों स्त्रियाँ अपने ढंग से खुद का अवसाद व्यक्त करती हैं। रेखा के लिए वह—*'ख़ाली हाथ शाम आई है/ख़ाली हाथ जायेगी/आज भी ना आया कोई/ख़ाली लौट जायेगी'* है, तो अनुराधा पटेल के लिए वह—*'झूठ-मूठ के शिकवे कुछ/झूठ-मूठ के वादे भी सब/याद करा दूँ/सब भिजवा दो/मेरा वो सामान लौटा दो'* जैसा है।

सुबोध घोष की कहानी को कवितानुमा तरीक़े का जैसा विस्तार गुलज़ार ने दिया है, उसमें चार चाँद लगाने के लिए आर.डी. बर्मन का संगीत साथी रहा है। *'मेरा कुछ सामान'* जैसा गाना तो दशकों में एक बार बनता है। बाक़ी अशोक मेहता की सिनेमेटोग्राफ़ी ने 'इजाज़त' के खिलने में बड़ी भूमिका निभायी है। रेखा, नसीरुद्दीन शाह और अनुराधा पटेल की संवेदनात्मक भूमिकाओं का असर तो है ही फ़िल्म पर, अलग से दादा के रोल में शम्मी कपूर और माँ के रूप में सुलभा देशपाण्डे भी चकित करते हैं। लिव इन रिलेशन या विवाहेतर सम्बन्ध को लेकर एक बोल्ड सब्जेक्ट को क़रीने से तराशा है गुलज़ार ने। 'इजाज़त' अपने दौर की एक संजीदा और महत्त्वपूर्ण

फ़िल्म है, जो गुलज़ार के फ़िल्मोग्राफ़ी में एक अलग-सा, थोड़ा नाज़ुक, संवेदनशील मुक़ाम रखती है। ये फ़िल्म हर उस पल की कहानी है, जब हम चाहकर भी अपने सपनों को हक़ीक़त में मुक़म्मल तौर पर जी नहीं पाते। जब कि हम जानते हैं, कहीं न कहीं कुछ ऐसा कर गुज़रे हैं, जिससे सपने बुलबुलों की तरह बनते और मिटते जाते हैं। इसके लिए शायर गुलज़ार के इशारे देखने लायक़ हैं—'सपनों पर पाँव पड़ गया था...' बावजूद इसके सपनों में बहना, जैसे नियति बन जाती है।

77

गुलज़ार अपनी प्रचलित ज़मीन से अलग, एक भिन्न धरातल पर 'माचिस' जैसी फ़िल्म बनाते हैं। इसे राजनीतिक चेतना से सम्पन्न एक ऐसी संवेदनशील फ़िल्म भी कहा जा सकता है, जो बरगलाये जा रहे उन नौजवानों की ओर सहानुभूति से देखती है, जो ग़लती से आतंकवाद के पैरोकारों की राह पर चले गये हैं। गुलज़ार की निर्देशकीय पारी की आख़िरी दो फ़िल्में 'माचिस' और 'हु तू तू' अपने सशक्त विषयवस्तु के चलते तत्कालीन व्यवस्था पर कड़ी चोट करती हैं। 'माचिस' में मुख्य कथा के साथ प्रेम का रूमान भी आकार लेता है, जिसमें राजनीतिक आशयों की शिनाख़्त ज़्यादा मुखर ढंग से व्यक्त होती है।

आतंकवाद की पृष्ठभूमि को संवेदनात्मक स्तर पर टटोलने वाली 'माचिस' में यह प्रश्न प्रभावी ढंग से उभर सका है कि भोले-भाले इनोसेंट युवाओं को पुलिसिया तन्त्र इस क़दर परेशान करता है कि उनमें से अधिकांश न चाहते हुए भी अपराध की दुनिया में जाकर शरण लेते हैं। अपराध को सहजता से स्वीकार करने का भाव ही, परेशान करने वाली वो धुरी है, जिसके इर्द-गिर्द 'माचिस' का कथानक खड़ा किया गया है। 'माचिस' इस लिहाज़ से आतंकवाद को बड़े परिप्रेक्ष्य में देखते हुए, उसे तार्किक रूप से हल करने का रास्ता भी ढूँढ़ती है। गुलज़ार फ़िल्म में बयान की संक्षिप्ति और बिना लाउड हुए बात कह देने की कहन में लाजवाब ढंग से उभरते हैं। उनके लिए दो इंसानों में कोई विभेद नहीं है, भले ही एक सामान्य जीवन जीता हुआ ज़िम्मेदार नागरिक की तरह सोचता है और दूसरा अपराध की दुनिया में परिस्थितिजन्य कारणों से चला जाता है। गुलज़ार इस बहाने इस प्रश्न को बार-बार खोलकर पढ़ने का जतन करते हैं कि ये मासूम नौजवान, आतंकवादी क्यों बन जाते हैं?

फ़िल्म के एक प्रमुख किरदार आतंकवादी सनातन सिंह (ओम पुरी) का है, जो अपनी गम्भीरता में कुछ ऐसे जुमले कह जाते हैं, जिन्हें बतौर पटकथाकार और

संवाद लेखक के रूप में गुलज़ार ने सधे ढंग से व्यक्त किया है। उदाहरण के तौर पर, नायक पाली/कृपाल सिंह (चन्द्रचूड़ सिंह) का सनातन सिंह से यह पूछना—'कहाँ हैं वो भाई आपके? कहाँ हैं वो सब घरवाले?' इस पर सनातन सिंह का जवाब रोंगटे खड़ा करता है—'आधे सैंतालीस ने खा लिये थे, आधे चौरासी खा गया।' 1947 और 1984 के दंगों की त्रासदी को इतने संयत ढंग से कहकर पूरी बात का मैसेज देने वाले गुलज़ार, फ़िल्म के लगभग हर फ़्रेम में किसी न किसी विचार को एक प्रश्न की तरह उछालते हैं। गुलज़ार जानते हैं कि आतंकवाद की समस्या के कई चेहरे रहे हैं, जिनमें सियासत का अपना दाँव-पेंच भी समाज पर प्रभावी ढंग से असर करता रहा है। 'माचिस' ऐसी हर बात को अपने ढंग से देखने का प्रयास करती है। अपने ढंग से उसका समाधान पाने के लिए परिस्थितियों से जूझती है।

फ़िल्म की शुरुआत में ही कृपाल सिंह के दोस्त जस्सी (राज जुत्शी) को जब पुलिस, आतंकवादी को शरण देने के झूठे इल्ज़ाम में उठा ले जाती है और उसका कोई पता नहीं लगता, तब कृपाल का एक वकील से हुआ संवाद सारी व्यवस्था की पोल खोल देता है, जो आज भी प्रासंगिक लगता है। आज भी वह स्थितियाँ कहीं बदली नहीं हैं। वकील का यह जुमला देर तक हॉण्ट करता है—'क़ानून तो है, बेटा!, शुरू से है, लेकिन उन चाबियों से वो ताले अब खुलते नहीं हैं। इसलिए लोग उन्हें तोड़ने लग गये हैं।' कहना ना होगा, दरअसल ऐसी ही परिस्थितियों की दारुण सच्चाइयों से देश में एक दौर जलता रहा है। ऐसे में बेगुनाहों को जो सज़ा मिली, उसका दुष्परिणाम यह हुआ कि वे सही और ग़लत का विवेक तजकर जेहाद के नाम पर ग़लत ढंग से अपनी परिस्थिति को बदले की भावना से देखने लगे। इसी ने आतंकवाद की जड़ों को गहरा किया। फ़िल्म में इस बात को संवेदनशीलता से देखते हुए निर्देशक एक मुज़ाहिदीन से यह कहलवाता है—'मैं किसी धर्म या देश की लड़ाई नहीं लड़ रहा हूँ। मैं तो अपनी मजबूरी और बेबसी की लड़ाई लड़ रहा हूँ।' हालाँकि इन संवादों के बाद भी आतंकवाद के पक्ष में फ़िल्म का विचार खड़ा नहीं होता। वहाँ सिर्फ़ यह अंडरलाइन करने की कोशिश की गयी है कि किन परिस्थितियों में फँसकर आम जनता के बीच से लोग ग़लत रास्तों पर चल पड़ते हैं।

ये बाग़ी युवा, जो किसी मिशन पर निकले हुए हैं और उनका रास्ता जेहाद है, अपना घर और परिवार को याद करते हुए नॉस्टैल्जिक भी होते हैं। 'माचिस' के दो गीत *'चप्पा-चप्पा चरखा चले'* और *'छोड़ आए हम वो गलियाँ'*

इन्हीं मनोदशाओं की बानगियाँ हैं, जिन्हें संवेदनशीलता से गुलज़ार ने रचने की कोशिश की है। फ़िल्म की नायिका वीरां (तब्बू) अपने मंगेतर के बिछोह में जब अकेली घर में तड़पती है, तब लगता है, जैसे अपना दुःख सँभाले हुए दर्द में सुलग रही हो। लता मंगेशकर की आवाज़ में पार्श्व से गूँजता हुआ 'माचिस' का यह गाना उस क्षण के लिए जैसे मर्सिया बन जाता है—

भेज कहार पियाजी बुला लो
कोई रात-रात जागे
डोली पड़ी-पड़ी ड्योढ़ी में
अर्थी जैसी लागे...

इस फ़िल्म का सबसे ख़ूबसूरत अंश संगीतकार विशाल भारद्वाज के हिस्से आया है, जिन्होंने फ़िल्म के गीतों को विषय की गम्भीरता के साथ तालमेल बिठाते हुए कम्पोज़ किया है। संगीत के साथ ही, गीतों की ज़मीन पर एक गीतकार की हैसियत से गुलज़ार ने मर्मस्पर्शी गीत लिखे हैं, जो कहीं न कहीं ग़लत रास्तों पर जाकर गुम हुए लोगों से सहानुभूति रखते हैं। *'चप्पा-चप्पा चरखा चले'* फ़ोक एलीमेंट का एक नायाब उदाहरण है, जिसमें कविता की अपनी लोनाई भी सौम्यता से उजागर हुई है। गुलज़ार पंजाबी लोक ज़ुबान के बड़े फ़नकार हैं और अपनी गीत-यात्रा में ढेरों ऐसे गीत लिख चुके हैं, जिनसे पंजाब की मिट्टी की सोंधी ख़ुशबू आती है। कुछ पंक्तियाँ इसी सन्दर्भ में 'माचिस' की गम्भीरता को भावुकता देने के लिहाज़ से पढ़ी जानी चाहिए—

गोरी चटखोरी जो कटोरी से खिलाती थी
जुम्मे के जुम्मे जो सुरमे लगाती थी
कच्ची मुँडेर के तले...
जूठी-जूठी मोई ने रसोई में पुकारा था
लोहे के चिमटे से लिपटे को मारा था
ओए बीबा तेरा चूल्हा जले...
चप्पा-चप्पा चरखा चले, चप्पा-चप्पा चरखा चले
औनी-पौनी यारियाँ तेरी, बौनी-बौनी बेरियों तले...

'माचिस' जैसा शीर्षक उस मेटाफ़र की तरह है, जिसमें किसी भी देश के युवाओं को माचिस की तीलियों की तरह देखा गया है, जो कभी भी राजनीतिक और पुलिसिया तन्त्र में आग लगाकर ख़ुद भी समाप्त हो जाते हैं। हालाँकि फ़िल्म में यह संवाद आता है—'सीली तीलियों से कोई इंक़लाब

नहीं भड़कता।' 'माचिस' पिछली सदी के अस्सी के दशक में उन खरोंचों की पड़ताल करती है, जिसमें सिखों के ऊपर हुए अत्याचार व दंगों में उनमें से अधिकांश युवा, एक व्यापक नाराज़ वर्ग में तब्दील होकर सिस्टम के ख़िलाफ़ चले गये थे। इनमें से कई आतंकवादी हो गये और कइयों को ज़बर्दस्ती आतंकवादी घोषित कर दिया गया। जो बेगुनाह थे, मगर इस दौर में ऐसे किसी रूप में चिन्हित किये गये, गुलज़ार की 'माचिस' उन्हीं के जीवन को सहानुभूतिपूर्ण ढंग से देखने का प्रयास भर है।

भले ही ऐसा लगे पर यह फ़िल्म कहीं भी आतंकवाद की पैरवी नहीं करती। वो दृश्य यहाँ महत्त्वपूर्ण है, जिसमें वीरां (तब्बू) पाली (चन्द्रचूड़ सिंह) के गले से सायनाइड की तावीज़ उतरवा लेती है। वो नहीं चाहती कि कभी उसका मंगेतर सुसाइड करे या उसे पुलिस के हाथ में पड़कर अपनी जान देनी पड़े, मगर आतंकवाद की ओर मुड़ जाने वाले इंसानों के जीवन में यह विडम्बना घर कर जाती है कि उसका हल अकसर मृत्यु में ही नज़र आता है। वीरां बाद में ख़ुद सायनाइड की तावीज़ पाली को देने पर मजबूर होती है। इस तरह दोनों अपनी ज़िन्दगी का ख़ुद से ख़ात्मा करते हैं। आतंकवाद की राह पर जाने पर ज़िन्दगी किसी भी हालत में नहीं बचती है, इसे गुलज़ार गम्भीरता से फ़िल्म द्वारा अभिव्यक्त करते हैं। 'माचिस' उस दुखान्त तक पहुँचती है, जिसमें हर वो पात्र, जो ग़लत राह पर चल पड़ा है, एक ऐसे चक्रव्यूह में फँसता है, जिससे निकलने की राह सम्भव नहीं है। इसी सच्चाई को 'माचिस' कुछ निर्मम होकर दिखाती है।

78

यह दिलचस्प वाक़िया अभिनेता नसीरुद्दीन शाह से सम्बन्धित है, जिसे उन्होंने कुछ वर्षों पूर्व प्रकाशित अपने आत्मकथात्मक संस्मरणों की किताब 'एंड देन वन डे' में उजागर किया है। नसीर इस बात को इतनी सहजता से व्यक्त करते हैं कि वह अपने आप में एक शानदार दस्तावेज़ बन जाता है। मामला मिर्ज़ा ग़ालिब से सम्बन्धित है और उसमें फ़िल्मकार गुलज़ार भी एक रास्ते से होकर कहानी में प्रवेश करते हैं। नसीरुद्दीन शाह के मेमॉअर्स से यह प्रसंग बहुत मानवीय ढंग से उभरता है, इस कारण भी गुलज़ार जैसे सिनेमा के ज़हीन कलाकार की जीवन-यात्रा में दर्ज किये जाने योग्य लगता है।

हुआ यह था कि जब नसीर सेंट स्टीफेंस में थे, तब यह चर्चा आम थी कि गुलज़ार साहब अपने पसन्दीदा कलाकार संजीव कुमार को लेकर ग़ालिब पर

फ़िल्म बनाने वाले हैं। हालाँकि इस बात से नसीर इत्तेफ़ाक़ नहीं रखते थे– संजीव कुमार और ग़ालिब का रोल करें? इस बात से आहत होकर नसीर के दिल पर आरियाँ चलने लगीं। उन्होंने इसके पहले कभी ग़ालिब का एक शेर तक नहीं पढ़ा था, मगर इस बात से भी सहमत नहीं हो पा रहे थे कि संजीव कुमार उस रोल को अदा करें। ख़ैर, एक दिन उन्हें ख़बर मिली कि संजीव कुमार को दिल का दौरा पड़ गया है, इस वजह से फ़िल्म की शूटिंग टल गयी है। बाद में यह जानकर कि फ़िलहाल ग़ालिब का रोल अभी संजीव कुमार नहीं कर रहे, उन्होंने अपने मित्र विक्रम मेहरोत्रा की मदद से गुलज़ार साहब का पता ढूँढ़ निकाला और उन्हें अपनी ख़ूबियाँ गिनाते हुए एक लम्बा ख़त लिखा।

इस ख़त का मज़मून खुद नसीरुद्दीन शाह की ज़ुबानी सुनना रोचक होगा–

> *'दरअसल मैं वह ऐक्टर हूँ, जिसकी उन्हें तलाश है। ग़ालिब का रोल करने के लिए मैंने अपनी क़ाबिलियतें गिनवायीं : मैं मेरठ का हूँ (सच) जहाँ से ग़ालिब की शराब आती थी। पुरानी देहली में ग़ालिब की गली क़ासिमजान में रह चुका हूँ (आधा सच, मैं बस वहाँ गया था)। मैं रवानी से उर्दू बोल, लिख और पढ़ सकता हूँ (एक तिहाई सच, सिर्फ़ बोलता था) और मैं ग़ालिब की शायरी से पूरी तरह वाक़िफ़ हूँ (सरासर झूठ)। यक़ीन दिलाया कि मुझे अगर चुना तो उन्हीं का फ़ायदा है। मैं बड़ा पहुँचा हुआ अभिनेता हूँ।'*

यह चिट्ठी लिखकर उन्होंने गुलज़ार को पोस्ट कर दी और यह उम्मीद भी नहीं पाली कि उसका कोई जवाब आयेगा। हुआ भी यही, इस ख़त का कभी कोई जवाब नहीं आया। मगर इसे लिखने के बाद अकसर नसीरुद्दीन शाह यह ज़रूर सोचते थे कि न जाने इस चिट्ठी का गुलज़ार साहब पर क्या असर पड़ेगा? पर कोशिश करने में क्या हर्ज़ है? अगर चिढ़ भी गये, याद तो रखेंगे।

इस समय तक उनकी श्याम बेनेगल निर्देशित और बहुप्रशंसित 'निशान्त' रिलीज़ हो चुकी थी। नसीरुद्दीन शाह ने यह उम्मीद पाल रखी थी कि शायद उन्होंने भी यह फ़िल्म देख रखी हो। नसीर बड़ी कोशिश करके गुलज़ार के पाली हिल वाले दफ़्तर में उनसे मिलने का मौक़ा निकाल सके। उन्हें बड़ा आश्चर्य हुआ, जब गुलज़ार उनसे बड़े खुलूस से पेश आये। 'निशान्त' में उनके अभिनय की तारीफ़ भी उन्होंने की, मगर साथ काम करने का कोई ज़िक्र नहीं आया। नसीर उनसे मुतासिर थे और थोड़े असहज भी कि जो ख़त वो पहले भेज चुके थे, उसके बारे में कोई चर्चा नहीं छिड़ी। फिर अपनी तरफ़

से उस ख़त के बारे में पूछना भी उन्हें एक बड़े कलाकार के सामने बेअदबी लगी, इसलिए पूछ नहीं पाये।

बहुत अर्से बाद ग़ालिब पर फ़िल्म तो नहीं बनी, मगर गुलज़ार ने जब उन्हीं के जीवन को आधार बनाकर एक धारावाहिक बनाया, तो उसमें ग़ालिब के रोल के लिए नसीरुद्दीन शाह का ही चुनाव किया। प्रसन्न और आश्वस्त नसीर अब हर दिन धारावाहिक की शूटिंग के समय मिर्ज़ा ग़ालिब के किरदार में ढलते हुए अपने सपने का रोल कर पा रहे थे। उनकी जैसे कोई पुरानी हसरत पूरी हो रही थी। इसी समय गुलज़ार से उनकी एक व्यक्तिगत आत्मीयता भी हो गयी थी। इससे उनके अन्दर कुछ हिम्मत भी आयी, जो ख़त लिखने वाले दौर में तो सिर्फ़ एक युवा अभिनेता की क्रान्तिकारी सोच का नमूना भर थी। एक उत्साही युवक का अपने करियर को सँवरते देखने भर की उठापटक।

मिर्ज़ा ग़ालिब की शूटिंग के दिनों, एक बार हिम्मत जुटाकर नसीरुद्दीन शाह ने उस ख़त का ज़िक्र आख़िर गुलज़ार से कर ही दिया। गुलज़ार साहब ने उनसे बड़े इत्मीनान भाव से हैरान होकर कहा—'ऐसा कोई ख़त कभी उन्हें मिला ही नहीं...'

79

उनकी बनायी फ़िल्मों में संकेतों का नोटिस लिया जाना चाहिए। कुछ ऐसे प्रतीक, जिनके हवाले से वे पूरे सीन का आशय स्पष्ट कर देते हैं। बिना लाउड हुए, कथानक की शर्तों पर उस दृश्यावली या मंज़र को फ़िल्म का प्रभावी एहसास बनाते हुए। ढेरों मिसालें मिल जायेंगी, जब आप उनके फ़िल्माये दृश्यों को चौकन्नी निगाह से देखें। वहाँ उस सिनैरियो का मर्म खुलता नज़र आयेगा, जिसे एक बिम्ब या इमेज से कहने की कोशिश की गयी है। यह गुलज़ार की स्टाइल है, कुछ भी अधिक न कहने का अनुशासन और परिदृश्य को अंडरटोन में रखने का हुनर। इस मितकथन में उनका लेखकीय व्यक्तित्व भी पूरी तरह प्रासंगिक होकर उभरता है, जिसने उन्हें किसी प्रतीक को फ़िल्म का एक दृश्य बनाने की सलाह दी है। किसी भावना, घटना, मानवीय मूल्यों की कोई कौंध या सामाजिक-राजनीतिक इशारे व्यक्त करने के लिए जिस भी प्रतीक को विज़ुअली रेलेवेंट बनाने की निर्देशकीय कोशिश की गयी है, वह अपने मिनिमलिस्ट एप्रोच में बहुत कारगर युक्ति बन जाती है।

इन प्रभावी संकेतों को कुछ उदाहरणों से देखा जा सकता है। जैसे, 'किनारा' के एक दृश्य में मंच पर आरती सान्याल (हेमा मालिनी) का नृत्य का कार्यक्रम

चल रहा है, तभी सड़क दुर्घटना में उसके मंगेतर चन्दन (धर्मेन्द्र) की मृत्यु हो जाती है। इस घटना को प्रतीक रूप में गुलज़ार इस तरह दिखाते हैं कि आरती के पैरों के घुँघरू से एक दाना टूटकर मंच पर ही छिटक जाता है। यह संकेत दर्शकों को विचलित करने और उन्हें इस बात का आभास देने के लिए रचा गया कि नायक की वहाँ मृत्यु हो गयी है। इसी तरह, 'मौसम' के एक दृश्य में कजली (बेटी के रोल में शर्मिला टैगोर) का एक खँडहर में बलात्कार होता है। इसे भी प्रतीक रूप में दिखाते हुए 'मौसम' में बस इतना भर संकेत हुआ कि कजली के हाथों से दवा की बोतल गिरकर फ़र्श पर टूट गयी है। 'कोशिश' में जब हरिचरन (संजीव कुमार) और आरती (जया भादुड़ी) का बच्चा घर के बाहर तेज़ बारिश के पानी में भीगकर मरता है, तो उस दृश्य की मार्मिकता रचने में निर्देशक ने यह युक्ति अपनायी है कि कमरे के अन्दर रखी बच्चे की दूध की शीशी गिरकर टूट जाती है और दूध बिखर जाता है।

'परिचय' के एक दृश्य में राय साहब (प्राण) के कठोरतम अनुशासन के दिन बीतने वाले हैं और आने वाला समय उनके पोते-पोतियों के लिए प्रेम और अपनेपन का है। इसके लिए बदलते हुए परिदृश्य का सीन रचने में निर्देशक ने नायक रवि (जीतेन्द्र) को सितार बजाते हुए दिखाया है। जिस उन्मुक्त भाव से नायक प्रसन्न होकर सितार बजाता है और पूरी हवेली में बरसों बाद संगीत का स्वर गूँजता है, यह बात स्पष्ट हो जाती है कि अब दिन बहुरने वाले हैं। ...एक उदाहरण, 'मेरे अपने' का भी है, जहाँ क्लाइमेक्स में आनन्दी देवी की जूतियों को एक-दूसरे पर चढ़ा हुआ सड़क पर पड़ा दिखाया जाता है। यह संकेत है कि वे अनन्त की यात्रा पर हमेशा के लिए निकल चुकी हैं।

संकेतों के इन अभिप्रायों को पढ़ना, निर्देशक के उस शिल्प को पढ़ने जैसा भी है, जिसमें किसी ख़ास बिम्ब को लेकर एक मुक़म्मल बात कहने का आशय छुपा हुआ है। गुलज़ार ऐसा प्रयोग कई दफ़ा अपनी फ़िल्मों में करते हैं, जिसे उनके संवेदनशील दृश्य-विधान को समझने के सन्दर्भ में लिया जा सकता है। यह प्रतीक रूप में अपने फ़िल्मों के आशयों को स्पष्ट करने की जो योजना है, वो बिल्कुल बिमल रॉय की फ़िल्मों के संकेतों की तरह लगती है। गुलज़ार ने अपने गुरु और मेंटर बिमल रॉय से यह युक्ति सीखकर, अपनी ख़ुद की निर्देशित फ़िल्मों में कामयाब ढंग से दर्ज किया है। गुलज़ार की फ़िल्मों में संवादों, ध्वनियों और पार्श्व-संगीत के ऐसे ढेरों प्रयोग देखे जा सकते हैं, जिनकी व्याख्या में बहुत सारे सीन फ़िल्माने की दरकार होगी। उस स्फीति को बचाने और कम में ज़्यादा बात कह जाने का जो हुनर है, गुलज़ार उसका

भरपूर इस्तेमाल करते हुए कई बार ऐसे सूक्ष्म संकेतों और प्रतीकों से अपना काम चलाते हैं, जिसके लिए अलग से किसी सीन का फ़िल्मांकन करते हुए अतिरिक्त व्याख्या की ज़रूरत नहीं है।

80

न ठेठ हिन्दी, न ख़ालिस उर्दू,
जबान गोया मिली-जुली हो
अलग रहे दूध से न मिसरी
डली-डली दूध में घुली हो।

—नारायण प्रसाद 'बेताब'
(पारसी थिएटर के मशहूर नाटककार)

नारायण प्रसाद 'बेताब' जिस हिन्दुस्तानी ज़ुबान की वकालत कर रहे हैं, उसी ज़मीन पर गुलज़ार भी अपना एक अलग रंग लिये हुए एक शायर और अफ़सानानिग़ार की तरह नज़र आते हैं। इसमें उनका गीतकार रूप भी शामिल है। वे ऐसी परम्परा के रहगुज़र हैं, जिसने हिन्दी और उर्दू के दोआबे को कहीं एक धरातल पर सम्भव कर दिखाया है। एक तरीक़े से गुलज़ार हिन्दी और उर्दू को मिलाने वाली हिन्दुस्तानी ज़ुबान के उस संगम पर खड़े हैं, जहाँ से गंगा, यमुना और सरस्वती की तरह कविता, कहानी और गीत एक जगह आकर आपस में तन्मय हो गये हैं। यह तन्मयता और कविता कहने की बेलौस अदा गुलज़ार का ऐसा अचूक हथियार है, जिसके नेज़े से वे समकालीन यथार्थ और परम्परागत दुनिया की रेशा-रेशा पड़ताल करते हैं। बहुत सम्भव है कि वे उस जगह जाकर अपनी कविता को सम्भव बनाते हों, जहाँ कविता और गीत का आपसी फ़र्क़ मिट जाता है या उनका जीवन्त दस्तावेज़ बन जाता हो। गुलज़ार कविता कहते हुए एक गीत रचते हों अथवा गीत लिखते हुए कविता के दायरे में चले जाते हों—यह बहुत आसान-सी बात लगती है। यह आसानी इस कारण हमें दिखाई देती है, क्योंकि उन्होंने अपनी भाषा को ठेठ हिन्दी या ठेठ उर्दू के नज़दीक न ले जाकर उनकी मिलावट से तैयार किया है। इस भाषा में उसी तरह से कुछ बाहर का मिलाया गया है, जिस तरह ज़ेवरात बनाने के लिए चौबीस कैरेट सोने में कुछ मिलावट की जाती है।

उनके पूरे लेखन और फ़िल्म-यात्रा में हम गुलज़ार होने की सारी शर्तों को हिन्दुस्तानी भाषा की तहज़ीब में विश्लेषित करके देख सकते हैं। इस जतन में यह बात पूरी प्रखरता के साथ मौजूद मिलती है कि भले ही उनके

अधिसंख्य गीत हिन्दी फ़िल्मों में अपना रूपाकार पा सके हैं, मगर उनमें उर्दू और हिन्दी का अपना हृदय शिद्दत के साथ शुरू से अन्त तक धड़कता रहा है। यह बात फ़िल्मी गीतों से अलग उनकी कविता-यात्रा और ग़ज़लों की दुनिया में भी आसानी से मौजूद मिलती है। किसी भी शायर या कहानीकार के रचना-कर्म में यह अलगा पाना बड़ा जोखिम-भरा काम है कि कहाँ तक वह एक कवि है और कहाँ तक पहुँचने के बाद वह एक क़िस्सागो के रूप में अपना रास्ता बदल लेता है।

ऐसे ही रास्तों पर चलते हुए गुलज़ार भाषा में वो तमीज़ पैदा करते हैं, जिसके लिए उनका हिन्दुस्तानी ज़ुबान में बोलना, लिखना और पढ़ना लुभाता है। वे उसी परम्परा में आधुनिक बनकर आज हमारे सामने मौजूद हैं, जिसकी शिनाख़्त आज से लगभग सौ बरस पहले नारायण प्रसाद 'बेताब' पारसी थिएटर के नाटकों की भाषा के सन्दर्भ में करते हैं। यह पुरज़ोर तरीक़े से कहा जा सकता है कि उस रवायत को आधुनिक ढंग से उकेरने में गुलज़ार अग्रणी हैं और उन्होंने अपनी नज़्मों और फ़िल्म गीतों के माध्यम से कविता और फ़िल्मों को एक नयी भाषा और ज़ुबान दी है।

81

कल्पना लाज़मी की 'रुदाली' में भिखनी (राखी) शनीचरी (डिम्पल कपाड़िया) से कहती हैं—'थारे मन के दुःख मोम बन गये हैं, किसी ने सेंक नहीं दी, इसलिए नहीं पिघले...' इस संवाद में पूरी फ़िल्म का सार छिपा हुआ है। शनीचरी, जो कभी किसी पीड़ा या दुःख के मौक़े पर रो नहीं पाती, माँ जैसा लगाव रखने वाली भिखनी जब उससे ये बात कहती है, तो जैसे अन्तर्धारा की तरह शनीचरी का सन्ताप 'रुदाली' के कथानक में चारों ओर पसर जाता है। फ़िल्म की पटकथा, डायलॉग और गीत गुलज़ार ने लिखे हैं। फ़िल्म से गुज़रते हुए छोटे-छोटे संवादों की चुटीली बन्दिश में ये बात स्वतः ही समझ में आती है कि फ़िल्म की पटकथा को रुदालियों के जीवन से जोड़कर सुई-धागे की तरह पिरोने में संजीदा शायर के क़िस्सागो मन का अन्तरंग शामिल रहा है।

भिखनी और शनीचरी का आपसी सम्बन्ध तो दोस्ताने का रहा है, जिसे गुलज़ार ने अपने संवादों से एक कोमल भंगुरता (सॉफ़्ट फ़्रैजेलिटी) मुहैया करायी है। यह सुनने और देखने में इतनी सुन्दर बन पड़ी है कि हम थोड़ी देर के लिए भूल जाते हैं कि सिनेमा का मूल मर्म राजस्थान में किसी की मृत्यु होने पर छाती कूटकर अतिरेक में रोने वाली रुदालियों का रहा है।

फ़िल्म में माँ-बेटी जैसे रिश्तों की डोर में पगी ममता का बेहतरीन विन्यास गुलज़ार कर पाते हैं, जिसे उतनी ही शिद्दत से दोनों अभिनेत्रियों ने पकड़ने की कोशिश की है। अन्त आते-आते फ़िल्म में यह बात भी उजागर होती है कि भिखनी और शनीचरी का रिश्ता वास्तव में माँ और बेटी का रहा है।

गुलज़ार के कुछ संवादों को यहाँ ऐसे ही सन्दर्भों से काटकर पढ़ना चाहिए, जो एक संवेदनशील कथानक पर बुनी गयी फ़िल्म को उसका मन्तव्य देता है। यह कुछ हद तक पुरुष प्रधान समाज में पितृसत्तात्मक रूढ़ियों के भीतर पिसती दो औरतों के आपसी सहकार का शोक-गीत भी है, जिसे उसके दार्शनिक गीतों में भी ढूँढ़ा जा सकता है। *'दिल हूम हूम करे घबराए'* जैसे गीत का फ़िल्म में कई बार तब-तब प्रवेश होता है, जब-जब शनीचरी ख़ुद को प्रेम के समीप पाती है। उसे बचपन से प्रेम हासिल नहीं रहा, इसलिए प्रेम की नज़दीकी उसे डराती है। इसी कारण भिखनी से संवाद में शनीचरी का यह कहना अपना एक अलग अर्थ रखता है—'भिखनी! डर लागे है, थारे लगाव से...'।

'रुदाली' में गुलज़ार समाज पर भी कटाक्ष करते हैं, जब उन्हें विसंगतियों और विडम्बनाओं को कम शब्दों में कुरेदना पड़ता है। फिर वह श्राद्धकर्म में पुण्य कमाने के लिए कम पैसे देने की बात हो या मृत्यु के बाद भी एक-दूसरे को नीचा दिखाने की होड़...सभी जगह गुलज़ार का आलोचक मन समाज की सूक्ष्मता से पड़ताल करता है। साथ ही, राजस्थान के परिप्रेक्ष्य में एक विशेष वर्ग या जाति से, जो मातम करने वाले सम्प्रदाय से जुड़ी हुई है, मुख़ातिब होकर व्यंग्य के पल रचता है।

'रुदाली', जितनी कल्पना लाज़मी की फ़िल्म है, उतनी ही वह गुलज़ार और भूपेन हज़ारिका की फ़िल्म भी है। अति संवेदनशील, संवादों की सतह पर नाज़ुक और ओस की बूँद की तरह काँपती हुई, यथार्थ की बंजर ज़मीन पर उतनी ही शुष्क और कंकड़-पत्थर वाली। हालाँकि फ़िल्म की सारी शुष्कता लता मंगेशकर और भूपेन हज़ारिका की आवाज़ के चलते कहीं मुलायम होती जाती है। एक गीत इसी रूप में 'रुदाली' के भीतर मौजूद विचार का गहराई से पीछा करता है, जहाँ समय स्थिर हो गया है और मानवीय भावनाएँ प्रवाहमान हैं। भूपेन हज़ारिका की आवाज़ में यह परिदृश्य थोड़ा मिथकीय भी बन जाता है—

समय ओ धीरे चलो
बुझ गयी राह से छाँव

दूर है पी का गाँव
धीरे चलो...

गुलज़ार की लिखी फ़िल्मों में 'रुदाली' का एक अहम मुक़ाम है, जो उसकी आन्तरिक सुन्दरता को संवादों और गीतों के माध्यम से ज़्यादा बड़े परिप्रेक्ष्य में खोलकर दिखाता है। इस फ़िल्म के ढेरों प्रशंसक रहे हैं, जिनमें भरतनाट्यम और ओडिसी की विदुषी नृत्यांगना सोनल मानसिंह भी शामिल हैं। उनके हिसाब से 'रुदाली' ऐसी फ़िल्म है, जो कभी भी देखी और सराही जा सकती है।

82

'रुदाली' फ़िल्म का एक गाना है—*'समय ओ धीरे चलो/बुझ गयी राह से छाँव/दूर है पी का गाँव/धीरे चलो...'*। इस गीत में गुलज़ार की क़लम अपने शिखर पर है, जहाँ कविता भूपेन हज़ारिका के संगीत के साथ चहलक़दमी करते हुए शब्द और सुरों के आपसी फ़र्क़ को मिटा देती है। यह देखना दीगर है कि असम के लोक-संगीत से अपनी ऊर्जा ग्रहण करने वाले संगीतकार भूपेन हज़ारिका, गुलज़ार के शब्दों को जैसे एक नयी अर्थ-भंगिमा देते हैं, जब वे इस गीत के दार्शनिक पक्ष को गहराई देते हुए लोक-वाद्यों की ज़मीन पर इसकी धुन विकसित करते हैं। गुलज़ार के इस गीत की कुछ पंक्तियों को दार्शनिकता के उस फेर में पढ़ा जाना चाहिए, जब गीतकार माया और भ्रम के विरोधाभास को व्यक्त करने के लिए शब्दों से ऐसा कौतुक रचता है—

ये हवा सब ले गई
कारवाँ के निशाँ भी उड़ा ले गई
उड़ती हवाओं वाले मिलेंगे कहाँ
कोई बता दो मेरे पिया का निशाँ
समय ओ धीरे चलो
बुझ गई राह से छाँव
दूर है पी का गाँव

इन पंक्तियों के सन्दर्भ में यह कहना तर्कसंगत होगा कि गुलज़ार अपने अधिकांश गीतों में जीवन और यथार्थ के बीच एक रहस्यमय पुल बनाते हैं, जिसमें उनकी पुरज़ोर कोशिश रहती है कि वे किसी साधारण-सी लगती हुई सम्भावना को भी गहरे रोमांच या तिलिस्म की गिरफ़्त में लाकर अर्थों की रहस्यमयता पैदा कर सकें। ऐसा करते हुए फ़िल्म गीतों को एक अलग ही

तरह का दार्शनिक रंग मिलता है, जो गीतकार की आज़मायी हुई ज़मीन रही है। उनके लिखे कुछ अन्य गीतों में भी यह बात अकसर दिख जाती है। जैसे, *'मेरे साथ चले ना साया'* (किताब), *'जीवन से लम्बे हैं बन्धु, ये जीवन के रस्ते'* (आशीर्वाद), *'छूटे नाहीं छूटे ना'* (दायरा), *'जाने कैसे बीतेंगी ये बरसातें'* (बसेरा) और *'मैं एक सदी से बैठी हूँ'* (लेकिन) गीतों में रहस्य और दर्शन का खेल देखा जा सकता है।

हालाँकि इस गीत में यह रूमान दोतरफ़ा है, जिसमें दूसरी तरफ़ का रहस्य संगीतकार के मार्फ़त परवान चढ़ता है। भूपेन हज़ारिका ने इस गीत की धुन में जो तिलिस्म सँजोया है, उसकी पूरी संरचना का प्रभाव गुलज़ार के शब्दों के साथ-साथ लता मंगेशकर, आशा भोसले तथा ख़ुद हज़ारिका की आवाज़ में जाकर व्यापक स्तर पर गहराया है। अच्छी बात यह है कि स्वयं गुलज़ार, भूपेन हज़ारिका के इस जादू को समझते हैं और उनके कवि और संगीतकार दोनों ही रूपों पर सटीक टिप्पणी करते हैं। गुलज़ार के अनुसार—

> *'यह शायर जिसका नाम भूपेन हज़ारिका है, कितनी आसानी से अवाम के दिलों की आहट सुन लेता है। उन्हें अवाम का शायर कहना कितना जायज़ है, जिस व्यक्ति की बात करते हैं, लगता है जैसे वो ख़ुद कह रहे हैं। उसके लबों से निकली हुई आह अपने आप शायर के होंठों का मिसरा बन जाती है। उसमें कोई फ़ासला नहीं रहता। जैसे, वो ब्रह्मपुत्र में नाव लेकर जाते हुए माँझी की बात करते हैं, तो ख़ुद माँझी के भाव से बात करते हैं। उम्मीद और आशा भूपेन दा के हाथ से कभी नहीं छूटती। न लोकगीतों में, जो वो गाते हैं, न नज़्मों से जो वो लिखते हैं और कंपोज़ करते हैं। यहाँ तक कि तन्हाई में भी वो अकेला महसूस नहीं करते। उनका साया साथ रहता है। उम्मीद की ज्योति जलाए रखता है।'*

कहना न होगा कि 'रुदाली' का यह गाना *'समय ओ धीरे चलो'* और इसी के साथ फ़िल्म के दूसरे गाने भी गुलज़ार और हज़ारिका की मैत्री की ऐसी विराट संकल्पनाएँ हैं, जिनमें सिर्फ़ सिनेमा की दुनिया में मौजूद फ़िल्मी धुन या किरदारों पर फ़िल्माया गया गीत ही काफ़ी नहीं है, बल्कि वह दोनों की प्रतिभाओं का सम्मान करते हुए एक-दूसरे के प्रति स्वीकृति के भाव सरीखा है, जिसमें सुर और शब्द एक-दूसरे के पूरक बन जाते हैं। यहीं शायर की क़लम और संगीतकार का फ़न एक साथ अन्तःसलिल हो सागर-मुद्रा जैसी बड़े वितान वाली सम्भावनाएँ रचते हैं। इस विस्तार में दोनों की जुगलबन्दी का सर्वोत्तम मिलता है, जो 'रुदाली'

से पहले 'एक पल' के समय भी उतने ही नयेपन और गम्भीर विचार के साथ पहली बार इस जोड़ी ने सम्भव किया था। इस गीत की पृष्ठभूमि भी अनूठी है। 'एक पल' में यह गाना फ़िल्म की मुख्य नायिका उस मानसिक उधेड़बुन की स्थिति में गाती है, जब उसे पता लगता है कि वह गर्भवती है, जिसका कारण उसका प्रेमी है। इस अजीब-सी कैफ़ियत को गुलज़ार ने स्त्री की मनोदशा में जाकर सम्भव किया है, जिसे उतनी ही सेंसिटिविटी से भूपेन हज़ारिका कम्पोज़ करते हैं। पार्श्वगायक भूपेन्द्र इस गीत को लेकर आश्चर्य करते हैं कि एक प्रेग्नेंट औरत की मनोदशा, गुलज़ार किस तरह अपनी सोच में उतार सके? गीत है–

जाने क्या है जी डरता है
रो देने को जी करता है
अपने आप से डर लगता है
डर लगता है, क्या होगा?
साँस हमारी साँस नहीं, माँगी माँगीं लगती है
प्यास लगे तो, प्यास हमारी, आधी आधी लगती है
जान हमारी, और किसी से, बाँटी हुई लगती है
डर लगता है, क्या होगा?...

83

गुलज़ार बौद्धिक गीतों के भी बड़े गीतकार हैं। उनके यहाँ रूमान या नेचर का जो बड़ा फैलाव दिखता है, उससे अलग भी एक ऐसा कोना उनके गीतकार के पास मौजूद है, जिससे गुज़रकर आप उनकी बौद्धिकता को परख सकते हैं। मैंने एक अध्याय में राजनीतिक, सामाजिक आशयों वाले गीतों की चर्चा की है, मगर यहाँ उस सेटायर को रेखांकित करना चाहता हूँ, जिसके तहत खिलन्दड़ेपन में एक गीत लिखकर भी गुलज़ार उसे बड़े तंज़ का गीत बना देते हैं।

गुलज़ार की क़लम नये ढंग से चीज़ों को पकड़ने और उन्हें ऑब्ज़र्व करते हुए, शायरी में ढालने की सहूलियत देती है। यह अकारण नहीं है कि गुलज़ार के यहाँ ऐसी ढेरों नज़्में और फ़िल्म-गीत मौजूद हैं, जिनकी शिनाख़्त करने पर एक बड़ी फ़िलॉसफ़ी उनमें से झाँकती नज़र आती है। यहाँ, मैं सिर्फ़ एक गीत की चर्चा करना चाहता हूँ, जो अपनी बनक, शब्दावली और अर्थ-अभिप्राय में एक नयी ही ज़मीन तोड़ता है। फ़िल्म की सिचुएशन को पूरी दृश्यावली की तरह लिखते हुए भी गीतकार यहाँ पहली ही पंक्ति में वो बात कह डालता है, जिसके लिए कविता की दुनिया में गम्भीर रूप से तमाम भाषाओं में अलग-अलग ढंग से कुछ नायाब लिखा जाता रहा है।

यह गीत, रामगोपाल वर्मा की 'सत्या' फ़िल्म का है, जिसके बोल हैं–

गोली मार भेजे में, भेजा शोर करता है
भेजे की सुनेगा, तो मरेगा कल्लू

तू करेगा, दूसरा भरेगा कल्लू
कल्लू मामा
मामा कल्लू मामा...

अंडरवर्ल्ड की पृष्ठभूमि पर बनी इस फ़िल्म में टपोरियों की भाषा में जो अर्थ की गम्भीरता गुलज़ार पैदा करते हैं, उसका आशय समझना ज़रूरी है। आप अगर अपने दिमाग़ की सुनेंगे या कभी दिमाग़ से काम लेंगे, तो आपका परेशान रहना तय है। यह कितनी शानदार इबारत है। एक सोचने वाले इंसान की सबसे बड़ी पीड़ा ही यही होती है कि वह किसी भी तरह के जंजाल, त्रासदी या ऊहापोहों को अपने दिमाग़ से समझते हुए, उससे दूर नहीं जा सकता। अगर भेजा शोर कर रहा है, तो अवसाद में जाने, सिर दर्द की गोलियाँ खाने और परेशान होकर ख़ुद से भागने से बेहतर रास्ता गीतकार बताता है– *'गोली मार भेजे में'...*

ये जो दिमाग़ में शोर का मामला है, ये जो एक सक्रिय और जीवन्त मन मस्तिष्क से डरने का मामला है, उसे निष्क्रिय करने के बाद ही समाज बचा रहता है। गुलज़ार एक फ़लसफ़े को गुण्डों के आपसी हास-परिहास बोध के परिदृश्य में आसानी से टाँक देते हैं, जिसे सुनना और पढ़ना आनन्दित करता है। गुलज़ार के लिखे गीतों की श्रेणी में यह गाना बहुत ऊपर रखा जाना चाहिए। इसलिए भी कि जब आप चारों ओर परेशानियों से घिरे हों, विवेक काम न कर रहा हो, तो दिमाग़ को स्विच-ऑफ़ करना फ़ायदेमन्द हो सकता है। हालाँकि, इस गाने को गुलज़ार व्यंग्य में ही लिखते हैं, मगर यह बात अपनी जगह पर सोलह आने खरे सच की तरह उपस्थित रहती है कि एक सक्रिय दिमाग़ अपने तमाम प्रश्नों के साथ उसका समाधान तलाशता है। यदि वह समाधान उसके पास नहीं है, तो गोली मारने के अलावा कौन-सा विकल्प बचता है?

84

एक गीत पर ठहरकर बात करनी चाहिए। वो ऐसी रोशन इबारत है, जहाँ थोड़ी देर सुस्ताकर आगे बढ़ना चाहिए, क्योंकि गुलज़ार ने ये गीत लिखते हुए

जैसे अपने दौर के किवाड़ को हौले-से खटखटा दिया है। उनके लिखे ऐसे कितने गीत हैं, जिनसे ये बात उभरती है कि ये शायर तो फ़िल्मी गीतों की दुनिया में भी गीत कम लिखता है, शायरी अधिक करता है। 'माया मेमसाब' फ़िल्म का ये गाना असाधारण है। जीवन और समाज को आपस में गड्डमड्ड करता हुआ कभी अपनी पीठ के पीछे ताकता है, तो जैसे अतीत के गलियारों में सारी यादें चली जाती हैं। उस समय अगर आप पीछे से आगे मुड़ते हैं, तो नयी यादों के बनने की निशानियाँ छूटती हैं। गीत है–

इस दिल में बसकर देखो तो,
ये शहर बड़ा पुराना है
हर साँस में एक कहानी है
हर साँस में अफ़साना है
ये शहर बड़ा पुराना है
ये बस्ती दिल की बस्ती है
कुछ दर्द है कुछ रुसवाई है
ये कितनी बार उजाड़ी है
ये कितनी बार बसाई है
ये शहर बड़ा पुराना है

लता मंगेशकर ने इस गीत को स्वर दिया था और उनका इस गीत को लेकर यह ख़याल है कि गुलज़ार साहब ने गाना बहुत बढ़िया लिखा था, जिसके शब्द शानदार थे। उन्होंने कहा था–

> *'माया मेमसाब' के 'इस दिल में बसकर देखो तो, ये शहर बड़ा पुराना है' गाने में क्या कमाल किया है गुलज़ार साहब ने, मतलब क्या है कि उनकी स्टाइल बिल्कुल अलग है, जो गीतों में जीवन के बड़े-बड़े फ़लसफ़े को नये ढंग से बयाँ कर देती है।'*

जीवन के फ़लसफ़े को नये ढंग से बयाँ करती हुई यह अभिव्यक्ति वाक़ई दिलचस्प है, जो एक पल ठहरकर सोचने के लिए आपको मजबूर करती है।

85

मुड़ के न देखो दिलबरो, दिलबरो...
उँगली पकड़ के तूने
चलना सिखाया था न
दहलीज़ ऊँची है ये
पार करा दे

बाबा मैं तेरी मलिका
टुकड़ा हूँ तेरे दिल का
इक बार फिर से दहलीज़
पार करा दे
मुड़ के न देखो दिलबरो, दिलबरो... (राज़ी)

छलकते हुए दुःख के साथ ये विदा गीत एक ऐसा गीतकार लिख रहा है, जिसे बाबुल के रूप में अगर देखा जाये, तो उसकी उम्र आज नवासी बरस नज़र आती है। भले ही यह गीत 'राज़ी' फ़िल्म के लिए गुलज़ार ने लिखा है, मगर एक पिता के रूप में उनका अपनी बेटी 'बोस्की' को हसरत से असीसने का भाव भला इस गीत से अलग करके कैसे पढ़ा जा सकता है? 'मुड़ के न देखो दिलबरो...' में वो ग़ज़ब बात कह दी गयी है, जिसे पारम्परिक रूप से विदाई के समय कहा जाता है कि विदा होती हुई बेटी को मायके की देहरी पीछे मुड़कर देखनी नहीं चाहिए। ऐसे में वो पूरी तरह से मायके के मोह से अलग नहीं हो पाती और पीहर का दुःख साथ लेकर ससुराल जाती है।

सालों बाद हिन्दी सिनेमा में एक ऐसे गम्भीर और आँखें सजल करने वाली विदाई के गीत की रचना की गयी है, जिसमें बेटी का अपने पिता के साथ रिश्ता बहुत सन्तुलित ढंग से आकार पाता है। यह ध्यान से देखना होगा कि इस विदाई में माँ के साथ उसकी संवेदना अनुपस्थित है। माँ को गीत के परिदृश्य के पीछे रखकर, पूरे गीत का बाना ही पिता को केन्द्र में रखते हुए अपनी रुख़सती तय कर रहा है। गीत का पहला अन्तरा ही मार्मिक ढंग से अपनी ज़मीन और बेटी के रचाव को बयाँ करता है, जब गुलज़ार लिखते हैं–

फ़सलें जो काटी जायें
उगती नहीं हैं
बेटियाँ जो ब्याही जायें
मुड़ती नहीं हैं...
ऐसी बिदाई हो तो
लम्बी जुदाई हो तो
दहलीज़ दर्द की भी
पार करा दे...

हालाँकि, गीत को यदि हम फ़िल्म की पटकथा के लिहाज़ से देखें, तो राज़ी अपने बाबुल के घर से ससुराल जाने में एक साथ कई परतों में अपनी कहानी

कह रही है। ये एक स्त्री की करुण विदाई के साथ, तार्किक और सायास ढंग से एक जासूस किरदार का भारत की धरती से पड़ोसी मुल्क पाकिस्तान तक जाने का मामला भी है। दूसरी ओर *'दहलीज़ ऊँची है ये पार करा दे'* के स्वर में एक ऐसे वतन में जाकर उसकी दहलीज़ में दाख़िल होने का सन्दर्भ बनता है, जो सामान्य तो क़तई नहीं है। एक देश से दूसरे देश, बेटियाँ स्वाभाविक तौर पर भी विदा होती रही हैं, मगर यहाँ पृष्ठभूमि में बाक़ायदा वतन (बाबुल) से निकलकर पड़ोसी देश (ससुराल) में मुख़बिरी करने जाने का नाटकीय तत्त्व शामिल है। ये दिलचस्प है और नायिका के आन्तरिक तनाव को गीत एक वाज़िब मोड़ और अर्थ देता है।

शंकर-एहसान-लॉय के संगीत में इस गीत को एक अलग ही क़िस्म का रंग मिलता है, जो गुलज़ार साहब की उस कैफ़ियत को संजीदगी से व्यक्त करने में सक्षम है, जो वे 'राज़ी' में सहमत (आलिया भट्ट) के लिए लिखते हुए ज़ेहन में कहीं अपनी सबसे दुलारी बेटी के लिए लिख रहे थे। इस समय प्रसंगवश ये ज़िक्र करना भी ज़रूरी है कि कैसे उन्होंने उस मंज़र को भी देखा और महसूस किया है, जब उनकी बेटी माँ बन रही थी और वे मेघना की तड़प को बड़ी लाचारगी से देखते हुए यह सब झेल रहे थे।

उसी समय तड़प और दर्द की एक कविता हुई, जिसका नाम पड़ा 'मेघना'। गुलज़ार साहब बात करते हुए बताते हैं कि कैसे उन्होंने उस दर्द को महसूस किया है और उस समय उन्हें कुछ भी नहीं सूझ रहा था, सिवाय इसके कि मेघना कैसे भी सुरक्षित इस वेदना से निकल आये और उसका आने वाला बच्चा स्वस्थ-कुशल हो। जब हम *'मुड़ के न देखो दिलबरो'* को सुनते हैं, तो उसमें आने वाली ये लाइन जैसे उसी कविता का विस्तार लगती है, जो समय (मेघना और गोविन्द का बेटा) के जन्म पर समय की माँ के लिए लिखी गयी। ये अनायास आता है– *'ऐसी बिदाई हो तो/लम्बी जुदाई हो तो/दहलीज़ दर्द की भी पार करा दे।'* दर्द की दहलीज़ को पार कराने की जो याचना है, वो उसी गीतकार की क़लम से अपना शक्ल पा सकती है, जिसने अपनी बेटी को प्रसव पीड़ा से गुज़रते देखने में अन्दर की सारी छटपटाहट को शब्द दे दिये हों। उस कविता की कुछ पंक्तियाँ भी पढ़नी चाहिए–

समन्दर करवटें लेता था, रह-रह कर, तो बल पड़ते थे पानी में
मेरी बच्ची की नाज़ुक कोख से टीसें गुज़रती थीं...
उसे जब कँपकँपी आती थी, तो मैं काँप जाता था

समन्दर अपने पानी में ही ग़ोते खाने लगता था...
मेरे 'अमृत की कुम्भी' को वो जब गोदी में लेकर अब खिलाती है
मेरे अन्दर से कोई मर्द कहता है
'तुम्हें तौफ़ीक़ ही न थी,
कि तुम ये दर्द सहते, और इक इंसान की तख़्लीक़ करते!'

ऐसी इंसानियत के बीच पलने वाले बाप-बेटी के रिश्तों से गुँथा हुआ 'राज़ी' का विदाई गीत सुनने में जितना सलोना है, उतना ही वह अपनी कहन में संवेदनाओं को विस्तार देता है। *'बाबा मैं तेरी मलिका/टुकड़ा हूँ तेरे दिल का'* तो जैसे पंच लाइन है, जो बेटियों के लिए हर काल और समय से निरपेक्ष रहती आयी है। गुलज़ार साहब की अपनी बेटी को लेकर सोची गयी तमाम सुन्दर और बेहतरीन कविताओं में अगर हम *'मुड़ के न देखो दिलबरो'* को शामिल करें, तो वह कहीं से एक फ़िल्म गीत के साथ ज़्यादती न होगी, बल्कि वह एक फ़िल्म-गीत की भरे-पूरे जीवन में मानवीय आवाजाही सरीखी होगी, जिसमें हर बेटी का पिता और हर पिता की लाडली शामिल हैं। जैसे मेघना के पापी और गुलज़ार की बोस्की शामिल हैं। यहाँ, हर वो लम्हा और जज़्बात भी उतनी ही मार्मिकता से मौजूद, जिसमें बिदा हो रही बेटी पीछे मुड़कर देखती नहीं है।

86

यह बात मुझे प्रेरक लगती है, जब मार्टिन फ़्रीमैन अपनी लिखी और बी. बी.सी. की बहुचर्चित सीरीज़ 'शरलॉक' की बात करते हैं, तो कहते हैं कि हमने अपनी ऑडियंस को बुद्धिमान समझा और उनके विवेक पर भरोसा किया, हमारी सफलता उसी वजह से है। इस कथन के ब्यौरे जितने कम हैं, अर्थवत्ता उतनी ही बेधक है, जो दूर तक असर करती है। क्या आपको नहीं लगता दुनिया में जितने भी बड़े रचनात्मक लोग हुए हैं, उन्होंने अपनी कला के क़द्रदानों पर भरोसा किया और उनके विवेक से सहमति जतायी? जिस तरह मार्टिन फ़्रीमैन एक कालजयी किरदार को अपनी रंगत देते हैं और उसी बहाने शरलॉक को एक बार फिर से बौद्धिक जगत् में लोकप्रिय बनाते हैं।

ऐसी ही लीक पर तो गुलज़ार भी चले हैं, जब वे भारत के ढेरों प्रबुद्ध लेखकों की कहानियाँ चुनकर उन पर बेहतरीन सिनेमा सिरजते हैं। अगर शरतचन्द्र, समरेश बसु और सुबोध घोष के उपन्यासों और कहानियों ने उन्हें 'ख़ुशबू', 'नमकीन' और 'इजाज़त' जैसी फ़िल्में दी हैं, तो हम पलटकर आसानी से मार्टिन फ़्रीमैन की इस बात को गुलज़ार पर भी चस्पाँ करके देख सकते हैं।

जिस कारण उन्होंने अपने दर्शकों पर भरोसा किया और उस ऑडियंस ने शुकराने में उन्हें एक बेहतरीन निर्देशक के तौर पर नवाज़ा। ये मानक उनके फ़िल्म गीतों, ग़ैरफ़िल्मी नज़्मों पर भी लागू होता है, जिसके चलते वे छोटी से छोटी बात को किसी बड़े रिफ़रेंस से जोड़कर कह डालते हैं। वे जीवन की सामान्य-सी घटना को पृथ्वी के अन्तिम छोर पर ले जाकर सत्यापित कर सकते हैं। वे शरलॉक होम्स की तरह ही हैं, क्योंकि समय के साथ पुलिस के पास भले ही साक्ष्य और सबूतों को जाँचने के बेहतर पैमाने आ जायें, ये शरलॉक ही हैं, जो इन सबूतों से एक कहानी ढूँढ़ लाते हैं। जो आपके शर्ट की आस्तीन के बेरंग होने से यह समझ जाते हैं कि आप नज़ले के शिकार थे। शायद इसी वजह से वे बदलते समय के साथ हमेशा प्रासंगिक बने रहते हैं। इसी हवाले से यह कहना चाहिए कि गुलज़ार अपने सधे हुए किरदारों की सिलवट पड़ी आस्तीनों को बख़ूबी जानते हैं। उन्हें पता है, कब किसको ज़ुकाम हुआ है...

एक कलाकार का नैतिक उत्तरदायित्व यह भी होता है कि वह लोकप्रियता से परे जाकर, अपने कला माध्यम को सार्थक ढंग से बेहतरी की ओर ले जाये और दर्शकों, श्रोताओं, पाठकों की पसन्द के मेयार को ऊँचा कर सके। यह शरलॉक के लेखक मार्टिन फ़्रीमैन और मार्क गेटिस के अलावा गुलज़ार भी बख़ूबी समझते हैं।

87

गुलज़ार पर फ़ुर्सत से काम करते हुए, पिछले एक दशक में उनके जितने भी इंटरव्यूज़ पढ़े, सोशल और प्रिंट मीडिया में जो भी टीपें दर्ज होती दिखाई देती रहीं, उनमें से कुछ ऐसी भी थीं, जो अपनी छाप छोड़ गयीं। ऐसा ही एक इंटरव्यू नवम्बर 2015 में 'इण्डिया न्यू इंग्लैंड न्यूज़' के लिए सुनयना काचरू ने लिया था। उसकी एक छोटी-सी टिप्पणी को यहाँ प्रस्तुत करना, गुलज़ार की किताब में शामिल होने के लिए ज़रूरी बात लगती है।

सुनयना, गुलज़ार से पूछती हैं–

> 'हमें जीवन को पारिभाषित करने में इतनी दिक़्क़तें क्यों होती हैं?' इस पर गुलज़ार साहब का संयमित और सधा हुआ जवाब, दोनों की बातचीत को कहीं मन के भीतर बसा देता है। वे कहते हैं– *'इंसानी सभ्यता की शुरुआत से ही हम ऐसी प्रक्रियाओं को ईजाद करने की कोशिशें कर रहे हैं, जो ज़िन्दगी के मानी को समझा सकें। असल में, सदियों से हम ज़िन्दगी के रहस्य को समझने की कोशिश में लगे हैं।*

इस तरह हम कुछ फ़ॉर्मूलों के माध्यम से जीवन में आगे क्या होगा, इसे समझना चाहते हैं। बारिश हो, उससे पहले रेनकोट ख़रीद लीजिए। अपनी छतों में आई दरारों को भर डालिए। अपनी छतरी की मरम्मत करवा लें। पर, अगर आप बारिश में सराबोर होकर भीगे नहीं, आपने भीतर और बाहर बारिश का अनुभव ही नहीं लिया, फिर जीने का क्या मतलब है? किसी भी तरह के दर्द से बचे रहने की फ़िराक़ में हम इन फ़ॉर्मूलों की खोज में रहते हैं और ज़िन्दगी के अलग तरह की छुअन को महसूस करने से वंचित हो जाते हैं... दुःख और दर्द हमेशा संताप ही नहीं लाते, वे अपार ख़ुशी का कारण भी हो सकते हैं...'

सुनयना काचरू के बेहतर सवाल को इतनी साफ़गोई से गुलज़ार बरतते हैं कि यह बात सिर्फ़ मन पर ही अंकित नहीं होती, बल्कि गुलज़ार की बातचीत में जीवन के मानवीय आशयों को रास्ता देती नज़र आती है। हम उनके जवाबों से कभी-कभी ज़िन्दगी के फ़लसफ़े को समझने की तमीज़ भी पाते हैं। यहाँ पर रायनर मारिया रिल्के के उस ख़त की बात करने का मन करता है, जो उन्होंने शोक से उबारने के लिए एक युवा कवि को लिखे थे। रिल्के के ख़त का सार है—

'सिर्फ़ वही दुःख ख़राब और ख़तरनाक होते हैं, जिनको इंसान दूसरों से बताकर भुलाना चाहता है, दबा देना चाहता है। उन बीमारियों की तरह जिनका सतही रूप से इलाज करके उनको कुछ देर के लिए शान्त कर दिया जाता है और फिर वे और प्रचण्ड रूप से वापस आ जाती हैं। वो हमारे अन्दर एकत्र होती जाती हैं। वे जीवन का ही स्वरूप होती हैं। वे जीवन हैं, जिसको जिया न गया हो, जिसका माखौल उड़ाया गया हो, जिसका उपहास किया गया हो।'

इस भावनात्मक निर्जनता में भटकते हुए हमको ये शब्द हिम्मत देते हैं। उस अन्धकार में एक प्रकाश की खुलती राह, जिसको पकड़कर हम चल सकें... "अगर यह सम्भव होता, तो शायद हम अपनी संकुचित समझ के पार अतीत में फैले अपने पूर्वजों के खेतों और मैदानों के परे देखते। तब शायद हम अपने दुःखों पर अपनी ख़ुशियों पर ज़्यादा भरोसा कर पाते। क्योंकि, ये वो पल हैं, जब हमारे अन्दर कुछ नया प्रवेश करता है, कुछ अनचीन्हा।" (रिल्के के पत्र का अंश)

ज़िन्दगी को शब्द देने का जो नज़रिया गुलज़ार सुनयना काचरू को बताते हैं, उसी बात को रिल्के, आज से क़रीब नौ दशक पहले दुःख से उबरने की युक्ति

की तरह एक युवा के हाथों में थमाते हैं। ज़िन्दगी को समझने के संघर्ष भी हर एक के अपने, नितान्त निज़ी, गोपन और अलग-अलग होते हैं।

88

सालों पहले, दिल्ली के इंडिया इंटरनेशनल सेंटर में गुलज़ार साहब आकर रुके हुए थे। मैं अपनी किताब के सिलसिले में उनसे मिलने दिल्ली पहुँचा था। वो हमेशा ही आई.आई.सी. की मेन बिल्डिंग के फ़र्स्ट-फ़्लोर पर पुराने डीलक्स सुइट में रुकते रहे हैं। मैं उन्हें कमरा नम्बर 48 में रेकॉर्ड कर रहा था। बहुत सारे मुद्दों पर बातें चल रही थीं, तभी पता लगा कि उनसे मिलने उनके मित्र और प्रख्यात चित्रकार कार्टूनिस्ट गोपी गजवानी आये हैं। उनसे मेरी पहचान भी गुलज़ार साहब के ही मार्फ़त हुई थी, इसलिए उनका बैठना अच्छा ही लग रहा था। जल्दी ही, गोपी गजवानी उस बातचीत में प्रसन्नतापूर्वक शामिल हो गये, ये कहते हुए—'गुलज़ार साहब से मैं भी सवाल करूँगा, यतीन्द्र!' इस पर हम सभी लोग खिलखिलाकर हँस पड़े थे।

गुलज़ार के साथ एकान्त में चल रही रेकॉर्डिंग इस तरह क़िस्से, क़हक़हों में तब्दील हो गयी। मैंने उन दोनों की बात को जब रेकॉर्ड करना शुरू किया, वो एक अलग ही दिशा की तरफ़ मुड़ गयी। किताब पर काम करते हुए उस दिन की बातचीत के कुछ हिस्से जब सामने दिखे, तो उसे भी यहाँ शामिल करना उन दोनों की मैत्री के सन्दर्भ में मुझे दिलचस्प महसूस होने लगा। मैं गुलज़ार और गोपी गजवानी के आपसी संवाद का गवाह बन सका, यह बात आज भी मुझे रोमांचित करती है।

गोपी गजवानी : होता क्या है, जैसे मैं कुछ भी एब्सट्रैक्ट (अमूर्त) ड्रॉ करता हूँ, एक आम आदमी आकर मुझसे कहता है कि ये मेरी समझ में बिल्कुल नहीं आता है। वो कहता है कि मेरे लिए एब्सट्रैक्ट वह है कि ये सनसेट है या सनराइज़ है, मैं यह समझता हूँ। मैं कहता हूँ कि वो समझने की बात को ग़लत इस्तेमाल कर रहा है। वो समझता नहीं है, बस वो आइडेंटीफ़ाई करता है, इसके साथ!

गुलज़ार : बिल्कुल सही। यह सिर्फ़ आइडेंटीफ़िकेशन ही है।

गोपी गजवानी : और, मैं इसमें एक बात और कहता हूँ कि ये कोई क्लेम नहीं है कि आप कोई चेहरा ही बनायें, तो उसमें चेहरों के रंग ही जायें। आप विंसेंट वॉन गॉग का एक पोर्ट्रेट सोचिए, तो उसमें फ़ेस टू फ़ेस मस्टर्ड

येलो लगाया है। अब इस बात का तो पूरा इतिहास है कि उसने मस्टर्ड में इसे क्यों पेंट किया फेस में? इसे पहचानने की बड़ी ज़रूरत है।

गुलज़ार : यह वैसा ही है कि हम कॉसमॉस के बारे में लिखें, तो उसे पहचानने के तौर पर ही दर्ज करें। कॉसमॉस को, जिसमें आप पूरा ब्रह्माण्ड देखते हैं, उसके अस्तित्व, पहचान और उन धड़कनों को भी समझने की ज़रूरत है, जिनमें यह पूरी कायनात मौजूद है। स्त्री-पुरुष मौजूद हैं, बर्ड्स, एनिमल्स, प्लांट्स, फ़्लावर्स—एक पूरा ग्लोब अपनी बॉयलॉजी के साथ एक्ज़िस्ट कर रहा है। फिर आप कहें, ज़ीरो से शुरू करते हैं, तो आप फिर उस एब्सट्रैक्ट तक पहुँच जायेंगे, जहाँ इस ब्रह्माण्ड में सब कुछ दुनिया भर की बॉयलॉजी से परे अस्तित्व में आयेगा।

गोपी गजवानी : बट यू पेंट विद वर्ड्स सो ब्यूटीफ़ुली (लेकिन आप शब्दों को बड़ी ख़ूबसूरती से चित्रित करते हैं)।

गुलज़ार : नहीं, मैं एक पेंटर की तरह नहीं कह सकता हूँ। इसके लिए मुझे माफ़ कीजिएगा। मैं लाइनों की रिद्म समझता हूँ, मुझे कलर्स की मैलोडी समझ में आती है। मैं यह पहचान सकता हूँ कि आपने ये रंग यहाँ क्यों लगाया? लेकिन मैं अपने भीतर उस पूरी संगति को, उस पूरी लय को, उस पूरी मैलोडी को सुन पाता हूँ, जब मैं रंगों से भरी कोई पेंटिंग से मुख़ातिब होता हूँ।

गोपी गजवानी : एक पेंटिंग को पढ़ने के लिए पोएट होना बहुत ज़रूरी है। (ज़ोर से हँसते हैं)

गुलज़ार : दिस इज़ अ मिथ, आई डोंट नो, हाउ मेनी पीपल विल ऐग्री विद मी। पेन इज़ अ पोएट हिमसेल्फ़, दिस इज़ द इज़ीएस्ट फ़ॉर्म ऑफ़ फ़ाइन आर्ट्स। (यह बस मिथक है, मुझे मालूम नहीं कितने लोग मुझसे सहमत होंगे। क़लम ख़ुद में ही कवि होती है, यह ललित कलाओं की सबसे सरलतम विधा है।)

गोपी गजवानी : आपने जितनी आसानी से कह दिया, इतनी आसान भी नहीं है पोएट्री।

जैसे कभी-कभी मैं सोचता हूँ—सामने ब्लैंक कैनवास है। छोटी-सी जगह में बैठकर हम ड्राअर खोलते हैं और इतने सारे कलर्स हैं। फिर यह सोचते हैं कि यहाँ इस ब्लू में क्या मिलाऊँ? मुझे लगता है कि शब्दों के साथ भी इक्ज़ेक्टली यही होता होगा कि कहाँ से क्या निकालूँ, किसके साथ क्या मिलाऊँ, कहाँ

डालूँ? आगे कौन, पीछे कौन, मतलब इससे कम में कितना कम और इससे ज़्यादा में कितना ज़्यादा...गुलज़ार साहब, कलर्स और वर्ड्स का काम एक जैसा लगता है।

गुलज़ार : यह सही है। पोएट्री में शब्द चुनते वक़्त, आपको साउंड भी चुननी पड़ती है, यह आपके साथ अकसर होता है।

गोपी गजवानी : पैलेट पूरा निकालना पड़ता है। शब्दों का पैलेट, कलर का पूरा पैलेट...

इसके बाद गुलज़ार साहब मुझसे चाय मँगवाने के लिए कहते हैं। साथ में आई.आई.सी. का मशहूर अजवाइन स्ट्रॉ और आटे के बिस्किट। उसे माइक्रोवेव में गरम करवाकर परोसने की हिदायत भी देते हैं। एक छोटी-सी बात, जो मेरे रेकॉर्डिंग सिस्टम के साथ टेप होकर चली आती है, किताब लिखते वक़्त सालों बाद इस तरह मेरे सामने आकर खुलती है कि उसे वैसे ही रखना दिलचस्प लगने लगता है, जिस तरह गोपी गजवानी और गुलज़ार कभी आई.आई.सी. में बैठकर ये बातचीत सम्भव करते हैं।

89

जो स्पेसेज़ हैं, साइलेंसेज़ हैं, जो कहकर भी अनकहा है, वो सिनेमा है। ख़ामोशियाँ सुनना और उसे अभिव्यक्त करना सिनेमा बनाना है। बिटविन द लाइंस, लेखक जो कहता है, वो उजागर होना सिनेमा है। इसमें आपको विस्तार लेने का चांस है। जो आलाप लेना है, उसे पलटे देना है, उसकी जगह वहाँ मिलती है। एक डायरेक्टर के तौर पर मुझे पता है कि किस प्वॉइंट पर हिट करना है।

—यशवंत व्यास से गुलज़ार एक साक्षात्कार में

गुलज़ार सिनेमा बनाने की जो अवधारणा बताते हैं, वो एक पोएट की सेंसिबिलिटी है, जिसे उन्होंने थोड़े में कहने की कोशिश की है। सिनेमा बनाना उनके लिए एक ब्रिम्ब को मौन में प्रतिष्ठित करने जैसा है। जो अनकहा है, उसे कहने की सहूलियत सिनेमा के दृश्य-कला माध्यम को समृद्ध करती है। इस तरह हम गुलज़ार की सोच को एक फ़िल्म निर्देशक के तौर पर समझने का प्रयास कर सकते हैं, जहाँ अव्यक्त ही मुखरित होता है और मौन उस अन्तराल की तरह सामने आता है, जिसमें ढेरों इमेजेज़ को कल्पना के पंख दिये जा सकते हैं।

गुलज़ार की अधिकांश फ़िल्मों में 'फ़्लैशबैक' एक तर्कसंगत युक्ति है, जिसके सहारे वे कथानक को विस्तार देते हुए पूरी पटकथा को पोएटिक जस्टिस देते हैं। वे उन अँधेरों को भी अपने लिए उजाले की सीमा में ले आते हैं, जिसके लिए अमेरिकी कवयित्री मैरी ओलिवर कहती हैं–'Someone I loved once gave me a box full of darkness. It took me years to understand that this too was a gift.' (मैं जिसे प्यार करती थी, उसने मुझे अन्धकार से भरा एक डिब्बा दिया। मुझे यह समझने में सालों लगे कि वह भी एक उपहार था)। समाज से मिले हुए अँधेरे और उपहास को अलग रखकर, फ़िल्म बनाते हुए गुलज़ार कई बार उन रोशन रास्तों से गुज़रते हैं, जिनसे भेंट में मिली हुई कोई भी भावना उनके लिए उपहार की प्रिय वस्तु बन जाती है।

वे फ़िल्म बनाने में जिस आलाप और पलटे की बात करते हैं, दरअसल वह उनके कलाकार मन का कोमल भावनाओं से भरा हुआ वो कमरा है, जहाँ रियाज़ करते हुए भी अकसर सही दिशा में हाथ आगे बढ़ते हैं। सही ढंग से एक सधा हुआ 'सम' मिलता है, जिस पर आगे की नोटेशन लिखी जाती है। गुलज़ार के लिए उस मौन को पढ़ना या दो पंक्तियों के अन्तरालों में एक जासूस की एकाग्रता से कुछ नया ढूँढ़ पाना उस सहजता का उनके कला-माध्यम में पुनर्वास सरीखा है, जिसे वे अपनी भाषा में विस्तार देना कहते हैं। संगीत की दुनिया में 'उपज' से जो उजागर होता है, सिनेमा में वो 'उपज' सेल्युलाइड पर कुछ अजनबी दृश्यों को दोस्त बनाते हुए जोड़ने में सम्भव होती है। गुलज़ार का कहा, इसीलिए प्रभावी लगता है–

आगे-पीछे सभी तो फूट गयीं
ज़िन्दगी कच्ची मटकियों में थी।

90

राजनीतिक और यथार्थवादी चेतना से भरी फ़िल्में बनाने के लिए मशहूर फ़िल्म निर्देशक प्रकाश झा ने 1984 में फुटबाल के खेल पर आधारित फ़िल्म 'हिप हिप हुर्रे' बनायी थी। इस फ़िल्म की पटकथा, संवाद और गीत गुलज़ार ने लिखे थे। उस दौर में अस्सी के दशक में खेलों को फ़िल्म का विषय बनाया जाना जोख़िम-भरा काम था। उस समय तक पूरी तरह मनोरंजक फ़िल्में ही व्यावसायिक सफलता की कसौटी मानी जाती थीं। प्रकाश झा अपने दोस्तों मनमोहन शेट्टी और प्रदीप उप्पूर के साथ ऐसे ही चाय पीते और नाश्ता

करते हुए यह योजना बना बैठे कि स्पोर्ट्स पर फ़िल्म बननी चाहिए। प्रकाश झा बताते हैं–

'यह सन् 1982-83 की बात रही होगी, जब हम लोगों ने बात करना शुरू किया, क्योंकि उस ज़माने में छोटी फ़िल्में बनाने का एक दौर चला था। मनमोहन शेट्टी बाहर से 16 एम.एम. की मशीन लेकर आये थे, जिस पर शूट किया जाता था और 35 एम.एम. में प्रिंट निकलती थी ब्लोअप करके।' यह उस दौर की बात है जब यह फ़ॉर्मूला लगाया गया कि 'दामुल' के साथ कोई एक पॉपुलर-सी फ़िल्म बनाओ, जिससे दोनों ही साथ में निकल जायें। उसी दौरान किसी फ़ंक्शन में गुलज़ार साहब से परिचय हुआ था।

मैं उनसे मिला और आपको क्या बताऊँ, मैं उनका कितना बड़ा फ़ैन था। मतलब हम सब फ़ैन थे। उनकी फ़िल्में देखते थे। हमने यह तय किया कि गुलज़ार साहब से चलकर इस फ़िल्म के डायलॉग लिखने के लिए रिक्वेस्ट की जाये। मैंने उनसे टाइम लिया और जाकर फ़िल्म का आइडिया सुनाया। आपको जानकर अच्छा लगेगा, जब उन्होंने बात करनी शुरू की, तो हम लोगों को ऐसा लगा कि इसका जो स्क्रीनप्ले है, वो भी गुलज़ार साहब ही लिखें। दरअसल सिर्फ़ डायलॉग से बात नहीं बनती। माइन्यूट डिटेल्स के लिए अगर साथ में स्क्रीनप्ले भी लिखा जाये, तो बात और बेहतर हो जाती है।' बात को विस्तार देते हुए और गुलज़ार साहब के बारे में इत्मीनान से बताते हुए प्रकाश जी ने बात आगे बढ़ायी–'गुलज़ार साहब का तो क्या है, रोज़ दफ़्तर में बैठ जाते हैं, सुबह नहा-धोकर। एकदम प्रेस किया हुआ स्टार्च लगा हुआ कुर्ता और पैंट पहनकर। वो एकदम से हिन्दुस्तानी अंग्रेज़ों की तरह अपने ऑफ़िस में बैठते हैं।' (हँसते हुए)

'...तो इस तरह गुलज़ार साहब से यह तय हुआ कि फ़िल्म का स्क्रीनप्ले, डायलॉग और गाने तीनों ही वे लिखेंगे। मुझे आज भी याद है और इस बात को लगभग अड़तीस बरस बीत गये हैं, उनका दफ़्तर पाली हिल में था। हम उनके पास रोज़ चले जाते थे। उनके घर से लंच आता था। वो साथ ही बैठकर हमें लंच भी खिलाते थे और बात करते रहते थे। लंच के बाद चाय पीकर मैं निकल जाता था और वे लिखते रहते थे। मेरा उनके साथ बड़ा अद्भुत अनुभव रहा। 'हिप हिप हुर्रे' में जो बारीक़ डिटेल्स हैं, गीतों में एक अहम-सी कोई बात आती है, वो गुलज़ार साहब के कारण ही सम्भव हुई थी।'

मेरे यह पूछने पर कि गुलज़ार साहब से व्यक्तिगत मिलने पर उनकी सबसे बड़ी ख़ूबी आपको क्या लगती है, प्रकाश जी ने बताया—

> *'मैंने उन्हें कभी ज़ोर से बात करते हुए सुना ही नहीं। कोई भी बात हो, बड़े प्रेम से करते हैं। उनके पास इतनी नॉलेज ख़ुद की है। उर्दू के बारे में जो रिफ़रेंसेज़ हैं, पोएट्री की बात, क्रिएटिविटी की बात, सब बड़ी कमाल लगती है। ...और सारी चीज़ों के बावजूद उन्होंने कभी भी यह महसूस नहीं होने दिया कि तुम नये हो, यंग हो और तुम्हें बात समझ में नहीं आती है। ऐसा कभी नहीं लगा मुझे उस फ़िल्म को लेकर मुझे लगता है कि एक बड़ी साझेदारी वाली बात थी, जिसमें मिलकर बढ़िया और यादगार काम हुआ।'*
>
> *'बाद में जब मैंने 'राजनीति' बनाई, तो उसमें बहुत से लोगों ने गीत लिखे थे। मुझे लगा कि इसमें गुलज़ार साहब का भी एक गाना होना चाहिए। मैंने उनसे जाकर बोला कि आप हमेशा ज़ेहन में रहते हैं। एक गीत आपका होना चाहिए। मेरी गुज़ारिश है कि इस फ़िल्म में आप योगदान की तरह एक गीत लिखें। उन्होंने फिर 'बूढ़ा आसमान धरती देखे रे' लिखा था।'*

प्रकाश झा से बात करते हुए दो बड़े कलाकारों के बारे में यह सूत्र हाथ लगता है कि अपने-अपने क्षेत्रों में महारत रखते हुए गुलज़ार और प्रकाश झा ने मिलकर एक उत्कृष्ट और लीक से हटकर बनी फ़िल्म 'हिप हिप हुर्रे' में साझेदारी की है। आज भी 'हिप हिप हुर्रे' के गाने अलग से रेखांकित किये जाते हैं, जिनमें येसुदास का गाया *'एक सुबह एक मोड़ पर'*, आशा भोसले और भूपेन्द्र का *'जब कभी मुड़ के देखता हूँ'* और शैलेन्द्र सिंह की आवाज़ में *'मैदान है सारी ज़िन्दगी/और खेल है सारी उम्र का'* उल्लेखनीय हैं। वनराज भाटिया ने अपने एक्सपेरीमेंटल म्यूज़िक से इस फ़िल्म के गीतों को एक अलग ही रेंज सुलभ करायी है। फ़िल्म का एक अलग सा आकर्षण प्रसिद्ध नाटककार रामगोपाल बजाज का फ़िल्म में अभिनय करना था, जिन्होंने स्कूल प्रिंसिपल की भूमिका निभायी थी।

गुलज़ार की लिखी इस फ़िल्म का महत्त्व अलग से इस कारण भी है कि जब 'हिप हिप हुर्रे' बनी, तब वही अकेली खेलों के विषय से सम्बन्धित फ़िल्म थी, जिसमें पिछली सदी के अस्सी के दशक को अपनी उपस्थिति से भरा था। बाद में उसी परम्परा में बड़े बजट और बड़े सितारों वाली खेलों के विषय पर कुछ फ़िल्में गिनी जा सकती हैं, जिनमें 'जो जीता वही सिकन्दर'

(1992), 'लगान' (2001) 'इक़बाल' (2005), 'चक दे इंडिया' (2007), 'गोल' (2007), 'काई पो चे' (2013), 'दंगल' (2016), 'गोल्ड' (2018) याद रखने लायक़ हैं। इस परम्परा में खिलाड़ियों के जीवन पर आधारित बॉयोपिक को शामिल करना उतना मुफ़ीद नहीं है, क्योंकि 'हिप हिप हुर्रे' की परम्परा में ही फ़िल्मों का नामोल्लेख सामयिक लगता है।

91

नये दौर के संगीतकारों में अनु मलिक की स्थिति पॉपुलर क़िस्म की रही है। अलबत्ता उन्होंने गुलज़ार के गीतों पर कुछ उत्कृष्ट धुनें ज़रूर बनायी हैं। ऐसे गीत कम हैं, मगर गुलज़ार-अनु मलिक के साझे को प्रमुखता से व्यक्त करते हैं। यह देखना भी कम मनोरंजक नहीं है कि एक लम्बी पारी से गुज़रते हुए गुलज़ार, एस.डी. बर्मन से लेकर शान्तनु मोइत्रा तक सफल गीतों की फ़ेहरिस्त बनाते हुए कुछ चुनिन्दा काम अनु मलिक के लिए भी करते हैं। इस संगीतकार ने अपनी लोकप्रिय धुनों की शैली को बरक़रार रखते हुए गुलज़ार के साथ 'फ़िज़ा' (2000), 'अक्स' (2001), 'अशोका' (2001), 'फ़िलहाल' (2002) और 'जानेमन' (2006) जैसी फ़िल्मों में संगीत दिया। सरसरी निगाह से देखा जाये, तो इन सारी फ़िल्मों के कुछ गीत पॉपुलर हुए और सराहे भी गये। एक ख़ास बात फिर भी कुछ गीतों के सन्दर्भ में देखने लायक़ है कि जहाँ फ़िल्म के कथानक और विचार को लेकर गुलज़ार ने कुछ विशिष्ट लिखा है, उन गीतों को ख़ास ढंग से अनु मलिक अपने शिल्प में मेलोडियस बनाते हुए पॉपुलर क़िस्म की टोन देने की कोशिश करते हैं। जबकि उनके संगीतकार को लेकर ये आरोप भी लगता रहा है कि उनकी अधिकांश धुनें वेस्टर्न म्यूज़िक से प्रेरित या उन पर कमोबेश आधारित होती हैं। फिर भी, कुछ जगह वे अपवाद बनकर उभरे हैं। उदाहरण के तौर पर, 'फ़िलहाल' का टाइटिल सांग ही ले लीजिए, तो वहाँ सारगर्भित शब्दों के साथ जिस तरह गायिकी में आशा भोसले मीनिंग भरती हैं, एकबारगी यह लगता ही नहीं कि इतनी मुकम्मल और गम्भीर क़िस्म की ठहरी हुई धुन अनु मलिक ने बनायी है। इसकी कम्पोज़ीशन में जिस तरह पियानो का सन्तुलित इस्तेमाल किया गया है, वो सुखद ढंग से बेहतर बन पड़ा है। हालाँकि पूरी ट्यून न्यू ऐज़ म्यूज़िक का ही उदाहरण बनती है, बावज़ूद इसके गीत सुन्दर ढंग से सुनाई देता है, जब आशा भोसले, *'ये लम्हा फ़िलहाल जी लेने दे'* कहकर सॉफ़्ट तरीक़े से आगे बढ़ते हुए लाउड होती हैं। गीत की वे पंक्तियाँ बेहद ख़ूबसूरत बन पड़ी हैं, जिनमें ज़िन्दगी का फ़लसफ़ा व्यक्त होता है—

ज़िन्दगी—ये लम्हा जी लेने दे
पहले से लिखा
कुछ भी नहीं
रोज़ नया कुछ
लिखती है तू
जो भी लिखा है दिल से जिया है
ये लम्हा फ़िलहाल जी लेने दे...

गुलज़ार इस गीत के बनने की कहानी संजय शेखर द्वारा सम्पादित 'हंड्रेड लिरिक्स' में कुछ यूँ बयाँ करते हैं—

> *'इस गाने का क्रैडिट मैं मेघना को देता हूँ। वो डायरेक्टर थीं इस फ़िल्म की—और फ़िल्म का टाइटल 'फ़िलहाल' मुझे शायरी में अच्छा नहीं लग रहा था। मैंने गाना कई तरह से लिखा। सिचुएशन भी बहुत साफ़ नहीं लग रही थी। लेकिन ये गाना उसके ज़ेहन में था, जो वो बयान नहीं कर पा रही थी। आख़िरकार उसने पूरी तफ़सील अपने ख़्याल की, अंग्रेज़ी में मुझे दे दी। तर्ज़ वो पहले ही तय कर चुकी थी अनु मलिक के साथ! मैंने लिख तो दिया, लेकिन फिर भी पूरी तसल्ली नहीं हुई—तसल्ली तब जाकर हुई, जब वो गाना चल निकला और आज तक लोग उसका हवाला देते हैं। लेकिन इसके मिसरे आज भी मुझे पोएट्री और प्रोज़ के बीच में लटके हुए लगते हैं!'*

अनु मलिक ने सन्तोष सिवान की फ़िल्म 'अशोका' में जितना बढ़िया संगीत दिया था, उतने ही बेहतर गीत गुलज़ार ने लिखे थे। इनमें *'रात का नशा अभी', 'ओ रे काँची, काँच की गुड़िया', 'रोशनी से'* और *'आ तैयार हो जा'* उल्लेखनीय हैं। *'रात का नशा अभी'* जैसा गाना एक बेहतरीन कम्पोज़ीशन के धरातल पर खड़ा है, जिसमें गुलज़ार अपनी इमेजरी से चकित करते हैं। कुछ पंक्तियाँ इस सन्दर्भ में पढ़ी जा सकती हैं, जो इस गीत के आन्तरिक विन्यास को कोमलता के साथ छूती हैं। ये पंक्तियाँ ग़ौर करने लायक़ हैं—

तेरे बिना भी कभी तुझ से मचल लेती हूँ
करवट बदलती हूँ तो सपना बदल लेती हूँ
तेरा ख़याल आये तो बलखा के पल जाता है
पानी की चादर तले तन मेरा जल जाता है...

इसी तरह 'फ़िज़ा' के लिए उसके छह गीतों को अनु मलिक ने ही कम्पोज़ किया था, जिनमें से तीन गीत *'तू फ़िज़ा है', 'न ले के जाओ मेरे दोस्त का*

जनाज़ा है' और *'आजा माहिया'* गुलज़ार के लिखे हुए थे। वैसे तो तीनों ही गीत मशहूर हुए और उनकी संरचना भी संगीतकार ने मेहनत से तैयार की थी, फिर भी जसपिन्दर नरूला का गाया हुआ *'न ले के जाओ'* अद्भुत गीत था। इसकी कम्पोज़ीशन भी कमाल की थी। नौहे (शोक का गीत) जैसा असर पैदा करने वाली इसकी कम्पोज़ीशन, शब्दावली और गायिकी अलग से अपना वजूद रखते रहे हैं। गुलज़ार के लिखे गम्भीर गीतों की लिस्ट में इस गीत का मुक़ाम बहुत ऊँचा है। यहाँ शायरी की तबीयत देखने लायक़ है, जो मृत्यु के बाद दिवंगत की रुख़सती का मार्मिक बखान करती है। इस गीत में भी अनु मलिक चौंकाते हैं, जिसमें उनकी ठहरी हुई धुन कुछ अलग-सा दर्द पैदा करती है। यह पूरा गीत ही पढ़ा जाना चाहिए, क्योंकि कोई भी लाइन गीत के उन्वान से हटाकर रखना, उस ग़म को कहीं और अधिक तक़लीफ़ पहुँचाता है। 'फ़िज़ा' का यह पूरा गाना ही गुलज़ार की क़लम की गहराई और संवेदनशीलता के लिए पढ़ा जाना चाहिए—

न ले के जाओ, मेरे दोस्त का जनाज़ा है
अभी तो गर्म है मिट्टी ये जिस्म ताज़ा है
उलझ गई है कहीं साँस खोल दो इसकी
लबों पे आई है जो बात पूरी करने दो
अभी उम्मीद भी ज़िन्दा है दर्द ताज़ा है
न लेके जाओ, मेरे दोस्त का जनाज़ा है
अभी तो गर्म है मिट्‌टी ये जिस्म ताज़ा है
जगाओ इसको गले मिल के अलविदा तो कहूँ
ये कैसी रुख़सती है ये क्या सलीक़ा है
अभी तो सीने का हर एक जख़्म ताज़ा है

इसे फ़िल्म गीत के चौखट से हटाकर अगर अलग से पढ़ा या गाया जाये, तो ये हिन्दी में लिखी गयी मर्सिया लगती है, जिसमें जज़्बात और दर्द अपने उफान पर हैं। अनु मलिक इसकी कम्पोज़ीशन बनाते हुए जिस तरह ड्रम और परकशन के तेज़ साउंड को सम पर आघात की तरह इस्तेमाल करते हैं, वह लगता है कि मर्सियाख़्वानी या सोज़ख़्वानी की धुन है। तेज़ आवाज़ में ढोल या ताशा बजाने की पद्धति भी मुहर्रम के दिनों में नौहा की अदायगी में होती रही है, जिसकी एक झलक इस गीत की संरचना में दिखाई पड़ती है। 'फ़िज़ा' के इस एक गीत को अनु मलिक और गुलज़ार बड़े क़रीने और संवेदनशीलता के साथ सम्पादित करते हैं।

एक अलग ही धरातल पर सुपरनेचुरल थ्रिलर के कथानक पर बनी राकेश ओमप्रकाश मेहरा की 'अक्स' के गाने उस फ़िल्म का एक बड़ा हासिल थे। फ़िल्म के सारे नौ गाने गुलज़ार ने लिखे थे, जिनकी इमेजरी नये ढंग की और उनकी प्रचलित शैली से बिल्कुल अलग थी। इस फ़िल्म में अनु मलिक ने कमाल का संगीत दिया है और हर एक धुन, दूसरे गीत की धुन से बिल्कुल अलग सुनाई देती है। इनमें *'आजा गुफ़ाओं में आ', 'ये रात', 'हम भूल गए', 'रब्बा-रब्बा'* और *'बन्दा ये बिन्दास है'* उल्लेखनीय ढंग से रची गयी कम्पोज़ीशन थीं। इस फ़िल्म के संगीत को एक्सपेरीमेंटल संगीत कहा जाये, तो ग़लत नहीं है। रेडिफ़ वेबसाइट की सिनेमा समीक्षक सुकन्या वर्मा ने 'अक्स' के संगीत के बारे में कुछ यूँ लिखा था—'कैप्टीवेटिंग एल्बम विद फ़ंकी, एक्सपेरीमेंटल, न्यू एज़ म्यूज़िक' (प्रयोगों से भरे, मस्तमौले, नये संगीत के साथ यह एल्बम सम्मोहित करने वाला है)।

'बन्दा ये बिन्दास है' की बनावट में कैरेबियन इंस्ट्रूमेंट्स का प्रयोग प्रभावी तौर पर देखा जा सकता है, जो पूरी कम्पोज़ीशन को कहीं पारम्परिक भारतीय संगीत और पाश्चात्य सिंफनीज़ के बीच में स्थापित करता है। गाना मोहक ढंग से थिरकने को मजबूर करता है, जिसे पार्श्वगायक के.के. ने बेलौस अन्दाज़ में गाया है। गाने की कुछ पंक्तियाँ पढ़ी जा सकती हैं, जिनमें गुलज़ार ने मादक नृत्य गीत के वो सारे ऐलीमेंट्स डाले हैं, जिनसे गीत में गति और लोच पैदा होती है—

बंदा ये बिन्दास है
रस पीने की प्यास है
बंदा ये बिन्दास है
भँवरा है भँवरा है ये
लोभी है होशियार है,
दो-दो मुखौटे इसके
दोधारी तलवार है,
बंदा ये बिन्दास है

आख़िर में, अनु मलिक के साथ गुलज़ार की साझीदारी की एक फ़िल्म 'जानेमन' का नाम लेना भी ज़रूरी है, जहाँ इन दोनों के गठजोड़ से कुछ सुरीली कम्पोज़ीशंस बन सकी हैं, जिनमें दो गीतों का उल्लेख ज़रूरी है, क्योंकि वहाँ गुलज़ार की शायरी उनकी चिर-परिचित शैली में बेहतरीन ढंग से अभिव्यक्ति

पाती है, जिसे मेलोडियस बनाने का पूरा जतन संगीतकार करता है। ये गाने हैं– *'सौ दर्द हैं, सौ राहतें'* और *'हमको मालूम है, इश्क़ मासूम है...'*

92

शंकर-एहसान-लॉय के साथ गुलज़ार की जोड़ी असरदार ढंग से कुछ नायाब धुनों पर लीक से हटकर गीत रचती रही है। गुलज़ार की लम्बी फ़िल्म संगीत-यात्रा में बाद के दौर के कुछ ही संगीतकार ऐसे हैं, जिन्होंने उनके साथ कई फ़िल्मों में बेहतरीन गाने सृजित किये। इनमें अनु मलिक, शंकर-एहसान-लॉय, शान्तनु मोइत्रा, विशाल भारद्वाज और ए.आर. रहमान के नाम प्रमुखता से शामिल हैं। शंकर-एहसान-लॉय के साथ की उनकी फ़िल्मोग्राफ़ी में 'रॉकफ़ोर्ड' (1999), 'बंटी और बबली' (2005), 'झूम बराबर झूम' (2007), मिर्ज़िया' (2016), 'किल दिल' (2014), 'सूरमा', 'राज़ी', 'मेरे प्यारे प्राइम मिनिस्टर' (2018) और 'छपाक' (2020) के नाम लिये जा सकते हैं। फ़िल्म संगीतकारों की यह तिकड़ी अपने संगीत में पारम्परिक वाद्यों को साधते हुए नये ढंग का फ़्यूज़न संगीत भी शामिल करती रही है, जिसमें शंकर महादेवन उत्तर भारतीय शास्त्रीय संगीत और दक्षिण भारतीय कर्नाटक संगीत पद्धति के बीच राह बनाते हुए नज़र आते हैं। एहसान नूरानी इस समूह के गिटारिस्ट हैं, जिन्होंने विदेशों से संगीत की पढ़ाई की और ऑर्केस्ट्रेशन अरेंजमेंट में दक्षता से हस्तक्षेप करते हैं। धुनों में गिटार के प्रयोग को लेकर उनके प्रयोग अद्भुत हैं। टीम के तीसरे सदस्य लॉय मेंडोंसा एक बेहतरीन इंस्ट्रूमेंटलिस्ट हैं, जो बेहतर ढंग से पियानो, बेस गिटार, हारमोनिका आदि को बजाने में दक्ष हैं।

'मिर्ज़िया' फ़िल्म का एल्बम कई दृष्टियों से गुलज़ार की क़लम और संगीतकार तिकड़ी के आपसी सामंजस्य का ख़ूबसूरत उदाहरण है। इस लिहाज़ से भी कि अधिकांश गीत उन फ़ोक सिंगर्स से गवाये गये हैं, जिनका ख़ुद का संगीत-मुहावरा अलग से लोक प्रचलित रहा है। मामे ख़ाँ, नूरा सिस्टर्स और दलेर मेंहदी के अलावा इस फ़िल्म में कौशिकी चक्रवर्ती जैसी सुरीली शास्त्रीय गायिका ने भी शिरकत की है। फ़िल्म का एक गीत *'आवे रे हिचकी'* एक दर्द-भरा नग़मा है, जिसमें शंकर महादेवन और मामे ख़ाँ ने अपनी आवाज़ें दी हैं। यह गाना लोक की ज़मीन पर घुमन्तू बंजारों की टोली के गाने जैसा लगता है, जिसमें राजस्थान की मिट्‌टी का स्वर गूँजता हुआ दिखाई देता है। गुलज़ार की शब्दावली यहाँ उनके अपने मुहावरे के साथ न्याय करती हुई सुन्दर ढंग

से विकसित हुई है, जिसमें मामे ख़ाँ की पुकार बेजोड़ ढंग से सुनाई देती है। मूलतः फ़ोक ट्यून की रंगत लिये हुए आधुनिक ढंग से रचे गये इस गीत में इलेक्ट्रॉनिक म्यूज़िक का भी भरपूर इस्तेमाल किया गया है। इसमें सिंथेसाइज़र, की-बोर्ड और बेस गिटार के साथ वॉयलिन और अन्य वेस्टर्न इंस्ट्रूमेंट्स का इस्तेमाल प्रभावी ढंग से देखा जा सकता है। गुलज़ार ने राजस्थान की पृष्ठभूमि का ध्यान रखते हुए कम्पोज़ीशन में बोलियों का प्रभाव भी देने की कोशिश की है। *'आवे रे हिचकी'* एक अलग राह पर खड़ी अनूठी कम्पोज़ीशन है, जिसे शंकर-एहसान-लॉय ने ऑर्केस्ट्रेशन के भराव के काम से समृद्ध किया है।

इसी तरह, इस फ़िल्म में नूरा सिस्टर्स और मोहन कण्णन का गाया हुआ *'एक नदी थी'* भी देशज अभिव्यक्तियों में प्रभावित करता है। गाना जब शुरू होता है, तब मोहन कण्णन की आवाज़ के साथ तारतम्य बिठाता ऊँची-पट्टी पर नूरा सिस्टर्स की आवाज़ में *'एक नदी थी'* सुनना एक मनोरंजक खेल बन जाता है। यह गीत गुलज़ार अपनी चिर-परिचित शैली में लिखते हुए उसे नया अर्थ-अभिप्राय देते हैं, जिसके तहत दार्शनिक क़िस्म की रंगत उभरती है। इस गीत के बोल पढ़ने लायक़ हैं—

एक नदी थी दो किनारे
थम के बहती थी
तोड़ती तो सैलाब आ जाता
करवट ले तो सारी ज़मीं बह जाती

फ़िल्म का एक महत्त्वपूर्ण गीत *'डोली रे डोली'* है, जिसे शंकर महादेवन और मामे ख़ाँ ने गाकर नये ढंग की अभिव्यक्ति दी है। गीत जब शुरू होता है, तब मामे ख़ाँ हाई-पिच पर जाकर इसकी शुरुआती पंक्तियाँ गाते हैं और अपनी राजस्थानी शैली के ख़ास शिल्प में गीत को मोड़ते हैं। इसी के साथ समानान्तर ढंग से धुन में हल्के ढंग से जैज़ की ज़मीन के स्वर उभरते हैं, जिनमें बड़ी कुशलता के साथ फोक एलीमेंट का ख़याल रखते हुए पियानो, ट्रम्पेट, हारमोनिका, परकशन सभी का काम दिखाई देता है। ये एक सुन्दर सन्तुलित धुन है, जिस पर गुलज़ार की कविता अपने पंख फैलाती है। वैसे भी विदा का गीत लिखने में गुलज़ार को महारत है। यहाँ वे क्लासिक ढंग से *'डोली रे डोली'* को अभूतपूर्व बनाते हैं। इसकी कुछ पंक्तियाँ पढ़ने लायक़ हैं—

साहिबा ने पुछवाया है, जो कहे तो मैं कर जाऊँ
तुम आई ना टाल सको, मैं बिन आई मर जाऊँ

बाबुल के घर रुकना नहीं अब...
बाबुल के घर रुकना नहीं अब...
जो पिया की होली चली, जो पिया की होली चली...
डोली रे डोली चली, पिया के मुँह बोली चली...

'मिर्ज़या' के सारे ही गाने नये ढंग से कम्पोज़ किये गये हैं, जिनमें अपनी प्रचलित शैली से थोड़ा हटते हुए शंकर-एहसान-लॉय इन गीतों को नये ढंग का लिबास देते हैं। इस फ़िल्म के दो गीत और हैं, जो अपनी बनावट और गायिकी में बेजोड़ ढंग से कर्णप्रिय बनते हैं। इनमें कौशिकी चक्रवर्ती का गाया *'कागा रे कागा'* और मामे ख़ाँ, शुचिस्मिता दास, अख़्तर चिन्नल और शंकर महादेवन की आवाज़ों में *'चकोरा'* महत्त्वपूर्ण हैं। ये दोनों गीत सुनने में भी बड़े मेलोडियस लगते हैं, जिस पर गुलज़ार के बोलों ने गीत की तराश में सुन्दरता बढ़ायी है। 'चकोरा' की लय ख़ूबसूरत ढंग से आगे बढ़ती है, जिसमें सभी के स्वर समवेत ढंग से गायिकी में रिद्म पैटर्न के साथ क़दमताल करते हुए उसे एक धमक वाला गाना बनाते हैं। अलग से 'कागा रे कागा' की कम्पोज़ीशन पर ग़ौर करना चाहिए, जो वेस्टर्न और ट्रेडिशनल इंडियन म्यूज़िक की सन्धि पर विकसित होता है। कौशिकी ने अपनी लाजवाब तैयारी को इस तीन मिनट के गाने में शानदार ढंग से अभिव्यक्ति दी है। गुलज़ार हमेशा की तरह इस गीत में भी बेहतर ढंग से उभरते हैं। गीत का एक अन्तरा यहाँ पढ़ने के लिए साझा कर रहा हूँ–

कागा रे कागा
पिया की ख़बर सुना ना
प्यासी न मर जाये कोई
चोंच में जल भर लाना
कागा रे कागा
पिया की ख़बर सुना ना...

'मिर्ज़या' के एक्सपेरीमेंटल गीतों से अलग गुलज़ार और शंकर-एहसान-लॉय की जोड़ी ने जिन दूसरी फ़िल्मों में कामयाबी की इबारत रची और मेलोडियस गीतों की एक पूरी शृंखला तैयार की, उनमें हम कुछ गीतों को याद कर सकते हैं। इनमें यादगार गीतों के उदाहरण हैं– *'देखना मेरे सर से आसमाँ उड़ गया है'* (बंटी और बबली), *'धागे तोड़ लाओ चाँदनी से नूर के'* (झूम बराबर झूम), *'प्यार की बाज़ियाँ/ना जीतियाँ ना हारियाँ', परदेसिया'* (सूरमा), *'ज़िन्दगी यूँ गले आ लगी है...सजदे', 'बुझ गये तारे ओ यारा...बावरा'* (किल-दिल) *'ऐ वतन, वतन मेरे आबाद रहे तू'* (राज़ी) आदि।

गुलज़ार और शंकर-एहसान-लॉय के कॉम्बिनेशन के दो फ़िल्मी गीत बुरी तरह वायरल हुए हैं, जिनमें 'बंटी और बबली' का *'कजरारे कजरारे'*, जिसे क़व्वालीनुमा शैली में बनाकर एक डांस नम्बर की तरह तैयार किया गया था। दूसरा, मेघना गुलज़ार की फ़िल्म 'राज़ी' के कश्मीरी विवाह गीत को आधार बनाकर रचा गया विदाई का गीत 'मुड़ के ना देखो दिलबरो' शामिल है। गुलज़ार की क़लम को पूरी तवज्ज़ो देते हुए और कविता के अर्थ को बरक़रार रखते हुए शंकर-एहसान-लॉय ने उनकी सोहबत में जितनी कम्पोज़ीशंस बनायी हैं, सभी एक से बढ़कर एक हैं। गीतकार-संगीतकार के सहमेल की फ़िल्म 'छपाक' का शीर्षक गीत अलग से ध्यान आकर्षित करता है, जिसे गुलज़ार संवेदनशील ढंग से तराशते हैं। अरिजित सिंह की आवाज़ में संजीदगी से गाया गया, एसिड विक्टिम्स की मनोदशा का ये गीत असरकारी है। ज़रा इन पंक्तियों पर ग़ौर कीजिए–

कोई चेहरा मिटा के
और आँख से हटा के
चंद छींटें उड़ा के जो गया
छपाक से पहचान ले गया
एक चेहरा गिरा
जैसे मोहरा गिरा
जैसे धूप को ग्रहण लग गया
छपाक से पहचान ले गया

इन गीतों के बहाने इस जोड़ी की केमेस्ट्री को समझना भी महत्त्वपूर्ण है, जिसमें संगीतकार तिकड़ी भारतीय और पाश्चात्य संगीत के बीच से कोई रास्ता बनाती हुई सुरीली धुनें कम्पोज़ करती है। ये भी एक सुखद तथ्य है कि शंकर-एहसान-लॉय जैसी आज की आधुनिक संगीतकार तिकड़ी को पुराने दौर के गुलज़ार जैसे दिग्गज गीतकार का साथ हासिल रहा है। ये कुछ-कुछ वैसा ही मामला है, जैसा पुराने दौर में चोटी पर रहे सचिन देव बर्मन और मदन मोहन सरीखे संगीतकारों को नये और आधुनिक गीतकार गुलज़ार कभी साझेदारी के लिए मिले थे।

93

आज के दौर के सबसे चर्चित संगीतकार ए.आर. रहमान के साथ गुलज़ार के फ़िल्मी गीतों की पारी बेहद समृद्ध रही है। एक तरह से देखा जाये, तो

एक्सपेरीमेंटल संगीत के साथ सूफ़ियाना ढंग के गीतों की कम्पोज़ीशन की जो स्टाइल रहमान और गुलज़ार मिलकर 'दिल से' (1998) में अभिव्यक्त करते हैं, वह असाधारण है। स्वयं गुलज़ार भी यह मानते हैं कि रहमान के साथ उन्होंने पहली बार सूफ़ी ज़मीन पर जाकर इस फ़िल्म के गीतों को बड़े फ़लक पर विकसित किया। रहमान, जो पाश्चात्य संगीत, लातिन अमेरिकी संगीत और मध्यपूर्व एशियाई संगीत से प्रेरणा ग्रहण करते रहे हैं, अलग से अपनी रचनात्मकता को इलेक्ट्रॉनिक संगीत के धरातल पर रचते हैं। उनका पूरा संगीत आधुनिक, ग़ैर-पारम्परिक और ताज़गी से भरा है। अब तक कुल दस फ़िल्मों 'दिल से' (1998), 'साथिया' (2002), 'गुरु' (2007), 'स्लमडॉग मिलेनियर' (2008), 'युवराज' (2008), 'रावण' (2010), 'जब तक है जान' (2012), 'द हंड्रेड फूट जर्नी', 'लिंगा' (तमिल से हिन्दी में डब्ड), (2014), 'ओके जानू' (2017) में गीतकार-संगीतकार जोड़ी की यह पारी कामयाब ढंग से लीक से हटकर लोकप्रिय और उत्कृष्ट कम्पोज़ीशन रचने में सफल रही है।

पहली बार 'दिल से' में रहमान ऑर्केस्ट्रेशन के बेहतर इस्तेमाल के साथ जिस तरह का सुरूर पैदा करते हैं, वह प्रचलित हिन्दी फ़िल्म संगीत के पैटर्न से अलग है। फ़िल्म के सभी गीत उल्लेखनीय हैं, जिनमें गुलज़ार की क़लम ने बुल्लेशाह जैसे सूफ़ी शायर के कलाम को भी नये ढंग से एडॉप्ट करते हुए कुछ मिस्टीक-सा अपने गीतों में गढ़ा है। फिर वह *'चल छैंया-छैंया'* हो, *'ऐ अजनबी तू भी कहीं आवाज़ दे कहीं से'* या *'तू ही तू सतरंगी रे...'* सभी जगह कविता का एक नया दायरा खुलता है। इन गानों से अलग *'जिया जले जाँ जले'* जैसा गीत एक सुन्दर प्रयोग था, जिसमें गुलज़ार के साथ गीतों के इन्टरल्यूड्स में आने वाले संगीत पर रची गयी मलयालम की लाइनें मलयाली गीतकार गिरीश पुथुनचेरी ने लिखी थी। हिन्दी और मलयालम भाषा के इस गीत की अनूठी बन्दिश में लता मंगेशकर एक जुदा अन्दाज़ में गायिकी सम्भव करती हैं। यह एक जटिल कम्पोज़ीशन थी, जिसमें रहमान ने इलेक्ट्रॉनिका म्यूज़िक के साथ मृदंगम, बाँसुरी और वॉयलिन का इस्तेमाल किया था। वॉयलिन की पैनिंग साउंड बीच-बीच में इस तरह आती है कि वह पूरी कम्पोज़ीशन के सूक्ष्म ब्यौरों को भी अपने भराव के काम से सजाती है। जब भी लता जी की आवाज़ के बाद मलयालम की पंक्तियों के लिए एम.जी. श्रीकुमार और कोरस की आवाज़ उभरती है, तो वह पूरे ट्रैक को बिल्कुल नयी ज़मीन का गाना बनाती है। एक तरह से पूरी धुन ही रहमान के एक्सपेरीमेंट का हाई प्वांइट है, जिसे लता मंगेशकर राग भैरवी के सुरों पर मनोहारी ढंग से अभिव्यक्त

करती हैं। यह जानना भी कम दिलचस्प नहीं है कि प्रचलित ढंग से फ़िल्म के कथानक में सुहागरात का गीत मानी जाने वाली इस कम्पोज़ीशन को बिना फूहड़ हुए गीतकार ख़ूबसूरत ढंग से शब्द देते हैं। कुछ लाइनें इस अर्थ में पढ़ी जा सकती हैं, जिनका भाव एक प्रेम-गीत की स्नेहिल और रूमानी सुन्दरता को मुखरित करता है–

अंग-अंग में जलती हैं दर्द की चिंगारियाँ
मसले फूलों की महक में तितलियों की क्यारियाँ
रात भर बेचारी मेंहदी पिसती है पैरों तले
क्या करूँ कैसे कहूँ रात कब कैसे ढले...

सिनेमा अध्येता नसरीन मुन्नी कबीर से उनकी किताब 'जिया जले' में गुलज़ार इस गीत के बनने की प्रक्रिया पर रोशनी डालते हैं। गुलज़ार कहते हैं–

'रहमान ने इसे बिल्कुल अलग ढंग से रेकॉर्ड किया था। उन्होंने पार्श्वगायिका से यह कहा कि वे एक ही लाइन या फ़्रेज़ को बार-बार गाती रहें और वो उनके कई तरह के टेक्स को रेकॉर्ड करते रहे। इस तरह लता जी गाती रहीं और हर बार रहमान ने उनकी गायिकी को अलग-अलग रेकॉर्ड किया। इसमें यह बहुत स्वाभाविक है कि एक ही पंक्ति को बार-बार गाते हुए हर बार गायिकी पहले से थोड़ा बदल जाये। यह एक कलाकार के लिए बहुत स्वाभाविक है। रहमान ने लता जी को वो पूरा गाना यह कहते हुए सौंपा कि आप इसमें से बेहतर लाइनें चुन लें कि कौन सी फ़ाइनली रखी जायें, मगर आख़िर में रहमान ने ख़ुद से वही लाइनें चुनीं, जो उनके हिसाब से लता जी का बेस्ट था।'

'जिया जले' में मलयालम की पंक्तियाँ जिस तरह वहाँ के फ़ोक म्यूज़िक का अनुसरण करती हुई आती हैं और उनमें इलेक्ट्रॉनिका म्यूज़िक का प्रभाव समानान्तर रूप से मुख्य गायिका की आवाज़ के साथ घुल-मिल जाता है, उसकी रेज़ोनेंस (गूँज) और साउंड (ध्वनि) कमाल ढंग से सुनाई देती है। 'दिल से' का यह गीत इस अर्थ में उल्लेखनीय माना जायेगा कि पहली बार लता मंगेशकर और ए.आर. रहमान मिलकर आधुनिक क़िस्म का एक प्रभावी गाना रचते हैं, जिसमें गुलज़ार की क़लम रेशमी ढंग की इमेजरी को फ़िल्म-गीत के दायरे में निहायत पोएटिक बनाती है।

इसी तरह, *'ए अजनबी तू भी कहीं आवाज़ दे कहीं से'* की कम्पोज़ीशन में रहमान कामयाबी से उभरते हैं। तकनीकी रूप से इसकी धुन में संवेदनशील

ढंग से किक-ड्रम साउंड का इस्तेमाल किया गया है, जो एक धीमी गति वाली धुन को असरदार बनाता है। कई परतों में प्रयोग की गयी वॉयलिन की ध्वनि यहाँ बैक ग्राउंड में भावनाओं का एक गम्भीर प्रभाव पैदा करती है, जिसमें गुलज़ार की लिखी पंक्तियों के बीच-बीच में महालक्ष्मी अय्यर की आवाज़ में *'पाखी-पाखी परदेसी'* का बार-बार आना सुकून देता है। लगता है, कहीं गहरे अवसाद के आवरण से निकलकर ये गीत हमें हासिल हुआ है, जिसका मूल विचार दुःख है। गुलज़ार ऐसे दुःख-भरे गीतों को रचने में बिना भावुक हुए संजीदे ढंग की हृदयस्पर्शिता पैदा करते हैं। *'ऐ अजनबी तू भी कहीं'* इस मामले में एक ऐसी कम्पोज़ीशन बनी है, जिसमें वॉयलिन कोरस के क्वॉयर ग्रुप से मिलकर पूरी धुन के इन्टरल्यूड्स (मध्यवर्ती संगीत) को निराले ढंग से सजाता है। इसमें राग भीमपलासी के सुरों को अनूठी-सी लय देने का कमाल संगीतकार ने बड़ी मेहनत से किया है। यह कम्पोज़ीशन भी एक जटिल धुन को रचने का उदाहरण है, जिसमें उदित नारायण और महालक्ष्मी अय्यर की आवाज़ का समवेत प्रभाव जादुई लगता है। यह कहना चाहिए कि 'दिल से' के पूरे एल्बम में यह जादुई कोमलता आधी रहमान के हिस्से आती है और आधा रंग उसमें गीतकार की तरह गुलज़ार भरते हैं।

एक अन्य गीत *'तू ही तू सतरंगी रे'* मिडिल-ईस्ट साउंड (अरबी शैली) से प्रभावित लगता है, जिसमें इलेक्ट्रॉनिका म्यूज़िक का बेहतरीन इस्तेमाल देखा जा सकता है। इस गाने को कामुकता और अध्यात्म के बीच कहीं नाज़ुक ढंग से सन्तुलित करते हुए सोनू निगम गाते हैं, जिसमें कविता कृष्णमूर्ति का एक निहायत संक्षिप्त आलाप और ग़ालिब का शेर पढ़ना अभूतपूर्व ढंग से उभरता है। इस गीत की अलग से रेखांकित करने वाली बात ये भी रही है कि इसका हर अन्तरा अलग से खिलकर सुनाई देता है। गुलज़ार इस गाने में मिस्टीक गढ़ते हुए अर्थ की ढेरों सम्भावनाएँ पैदा करते हैं। इस गीत को एक बेजोड़ कम्पोज़ीशन की तरह देखा जाना चाहिए, जहाँ शब्द और संगीत आपस में होड़ लेते हुए एक-दूसरे से आगे निकलने की कोशिश करते हैं। कुछ-कुछ सूफ़ियाना रंग लिये हुए इस गीत की कम्पोज़ीशन भी लीक से हटकर चलती है और पूरे ट्रैक को एक नयी ऊँचाई मुहैया कराती है। गाने की कुछ लाइनें इस लिहाज़ से पढ़ी जानी चाहिए—

'छूती है मुझे सरगोशी से
आँखों में घुली ख़ामोशी से
मैं फ़र्श पे सजदे करता हूँ

कुछ होश में कुछ बेहोशी से
दिल का साया हमसाया सतरंगी रे...
मनरंगी रे...
कोई नूर है तू क्यों दूर है तू
जब पास है तू एहसास है तू
कोई ख़्वाब है या परछाईं है—सतरंगी रे...

यही बात सूफ़ियाना रंग लिये हुए *'चल छैंया छैंया'* में देखी जा सकती है, जिसमें चलती हुई ट्रेन की ध्वनि के साथ परकशन का काम कल्पनातीत ढंग से म्यूज़िक कम्पोज़र सम्भव करता है। यह गीत एक आदर्श उदाहरण है इस बात का कि आधुनिक ढंग के संगीत पर एक सूफ़ियाना कलाम को किस तरह नयी ज्यामिति दी जा सकती है। मूलतः नृत्य के लिए कम्पोज़ किये गये इस गीत में परकशन का काम अलग से देखने लायक़ है। सपना अवस्थी और सुखविन्दर सिंह मिलकर इसे पूरे उत्साह से गाते हैं और ऐसी कशिश पैदा करते हैं, जो रहस्य और सूफ़ी रंगत वाले गीत में इससे पहले कभी इतनी मुखरता से सुनी नहीं गयी थी। यह कहना चाहिए कि बाद के दौर में जितने भी सूफ़ियाना कलाम बने हैं, भले ही उन गीतों के रचनाकार गुलज़ार न होकर दूसरे गीतकार रहे हों, उन सबके लिए यह पहला ज़रूरी टेक्स्ट है, जिसकी धुन भी अपने प्रभाव में श्रोता के ज़ेहन में ज़ोर डालते हुए अपना असर पैदा करती है।

'दिल से' फ़िल्म से अलग भी रहमान ने गुलज़ार के लिखे गीतों के लिए कुछ बेहद कर्णप्रिय धुनें बनायी हैं। ऐसी कम्पोज़ीशंस, जिन्हें सुनते हुए हैरत होती है कि विशुद्ध इलेक्ट्रॉनिक म्यूज़िक की ज़मीन वाले फ़नकार ने भारतीय सन्दर्भों में वाद्य संयोजन द्वारा कितना सुरीला काम पैदा किया है। रहमान की यह ख़ास शैली है कि वे ख़ुद के बनाये हुए नियमों को तोड़ते हैं और गीत के सब्जेक्ट के अनुसार ही यह तय करते हैं कि उस पूरे गीत का स्ट्रक्चर क्या होगा? धुन की शक्ल किस रूप में सामने आयेगी। ऐसे चन्द गीतों को याद किया जा सकता है, जहाँ रहमान अपनी ही प्रचलित शैली से अलग हटकर भारतीय फ़ोक म्यूज़िक और रागदारी के टुकड़ों को लेते हुए आधुनिक क़िस्म का रंग पैदा करते हैं, वहाँ परकशन के लिए अकसर मिनिमल टोन में सिर्फ़ हारमोनियम, तबला, मृदंग और वॉयलिन की ज़रूरत पड़ती है। उनकी धुनें, उनकी अपनी शर्तों पर, प्रचलित मीटर को तोड़ते हुए और निराले ढंग से 'सम' पर आने की कोशिश के तहत सुमधुर बन जाया करती हैं। ऐसे में 'साथिया' का *'छलका रे छलका रे कलसी का*

पानी', 'गुरु' का *'ओ हमदम...तेरे बिना बे-सुआदी, बे-सुआदी, रतियाँ'*, 'रावण' का *'राँझा राँझा करदी वे मैं'*, *'जब तक है जान'* का *'हीर-हीर ना आँखों अड़ियो'* और 'ओ.के. जानू' का *'सुन-सुन भँवरा कैसी बातें बनाए'* उन कम्पोज़ीशंस के बेहतरीन उदाहरण हैं, जिन्हें उनके विषय के अनुसार रहमान भारतीय सन्दर्भों में विकसित करते हैं। ये सारे गाने मशहूर हुए, तो उसके पीछे सीधा-सा यही तर्क काम करता रहा कि गीतों की शब्दावली को उनके वाज़िब वज़न के हिसाब से रहमान ने संगीत में पिरोया है।

आज जब इस किताब के लिए लिखे जाते वक़्त हम रहमान और गुलज़ार की आपसी केमेस्ट्री पर कुछ बातें कह पा रहे हैं, तो यह भी जोड़ना चाहिए कि ये अध्याय उस रूप में पूरी तरह अभी मुकम्मल नहीं है, क्योंकि दोनों फ़नकार ही आगे न जाने कितने प्रोजेक्ट्स में एक साथ होंगे, जिनमें कुछ और शानदार काम दोनों के साझे का संगीत-प्रेमियों को सुनने को नसीब होगा। गुलज़ार साहब जैसे सूफ़ियाना ज़मीन के शायर और रहमान जैसे विलक्षण संगीतकार को लेकर ये एक छोटा-सा ऑब्ज़र्वेशन जैसा है, जहाँ हम यह देख पाते हैं कि आधुनिक दौर में नये से नये संगीतकार के साथ साझेदारी करते हुए गुलज़ार जैसे गीतकार ने अपने गीतों को जितना प्रासंगिक और नयी पीढ़ी के लिए सदाबहार बनाया है, उसे उतने ही जुनून से ए.आर. रहमान ने अपने एक्सपेरीमेंटल म्यूज़िक से कम्पोज़ करके कभी न मिटने वाली प्रासंगिकता और लोकप्रियता दी है। इस लोकप्रियता में दोनों के साझे का *'जय हो'* (स्लमडॉग मिलेनियर) अलग से चमकता है। इस गीत के लिए संयुक्त रूप से गीतकार और संगीतकार को सर्वश्रेष्ठ गीत का 'ऑस्कर एवॉर्ड' (2008) तथा 'ग्रैमी एवॉर्ड' (2010) मिले हैं, जिसमें ग्रैमी एवार्ड को इन दोनों के साथ तन्वी शाह ने साझा किया है।

94

कुछ गीतों को लिखते हुए गुलज़ार ने ख़ुद के लिए एक बड़ा चैलेंज खड़ा कर दिया है। ये गीत ऐसे हैं, जो उनके प्रचलित मुहावरे से अलग हैं। लगता है गुलज़ार ने अपने ख़ास शिल्प और मीटर को यहाँ छोड़ दिया है और एक ऐसी नयी राह पर निकल गये हैं, जहाँ उनकी इमेजरी नये गीतों के साथ क़दमताल करते हुए बिल्कुल अलग और चौंकाने वाली नज़र आती है। ये गीत रूमान के गीत नहीं हैं, इन गीतों में नायक या नायिका के मनोभावों को दर्शाने वाली किसी कैफ़ियत का वैसा प्रचलित इज़हार भी नहीं है और न ही ये गाने

लोकप्रिय ढंग से रोमेंटिक या सैड सांग ही हैं, जिन्हें लिखते हुए गुलज़ार बरसों से कुछ रेशमी एहसास पैदा करते रहे हैं। इन गीतों में फ़िल्म की सिचुएशन के तहत कुछ अजूबा-सा रचते हुए गुलज़ार उस कंटेम्परारी लैंग्वेज के क़रीब चले आते हैं, जहाँ इमेज और मेटाफ़र चुनने का मामला आधुनिक ढंग से अपने सरोकार तय करता है।

ऐसे नये ढंग के गानों में सबसे पहला ज़िक्र अनु मलिक के संगीत पर 'अक्स' फ़िल्म के लिए लिखे गये उनके गाने *'ये रात...'* की करना चाहूँगा। एक डार्क फ़िल्म में नकारात्मकता की दृश्यावली में जीवन के लिए जूझती रात को पढ़ने के भाव का यह गाना, गुलज़ार की क़लम में एक नये क़िस्म की आहट थी। कुछ पंक्तियाँ इसी सन्दर्भ में पढ़ी जा सकती हैं–

ये रात...ये रात
झल्ली सी छिपकली रात
ये रात
कौड़ियाले कोबरे की रात
ये रात
ना उगली ही जाये, ना निगली ही जाये
ये काली ज़हरीली रात...

इस गीत में रात नये-नये ढंग से आती है। जैसे *'साँप सी सरकती रात'*, *'कौड़ियाले कोबरे की रात'* और *'जलती-उबलती रात'*। 'अक्स' के ही दूसरे अन्य गीतों– *'आ जा गुफाओं में आ'* और *'बन्दा ये बिन्दास है'* भी इसी तर्ज़ पर अपनी शब्दावली के नयेपन को उजागर करते हैं। इन गानों की धुन भी अनु मलिक ऑफ़बीट क़िस्म की बनाते हैं, जिसमें परकशन का बेहतर इस्तेमाल देखने लायक़ है। *'आ जा गुफाओं में आ'* की अभिव्यक्ति पढ़िए, जिसे उस गीतकार ने लिखा है, जो रूमान की मखमली कविता लिखने के लिए सारी दुनिया में सराहे जाते हैं। ये पंक्तियाँ हैं–

आ जा गुफाओं में आ
आ जा गुनाह कर ले...

चेहरा सियाह कर ले
आ जा गुनाह कर ले

'अक्स' से अलग विशाल भारद्वाज और सन्दीप चौटा के संगीत निर्देशन की 'सत्या' में एक अद्‌भुत बिम्ब गुलज़ार रचते हैं, जब वे उल्लास का ऐसा गाना

लिखते हैं, जिसमें परिवार समेत पूरा पड़ोस शामिल है। वैसे तो यह युगल गीत है, मगर इसकी बनक अंडरवर्ल्ड की पृष्ठभूमि पर आधारित है, जहाँ उस दुनिया से सम्बन्धित लोग अपने प्रेम का इज़हार कुछ इस तरह करते हैं कि वह विशेष सन्दर्भों वाला एक गाना बन जाता है। इस सन्दर्भ में *'सपने में मिलती है, ओ कुड़ी मेरी, सपने में मिलती है'* जैसा गीत, अपनी शब्दावली, कम्पोज़ीशन और पार्श्वगायक, गायिकाओं की अदायगी के लिए सुनना चाहिए। निहायत ताज़े बिम्ब, जो गुलज़ार की प्रचलित मुलायमियत से दूर हैं, फिर भी बड़े प्यारे लगते हैं। इस गीत में आने वाली रिक्शे की इमेज बड़ी प्रभावी बनी है, जो सम्भवतः हिन्दी फ़िल्म गीतों में पहली बार इस्तेमाल हुई होगी। सुरेश वाडकर और आशा भोसले की आवाज़ में इस गीत को सुनना भी एक लाजवाब कम्पोज़ीशन की संगत में थोड़ी देर बैठने जैसा है। आपमें से अधिकांश ने यह गाना सुना होगा, अगर नहीं सुना है, तो इसकी लिरिक्स को ढूँढ़कर पढ़ना चाहिए, जो इस बात की सफलतापूर्वक तरफ़दारी करती है कि फ़िल्म गीतों को लिखते हुए भी आधुनिक ढंग से सोचने का भाव किसी गीतकार को कितना प्रासंगिक बनाता है। गीत के कुछ शब्द इसी आशय के तहत यहाँ लिख रहा हूँ–

सपने में मिलता है
ओ मुंडा मेरा, सपने में मिलता है

सारा दिन सड़कों पे
ख़ाली रिक्शे-सा
पीछे-पीछे चलता है

कोरी है करारी है
भून के उतारी है कभी-कभी मिलती है
ओ कुड़ी मेरी...

एक अन्य गीत, विशाल भारद्वाज की ही फ़िल्म का है, जिसे उन्होंने रशियन फ़ोक म्यूज़िक पर विकसित करते हुए गुलज़ार से लिखवाया। इस गीत में जो बिन्दासपन है, एक बेलौस उन्मुक्तता, वो शब्दों से भी उभरती है, जब गुलज़ार उसे एक बेहतरीन ऑर्केस्ट्रेशन की फ़ास्ट टेम्पो ट्यून पर उतनी ही तेज़ गति का भाव जगाने के लिए लिखते हैं। वैसे भी, विशाल और गुलज़ार का कॉम्बिनेशन नये दौर के फ़िल्म संगीत के लिए उपलब्धि सरीखा रहा है। 'सात ख़ून माफ़' का ये गीत आप भी गुनगुनाना चाहेंगे, अगर उसके बोलों को लय और तरन्नुम में पढ़ जायें। गीत की शुरुआत में मुखड़ा आने से

पहले गुलज़ार खिलन्दड़े अन्दाज़ में रूसी कवि पुश्किन को याद करते हैं। ये पंक्तियाँ इस तरह आती हैं–

मीलों चल के, मीलों से आया
रूस का कोई पुश्किन है
मेरी ख़ातिर मास्को छोड़ा
इश्क़ में ये भी मुमकिन है

फिर पूरा गाना मस्ती में यूँ शुरू होता है–

डार्लिंग, आँखों से आँखें चार करने दो
रोको ना रोको ना मुझको प्यार करने दो
बेकैफ़ है बहारा, बेचैन जाने यारा
बुलबुलों को अभी इन्तज़ार करने दो
डार्लिंग, आँखों से आँखें चार करने दो

इस गाने को रेखा भारद्वाज और उषा उथुप ने कमाल ढंग से गाया है, जिसमें वेस्टर्न म्यूज़िक का अरेंजमेंट चकित करता है। एक गीत शान्तनु मोइत्रा के संगीत में 'यहाँ' फ़िल्म से भी याद करना चाहिए, जो कश्मीर की पृष्ठभूमि पर बनी एक संवेदनशील फ़िल्म रही है। ये गीत *'नाम अदा लिखना'* गुलज़ार की वैचारिकी का एक अनूठा पाठ है, जहाँ संवेदनशीलता और कथानक के सीमान्त आपस में मिल गये हैं। इस गीत के मुखड़े व अन्तरे में बिटवीन द लाइन्स बहुत सारे ऐसे मुक़ाम हैं, जिन्हें फ़िल्म की पृष्ठभूमि से अलग गीत के टेक्स्ट को पढ़ते हुए समझा जा सकता है। 'यहाँ' का ये गीत गुलज़ार अपने प्रचलित फ़ॉर्म से दूरी बरतते हुए लिखते हैं। ये खुद के मीटर से दूर जाना और किसी नये धरातल पर ऐसा कुछ लिखते हुए एक नया स्ट्रक्चर बना देना, गीतकार की सफलता तो मानी ही जायेगी, फ़िल्म संगीत के लिए भी वह एक बड़ी बात है।

पूछे जो कोई मेरी निशानी
रंग हिना लिखना
गोरे बदन पे उँगली से मेरा
नाम अदा लिखना

कभी कभी आस पास चाँद रहता है
कभी कभी आस पास शाम रहती है

आओ ना आओ ना

झेलम में बह लेंगे
वादी के मौसम भी
इक दिन तो बदलेंगे...

'यहाँ' की ही तरह *'जहाँ तुम ले चलो'* का एक गीत *'अठन्नी-सी ज़िन्दगी'* भी उनकी शब्दावली का एक अलग रंगत वाला गीत है, जिसे प्रचलित ढर्रे पर सुनने या पढ़े जाने की दरकार नहीं होनी चाहिए। हरिहरन की आवाज़ में विशाल भारद्वाज की कम्पोज़ीशन पर इस गीत को सुनना गुलज़ार को आधुनिक सन्दर्भों में समझने जैसा है। इस गीत की धुन को थोड़ा लाउड बनाते हुए, संगीतकार ने ऑर्केस्ट्रेशन में परकशन और की-बोर्ड का बेहतर इस्तेमाल किया है। बावजूद इसके किसी गीत के सन्दर्भ में ये बात पहली बार समझ में आती है कि धुन कहीं पीछे छूट गयी है और गीत के शब्द ज़्यादा अर्थपूर्ण ढंग से उभर आये हैं, जिन्हें श्रोता बार-बार सुनना चाहता है। मेरे कहने का मतलब यह है कि ये गीत लिरिक्स के स्तर पर इतना महत्त्वपूर्ण और गम्भीर है कि धुन की तरफ़ ध्यान कम जाता है, गीत के दार्शनिक अर्थ ज़्यादा खुलते हैं। आप भी इसका एक अंश पढ़िए और मुतासिर होइए–

कभी चाँद की तरह टपकी
कभी राह में पड़ी पाई
कभी छींक की तरह खनकी
कभी जेब से निकल आई
अठन्नी-सी ज़िन्दगी
ये ज़िन्दगी...

इस तरह के आशय जितने नये हैं, उतना ही उनका कहन का अन्दाज़ अनूठा है। 'सत्या', 'अक्स', 'सात ख़ून माफ़', 'गुरु', 'रावण', 'युवराज', 'यहाँ' और 'जहाँ तुम ले चलो' जैसी फ़िल्मों के ये गीत गुलज़ार की ऐसी ख़ूबसूरत देन हैं, जिनके कथ्य को उनकी अलग-सी चलन के सन्दर्भ में परखना बेहतर होगा। इस लिहाज़ से इन गीतों का अध्ययन इस सन्दर्भ में भी दिलचस्प है कि हम एक वरिष्ठ गीतकार को बदलते हुए दौर में उसकी शायरी के साथ दिन-दिन प्रासंगिक होता हुआ देख पाते हैं।

95

उनके कम प्रचलित गीतों पर बात करते हैं। यह आश्चर्य-भरा अध्ययन हो सकता है कि हम ऐसे गानों को परख सकें, जिनकी साहित्यिक गुणवत्ता और

बेहतर धुनों के बावजूद संगीतप्रेमियों का ध्यान उन पर कम गया। इसकी एक वजह यह भी समझ आती है कि गुलज़ार के लिखे और आमजन में प्रतिष्ठा पाये फ़िल्म गीतों की लिस्ट में कुछ गाने ऐसे रह गये हैं, जिनका ज़िक्र उतना नहीं हुआ, जिसके वे सर्वथा योग्य थे। अगर रेडियो, 'विविध भारती' के रूपक के हवाले से कहें, तो ऐसे गीत, गुलज़ार के फ़िल्मी करियर में 'छाया-गीत' की तरह आये और बिसरा दिये गये। हालाँकि 'विविध भारती' इन्हें जब-तब सुनवाता रहता है। ...और इनका कम सुना जाना भी कहीं दूसरे स्तर पर एक ऐसी रूमानियत पैदा करता है, जिसके लिए इन गीतों को फिर से सुनने और उनके संगीत के प्रील्यूड्स और इन्टरल्यूड्स को जानने की नये ढंग से ज़रूरत पड़ जाती है। गुलज़ार जैसे हरफ़नमौला कलाकार के सम्बन्ध में यह टिप्पणी इसलिए भी एक ज़रूरी सन्दर्भ बनती है, क्योंकि उम्र के नवासीवें पायदान पर पहुँचकर भी वे नये अभिनेता-अभिनेत्रियों के किरदारों के लिए ताज़गी-भरे गाने लगातार लिख रहे हैं।

ऐसी कम से कम दर्ज़न भर फ़िल्मों के गीत होंगे, जिन्हें आज तक वो मुक़ाम नहीं मिला, जो गुलज़ार के दूसरे गीतों को मिलता रहा है। इनमें 'भूल ना जाना' (अप्रदर्शित), 'प्रेम-पत्र' (1962), 'पूर्णिमा' (1965), 'बीबी और मकान' (1966), 'सन्नाटा' (1966), 'राहगीर' (1969), 'अनोखा दान' (1972), 'दूसरी सीता' (1974), 'शक़' (1976), 'गृह प्रवेश' (1979), 'रत्नदीप' (1979), 'बसेरा' (1981) और 'हिप-हिप हुर्रे' (1984) के नाम शामिल हैं। हालाँकि इन फ़िल्मों में भी एक-दो फ़िल्में ऐसी हैं, जिनका कोई एक गीत चर्चित हुआ, मगर बाक़ी के गीतों की चर्चा नहीं हुई। ये कहना चाहिए कि मुकम्मल तौर पर इन फ़िल्मों के गीतों को वो परवाज़ नहीं मिल सका, कारण जो भी रहे हों।

इस लिहाज़ से, 'भूल ना जाना' का ज़िक्र यहाँ सबसे पहले कर रहा हूँ, जो साठ के दशक की एक ऐसी फ़िल्म थी, जो शायद रिलीज़ ही नहीं हो सकी। इस फ़िल्म के संगीतकार राजस्थान की पृष्ठभूमि के दान सिंह थे, जिन्हें हिन्दी फ़िल्मों में बेहद कम अवसर मिले और 'माय लव' (1970) जैसी फ़िल्म में मुकेश द्वारा गवाये गये दो गीतों *'ज़िक्र होता है जब कयामत का/तेरे जलवों की बात होती है'* और *'वो तेरे प्यार का ग़म'* से चर्चित हुए। 'भूल ना जाना' में गुलज़ार का लिखा एक गीत ही मिलता है, जिसे मुकेश ने स्वर दिया था। *'पुकारो मुझे नाम लेकर पुकारो/मुझे तुमसे अपनी ख़बर मिल रही है'* जैसा मर्मस्पर्शी गीत अपनी लाजवाब शब्दावली और मासूम-सी गायिकी के बावजूद वैसा चर्चित नहीं हो सका। गीत की संरचना पर आयें, तो पता लगता है कि

सितार और बाँसुरी पर विकसित राग मिश्र भूपाली आधारित इस गाने की सुन्दर रूमानी धुन ने एक कामयाब कम्पोज़ीशन मुहैया करायी थी। हैरानी की एक बात यह भी है कि मुकेश के अधिकांश गीत सफल हुए और उन्हें बाद तक उनके फ़ैंस ने याद रखा। यह गीत मुकेश के कम याद किये जाने वाले गीतों में शुमार रहा है, तो इसकी एक सीधी वजह यह भी हो सकती है कि यह फ़िल्म प्रदर्शन का ही अवसर न पा सकी; जिसके चलते व्यापक दर्शक और श्रोता वर्ग तक गाने नहीं पहुँच सके।

हिन्दी सिनेमा के गीतों के इतिहास में गुलज़ार एक कामयाब गीतकार की तरह मौजूद रहे हैं, जिनके गीतों के बोलों को भी इबारत की तरह लोगों ने इस्तेमाल किया। सफलता और लोकप्रियता में उनकी गणना शकील बदायूँनी, साहिर लुधियानवी, मजरूह सुलतानपुरी, शैलेन्द्र और आनन्द बक्षी की तरह होती रही है। यह एक ऐसा दिलचस्प अध्ययन भी है कि हम सार्थक गीतकारों की इस सूची में से उनके कुछ ऐसे गीतों को निकालकर पढ़ सकें, जिनको लोकप्रियता कम मिली या वे सफलता के पायदान पर चढ़ने से पहले ही भुला दी गयीं। गुलज़ार की सूची में तो यह देखना राहत की बात है कि उनके लिखे कम ही गीत ऐसे हैं, जिन्हें भरपूर प्रशंसा नहीं मिली। कई बार कुछ नायाब कम्पोज़ीशंस भी न जाने क्यों बिसरा दी जाती हैं, समझ से परे है। इसमें मैं दो फ़िल्मों के गीतों को उदाहरण के तौर पर उल्लेख करना चाहूँगा, जिनके संगीतकारों ने भी उन्हें एक सार्थक धुन बनाने में अपना पूरा योगदान किया था। इनमें से पहला गीत 'अनोखा दान' फ़िल्म का है। इसे सलिल चौधरी ने अपनी ख़ास शैली में प्रयोगधर्मी संगीत की तरह रचा था– *'मद-भरी ये हवाएँ/पास आएँ/नाम लेकर मुझको ये बुलाएँ'*। प्रील्यूड से लेकर अन्त तक वेस्टर्न इंस्ट्रूमेंट्स के सहयोग से रचा गया गीत, जिसके हर एक शब्द पर नक्काशी की तरह धुन को सॉफ़्ट और लाउड करने के मनोरंजक खेल ने सलिल चौधरी की इस कम्पोज़ीशन को बेहद ख़ूबसूरत बनाया था।

एकबारगी देखने में भले ये गीत आसान लगता है, मगर लता जी, जिस तरह उतार-चढ़ाव और लोच के साथ इसे गाती हैं, उसकी नक़ल गा पाना या वर्ज़न गीत तैयार करना, मुश्किल काम है। ग़ौर से सुनने पर पता लगता है कि इसमें लता मंगेशकर ने गीत की हर पंक्ति में अलग-अलग शब्दों पर अनूठे ढंग से ऐसा स्वराघात किया है कि आप पूरी तरह धुन और बोलों के गुंजलक में फँसकर एक बेहतरीन कम्पोज़ीशन को गुनगुनाने लगते हैं। यह गाना, सलिल चौधरी, गुलज़ार और लता मंगेशकर के आपसी सहकार का जुनून

पैदा करने वाला गीत है, जिसे कम्पोज़ किये जाते समय वाद्यों के अरेंजमेंट पर अलग से बात होनी चाहिए। गुलज़ार का यह गीत फ़िल्म संगीत की दुनिया में एक मानक गीत की तरह शामिल है, अफ़सोस यह है कि न जाने क्यों इस पर बात न के बराबर हुई।

'अनोखा दान' के अलावा दूसरा उदाहरण बासु भट्टाचार्य निर्देशित फ़िल्म 'गृह प्रवेश' का है, जिसके संगीतकार कनु राय थे। स्तरीय संगीत देने वाले कनु राय के हिस्से भी कम ही फ़िल्में आयी हैं, मगर जितनी फ़िल्में उन्होंने की, सभी का संगीत मधुर और लीक से हटकर रहा। गुलज़ार के कम प्रचलित गीतों के सन्दर्भ में यहाँ एक केमेस्ट्री की बात भी करनी चाहिए, जो बासु भट्टाचार्य और गुलज़ार के बीच बनती है। दोनों ही बिमल रॉय स्कूल के स्टूडेंट रहे हैं, दोनों के सन्दर्भ में यह बात गम्भीरता से देखने और समझने वाली है कि जब भी एक टीम की तरह इन दोनों दिग्गज फ़िल्मकारों ने साथ में कोई काम किया है, तो वहाँ से पैदा होने वाली कला की स्तरीयता बिल्कुल अलग धरातल पर अपना मेयार खड़ा करती है। बासु भट्टाचार्य के साथ गुलज़ार की सिनेमाई यात्रा में तीन फ़िल्में जुड़ती हैं, जिनमें 'अनुभव' (1971), 'गृहप्रवेश' (1979) और 'आस्था' (1997) शुमार हैं। तीनों ही फ़िल्मों के गीतों को अगर गुलज़ार के सन्दर्भ में पढ़ा जाये, तो लगता है कि जैसे वे बेहद सुकून-भरी परिस्थिति में पड़कर गाने लिख रहे हैं। मानसिक धरातल पर एक जैसा सोचने की युक्ति, बासु भट्टाचार्य और गुलज़ार की दोस्ती में साफ़ नज़र आती है। शायद इसीलिए गुलज़ार इन फ़िल्मों में अपनी शायरी का सर्वश्रेष्ठ देते नज़र आते हैं। उन्हें बख़ूबी मालूम है कि सिनेमा को लेकर उनके अपने जो सरोकार रहे हैं, ठीक उसी धरातल पर कलात्मकता में भिन्नता रखते हुए कहीं बासु भट्टाचार्य उनकी बग़ल की सीट पर आकर बैठते हैं। यह अलग बात है कि दोनों की आपसी मैत्री से उपजी रचनात्मकता में बेहतरीन गीतों की आवाजाही होने के बावजूद, आम जनता के स्तर पर सराहना कम मिली है। इसमें से 'अनुभव' ही ऐसी फ़िल्म है, गुलज़ार के लिखे उसके दो गीत– *'मेरा दिल जो मेरा होता'* और *'मेरी जाँ मुझे जाँ न कहो, मेरी जाँ'* बेहद मशहूर हुए। इसी समय 'गृह-प्रवेश' प्रासंगिक बन जाती है, जिसके सारे गीत गुलज़ार लिखते हैं। यह जानना भी कम रोचक नहीं है कि इस फ़िल्म के संवाद भी उन्होंने ही लिखे थे।

'गृह-प्रवेश' का गुलज़ार का लिखा *'बोलिए सुरीली बोलियाँ'* शास्त्रीय रागदारी पर रचा गया ऐसा शानदार गीत है, जिसे गुलज़ार की किसी भी

राग आधारित स्तरीय कम्पोज़ीशन के बराबर रखकर देखा जा सकता है। भूपेन्द्र और सुलक्षणा पण्डित ने राग बिहाग की सुर-संगति पर यह गीत मधुरता से गाया है। इसकी बन्दिशनुमा उठान को भी पढ़ना चाहिए–

बोलिए सुरीली बोलियाँ, बोलिए सुरीली बोलियाँ
खट्टी-मीठी आँखों की रसीली बोलियाँ...

नमकीन आँखों की नशीली बोलियाँ
बोलिए सुरीली बोलियाँ, बोलिए सुरीली बोलियाँ...

मुझे इस गीत को सुनते हुए हमेशा इस बात का अफ़सोस होता है कि सार्थक शब्दों में रची गयी इस कविता पर इतनी कर्णप्रिय धुन बनाने और उसे बेहतर ढंग से गवाये जाने के बाद भी, इस गीत का खुलकर नोटिस क्यों नहीं लिया गया? गुलज़ार के राग आधारित अन्य गीतों, मसलन *'बीती न बिताई रैना'* (परिचय), *'अबके ना सावन बरसे'* (किनारा), *'बड़ी देर से मेघा बरसा हो रामा'* (नमकीन) और *'ना जिया लागे ना'* (आनन्द) जैसी ख्याति 'गृह प्रवेश' के इस गीत के हिस्से क्यों नहीं आयी? हालाँकि, फ़िल्म के आठों गीतों पर यह बात लागू होती है। इसी फ़िल्म का दूसरा गीत सुलक्षणा पण्डित की गायिकी का सार्थक उदाहरण है। रूमान और तारीफ़ का ये रेशमी गीत सुनते हुए जितना आनन्द देता है, उतना ही उसके बोल को पढ़ना भी रूमानियत के सबसे कोमल क्षणों को पकड़ने जैसा है। गुलज़ार की क़लम का ये गीत भी अलक्षित ही रहा है। यहाँ तक कि म्यूज़िक कम्पनियों द्वारा रिलीज़ किये गये उनके सर्वश्रेष्ठ गीतों वाले डिस्क, सीडीज़ पर भी इसकी आमद नहीं हो पायी। गीत की कुछ पंक्तियाँ पढ़नी चाहिए–

आप अगर आप न होते तो भला क्या होते
लोग कहते हैं के पत्थर के मसीहा होते

संगेमरमर के तराशे हुए चेहरे पे अगर
आपके हँसने का अन्दाज़ यही होता मगर
वो जो शरमा के झुका लेते हैं आप नज़र
ऐसे शरमाने पे हम कैसे न फ़िदा होते

आप अगर आप न होते तो भला क्या होते
लोग कहते हैं के पत्थर के मसीहा होते

प्रेमी की तारीफ़ में लिखे गये इस लव-सांग का हर एक अन्तरा शायरी की बुलन्दी छूता है। इस कम्पोज़ीशन की ख़ूबसूरत बात यह है कि कनु राय ने

संगीत के इन्टरल्यूड्स को संक्षिप्त रखते हुए शायरी को खिलने की मोहलत दी है। न जाने क्यों ये गाना कम सुना जाता है, मगर 'विविध भारती' ने 'छाया-गीत' कार्यक्रम में अकसर इसे सुनाकर यादों में ज़िन्दा रखा है। यह भी एक संयोग की ही बात है कि इसी ज़मीन से मिलता-जुलता तारीफ़ का एक दूसरा गीत गुलज़ार 'गृह-प्रवेश' के ठीक तीन साल बाद 1982 में शेखर कपूर की फ़िल्म 'मासूम' के लिए रचते हैं। *'हुज़ूर इस क़दर भी ना इतरा के चलिए/खुलेआम आँचल ना लहरा के चलिए'* कामयाब होता है और आर.डी. बर्मन की इस शानदार प्रस्तुति को आज तक याद किया जाता है।

'गृह-प्रवेश' के कुछ और गाने इसी तरह बिसरा दिये गये हैं, जिनकी न तो कविता कमज़ोर थी, न ही धुन में कोई कमी रही। उनमें चन्द्राणी मुखर्जी का गाया *'पहचान तो थी, पहचाना नहीं/मैंने अपने आप को जाना नहीं'*, भूपेन्द्र का *'ज़िन्दगी फूलों की नहीं/फूलों की तरह महकी रहे'*, येसुदास का गाया *'लोगों के घर में रहता हूँ/कब अपना कोई घर होगा'* और भूपेन्द्र का ही *'मचल कर जब भी आँखों से छलक जाते हैं दो आँसू'* को नये ढंग से याद करना और सुनना चाहिए। एक बेहतरीन गीतकार की शिनाख़्त इस तरह भी होती है कि उसके लिखे गीतों को दशकों बाद कोई सराहने वाला श्रोताओं का समाज मिलता है, जिसमें पुरानी लिखी इबारत भी नये ढंग से खिलकर सामने आ जाती है। पुरानेपन को नये और आधुनिक ढंग से देखने की तरकीब में उन ढेरों उदास गीतों को नये सन्दर्भ मिल सकते हैं, जिन्हें अनजाने ही समाज ने भुला दिया। यही बात बासु भट्टाचार्य की 'आस्था' के गीतों के साथ भी हुई है। शायरी के इतने विविधताभरे रेंज के साथ शारंग देव के एक्सपेरीमेंटल संगीत से सजी इस फ़िल्म की एक निर्मिति शानदार थी। विशेष तौर पर, *'तन पे लगती काँच की बूँदें'* और *'लबों से चूम लो/आँखों से थाम लो मुझको'* का स्मरण कीजिए, तो गीतों की ऊँचाई अपने आप ही उजागर होगी। *'लबों से चूम लो'* में तो बीच-बीच में गुलज़ार अपनी आवाज़ की उपस्थिति से धुन को एक दूसरे ही धरातल पर ले जाते हैं। यह फ़िल्म भी गीतों के मामले में हर दृष्टि से सार्थक होने के बावजूद, लोकप्रियता के पायदान पर पीछे ही रही। इसका नुक़सान गीत को तो हुआ ही; पार्श्वगायिका श्रीराधा बनर्जी को भी उनका पूरा हक़ नहीं मिल सका।

मुझे व्यक्तिगत तौर पर यह लगता है कि इस तरह की बात सिर्फ़ गुलज़ार के साथ ही नहीं हुई है, तमाम ऐसे बड़े कलाकारों का अनुभव रहा होगा कि उनकी बेहतर चीज़ों, प्रस्तुतियों और काम को समाज ने यूँ ही नज़रअन्दाज़

कर दिया। ...और इसमें किसी तरह की कोई साज़िश नहीं रही है, बल्कि उन चीज़ों को गहराई से देखने और समाज के सामने प्रस्तुत करने में ही शायद कोई चूक हुई हो। फ़िल्मी गीतों के उदाहरणों से ही यह बात पं. नरेन्द्र शर्मा, राजेन्द्र कृष्ण, साहिर लुधियानवी और शैलेन्द्र पर लागू होती है और लता मंगेशकर, मो. रफ़ी, मुकेश, किशोर कुमार जैसे पार्श्वगायकों पर भी। फिर भी कला की स्वायत्तता की यह सबसे बड़ी ख़ूबी है कि समय से निरपेक्ष रहकर कलाओं के उदाहरण अपनी राह बना ही लेते हैं। कोई साहित्यिक कृति उसके प्रकाशन के बरसों बाद प्रकाश में आती है, तो कई दफ़ा भुला दी गयी फ़िल्में एकाएक आधुनिक सन्दर्भों में अपने नैरेटिव के साथ जीवन्त हो उठती हैं। गुलज़ार के गीतों के माध्यम से इस बात को कुछ और फ़िल्मों में भी देखा जा सकता है। ख़ासतौर पर 'दूसरी सीता', 'सन्नाटा', 'रत्नदीप' और 'शक़' जैसी फ़िल्मों के गीतों के सन्दर्भ में...

आर.डी. बर्मन के संगीत की 'दूसरी सीता' का सिर्फ़ एक गीत *'दिन जा रहे हैं कि रातों के साए'* (लता मंगेशकर) ही चर्चित हुआ, मगर आशा भोसले की आवाज़ के दो उल्लेखनीय गीत *'तू जहाँ मिले मुझे वहीं मेरे दोनों जहाँ'* और *'आए रे आए रे नन्हे-मुन्ने राजा को निन्दिया सुलाए'* की चर्चा अब कहाँ होती है? पंचम-आशा-गुलज़ार की तिकड़ी के ये दोनों गीत सुनने लायक़ हैं। आशा भोसले अपनी मदमस्त आवाज़ में रूमानियत का एक खुला आकाश रचती हैं, जब आप *'तू जहाँ मिले मुझे'* सुनते हैं। आशा जी की आवाज़ इस तरह खुलती है, लगता है जैसे सुन्दर वादियों में खिले फूलों की लम्बी क़तारों की तरह गीत के बोल उत्सुक और प्रणय को आतुर हैं। ठीक इसी तर्ज़ पर 'रत्नदीप' फ़िल्म का कोमलता से गाया हुआ, *'ऐसा हो तो कैसा होगा'* भी गुलज़ार-पंचम और आशा भोसले की टीम का नायाब गीत है, जो बार-बार सुने जाने के लिए विवश करता है। इसी समय, जब हम गुलज़ार के लिखे गीतों में आशा जी की गायी कम प्रचलित कम्पोज़ीशंस की बात कर रहे हैं, तब 'सन्नाटा' फ़िल्म को ज़रूर ही याद करना चाहिए, जिसमें लता मंगेशकर के गाये *'ऐसा होता तो नहीं, ऐसा हो जाए अगर, तुम्हीं मिल जाओ'* और *'कोई बेचारा, दिल को खोकर खोज रहा है'* अपनी भाव-प्रवण गायिकी के बाद भी सुपरहिट गीतों की क़तार में शामिल होने से वंचित रहे। ऐसे में यह देखना फ़िल्म संगीत की लोकप्रियता के सन्दर्भ में भी ढेरों प्रश्न मन में कुरेदता है कि लता मंगेशकर और आशा भोसले की मौजूदगी, हेमन्त कुमार और आर. डी. बर्मन जैसे संगीतकारों का होना, गुलज़ार के गीतकार की क़लम से निकले

नायाब मोती—सब कुछ परफ़ेक्ट टीम कॉम्बीनेशन का मामला है; बावजूद इसके गीतों की सदाबहार उपस्थिति का मामला बनते-बनते रह जाता है।

कुछ युगल प्रणय-गीत भी इसी परम्परा के तहत कम सुने गये या लोकप्रियता के दायरे से बाहर रहे आये। इनमें बिमल रॉय प्रोडक्शन की 'प्रेम-पत्र' का सलिल चौधरी के सुरीले संगीत में रवीन्द्र संगीत पर आधारित *'सावन की रातों में ऐसा भी होता है/राही कोई भूला हुआ तूफ़ानों में खोया हुआ राह पे आ जाता है'* गीत शामिल है, जिसे लता मंगेशकर और तलत महमूद ने रेशमी एहसास के साथ गाया है। ऐसा ही उत्फुल्ल भाव से गाया गया एक युगल-गीत 'राहगीर' फ़िल्म का है, जिसे आशा भोसले और किशोर कुमार ने आवाज़ दी। यह गाना—*'बाबू घबड़ाते हैं, चोरी-चोरी आँखों से तीर चलाते हैं'* भी अनदेखा ही रह गया। 'पूर्णिमा' का *'हमसफ़र मेरे हमसफ़र, पंख तुम परवाज़ हम'* भी कर्णप्रिय होने के बावजूद, कभी भी उस तरह लव सांग्स की लिस्ट में पहली पंक्ति का गीत नहीं बन सका। हालाँकि इसे लता मंगेशकर और मुकेश ने पूरी कुशलता के साथ गाकर, गीत के बोलों से पूरी तरह न्याय किया है। डुएट सांग्स की लिस्ट में 'रत्नदीप' का आशा भोसले और किशोर कुमार का गाया *'कभी-कभी सपना लगता है'* जैसा ख़ूबसूरत गाना कम सुना गया। हालाँकि गुलज़ार की गीत-यात्रा में यह चन्द डुएट ही ऐसे हैं, जिनकी चर्चा कम हुई है। अधिकांश गीतों ने अपना एक बड़ा मुक़ाम रचा, जिनके अनूठे विमर्श हमेशा ही कुछ नया सन्दर्भ लेकर श्रोताओं और संगीत-प्रेमियों के सामने आते रहे। इन कुछ डुएट-सांग्स को रेखांकित करने के पीछे की मंशा बस इतनी है कि संगीत और शायरी के लिहाज़ से इनकी स्तरीयता किसी दूसरे सफल गीत से कम नहीं रही। इसलिए इनका चर्चित न होना, अखरता है। यह अलग बात है कि बहुत सारे ऐसे प्रशंसक आज आधुनिक समय में इन गीतों को उस दौर से निकालकर सुन और सराह रहे हैं।

यही सराहने की बात अब नये ढंग से उन कम्पोज़ीशंस की होने लगी है, जिन्हें आज से पहले इतनी तवज्जो नहीं मिली। इनमें कुछ अनसुनी आवाज़ें भी शामिल रही हैं, तो अधिकतर वे स्थापित आवाज़ें भी; जिनसे पार्श्वगायन की दुनिया हसीन बनती है। ऐसे उदाहरणों में बरबस याद आने वाला गीत है—लता मंगेशकर की आवाज़ में *'मितवा रे, भूल गये थे राहें'* ('राहगीर', संगीत : हेमन्त कुमार), जिसमें कोरस का अन्दाज़ गाने का सौन्दर्य बढ़ाता जाता है। इसी फ़िल्म का लता का ही कोरस के साथ गाया हुआ *'बैरी आँचल पग-पग उरझे हमार/तनी उँगरी पकड़ लो सँवरिया हमार'* तो शायद ही किसी

को याद हो। इसकी देशज बोली का उन्मुक्त शृंगार देखने लायक़ है। अफ़सोस कि दोनों ही गाने गुलज़ार की शानदार प्ले-लिस्ट का ज़रूरी हिस्सा नहीं बन सके। इसी क्रम में लता मंगेशकर की ही आवाज़ का एक और गीत 'सन्नाटा' (संगीत : हेमन्त कुमार) का याद आता है, जिसके बोल हैं– *'बस एक चुप-सी लगी है, नहीं उदास नहीं'*। ...'बीबी और मकान' के लगभग सारे गाने भी इसी तरह नज़रअन्दाज़ रहे आये। कभी-कभी पिछले वर्षों में इस फ़िल्म का कोई गीत रेडियो पर सुनायी पड़ भी जाता था, पर आजकल तो जैसे इसके लांग प्ले रेकॉर्ड को ही रेडियो ने भुला दिया है। इस फ़िल्म के गीतों में, *'सावन में बरखा सताए'* (हेमन्त कुमार), *'रहने को घर दो'* (मन्ना डे), *'दुनिया में दो सयाने, एक झूठ है एक सच है'* (मन्ना डे, हेमन्त कुमार, जयन्त मुखर्जी और अन्य) याद रह जाने वाले गीत थे। अलग से लता मंगेशकर और आशा भोसले की आवाज़ में गाया हुआ *'दबे लबों से कभी तो कोई सलाम ले ले'* मधुर कम्पोज़ीशन रही है, जिसे लता-आशा के सदाबहार पॉपुलर डुएट्स की लिस्ट में रखा जा सकता है। आप इस गीत को सुनकर कुछ वैसा अन्दाज़ पा सकते हैं, जैसे लक्ष्मीकान्त-प्यारेलाल, लता मंगेशकर-आशा भोसले की युगल आवाज़ में ढेरों डांस नम्बर बनाते थे। इस गीत को यहाँ हेमन्त कुमार ने संगीतबद्ध किया था, जो कर्णप्रिय होने के साथ हिट होने की सारी अर्हता रखता है।

इसी समय कुछ और अदेखी रह गयीं कम्पोज़ीशंस को भी याद कर लेना चाहिए, जो गुलज़ार मुहावरे की सुन्दर बानगियाँ हैं। इनमें 'शक़' (संगीत : वसन्त देसाई) का राग कल्याणी पर आधारित– *'दो नैनों के पंख लगाकर, मन पाखी उड़ जाए/हाथ छुड़ाकर दूर चला है, दूर से पास बुलाए'* विशेष तौर पर रेखांकित किये जाने योग्य है। इसे कुमारी फ़ैयाज़ ने गाया था। गायिकी का कुछ-कुछ शास्त्रीय अन्दाज़ जिसमें ग़ज़ल जैसी गम्भीरता भी मौजूद है, इसे उल्लेखनीय बनाता है। इसी तरह, 'बसेरा' (संगीत : आर.डी. बर्मन) का लता मंगेशकर की आवाज़ में *'साँवरे सुनाओ बाँसुरी'* और *'हिप हिप हुर्रे'* (संगीत : वनराज भाटिया) का *'एक सुबह एक मोड़ पर'* को भी यहाँ शामिल करना चाहिए, जिसे आज कोई जल्दी याद नहीं करता। लगभग छब्बीस साल पुरानी फ़िल्म 'दायरा' (संगीत : आनन्द मिलिन्द) का *'पलकों पे चलते-चलते जब उँघने लगती हैं'* को येसुदास ने कलात्मक ढंग की अभिव्यक्ति दी है। यह गीत उनके मौलिक शिल्प की सुन्दर अदायगी के फेर में सुनना लुभाता है। यह सब गीत कम सुने जाते हैं, तो आश्चर्य होता है कि पसन्द और नापसन्द का वह

कौन-सा व्याकरण है, जिसके चलते नायाब धुनें भी रिजेक्ट हो जाती हैं और उतनी ही बाकमाल शायरी को लोग यूँ ही बिसरा देते हैं।

हाल के कुछ वर्षों में भी गुलज़ार के लिखे कुछ अन्य गीत भी पुराने दौर की तरह समकालीन अर्थों में कम सुने गये जान पड़ते हैं। इनके बारे में जानकर हैरत होती है कि आज के इतने प्रचार-प्रसार के युग में, जब डिजिटल माध्यम के द्वारा ढेरों संगीत के चैनल उपलब्ध हैं, आप किसी भी साइट पर जाकर अपने पसन्द का गाना डाउनलोड कर सकते हैं, इन सब सहूलियतों के बावजूद इधर के गाने भी प्रसिद्धि पाने में कम कामयाब रहे। इनमें 'रेनकोट' (2004) का *'पिया तोरा कैसा अभिमान'*, 'मक़बूल' (2004) का *'रेत उड़ावे रे नैना रूखे'*, 'जानेमन' (2006) का *'हमको मालूम है इश्क़ मासूम है/दिल से हो जाती हैं .ग़लतियाँ'*, 'दस तोला' (2010) का *'जी न जलइयो, जलइयो न रसिया/जिया में जान बसी है रे'*, 'तीन पत्ती' (2010) का *'थोड़ा-थोड़ा सवाब है/थोड़ा-थोड़ा गुनाह है'*, *'क्या दिल्ली क्या लाहौर'* (2014) का *'जो दिखते हो/वो लगते नहीं/जो लगते हो तुम/हो तो नहीं'*, 'पटाखा' (2018) का *'भिड़े रे भिड़े नैना/नैना बंजारे'* याद किये जा सकते हैं। पुराने दौर की क्लासिक 'पतंगा' (1949, संगीतकार : सी. रामचन्द्र) के मशहूर गीत *'मेरे पिया गये रंगून/किया है वहाँ से टेलीफ़ून'* की तर्ज़ पर विशाल भारद्वाज की फ़िल्म 'रंगून' (2017) के लिए लिखा गया–

मेरे मियाँ गये इंग्लैण्ड
बजा के बैण्ड
न जाने कहाँ करेंगे लैण्ड
के हिटलर चौंके न

को गुलज़ार ने क्राफ़्ट की दृष्टि से एक सुन्दर प्रयोग दिया है। फ़ोक का नया रंग लिये हुए 'वीर' (2010) का *'पवन उड़ावें बतियाँ.../कान्हा, बैरन हुई बाँसुरी'* सुनने लायक़ गीत है। इन दोनों ही गीतों को रेखा भारद्वाज ने पूरी मस्ती के साथ गाकर कर्णप्रिय बनाया है, फिर भी ये गीत आम ज़ुबान पर उस तरह नहीं चढ़ सके, जिस तरह गुलज़ार के उस दौर के गीत, आधुनिक समय में भी नयेपन का एहसास जगाते हुए वायरल होते रहे हैं। एक उदाहरण, 'डेढ़ इश्क़िया' (2014) का *'हमरी अटरिया पे आ जा रे साँवरिया'* ही गुलज़ार की लोकप्रियता बताने के लिए काफ़ी है।

जगजीत सिंह और विशाल भारद्वाज की आवाज़ में दो गीत ऐसे हैं, जिनके

ज़िक्र के बग़ैर, कम सुनी गयीं बेहतरीन कम्पोज़ीशंस की बात अधूरी ही रहेगी। इन दो गीतों के हवाले से यह बात भी उजागर होती है कि कई बार मेहनत और रचनात्मकता भी अपना सर्वश्रेष्ठ देने के बाद उस तरह पब्लिक मेमोरी में दर्ज नहीं हो पाती, जिसकी वो हक़दार है। हालाँकि इन गीतों के साथ एक दिलचस्प बात यह जुड़ी हुई है कि इन दोनों गीतों को अलग-अलग, जगजीत सिंह और विशाल भारद्वाज के प्रशंसक पूरी शिद्दत से याद करते हैं। फिर भी इसी गीत को सार्वजनिक ढंग से सराहने का जो मामला बनता है, उनमें यह कहीं चूक जाते हैं। मैं इस समय 'लीला' (2002) के *'जाग के काटी सारी रैना'* (जगजीत सिंह) और 'स्ट्राइकर' (2010) के *'और फिर यूँ हुआ'* की चर्चा कर रहा हूँ। इस गीत की शब्दावली भी गुलज़ार अपने ही अनूठे क्राफ़्ट में रचकर दुनिया के सामने रखते हैं–

और फिर यूँ हुआ
एक रात ख़्वाब ने जगा दिया

फिर यूँ हुआ, चाँद की वो डली घुल गयी
और यूँ हुआ, ख़्वाब की वो लड़ी खुल गयी
चलती रही बेनूरिया
जलते रहे अँधेरों की रौशनी के तले
फिर नहीं सो सके, एक सदी के लिए, हम दिलजले

विशाल भारद्वाज ने इस गीत की पोएटिक सेंसिबिलिटी को बरक़रार रखते हुए उतनी ही कोमलता और आवेग के साथ इसे कम्पोज़ किया है। हैरानी इस बात पर है कि एक बेहतरीन गीत लोगों की ज़ुबान पर चढ़ने से पहले ही भुला दिया गया। आज शायद ही कोई 'स्ट्राइकर' के इस गीत की चर्चा करता हो, मेरी जानकारी में नहीं है। इसी तरह, जगजीत सिंह के फ़ैंस 'लीला' की कम्पोज़ीशन को अपने सीने से लगाये फिरते हैं। यह भी एक संयोग है कि 'स्ट्राइकर' के गीत की तरह ही यह गीत भी कम्पोज़र ने ही रचा और गाया है। संगीतकार ख़य्याम द्वारा संगीतबद्ध मीर तक़ी 'मीर' की ग़ज़ल *'उलटी हो गयीं सब तदबीरें/कुछ न दवा ने काम किया'* की ज़मीन और तर्ज़ पर यह रचना तराशी गयी है, जिसे बेगम अख़्तर साहिबा ने गाकर अमर बनाया है। जगजीत सिंह इस ग़ज़ल की तर्ज़ को ही नये ढंग से फ़िल्म के लिए इम्प्रोवाइज़ करते हैं और ख़य्याम की तरह ही, उसी डिटेलिंग के साथ विकसित करते हैं। इन दोनों ही गीतों की धुन, जिसे जगजीत सिंह और ख़य्याम का हुनर मिला है, शास्त्रीय संगीत की आभा लिए हुए है, जिन पर राग छायानट और नन्द

की छाया पड़ने का आभास दिखाई देता है। गुलज़ार की लिखी शायरी भी उसके मुखड़े और अन्तरे के साथ समझी जा सकती है—

जाग के काटी सारी रैना
नैनों में कल ओस गिरी थी
प्रेम की अगनी बुझती नहीं है
बहती नदिया रुकती नहीं है
सागर तक बहते दो नैना
जाग के काटी सारी रैना...

अलक्षित रह आये फ़िल्म गीतों के इस आकलन को इसी सन्दर्भ में परखना और जाँचना चाहिए कि तमाम सारी निपुणता के बावजूद कुछ चीज़ें अपनी स्वीकार्यता में कलाओं के मंच पर वहाँ खड़ी रह जाती हैं, जहाँ पर्याप्त रोशनी नहीं पड़ती। कुछ छाया और कुछ प्रकाश के बीच अपना उजाला टटोलती ऐसी ढेरों चीज़ें अपने अनूठेपन में कामयाब रहती हैं, यह अलग बात है कि उनका लोकप्रिय होना, बचा रह जाता है। फिर भी 'छाया-गीत' के आँगन में रहकर भी अपनी प्रखरता से दीप्त इन कम्पोजीशंस का फ़िल्म संगीत इतिहास में हमेशा से स्थायी महत्त्व का रहा है। इन गीतों के लिए अंग्रेज़ी के महान कवि जॉन कीट्स की ये पंक्तियाँ सटीक लगती हैं— Heard melodies are sweet, but those unheard are sweeter. (सुने हुए गीत मधुर होते हैं, लेकिन अनसुने मधुरतम।)।

96

गुलज़ार की प्रतिभा में ढेरों वे चीज़ें भी शामिल रही हैं, जिनका सीधा-सा वास्ता उनकी शायरी, गीत-लेखन और फ़िल्म निर्देशन से नहीं रहा है। एक तरह से वे ऐसे हरफ़नमौला कलाकार हैं, जो ढेरों चीज़ों को एक साथ साधते हुए आनन्दित होते हैं। गुलज़ार का यह कैटलॉग भी बेशक़ीमती है। इन कामों पर तफ़्सील से अगर बात की जाये, तो एक पूरी किताब अलग से लिखी जा सकती है। उनकी ज़िन्दगी की किताब में इन बातों का उल्लेख आना भी ज़रूरी है, जिससे उनकी कई स्तरों पर चलने वाली रचनात्मकता का ब्यौरा इकट्ठा किया जा सके।

गुलज़ार ने एक दौर में दूरदर्शन के लिए 'मिर्ज़ा ग़ालिब', 'तहरीर मुंशी प्रेमचन्द की' और 'किरदार' नाम के तीन कामयाब सीरियल बनाये। जब भारत में डिज़िटल माध्यम का आगमन नहीं हुआ था और हफ़्ते भर चौबीसों घण्टे

विभिन्न चैनलों के माध्यम से मनोरंजन परोसने की रवायत शुरू नहीं हुई थी, उस दौर में गुलज़ार ऐसे शानदार धारावाहिकों के साथ आम जनता से जुड़े हुए थे। फ़िल्मों के लिए उनके मुरीद ये बात शायद ही जानते हों कि वे एक शानदार अनुवादक भी हैं। दुनिया भर की कविता से जुड़े हुए गुलज़ार जिन कवियों को अपने लिए प्रेरक पाते हैं, उनका अनुवाद करना उन्हें दुनिया का सबसे ख़ूबसूरत काम लगता है। गुलज़ार ने रवीन्द्रनाथ टैगोर की कविताओं के अनुवाद के अलावा मराठी के वरिष्ठ कवि कुसुमाग्रज की कविताओं के अनुवाद के साथ पूर्व राष्ट्रपति ए.पी.जे. अब्दुल कलाम की आत्मकथा का 'परवाज़' नाम से न सिर्फ़ तर्जुमा किया, बल्कि उसकी एक ऑडियो बुक भी प्रकाशित की। कुछ वर्ष पूर्व हार्पर कॉलिंस से देश भर के कवियों के अलावा पाकिस्तान, बांग्लादेश, श्रीलंका और नेपाल के कुछ महत्त्वपूर्ण कवियों की कविताओं से चुनकर उन्होंने एक संचयन अनुवादित व सम्पादित किया, जिसका शीर्षक है 'अ पोएम : अ डे'। इसमें तीन सौ पैंसठ दिनों के हिसाब से प्रत्येक दिन एक कविता को समर्पित है। इस तरह दो सौ उन्यासी कवियों और चौंतीस भाषाओं के कवि यहाँ शामिल हैं। इस काम को करते हुए गुलज़ार को नौ सालों का वक़्त लगा। इस संचयन के सन्दर्भ में गुलज़ार के बारे में यह आसानी से कहा जा सकता है कि वे अपनी रचनात्मकता को हर दिन प्रासंगिक बनाते हैं और विचार के स्तर पर आधुनिक बने हुए हैं।

गुलज़ार के पसन्दीदा कामों में एक काम वह भी है, जो उनकी आवाज़ और प्रस्तुतियों में नॉन फ़िल्म म्यूज़िक एल्बमों का रहा है। अपने समय के महत्त्वपूर्ण गायकों, संगीतकारों के साथ गुलज़ार ऐसे ढेरों अनूठे म्यूज़िक एल्बम लेकर आये, जिनकी सफलता ही इस बात पर निर्भर करती रही कि उनकी प्रस्तुति गुलज़ार ने की है। मुकम्मल तौर पर सबसे पहले सन् 1979 में पार्श्वगायक भूपेन्द्र के साथ *'वो जो शायर था'* एल्बम आया, हालाँकि 1967 में 'हेमन्त कुमार के गीत' शीर्षक से एक एल्बम पार्श्वगायक हेमन्त कुमार के साथ जारी हो चुका था। ग़ौर से देखा जाये, तो ऐसे एल्बमों का एक बड़ा कामयाब सफ़र 1987 में उनकी नज़्मों के एल्बम 'दिल पड़ोसी है' से शुरू हुआ, जिसे उनके सबसे पक्के मित्र आर.डी. बर्मन ने कम्पोज़ किया और आशा भोसले ने आवाज़ दी। उसके बाद तो यह सिलसिला दर्ज़नों एल्बमों से होते हुए एक सलोनी यात्रा करता रहा, जिनमें याद किये जाने वाले एल्बमों में भूपेन हज़ारिका के साथ 'मैं और मेरा साया' (1992), जगजीत सिंह के साथ 'मरासिम' (1999) और 'कोई बात चले' (2006), भूपेन्द्र, चित्रा और विशाल के साथ 'सनसेट प्वाइंट' (2000) और ग़ुलाम अली के साथ 'विसाल' (2001) प्रमुख तौर पर सामने आये।

अमृता प्रीतम की नज़्मों का बेहद संवेदनशील और सारगर्भित रेकॉर्ड 'अमृता प्रीतम' (2007) में जारी हुआ। एक समय उन्होंने पाकिस्तान की सूफ़ी गायिका आबिदा परवीन के साथ 'आबिदा सिंग्स कबीर' (2003) जैसी अद्भुत सीडी तैयार की, जिसकी गूँजें आज भी हर एक संगीतप्रेमी के दिलों में मौजूद हैं। इसी तरह, विशाल और सुरेश वाडकर के साथ 'बरसे-बरसे' जैसा नायाब एल्बम गुलज़ार के चाहने वालों को 2011 में हासिल हुआ।

भूपेन्द्र के साथ 'चाँद परोसा है' (2008) और 'सुरमई रात' (2013) के अलावा 'अकसर' (2012) भूपेन्द्र और मिताली के साथ के संयुक्त एल्बम हैं, जो इन तीनों की दोस्ती की दुर्लभ बानगियाँ हैं। गुलज़ार अपने दोस्तों को बड़े एहतराम के साथ जीवन के किसी ख़ूबसूरत पोर्ट्रेट में फ्रेम करके रखते हैं। भूपेन्द्र और मिताली के साथ बनाये गये इन एल्बमों के पीछे यही तर्क काम करता रहा है। यही बात रेखा और विशाल भारद्वाज पर भी लागू होती है। इन दोनों के साथ का उनका काम 'इश्क़ा-इश्क़ा' (2002) उनके बेहद प्रचलित एल्बमों में से माना जाता है। गुलज़ार ने टैगोर की कविताओं का जो अनुवाद किया, उसकी सांगीतिक प्रस्तुति का एक बेहतरीन म्यूज़िक एल्बम 'गुलज़ार इन कन्वर्सेशन विद टैगोर' उन्होंने 2016 में संगीतकार शान्तनु मोइत्रा, पार्श्वगायक शान और पार्श्वगायिका श्रेया घोषाल के साथ तैयार किया, जिसे बड़ी सराहना मिली। शान्तनु मोइत्रा ने इसी साल गुलज़ार के साथ टैगोर की बच्चों के लिए लिखी कविताओं का एक एल्बम 'तापुर-तुपुर' अलग से कम्पोज़ और जारी किया। इतना ही नहीं, गुलज़ार के खाते में शास्त्रीय संगीत के दो दिग्गज कलाकारों के जीवन और कला पर एकाग्र डॉक्यूमेंट्री बनाने का श्रेय भी जुड़ा हुआ है, जिनमें दोनों ही डॉक्यूमेंट्रीज़ को सर्वश्रेष्ठ डॉक्यूमेंट्री के 'राष्ट्रीय फ़िल्म पुरस्कार' मिले हैं। इनमें सरोद वादक उस्ताद अमजद अली ख़ाँ पर 1990 और पण्डित भीमसेन जोशी पर 1992 में डॉक्यूमेंट्री बनायी गयीं।

गुलज़ार कॉमनवेल्थ गेम्स के लिए प्रेरणा का गीत *'दिल्ली चलें, चलना है, चल-चल, दिल्ली चलें'* रचते हैं, जिसकी धुन संगीतकार शंकर-एहसान-लॉय ने बनायी थी। उन्होंने रूप कुमार राठौर के साथ *'जन-गण वन्दे'* जैसा प्रेरणा का गीत तैयार किया। बच्चों के लिए कविताएँ, गीत और कहानियाँ लिखते हुए उनका मन सबसे ज़्यादा रमता है। उन्होंने अपनी बेटी बोस्की के लिए जो किताबें लिखीं, वो उनकी बेटी के बचपन के दौर के बच्चों के लिए आज एक बड़ी थाती जैसी हो गयी हैं। कुछ साल पहले अपने नाती समय के लिए

लिखी गयीं कविताओं, कहानियों और गीतों की किताब 'समय का खटोला' भी उसी परम्परा की नयी नुमाइन्दगी की तरह देखी जा सकती है। उनके बारे में अचरज से भरकर यह कहा जा सकता है कि वे शब्दों की दुनिया के ऐसे जादूगर या सेंटा क्लॉज़ हैं, जिनकी पोटली में दुनिया-जहान को लुभाने के ढेरों सामान मौजूद हैं।

97

जिस तरह शास्त्रीय गायकों के पास काल को काटने वाली कैंची होती है, जिससे वे अकसर अपने गायन के समय काम लेते हैं। श्रोताओं को उनके वर्तमान से काटकर, किसी दिव्य समय में थोड़ी देर के लिए प्रतिष्ठित करने के लिए...उसी तर्ज़ पर शायरों के पास एक ऐसी निराली सुई होती है, जिससे वे दो कालावधि को अपने शब्दों के धागे से सिलकर जोड़ देते हैं। एक ऐसी तगाई, जिसमें सीवन खुलती दिखाई नहीं देती, मगर इस बात की पहचान छोड़ देती है, यहाँ से एक अदीब ने संशयों को परे रखते हुए एक विचार की तरह दो अलग-अलग परिदृश्यों, दो भिन्न कालखण्डों और दो अनजानी स्थितियों को आपस में जोड़कर एक कर दिया है।

ऐसा करते हुए एक शायर या शास्त्रीय गायक उस धरातल पर जाकर एक मन्थर रुकावट पैदा करते हैं, जिसकी ज़मीन पर खड़े होकर उनकी कलाओं का आदिम सच देखा जा सकता है। गुलज़ार अगर ख़ुद को एक जुलाहा कहते हैं, तो यह अकारण नहीं है। सिर्फ़ कबीर ही नहीं थे, जिनकी ताना-भरनी ने समाज को चेताने और नैतिक होने की पदावलियाँ सुलभ करायीं। यह गुलज़ार भी हो सकते हैं, जिनकी क़लम की सुई से ढेरों लोगों को ख़ुद की नैतिकता अर्जित करने की शक्ति मिलती है। हम अगर वर्तमान को जीते हुए किसी कविता के बिम्ब या आशय से ज़िन्दगी को उम्मीद के रंग से रँगते हैं, तो यह बहुत सम्भव है कि कोई शास्त्रीय गायक या अदीब फ़नकार समय के ख़ालीपन को भरते हुए एक नयी चादर सिलता हो। *'ज्यों की त्यों धर दीनी चदरिया'* वाली तरकीब की तरह शाश्वत के साथ खेला जाने वाला खेल तो हर युग में जारी रहता है। गुलज़ार के यहाँ वो अपनी इबारत बदलकर यह कहता हुआ आपसे मिलता है—

अकसर तुझको देखा है कि ताना बुनते
जब कोई तागा टूट गया या ख़त्म हुआ
फिर से बाँध के

और सिरा कोई जोड़ के उसमें
आगे बुनने लगते हो
तेरे इस ताने में लेकिन
इक भी गाँठ गिरह बुनतर की
देख नहीं सकता है कोई... ।

98

मुसाफ़िर हूँ यारो
न घर है न ठिकाना
मुझे चलते जाना है
बस चलते जाना

(परिचय)

गुलज़ार की कविता लगता है जैसे एक लम्बे सफ़र पर निकली हुई है। इस यात्रा में ख़ुद कवि को नहीं मालूम है कि अगला क़दम जिस रास्ते पर होगा और रात का बसेरा आख़िर किस शहर या गाँव में जाकर लेना पड़ेगा? ऐसी बिखरी हुई यात्रा से गुज़रती गुलज़ार की कविता एक ऐसे न ख़त्म होने वाले सफ़र का मामला भी है, जिसकी लम्बी सड़कों पर पता ही नहीं लगता कि कब आसपास के वातावरण से एक व्यक्तिगत रिश्ता-सा बन गया। कविता और शायरी की इन पेंचदार और रोमांचक यात्राओं में अकसर यह भी होता है कि कब गर्मजोशी का सिरा पीछे छूटता जाता है और एक नयी अनजान दुनिया में पहुँचकर कुछ नये सम्बन्ध बनते जाते हैं।

दरअसल गुलज़ार जैसे संवेदनशील कवि की काव्य-यात्रा, एक ख़ानाबदोश शायर की यात्रा है, जहाँ सफ़र में आगे बढ़ते हुए पीछे मुड़कर जज़्बात और रिश्तों के सुई-धागे समेटने पड़ते हैं। इस रहगुज़र में गुलज़ार प्रकृति से ख़ुद को जोड़ते हुए चलते हैं और उससे वैसा ही रिश्ता क़ायम करते हैं, जैसा कि इंसानी सम्बन्धों के बीच सम्भव होता है। इसी कारण उनकी कविता में मानवीकरण के विपुल प्रयोग दिखाई पड़ते हैं। उनके यहाँ धूप का टुकड़ा भी इंसानी जज़्बात से भरा हुआ है और बादलों की एक छोटी क़नात भी ढेरों मानवीय संवेदनाएँ लिये हुए कभी भी आपके कमरे में घुस सकती है। इसी कारण उनकी ज़्यादातर कविताएँ, वास्तविकता के धरातल पर उदात्त मानवीय संवेदनाओं की रोचक बानगियाँ बनती हैं। वहाँ पूरी कायनात, नदी-झरने, समुद्र-पहाड़ और फूल-पौधे जीवन का दायरा विस्तृत करने के हक़ के साथ मौजूद मिलते हैं। 'दो परिन्दे' कविता का विन्यास इसी आशय के तहत देखना चाहिए—

टुकड़ा इक धूप का जिस खिड़की से आया था, उसी खिड़की
से वापस जाकर
काँच पे ठहर गया...
मुड़के फिर जायज़ा कमरे का लिया,
और आहिस्ता से जाकर,
लॉन में सहमे हुए एक परिन्दे की तरह बैठ गया...

धूप जो यहाँ परिन्दे की मानिन्द साँस लेने लगी है, इतनी मानवीय बन जाती है कि बाक़ी के ढेरों अन्य प्रकृति से उठाये हुए रूपक भी इंसानी किरदारों की तरह व्यवहार करने लगते हैं। जैसे, बहते हुए दरिया का इतना मौलिक मानवीकरण हिन्दी या उर्दू की नयी कविता में जल्दी दिखाई नहीं देता। यह कविता बहुत मशहूर है, फिर भी शुरुआत की कुछ पंक्तियाँ यहाँ प्रस्तुत हैं–

मुँह ही मुँह कुछ बुड़बुड़ करता, बहता रहता है दरिया
छोटी-छोटी ख़्वाहिशें हैं कुछ उसके दिल में...
रेत पे रेंगते-रेंगते सारी उम्र कटी है,
पुल पर चढ़ के बहने की ख़्वाहिश है दिल में!

खुद गुलज़ार यह नज़्म लिखते हुए कहते हैं कि इस तरह की कविता लिखने से पहले नदी की आवाज़ को समझना पड़ता है। इस आवाज़ को समझते हुए पूरी दृश्यावली में नदी का जो चरित्र वे रचते हैं, वह उस माशूक़ की फ़ितरत से मिलता-जुलता है, जिसने एक बार अपने ही पानियों में एक लड़की का चेहरा देख लिया था। गुलज़ार ऐसी कविताओं को बहुत तबीयत से बरतते हैं, जहाँ नये-नये मेटाफ़र प्रकृति और इंसान के बीच सामंजस्य बनाते हुए दिखाई पड़ते हैं। 'चलो इन बादलों की सारी परतें छील कर देखें', 'एक नदी की बात सुनी', 'पहाड़ों से बिछड़ के लौटता हूँ तो', 'ख़िज़ाँ दरवाज़े के बाहर खड़ी थी', 'दाग़दार, चितकबरी सुबह निकली', 'धूप की उँगलियाँ जब शाखों से छनकर', 'इतना लम्बा होगा झरना', 'तेरे उतारे हुए दिन टँगे हैं लॉन में अब तक', 'इक पीपल था', 'बारिश होती है जब', 'सर्दी थी और कोहरा था' और 'फ़िज़ाँ ये बूढ़ी लगती है' जैसी अनगिनत कविताएँ गुलज़ार का प्रकृति से तादात्म्य उस अर्थ में सम्भव करती हैं, जिस अर्थ में सूफ़ी लोग दूसरी दुनिया के प्राणियों के साथ एक समावेशी भाव रचते हुए अपना सम्बन्ध पानी में फूल की तरह विकसित करते हैं। एक भरोसेमन्द, आत्मीय और लार्जर देन लाइफ़ रिलेशन की तरह...

कविता की हर चीज़ इसी कारण गुलज़ार के यहाँ आसमान में बादल बनकर उड़ जाती है, पानी में रंग की तरह घुल जाती है और ज़मीन पर फूल और पत्तियों की ढेरों रंगतों और हरियाली में चारों तरफ़ पसर जाती है। ...और इतना ही नहीं, एक दानिशमन्द फ़क़ीर की तरह हिदायत देते हुए कविता को बड़े मानवीय परिप्रेक्ष्य में विस्तृत कर देती है। कविता के एक छोटे से उदाहरण से यह बात और भी बेहतर ढंग से समझी जा सकती है—

पतझड़ में जब पत्ते गिरने लगते हैं
क्या कहते होंगे शाख़ों से?

हम तो अपना मौसम जी कर जाते हैं
तुम ख़ुश रहना—
तुम को तो हर मौसम की औलादें पाल के
रुख़्सत करनी होंगी

(पतझड़ में जब पत्ते गिरने लगते हैं...)

99

मिर्ज़ा ग़ालिब सीरियल के लिए जब गुलज़ार ने ग़ालिब की मुख्य आवाज़ के रूप में ग़ज़ल गायक जगजीत सिंह का नाम तय किया, तो इस पर हैरानी व्यक्त की गयी थी कि मिर्ज़ा ग़ालिब और जगजीत सिंह? इस सीरियल में उनके सहायक के रूप में काम कर रहे सलीम आरिफ़ ने भी मुझे बातचीत में यह बताया था कि जब उन्हें यह बात पता चली थी, तो उनको अजीब लगा कि क्या सोचकर गुलज़ार साहब ने उनका नाम तय किया है। गुलज़ार, अपनी बात पर मुतमईन थे कि अगर कोई ग़ालिब के गम्भीर और वज़नदार शेरों के साथ न्याय कर सकता है, तो उस वक़्त सिर्फ़ जगजीत सिंह ही थे। उस पर क़यामत की तरह एक बात ये भी हुई कि गुलज़ार ने इस पूरे सीरियल की संगीत परियोजना को बहुत जटिल बनाया हुआ था। जगजीत सिंह पर 'बात निकलेगी तो फिर' जैसे किताब लिखने वाली चर्चित पत्रकार सत्या सरन गुलज़ार साहब के हवाले से यह बात रखती हैं—'मैंने जगजीत को ऐसा कोई भी साज़ इस्तेमाल नहीं करने दिया, जो उस दौर में मौजूद नहीं था और जिसकी वजह से हमारे बीच बहसें हो जाया करती थीं। जगजीत सिंह कहते—'धुन तैयार करने के लिए आज़ादी कहाँ है?' वे अपने इलेक्ट्रॉनिक्स को छोड़ने के लिए एकदम तैयार नहीं थे।'

इन सब बातों से अलग एक महत्त्वपूर्ण चीज़ यह भी फ़िज़ा में शामिल थी कि जगजीत सिंह से पहले मिर्ज़ा ग़ालिब को बहुत सारे उस्तादों ने शानदार ढंग से गाया हुआ था। इसमें सबसे पहले के.एल. सहगल का नाम आता है, जिनकी आवाज़ में आज भी ग़ालिब को बहुत आदर से सुना जाता है। सहगल के बाद सोहराब मोदी की 'मिनर्वा मूवीटोन' की फ़िल्म 'मिर्ज़ा ग़ालिब' (1954) के लिए ग़ुलाम मोहम्मद के संगीत निर्देशन में तलत महमूद और सुरैया अपनी आवाज़ों में कई ग़ज़लों को लोकप्रिय बना चुके थे। फ़िल्मों से अलग बेगम अख़्तर, मेहदी हसन और लता मंगेशकर ने ग़ालिब को अलग-अलग गाते हुए अपने एल.पी. रेकॉर्ड जारी किये थे, जो सभी न सिर्फ़ सराहे गये, बल्कि आज तक ग़ज़लों की दुनिया में मील का पत्थर माने जाते हैं। ऐसे में, जगजीत सिंह के दिमाग़ में यह बात साफ़ तौर पर परेशानी का सबब बनकर उभरती रही होगी कि उनके ग़ालिब को औरों से अलग और बिल्कुल मिर्ज़ा ग़ालिब की सीरत में उतरकर उभरना है।

गुलज़ार का यह एक्सपेरीमेंट कामयाब हुआ, जिसे उन्होंने बिना किसी आधुनिक साजो-सामान के पुराने दौर के वाद्यों पर गवाकर रेकॉर्ड किया। उन्होंने तरन्नुम में गायी हुई तमाम ग़ज़लों को बाद में जगजीत सिंह से कहकर सरोद तथा अन्य साज़ों के साथ नये ट्रैक्स में भरवाया, जिससे मूल ग़ज़ल ख़ाली-ख़ाली न लगे। इस बदलाव से एक शानदार संगीत एल्बम तैयार हो सका, जिसने जगजीत सिंह की आवाज़ में पिछले दशक के नब्बे के दौर में इतिहास रच डाला। गुलज़ार का बनाया हुआ यह सीरियल जितना पसन्द किया जाता है, अलग से उसके संगीत की चर्चा अभी भी होती रहती है। एक तरह से जगजीत सिंह स्वयं इस एल्बम के साथ उस मुक़ाम पर पहुँचे, जो सफलता उन्हें पहले इस तरह नसीब नहीं हुई थी। आधुनिक दौर में भी मिर्ज़ा ग़ालिब और जगजीत सिंह एक-दूसरे के पर्याय बन चुके हैं, जिसमें गुलज़ार की यह सोच शामिल है कि चचा ग़ालिब की आवाज़ में जगजीत सिंह ग़ालिब बनकर गायेंगे, तभी शायरी उभरकर सामने आयेगी। उनकी गायी हुई कई ग़ज़लों में 'बाज़ीचा-ए-अत्फ़ाल है दुनिया मिरे आगे', 'हर इक बात पे कहते हो तुम कि तू क्या है' और 'आह को चाहिए इक उम्र असर होने तक' शानदार ढंग से याद आती हैं। इन्हें सुनते हुए अकसर जगजीत सिंह की आवाज़ का मन्द्र सप्तक पर थोड़े भारीपन के साथ उठना और शेर को पूरा करते हुए गले से गायिकी की सूक्ष्म हरकतों को दिखाना अव्याख्येय लगता है।

100

संगीतकार और फ़िल्म निर्देशक विशाल भारद्वाज और गुलज़ार की दोस्ती फ़िल्म संगीत की दुनिया में एक अलग ही स्थान रखती है। कुछ-कुछ वैसी ही नायाब जुगलबन्दी, जैसी आर.डी. बर्मन और गुलज़ार की पिछले दौर में रही है। गुलज़ार के ढेरों गीतों को बेजोड़ तराश देने में विशाल ने वैचारिक ढंग से हस्तक्षेप किया है। दोनों ने मिलकर अब तक जिन फ़िल्मों में यह कामयाबी लगातार दोहरायी है, उनमें 'माचिस' (1996), 'चाची 420' (1997), 'सत्या', 'जहाँ तुम ले चलो' (1998), 'हू तू तू' (1999), 'मकड़ी' (2002), 'चुपके से', 'मक़बूल' (2003), 'द ब्लू अम्ब्रेला' (2005), 'ओमकारा' (2006), 'नो स्मोकिंग' (2007), 'कमीने' (2009), 'इश्क़िया', 'स्ट्राइकर' (2010), 'सात ख़ून माफ़' (2011), 'मटरू की बिजली का मंडोला', 'एक थी डायन', (2013), 'डेढ़ इश्क़िया', 'हैदर' (2014), 'दृश्यम', 'तलवार' (2015), 'रंगून' (2017), 'पटाखा' (2018), 'डार्लिंग्स' (2022) और 'कुत्ते' (2023) का दोनों के साझे का मात्र एक गीत...लगभग हर फ़िल्म का गीत अपने शिल्प, कम्पोज़ीशन और शब्दावली के कारण न सिर्फ़ अनूठा रहा है, बल्कि हर लिहाज़ से सराहा गया और चर्चित हुआ। विशाल भारद्वाज अपनी सांगीतिक विरासत को ख़ूबसूरती से सिनेमा की दुनिया में उभार पाये हैं, जिसके चलते उनकी धुनों में उत्तर प्रदेश के पश्चिमांचल की वो महक बसी हुई है, जिसके लिए उनका कम्पोज़र जाना जाता है। भारतीय संगीत के लोक विन्यास से भी वे ढेरों ध्वनियाँ, बोल, संगीत और ठेठ ग्रामीण अभिव्यक्ति निकालकर एक नया कलेवर देते हैं, जिसे आधुनिक संगीतकारों में कम लोगों ने साधा है। यह भी एक कारण है कि पूरी तरह फ़िल्म गीतों की दुनिया में मँजे हुए गुलज़ार के बोलों को विशाल एक नयी इबारत में प्रस्तुत करते हैं, जो इस वरिष्ठ गीतकार को नये ढंग से आधुनिक बनाता है।

इस किताब के विभिन्न अध्यायों में दोनों के सहमेल के ढेरों गीतों की विस्तार से चर्चा हुई है। फिर वह 'सात ख़ून माफ़' के *'डार्लिंग-डार्लिंग'* में रशियन फ़ोक सांग का प्रभाव हो या 'हैदर' के *'झेलम...'* गीत में कश्मीर के वाद्यों का सुघर प्रयोग, हर जगह विशाल ख़ुद की सीमाओं का अतिक्रमण करते हुए एक नये वैचारिक संगीतकार की तरह उभरते हैं। यहाँ मैं उन दोनों के रिश्तों से बनने वाली उस बड़ी परम्परा को रेखांकित करने का प्रयास भर कर रहा हूँ, जो इस बात की ओर इशारा करती है कि आज भी, समकालीन

सन्दर्भों में कोई संगीतकार यदि अपनी धुनों को लेकर एक्सपेरीमेंट करता है, तो वह उसी तरह कुछ कालजयी रच सकता है, जो पचासों साल पहले एक्सपेरीमेंट करते हुए सलिल चौधरी, आर.डी. बर्मन, .खय्याम या जयदेव रच रहे थे। यह भी एक संयोग की बात है कि इन चारों ही संगीतकारों के साथ गुलज़ार की एक कामयाब डिस्कोग्राफी तैयार होती है, जिसमें हम कुछ अमर गीतों को यहाँ याद कर सकते हैं। इसी ज़मीन पर चलते हुए यह देखना कितना महत्त्वपूर्ण है कि विशाल भारद्वाज के साथ भी लगभग हर फ़िल्म में गुलज़ार की जोड़ी कामयाब और लीक से हटकर समृद्ध गानों की फेहरिस्त रचती रही है। व्यक्तिगत तौर पर मुझे ख़ुद विशाल भारद्वाज की निर्देशित तीन फ़िल्मों 'मक़बूल', 'ओमकारा' और 'हैदर' के गाने शानदार लगते हैं, जबकि इन दोनों के साझे की पहली फ़िल्म 'माचिस', तो जैसे अब संगीत के लिहाज़ से एक कल्ट मूवी ही बन चुकी है। मुझे नहीं लगता कि फ़िल्म संगीत की दुनिया से *'चप्पा-चप्पा चरखा चले', 'छोड़ आए हम वो गलियाँ'* और *'पानी पानी रे'* जैसे गाने कभी बिसराये जा सकते हैं।

यह एक बड़ी बात है कि आर.डी. बर्मन के साथ अपनी सफलतम पारी रचने वाले गुलज़ार को बरसों बाद विशाल भारद्वाज जैसे संगीतकार का साथ मिलता है। वे दोनों मिलकर संवेदनशीलता की जो शिनाख़्त रचते हैं, उसी स्तर पर खिलन्दड़े गीतों की भी ज़मीन तैयार होती है। एक तरफ़ 'माचिस', 'ओमकारा', 'सत्या' जैसी फ़िल्मों के संवेदनशील गाने हैं, तो दूसरी तरफ़ 'चाची 420' और 'मकड़ी' जैसी फ़िल्मों के गीत भी नये ढंग से सामने आते हैं, जिनमें नवाचार की पर्याप्त सम्भावनाएँ भर दी गयी हैं। विशाल भारद्वाज चूँकि ख़ुद एक कवि हैं और शायरी को समझने की तमीज़ रखते हैं, इसलिए उन्हें यह बख़ूबी मालूम है कि गुलज़ार जैसे बड़े शायर की कैफ़ियत को उसके सन्दर्भों के साथ समझते हुए उन्हें किस तरह का संगीत देना है। ये एक बड़ी बात है कि गुलज़ार, विशाल के एक्सपेरीमेंटल म्यूज़िक को समझते हुए गीतों की शायरी के मर्म को उचित अनुपात में रखते हैं, तो उसी वज़न पर विशाल भी उनकी शायरी की अर्थ-सम्भावनाओं को खोलते हुए संगीत का एक ज़बर्दस्त व्याकरण सामने लाते हैं।

इसी समय में यह भी याद करना चाहिए कि विशाल और गुलज़ार की जो जोड़ी बाद में इतनी सफल जोड़ी बनकर उभर सकी, उनकी पहली मुलाक़ात कितनी फ़िल्मी रही थी। हुआ यह था कि गुलज़ार पिछली सदी के आख़िरी दशक की शुरुआत में उस्ताद अमजद अली ख़ाँ पर एक डाक्यूमेंट्री बना रहे थे,

जिसमें संगीत का एक टुकड़ा फ़िल्माया जाना था। उस्ताद चाहते थे कि इसकी साउंड की बेहतर क्वालिटी के लिए इसे दोबारा से डब किया जाये, इसलिए उसे दिल्ली के एक स्टूडियो में रेकॉर्ड करना तय किया गया, जिसके लिए गुलज़ार दिल्ली पहुँचे थे। संयोग से उसी दिन विशाल भारद्वाज, जो एक संघर्षरत कलाकार थे, उसी स्टूडियो में मौजूद थे और उन्होंने कहीं से यह सुन लिया कि देर शाम गुलज़ार वहाँ आने वाले हैं। उन्होंने यह तय कर लिया था कि आज गुलज़ार साहब से मिले बग़ैर वापस नहीं जायेंगे, भले ही उन्हें स्टूडियो के इर्द-गिर्द चक्कर काटना पड़े। शाम को जब धुँधलका गहरा हो चला था और उस दिन रविवार होने के कारण स्टूडियो के आसपास की दुकानें भी बन्द थीं, गुलज़ार स्टूडियो का रास्ता भटक गये। एक मेडिकल शॉप के नज़दीक से उन्होंने स्टूडियो में फ़ोन किया, जिससे कोई आकर उन्हें रास्ता बता सके और वे स्टूडियो पहुँच जायें। यह फ़ोन विशाल भारद्वाज ने ही उठाया था। उन्होंने गुलज़ार को वहीं इन्तज़ार करने के लिए कहा और उन्हें लेने वे पाँच मिनट में पहुँच गये। जब दोनों लोग साथ में स्टूडियो की तरफ़ लौट रहे थे, तो अपने उत्साह और उत्सुकता में विशाल ने उन्हें अपना परिचय दिया और यह बताया कि वे उनसे मिलने के लिए सुबह से ही स्टूडियो के चक्कर काट रहे हैं। यह भी कहा कि वे फ़िल्मों में संगीत देना चाहते हैं और बम्बई आकर कभी उनसे मिलना चाहते हैं। गुलज़ार को उनकी यह दीवानगी पसन्द आयी और यह कहा कि आप जब भी बम्बई आयें, तो उनसे ज़रूर मिलें। इस बात के कुछ महीने बाद दोनों की बम्बई में मुलाक़ात हुई, जिसका माध्यम पार्श्वगायक सुरेश वाडकर बने। बाद में तो यह मुलाक़ात गहरी दोस्ती में तब्दील हुई और एक जोड़ी के रूप में दोनों ने मिलकर कुछ बेहतरीन काम दूरदर्शन और सिनेमा के लिए सम्भव किया। गुलज़ार साहब से पूछने पर वे उत्सुकता से विशाल भारद्वाज के बारे में यह बताते हैं—'टिल डेट, ही हैज़ मेनटेंड दैट लाइवलीनेस, दैट एंथूज़ियाज़्म, इट्स इनफ़ेक्शस' (आज तक उन्होंने वो जीवन्तता सँजोयी हुई है, वो उत्साह बरक़रार रखा है, यह संक्रामक है।)

इन दोनों की संवेदनशीलता को मेटाफ़र के तौर पर पकड़ते हुए यदि हम एक ही फ़िल्म 'ओमकारा' को चुनें, तो उसमें वो सारी सम्भावनाएँ एक साथ नज़र आती हैं, जहाँ विशाल भारद्वाज और गुलज़ार ने मिलकर एक बड़ा म्यूज़िक एल्बम तैयार किया है। फिर, *'धम धम धड़म धड़ैया रे'* को आल्हा के मीटर पर कम्पोज़ किया गया हो, *'बीड़ी जलइले'* में फ़ोक एलीमेंट डाले गये हों, *'नमक इश्क़ का'* को उपशास्त्रीय ढंग की बढ़त लेते हुए दादरा के हल्के स्पर्श की तरह रचा गया हो या अतिसंवेदनशील *'ओ साथी रे'* को संगीत के अंडरटोन

में डेवलप करते हुए मार्मिक बनाया गया हो—सभी कुछ असाधारण है। लगता है, जैसे 'माचिस' के बाद गुलज़ार-विशाल भारद्वाज की जोड़ी का 'ओमकारा' शिखर हो। दोनों ही फ़िल्में अपने कर्णप्रिय और विविधता-भरे संगीत के कारण अलग से रेखांकित होती हैं। श्रेया घोषाल और विशाल भारद्वाज ने 'ओमकारा' के इस डुएट में कमाल का गायन किया है, जिसमें गुलज़ार के बोल खुलकर अपनी रूमानियत को उजागर करते हैं—

ओ साथी रे, दिन डूबे ना
आ चल दिन को रोकें
धूप के पीछे दौड़ें
छाँव छूए ना
ओ साथी रे...

'ओमकारा' के *'नमक इश्क़ का'* जैसे गीत में तो रेखा भारद्वाज की लोनाई से भरी हुई आवाज़ एक अलग ही धरातल पर चली जाती है। यहाँ रेखा भारद्वाज कुछ-कुछ वैसा ही .फ़्लेवर देती हैं, जैसा पिछले दौर में इस तरह का गीत गाते हुए कई बार आशा भोसले, मुबारक़ बेगम और सुधा मल्होत्रा की आवाज़ें अलग से स्पन्दित होती थीं। ज़ाहिर है, विशाल भारद्वाज को यह बात पता है कि किस गीत को कैसी आवाज़ जँचती है। यही बात गुलज़ार, विशाल भारद्वाज और रेखा भारद्वाज की टीम मिलकर जिन अन्य गानों में अपना असर पैदा करती है, उनमें 'मक़बूल' का *'रोने दो जिया करे'*, 'इश्क़िया' का *'बड़ी धीरे जली रे'*, 'डेढ़ इश्क़िया' का *'हमरी अटरिया पे'*, 'रंगून' का *'मेरे मियाँ गये इंग्लैंड'*, 'एक थी डायन' का *'लौटूँगी मैं तेरे लिए'*, 'नो स्मोकिंग' का *'फूँक दे'* और *'सात .ख़ून माफ़'* का उषा उथुप के साथ गाया *'डार्लिंग'* बेमिसाल गीतों की ऐसी बानगियाँ हैं, जिन्हें रेखा भारद्वाज ने गाकर गुलज़ार की फ़िल्मोग्राफ़ी में समृद्ध ढंग से दर्ज किया है।

विशाल भारद्वाज की बनायी धुनों को गुलज़ार के गीतों के सन्दर्भ में परखते हुए कई चीज़ें एक साथ उभरती हैं। जैसे, उन कम्पोज़ीशंस में पोएट्री की समझ और उसका प्रभाव, बोलियों और देशज शब्दों को लेकर किये गये प्रयोग, वाद्यों को कई दफा मिनिमल स्टेटमेंट की तरह रखते हुए गीतों के विचार को ज़्यादा तीव्रता से प्रसारित करने की युक्ति, साथ ही, पार्श्वगायक-गायिकाओं का समझदारी के साथ किया गया चयन। हर एक चीज़ या कहें युक्ति, उसी तरह विशाल के यहाँ कारगर रही है, जिस तरह कभी आर.डी. बर्मन अपने संगीत में इन सारे तथ्यों को बारीकी से पकड़ने की कोशिश करते थे।

जहाँ उन्हें शब्दों का बहुत अर्थ समझ में नहीं आता था, वहाँ वे गुलज़ार से बेहिचक यह पूछ लेते थे कि फलाँ शब्द के मानी क्या हैं? विशाल तक आते हुए, ख़ुद गुलज़ार अकसर अपनी ज़िम्मेदारी मानते हुए गीतों के बोलों को संजीदगी के साथ विशाल के साथ शेयर करते हैं और अपने कई इंटरव्यूज़ में यह बात कह चुके हैं कि हममें हर गीत को लेकर उसकी कम्पोज़ीशन के पहले ढेरों बातें होती हैं। विचार-विमर्श के बाद ही, विशाल भारद्वाज किसी गीत को कम्पोज़ करने के लिए पूरी तरह उतरते हैं। इन दोनों की जोड़ी में एक बात कॉमन है कि दोनों ही शायर हैं और कविता के उचित वज़न को समझते हैं। शायद यही कारण है कि विशाल फुललेंथ फ़ीचर फ़िल्म के लिए गीत कम्पोज़ करते हुए उसी तरह ज़िम्मेदार बने रहते हैं, जितना वे अपने शुरुआती दौर में गुलज़ार साहब के साथ 'जंगल बुक' का टाइटिल ट्रैक बनाते हुए गम्भीर थे। आज दर्जनों फ़िल्मों में साझेदारी करते हुए गुलज़ार और विशाल भारद्वाज उस मुक़ाम पर पहुँच चुके हैं, जहाँ से फ़िल्म गीतों की एक बड़ी थाती इन दोनों की जोड़ियों के नाम लिखी जा चुकी है। बहुत सारे कर्णप्रिय और कामयाब गीतों के बीच, विशाल भारद्वाज द्वारा कम्पोज़ किया हुआ 'पटाखा' का यह गाना भी सुनना चाहिए, जो उनकी इधर की पेशकश है और जहाँ एक बार फिर से बोलियों के गीत को फ़ोक म्यूज़िक की ज़मीन देते हुए गुलज़ार और विशाल भारद्वाज ने असरदार बनाया है–

एक तेरो बलमा रे एक मेरो बलमा
तेरो गुण्डो बलमा रे मेरो नेक बलमा
मैं तो परदों में ढाँप लूँगी मेरो बलमा
नंगा घूमेगो गलियों में तेरो बलमा...

101

सलीम आरिफ़ के साथ गुलज़ार का एक ख़ास रिश्ता है। थिएटर के रास्ते जुड़ता हुआ अदब का रिश्ता। इस रिश्ते में गुलज़ार की लिखी ढेरों कहानियाँ, खाके, मंज़रनामे, पोर्ट्रेट्स और नज़्में शामिल हैं, जिन्हें आपस में बाँधते हुए सलीम साहब गुलज़ार के काम की एक रचनात्मक शिनाख़्त करते हैं। यह रंगमंच तक पहुँचा हुआ ऐसा दोस्ताना है, जिसमें थोड़ा साहित्य और थोड़ा सिनेमा से निकालकर एक संजीदा थिएटर बनता हुआ दिखाई देता है। स्मृतियों, जीवन और जीवन से इतर तमाम ऊहापोहों और खरोंचों का दस्तावेज़...। यह अकारण नहीं है कि समकालीन समय में सलीम आरिफ़ ने

उनकी लिखी हुई तमाम चीज़ों के कोलाज से जो तीन मशहूर थिएटर के काम ईजाद किये, उनमें 'ख़राशें', 'लकीरें' और 'अठन्नियाँ' संजीदा तौर पर आज के समाज का हाल बयाँ करती हैं।

सलीम आरिफ़ कहते हैं—

> *'गुलज़ार साहब शब्दों और विचारों के साथ बहुत एहतियात बरतते हैं... वो अपनी व्यक्तिगत और रचनाकार की ज़िम्मेदारी को बख़ूबी समझते हैं। इसलिए थोड़ा रुककर और सोचकर बात करते हैं। ये एक तरह का मनन है, जो रचना के महत्त्व को रेखांकित करता है। शब्द और विचार के साथ बहुत किफ़ायत से पेश आते हैं, उनके लेखन में कहानी और कविताओं में नाटकीयता बहुत अनायास और अप्रत्याशित ढंग से उभरती है। जैसे, उनकी फ़िल्मों और गानों में भी, वो 'मौसम' में एक कोठे के मालिक से ये बात कहला सकते हैं कि 'मेरी बेटी बिकाऊ नहीं है' या एक कैंसर के पेशेंट से 'मैं यह भी नहीं कह सकता कि तुझे मेरी उम्र लग जाए' या 'इजाज़त' के अन्त में 'अबकी बार इजाज़त लेकर जा रही हूँ।' कहकर उसका आशीर्वाद लेकर जाना मुझे कहीं ज़्यादा नाटकीय क्षण लगते हैं और उनकी इसी नाटकीयता को मैंने उनकी कहानियों और कविताओं के मंचन में रेखांकित करके दर्शकों तक पहुँचाने की कोशिश की है।'*

गुलज़ार को इतने नज़दीक से उनकी बात के वज़न के सन्दर्भ में, उसे सही कारणों के द्वारा पहचानते हुए सलीम आरिफ़ ने उनके अफ़सानों से निकालकर रंगमंच पर कुछ कहानियाँ कही हैं। अब इन कहानियों का 'ख़राशें' में इस तरह चुनाव हुआ कि 'हिल्सा', 'रावी पार' और 'ख़ौफ़' को उनके सामाजिक-राजनीतिक आशयों के तहत इस्तेमाल किया गया। इसी नाटक में चौथी कहानी समरेश बसु की 'ख़ुदा हाफ़िज़' के नाम से गुलज़ार की स्क्रिप्ट में ढली हुई है, जो मूल रूप से बांग्ला में 'आदाब' कहलाती है। इसी तरह, 'लकीरें' में 'एल ओ सी', 'ओवर' और 'कुलदीप नैयर और पीर साहब' ली गयी हैं, जिनके मूल कथा-अभिप्राय में कुछ जुड़ाव-सा बनता है। भारत-पाकिस्तान के बीच में जो सरहद खिंची हुई है, उस लकीर को दोनों वतनों के इधर-उधर मानवीयता से देखने की कोशिश के चलते 'लकीरें' तैयार होती है। 'अठन्नियाँ' में 'झड़ी', 'अट्ठन्नी' और 'बास' नाम की कहानी मौजूद है, जिसके साथ उनकी कुछ नज़्में भी इस्तेमाल की गयी हैं।

जब रंगमंच के लिए इन तीनों मंज़रनामों को गढ़ा जा रहा था, तब सलीम आरिफ़ इस बात से मुतमईन थे, कि अगर अलग-अलग कहानी और सामाजिक

आशयों की नज़्मों को जोड़कर कोई शक्ल बनायी जाती है, तो गुलज़ार साहब का पॉलिटिकल स्टेटमेंट गहराई से लोगों को समझ में आयेगा। इस विचार के तहत जब नज़्मों के साथ जोड़कर इन कहानियों का कोलाज़ उनके तीनों नाटक प्रस्तुतियों में किया गया, तो यह बात गम्भीर रूप से उभरकर सामने आयी कि वाक़ई गुलज़ार कंटेम्परी पोएट हैं, जिनकी राजनीतिक बयान की नज़्में असरदार रही हैं। ऐसे में यह समझ पाना जोखिम-भरा काम है कि रूमानियत की कविता लिखने वाले व रिश्तों और जज़्बात के ज़हीन शायर गुलज़ार के यहाँ राजनीतिक बयान इतने तल्ख़ क्यों हैं? वे नेरूदा और ब्रेख़्त की तरह, वैसे ही राजनीतिक आशयों को जिनके हिसाब से दुनिया और समाज की सूरत बदलनी चाहिए, ख़्याल मन में बनाये रखते हैं। ज़ाहिर है, ऐसी स्थितियों को सँजो लेने की कोशिश के तहत 'ख़राशें', 'लकीरें' और 'अठन्नियाँ' अस्तित्व में आती हैं।

थिएटर के इन कामों तक आने से पहले हमें इस बात से भी परिचित होना चाहिए कि सलीम आरिफ़ का गुलज़ार के साथ एक लम्बा साथ रहा है, जिसमें राजनीतिक बयान की उनकी दो फ़िल्मों 'माचिस' और 'हू तू तू' के लिए उनका सहायक के तौर पर काम करना शामिल है। ग़ालिब जैसे महान शायर के जीवन पर दूरदर्शन के लिए बनाये गये सीरियल 'मिर्ज़ा ग़ालिब' में भी उनकी सेवाएँ मौज़ूद रहीं, जो गुलज़ार के साथ सलीम आरिफ़ का पहले-पहल काम था और इसकी शुरुआत 1987 में हुई थी। इन अनुभवों से गुज़रते हुए सलीम आरिफ़ ने गुलज़ार का वह मानस पकड़ने की कोशिश की है, जो अदब में रहकर सियासत की दुश्वारियों पर तंज़ करना जानता है। जब सलीम साहब, गुलज़ार की कहानियों और नज़्मों को लेकर थिएटर का काम कर रहे थे, तब उन्हें यह बात मालूम थी कि इससे पहले रघुवीर सहाय और भवानीप्रसाद मिश्र जैसे कवियों की कविताओं को लेकर रंगमंच पर थोड़ा-बहुत काम हुआ है। मगर वो नाकाफ़ी था, इस लिहाज़ से कि राजनीतिक सन्दर्भों को समझने के लिए अभी मुकम्मल तौर पर बहुत कुछ कहा जाना बाक़ी है। जब वे गुलज़ार को इस बात के लिए राज़ी कर पाये कि उनकी नज़्मों का सही और माक़ूल इस्तेमाल थिएटर के लिए किया जायेगा, तब तक उनके मन में यह बात पूरी तरह स्पष्ट हो चुकी थी कि दरअसल उन्हें नज़्मों को किस तरह रंगमंच पर प्रस्तुत करना है। वे यह मानते हैं कि 'ख़राशें' में पहली बार पोएट्री का इफ़ेक्टिव कम्युनिकेशन सम्भव हुआ। बाद में ऑडियंस की बेपनाह मुहब्बत और रिस्पांस से यह बात साबित हुई कि सामाजिक-राजनीतिक आशयों की कविता का मूल स्वभाव क्या होता है।

इसी समय यह जानना भी कम दिलचस्प नहीं कि गुलज़ार ने सलीम आरिफ़ के लिए ढेरों कहानियों और नाटकों का रूपान्तरण करते हुए उनके लिए अलग से कुछ मौलिक स्क्रिप्ट लिखीं। लगभग नौ नाटकों का यह गुलदस्ता, गुलज़ार ने सलीम आरिफ़ को लिखकर भेंट किया है, जिनका उन्होंने कामयाब ढंग से मंचन किया। सलीम आरिफ़ बताते हैं—'सुनते हो', 'स्त्रीर पत्रो' के नाट्य रूपान्तर का नाम था, जो रवीन्द्रनाथ टैगोर की कहानी पर आधारित था। उसमें आज के दौर की 'मर्द' कहानी को भी सेकेंड पार्ट की तरह रखा था कि आज की भी स्थिति कुछ बहुत अलग नहीं हुई है। थीम थी कि औरत को हर उम्र में जवाब देना पड़ता है, कभी पिता को, कभी भाई को, कभी पति को, कभी बेटे को भी। ये मर्द के विभिन्न रूप हैं, जो हमारी महिलाओं के लिए सामाजिक बेड़ियों का हिस्सा बन जाते हैं। एक और महत्त्वपूर्ण नाटक गुलज़ार साहब ने लिखा था 'पांसा'। ये पवन वर्मा की लम्बी अंग्रेज़ी कविता 'युधिष्ठिर और द्रौपदी', जो सॉनेट के फ़ॉर्म में थी, उसका संक्षिप्त रूपान्तर था। इसको गुलज़ार साहब ने ब्लैंक वर्स में लिखकर एडिट किया, जिसे मैंने नाटक की तरह मंच पर प्रस्तुत किया। मुझे ये धर्मवीर भारती जी के 'अन्धा युग' के बाद काव्य-नाटकों में 'महाभारत' के चरित्रों से जुड़ा हुआ सबसे महत्त्वपूर्ण काम लगता है।'

गुलज़ार ने सलीम आरिफ़ के लिए बच्चों के तीन नाटक लिखे, जो किन्हीं अन्य कहानियों और नाटकों के एडॉप्टेशन रहे हैं। इनमें ब्रेख़्त का नाटक 'ही हू सेज यस—ही हू सेज नो' जो किशोरों के लिए लिखा गया था, गुलज़ार ने 'अगर और मगर' के नाम से एडॉप्टेशन किया। ब्रेख़्त का नाटक रवायतों पर सवाल उठाता है। यही बात 'अगर और मगर' में गुलज़ार भी सहज ढंग से व्यक्त करते हैं। इस नाटक का एक गीत भी गुलज़ार ने कामयाब ढंग से असरदार बनाया, जिसके बोल थे— *'अगर यूँ है, मगर क्यूँ है...'* इसी तरह 'पंचतन्त्र' की कहानियों पर आधुनिक ढंग से विमर्श करता हुआ 'न्यूक्लियर शेर', पिनोकियो की प्रसिद्ध कहानी पर पोएटिक फ़ार्म में एक लम्बा नाटक 'पिनोकियो' और सत्यजित रे के दादा उपेन्द्रनाथ रे की लिखी 'गोपी गाइन बाघा बाइन' पर 'गुगली झनक झाँय' नाम से नाटकों की पटकथाएँ लिखीं, जो मंच पर बेहद सराहे गये। सलीम आरिफ़ गुलज़ार से अपनी आत्मीयता के सन्दर्भ में यह भी बताते हैं कि उन्हें गुलज़ार 'जेबकतरा' कहते हैं, जो जेब से कतर कर चीज़ें ले जाता है। उनकी जेब से या यूँ कहें अप्रकाशित नज़्मों, कहानियों की डायरियों से सलीम आरिफ़, अकसर अपने नाटकों के लिए सामग्री लेते रहे हैं, जिसे गुलज़ार उतने ही प्यार और भरोसे से उन्हें सौंपते रहे।

आज, सलीम आरिफ़ और गुलज़ार को एक ही रास्ते पर रहगुज़र की तरह चलते हुए देखकर ये बात समझ में आती है कि अदब और थिएटर का रिश्ता आपस में कितना घुलता-मिलता है...और वो दूर तक अपनी पहचान को सिक्के के एक ही पहलू पर क़ायम करना जानता है। गुलज़ार साहब की वैचारिकी को अगर उनके निर्देशित रंगमंच ने पकड़ा है, तो यह अदब से मिलने वाली वह दोस्ताना सहूलियत है, जिसे सलीम आरिफ़ इन नाटकों में बख़ूबी निभा पाये हैं। यह अलग बात है कि गुलज़ार इतने सचेत हैं कि उनके कहे के वज़न को उसी अनुपात में रंगमंच के लिए उतार पाना किसी भी निर्देशक के लिए चुनौती से कम नहीं है। इन नाटकों को जिसने भी देखा होगा और ग़ौर से उसके संवादों और नज़्मों के अर्थों को समझ पाये होंगे, वे बख़ूबी जानते होंगे कि यहाँ गुलज़ार ने ख़ुद को ज़िम्मेदारी से ख़र्च किया है।

102

गुलज़ार की बायोग्राफ़ी लिखते हुए कई तरह के रास्तों से गुज़रना पड़ा। मुझे लगता था कि मैं उन्हें पूरे तौर पर जानता हूँ, लेकिन ग़लत था। जितना मैं इस किताब की तैयारियों और उन्हें समझने के लिए उनके काम से गुज़रता था, उतनी ही नयी खिड़कियाँ खुलती जाती थीं। नज़्मों को पकड़ो, तो फ़िल्म गीतों के मिसरे हाथ से छूटते थे। कहानियों और मंज़रनामों की तरफ़ जाओ, तो ढेरों पटकथाएँ मुँह चिढ़ाती थीं कि हम भी हैं, एक बार हमारे पास फ़ुर्सत से बैठो। गुलज़ार पर काम करने निकले हैं, तो फ़ुर्सत कहाँ? और मैं धीरे-धीरे पागल होता जाता था, जब उनके दौर की हर दूसरी फ़िल्म के लिए एक नयी सूचना ये मिलती थी कि साहब इसमें डॉयलाग राइटर की तरह मौजूद हैं। फलाँ फ़िल्म में पटकथा, संवाद और गीत सभी उनके हैं...और यह फ़िल्म तो उन्हीं की बनायी हुई है। चलो, इस फ़िल्म में तो कम से कम उनका कोई काम नहीं है...अरे नहीं! ग़ौर से देखो। एक गीत उनका लिखा हुआ है। मैं सिर पकड़कर बैठ जाता था। मुझे अकसर यह लगता था कि गुलज़ार की जीवनी, एक ऐसा गहरा कुआँ है, जिसकी थाह नहीं, रस्सी में पीतल की गगरी बाँधकर नीचे फेंको, तो पानी में गुडुप की आवाज़ तक सुनाई नहीं देती थी।

मेरे लिए धीरे-धीरे होता यह गया कि गुलज़ार को समझना और उनके जीवन के हर छोटे-बड़े पहलू को समग्रता में लिखना, हातिमताई के सात सवालों को हल करने जैसा मामला हो गया था, जिसमें हर एक सवाल की यात्रा पर, सवाल-दर-सवाल पैदा होते जाते थे। उनकी लिखी या बनायी हुई फ़िल्मों

को देर रात तक देखना, सिलेबस कम्पलीट करने जैसा मामला बन गया था, क्योंकि एग्जाम जो पास करना था। उस पर सितम यह कि यह लेखा-जोखा देवनागरी से होकर उर्दू लिपि से होता हुआ अपने परवाज़ टटोल रहा था। थोड़े में अगर समेटा जाये, तो गुलज़ार एक ऐसे नूर की तरह उभरते रहे, जिसकी रौशनी में अँधेरे में छुपी चीज़ें रौशन होकर दिखाई पड़ती हैं। गुलज़ार मेरे लिए एक ऐसा किरदार हैं, जिन्हें पूरी तरह बूझ पाना एक कौतुक ही है।

उनका सम्मोहन, उनका जादू, उनकी सादगी और उनका मिज़ाज ये सब पकड़ना छोटे बच्चे के हाथों तितली पकड़ने जैसा है। अगर मैं इन तितलियों को पकड़ पाया हूँ, तो शर्तिया यह यात्रा फ़ूलों के रास्तों से होकर ज़रूर गुज़री होगी। इस पूरी जर्नी में गुलों की ख़ुशबू ने जाने कितनी रातों को रतजगों में बदला है, मैं ही जानता हूँ। गुलज़ार की ज़िन्दगी के सफ़रनामे के ये रतजगे अब उनके लाखों प्रशंसकों के हैं...

एक सौ सोलह चाँद की रातें...

गुलज़ार निर्देशित फ़िल्में...

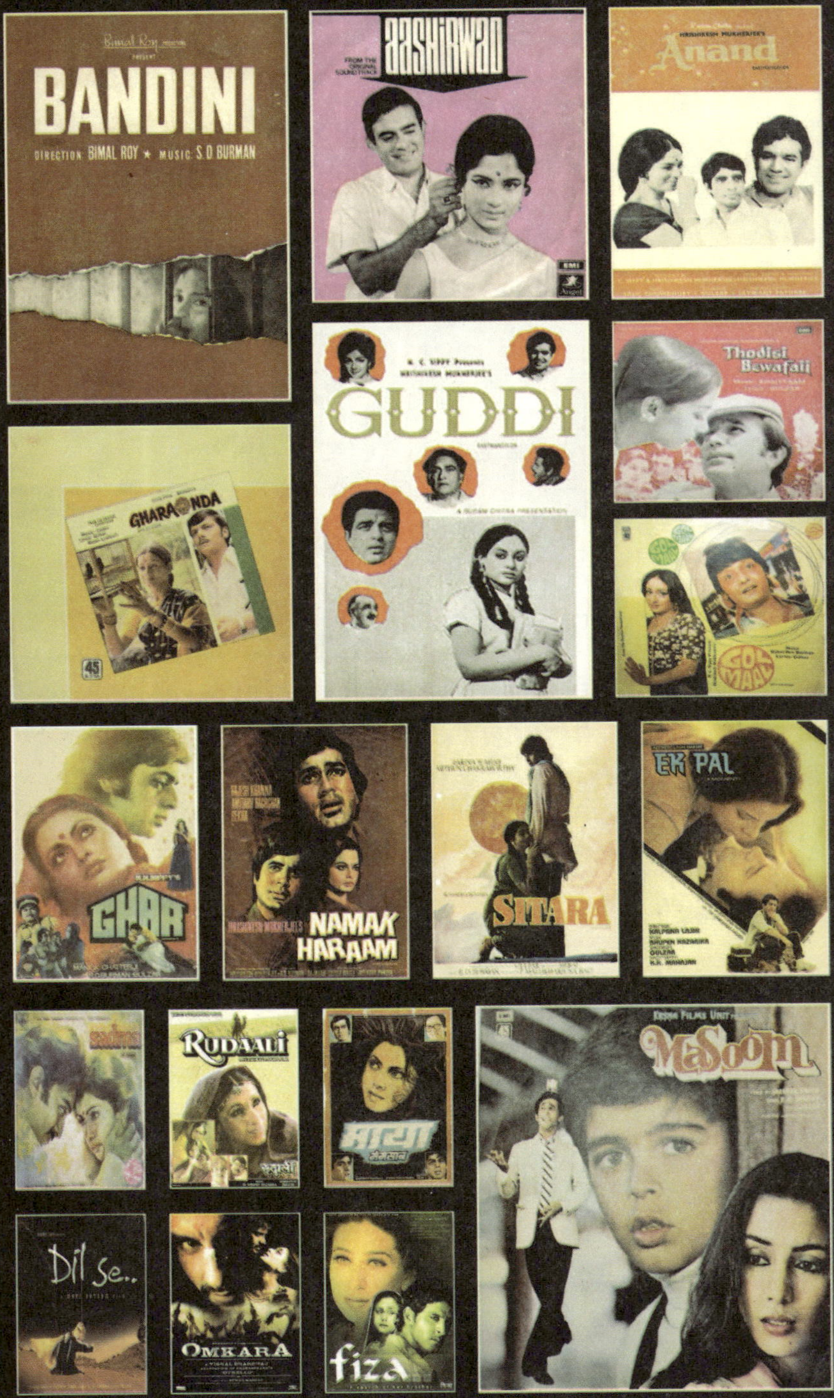

संवाद, गीतों और पटकथाओं के कुछ यादगार मुकाम...

गुलज़ार सा'ब

थोड़ा सा बादल थोड़ा सा पानी...

गुलज़ार साहब के गीतों में सबसे अलग बात यह है कि वे फ़ैशन के लिहाज़ से प्रचलित शब्दावली में गीत नहीं लिखते, बल्कि उनके यहाँ गीत गाते हुए एक बेहतर कविता को गाने का सुख मिलता है...

–लता मंगेशकर

कभी-कभी तो आवाज़ देकर मुझको जगाया ख़्वाबों ने...

यतीन्द्र मिश्र

बचपन की वो कौन सी यादें हैं, जिनको आज भी याद करना आपको नये ढंग से पुराने दिनों में लौटाकर ले जाता है?

गुलज़ार

अब, इसमें एक शख़्स का नाम लेना तो नहीं बनता है। लेकिन एक देश का, पूरे देश भर का नाम ले सकता हूँ, जो हिन्दुस्तान है और मेरे बहुत क़रीब है। परवरिश मेरी यहीं हुई है और उसमें मज़हब के अंश उतने नहीं हैं, जितने कि कल्चर के हैं। मैं पंजाब से आया, पुरानी दिल्ली में पला। तो आप सोच सकते हैं, मैं आया वहाँ से जहाँ से पीर, मुर्शिद, साईं और हमारे सूफ़ी शायरी सुनाने वाले दरवेश आये। हम ख़ुद उनकी शायरी बचपन से सुनते रहे, जैसे उसे बिरसे में पाया हो। मगर पले हम दिल्ली की ज़ुबान में...हालाँकि पुरानी दिल्ली जो अब पंजाब हो गयी है, लेकिन उस ज़माने में हम वहीं पले, जहाँ रोशनआरा पार्क के बाहर घर था हमारा। कमरा, मकान वहीं था। हमारे उस घर का पता होता था—रोशनआरा बाग़, सब्ज़ी मण्डी, दिल्ली। ये वहाँ मौजूद घण्टाघर के विपरीत दिशा में था। वहाँ एक दुकान

पर भी कमरा था, जहाँ पर अकसर सो जाता था और वहीं से उठकर आता था नहाने-धोने के लिए।

ये राइयों का दौर था, जिन्हें हम बचपन से 'राई' कहा करते थे, वे लोग, वे सौदागर, जो बागों के ठेके लिया करते थे। उस दौर में हमने राइयों के लड़कों के साथ रोशनआरा बाग़ में गुल्ली-डण्डे खेले, पत्थर मार-मार के जामुनें तोड़ीं और क़मीज़ की जेबें ख़राब कीं। घर से बहुत डाँट पड़ी, मगर वो दिन याद आते हैं। बिरला मिल में काम करने वाली औरतें जब अपने सिर पर टिफ़िन रखकर पूरी की पूरी टोली में चलते हुए रोहतक और करनाली ज़ुबान में गाते हुए जाया करती थीं, तो पता चल जाता था कि बिरला मिल की शिफ़्ट बदल गयी है। तब वे काम करने वाले सवाल-जवाब के फ़ॉर्म में जो गीत गाते थे, उनमें से एक गीत के बोल मुझे आज भी याद हैं। वह कुछ इस तरह थे–*'अरी छोटी साली कहवण लागी एक रात और डट जा...'*। इस ज़ुबान के गीत लुभाते थे। ऐसे हिन्दुस्तान में घर था मेरा, जो आज भी याद आता है और जो दिल के बेहद क़रीब है।

यतीन्द्र मिश्र

यह तो बहुत सुन्दर ज़िक्र आपने शुरू किया है। मुझे याद नहीं कि उस दौर को आपके समवयसी किसी व्यक्ति ने इस तरह याद किया हो, जो ज़ुबानों से बदलने वाली शिफ़्टों और समय की बात करती है...

गुलज़ार

जी! इसका ज़िक्र तो मैंने भी कहीं नहीं पढ़ा है। अब मुझे हैरत इस बात पर होती है कि क्यों नहीं किसी ने उस समय उन इलाक़ों को विज़िट किया, जहाँ पर इस तरह की चीज़ें हो रही थीं। मुझे बचपन बहुत अच्छे से याद है कि शनीचर की रात को नयी दिल्ली का अपना कनॉट प्लेस हिन्दुस्तानियों के लिए बन्द हो जाया करता था। अब बीच में जहाँ मार्केट बन गयी है, ये मैदान हुआ करता था और वहीं मैदान के बीच में एक बड़ा-सा प्लेटफ़ार्म था, जिस पर बैण्ड बजा करता था। उसी बैण्ड की धुन पर अंग्रेज़ी जोड़े सारे डांस किया करते थे, जो 'सैटरडे-नाइट' हुआ करती थी। ...और कनॉट प्लेस के बरामदे में जो कॉरीडोर्स हैं, यहाँ पे जिनको परमिट मिल जाया करती थी, उनको उसमें खड़े होकर डांस देखने की इजाज़त थी। डांस देखने की भी परमीशन लेनी पड़ती थी। उस दौर में खुशवन्त सिंह जी के पिता शोभा सिंह का बड़ा नाम था और वे इस पूरे इलाक़े के इंचार्ज होते थे। मुझे याद है कि शोभा सिंह जी

से हमारे पिता परमिट लेकर आये थे। तो हम और हमारे एक छोटे भाई को लेकर मेरे पिता जी गये थे, वो शनीचर की रात का डांस दिखाने।

यतीन्द्र मिश्र

आपने कनॉट प्लेस के बरामदों का ज़िक्र किया है, आपकी एक कविता है बरामदे। इसमें कचहरियों के इर्द-गिर्द घूमते हुए बरामदे हैं। क्या ऐसा नहीं कि बचपन की कोई ख़ास इमेज या उन बरामदों से नाच देखने का दृश्य, इस कविता में भी चले आये हों, हालाँकि इस कविता में उन रूमानी रातों का कल्चर नहीं उतरा है।

गुलज़ार

एक बेहतर कविता याद आयी आपको। शुक्रिया! वो आज की कचहरियों के बरामदे हैं, जहाँ न्याय कचहरियों के लगातार चक्कर लगाता है। हर तरफ़ युद्ध, झगड़े और तर्क हैं। आज की कचहरियों में न्याय के इर्द-गिर्द घूमता हुआ बरामदा है, जिसमें न्याय भी कहीं गुमसुम-सा एक बरामदे से दूसरे बरामदे में ख़ुद को ढूँढ़ता हुआ चक्कर लगा रहा है। वो कुछ इस तरह है—

> *दाँतों में फँसी दलीलों की*
> *ये घेरा डाले, खो-खो खेलते बरामदे,*
> *बरामदे, कचहरियों के गिर्द घूमते हुए बरामदे!*

यतीन्द्र मिश्र

बचपन को याद करते हुए, जो हिन्दुस्तानियत को पकड़ने की बात आपने कही, क्या वो आज भी आपको याद आती है?

गुलज़ार

जी हाँ! हिन्दुस्तानियत की जो महक है, वो आज भी अपनी ख़ुशबू से जकड़े हुए है मुझे।

यतीन्द्र मिश्र

भारत और पाकिस्तान को जोड़ने वाली जो आवाज़, गायिकी, बोली-बानी और ज़ुबान है; क्या आपको आज भी कुछ परेशान करती है या इस तरह कहें कि अपने जन्म के शहर से कुछ दूसरे अन्दाज़ में जोड़ती है?

गुलज़ार

मुझे वो हॉण्ट नहीं करती, मगर तंग ज़रूर करती है। वो तंग इसलिए करती है

कि वह कहीं मौजूद है। अगर वो मौजूद नहीं होती, तो शायद कभी परेशान नहीं करती। मैं माज़ी में जाकर इन्हें देखता हूँ। मेरी नज़्मों में ये नॉस्टैल्जिया और अपने अतीत को जीने का मायना, साफ़-साफ़ नज़र आता है। मेरी अधिकांश ग़ज़लों में भी वह एकदम सच्चाई की तरह नज़र आता है। एक जो सब-कॉन्शेस माइंड है, उस पर बचपन की इतनी सारी ख़राशें पड़ी हुई हैं कि उसे छूने से भी डर लगता है। वो है और अपने उसी बचपने को मैं अपने लिखे हुए में फिर से दोहराता और जीता हूँ।

यतीन्द्र मिश्र

क्या इन सबके बीच में कोई ऐसी बात अभी भी अधूरी है, जो आपको बहुत कुरेदती है या आपके सुकून में .खलल डालती है?

गुलज़ार

इसे एक और तरह से कह लीजिए। अगर कोशिश करूँ कि आप एक शख़्स की तलाशी लें, तो मेरी गिरफ़्त में आने वाला जो इंसान होगा, वो मेरे पिता होंगे। जो मैं आपसे कनॉट प्लेस का ज़िक्र करता हूँ, तो वह उनकी वजह से मेरी सोच में आया हुआ होता है। अगर दीना को याद करता हूँ, तो दीना स्टेशन से वो हमें छोड़कर जा रहे थे रेलगाड़ी में। मैं खड़ा था और वो गाड़ी में थे और उनका स्टेशन छोड़ना और हमसे दूर होते जाना...तो उसमें मुझे पिता याद आते हैं। फिर उन्होंने मुझे बुलवा लिया। जब पहाड़गंज, नयी दिल्ली में थे, तो मेरी चोटी वो करते थे, क्योंकि मेरे बाल बहुत लम्बे थे। तो ये मेरे पिता के अस्तित्व का उतरना है मेरे ख़यालात में। इस तरह भी कह सकते हैं कि मेरी यादों में मेरे पिता बड़ी शिद्‌दत से मौजूद हैं। सन् 1947 के विभाजन में वहाँ से आना और इधर के माहौल को .खुद के लुटे-पिटे पस्त हाल में स्वीकारना। हुजूम के हुजूम देखना। .खून-ख़राबा देखना। उधर से ट्रकों और गाड़ियों में भर-भर कर आते हुए लोगों का रोना और सिसकियाँ और इधर से जाते हुए भी वही सारी आवाज़। यह सब देखा है मैंने। आपको जानकर ख़ुशी होगी कि यह सब देखकर भी हमारी फ़ैमिली में कोई भी फंडामेंटलिस्ट नहीं हुआ। इसका पूरा मामला मेरे पिता के कारण बनता है कि उनका क़द ऐसा था कि उन्होंने कभी भी हममें से किसी को भी उस दौर में कुछ ग़लत नसीहतें नहीं दीं। बावजूद इसके कि हमारे जन्म का स्थान भी हमसे छूट गया था। हालाँकि वो बड़ी लम्बी साँस लेके पंजाबी में कहते थे—'प्रलय आयी है, आँधी आयी है, क़यामत आयी है...निकल जायेगी।' वे सब समझते थे, आह भरते थे और

थोड़ी लम्बी आह भरते थे। मुझे आज भी यह समझने में परेशानी होती है कि मेरे वालिद की वो जो थोड़ी लम्बी-सी आह थी, वो कैसी थी?

यतीन्द्र मिश्र

मुझे न जाने क्यों 'माचिस' का गीत 'छोड़ आए हम वो गलियाँ' बार-बार दिमाग़ में घूम रहा था, जब आप उस दौर को याद कर रहे थे। ढेरों कविताओं में भी वो बात उभरकर आती है, जब आप अपना बचपन, दीना और विभाजन याद करते हैं। एक कविता 'भमीरी' है, जिसकी पंक्तियाँ इस तरह शुरू होती हैं—

हम सब भाग रहे थे
रिफ़्यूजी थे
माँ ने जितने ज़ेवर थे, सब पहन लिये थे
बाँध लिये थे...

और कविता का अन्त इस तरह होता है—

लेकिन मैंने सरहद के सन्नाटों के
सहराओं में अकसर देखा है
एक भमीरी अब भी नाचा करती है
और इक लाटू अब भी घूमा करता है...

गीतों और नज़्मों में इस दर्द के आने की वजहें जायज़ हैं। क्या इस तरह के गीतों के लिखे जाने को हम आपके बचपन में घटी विभाजन की त्रासदी की रोशनी में ही देखें? उसके कुछ दूसरे अर्थ नहीं बनते?

गुलज़ार

जी, वो ज़रूर बनते हैं। आपने जो *'छोड़ आए हम वो गलियाँ'* को याद किया, तो वह 'माचिस' फ़िल्म में एक दूसरे ही अर्थ में आता है। वहाँ एक प्रेमी है और वह अपने दोस्तों के साथ अपने उस शहर को महबूबा के अर्थ में भी देखते-समझते हुए गाता है। एक तरह से यह गीत उन किरदारों की कहानी भी कहता है। अधिकतर जगहों पर किरदारों की कहानियों के तहत ही गीत बनते हैं।

आज किरदार बदल गये हैं, समय बदल गया है। पुरानी बहुत सारी बातें कहीं भीतर गहरे चली गयी हैं। मैं बहुत सारे दबावों और पूर्वग्रहों से भी दूर हो चुका हूँ और सबसे बड़ी बात यह है कि शायद एक लम्बा अरसा बीत जाने

के बाद हम उन बहुत सारी बातों में से कुछ चीज़ों से उबर गये हैं। आज मैं ख़ुद को अपने बचपने से दूर, एक ज़िम्मेदार नागरिक की हैसियत से भी देखता हूँ। एक ज़िम्मेदार और चौकन्ने शायर के रूप में भी।

यतीन्द्र मिश्र

आपको पार्टीशन के राजनीतिक आशय क्या लगते हैं?

गुलज़ार

बँटवारे और दो मुल्कों के तकसीम होने से एक अजीब-सा मंज़र उभरता है, जिसमें भरोसे और बेफ़िक्री की कैफ़ियत ग़ायब है। एक पोएट के तौर पर हम सबकी बात को फ़ैज़ साहब (फ़ैज़ अहमद फ़ैज़) ने जैसे ज़ुबान दे दी हो—

ये दाग़ दाग़ उजाला
ये शब ग़ज़ीदा सहर
वो इन्तज़ार था जिसका
ये वो सहर तो नहीं...

यतीन्द्र मिश्र

आपके किशोरवय के संस्मरणों में विभाजन पूरी तरह छाया हुआ है। बावजूद इसके विभाजन को लेकर आपने कभी कोई फ़िल्म क्यों नहीं बनायी?

गुलज़ार

यह कहीं उधार है मुझ पर। मेरी पहली फ़िल्म विभाजन के ही बारे में थी, जिसे मैं बनाना चाहता था और जिसे हेमन्त दा (संगीतकार, गायक हेमन्त कुमार) प्रोड्यूस करने वाले थे। मैंने कलाकारों के ट्रॉयल तक ले लिये थे। लगभग सारी तैयारियाँ पूरी कर चुका था और कहानी भी तैयार थी। यह कहानी एक ट्रक ड्राइवर की थी, जो विभाजन के दौरान सरहद के आसपास रिफ़्यूजियों को छोड़कर आता है। ऐसे में जो लोग सरहद के इधर या उधर लाये और छोड़े जाते हैं, उन किरदारों की छोटी-छोटी कहानियों के हालात से इस फ़िल्म की कहानी ट्रैवल करती है। जैसे, कौन किस तरह, किस हालात में घर छोड़कर जा रहा है, कौन बॉर्डर के उस पार से किन लोगों के साथ आ रहा है और किन लोगों को वहाँ छोड़ आया है। तो इस तरह मैंने कहानी में विभाजन की त्रासदी की जगह बनायी थी और यह मेरी अपनी कहानी थी, जिसे मैं एक बहुत ही संवेदनशील धरातल पर बनाना चाहता था। मगर उस समय...हालात कुछ ऐसे

बने कि फिर फ़िल्म आगे नहीं बढ़ सकी और किन्हीं वजहों से यह फ़िल्म बनने से पहले ही स्क्रिप्ट के लेवल पर रुक गयी।

सालों बाद जब मैंने गोविन्द निहलानी जी की बनायी लम्बी धारावाहिकों की शक्ल में फ़िल्म 'तमस' देखी, जो विभाजन का बहुत सटीक और बहुत ही सन्तुलित ख़ाका खींचती है, तो मैंने अपने विभाजन वाली फ़िल्म की पटकथा को हमेशा के लिए मोड़कर आलमारी में बन्द कर दिया। मैंने गोविन्द जी से कहा भी था—'ये जो मेरे अन्दर एक सुलगी हुई आग थी, एक पटकथा मेरे अन्दर सालों से मौजूद थी कि मुझे किसी दिन विभाजन पर फ़िल्म ज़रूर बनानी है। आपकी 'तमस' देखकर अब यह आग बुझी है।'

यतीन्द्र मिश्र

बचपन की यादों में पुरानी दिल्ली के इलाक़ों का वो कौन सा मंज़र है, जो आज भी याद आता है?

गुलज़ार

पुरानी दिल्ली वो तब भी थी, जब मैं बहुत छोटा था। आज तो वो पहले से भी ज़्यादा बड़ी है और पुरानी दिल्ली ही कहलाती है। पहले सब्ज़ी मण्डी का एरिया था वहाँ, मगर आज सब्ज़ी मण्डी शिफ़्ट हो चुकी है। अपने पतों में भी हम सीधे यही लिखते थे—'रोशनआरा बाग़, सब्ज़ी मण्डी, दिल्ली।' अगर किसी को आगे-पीछे की डिटेल लिखनी हो, तो कहा करते थे—अपोजिट घण्टाघर, क्योंकि वहाँ जो चौराहा है, वो मेन चौराहा है। बाक़ी पतले से कुछ रास्ते और छोटे चौराहे हैं। इनमें से एक रास्ता रोशनआरा बाग़ की तरफ़ चला जाता है, एक जवाहर नगर की तरफ़।

जिस एरिया में जवाहर नगर है, वहाँ मैं सायकिल सीखने जाता था। .ख़ाली मैदान पड़े हुए थे उस समय, तो वहीं सायकिल सीखने के लिए सब लोग जाते थे। गुल्ली-डण्डा भी वहीं खेलते थे, क्योंकि वो खुला मैदान था। अब वो दिल्ली यूनिवर्सिटी का इलाक़ा बन गया है। हिन्दू कॉलेज भी अब वहीं आ गया है, पहले वह कश्मीरी गेट के अन्दर हुआ करता था। मैट्रिक के बाद मैं स्टीफ़ेंस कॉलेज में दाखिल हुआ था।

यतीन्द्र मिश्र

यूनाइटेड क्रिश्चियन स्कूल में कब से कब तक पढ़े?

गुलज़ार

फ़िफ्थ से मैट्रिक तक। एम.बी. मिडिल स्कूल से प्राइमरी की थी मैंने। बड़े शान से बोलता था—एम.बी. मिडिल स्कूल। जब बड़े हुए, तो समझ में आया ये 'म्युनिसिपल बोर्ड मिडिल स्कूल' है, रोशनआरा बाग़ के पास।

यतीन्द्र मिश्र

क्या अभी भी है ये स्कूल?

गुलज़ार

है! अब भी है, वहीं पर है, मगर उसका नाम कुछ और विद्यालय हो गया है, याद नहीं आ रहा, इक्ज़ेक्ट नाम क्या है। हाँ! पर अब वो पूरी तरह लड़कियों का स्कूल है।

यतीन्द्र मिश्र

क्या मैं जान सकता हूँ कि आपकी पढ़ाई क्यों छूटी और बी.ए. क्यों नहीं कर सके?

गुलज़ार

लम्बी कहानी है। पार्टीशन के बाद जब हम लोग दिल्ली आ गये थे, तो हमारा घर भी एक छोटा-मोटा रिफ़्यूजी कैम्प ही बन गया था। फ़ादर अफ़ोर्ड नहीं कर पा रहे थे, बावजूद इसके किसी भी ग़ैर को पकड़ लाते थे, रिफ़्यूजी कैम्प से, अगर वो हमारे गाँव का होता था। इस तरह एक नया व्यक्ति घर में शामिल हो जाता था...तो आप समझिए पूरा घर भर चुका था। इम्पॉसिबिल हो गया था वहाँ रहना, जिसे मेरे पिता समझ रहे थे। उसी समय उन्होंने निर्णय लिया कि मैं बम्बई चला जाऊँ, जहाँ जसमेर (बड़ा भाई) रह रहा था।

यतीन्द्र मिश्र

अपनी माँ के बारे में आपने कम बोला है, उनके बारे में आपके जो जज़्बात हैं, उसे साझा करेंगे, तो आपके पाठकों को भी सुकून मिलेगा।

गुलज़ार

माँ की इमेज नहीं है, मेरे ज़ेहन में, क्योंकि मैं कुछ महीनों का ही रहा होऊँगा, जब वे दुनिया से गयीं। उन्हें देखा नहीं, पहचानते नहीं, तो कोई इमेज नहीं है। उस ज़माने में कहाँ तस्वीरें गाँवों में हुआ करती थीं?...तो मैं बिल्कुल उस

चेहरे से वाक़िफ़ नहीं हूँ। वो सिर्फ़ एक बुलबुला है, एक ख़ला है। ये ज़रूर है कि मैंने माँ पर एक नज़्म लिखी, तो उस नज़्म में कहा—'मैं तुझे पहचानूँ, तो कैसे पहचानूँ? उसका एक ही तरीक़ा है कि मैं अपने चेहरे में ढूँढूँ, तो कहीं न कहीं वो होगी ज़रूर।

यतीन्द्र मिश्र

माँ को याद करके आपने अपना दुःख साझा किया। आपकी कहानी मक़बूल फ़िदा हुसैन की कहानी से इस सन्दर्भ में बहुत मिलती है। उन्होंने भी अपनी माँ को नहीं देखा था...उन्होंने जब भी माँ का चेहरा पेंट किया, तो वहाँ एक ख़ालीपन रखा, क्योंकि उन्हें याद ही नहीं उनकी माँ का चेहरा कैसा था?

गुलज़ार

हुसैन साहब के लिए क्या कहूँ? समझ सकता हूँ कि वो ब्लैंक-फ़ेस रचने के पीछे उनके कितने सवाल रहे होंगे। हालाँकि, अगर मैं उनकी जगह होता, तो इस सवाल को छोड़कर कि माँ कैसी दिखतीं, जिन्हें देखा है, मतलब अब्बू की शक्ल, वालिद की याद को पेंट करता।

यतीन्द्र मिश्र

आप अपने नानके (ननिहाल) को किस तरह याद करते हैं?

गुलज़ार

मेरी नानी का नाम मुझे याद नहीं है, मगर नाना का नाम भाग सिंह था। मुझे इस बात की हल्की-सी स्मृति है कि नाना कभी घर नहीं आये। कहीं सड़क पर मिल गये, देख लिया, तो ऐसे ही मुलाक़ात हो गयी। नानी भी किसी रिश्तेदार के यहाँ आस-पड़ोस में आयीं, तो वहाँ मिल गयीं। नाना जब भी आते थे, तो एकन्नी दे जाते थे...और नानी जब मिलती थीं, तो दुअन्नी देकर जाती थीं। एकन्नी गोल होती थी और दुअन्नी चौरस। मेरी माँ विद्यावती अकसर मुझे चिढ़ाया करती थीं—

पुन्नी का आया नाना, पुन्नी को दे गया इक अन्ना
पुन्नी की आयी नानी, पुन्नी को दे गयी दो अन्नी

यतीन्द्र मिश्र

आप अपने पिता को अब्बू बुलाते थे?

गुलज़ार

नहीं। मैं उन्हें घर में पापा जी बुलाता था। बाद में जाकर जब मैं लेखक बना और ख़तो-किताबत शुरू हुई, तब उसमें अपने आप अब्बू चला आया। मैंने आपको बताया ही है कि हमारे यहाँ हिन्दुस्तानी और पंजाबी के अलावा उर्दू ज़ुबान में ही बात होती थी। हम सबकी परवरिश में मुस्लिम घरानों की तरह उठने-बैठने का कल्चर रहा है, यह मैंने आपको पहले बताया भी है। इसी ज़ुबान में हम बड़े हुए। 'सुभान-अल्लाह', 'इंशा-अल्लाह' हमारी ज़ुबान पर बड़ी आसानी से आता है, नेचुरली आता है। इसलिए जब भी मैंने अपने लेखन में उन्हें इंगित किया, तब हमेशा अब्बू ही कहा।

यतीन्द्र मिश्र

आपकी दादी का क्या नाम था? उनकी कोई स्मृति?

गुलज़ार

गुरुदई या शायद गुरुबित्ती कहते थे उन्हें। मतलब वाहे गुरु की दी हुई। मेरी स्मृति में वे बहुत कमज़ोर-सी ज़ईफ़ (बूढ़ी) महिला थीं। अब्बू ही देखते थे और ध्यान रखते थे। उनके हमउम्र जो लोग थे, वे उनसे कहते थे—'मखड़ा! तू बहुत ख़ुशक़िस्मत है, जो सेवा का मौक़ा मिल रहा है तुझे।' वाक़ई मेरे पिता ने उनकी बड़ी सेवा की। उसकी इमेज ज़रूर है मन में कहीं।

यतीन्द्र मिश्र

मेरे लिए यह सब जानना बहुत ज़रूरी है, गुलज़ार साब! ...इसलिए भी कि इनको जोड़कर मैं आपकी रचनात्मक ज़िन्दगी के वो मुक़ाम दोबारा से देखना चाहता हूँ, जिसमें फ़िल्मों, गीतों, पटकथाओं, नज़्मों और तमाम सारी अन्य क्रिएटिव चीज़ों में आप ख़ुद इशारों में व्यक्त होते रहे हैं...

गुलज़ार

इसका एक कनेक्शन, जब मैं मुड़कर देखता हूँ कि वो जो टैगोर की किताब 'गार्डनर' मुझे उस समय मिली, जिसकी सबसे ज़्यादा ज़रूरत थी...और उसके बाद शरतचन्द्र की किताबें पढ़ता रहा। मुझे लगता है कि कहीं न कहीं मेरा माज़ी, बंगाल की कहानियों से अटैच्ड है। आप देखें, शरतचन्द्र के यहाँ सारे कैरेक्टर मिलते हैं। वहाँ दादी के, दादी के रिश्तेदारों के, नानी के, सौतेले भाई-बहनों के, सभी तरह के रिश्तेदार और एक ज्वॉइंट फ़ैमिली मिलती है। पीछे मुड़कर देखने में यही लगता है कि शरतचन्द्र जी के यहाँ ऐसे ढेरों कैरेक्टर्स

अपने डिफ़रेंट शेड्स के साथ इफ़रात में मिलते हैं। हालाँकि, ऐसे बहुत सारे चरित्र आपको प्रेमचन्द के यहाँ भी मिलेंगे...मगर मेरा माज़ी तो बंगाल के कथा साहित्य से कहीं जुड़ता लगता है।

यतीन्द्र मिश्र

यह आपने सही कहा है, बांग्ला साहित्य में मानवीय रिश्तों के तनाव और अन्तर्विरोध को बड़ी सूक्ष्मता से पकड़ने की परम्परा रही है...

गुलज़ार

जी, वो बंगाली लिटरेचर में है। मेरा ख़्याल है, यह भी एक वजह हो सकती है, जो मैं बांग्ला साहित्य से इतना जुड़ा हुआ महसूस करता हूँ। बांग्ला में भी अलग-अलग शेड्स हैं। शरतचन्द्र जी के यहाँ मेलोड्रॉमेटिक सीन ज़्यादा मिलते हैं, जबकि विभूतिभूषण बन्द्योपाध्याय की भाषा में उतनी नाटकीयता नहीं है। वो ज़्यादा खुलती जाती है और सादगी से अन्दर का सब उघाड़कर रख देती है। उनकी 'पाथेर पांचाली' देखिए, तो कथानक का वाइड ओपेन एक्स्पेक्ट्रम दिख जायेगा।

यतीन्द्र मिश्र

ये सारी बातें सुनने के बाद, आपकी वो पुतले वाली नज़्म कुछ-कुछ समझ में आने लगी है। गुलज़ार साब! वो नज़्म सुना दीजिए...

गुलज़ार

ज़रूर। वो मेरा अतीत है, जिसे यादों में उभरना ही है। फिर उसका एक क्रिएटिव मक़सद भी है, जिसे आप नज़्मों या कहानियों में कहकर उससे अलग हो जाते हैं। (गुलज़ार नज़्म पढ़कर सुनाते हैं)

बेमानी-सा चीज़ था वो
मिट्टी का बना भट्टी में पका
इक बुत का चेहरा था
ड्राइंग रूम में रखा रहता था
बातें करते कई दफ़ा वो बीच नज़र में पड़ता था
एक जगह से दूसरी जानिब रखना, खिसकाना पड़ता था
साफ़-सफ़ाई करते अकसर ऊपर नीचे रख के देखा
दरवाज़ों के आगे-पीछे
कोई जगह बन पायी नहीं

टूटा भी नहीं कि फेंक ही देते
बरसों तक कुछ आगे-पीछे दायें-बायें रखते-रखते
घर के बाहर जा रखा जब...
भाग गया वो!

पूछते हैं अकसर चौराहे पर अब मुझसे
मिट्टी का बना भट्टी में पका
इक चेहरा था...वो तुम तो नहीं?

यतीन्द्र मिश्र

क्या जीवन में कभी आपको ये अवसर मिला कि महात्मा गांधी के दर्शन कर सकें?

गुलज़ार

जी हाँ! मैं भाग्यशाली हूँ कि गांधी जी को तब बहुत क़रीब से देखने का मौक़ा मिला, जब मैं किशोर उम्र में था। गांधी जी चाँदनी चौक के शीशगंज गुरुद्वारा में आये थे और वहाँ उन्होंने एक भाषण भी दिया था। वहीं गुरुद्वारे में उन्होंने आमरण अनशन का व्रत भी तोड़ा था। मुझे अच्छी तरह से याद है कि उस समय मैं उन्हें नज़दीक से देख और सुन पाया था। वो दिन भी याद है, गुरु-पर्व का दिन। हुआ यह था कि उस दौरान दिल्ली में सिखों और मुसलमानों के बीच तनाव बढ़ गया था, जिसे शान्त कराने के लिए गांधी जी ने ये उपवास रखा।

यतीन्द्र मिश्र

बचपन से ही आपको पढ़ने का शौक़ हो गया था। बचपन की कोई ऐसी बात, जिसमें लिखने-पढ़ने की पारिवारिक या सामाजिक स्मृति शामिल हो?

गुलज़ार

उस ज़माने में, बचपन में 'मिलाप', 'प्रताप', 'वीरभद्र', 'जंग' यही अख़बार थे। ज़ेहन में सेकेंड वर्ल्ड वॉर की इमेज अभी भी ताज़ा है। जब हम स्कूल में थे, बजुर्गों, बड़े लोगों को पढ़ते हुए देखते थे। वे लोग रोशनी में पढ़ते थे या बाहर ग्रुप में बैठते थे। वे पॉलिटिक्स डिस्कस करते थे, ब्रिटिशों के काम की आलोचना करते थे और वॉर की क्या हेडलाइंस रही हैं, इस पर बात करते थे।

यतीन्द्र मिश्र

आप पंजाब से हैं और आपके जन्मस्थान की भाषा पंजाबी रही है, फिर भी आपका लिखना उर्दू में है और हिन्दी पट्टी के लोगों की तरह आप शानदार हिन्दी और ख़ालिस उर्दू बोलते हैं, यह कैसे सम्भव हुआ?

गुलज़ार

अरे भाई! मैंने उर्दू स्कूल में एक मौलवी साहब से सीखी थी। मुजीबुर्रहमान साहब थे। मुझे पता नहीं वो कहाँ के थे, पर उन्होंने उर्दू बहुत तबीयत से सिखाई थी। वो आज भी मेरे काम आती है।

यतीन्द्र मिश्र

आप लोग जब प्रगतिशील लेखक संघ (पी.डब्ल्यू.ए.) की मीटिंग में जाते थे, तब कुछ और साहित्यिक आयोजनों में भी शिरकत करते थे?

गुलज़ार

जी हाँ! पी.डब्ल्यू.ए. में तो जाना होता ही था। हम लोग पंजाबी साहित्य सभा में भी जाते थे। इस सभा में हम तीन मतलब, मैं, लाजपत राय, जो लेखक हैं और 'मिड डे' में लिखते थे, मेरे साथ पढ़ते थे और सागर सरहदी। हम तीन लोग ही जाया करते थे। पी.डब्ल्यू.ए. की मीटिंग शनिवार को होती थी और पंजाबी साहित्य सभा की सण्डे को। उसके बाद हम लोग माटूंगा रेलवे स्टेशन के पास मार्कसिज़्म की क्लास में जाते थे, जो एक टेण्टनुमा पण्डाल में लगी होती थी। उस समय एक पार्टी होती थी—रिवोल्यूशनरी सोशलिस्ट पार्टी, वही यह क्लास आर्गनाइज़ करती थी। वहाँ शीला मधोक मार्क्सवाद पढ़ाती थीं। हम तीनों ही मार्क्स में कम और उनके पढ़ाने में ज़्यादा दिलचस्पी लेते थे।

वे बेहद ज़हीन और ख़ूबसूरत थीं, इसलिए उस क्लास में जाने में दिलचस्पी बनी रहती थी।

यतीन्द्र मिश्र

शीला मधोक को देखने के बहाने उनकी मार्कसिज़्म की क्लास में जाने का मामला दिलचस्प है। क्या कभी किसी फ़िल्म में इसे कथानक का हिस्सा बनाकर डालने की कोशिश की?

गुलज़ार

नहीं, ज़रूरी नहीं कि हर चीज़ सिनेमा में इस्तेमाल कर ही ली जाये। कई

दफ़ा अपनी जवानी या बचपन की चीज़ें सिनेमा में अपने आप आ जाती हैं, या लिटरेचर का पार्ट बन जाती हैं। मेरी अपनी ही फ़िल्म 'किताब' में जलेबी बनाने का दृश्य, मदारी वाला सीन, यह सब मेरे अपने बचपन के ही वाक़ियात हैं। आख़िरकार इंस्पिरेशन तो जीवन से ही आती है।

यतीन्द्र मिश्र

बिमल रॉय को किस तरह याद करते हैं?

गुलज़ार

बिमल दा को कई तरह से याद करता हूँ। जब वो मुझे मोटर गैराज छुड़ाकर अपने साथ असिस्टेण्ट डायरेक्टर बनाकर ले गये, तो एक पिता की तरह लगे, जिन्हें इस बात की चिन्ता थी कि आगे मेरा क्या होगा? मोटर गैराज मेरे लिए सही जगह नहीं है। ऐसा तो मेरे परिवार के किसी सदस्य ने मेरे बारे में कभी नहीं सोचा था...तो वो एक इन्फ्लुएंस है मेरे ऊपर। वे कम्पलीट डायरेक्टर थे।

ऐसा नहीं था कि उनके दौर में यथार्थवादी सिनेमा बनाने वाले कम लोग थे। गुरुदत्त, अमिय चक्रवर्ती, जिया सरहदी, किशोर साहू और असित सेन ढेरों लोग अपने ढंग से बेहतरीन फ़िल्में बना रहे थे, जिनकी एप्रोच रिएलिस्टिक थी। 'दो बीघा ज़मीन', 'बन्दिनी', 'सुजाता', 'काबुलीवाला' और 'परख' जैसी फ़िल्मों के साथ वे एक ऐसे छोर पर खड़े थे, जहाँ कल्पना और यथार्थ में एक फाइन बैलेंस होता दिखाई देता था। ये हर चीज़ में था। कहानी चुनने से लेकर गीतों की रेकॉर्डिंग तक। बिमल दा परफ़ेक्शनिस्ट थे, सिनेमा ही ओढ़ते-बिछाते थे।

यतीन्द्र मिश्र

बिमल रॉय से अलग आपके जीवन में एक अभिभावक के तौर पर किस दूसरे इंसान की सबसे ज़्यादा उपस्थिति रही?

गुलज़ार

बिमल दा की मृत्यु के बाद संगीतकार और पार्श्वगायक हेमन्त कुमार ही वो व्यक्ति थे, जिन्होंने हम सबको सहारा दिया। उन्हें पता था, बिमल दा की यूनिट बिखरने वाली है और सभी को कोई न कोई काम की ज़रूरत है। उनका जेस्चर बहुत बड़ा था। उन्होंने बिमल रॉय के पर्सनल सेक्रेटरी मुकुल दत्त को बंगाली फ़िल्मों में गाने लिखने का काम दिलवाया। इसी तरह उन्होंने हर एक को उसकी प्रतिभा और ज़रूरत के मुताबिक़ कहीं न कहीं लगवाया। उसी

समय उन्होंने मुझे ऋषिकेश मुखर्जी से मिलवाया, जो उसी दौर में 'आशीर्वाद' पर काम कर रहे थे। मैं जब बिमल दा से जुड़ा था, उसके पहले ही ऋषिकेश मुखर्जी वहाँ से जा चुके थे और स्वतन्त्र रूप से अपना काम करने लगे थे।

आज भी मुझे याद है कि हेमन्त कुमार के मिलवाने का ही नतीजा था, जिससे ऋषिकेश मुखर्जी इस बात के लिए तैयार हुए और उन्होंने मुझे 'आशीर्वाद' के गाने और स्क्रीनप्ले लिखने के लिए पूछा। और बाद में मुझे 'आनन्द' की स्क्रिप्ट लिखने के लिए दी गयी। उसी तरह ऋषि दा ने मुझे 'आनन्द' के प्रोडयूसर एन.सी. सिप्पी साहब से मिलवाया, जिन्होंने मुझे 1971 में मेरी पहली फ़िल्म बनाने का ब्रेक दिया।

यतीन्द्र मिश्र

'ख़ुशबू' में हेमा मालिनी जी के किरदार में जो सेंसिटिविटी है, क्या वह पटकथा का अलग से ज़रूरी हिस्सा है?

गुलज़ार

'ख़ुशबू' में भी हेमा के करेक्टर में जो सेंसिटिविटी है, वो कमाल की है। इस फ़िल्म में हेमा जी के ख़ुद के किरदार में जितना स्वाभिमान या सेंस ऑफ़ प्राइड है, वह शरतचन्द्र जी के कारण है। वो जहाँ इमोशन की ज़मीन भी है, उसे शरतचन्द्र जी अपने उपन्यास में लेकर आते हैं। यहाँ कहानी में शरतचन्द्र जी के कारण इमोशन बहुत लाउड है उनकी कहानियों और उपन्यासों में ख़ास क़िस्म का मेलोड्रामा मिलता है। शरतचन्द्र जी के अन्दर एक बात बड़े कमाल की थी। आप उनकी कहानियाँ, नॉवेल या उन पर बनने वाली फ़िल्में देख लीजिए, एक ख़ास चीज़ उनके महिला चरित्रों में मिल जायेगी। जिसे आप स्वाभिमान कहते हैं, प्राइड कहते हैं, जिसे आप कुछ हद तक अहं कहते हैं—आपको वो इगो उनकी फ़िल्मों में और कहानियों के सारे केन्द्रीय स्त्री पात्रों में मिल जायेगी। आपको वो पारो के अन्दर नज़र आयेगा और चन्द्रमुखी के अन्दर भी। 'ख़ुशबू' के हेमा मालिनी के चरित्र में अनायास ही वो सेंस ऑफ़ प्राइड आ गयी है, जो उनकी शख़्सियत में मौजूद रही है।

यतीन्द्र मिश्र

क्या आपको यह नहीं लगता कि कहीं न कहीं आप स्त्री स्वाभिमान को शरतचन्द्र के स्त्री-पात्रों के बहाने देखने का जतन करते हैं? साहित्य के गलियारे से चलकर इस किरदार को पकड़ने की कोशिश...

गुलज़ार

'ख़ुशबू' के सन्दर्भ में तो यह बात ठीक ही लगती है। सबसे बढ़कर यह बात कि जिस स्वभाव को आप समझते हैं और उससे मिलते-जुलते विचार पर आप ख़ुद खड़े होते हैं, उसको अपने अन्दर में ढालकर देखने की कोशिश आपको उस किरदार के लिए जवाबदेह बनाती है। इसीलिए ज़्यादातर फ़िल्मों के महिला किरदारों को आप ख़ुद अपनी अहं से जोड़कर देखते हैं और नये नज़रिये से खड़ा करते हैं।

अलग से अगर मैं कहूँ, तो 'इजाज़त' की बात को भी यहाँ उदाहरण की तरह देखूँगा। अब इसमें एक जो किरदार रेखा का है, वो मुझे कम से कम शालीनता, ठहराव और सब्र के स्तर पर कमाल का लगता है। एक ठहराव और कुछ अलग-सी गरिमा से भरा हुआ संजीदापन...आप 'इजाज़त' देखें, तो प्रेम करने और उसे हारने या उससे लगभग अलग हो जाने के बाद भी जो शालीनता और बेहिसाब सब्र रेखा के चरित्र में दिखता है, वह सब शरतचन्द्र जी के किरदारों की याद दिलाता है।

यतीन्द्र मिश्र

'ख़ुशबू' के कथानक और पटकथा को लेकर कुछ ऐसा अलग क्या है, जो संवेदना के स्तर पर इस विमर्श में कुछ नये सूत्र जोड़ता है?

गुलज़ार

इस फ़िल्म को मैं शरतचन्द्र जी से अलग करके नहीं देखता। 'पण्डित मोशाय' जो उनकी कहानी है, उसे अगर आप पढ़ें, तो पायेंगे कि ख़ूब लम्बा-चौड़ा प्लॉट है उसका। ...लेकिन यह ज़रूरी है कि सिनेमा में कहानी उसी तरह जाये कि आपको वह मुकम्मल लगे, भले ही वह उसके किसी अंश पर आधारित हो। कुछ इसी तरह से मुझे 'पण्डित मोशाय' के पहले के तीन चैप्टर बड़े काम के लगे, जिसे मैंने 'ख़ुशबू' की कहानी में अलग से जोड़ दिया। मुझे उस वक़्त जो सबसे ख़ूबसूरत एलीमेंट लगा था, वह कुसुम (फ़िल्म की नायिका) का उसके प्रेमी बृन्दाबन (नायक) के साथ रिलेशन था। मुझे जिस बात ने बहुत ज़्यादा मुतासिर किया था, वह यह कि बृन्दाबन और कुसुम का आपसी रिश्ता, जो रवायती कहानियों से बेहद अलग है। शरतचन्द्र का यह नॉवेल बहुत लम्बा और पेचीदा है। इसलिए कहानी का सिर्फ़ उतना सा हिस्सा, जो इन दोनों के सम्बन्धों को एक बिल्कुल नये ढंग से देखता है, मैंने उठा लिया और फ़िल्म का कथानक बनाया। इसमें दिलचस्प है कुसुम की

खुद्दारी और उसका अपना हार न मानने वाला स्वभाव, जो उसे बृन्दाबन से अलग भी रखता है और जोड़कर भी। इसी पहलू के अन्तर्गत कहानी को बुनते हुए 'खुशबू' फ़िल्म का इन्तख़ाब हुआ था। इस फ़िल्म में नायक और नायिका के बीच अधिकार का एक अजीबोग़रीब रिश्ता बनता है, जो नायक के बेटे को लेकर भी है...और जिसे कुसुम अपने बेटे जैसा मानती है। यहाँ कोई कैलकुलेशन, कोई हिसाब-किताब नहीं है। नायिका जानती है कि जो लड़का है, वो उसकी सौतन का बेटा है फिर भी उसे बड़े अधिकार से प्रेम करती है।

यतीन्द्र मिश्र

कॉमर्शियल सिनेमा के व्याकरण में ऐसा कौन सा काम था, जिसके बारे में आपको मन हुआ कि इस पर मुझे फ़िल्म ज़रूर बनानी है, भले ही वह काम आप सिर्फ़ सोचते रहे हों, उसे बनाने का वक़्त नहीं मिला या मामला टल गया?

गुलज़ार

अपने काम के दायरे में जाकर देखूँ, तो एक फ़िल्म थी 'देवदास', जिसे मैंने बनाना शुरू किया था, पर वह बन नहीं पायी। शरतचन्द्र का यह उपन्यास मुझे हमेशा से प्रभावित करता था और मुझे लगता था कि अपने ढंग से मुझे इसे पिक्चराइज़ करना है। जबकि मैं जानता था कि मुझसे पहले सहगल साहब और दिलीप कुमार को लेकर दो बड़ी फ़िल्में तामीर हो चुकी हैं। के.एल. सहगल एक बड़े लीजेंड थे और उसी तरह अपने दौर के दिलीप साहब भी रहे। यही बात मुझे सिनेमा की भाषा में अखरती थी कि देवदास कोई लीजेंड नहीं था, फिर क्यों इन दो बड़े दिग्गजों को एक ऐसे किरदार के लिए कास्ट किया गया? एक जबर्दस्त बात देवदास नॉवेल में यह है कि वह नायक जो देवदास है, एक साधारण इंसान है, मगर जिस तरह शरतचन्द्र जी ने उसके कैरेक्टर को बुना है, उसकी प्रेजेंस एक लीजेंड की तरह उपन्यास में उभरती है। अगर आपने वो उपन्यास पढ़ा हो, तो इस बात से सहमत होंगे कि देवदास की तुलना में उसके दो औरत किरदार ज़्यादा बड़े और महत्त्वपूर्ण हैं।

एक बेहतरीन बात वहाँ यह मौजूद है कि देवदास जब प्रेम करता है, तो वह एक एडोलसेंट युवक है। उसकी उम्र वैसे ही किशोर है, जब वो गाँव लौटता है और पारो में अपने प्रेम को देखता है। उसका कच्चापन, किशोरावस्था की अल्हड़ मौजूदगी ही उसका सबसे शानदार पहलू है, जिससे उसके किरदार का

इनोसेंस भी झलकता है। शरत् बाबू ने यह कमाल का काम किया है। मुझे वही पकड़ना था, जिसके लिए मैंने 'देवदास' बनाने की सोची।

यतीन्द्र मिश्र

क्या यही कारण है कि देवदास के चरित्र में मौजूद सादगी और ईमानदारी को आप उस दौर के अभिनेताओं में धर्मेन्द्र के माध्यम से कहना चाहते थे?

गुलज़ार

सही बात है। धर्मेन्द्र आज भी एडोलसेंट हैं। आज भी उस आदमी में वो ईमानदारी क़ायम है, जो उनकी पूरी पर्सनैलिटी से झलकती है। एक सज्जन इंसान की कैफ़ियत। आज भी आप उनकी तरफ़ देखिए, तो उनमें रोमांस दिखाई देता है। वो बात भी करते हैं, तब भी आँखों से आप वो चीज़ पढ़ सकते हैं। ही इज़ स्टिल अ रोमांटिक मैन।

यतीन्द्र मिश्र

'देवदास' को बनाने का निर्णय लेने के पीछे पारो और चन्द्रमुखी मुख्य विचार की तरह उभरती हैं...इसे आप अपनी दृष्टि के तहत किस तरह देखते हैं?

गुलज़ार

पारो वह लड़की है, जो रातों-रात वयस्क हो जाती है, जब उसका विवाह एक ऐसे बड़े ज़मींदार से कर दिया जाता है, जो न सिर्फ़ उसके पिता की उम्र का है, बल्कि उसके दो जवान बेटे-बेटी भी हैं। वह तब तक एक अपरिपक्व या अल्हड़ किशोरी रहती है, जब तक वह देवदास के प्रेम में है। जैसे ही शादी के बाद उस पर पूरे ससुराल और घर की ज़िम्मेदारी आती है...तो वहाँ पारो का सारा बचपन, किशोर मन और प्रेम सब कुछ पीछे छूट जाता है और अचानक ही वह मैच्योर औरत की तरह दिखने लगती है। इसके दूसरी तरफ़ चन्द्रमुखी है, जो औरत है। कोठे पर बैठती है, मगर जब वह देवदास के प्रेम में पड़ती है, तो एकाएक औरत के किरदार से निकलकर वह एक किशोर युवती हो जाती है। क्या उम्दा कंट्रास्ट रचा है उपन्यासकार ने। एक लड़की का औरत में तब्दील होना और एक औरत का प्रेम पाने की कामना में लड़की होते जाना।

यही इस उपन्यास का सबसे सुन्दर पहलू है, जिसे कम से कम मुझे लगता है कि कोई दूसरा फ़िल्म निर्देशक इस बात को आधार बनाकर 'देवदास' नहीं

रच पाया। मैं पूरे सम्मान के साथ बिमल रॉय और पी.सी. बरुआ का नाम लूँगा कि उन्होंने देवदास के पर्सपेक्टिव से कहानी कही है।

यतीन्द्र मिश्र

हेमा मालिनी को पारो के रोल के लिए चुनने के पीछे क्या कारण रहे, जबकि नृत्य में निपुण उन्हें चन्द्रमुखी के रोल में कास्ट करना ज़्यादा सहज था?

गुलज़ार

जब थोड़ा-थोड़ा यह उपन्यास मुझे समझ में आने लग गया, तो मुझे महसूस हुआ कि उपन्यास का जो कैरेक्टराइज़ेशन है, वो तो यह है, जो मैंने अभी आपसे बताया। मैंने इसीलिए शर्मिला टैगोर को चन्द्रमुखी के रोल के लिए चुना। एक फ़िल्ममेकर के तौर पर मुझे यह सही लगा कि शर्मिला जी चन्द्रमुखी के रोल में जँचेंगी और जब वे कोठे पर बैठकर ठुमरी गाने वाली महिला का किरदार कर रही होंगी, तो मुकम्मल तौर पर एक सम्पूर्ण औरत लगेंगी, जिसे देवदास के प्रेम में पड़कर एक लड़की के किरदार में तब्दील हो जाना है... और इसी तरह हेमा जी का सादगी-भरा ज़हीन व्यक्तित्व कहीं न कहीं पारो के मर्यादाभरे जीवन को, जिसे शादी के बाद एक परिपक्व महिला के तौर पर नज़र आना है, बहुत जँचता था। इसलिए मैंने इस तरह से देवदास की कास्टिंग की थी।

यतीन्द्र मिश्र

इस फ़िल्म के गाने भी रेकॉर्ड हुए थे?

गुलज़ार

जी हाँ दो गाने रेकॉर्ड किये थे। एक बेहद ही ख़ूबसूरत गाना था *'कुहू कुहू बोले कोयलिया'* और दूसरा *'सहमा-सहमा डरा-सा रहता है'*। क्या कमाल की कम्पोज़ीशन बनायी थी पंचम (आर.डी. बर्मन) ने। *'सहमा-सहमा डरा-सा रहता है/जाने क्यों जी भरा-सा रहता है'* सैड सांग था, जिसे भूपी (भपेन्द्र) ने गाया था।

यतीन्द्र मिश्र

'कुहू-कुहू कोयलिया' किसने गाया था?

गुलज़ार

...और कौन गायेगा उसको? लता जी ने गाया था।

यतीन्द्र मिश्र

फ़िल्मों के लिए गाने लिखने का आपका जो ग्राफ़ है, उसमें विचलन नहीं है। पिछले तक़रीबन साठ सालों में आपकी यात्रा को यदि देखा जाये, तो उसमें कविताएँ जबरन चूल्हे पर देगची में पकने नहीं आतीं, बल्कि अपनी नैसर्गिक उपस्थिति में सीझती रहती हैं। यह गीतों में कविता को लाने की जो तारतम्यता है, वो अन्तर्धारा की तरह मौजूद रही है। इसे आप किस तरह देखते हैं, जब गानों को पलटकर कभी ख़ुद के लिए सुनते हैं?

गुलज़ार

बल्कि, मैं इसको अकसर इस तरह से कहता हूँ कि देखिए वक़्त बदलता रहा है। एक तो यह है कि मैं बदल रहा हूँ और वक़्त वही है, ऐसा तो नहीं है? दूसरा यह कि जब मेरे चारों ओर वक़्त बदलता है, उसके साथ एक्सप्रेशंस बदलते हैं, ज़ुबान बदलती है, फ़िल्म बदलती है। आपकी कहानी के किरदार बदलने लग गये हैं, तो मेरे इज़हार में तब्दीली तो आयेगी ही ...लेकिन यह मुमकिन नहीं है कि उसमें से शायरी ग़ायब हो जाये। जब आपके एक्सप्रेशंस बदलेंगे—फ़िल्म के साथ, किरदार के साथ, कहानी के साथ और आपके अपने दौर के साथ...लेकिन ये कि उसमें से ख़याल ही बदल जाये, तो यह तो मुमकिन नहीं है न? आपको अपना मुक़ाम देखना पड़ता है। अपना अस्तित्व, जिस जगह पर आप खड़े हुए हैं कि आप ये क्या कर रहे हैं? आप जो काम कर रहे हैं, वो आज़ादी के साथ कर रहे हैं या नहीं, यह देखना पड़ता है।

यतीन्द्र मिश्र

आपकी बात वाजिब है और आज़ाद ख़याल होकर लिखने की शर्त बेहद महत्त्वपूर्ण इशारा है फ़िल्म इंडस्ट्री में गीत लिखने के लिए...लेकिन यही इंडस्ट्री कॉमर्शियल एंगिल से हर चीज़ को तय करती है। इस नयी सदी के पिछले दो दशकों का मूल्यांकन किया जाये, तो यह व्यावसायिकता बहुत ज़्यादा हावी हुई है और इसके चलते सिनेमा के गीतों का मामला भी दूसरे ढंग से तय होने लगा है। उदाहरण के तौर पर, अब संगीतकारों से एक मुकम्मल धुन और बेहतरीन कम्पोज़ीशन की ज़रूरत निर्माता नहीं महसूस करता, बल्कि वो यह तय करना चाहता है कि जो धुन बनायी जा रही है, उसकी एक कामयाब ट्यून ऐसी रची जा सके, जिससे मोबाइल कम्पनियों को बेचा जाने वाला रिंगटोन बनाया जा सके।

गुलज़ार

दुरुस्त बात है, लेकिन उसमें एक सवाल ज़रूर है कि वह किसके सर्वाइवल के लिए बनाया जा रहा है? क्या वह सर्वाइवल ऑफ़ आर्ट के लिए है या कि कुछ और वजहों के लिए...जहाँ तक मेरे गीतकार का मामला है, मैं उसके लिए सचेत रहता हूँ कि ये जो हाथ से धागा छूट जाता है, वह भला क्यों छूट गया? मैं उसे थामने की कोशिश करता हूँ और हर एक शब्द या स्वर, जो छूट गये हैं, उन्हें पकड़ने का भरसक जतन करता हूँ। मैंने अपनी फ़िल्में भी इसीलिए अपनी शर्तों पर ईमानदारी से बनायी हैं।

जब कॉमर्शियल सिनेमा अपने उफान पर था और दोस्त लोग एक से बढ़कर एक कामयाब कॉमर्शियल फ़िल्में बना रहे थे, उस समय मैं 'किनारा', 'किताब', 'नमकीन' और 'अंगूर' बना रहा था। मगर यह मेरी अपनी शर्त थी, जिसके लिए मैंने यह चयन किया। यह हुनर भी एक कलाकार ख़ुद से विकसित करता है, उसे ख़ुद पर भरोसा करते हुए इतना समझदार होना चाहिए कि जब दौर ख़राब हो, तो उसे किस तरह का काम करना है।

आपको एक मिसाल देता हूँ, जो ईमानदारी पर टिका हुआ है। राज कपूर साहब ने 'मेरा नाम जोकर' बनायी और क्या मक़बूल तौर पर बनायी। वो फ़िल्म उनकी ख़ुद की आर्ट का एक ज़बरदस्त रिफ़लेक्शन है, जिसे उन्होंने पब्लिक से ज़्यादा ख़ुद को सन्तुष्ट करने के लिए बनाया। फ़िल्म फ़ेल हुई, व्यावसायिक रूप से, मगर क्या हुआ, इससे राज साहब की कला पर ज़रा भी फ़र्क़ नहीं पड़ा। आज भी, 'मेरा नाम जोकर' उनका बेंचमार्क मानी जाती है। फिर उन्होंने कॉमर्शियल ऐंगिल से पब्लिक को अपील करने वाली 'बॉबी' बनायी। आप आश्चर्य करेंगे, मुझे 'बॉबी' बेहद पसन्द है, क्योंकि उसे ईमानदारी से बनाया गया है।

बाज़ार का दबाव, कॉमर्शियल सेट-अप, सर्वाइवल का मामला और आजकल मोबाइल कम्पनियों के लिए रिंगटोन बनाने की पेशकश, ये सब मसले ही नहीं हैं। ज़रूरी और समझदारी वाली बात बस इतनी है कि अपनी कला से ख़ुद के लिए आपकी क्या डिमांड है? वह अगर सही, ईमानदार और आपकी सोच को जस्टीफ़ाई करती है, तो कामयाबी न मिले, ऐसा हो नहीं सकता।

यतीन्द्र मिश्र

आपने बहुत सार्थक जवाब दिया है, क्या आपको लगता है कि हर

कलाकार इसी गहराई से सोचकर अपने माध्यमों में काम करता है? क्या उसे सफलताएँ, प्रतिष्ठा और ज़्यादा से ज़्यादा काम पाने की लालसा नहीं होती? क्या आज के आपाधापी के समय में प्रतिस्पर्धा इतनी ईमानदार, साफ़ और सरल रह गयी है?

गुलज़ार

देखिए, अपने आपको फ़ेस करना बड़ा ज़रूरी होता है, क्योंकि हर बार आपको खुद का सामना करना पड़ेगा। दूसरे की तो बारी बाद में आयेगी कि उसके साथ कम्पटीशन को आप किस तरह लेते हैं। बाहर गन्दगी है, तो भीतर का माहौल हम क्यों साफ़ बनाकर नहीं रख सकते? आप या मैं या कोई भी, बाज़ार क़ो देखकर तो नहीं लिख सकते। न ही क्रिटिक्स को देखकर लिखना चाहिए कि वो इसके साथ कैसा बर्ताव करेंगे।

यतीन्द्र मिश्र

आपकी अपनी बनायी फ़िल्मों में जिनमें आर.डी. बर्मन ने संगीत दिया है, कुछ कमाल के गाने लता मंगेशकर और आशा भोसले ने गाये हैं। ऐसे गीत बेहद कामयाब हुए और आज वे हिन्दी सिनेमा के अमर गीतों में गिने जाते हैं। एक सवाल ऐसे ही .ख़याल में आता है कि गीतकार वही है, म्यूज़िक कम्पोज़र वही, मगर दो अलग-अलग पार्श्वगायिकाओं की आवाज़ों में पूरी कम्पोज़ीशन की अदायगी बदल जाती है। मेरा कहना यह है कि एक तरफ़ 'ख़ुशबू' में 'दो नैनों में आँसू भरे हैं' लता जी की आवाज़ में सुनें और उसी समय 'बेचारा दिल क्या करे' आशा जी की आवाज़ में...दो अलग ज़मीन पर गाने अपनी संवेदनशीलता तलाशते हैं।

मैं यह समझना चाहता हूँ कि इन दोनों गायिकाओं के गाये हुए गीत यदि आपस में बदल दिये जाते, तो पंचम कैसा असर पैदा करते? या कि आपकी शायरी का आशय फिर किस तरह खुलता? मतलब, 'मेरा कुछ सामान' और 'ये साए हैं, ये दुनिया है' लता जी गातीं और इसी तरह 'अबके न सावन बरसे' और 'सीली हवा छू गयी' को आशा जी की आवाज़ मिलती?

गुलज़ार

अगर ये होता, तो क्या होता? ये सुन्दर बात है कि इस तरह चुनाव किया जाता, तो उसके क्या रिज़ल्ट होते? ये एक हद तक बड़ा इम्पॉर्टेंट मसला है, जो आपके देखने में आया। इसमें एक और बात का ख़याल रखना पड़ता है

कि फ़िल्म में जिस चरित्र के लिए गाना लिखा गया है, उसे कौन-सी शख़्सियत पूरी तरह से गाकर न्याय करेगा। मिसाल के तौर पर आपने 'सितारा' के गीत की बात की है—*'ये साए हैं, ये दुनिया है'*। इसे एक एक्ट्रेस पर फ़िल्माया जाना था, क्योंकि फ़िल्म की पूरी कहानी उसी अदाकारा के इर्द-गिर्द घूमती है। अब, इस गाने को लेकर प्लेबैक सिंगर को चुनने की जब बात आयी, तो ये देखना ज़रूरी था कि वो एक्ट्रेस कैसा किरदार रखती है? उसके मूड्स हैं, उसके सपने हैं, थोड़ी चंचलता भी; अगर ये कुछ एलीमेंट्स उस कैरेक्टर की आपके सामने हों और उस कम्पोजीशन के भी, जिसे पंचम ने बनाया, तो सवाल यह उठता है कि आपके ज़ेहन में सबसे पहले कौन सा गायक आता है?

इसका एक दूसरा मज़ेदार पहलू भी है कि इस चुनाव से पहले हम यह तय कर पायें कि किसने इसे गाया होता, तो बेहतर होता? इसे उलटकर यह पूछना दिलचस्प हो जाता है कि उन्हीं आवाज़ों में और वही गीत, जिसे आशा जी और लता जी ने मेरी फ़िल्मों के लिए गा दिया; अगर वहाँ पंचम की जगह मदन मोहन जी या ख़य्याम साहब होते, तो फिर क्या होता? आप अब मुश्किल में पड़ जायेंगे, क्योंकि ये नाम ज़ेहन में आते ही कम्पोज़ीशन बदल जायेगी और फिर गायिकी भी अलग राह पर चल पड़ेगी।

यतीन्द्र मिश्र

फ़िल्म संगीत में क्या पार्श्वगायन में कभी ये मौक़े भी आते हैं कि फ़िल्म की डिमांड के हिसाब से गायिकी आगे निकल जाती है या कहीं पीछे छूट जाती है?

गुलज़ार

'ख़ुशबू' की लोरी को जिस स्केल से लता जी ने गा दिया, उसे फ़िल्माए जाने को लेकर दुविधा हो गयी थी कि इतनी ऊँची पट्टी की लोरी फ़िल्म में कैसी लगेगी? फिर इसी कारण दीदी के बेहतरीन ढंग से गाने के बावजूद हमने इसे बिना म्यूज़िक के बहुत सॉफ्ट ढंग से दोबारा रेकॉर्ड किया।

यतीन्द्र मिश्र

अपने किसी गीत को लेकर उसके एक्सप्रेशन को भी क्या कभी आपने परिस्थितियाँ बदलकर देखा है? ऐसा कोई मामला, जिससे गीत के मिसरों में फेरबदल सम्भव हुई हो या फिर गीत मुकम्मल हो जाने के बाद यह लगता रहा कि इसमें इस्तेमाल हुई इमेजेज़, फ़ॉर्म और सिचुएशन को बदलकर भी कह सकते थे?

गुलज़ार

आप एक क्रिएटिव पर्सन हैं, तो यह बात मन में कई दफ़ा उठती है। अब जैसे मैं *'मेरा कुछ सामान तुम्हारे पास पड़ा है'* का उदाहरण दूँ, तो उसमें ये लाइनें आती हैं– *'और उसमें लिपटी रात पड़ी है/वो रात बुझा दो/मेरा वो सामान लौटा दो...'* अब वो रात जल रही है, जिस रात को बुझा देने की बात है। मुझे वो रात का जलना उसी तरह लगता है, जैसे मोमबत्ती जलती है। मोमबत्ती को बुझा देते हैं, ताकि रोशनी न रहे। लोग दिन बुझाते हैं, अपनी फूँक से और रात हो जाती है। लेकिन मेरे अन्दर रात अभी तक जल रही है, इसलिए उसे फूँक दो, ख़त्म कर दो उस रात को। हो सकता है कि कोई दूसरा पोएट मेरी तरह नहीं सोचे और वह कोई दूसरे एक्सप्रेशन तलाशे।

साहिर साहब के गीत *'पेड़ों की शाखों पर सोई-सोई चाँदनी/और थोड़ी देर में थक के लौट जाएगी'* में हमने पहली बार यह एक्सप्रेशन सुना था कि चाँदनी थक गयी है और वापस चली गयी है। शायद, साहिर साहब रात को इस तरह से एक्सप्रेस करते हैं। ये बात मुझे नहीं सूझी कभी। मैं कभी चाँदनी का थक जाना सोच नहीं पाया, तो यह आपकी ज़िन्दगी से आता है कि आप किस तरह रात को अपनी तरह से व्यक्त करते हैं। शैलेन्द्र के यहाँ भी देखिए कि वे रात को कैसे डिस्क्राइब करते हैं। 'आवारा' में वे लिखते हैं– *'दम भर जो उधर मुँह फेरे/ओ चन्दा/मैं उनसे प्यार कर लूँगी, बातें हज़ार कर लूँगी'*। चाँद का मुँह फेरना निहायत ख़ूबसूरत बात है, जो हमें कभी भी नहीं सूझी। ...लेकिन कोई ज़रूरी भी नहीं है कि हम उसी तरह से सोचें, जिस तरह किसी दूसरे शायर ने इसे अपने ख़याल में ले लिया है। गीतों को इसी तरह से देखना चाहिए कि जो आपके भीतर से आया है, वह पल ही सबसे ख़ूबसूरत है। दूसरे शायरों ने जिस तरह से कोई एक्सप्रेशन सोचा है, वह उनका हासिल है, जिसे एप्रीशिएट करना चाहिए।

यतीन्द्र मिश्र

यह आपने बेहतरीन बात कही है कि अपने ढंग से सोची गयी इमेजरी को ही मुकम्मल तौर पर जीना चाहिए। दूसरे शायरों ने जो बेहतर सोचा है, उसका स्वागत और दिल खोलकर तारीफ़ की जाये।

गुलज़ार

जी!

यतीन्द्र मिश्र

कैसी पटकथाएँ आपको आकर्षित करती रही हैं? इस तरह भी यह सवाल बनता है कि वे कौन से लोग हैं, जिनकी पटकथाओं को आपने एक पटकथाकार और संवाद-लेखक के बतौर मुकम्मल पाया है? साथ ही, वो कौन सी कहानियाँ और उपन्यास हैं, जिनका पटकथा में रूपान्तरण आपको परफ़ेक्ट लगता है?

गुलज़ार

अब एक नाम तो लेना नहीं बनता, मगर बहुत सारे लोग हैं, जिनके काम ग़ज़ब लगते हैं। इस लिहाज़ से मैं कहानियों को नहीं देखता कि हर फ़िक्शन की चीज़ का सिनेमाई रूपान्तरण किया जाये। कुछ चीज़ें फिर भी अपनी मौजूदगी में दुरुस्त लगती हैं। जैसे, बिमल दा (बिमल रॉय) के यहाँ शरतचन्द्र जी के नॉवेल 'देवदास' पर नबेन्दु घोष और राजेन्द्र सिंह बेदी का काम बड़े ऊँचे मेयार पर मौजूद है। इसी तरह जब मैं, कृष्ण चोपड़ा की 'चारदीवारी' देखता हूँ, तो वो मुझे कमाल की फ़िल्म लगती है। जब मैं बिमल दा के साथ काम कर रहा था, तब अचानक से उसी समय कृष्ण चोपड़ा यह फ़िल्म लेकर सामने आ जाते हैं। उस समय महसूस होता है कि इस फ़िल्म की स्क्रिप्ट पर कितनी मेहनत हुई होगी। वो इम्प्रेशन देर तक बना रहा है, जो आज भी गया नहीं। उसी दौर की ब्लैक एंड व्हाइट फ़िल्मों में मुझे दिलीप साहब (दिलीप कुमार) और नरगिस जी की 'जोगन' याद आती है, जो लिबर्टी में रिलीज़ हुई थी। वो फ़िल्म भी अपने सब्जेक्ट के कारण दिल में बसी हुई है। रंजीत मूवीटोन द्वारा बनायी गयी इस फ़िल्म को केदार शर्मा ने निर्देशित किया था। इसकी पटकथा बहुत दुरुस्त ढंग से सम्पादित की गयी थी। ...इस तरह की फ़िल्मों को लेकर मन में एक विचार चलता रहा है कि कोई स्क्रिप्ट किस तरह मुकम्मल होती है।

यतीन्द्र मिश्र

वो कौन से एलीमेंट हैं, जो आपको किसी बेहतर पटकथा में .खलल डालते जैसे लगते हैं?

गुलज़ार

अपने यहाँ रवायत है ड्रामेबाज़ी की। हर एक डायलॉग, हर एक संवाद और उसकी परिस्थिति को नाटकीय ढंग से रखने की कोशिश; जिसमें कभी यह लगता ही नहीं कि फ़िल्म का कोई किरदार अपनी जुबान बोल रहा है। कुछ

नक़ली और बनावटी-सा लगता है संवादों का मामला...इसलिए संवादों को लेकर मैं बहुत सतर्क रहता हूँ। प्रकाश झा की 'दामुल' इस मामले में मुझे डायलॉग को लेकर सबसे बेहतरीन मिसाल लगती है। फ़िल्म देखते हुए लगता ही नहीं कि लोग डायलॉग बोल रहे हैं। रियल लाइफ़ की जुबान में इतनी सहज अदायगी कि आप भूल जायें कि सिनेमा देख रहे हैं। यह 'दामुल' के संवादों की उपलब्धि है। वरना, हमारी तो रवायत ही यह रही कि डायलॉग ऐसे हों, जो नेचुरल न लगें। एक समय पारसी थियेटर के प्रभावों वाले ड्रामों से उपजे डायलॉग कुछ फ़िल्मों में अच्छे लगे थे, जिनके सब्जेक्ट ड्रामों की तरह असरदार थे। जैसे, पारसी ड्रामों के मशहूर नाटक 'यहूदी की लड़की' पर बिमल रॉय की 'यहूदी' फ़िल्म के संवाद...वज़ाहत मिर्ज़ा ने बड़े ड्रॅामेटिक ढंग से लिखा था, जिसे सोहराब मोदी ने उतने ही नाटकीय तेवर में परदे पर कहा– *'तुम्हारा ग़म है ग़म, औरों का ग़म ख़्वाब-ओ कहानी है। तुम्हारा ख़ून-ए-ख़ून, हमारा ख़ून पानी है...'* तो उस सब्जेक्ट के लिए यह माक़ूल था। मगर आज उसी ढर्रे पर नौटंकी शैली में संवाद लिखे जायें, तो उसका कोई बहुत अर्थ नहीं, क्योंकि वह दौर ही बदल चुका है।

यतीन्द्र मिश्र

नये दौर की कौन-सी फ़िल्में हैं, जिनकी पटकथाओं का ज़िक्र करना चाहेंगे?

गुलज़ार

बाद के दौर की फ़िल्मों में श्याम बेनेगल की ज़्यादातर फ़िल्में, स्क्रीनप्ले के लिहाज़ से नायाब लगती हैं। आप 'मन्थन' लीजिए, क्या बेहतरीन पटकथा है। यहाँ स्क्रीनप्ले का कोई ग्रामर नहीं लिया गया है, बावजूद उसके 'मन्थन' की कहानी, हर सीन के साथ बदलते हुए परिदृश्य और संवाद आपको बाँध के रखते हैं। श्याम बाबू की 'सूरज का सातवाँ घोड़ा' भी कमाल की फ़िल्म है, जिसे उन्होंने धर्मवीर भारती जी के नॉवेल को एडॉप्ट करते हुए पूरी तरह जस्टीफ़ाई किया है। 'भूमिका' और 'निशान्त' भी इसी तरह अपने विषयों की बेहतर बानगियाँ हैं। शानदार मिसालें हैं। गौतम घोष की 'पार' भी एक ऐसी अद्भुत फ़िल्म है, जिसकी स्क्रिप्ट मुझे बेहद पसन्द आयी। वो मैं ख़ास तौर से याद रखता हूँ कि समरेश बसु की शॉर्ट स्टोरी 'पार' को गौतम घोष ने कितनी चुस्त और अर्थपूर्ण पटकथा में बदला। एक और फ़िल्म याद आती है, एम.एस. सथ्यू साहब की 'गर्म हवा', जो इस्मत चुग़ताई की कहानी पर बड़ी संजीदगी से बनायी गयी थी। यह फ़िल्म अपने कथानक, स्क्रीनप्ले और

बेहतरीन फ़िल्मांकन के लिए याद करनी चाहिए। शमा ज़ैदी ने पटकथा पर बड़ा तसल्ली-भरा काम किया था।

आज के समय में मुझे विशाल भारद्वाज की 'सात ख़ून माफ़' की पटकथा ज़बरदस्त लगती है। भले ही, आपको मैं उनका पक्ष लेता हुआ दिखाई पड़ूँ, फिर भी मैं यही कहूँगा कि वे रस्किन बॉण्ड की कहानी का बेहतरीन एडॉप्टेशन करते हैं। 'मटरू की बिजली का मंडोला' जैसा सब्जेक्ट, जो लैंड-ग्रैबिंग (ज़मीन हड़पने) पर आधारित थी, इस तरह की म्यूज़िकल बनाना आसान नहीं है; जिसे विशाल (विशाल भारद्वाज) सफलता से निभाते हैं। वो एक शानदार काम हुआ है पटकथा पर। मैं यहाँ 'बोस्की' (मेघना गुलज़ार) की 'फ़िलहाल' को विषय के तौर पर अलग से एक मुकम्मल स्क्रिप्ट की तरह देखता हूँ। सेरोगेसी जैसे सब्जेक्ट को लेकर एक पूरी फ़िल्म बनाना, यह एक औरत ही सोच सकती है। मुझे लगता है कि 'फ़िलहाल' को एक सेंसिटिव वुमन ही डील कर सकती है। कोई मर्द अगर इस सब्जेक्ट के इर्द-गिर्द भी जायेगा, तो वह उस पटकथा को गहराई से कम्यूनिकेट नहीं कर सकता, जिस तरह बोस्की उसे कर पाती हैं।

यतीन्द्र मिश्र

सिनेमा एक कॉमर्शियल मीडियम है। फिर उसमें एक फ़िल्मकार किस तरह ख़ुद की क्रिएटिविटी को बचाकर रख पाता है?

गुलज़ार

इस सन्दर्भ में मेघना के हवाले से एक बात कहना चाहूँगा—उनकी 'राज़ी' स्क्रीनप्ले के लिहाज़ से बहुत परिपक्व पटकथा है, जो अपने विषय के अनुरूप कथानक को डील करते हुए भी सब्जेक्ट से भटकती नहीं। बोस्की ने कुछ लोगों के इस फ़िल्म की पटकथा पर सवाल को लेकर यह कहा था—'यह फ़िल्म हर एक के लिए नहीं है। मैं जिस ऑडियंस के लिए इसे बना रही हूँ, वो इसकी स्क्रिप्ट का नरेशन जानते हैं।' यह ख़ूबसूरत बात है, जो उसने कही और करके दिखाया। यह आज सिनेमा से जुड़े लोगों को समझना चाहिए कि सिनेमा सिर्फ़ मनोरंजन नहीं है, वह उससे बहुत आगे की चीज़ है। हमें अपनी ऑडियंस चुननी पड़ती है।

यतीन्द्र मिश्र

ऐसी कोई पटकथा, जिसे आपने स्वयं करना चाहा हो, मगर वह आपसे नहीं हुई और दूसरे किसी ने उस पर बेहतरीन काम करके दिखाया?

गुलज़ार

बहुत दिनों तक मेरे मन में बांग्ला के लेखक प्रेमेन्द्र मित्र की कहानी 'तेलेनापोता आबिष्कार' (तेलेनापोता गाँव की खोज) गहरे बसी हुई थी। जब मैंने यह कहानी पढ़ी, तो बहुत जी चाहा इसे बनाने के लिए। ...मैं यह समझने में विफल रहा कि इस कहानी का स्क्रीनप्ले कैसे बन सकता है? कहानी अच्छी लग रही है, समझ में भी आ रही है, मगर पटकथा पर कैसे काम किया जाये, यह सूझ नहीं रहा था।

बाद में, जब मैंने मृणाल दा (मृणाल सेन) की 'खँडहर' देखी, तो तुरन्त समझ में आ गया कि वाक़ई यही सही तरीक़ा है, इस कहानी को पटकथा में रूपान्तरित करने का...। 'खँडहर' देखकर मुझे महसूस हुआ कि मैं इसकी पटकथा आसानी से बना सकता हूँ। मतलब मुझे उसका सुर समझ में आ गया कि इसकी स्क्रीनप्ले कहाँ से बन सकती है। 'खँडहर' का बेसिक थॉट तो बहुत मज़ेदार है, मगर जिस ख़ूबसूरत ढंग से मृणाल सेन इसकी पटकथा रचते हैं, वह क़ाबिलेतारीफ़ है।

यतीन्द्र मिश्र

मृणाल सेन का और कोई काम जो आपको पसन्द रहा हो?

गुलज़ार

बहुत सारे काम हैं, कई फ़िल्में हैं, जो पसन्द आयी हैं एक दौर में। ख़ासकर, 'भुवन शोम' जो मुझे उनकी सबसे अच्छी फ़िल्म लगती है। उसमें सुहासिनी मुले और उत्पल दत्त का काम बड़ी ख़ूबसूरती से नज़र आता है। मुझे उनकी 'अकालेर सन्धाने' बेहद पसन्द है। उनकी बहुत बाद की एक फ़िल्म देखी थी, जिसमें नन्दिता दास हैं—'आमार भुवन'। बहुत अच्छी फ़िल्म है, छोटी-सी, मगर क्या पावरफुल मीनिंग है उसकी। वो मुझे उनका शानदार काम लगता है।

यतीन्द्र मिश्र

आपने उनके साथ कोई काम नहीं किया?

गुलज़ार

मुझसे अकसर मज़ाक़ में यह कहते थे कि एक दिन मैं तुम्हारे साथ काम करूँगा। उनका इतना कहने भर से मुझे डर भी लगता था कि मृणाल दा ऐसा कह के डरा देते हैं। मैं उनसे कहता भी था—'यू केप्ट मी अंडर द थ्रेट फ़ॉर अ लांग टाइम, दैट यू विल गेव मी अ चांस टू वर्क विद यू, बट यू नेवर गेव मी'।

यतीन्द्र मिश्र

आपने जितनी पटकथाएँ लिखी हैं, संवाद लिखे हैं, वे सब अधिकतर ऋषिकेश मुखर्जी की फ़िल्मों के हैं या बाहर के बैनर की कुछ सार्थक फ़िल्में। इतनी कम पटकथाओं के लिए काम करना आपने सायास चुना था? और वे कौन-सी फ़िल्में हैं, जिन्हें आपका मन हुआ, मगर समय की कमी या दूसरे कामों में लगे होने के कारण आप कर नहीं पाये?

गुलज़ार

हाँ, यह सही बात है कि ऋषि दा की फ़िल्में करने के अलावा, मैंने बाहर की फ़िल्में कम ही की हैं। इसका एक बड़ा कारण यह रहा कि मैं ख़ुद अपनी फ़िल्में बनाने के लिए आ गया। ऐसे में मेरे पास वक़्त की तंगी थी और मैं अपने काम को ही मुकम्मल तौर पर करना चाहता था। हालाँकि मैंने अपने दोस्तों के लिए फ़िल्में लिखीं, जैसे बासु भट्टाचार्य के लिए 'गृह प्रवेश'। बाद में भी कई फ़िल्में कीं, जिनमें शेखर कपूर और रोमेश शर्मा की फ़िल्में शामिल रहीं।

हाँ, मगर एक बात का अफ़सोस है कि शक्ति सामन्त के साथ 'अमर प्रेम' लिखने की बात हुई थी और उसे मैं करना भी चाहता था। मगर उसी समय मैंने 'मेरे अपने' शुरू कर दिया था, तो इस पर शक्ति दा ने मुझसे ख़ुद भी कहा था कि मैं समझता हूँ, पहली फ़िल्म है, इसलिए ध्यान दो। इस तरह 'अमर प्रेम' मुझसे मिस हुई, जिसका अफ़सोस है। आज भी मुझे यही फ़िल्म उनकी सबसे बेहतरीन फ़िल्म लगती है।

यतीन्द्र मिश्र

'अमर प्रेम' के अलावा भी कोई फ़िल्म जो आपने छोड़ दी?

गुलज़ार

ऐसी ज़्यादा फ़िल्में नहीं हैं। दरअसल मैं अपने काम पर पूरा कंसंट्रेट करना चाहता था, इसलिए बहुत बिखरकर काम करना मुझे जँचा नहीं। रमेश सिप्पी की 'सीता और गीता' थी, जिसका एक ड्राफ़्ट मैंने पूरा किया और उसे उन्हें इज़्ज़त से सौंप दिया कि यह कम्पलीट स्क्रिप्ट है, अब आप इसे किसी दूसरे से करवा लें, क्योंकि मेरे पास टाइम नहीं है। फिर उसे सलीम-जावेद साहब ने अपने ढंग से लिखा। एक फ़िल्म शंकर मुखर्जी की 'फ़रार' थी, जिसमें अमिताभ और संजीव कुमार थे। यह भी मुझे लिखने के

लिए मिली थी, मगर शुरुआती दौर में ही मैंने एक वर्ज़न पूरा करके उन्हें सौंप दिया था।

यतीन्द्र मिश्र

पटकथा और संवाद लिखने के दौर के कोई ऐसे अनुभव या यादें आप साझा करना चाहें, जो बहुत अर्थ रखती हैं आज आपके लिए?

गुलज़ार

एक फ़िल्म बनी थी 'संघर्ष'। एच.एस. रवेल साहब ने इसे बनाया था। इसमें दिलीप साहब थे, बलराज साहनी थे और संजीव कुमार। बहुत बड़े फैलाव और स्क्रिप्ट की कहानी थी, जो महाश्वेता देवी की एक बांग्ला कहानी 'लायला आस्मानेर आयना' पर बनी थी। मुझे इससे जुड़ना और संवाद लिखना दिलचस्प लगा था। मैंने यह काम बहुत मेहनत से किया। फ़िल्म भी अच्छी बनी थी।

इस फ़िल्म को अगर आज याद करूँ, तो एक बात दिलचस्प लगती है। संजीव कुमार से नयी-नयी दोस्ती के चलते, उनके और दिलीप साहब के आपस के सीन देखने में मज़ा आता था। एक बात जो नहीं भूलती, वो ये कि हर उस सीन में, जिसमें दिलीप कुमार और संजीव कुमार साथ होते थे, सीन पूरा होने के बाद हर बार संजीव, दिलीप साहब के पैर छूता था। यह अपने सीनियर को आदर देने का भाव मुझे बहुत अच्छा लगता था। इसलिए भी कि दिलीप साहब को वो आदर मिलनी चाहिए और संजीव खुद अपने व्यवहार से दूसरों के दिलों में आदर पैदा करता था।

यतीन्द्र मिश्र

दिलीप कुमार के साथ का कोई दिलचस्प संस्मरण, जिसे 'संघर्ष' के दिनों में आपने महसूस किया?

गुलज़ार

आपको जानकर हैरानी होगी कि जब फ़िल्म बन रही थी, तब दिलीप कुमार और वैजयन्ती माला में बोल-चाल बन्द थी। दोनों की आपस में बात नहीं होती थी, एक-दूसरे से रूठे हुए थे। तब मुझे बुलाकर दिलीप साहब, वैजयन्ती माला को सन्देश भिजवाते थे कि वे रिहर्सल करने जा रहे हैं और उनके मूवमेंट्स, डायलॉग्स और उनकी इंट्री वग़ैरह को वे सीन के मुताबिक़ समझ लें। फिर कहते थे—'कुड़ी नूं दस्स दे, मैं की कह रेया हां' ...और ये सन्देशा

मुझे वैजयन्ती माला तक पहुँचाना पड़ता था। वो हमेशा पंजाबी में ही बात करते थे।

धीरे-धीरे उनसे एक अच्छा राब्ता हो गया। फिर वे मुझसे पूरी शाइस्तगी से स्क्रिप्ट की डीटेल्स पर बात करते थे और एक-एक सीन को डिस्कस करते थे। 'संघर्ष' बनने के दौरान, जब मैं ऋषिकेश मुखर्जी की फ़िल्म 'आशीर्वाद' के सेट पर काम कर रहा था, तो वे बग़ल में ही असित सेन की 'बैराग' की शूटिंग कर रहे थे। ऋषि दा से मिलने 'आशीर्वाद' के सेट पर आये और मुझे आवाज़ दी—'गुलज़ार साहब! इधर आइए ना, क्यूँ शरमा रहे हैं?' मैं उठकर जब उनके पास गया, तो ऋषि दा से कहने लगे—'आपने बड़ा अच्छा असिस्टेंट रखा है। बड़ा क़ाबिल आदमी है।' ये प्यार और आशीर्वाद दिलीप साहब से मिला है, यह बड़ी बात है मेरे लिए। 'संघर्ष' के लिए काम करना इस लिहाज़ से बड़ा अनुभव था। मैं वो सब लिख सका, जिसे दिलीप कुमार ने अन्ततः किसी फेरबदल के फ़िल्म में शूट किया, ये बड़ा अचीवमेंट था मेरे लिए।

यतीन्द्र मिश्र

ये सुन्दर संस्मरण है। क्या दिलीप कुमार के साथ दोस्ताने के रिश्ते में आगे भी कुछ उल्लेखनीय घटना हुई, जिसे आप बताना चाहें?

गुलज़ार

जी हाँ! वो मानने लगे थे। वे समाज-सेवा से भी जुड़े थे, तो मुझे मालूम था कि वे अन्धे और बहरे लोगों के लिए कुछ न कुछ करते रहते हैं। मैंने उन्हें एक डॉयक्यूमेंट्री फ़िल्म में बोलने के लिए बुलाया था, तब वे बड़े प्रेम से आये और उन्होंने एक शॉट दिया, जैसा मैं चाह रहा था। बाद में एक बार जब वे 'बैराग' की शूटिंग कर रहे थे, तो मैंने अपनी फ़िल्म 'कोशिश' के लिए उनसे निवेदन किया कि मुझे आपका एक दृश्य अपनी फ़िल्म के लिए चाहिए, वो आप तय करें कि जैसा भी हो, आप मेरे लिए शॉट देंगे। इस पर उन्होंने मुझसे कहा कि यहीं आ जाओ, जहाँ मैं शूट कर रहा हूँ, तो मैंने उनसे कहा कि मैं कैमरा वग़ैरह लेकर आता हूँ और आपके ख़ाली समय में वह दृश्य फ़िल्मा लूँगा। उस पर बड़े प्यार से उन्होंने जवाब दिया—'गुलज़ार आइए, यहीं काम हो जायेगा। आप नाहक ही कैमरा वग़ैरह लादकर आयेंगे, बस आ जाइए, मैं आपके हिसाब से शूट करता हूँ।' वहाँ पर जब मैं पहुँचा, तो उन्होंने असित सेन जी, जिनकी फ़िल्म की शूटिंग चल रही थी, उनसे बोले—मैं आपके ही

कैमरे में गुलज़ार के लिए शॉट देता हूँ, आप इसका निगेटिव बाद में इन्हें भिजवा दीजिएगा।' 'कोशिश' के लिए शॉट फ़िल्माया गया और उसे बाद में असित सेन साहब ने मुझे निगेटिव के साथ भिजवा दिया। उन्हें भी कोई दिक़्क़त नहीं हुई।

यतीन्द्र मिश्र

ऋषिकेश मुखर्जी की फ़िल्मों के लिए पटकथाएँ लिखते वक़्त आप कैसा महसूस करते थे?

गुलज़ार

ऋषि दा के लिए बहुत सारी फ़िल्में लिखी हैं। उनके साथ फ़िल्में लिखना, क्लासरूम में बैठने की फ़ीलिंग वाला था, जिसमें मज़ा आता था। हम लोग पूरे लगे रहते थे और ऋषि दा कब किस बात पर टोकेंगे और क्या पसन्द करेंगे, वो सब दिमाग़ में चलता रहता था। 'चुपके-चुपके' और 'ख़ूबसूरत' लिखते हुए मुझे बहुत मज़ा आया। इन फ़िल्मों के सब्जेक्ट अच्छे थे और बनी भी बहुत अच्छी हैं। एक छोटी-सी फ़िल्म थी, जो फ़्लॉप हुई और चली नहीं, वो 'सबसे बड़ा सुख' थी। इसे भी बड़े मन से लिखा था और ठोंक कर बनायी हुई फ़िल्म थी, मगर वो बिल्कुल भी नहीं चली। आपको अगर यू-ट्यूब पर मिले, तो ढूँढ़कर देखिएगा। आपको महसूस होगा कि इसकी स्क्रिप्ट पर मेहनत हुई है। 'अर्जुन पण्डित' को लिखने में भी तसल्ली हुई थी कि सीरियस नोट पर जाने वाले ऐसे किसी सब्जेक्ट को मैं सही ढंग से लिख पाया था।

यतीन्द्र मिश्र

कोई अकेली ऐसी पटकथा, जो आपको हर लिहाज़ से परफ़ेक्ट लगती है?

गुलज़ार

परफ़ेक्ट कुछ भी नहीं होता। हो भी नहीं सकता। हर व्यक्ति अपने विज़न के हिसाब से लेखकों से अपनी फ़िल्में लिखवाता है। एक ही लेखक दो अलग-अलग फ़िल्म डायरेक्टर्स के लिए बिल्कुल ज़ुदा क़िस्म की पटकथाएँ लिखता है। एक नाम तो लेना नहीं बनता है, मगर मुझे लगता है कि बिमल दा (बिमल रॉय), गुरुदत्त जी, शान्ताराम जी (व्ही. शान्ताराम), सोहराब मोदी साहब, बी.आर. चोपड़ा साहब और विजय आनन्द जी की फ़िल्मों को उस तार्किक निगाह से देखना चाहिए कि हर एक फ़िल्म अपने मैसेज

को कितने शानदार तरीक़े से स्क्रिप्ट और डायलॉग के माध्यम से रिफ़लेक्ट करती है।

यतीन्द्र मिश्र

अपनी ख़ुद लिखी हुई फ़िल्मों की पटकथाओं में अगर एक फ़िल्म आपको इसलिए चुननी हो कि वो न सिर्फ़ पटकथा के तौर पर, बल्कि विषय के लिहाज़ से भी सबसे औचित्यपूर्ण काम है, तो किसका नाम लेंगे?

गुलज़ार

ऐसे में 'मीरा' का नाम लेना चाहूँगा। स्क्रिप्ट और उनके समय के लिहाज़ से। उस पूरी कहानी को आज के सन्दर्भ में जस्टीफ़ाई करता हुआ, जो नैरेटिव डेवलप किया था, वो 'मीरा' को किसी मिथक में न ढालकर, सामान्य अर्थों में एक महिला की तरह देखता है...।

यतीन्द्र मिश्र

पसन्द के पटकथाकार और संवाद लेखकों में किन्हें याद करना चाहेंगे, जिनके हुनर ने आपको एक संवाद लेखक और पटकथाकार के बतौर कन्विंस किया?

गुलज़ार

उस दौर में कई शानदार लेखक थे। मैं पीछे पचास के दशक की बात कर रहा हूँ, जब एक से बढ़कर एक विज़नरी डायरेक्टर्स बेहतरीन ढंग से फ़िल्में बना रहे थे। सबसे पहले के. आसिफ़ साहब की 'मुग़ल-ए-आज़म' फ़िल्म के लेखकों की पूरी टीम को याद करना चाहिए, जिसमें वज़ाहत मिर्ज़ा, कमाल अमरोही, अमानउल्लाह ख़ाँ और एहसान रिज़वी मौजूद थे। 'मुग़ल-ए-आज़म' एक ऐसे मेयार पर पहुँची हुई स्क्रिप्ट है, जिसका स्टेज भी उतना ही बड़ा है। ...और उसमें हर चीज़ लार्जर दैन लाइफ़ वाली मौजूद है। भले ही वह डायलॉग हों, कॉस्ट्यूम्स, सेट डिज़ाइन, म्यूज़िक और एक्टर्स। मुझे लगता है कि स्क्रिप्ट या डायलॉग के मामले में शुरुआती दौर में बड़ा बढ़िया काम हुआ था, जिसमें न्यू-थिएटर्स के लोगों ने बेहतर पटकथाएँ लिखीं। उन लोगों के पास पूरी तैयारी, राइटर्स का ग्रुप और फ़िल्म बनाने की एक सोची-समझी तकनीकी थी, जिसमें सब चीज़ें बढ़िया से की जाती थीं। एक नाम पण्डित सुदर्शन का याद आता है, जिन्होंने कमाल के स्क्रीनप्ले लिखे। वे एक अच्छे शायर भी थे और उन्होंने सोहराब मोदी की 'सिकन्दर' के लिए गीत भी लिखे हैं। एक गीत याद है– *'ज़िन्दगी है प्यार से प्यार में बिताये जा...'*

यतीन्द्र मिश्र

बिमल रॉय के दौर के पटकथा लेखकों के बारे में आपकी क्या राय है?

गुलज़ार

बिमल दा के समय में बहुत सारे लोग बेहतरीन काम कर रहे थे स्क्रिप्ट के लिहाज़ से। जैसे, गुरुदत्त साहब की फ़िल्मों में पटकथा पर बढ़िया काम होता था, मगर वे अपनी फ़िल्मों के ज़्यादातर संवादों को अंडरस्टेटेड रखते थे। जहाँ तक मुझे लगता है कि उनकी फ़िल्में विज़ूअली बहुत शानदार होती थीं। क्योंकि वहाँ डायलॉग पोएटिक होते थे और दृश्यों को उसी अन्दाज़ में एक सिनेमेटिक एक्सप्रेशन दिया जाता था। यह सब काम ख़ूबसूरती से अबरार अल्वी करते थे। उन्हें मीडियम की समझ थी और जिस ज़ुबान में गुरुदत्त जी चाहते थे, वे वैसा ही हूबहू लिखकर देते थे। ऐसा ही काम नबेन्दु घोष, बिमल दा (बिमल रॉय) के यहाँ करते थे। नबेन्दु दा का लिखा हुआ रियलिस्टिक होता था और उसमें किसी भी तरह के फ़रेब और नक़ली होने की गुंजाइश बहुत कम होती थी। चूँकि, बिमल दा भी एक ख़ास अन्दाज़ में यथार्थवादी सिनेमा ही बनाते थे, इसलिए उस तरह नबेन्दु दा के सोचे गये दृश्य भी शालीन और नॉर्मल होते थे। आप कह सकते हैं कि वे मॉडेस्ट क़िस्म का लेखन करते थे। राजेन्द्र सिंह बेदी भी अदब की परम्परा से आते थे। उनकी उर्दू ज़ुबान और लिटरेचर का बैकग्राउंड बहुत काम करता था। आप बिमल दा की 'देवदास' के डायलॉग देख सकते हैं कि किस ख़ूबसूरती से वे नबेन्दु दा की पटकथा को अपने संवादों से सुन्दर बनाते हैं। एक बंगाली स्क्रिप्ट राइटर के साथ, उर्दू की ज़मीन वाले का काम करना और फ़िल्म की शर्तों पर उसे परफ़ेक्ट बना देना ही, सिनेमा में स्क्रिप्ट राइटिंग की सफलता है। मैं ख़ुशनसीब हूँ कि मेरी तैयारी उस दौर में हुई है, जब ये सारे लोग सक्रिय थे और बड़े काम कर रहे थे।

यतीन्द्र मिश्र

इन दिग्गज लेखकों के अलावा कुछ और लोग, जो आपको बरबस याद आते हों?

गुलज़ार

एक पूरी रवायत ही है हिन्दी सिनेमा में, जिनमें ऐसे कई चेहरे शामिल हैं, जिन्होंने स्तरीय और कामयाब लेखन साथ-साथ किया है। मिसाल के तौर पर, आप ख़्वाज़ा अहमद अब्बास साहब की राज कपूर जी के साथ का काम देखिए, क्या कमाल का काम हुआ है। रियलिस्टिक स्क्रीनप्ले को इस क़दर रोमेंटिसाइज़

करना, जिससे एक अलग ही मीटर पर जाकर सोशलिज़्म और नेहरूवीयन समाज का ख़ाका खींचा जाता है। 'श्री 420', 'आवारा' इसके कामयाब उदाहरण हैं। बाद की राज साहब की सेमी ऑटोबायोग्राफ़िकल 'मेरा नाम जोकर' और युवा रूमानियत की 'बॉबी' हर एक काम, अलग से देखने लायक़ है।

इसी तरह एक दिलचस्प किरदार राजेन्द्र कृष्ण जी का है। उन्हें अधिकतर लोग सिर्फ़ गीतकार के रूप में जानते हैं, जबकि उन्होंने एक दौर में हिन्दी फ़िल्मों की और ख़ासकर मद्रास से बनने वाले ए.वी.एम. प्रोडक्शन की कई फ़िल्में लिखीं। उनकी व्यस्तता का तो यह आलम था कि वो रात में कोई सीन लिखते थे, तो दूसरे दिन अलसुबह हवाई जहाज़ से वह सीन किसी कॉमर्शियल एयरलाइंस का पायलेट लेकर जाता था और मद्रास एयरपोर्ट से कोई असिस्टेंट वो सीन कलेक्ट करके सीधे शूट पर ले जाता था। यह सब करने का उनको इतना बढ़िया अभ्यास था कि मैंने कभी उन्हें परेशान नहीं देखा। उनकी लिखी महमूद साहब की 'पड़ोसन' एक बेहतरीन स्क्रिप्ट पर बनी यादगार फ़िल्म है।

यतीन्द्र मिश्र

कुछ ऐसे पटकथा लेखकों का काम, जिनकी चन्द फ़िल्मों ने ही कामयाब ढंग से सफलता पायी हो?

गुलज़ार

कुछ लोगों का काम चन्द फ़िल्मों तक ही रहा, मगर उन फ़िल्मों की पटकथाओं में वो बात थी कि आज भी क्लासिक का दर्जा रखती हैं। सोहराब मोदी की 'पुकार', जिसे कमाल अमरोही साहब ने लिखा, अलग से याद की जाने वाली फ़िल्म है। सलिल दा (सलिल चौधरी) की लिखी 'दो बीघा ज़मीन' और निर्माता निर्देशक रामानन्द सागर की राज कपूर की कल्ट-मूवी 'बरसात' कमाल की लिखी गयी फ़िल्में हैं। श्याम बेनेगल की फ़िल्मों के लिए विजय तेन्दुलकर, शमा ज़ैदी और सत्यदेव दुबे का काम बेहद कन्विंसिंग हैं। मुझे लगता है कि श्याम बाबू की फ़िल्मों की सबसे बड़ी ताक़त, उन फ़िल्मों की स्क्रिप्ट पर हुई मेहनत है। बाद के दौर की एक फ़िल्म 'घर' याद आती है, जिससे मैं जुड़ा था और उसके गीत भी लिखे। 'घर' को बेहद सन्तुलित ढंग से दिनेश ठाकुर ने लिखा है। सलीम साहब और जावेद साहब ने भी मेनस्ट्रीम सिनेमा को ध्यान में रखकर कुछ बेहतर पटकथाएँ लिखी हैं, जिनमें मुझे पर्सनली 'शोले', 'त्रिशूल' और 'शक्ति' पसन्द हैं।

यतीन्द्र मिश्र

राज कपूर की फ़िल्मों के बारे में आप किस तरह सोचते हैं? हालाँकि आपने ख़्वाजा अहमद अब्बास की पटकथाओं को उनकी फ़िल्मों की एक बड़ी शिनाख़्त के रूप में देखा है?

गुलज़ार

सही है। राज साहब वॉज़ द ग्रेटेस्ट शोमैन इन सिनेमा। मतलब उन्होंने जो भी बनाया, वो बड़े स्तर पर, बड़े सपनों को पंख देने वाली फ़िल्में बनायीं। वे कुछ छोटा बना ही नहीं सकते थे, हालाँकि उन्होंने दो छोटी फ़िल्में बनायीं, जो मुझे उनकी महान फ़िल्में लगती हैं। एक 'बूट पॉलिश' और दूसरी 'जागते रहो'...क्या कमाल की स्क्रिप्ट, सेटअप और विजुअली ग्रेट पिक्चराइज़ेशन।

मुझे एक व्यक्तिगत बात उनके बारे में यह भी समझ में आती है कि जब भी उन्होंने अपनी शर्तों पर उस साइज़ और मीटर की फ़िल्म बनायी, जो उन्हें ख़ुद करेक्ट लगती थी, तो उसका सोशल रेलेवेंस भी बहुत बड़े स्तर पर उभरता था। उनकी जो सोशल कांशेसनेस थी, उसमें अब्बास साहब, शैलेन्द्र जैसे लोग शामिल थे। एक पूरी टीम थी, जो उन्हें सलाह देती थी, इसी कारण उनके बैनर में सब कुछ बहुत शानदार बना है। देश के बाहर भी वे 'आवारा' से पहचाने गये और आप देखिए कि वो फ़िल्म कितना बड़ा मैसेज कैरी करती है।

यतीन्द्र मिश्र

आपका आकलन सटीक है, कोई ऐसा फ़िल्मकार जो आपको भारतीय सन्दर्भों में सबसे महत्त्वपूर्ण लगता हो?

गुलज़ार

शान्ताराम जी (व्ही. शान्ताराम)। उनका अपना अलग ही स्टाइल है। वो मराठी थिएटर से आये और फ़िल्मों को अपने ढंग से रँगा। वो कोल्हापुर में काम करते थे और जब इस छोटे से शहर से निकलकर बॉम्बे आते हैं, तो भी इस महानगर में अपनी सेंसिटिविटी खोते नहीं। आप उनकी शुरुआती फ़िल्मों को देखिए, तो उसमें 'आदमी', 'पड़ोसी' और 'दुनिया ना माने' को मैं क्लासिक मानता हूँ। बाद की फ़िल्मों में जब उन्होंने थिएटर के एलीमेंट्स इस्तेमाल करने शुरू किये, तो देखिए कि वहाँ पूरा का पूरा कोल्हापुर का थियेटर उतर

आया है। किरदारों में वही बियेवियर पैटर्न, कोल्हापुर के मकानों की तरह के ही कॉस्ट्यूम्स के रंग। एक्टिंग और डायलॉग में भी वही अन्दाज़। ही लिव कोल्हापुर इन बॉम्बे।

उन्होंने कुछ बड़ी एक्सपेरीमेंटल फ़िल्में भी कीं, जिनमें 'डॉक्टर कोटनीस की अमर कहानी', 'दो आँखें बारह हाथ' और इंडियन क्लासिकल म्यूज़िक पर 'झनक-झनक पायल बाजे' काबिलेतारीफ़ हैं। शान्ताराम जी की फ़िल्मों में आप एक बात देखिए कि इन फ़िल्मों का सबसे बड़ा प्वाइंट सामाजिक प्रतिबद्धता है— ऑल दीज़ फ़िल्मस आर सोशली रेलेवेंट फ़िल्मस। शुरुआती लोगों में से हैं, जो 'दुनिया ना माने' में इंग्लिश सांग लेकर आते हैं। वो पहले डायरेक्टर हैं, जो 'आदमी', 'पड़ोसी', 'दुनिया ना माने' और 'दहेज' के बहाने ये बिलीव पैदा करते हैं कि मैं सिनेमा से सोशल चेंज ले आऊँगा। आइ कैन रिफ़ॉर्म द सोसायटी ऑर सिनेमा शुड रिफ़ॉर्म द सोसायटी। सिनेमा हैज़ टू बी परपज़फुल, एजूकेशनल एंड मीनिंगफुल।

यतीन्द्र मिश्र

सामाजिक सरोकारों को लेकर व्ही. शान्ताराम की फ़िल्मों की अपनी सामाजिक, राजनीतिक प्रासंगिकता रही है। आपके जवाब के सन्दर्भ में एक आशय यह भी उभरता है कि शान्ताराम जी चूँकि अधिकतर सामाजिक प्रतिबद्धता से जुड़ी हुई फ़िल्में बनाते रहे थे, इसलिए वे आज भी समकालीन बने हुए हैं?

गुलज़ार

इसीलिए शान्ताराम जी, शान्ताराम हैं।

...और इस बात से बेफ़िक्र रहते थे कि फ़िल्म चली या नहीं चली। वे खुद इस बात की ज़िम्मेदारी लेते थे, जिस विचार को उन्होंने फ़िल्मों के माध्यम से दिखाने की कोशिश की है, वह उनका अपना ओरिजिनल थॉट है। फ़िल्म चलती है, तो क्रेडिट उनका और फ़्लॉप होती है, तो ज़िम्मेदारी भी उनकी। यह कितने दम वाली बात है। ऐसा दृढ़ निश्चय जिसका होगा, वही शान्ताराम जैसा बड़ा निर्माता-निर्देशक हो सकता है। इसी कारण, इस बात के लिए वे शान्ताराम थे। शान्ताराम जी इज़ नॉट अ स्मॉल प्रोड्यूसर-डायरेक्टर। ही इज़ अ वेरी इम्पॉर्टेंट डायरेक्टर ऑफ़ हिज़ टाइम्स। ही ओंस, इट इज़ माय फ़िल्म, इट इज़ मॉय लॉस, इट इज़ माय गेन।

यतीन्द्र मिश्र

एस.डी. बर्मन के संगीत को लेकर आप क्या सोचते हैं? ख़ासकर तब, जब आपके फ़िल्म गीत करियर की शुरुआत उनके संगीत निर्देशन में हुई है?

गुलज़ार

यह बहुत पर्सनल होगा, मगर मुझे लगता है कि वे बरगद का पेड़ हैं, बहुत बड़े बरगद का पेड़। उसमें ढेरों झूलती शाख़ें हैं, कुछ लहराती, झूमती हुई भी हैं। ...तो जैसे एक बड़े पेड़ से शाख़ें लटकती रहती हैं, उसी तरह एस.डी. बर्मन के म्यूज़िक के इंफ़्लुएंस पर बहुत सारे लोग लटके हुए हैं। ...अगर कभी उनके प्रभावों को देखना भी होगा, तो वो बंगाल के फ़ोक में मिलेगा, बाउल म्यूज़िक में मिलेगा या भटियाली में मिलेगा।

यतीन्द्र मिश्र

आपने बड़े पोएटिक ढंग से एस.डी. बर्मन के संगीत को समझाया है, वाक़ई वे दिग्गज कलाकार हैं, जिनसे एक पूरी पीढ़ी ने संगीत का प्रभाव लिया है। आपको उनकी कम्पोज़ीशन की कौन सी चीज़ें सबसे ज़्यादा पसन्द आती हैं?

गुलज़ार

बन्दिनी का *'अब के बरस भेज भइया को बाबुल'* दादा की सबसे मार्मिक कम्पोज़ीशन है। 'अभिमान' का लता जी और रफ़ी साहब का डुएट *'तेरी बिन्दिया रे'*, मुझे उसकी धुन के लिहाज़ से दादा की सिग्नेचर कम्पोज़ीशंस में से एक लगती है। इनके अलावा 'सुजाता' और 'बन्दिनी' के लिए ख़ुद दादा के गाये हुए दो गीत *'सुन मेरे बन्धु रे'* और *'ओ रे माँझी मेरे साजन हैं उस पार'* हमेशा से ही पसन्द आता रहा। इसके अलावा 'गाइड' के गाने उनका शिखर हैं, जो एस.डी. बर्मन को फ़िल्म म्यूज़िक हिस्ट्री में बहुत ऊँचे पायदान पर रखते हैं।

यतीन्द्र मिश्र

एस.डी. बर्मन के साथ 'बन्दिनी' के बाद आप दोनों ने काम नहीं किया, मगर आर.डी. बर्मन से आपकी गहरी दोस्ती के चलते, उनसे मेल-मुलाक़ात और घर पर आना-जाना बना रहा होगा...

इस सन्दर्भ के हवाले से यह जानने के लिए उत्सुक हूँ कि उनके संगीत के

तकनीकी पक्ष को लेकर आप क्या सोचते हैं और उस दौर में उनका संगीत दूसरों से किस तरह अलग था?

गुलज़ार

मैं, संगीत सीखा हुआ इंसान नहीं हूँ, इसलिए कैसे दादा को जज कर सकता हूँ? यह ग़लत होगा। वे त्रिपुरा के राजघराने से आते हैं, जिनकी पूरी पर्सनैलिटी ही वहाँ की मिट्टी और संगीत में घुली-मिली है।

एक बात जो उनके कम्पोज़ीशन में ज़बर्दस्त लगती है, वो उनका साथी संगीत कलाकारों और संगत करने वालों के साथ की केमेस्ट्री है। देव साहब की फ़िल्म 'काला बाज़ार' का वो गाना याद करिए—*'अपनी तो हर आह इक तूफ़ान है/क्या करें वो जानकर अंजान है...'* इसे ट्रेन के कम्पार्टमेंट में फ़िल्माया गया है, जिसे बड़ी मुलायमियत के साथ रफ़ी साहब ने गाया था। गाने को ग़ौर से सुनिए, तो इन्टरल्यूड्स में जहाँ इंस्ट्रूमेंट्स की आवाज़ प्रभावी होती है, अनूठे ढंग से बाँसुरी सुनी जा सकती है। दादा ने वहाँ फ्लूट की साउंड को सॉफ़्ट ढंग से ट्रेन की सीटी जैसा इफ़ेक्ट दिया है। यह कमाल दादा ही रच सकते थे कि क्लासिकल म्यूज़िक का एक बड़ा साज़, जिसका प्रभाव भजनों या कोमल ढंग से लव-सांग में इस्तेमाल किया जाता है, उसे चलती हुई ट्रेन का विसल बना दें। एक तरफ़ बड़े ज़िन्दादिल, मज़ेदार और दूसरी तरफ़ जल्दी नाराज़ हो जाने वाले इंसान थे।

यतीन्द्र मिश्र

उनकी नाराज़गी और व्यक्तित्व के मज़ेदार पहलू के कुछ संस्मरण याद हों, तो आप ज़रूर बतायें।

गुलज़ार

अरे, वो तो बहुत सारे हैं। क्या-क्या याद किया जाये? मैं एक-दो घटनाओं से उनके किरदार के इस मज़ेदार पहलू को बताता हूँ, जिससे आपको यह अन्दाज़ा लग जायेगा कि दादा कैसे थे? मैंने एक घटना दादा और संगीतकार कनु राय के बारे में सुनी थी, जो आपको बता रहा हूँ। संगीतकार कनु राय फुटबॉल खेल के बड़े प्रशंसक थे। एक दफ़ा उन्होंने दादा से कहा, वो उन्हें कोई बड़ा मैच दिखाने ले जायें। दादा के पास एक मैच का एक्स्ट्रा टिकट था, तो वे कनु राय को अपने साथ ले गये। उस समय दो प्रमुख टीमें मोहन बागान और ईस्ट बंगाल खेल रही थीं। वे दोनों प्रतिस्पर्धी टीमें थीं और मज़ेदार बात यह थी कि जो एक टीम का फ़ैन था, वो उसी तरह दूसरी टीम से प्रतिस्पर्धा

रखता था, भले ही दूसरी टीम कितना बढ़िया क्यों न खेल रही हो। दादा के व्यक्तित्व का रोमांचक पहलू अब शुरू होता है। जैसे ही मैच शुरू हुआ, उसी वक्त दादा को यह पता चल सका कि कनु राय, मोहन बागान टीम के सपोर्टर हैं, जबकि ख़ुद दादा ईस्ट बंगाल के ज़बरदस्त फ़ैन थे। दादा को यह पसन्द नहीं आया। ख़ैर, जब मैच में हाफ़ टाइम हुआ, तो वे दोनों स्टेडियम के बाहर आये, मगर हाफ़ टाइम पूरा होने पर, दादा ने कनु राय को बाहर ही रोक दिया और बाक़ी का मैच अकेले बैठकर देखा, क्योंकि दूसरा टिकट भी उनकी ही जेब में था।

यतीन्द्र मिश्र

ये मज़ेदार संस्मरण है। एस.डी. बर्मन की सहज मानवीय छवि का उदाहरण... दादा बर्मन वाकई मज़ेदार शख़्सियत के मालिक थे।

गुलज़ार

इतना ही नहीं, दादा अपने साथ जो छोटा-सा पान वाला डब्बा रखते थे, उसमें से मजाल कि कोई एक पान ले सके। मजरूह सुलतानपुरी साहब ने बड़े मस्ती वाले अन्दाज़ में उनके बारे में कहा था—'वो बच्चे की तरह कमीने हैं।'...दादा ऐसे ही थे और हमेशा इस बात से डरे रहते थे कि उनकी बनायी ट्यून कहीं रिजेक्ट न हो जाये। ख़ुद 'बन्दिनी' के गीत *'मोरा गोरा अंग लई ले'* को लेकर उनमें और बिमल दा में यह नोंक-झोंक हुई थी कि कल्याणी (नूतन), जो पिता के साथ रहती है, वैष्णव कविता सुनती है, आधी रात को कैसे बाहर जाकर गीत गायेगी? दादा (एस.डी. बर्मन) एकदम से भड़के हुए थे कि यह कैसे हो सकता है, मैंने जो धुन बनायी है, वो आउटडोर के लिए है। सिचुएशन चेंज करने पर मेरी ट्यून ख़राब हो जायेगी। बिमल दा इस बात पर अड़े थे कि वो घर में ही गायेगी। दोनों बच्चों की तरह लड़ते हुए इस बात पर सहमत हुए कि घर से गाते हुए वो बाहर निकलकर जायेगी। दादा ने अपना अन्तिम हथियार इस्तेमाल कर लिया था—'अगर वो बाहर नहीं जायेगी, तो हम गाना नहीं बनायेगा'। अधिकतर मामलों में चुप रहने वाले बिमल दा 'हुँह' करके रह गये थे। ज़रा-ज़रा-सी बात पर नाक-भौं सिकोड़ने वाले और नाराज़गी को भी बहुत जल्दी ख़त्म कर देने वाले एस.डी. बर्मन एक प्यारे इंसान थे।

यतीन्द्र मिश्र

एस.डी. बर्मन और आर.डी. बर्मन जो धुनें बनाते थे, उनमें कुछ समानता या

भिन्नता होती थी? एक ही संगीत-परम्परा से निकलने वाले पिता-पुत्र का ख़ुद का संगीत रचने में कितना अन्तर रहता था?

गुलज़ार

दोनों अपने समय के लीजेंड हैं। ज़ाहिर-सी बात है, अपनी तरह ही दोनों म्यूज़िक बनायेंगे। बस एक बात मुझे बड़ी प्यारी लगती है कि दोनों ही अपनी ट्यून बनाकर जो 'डमी-वर्ड्स' देते थे, वो ज़्यादातर एक ही तरह के बोल होते थे। मतलब दादा अपनी कम्पोज़ीशन में और पंचम अपने गीतों में यही वर्ड्स डालकर सैकड़ों बार गाने बना चुके हैं।

बंगाली भाषा की यह लाइनें उन दोनों की ही फ़ेवरेट डमी-वर्ड्स रहे हैं– *'चाँद उठे छिलो गगने/अमय देरी होलो जे...'* इससे अलग कई दफ़ा कुछ मज़ेदार ढंग की राइमिंग करते थे। दादा की एक कम्पोज़ीशन का डमी-वर्ड देखिए– *'बापू-बापू जी, बोकरी का दूध पीता है...'* यह अपने गांधी जी पर बनायी हुई पंक्ति है, जिसमें बकरी को वो बड़े टिपिकल बंगाली टोन में 'बोकरी' बोलते थे।...और सबसे इम्पॉर्टेंट बात यह है कि ऐसे शब्दों पर उन्होंने क्या सुन्दर गीत बनाया। उन्होंने इस पर 'इंसान जाग उठा' फ़िल्म की शानदार कम्पोज़ीशन तैयार की थी– *'जानूँ जानूँ री काहे खनके है तोरा कंगना...'*।

यतीन्द्र मिश्र

एक दौर था, जब अदब, सिनेमा और संस्कृति के दो प्रमुख केन्द्र या घराने समझे जाते थे, जिनमें एक स्कूल ऑफ़ थॉट 'लाहौर' हुआ करता था और दूसरा 'दिल्ली'। आपकी पैदाइश और परवरिश के बीच दीना और दिल्ली दो बड़े केन्द्र हैं, जिनके बीच फैली हुई सरज़मीं से गुज़रकर आपके संघर्षों को पढ़ा जा सकता है। क्या आपने कभी इस लिहाज़ से अपने जीवन का आकलन किया कि आप दो समृद्ध रवायतों के बीच फँसे हुए किरदार हैं, जिनमें एक तरफ़ दीना की तरफ़ का इलाका लाहौर है और दूसरी तरफ़ दिल्ली, जहाँ आप किशोर और वयस्क हुए?

गुलज़ार

जब आप लाहौर और दिल्ली की रवायत की बात करते हैं, तो यह बात भी समझ में आती है कि यह दो बड़ी रवायतें शुरू से रही हैं, जिन्हें दो बड़े एजूकेशन सेंटर के रूप में देखा जाता रहा है। आप देखिए कि यह चलन तो मुग़लों के दौर से ही रहा और बाद में ब्रिटिशों के समय में भी लाहौर और

दिल्ली मरकज़ के बड़े केन्द्रों के रूप में मौजूद रहे। हालाँकि इसमें एक रवायत बंगाल की भी है और लाहौर व दिल्ली को जोड़ते हुए बंगाल भी एक बड़े एजूकेशन सेंटर के रूप में सामने आता है।

यतीन्द्र मिश्र

बंगाल की रवायत का आपने दुरुस्त उदाहरण दिया है...।

गुलज़ार

आप यह भी देखें कि लाहौर और बंगाल में पढ़ाई-लिखाई, संस्कृति, भाषा, सिनेमा, संगीत सभी चीज़ों की रवायत बहुत दुरुस्त रही है। अलग से दिल्ली इस कारण महत्त्वपूर्ण है कि वह हुकूमत के कारण एक बड़ा सेंटर बनता है। हालाँकि दिल्ली उर्दू का एक बड़ा ही शानदार सेंटर बन सका, जिसकी गूँज बहुत बाद तक सुनाई देती रही। दूसरे नम्बर पर अलग ही अन्दाज़ में लखनऊ भी उर्दू की पढ़ाई-लिखाई का केन्द्र बनता हुआ दिखाई देता है।

यतीन्द्र मिश्र

आपके फ़िल्म-गीतों में जो फ़ोक है, उसकी ज़मीन कैसे बनी और सँवरी है, विस्तार से बताये।

गुलज़ार

फ़ोक तो आपकी मेमोरी का बड़ा अहम हिस्सा होता है, जो याद करने पर उतना ही ख़ूबसूरत भी लगता है। मैंने महाराष्ट्र की लावणी, राजस्थानी गीत, पंजाबी हीरें और बुल्लेशाह सब सुना है।

एक तरह से कहूँ तो मैं भारत के लोक-संगीत की ढेरों धुनों में रचा-बसा हूँ। आय एम इन ट्यून, विद द फ़ोक ऑफ़ इंडिया। फिर मेरे जीवन में भटियाली के गीत आये, इकतारे पर गवैयों को गाते हुए मैंने बंगाल का वह जादू भी सुना है, जिसमें बाउलों का संगीत शामिल रहा है। मैं अपने करियर के शुरू-शुरू के दिनों में हेमन्त कुमार के साथ कई दफ़ा कलकत्ता गया हूँ। उस समय बंगाल के दूर-दराज़ के गाँवों में हेमन्त कुमार के प्रोग्राम हुआ करते थे। यह रात-भर चलता था और बंगाल के संगीत को उस दौर में इसी कारण बहुत डूबकर सुना है। मेरे मानस को भटियाली धुनों के लिए तैयार करने में हेमन्त कुमार और सलिल दा का बहुत बड़ा हाथ है। हेमन्त कुमार के प्रोग्राम देर रात में क़रीब डेढ़-दो बजे होते थे, उस समय जब नींद आया करती थी, तो उसी कार्यक्रम में हम पीछे जाकर सो जाया करते थे। इसी तरह उनके कार्यक्रमों को सुनते

हुए फ़ोक से जुड़ाव अनायास ही होता चला गया। सलिल दा के यहाँ बाउल संगीत के बग़ैर कभी बंगाल का फ़ोक पूरा ही नहीं होता था। उनसे बहुत सारे गाने बाउलों के सुने। इस तरह अपने आप ही देश-भर की तमाम लोकधुनों से पहचान होती गयी और वो सब मेरे अन्दर बैठता गया।

यतीन्द्र मिश्र

यही कारण है कि आपके गीतों में फ़ोक म्यूज़िक की इतनी परतें मौजूद रहीं?

गुलज़ार

शायद इसीलिए मेरे गीतों में लोक-संगीत की आवाज़ें बहुत सारी हैं, क्योंकि फ़ोक का बहुत सारा हिस्सा मेरे पीछे की जनरेशन से भी आया हुआ है, जो मेरे मानस में कहीं गहरे परत जमाकर बैठा हुआ है। आज की पीढ़ी में गाँव ही ख़त्म हो रहे हैं और शहरी समाज का आना-जाना गाँवों तक बढ़ गया है, मगर मेरा मानना है कि लोक-संगीत तो सच्चे अर्थों में आज भी गाँवों में ही बसता और धड़कता है। आपको लोक धुनों की बेलौस आवाजाही के लिए भारत के गाँवों की ओर जाकर देखना चाहिए।

यतीन्द्र मिश्र

हाँ, ये बहुत उल्लेखनीय सन्दर्भ है। इसी के हवाले से यह भी पूछना चाहता हूँ कि बहुत सारे अन्य गीत ऐसे हैं, जिनमें यह फ़ोक दूसरे भौगोलिक परिदृश्यों से संवाद करता है। मसलन—'एक पल' फ़िल्म का अनोखा गीत आपकी क़लम से निकला है। अब इस विदाई-गीत में डोली की यात्रा जैसे-जैसे आगे बढ़ती है, गाँव का पूरा परिदृश्य और संस्कृति उसमें अपना रूपाकार पाते हैं। इसे लिखने के जतन में आपने लोक-जीवन के साथ किस तरह संवाद किया होगा? पूरा गीत आपको भी याद होगा, यहाँ फिर से रख रहा हूँ—

ज़रा धीरे, ज़रा धीमे लेके जइहो डोली
बड़ी नाज़ुक मेरी जायी, मेरी बहना भोली
कांची तलैया से गुज़रे जो डोली
गोरी दो बूँद आँसू के दइ जइयो हो
नाह के चदरी कैसे सुखायेगी
गोरी अँगना की छैंया लइ जइयो हो
पीपल की पौड़ी से गुज़रे जो डोली
गोरी सिन्दूरी बिन्दिया दइ जइयो हो

लोहित के पुलिया से गुज़रे जो डोली
गोरी सोने का बिछुआ दइ जइयो हो

ज़रा धीरे, ज़रा धीमे लेके जइहो डोली
बड़ी नाज़ुक मेरी जायी, मेरी बहना भोली।

गुलज़ार

आपने इतना ख़ूबसूरत गीत याद किया है, शुक्रिया! यह गीत पूरी तरह से असम की पृष्ठभूमि से निकलकर आया था, जिसमें भूपेन दा (भूपेन हज़ारिका) का करिश्मा शामिल है। 'एक पल' के निर्माण के दौरान हम कितने ही ऐसे लोकगीत भूपेन दा से बैठकर सुना करते थे, जिसमें असम की वादियाँ और ब्रह्मपुत्र की आवाज़ मौजूद रहती थी। जब मुझे यह गीत लिखना पड़ा, तो उसे मैंने फ़िल्म से अधिक भूपेन हज़ारिका के लोक में रची-बसी तर्ज़ों को आधार बनाकर लिखा था, जिसमें इस बात का भी ख़ास ध्यान रखा कि शब्दों का चुनाव भी असम के भूगोल को समझने में विस्तार देता हुआ लगे। लोहित के पुल और पीपल की पौड़ी का इस्तेमाल इसी लिहाज़ से सम्भव हुआ था।

आपने आज याद दिलाया, तो इसकी बेहतरीन धुन भी मन में कहीं गूँजने लगी, जिस पर भूपेन हज़ारिका ने कितना शानदार काम किया था। इस गीत में कोरस भी बेहद सुन्दर ढंग से आया है।

यतीन्द्र मिश्र

यही बात बाद की कुछ फ़िल्मों के उदाहरण से भी समझी जा सकती है, जिसमें फ़ोक, दरअसल एक मिस्टीक गढ़ता है और गीत कुछ-कुछ दार्शनिक अभिप्रायों वाले बन जाते हैं। मेरा इशारा 'लेकिन', 'रुदाली' और 'दायरा' के गानों की तरफ़ है, जिसमें दार्शनिकता और रहस्यात्मकता का आपसी सन्तुलन ग़ज़ब बन पड़ा है।

'लेकिन' का 'मैं एक सदी से बैठी हूँ', 'रुदाली' का 'समय ओ धीरे चलो' और 'दायरा' का 'छूटे नाहीं छूटे ना माटी का ये चोला' इस पर आप क्या कहते हैं?

गुलज़ार

जिसको गीतों की ज़मीन और फ़िल्म की स्क्रिप्ट के हवाले से भी पढ़ने की ज़रूरत है। यह सही है कि थोड़ा-बहुत मिस्टिकल और स्पिरिचुअल होने की छूट मैंने ली है, जिससे गीतों का मामला बड़ा बन गया है। 'लेकिन' के गानों

में बहुत कुछ ऐसा भी था, जो शास्त्रीय संगीत पर आधारित रहा और उसकी ज़मीन में संगीत होते हुए एक रहस्य-कथा थी। ज़ाहिर है ऐसे में थोड़ा-बहुत मिस्टीक भी बनाने का ढंग रहा होगा। 'रुदाली' का गाना *'समय ओ धीरे चलो'* वाक़ई एक दार्शनिक कविता जैसा है और इसके तीन वर्जन भूपेन दा ने बनाये थे, जिनमें लता जी, आशा जी और स्वयं भूपेन दा की आवाज़ें अलग-अलग शामिल रहीं। रही बात 'दायरा' के गीत *'छूटे नाहीं छूटे ना'*, तो वह मुझे अपने मीटर्स की वजह से बाउल-सांग लगता है। ...और बाउल लोगों के यहाँ ये मिस्टीक एक ज़रूरी एलीमेंट की तरह उनके विचार में ही शामिल रहा है, तो वह गीत में उतारते हुए भी आयेगा ही।

यतीन्द्र मिश्र

क्या 'रुदाली' के गीत की इस पंक्ति में भी यही रहस्य और अध्यात्म का एक सलोना स्पर्श शामिल है—'जिस तन को छुआ तूने/उस तन को छुपाऊँ/ जिस मन को लागे नैना/वो किसको दिखाऊँ/ओ मोरे चन्द्रमा... तेरी चाँदनी अंग जलाए...'

गुलज़ार

इसमें ख़ास तौर पर *'जिस तन को छुआ तूने/उस तन को छुपाऊँ'* में उस तन की बात नायिका करती है, जिसको तूने छू लिया था और जिसे मैं छुपाती हूँ समाज से, दुनिया से, दुनियादारी से। हाँ, लेकिन मेरे अन्दर जो तुम छू गये हो, वो मैं किसे दिखाऊँ? उसे तो मैं सिर्फ़ तुम्हीं को दिखा सकती हूँ। तो वो एक कोमल इज़हार है कि एक दबे-कुचले तबक़े से आने वाली औरत अपने प्रेमी को, जो बड़े वर्ग से आता है, किस तरह अपना अन्दर-बाहर दिखा सके।

अब यह इमेज जिसे आपने पूछा है कि वह चन्द्रमा तक जाती है, तो वह एक रवायत है, जिसमें बड़े मेटाफ़र चुनकर हम अपने प्यार का स्वीकार करते हैं। एक ट्रेडिशन है, जिसमें हम राधा और कृष्ण की बात कहकर अपनी बात कह लेते हैं। इसमें फिर उस प्रेम के ऊपर एक परत दे देते हैं, जो सारी बात को सूफ़ियाना बना देती है। गाने के चारों तरफ़ एक झीना-सा आवरण इस तरह लपेटते हैं कि वह दो सन्दर्भों की बात बनकर दो दुनियाओं का मामला बन जाती है। मतलब यहाँ इस धरती के स्थूल प्रेम से लेकर ऊपर सात आसमान के परे ख़ुदा से प्रेम का इज़हार। यह आशिक़ और माशूक़ के बहाने थोड़ी चतुराई से प्रेम की बात कहने का ढंग गीतों

को रवानी देता है, जिसके चलते उसमें से साधारण शब्दावली की बात भी मिस्टीक लगने लगती है। इसी कारण अन्दर और बाहर की सतह पर कही गयी बात इतनी पर्सनल हो जाती है कि उसका अर्थ खोलते ही वह स्पिरिचुअल लगने लगती है।

यतीन्द्र मिश्र

आपने इन गीतों के भावों की बेहतर व्याख्या की है, मुझे लगता है कि 'रुदाली' (1995) और 'दायरा' (1997) के गीत लिखते हुए ही आपके गीतों की अभिव्यक्ति में सूफ़ियाना रंग पहली बार खुलकर आया या बाद में 'दिल से' (1998) के गीत लिखते हुए? 'दिल से' में तीन गाने पूरी तरह सूफ़ी ध्वनि लिये हुए हैं, जिनमें 'चल छैंया-छैंया', 'ऐ अजनबी तू भी कभी आवाज़ दे कहीं से' और 'तू ही तू सतरंगी रे' शामिल हैं।

गुलज़ार

जी हाँ, आप बिल्कुल ठीक कह रहे हैं कि खुलकर सूफ़ियाना रंगत के गीत पहली बार 'दिल से' से शुरू हुए। मगर मैं यह भी कहना चाहूँगा कि वह सब इसलिए सम्भव हुआ कि उसे रहमान (ए.आर. रहमान) का साथ मिला। रहमान के यहाँ इस बात का स्वागत था कि मैं खुलकर पूरी तरह सूफ़ी रंग की बातें लिखूँ, जिसे गीत की शक्ल में वैसा ही संगीत देते हुए ढाला जाये। हालाँकि सूफ़ी मिज़ाज मेरे यहाँ शुरू से ही था और अगर आप मेरे पहले ही गीत को देखें, तो 'बन्दिनी' का वह गीत दार्शनिक भावों की ही अभिव्यक्ति करता है। फिर भी, 'दिल से' के गीतों में मैंने बुल्लेशाह को नज़दीक से अपने लिए डिस्कवर किया और *'छैंया-छैंया'* जैसा गीत उन्हीं के मीटर में जाकर उन्हें अक़ीदत देते हुए लिखा।

यतीन्द्र मिश्र

मैं यह जानना चाहता हूँ कि इन गीतों तक आते हुए, जो जीवन का अवसाद आप रचते हैं, क्या वह जीवन के किसी विशेष अवसाद के पलों में सम्भव होता है या कि आपके अन्दर का जो इनर कांशेस है, वह ऐसे दर्द-भरे गीतों की सूफ़ियाना ज़मीन तैयार करता है?

गुलज़ार

जो आप पूछ रहे हैं कि वह किसी डिप्रेशन में लिखा जाता है, तो ऐसा नहीं है। यहाँ सिर्फ़ वही इतनी सी बात है कि गीत जिस जगह में हैं, वहाँ एक

किरदार है, एक कैरेक्टर है। अब जिस वक़्त मैं लिखता हूँ, तो स्क्रिप्ट के उस कैरेक्टर के साथ जीता हूँ...और उसकी जितनी भी फ़ीलिंग्स हो सकती हैं, वो निकालता हूँ, उसे महसूस करता हूँ। वो किरदार अगर ज़िन्दा है, सही है, रियल है...तो ज़ाहिर है कि इंसान भी वैसे ही होंगे, कहीं न कहीं? तभी तो वो रियल हैं, वो किरदार और उनकी फ़ीलिंग्स, इसी कारण रियल हैं। अब अगर उन किरदारों की ज़िन्दगी में डिप्रेशन के मूवमेंट हैं, तो वो कहीं न कहीं मेरे भी हैं। ये तो नहीं हो सकता या मैं कह नहीं सकता कि कभी ज़िन्दगी में मैं उन लम्हों से गुज़रा नहीं हूँ।

यतीन्द्र मिश्र

इसका एक अर्थ यह भी है कि कुछ जीवन में पुराना चला आता है, जिस अवसाद को एक शायर अपने ढंग से अपनी नज़्मों में अभिव्यक्त करता रहता है?

गुलज़ार

आपका कहना एक हद तक सही है कि कभी बचपन का कोई अवसाद भी बाद के जीवन में बहकर चला आता है...लेकिन यह भी तो होता है कि बड़े होते जाने के बाद भी जीवन में अकसर अवसाद के लम्हे आते हैं, जो कई दफ़ा पुरानी स्मृतियों पर भारी पड़ते हैं और आपके तकलीफ़ का दायरा एकाएक बड़ा हो जाता है। कहने का मतलब ये है कि वो सारे लम्हे, जो आपको किसी ख़ास तरह के अवसाद में ले जाते हैं, आते तो ज़िन्दगी से ही हैं। ...और ज़िन्दगी से निकालकर ही कोई शायर अपनी नज़्में लिखता है।

एक बात यह भी है कि आप जिस किरदार के लिए लिख रहे हैं, उसकी पहचान अगर आप अपने आप में करेंगे, तो यह देखना पड़ेगा कि आप कौन-सी सतह तक इसको कुरेद सकते हैं या जा सकते हैं। आपके अन्दर का कुआँ कितना गहरा है और आप उसके अन्दर कहाँ तक जा सकते हैं? ये आपकी अपनी गहराई पर भी निर्भर करता है कि अन्दर का जो कुआँ है, वो कितने गहरे तक जाता है। जिस अवसाद की बात आप पूछ रहे हैं, उसमें मैं यही कह सकता हूँ कि मेरे पास शायद सतह और भी थीं, तो मैं और भी नीचे चला गया। जहाँ तक गया, वहाँ तक उसके किरदार के साथ पहुँचा। हो सकता है, उसके बाद भी और कई सतहें हों, जो मैंने उस किरदार के साथ इस्तेमाल ही नहीं कीं, जहाँ आगे जाकर कर सकता था।

यतीन्द्र मिश्र

इसकी कोई मिसाल देना चाहेंगे?

गुलज़ार

मिसाल के तौर पर 'घरौंदा' फ़िल्म में अमोल पालेकर के किरदार से सहानुभूति रखते हुए मेरे शायर ने अवसाद और अकेलेपन का यह गीत लिखा है, जिसमें मेरी जाती ज़िन्दगी का कोई लम्हा ज़रूर शामिल होगा, जिसे मैं गहरे अन्दर उतरकर उस किरदार के साथ ही बाहर निकाल लाया हूँ। गाने के अन्तरे में आता है—

दिन ख़ाली-ख़ाली बर्तन है
और रात है जैसे अन्धा कुआँ
इन सूनी अँधेरी आँखों में
आँसू की जगह आता है धुआँ...
जीने की वजह तो कोई नहीं
मरने का बहाना ढूँढ़ता है
एक अकेला इस शहर में...

इसी तरह मौत पर मेरी जो नज़्में हैं, उसमें भी यह बात दिखाई देगी। जैसे—*'उतारो रूह से ये जिस्म का हसीं गहना/उठो दुआ से तो आमीन कह के रूह दे दो'*। वो एक जगह है मौत की, जो ख़ुद महसूस की हुई है। ये ज़रूर है कि वहाँ भी डिप्रेशन है। मौत को हमारे यहाँ साफ़-सुथरा बना दिया गया है। ये तरीक़ा हमारे शास्त्रों की देन है कि मौत को कभी गन्दा नहीं होने दिया गया। मेरी ही नज़्म 'पाकीज़ा' में यह बात आयी है—

हिलो तो जुंबिश न हो कहीं पर
उठो तो ऐसे कि कोई पत्ता हिले न जागे
लिबास का एक-एक तागा उतारकर यूँ उठो कि आहट से छू न जाओ
...ख़याल रखना कि ज़िन्दगी की कोई भी सिलवट
न मौत के पाक साफ़ चेहरे के साथ जाये...

यह हमारे कल्चर, हमारे मज़हब, हमारे शास्त्रों की देन है कि हम मौत को भी बड़ा और ख़ूबसूरत बना देते हैं। तो यह वजह है कि गहरे कुएँ में उतरकर मौत तक आकर भी अकसर डिप्रेशन महसूस नहीं होता। शायद आपको महसूस न हुआ हो, क्योंकि आपने अभी तक वो सतह छुई ही न हो, तो आपको लगेगा कि 'यार! यहाँ पर तो बड़ी डिप्रेसिव बात की गयी है।' किसी दिन ज़िन्दगी कोई ऐसा तर्जुबा दे जायेगी आपको, तो लगेगा—'हाँ! ये रुख़ तो देखा हुआ

है पहले।' हो सकता है, आप इससे आगे भी जायेंगे, लेकिन एक सतह तो देखी हुई है आपकी। फिर वो शायद मेरे काम की भी हो, क्योंकि कहीं न कहीं तो उसे मैं भी दिखाता रहूँगा अपनी नज़्मों और गीतों में, कहानियों और किरदारों में।

यतीन्द्र मिश्र

बड़ी सहजता और शाइस्तगी से आपने ज़िन्दगी, मौत और उसमें मिलने वाले अवसाद को एक फ़नकार की तबीयत से उजागर किया है। क्या हम ऐसी ढेरों नज़्मों और फ़िल्मी-गीतों में आपके इसी विचार को चस्पाँ करते हुए उनके अवसाद और सहज स्वीकार को, मौत के भी साफ़ पाकीज़ा चेहरे को पढ़ सकते हैं?

गुलज़ार

बेशक। अगर मेरी नज़्में हैं, तो वहाँ मेरी जाती ज़िन्दगी के बहुत सारे चेहरे अपने दर्द के साथ मौजूद होंगे। वो जो मैंने अभी कहा है कि भीतर गहरे उतरकर कुएँ के अन्दर जहाँ पानी भी ख़त्म हो जाता है...और रेत की सतह आ जाती है। वहाँ तक पहुँचकर वापस ज़िन्दगी की ओर देखने में कई सारी बातें खुलती और समझ में आती हैं। रही बात फ़िल्मों के लिए लिखे गये गीतों के अवसाद को देखने की, तो उसमें जितना मैं मौजूद हूँ, उससे कहीं ज़्यादा उन गीतों के पीछे पटकथाओं में शामिल किरदारों के अवसाद का मामला है। एक फ़िल्म गीत से कभी भी यह अपेक्षा नहीं की जानी चाहिए कि उसमें शायर का माज़ी कहीं मौजूद है। वह पूरी तरह से फ़िल्म की कहानी का पार्ट होता है, भले ही गीत की सिचुएशन कुछ भी हो।

यतीन्द्र मिश्र

फ़िल्मों में किरदारों को रचते समय तमाम सारी बारीक़ियों पर ध्यान दिया जाता है। इन सूक्ष्म ब्यौरों से ही कोई तस्वीर मुकम्मल बनती है, जब हम सिनेमा की पटकथा के अनुरूप किसी चरित्र का फ़िल्मांकन करते हैं।

इस बाबत कभी किरदारों का ख़ाका बुनते हुए कोई दिलचस्प अनुभव सामने आया हो, जिनसे इन ब्यौरों की अहमियत कुछ अलग ढंग से खुलकर व्यक्त हुई?

गुलज़ार

जी हाँ! एक दिलचस्प वाक़िया याद है। हुआ यह कि बीकानेर के महाराजा

करणी सिंह जी, जो बहुत मशहूर निशानेबाज़ भी रहे, ने मुझे एक ख़त लिखा था। यह 'मीरा' फ़िल्म से सम्बन्धित था। उन्होंने लिखा कि पहली बार मैंने राजस्थान की पृष्ठभूमि पर बनी किसी फ़िल्म में सिसौदियों और राठौरों की पगड़ियों का फ़र्क़ सही ढंग से देखा है। पहली बार किसी निर्देशक ने यह अन्तर बिल्कुल सही रखा है और इसके लिए उन्होंने मेरी भरसक तारीफ़ की। इट वॉज़ अ ग्रेट कॉम्पलीमेंट फ़ॉर मी। मेरे काम के इस डिटेल की समझ को उन्होंने सराहा, तो मुझे बहुत अच्छा लगा। मेरा ख़याल है कि उनका ख़त मेरे पास पड़ा होगा कहीं सँभाला हुआ।

यतीन्द्र मिश्र

इस लिहाज़ से तो आपके पास ढेरों ज़रूरी पत्र मौजूद होंगे, जिनमें आपके काम को लेकर कुछ बेहतर बातें की गयी होंगी। क्या आपको नहीं लगता कि जिस तरह आप अपनी फ़िल्मों की पटकथाओं के मंज़रनामे प्रकाशित करते हैं, उसी तरह आपको इन ख़तों को भी पाठकों के सम्मुख लाना चाहिए...

गुलज़ार

मैं इस बात के फ़ेवर में नहीं हूँ कि सारे ख़त निकाले जायें। कोई ख़ास हो तो ठीक है। ये जो परम्परा ग़ालिब से शुरू हुई है, वो उर्दू में एक रवायत बन गयी, जो खामखाँ है। ग़ालिब पहला शख़्स था, जिसके ख़तों का अन्दाज़ अलग था। उनके ख़तों को लोगों ने जमा किया था और उतने ही प्रेम से छापना चाहा था। ...और इसी कारण उर्दू नसर (Prose) को एक नया लहजा मिल सका। ग़ालिब में एक बेहद ख़ूबसूरत बात थी, जिसे मैं एरोगेंस कहता हूँ, क्योंकि वह ईगो से थोड़ी-सी ऊँची है और इसीलिए वो ईगो बहुत कमाल की थी। आप देखिए कि ईगो से ही हर एक फ़नकार जीता है। मगर इस ईगो में एक चोंच निकली है, जो कभी-कभी चुभती है लोगों को। इसलिए मैं इसको ग़ालिब के सन्दर्भ में एरोगेंस ज़रूर कहता हूँ। हालाँकि ग़ालिब के यहाँ यह बड़े अनूठे ढंग से आती है।

इस ईगो के साथ जो चोंच है, वह मुझे ग़ालिब के लिए उनकी टोपी में कलगी का पंख लगती है। आप देखिए! क्या तो समझ थी उस आदमी की कि इन ख़तों से वे एक नयी बात पैदा कर गये। एक नया लहजा उन्होंने उर्दू नस्ल को दे दिया। उसकी वजह से उर्दू में वो रवायत शुरू हुई और बहुत से ख़तो-किताबत के छपने की वजह बनी। तो सही यही बात है कि अगर

ख़तों को छापने की कोई वजह बनती हो, तो उसे शायर या लेखक के हक़ में अवाम तक ज़रूर पहुँचाया जाये।

मगर इसी समय यह बात भी कहना ज़रूरी है कि अगर बहुत सारी बातें ख़त में पर्सनल ढंग की हैं। उसका लहजा और बात करने का अन्दाज़ा बिल्कुल दो लोगों के बीच का है, तो मैं इस बात के हक़ में नहीं हूँ कि उन ख़तों को शेयर किया जाये। अपनी व्यक्तिगत ज़िन्दगी जीने का, हर फ़नकार को हक़ है। यह मेरी व्यक्तिगत राय है कि हर एक कलाकार के लिए उसकी पर्सनल स्पेस बहुत ज़रूरी है।

यतीन्द्र मिश्र

ये एकदम वाजिब बात है और ये होनी भी चाहिए।

गुलज़ार

वो रहना चाहिए, क्योंकि वो स्पेस ज़रूरी होती है आपके करवट लेने के लिए। आज के दौर में सबसे मुश्किल बात यह है कि हर आदमी के हाथ में कैमरा है और वो कैमरा खुला हुआ है। आप खाना खा रहे हैं, तो आपका हलक़ नज़र आता है निगलते हुए। सामने बैठ गये, कोई पूछता ही नहीं है। कोई तहज़ीब ही नहीं रही। कैमरा, वीडियो सब कुछ मोबाइल के अन्दर है। उसे ऑन कर दिया जाता है। आप कहीं दूर भी बैठे हों, तो ज़ूम करके आपके पर्सनल स्पेस में घुसने की कोशिश होती रहती है। यह बहुत ख़राब है। यह तहज़ीब का हिस्सा होना चाहिए कि आप बिना इजाज़त के किसी की दुनिया में बिना खटखटाये प्रवेश कर जायें।

यतीन्द्र मिश्र

आपने अदब, सिनेमा और संगीत की दुनिया के मशहूर किरदारों पर पोर्ट्रेट लिखे हैं, जो काफ़ी मशहूर हुए। इनमें रवीन्द्रनाथ टैगोर से लेकर बिमल रॉय और सलिल चौधरी से लेकर जगजीत सिंह तक के किरदार शामिल हैं। यह एक चरित्र को लेकर पोर्ट्रेट लिखने का विचार आपने कैसे मुकम्मल किया?

गुलज़ार

वह बहुत मुश्किल काम नहीं था मेरे लिए, क्योंकि मेरा पेंटिंग से ताल्लुक़ था। पेंटिंग्स की एक्ज़ीबिशन देखने जाया करता था और कई दफ़ा ब्रश लेकर बैठ भी जाता था कैनवास रँगने। अभी काफ़ी अरसे से एक गैप आ गया है।

अपने विचारों को काग़ज़ या कैनवास पर रँगना और उन रंगों से खेलना, एक बिल्कुल अलग तरह की सेंसिबिलिटी है, जो मुझे लुभाती है।

आपको मालूम ही है कि मैं मोटर गैराज में काम करता था और वहाँ एक्सीडेंट होकर आयी हुई गाड़ियों के रंग को मैच करना पड़ता था। इस तरह मोटर गैराज का अनुभव भी था मेरे पास, जिसके चलते मैं इस फ़ॉर्म को समझता था। फिर आप उसकी एक मुकम्मल तस्वीर बनायें या कि उस पर नज़्म कहें, एक ही बात है।

यतीन्द्र मिश्र

इस तरह क्या यह समझा जाये कि पोर्ट्रेट के अन्तर्गत आने वाली नज़्मों में उस व्यक्ति का किरदार पूरी तरह समाहित किया जा चुका है, मतलब उसका जीवन-चरित कहीं झलकता है...

गुलज़ार

एक पोर्ट्रेट लिखते हुए आप उस किरदार के ऊपर एक कमेंट करते हैं। यह कमेंट उसे पूरी तरह पारिभाषित भले ही न करता हो, मगर किसी ख़ास ऐंगल से उसको खोलता ज़रूर है, उस पर रोशनी डालता है।

यतीन्द्र मिश्र

क्या आपको ऐसा लगता है कि लिखे हुए शब्द बचेंगे?

गुलज़ार

हाँ, यह ज़रूर लगता है कि शब्द बचेंगे और किताबें भी। चाहे कितनी भी तकनीकी विकसित हो जाये, मगर लिखे हुए शब्दों की महत्ता बनी रहेगी, बल्कि बदलते हुए दौर के साथ बढ़ती ही जायेगी। यह हो सकता है कि किताबों का फ़ॉर्म बदल जाये। जैसा आजकल शुरू ही हो गया है कि अब अधिकतर किताबें ऑडियो बुक्स और ई-बुक्स की तरह आ रही हैं। शब्द बचे रहने वाले हैं, क्योंकि इन्हीं से हमने अपनी सभ्यता को बनाया-सँवारा है। आप मेरी बात सोच के देखें कि जब छपे हुए शब्द नहीं थे और छापाख़ाना भी नहीं था, तब भी कविता थी, शास्त्र और पुराण थे, रागियों और कलन्दरों के गीत मौजूद थे। सब कुछ बोलियों और बानियों के लिहाज़ से याद कर लिया जाता था और इसी तरह एक पीढ़ी से दूसरी पीढ़ी बोलकर चला आता था, जिसे आप वाचिक कविता कहते हैं, उसकी परम्परा कितनी बड़ी और समृद्ध रही है।

एक समय था कि सब कुछ वर्बल था। उस समय बड़ी से बड़ी बात और कुल-ख़ानदान की रीति भी याद करके एक सदी से दूसरी सदी तक पहुँचा दी जाती थी। यह बहुत बड़ी ताक़त है शब्दों की। इसको कोई चैलेंज नहीं है। मुझे लगता है और मैं इस बात के लिए आशावादी हूँ कि आने वाला समय किताबों के लिए बड़ी इज़्ज़त का दौर होने वाला है।

यतीन्द्र मिश्र

क्या तकनीकी और आधुनिकता इसमें कोई फेरबदल नहीं करने वाले हैं?

गुलज़ार

तकनीकी भले ही किताब के फ़ॉर्मेट को बदल दे, जिस तरह अभी पिछली सदी में ही आवाज़ और संगीत को क़ैद करने की तमाम क़िस्में ईजाद हुईं। पहले सिलेंडर आया फिर वैक्स वाले तवे, बाद में उसके स्पूल टेप्स आये। फिर रेकॉर्ड, बाद में इसी तरह कैसेट, सीडीज और अब डिजिटल म्यूज़िक, जिसे आप कम्प्यूटर से डाउनलोड करके सुन सकते हैं। जब पिछले सौ बरसों में एक संगीत को रेकॉर्ड करने के इतने माध्यम बदल गये और सभी चीज़ को अवाम ने बड़ी आसानी से अपना बना लिया, तो किताबों को लेकर अगर कोई बड़ा बदलाव आता है, तो भला हमारा समाज उसे क्यों नहीं अपने हक़ में ज़रूरत के मुताबिक़ ढाल लेगा? यह चलता रहेगा, दौर बदलते रहेंगे और शब्दों की सत्ता वैसे ही बची रहेगी।

यतीन्द्र मिश्र

आपके कहने में ध्यान देने वाली बात यह है कि शब्दों की सत्ता बरक़रार रहेगी, बस उसे प्रस्तुत करने के ढंग बदल जायेंगे। उसके फ़ॉर्म के साथ समाज को क़दमताल करना होगा।

गुलज़ार

हाँ, यह तो होगा ही। आप पीछे लौटकर देखिए कि किस तरह हाथों से लिखी धर्मग्रन्थों और शास्त्रों की पाण्डुलिपियाँ हमारे पास मौजूद हैं। जब काग़ज़ बना, तब विचार या ज्ञान को उस पर उतारने की रवायत चली। इस तरह हमारे पास अपनी ही ढेरों भाषाओं में पिछले हज़ार सालों से ज़्यादा की परम्परा में अगर देखें, तो कितनी चीज़ें हैं, जो मिली हैं और जिन्हें उतनी ही कुशलता से बाद में छापेख़ानों ने दुरुस्त करके प्रकाशित किया। इसी तरह जब छपी हुई किताबों का मसला थोड़ा पुराना और

तकनीकी से मेल-जोल खाता हुआ नहीं मिलेगा, तो बड़े आराम से किताबों की दुनिया अपना एक नया फ़ॉर्म चुन लेगी। आप देखिए न आज कितनी चीज़ें ऐसी हैं, जो काग़ज़ पर नहीं होतीं, मगर हम सभी अपनी रोज़मर्रा की ज़िन्दगी में कम्प्यूटर के हार्ड ड्राइव में सेव करके रखते हैं। आज आपको किसी के साथ ख़तो-किताबत के लिए बाक़ायदा काग़ज़ की ज़रूरत नहीं होती, सभी कुछ डिजिटल हो गया है। कम्प्यूटर के एक बटन को दबाते ही दुनिया के किसी भी मुल्क में बैठे हुए व्यक्ति को आपका पत्र या जानकारियाँ पहुँच जाती हैं। इस तकनीकी का स्वागत करना चाहिए। अगर रोज़मर्रा का काम हमने अपने लिए इतना आसान बना लिया है, तो अपने कविता संग्रहों और कहानियों के प्रचार-प्रसार के लिए यह तकनीकी कहाँ नुक़सान पहुँचा रही है?

यतीन्द्र मिश्र

आपने जिन लोगों से सीखा है और अपने वजूद का एहसास पाने के लिए जिन लोगों के सम्पर्क में आये और उनकी सोहबतें पाली हैं, उनमें से कोई अकेला ऐसा उस्ताद ज़रूर होगा, जिसे आपने हमेशा अपने मन में एक अलग ही मुक़ाम पर रखा हुआ है?

गुलज़ार

सवाल बहुत बढ़िया है, मगर इसका इतना सरल-सा कोई जवाब मेरे पास नहीं है। ज़िन्दगी में गुरु एक नहीं होता, कई उस्ताद होते हैं।

यतीन्द्र मिश्र

ये तो आप पण्डित भीमसेन जोशी की कही बात को अपने लफ़्ज़ों में दोहरा रहे हैं। उनका कहना है कि किसी भी घराने के गायक का जो ज्ञान साधना से अर्जित है, उसमें कलाकार दूसरे घरानों से भी कुछ चोरी करते हुए मिलाता है। जैसे, चौबीस कैरेट के सोने का ज़ेवर बनाने के लिए उसमें कुछ खोट करना पड़ता है, तभी जाकर एक सुन्दर ज़ेवरात तैयार होता है। इसी तरह मेरी गायिकी है, जिसमें मैंने किराना से अलग दूसरे घरानों की चीज़ें भी अपने मन मुताबिक़ शामिल की हैं।

गुलज़ार

पण्डित जी बेहद वाजिब बात कह रहे हैं। मैं उनके आगे बहुत छोटा हूँ, तो हाँ में हाँ मिलाने की जगह उनके पीछे चलकर उन्हें फ़ॉलो कर सकता हूँ

कि उस्ताद यह बात सोलह आना खरी कह रहे हैं। देखिए, होता यह है कि आपने बहुतों से सीखा होता है। ...और कई दफ़ा तो आप सीख चुके हैं, मगर आपने ध्यान ही नहीं दिया। बहुत बाद में जाकर यह ध्यान आया कि अरे! ये सीखी हुई चीज़ तो हमें वहाँ से मिली थी। सिर्फ़ सिनेमा की बात करूँ, तो बिमल दा के अलावा वे तमाम लोग हैं, जिन्होंने हाथ पकड़कर इस मीडियम में चलना सिखाया। शैलेन्द्र, देबू सेन, हेमन्त कुमार, ऋषि दा (ऋषिकेश मुखर्जी) ने सिनेमा की दुनिया में मेरे लिए वो दरवाज़े खोले, जिन्हें कोई उस्ताद ही अपने शागिर्द को सिखाने के लिए खोलता है। रही बात अदब (साहित्य) की, तो शुरुआत से लेकर आज तक मैं तमाम बड़े शायरों का मुरीद रहा हूँ, जिन्हें पढ़ते हुए रदीफ़-क़ाफ़िया को बरतने की तमीज़ आयी। मिर्ज़ा ग़ालिब और गुरुदेव रवीन्द्रनाथ टैगोर की मेहर से आज तक दामन भीगा हुआ है।

यतीन्द्र मिश्र

क्या आपको अपनी कोई ग़ज़ल, नज़्म या कहानी को दोबारा से ठीक करने या नये सिरे से लिखने का मन करता है?

गुलज़ार

जी, बिल्कुल करता है, करता ही रहता है।

यतीन्द्र मिश्र

इसका मतलब आपकी कहानियों और नज़्मों के वर्ज़न बदलते हैं? बदले हुए वर्ज़न के नमूने कुछ शेयर करेंगे?

गुलज़ार

सही बात यह है, यतीन्द्र! एक-दो मिसरे फ़ालतू हो गये हैं, तो उन्हें कम कर दें। लिखने की मेज़ पर और छपने की प्रक्रिया के पहले या कि किसी बड़े जलसे में सुनाये जाने से पहले जो मैं ज़्यादा लिख देता हूँ, उसे कम ज़रूर करता हूँ। मुझे अगर महसूस हो गया कि यह बात ज़्यादा कह दी गयी है, तो समस्या होती है। पुरानी नज़्मों को पढ़िए, मतलब कोई भी शायर अपनी पुरानी चीज़ को पढ़े तो उसमें ज़्यादा कह देने की समस्या खड़ी नज़र आती है। ओवरसेइंग इज़ द प्रॉब्लम इन राइटिंग...और यह सिर्फ़ मेरे साथ नहीं हुआ है, लगभग सभी शायरों को यह झेलना पड़ता है...उस्तादों को भी।

यतीन्द्र मिश्र

फिर, इस प्रॉसेस को आप किस तरह डील करते हैं?

गुलज़ार

मेरी बहुत-सी नज़्में ऐसी हैं आज भी, जो अधूरी हैं, किन्हीं को ज़्यादा लिख गया हूँ, तो कुछ ऐसी हैं, जिन्हें ठीक से एडिट न कर पाने की स्थिति में वैसे ही पड़ी हैं, मगर मैंने उन्हें छपवाया नहीं है।

यतीन्द्र मिश्र

यह जवाब, आपकी रचना-प्रक्रिया का एक सन्तुलित वक्तव्य भी लगता है। ऐसे में बिना प्रकाशित की हुई रचनाओं को माँजने की प्रक्रिया कितनी लम्बी चलती है? ...कब आपको लगता है कि वह मुक़ाम आ गया, जिसके चलते अब इसे यहीं पूरा कर लेते हैं या इसे छोड़कर आगे बढ़ जाते हैं।

गुलज़ार

जब तक किसी कहानी, नज़्म, अफ़साने, शॉर्ट स्टोरी का फ़ाइनल वर्ज़न मेरे लिहाज़ से दुरुस्त नहीं हो जाता, तब तक मैं उसे आगे बढ़ाने के लिए हाथ भी नहीं लगाता। यह प्रक्रिया सालो-साल तक भी चल सकती है।

यतीन्द्र मिश्र

ख़ुद की शायरी में आपको ऐसा क्या नज़र आता है, जो आपने दूसरे शायरों से अलग करने की कोशिश की है?

गुलज़ार

कोई कोशिश नहीं की!

मुझे लगता है कि मैं अपनी शायरी में एक ख़ास तरह से कॉसमॉस की इमेजरी का इस्तेमाल करता हूँ, जो बहुत प्रभावी होकर मेरी कविताओं, नज़्मों में बिखरी रहती है। मुझसे एक बार डा. गोपीचन्द नारंग ने भी इस बात का इशारा किया था कि उर्दू शायरी में कॉसमॉस के प्रतीक इस्तेमाल नहीं होते। बावजूद इसके आपकी शायरी में ये भरे पड़े हैं। फिर मैंने जब उनकी बात पर ध्यान दिया, तो मुझे लगा कि वे एक हद तक सही कह रहे हैं। समूचे कायनात की चेतना को पकड़ने की कोशिश मेरी शाायरी का सबसे प्रिय विषय रहा है। इसमें मुझे बड़ा मज़ा आता है। आपको जानकर आश्चर्य होगा कि मैं रोज़ ही, एक

नियमित पाठक की तरह नासा के बारे में पढ़ता रहता हूँ, वहाँ से निकलने वाले जनरल और पेपर्स मुझे ख़ासतौर पर लुभाते हैं। मैं उनके आकर्षण में खिंचा रहता हूँ कि कैसे मैं इस कायनात के अधिकतर रहस्यों को समझ सकूँ और उसे अपनी भाषा में पब्लिक तक पहुँचा सकूँ।

मुझे कई दफ़ा अन्तरिक्ष का काम शायर की तरह का लगता है। जैसे एक शायर अपने समय को हमेशा दर्ज करता रहता है, मन में उठी किसी विचार की कौंध को लिखता है या तमाम सारे जज़्बात और कहानियों को जमा करता रहता है, उसी तरह का काम तो स्पेस रॉकेट भी करता है, वह अपने क्षेत्र से आगे जाकर नयी-नयी चमक और कौंध को जमा करता है और हर समय ब्रह्मांड में होने वाली रासायनिक क्रियाओं के बहाने ऊर्जा के विघटन से कुछ-कुछ नया होता रहता है।

यतीन्द्र मिश्र

पिछली सदी के आठवें दशक में जब गीतों का स्तर बहुत गिर गया था और संगीत भी शोर-शराबे में परिवर्तित होता जा रहा था, तब अचानक ही फ़िल्म-गीतों के बोलों में गिरावट देखने को मिलती है। ऐसे में अगर हम 1981 से 1990 तक के एक दशक का आकलन करें, तो उस समय भी बेहद कम संख्या में ही सही, मगर स्तरीय गीत लिखे जा रहे थे। दो-तीन उदाहरणों से यह बात रखता हूँ, जिसमें—जावेद अख़्तर 'ये कहाँ आ गये हम यूँ ही साथ-साथ चलते' (सिलसिला, 1981), जाँ निसार अख़्तर 'ऐ दिले नादाँ, आरज़ू क्या है' (रज़िया सुल्तान, 1983), वसन्त देव 'बेला महका री महका आधी रात को' (उत्सव, 1984) और आप 'मेरा कुछ सामान तुम्हारे पास पड़ा है' (इजाज़त, 1987) लिख रहे थे। यह कैसे सम्भव हुआ कि कुछ ही लोग अपने उसी मेयार पर खड़े हैं, जिन्होंने बदलते हुए दौर के साथ भी समझौते नहीं किये?

गुलज़ार

जिन शायरों का आपने ज़िक्र किया वे सभी बड़े पायेदार लोग रहे हैं। उन्हें कहीं भी लिखते हुए अपने हुनर से समझौता क्यों करना? जाँ निसार अख़्तर साहब को सस्ती लोकप्रियता की ज़रूरत नहीं थी और यही बाद के वसन्त देव या दूसरे गीतकारों को। जो दौर चल रहा होता है और एक शायर को अगर लगता है कि उसकी क़लम की ज़रूरत उस तरह से अवाम को नहीं रह गयी है, तो वह क्यों लिखेगा? वो कुछ अरसे के

लिए अपने रीडिंग रूम में चला जायेगा और उस्तादों के लेखन को पढ़ेगा, उनके कलाम और कुल्लियात पर पड़ी धूल झाड़कर अपने लिए तसल्ली ढूँढ़ेगा। वहीं से कोई राह मिल जायेगी, वहीं से कोई छूटा हुआ सफ़र आगे चल पड़ेगा। मैं ख़ुशनसीब हूँ कि मैंने हमेशा अपने दिल और जज़्बात की सुनी और वैसा ही लिखने की कोशिश की। मेरे लिए सत्तर के दशक में जिस तरह 'आँधी', 'मौसम', 'किनारा' और 'परिचय' के गीत लिखते हुए आनन्द आया है, ठीक उसी तरह मुझे बाद के दशकों में 'सदमा', 'एक पल', 'मासूम' और 'इजाज़त' के लिए गीत लिखते हुए कभी कोई परेशानी आड़े नहीं आयी।

यतीन्द्र मिश्र

हिन्दी सिनेमा में गीतों की जो परम्परा रही है, उसमें दो रास्ते हमेशा से मौजूद रहे, एक उर्दू से आने वाले शायरों का और दूसरा हिन्दी पट्टी के गीतकार। एक तरफ़ शकील बदायूँनी, साहिर लुधियानवी, हसरत जयपुरी, जाँ निसार अख़्तर, मजरूह सुलतानपुरी और राजा मेहदी अली ख़ाँ हैं, तो दूसरी तरफ़ पण्डित प्रदीप, केदार शर्मा, पण्डित नरेन्द्र शर्मा, सरस्वती कुमार दीपक, गोपाल सिंह नेपाली, पण्डित भरत व्यास, राजेन्द्र कृष्ण, इन्दीवर, नीरज और योगेश जैसे गीतकार। इस पूरी परम्परा में संगति और विरोधाभास किस तरह देखते हैं आप? ...और इसमें वो कौन-सा लहजा और है, जो हिन्दी सिनेमा के लिए बेहद काम का है?

गुलज़ार

मेरे हिसाब से सिनेमा को लेकर गीत लिखने का चलन उसकी कहानी और पीरियड के सन्दर्भ में अपना महत्त्व रखता है। मान लीजिए आप ख़ास तौर पर कोई हिन्दी की पीरियड फ़िल्म चुनते हैं, तो वहाँ यह ज़रूरी हो जायेगा कि हिन्दी भाषा के शब्दों से ही गीत लिखे जायें। ठीक इसी तरह उर्दू ज़मीन की कहानी पर उर्दू वालों की तरह ग़ज़ल की बहर में लिखना ज़रूरी होगा, तभी वो गीत मुकम्मल हो पायेगा। वैसे, सबसे आसान रिवाज़ यह है कि जो ज़ुबान सिनेमा की आम ज़ुबान है, उसी में गीत लिखे जाते रहे हैं।...और आप देखिए कि सफल भी होते रहे हैं। आपने जिन दोनों ग्रुप की बात की, वैसा रहा है, मगर यह भी देखिए कि सभी ने कथानक और भाषा के हिसाब से दूसरी भाषा का रूप भी शेयर किया। मिसाल के तौर पर केदार शर्मा जी की फ़िल्म 'चित्रलेखा' में उसके पीरियड के हिसाब से साहिर साहब की ज़ुबान देखिए। उन्होंने कितनी सुन्दर हिन्दी इस्तेमाल की

है– *'मन रे तू काहे न धीर धरे'*। अब आप देखिए कि उर्दू शायर होने के बाद कोई फ़र्क़ पड़ा?

मैं हमेशा से यह कहता हूँ कि सिनेमा ही रिप्रेजेंट करता है कि गीतों की शक्ल और उनकी भाषा क्या होगी। फिर यह ज़रूरी नहीं कि उर्दू वाला हिन्दी के गीत लिख रहा है या कि हिन्दी वाला उर्दू के। एक उदाहरण इन्दीवर का भी देता हूँ कि मूल रूप से हिन्दी का गीत रचने वाले इस कवि ने 'मल्हार' फ़िल्म के लिए उर्दू मिश्रित हिन्दुस्तानी ज़ुबान में लिखा– *'बड़े अरमानों से रखा है बलम तेरी क़सम/प्यार की दुनिया में यह पहला क़दम'* ...लहजा वही है सिनेमा का, उसमें उर्दू के लफ़्ज ज़रूर आये हैं, जिन्हें मैं हिन्दुस्तानी कहता हूँ। पण्डित प्रदीप का पूरा काम देख डालिए, तो हिन्दी की ज़मीन पर हिन्दुस्तानी का वही अन्दाज़ आपको प्रभावित किये बिना नहीं रहेगा। ढेरों गीत याद कर लीजिए, हर जगह उनका लहजा हिन्दुस्तानी है। *'दूर हटो ऐ दुनिया वालों, हिन्दुस्तान हमारा है'*, *'आओ बच्चो तुम्हें दिखाएँ झाँकी हिन्दुस्तान की'*, *'देख तेरे संसार की हालत क्या हो गयी भगवान/कितना बदल गया इंसान'* और बाद का बेहद मशहूर *'ऐ मेरे वतन के लोगों, ज़रा आँख में भर लो पानी'*। अब आप बताइए यह कौन-सी उर्दू है? या कौन-सी हिन्दी है? यह सबसे बड़ी देन है सिनेमा की, जिसने हिन्दुस्तानी ज़ुबान दी है।

यतीन्द्र मिश्र

आपका कहना सही है, गुलज़ार साब! क्या सिनेमा में मिलने वाली हिन्दुस्तानी ज़ुबान को हम भाषा के स्तर पर एक बड़ी खोज मान सकते हैं, जो एक-दूसरे से जोड़ती है?

गुलज़ार

यह बहुत बड़ी बात है कि सिनेमा की दुनिया में आकर हिन्दी या उर्दू का लेखक, उस ज़ुबान को अख़्तियार कर लेता है, जिसका लहजा आम जनता की ज़ुबान है। हमारे यहाँ कोई ज़ुबान परायी नहीं है। हिन्दी वालों को उर्दू आती है और उर्दू वालों को हिन्दी आती है...और दोनों को एक-दूसरे की ज़ुबानें अच्छी तरह आती हैं। मुझे हमेशा से यह लगता है कि सिनेमा के गीतों का लहजा जो हिन्दुस्तानी है, वह एक बहुत बड़ी देन है समाज को, जिसके सहारे हम आपस में पूरे देश भर से जुड़े हुए हैं। मुझे यह भी लगता है कि जिस तरह आज हमारे देश में अंग्रेज़ी को एक लिंक-लैंग्वेज बना लिया गया है, अगर हिन्दी सिनेमा में प्रचलित इस हिन्दुस्तानी को लिंक लैंग्वेज बनाया जाता, तो बहुत से झमेले मिट गये होते।

यतीन्द्र मिश्र

वे कौन से गीतकार हैं, जिनके गीतों के क़रीब आप ख़ुद को पाते हैं? आपकी क़लम ने हिन्दी फ़िल्मों के लिए गीत लिखते हुए, सबसे ज़्यादा किसे नज़दीक पाया है?

गुलज़ार

मैंने किसी के पास पहुँचने की कोशिश नहीं की है, लेकिन जिन शायरों को मैं पसन्द करता हूँ, उनके आसपास कहीं घूमता हूँ। देखता हूँ, उनसे सीखता हूँ और एडमायर करता हूँ। उनमें एक शैलेन्द्र हैं, जो बहुत अहम हैं। उनके लहजे में भी वही मुझे अपने हिन्दुस्तानी की ख़ुशबू नज़र आती है। *'मिला है किसी का झुमका/ठण्डी-ठण्डी हरी-हरी नीम तले/मिला है किसी का झुमका'*। यह बात सिर्फ़ शैलेन्द्र कह सकते हैं। यह अन्दाज़ फ़ोक का है, जिस तरह वे *'हरी-हरी नीम तले/मिला है किसी का झुमका'* कहते हैं। ऐसी हिन्दुस्तानी है कि पूछिए मत! इस तरह रोमेंटिसाइज़ कर लेना और उसे अपने फ़ोक एलीमेंट से जोड़कर कह देना, कमाल का लगता है। इसी तरह साहिर साहब कहते हैं और रोमेंटिक एक्सप्रेशन को आम बोल-चाल की भाषा बना देते हैं। फिर इसी तरह आप साहिर साहब का यह ख़ूबसूरत लहजा देखिए—*'चाँद मद्धम है आसमाँ चुप है।'* अब आप बताइए यह साहिर साहब है, जिन्होंने पहली बार कहा कि चाँद मद्धम है। आज तक तो मैं नहीं जानता कि किसी ने इस ज़ुबान में कुछ कहा हो।

ऐसी ढेरों मिसालें हैं, जिन्हें याद करके शैलेन्द्र और साहिर साहब की शायरी के सम्बन्ध में कहा जा सकता है। 'शगुन' फ़िल्म का एक गीत देखिए, जो अभी याद आ रहा है और कितना शानदार है—*'पर्वतों के पेड़ों पर शाम का बसेरा है/चम्पई उजाला है, सुरमई अँधेरा है'*। अब आप कहाँ से ऐसी ज़ुबान ला सकते हैं, जिसे ख़ुद में जिया न गया हो और आम जनता की बोली में पहनाकर अवाम को वापस न कर दिया गया हो...तो मैं शैलेन्द्र और साहिर साहब की ज़ुबानें, उनकी कैफ़ियत, सेंसिबिलिटी और इमोशंस को अपने बेहद क़रीब पाता हूँ।

यतीन्द्र मिश्र

आपकी एक बेहद प्रचलित स्थापना लता मंगेशकर और आशा भोसले के सन्दर्भ में यह है—दोनों ही चाँद पर एक साथ पहुँचीं, मगर लता जी के पैर चाँद पर पहले पड़े, जिस तरह नील आर्मस्ट्रांग ने चन्द्रमा की

धरती पर पहला क़दम रखा। उसी यान में आशा भोसले भी दूसरी तरफ़ बैठी थीं, जो उनके बाद चाँद पर उतरीं और इस तरह एडविन एल्ड्रिन बनकर उन्होंने चाँद पर पहुँचने वालों में दूसरा नम्बर पाया। यह एक बहुत दिलचस्प ऑब्जर्वेशन है, जिस पर कुछ कहेंगे, तो इस किताब के सन्दर्भ में वह सार्थक होगा।

गुलज़ार

मैं समझ रहा हूँ कि आप ये जुमला दोबारा से क्यों सुनना चाहते हैं। चलिए, मैं यह भी कह देता हूँ और इस बात को आगे बढ़ा देता हूँ कि दोनों ही एक रेकॉर्ड की दो तरफ़ें हैं। एक को आपने 'ए' कह दिया और दूसरे को 'बी'... लेकिन आदतन आप पहले 'ए' को सुनते हैं, हालाँकि आप चाहें, तो 'बी' भी सुन सकते थे। अब लता जी तो 'ए' पर हैं, क्योंकि पहले गाया उन्होंने। आशा जी ने उनके बाद गाया, तो वे नेचुरल ही 'बी' साइड पर आ गयीं...लेकिन हैं दोनों एक ही रेकॉर्ड के दो रुख़...जिसे चाहें आप उसे सुन लें, लेकिन वो बारी 'ए' होने की वजह से पहले लता जी के यहाँ जाती है। यह ठीक भी है, दुरुस्त बात भी कि सीनियर को एहतराम मिले।

यतीन्द्र मिश्र

आपने इन दोनों बहनों की कला के बारे में बहुत सुन्दर टिप्पणी की है।

गुलज़ार

बिल्कुल। दोनों ही हमारे दौर की लीजेंड हैं...और बड़ी वॉयसेज़ भी। मतलब इस तरह की आवाज़ें कि वे लीजेंड बन जायें। ये सिनेमा की बहुत बड़ी देन हैं।

यतीन्द्र मिश्र

दूसरी आवाज़ों के सन्दर्भ में आप इस समय क्या कहना चाहेंगे?

गुलज़ार

हम ढूँढ़ने जायें, तो हमें फ़ोक सांग्स में कुछ आवाज़ें मिलेंगी। पंजाबी में हीर के लिए, ढोलक के गानों के लिए और बंगाल के अपने रवीन्द्र संगीत और भटियाली की कुछ मौलिक आवाज़ें। मैंने आपसे अलग से ज़िक्र भी किया है कि मैंने सुरिन्दर कौर और जगजीत कौर को बहुत सुना है। जूथिका रॉय एक आवाज़ है अपनी तरह की, जो एक ज़माने में बहुत मशहूर थीं। जद्दनबाई

जी थीं, बेगम अख़्तर और शोभा गुर्टू—सभी मुकम्मल और पावरफुल वॉयसेज़ रही हैं।...मगर मैं आपसे एक बात कहता हूँ कि अगर इस पूरी सेंचुरी की फ़िल्मों के लिए रिप्रेजेंटेटिव फ़ीमेल वॉयसेज़ चुननी हों, तो इसमें कोई शक़ नहीं कि वो तो फ़िर, सिर्फ़ लता मंगेशकर और आशा भोसले होंगी।...और कई आवाज़ें मशहूर हैं, जिनमें हम पारुल घोष, अमीरबाई कर्नाटकी और गीता दत्त को याद कर सकते हैं।

यतीन्द्र मिश्र

सिनेमा संगीत में प्रतिनिधित्व करने वाली पुरुष आवाज़ों के बारे में आपका क्या ख़याल है?

गुलज़ार

यहाँ भी वही हाल है, सबसे पहला और बड़ा नाम के.एल. सहगल साहब का है। वे तो सिनेमा सेंचुरी के सबसे बड़े लीजेंड के रूप में उभरते हैं। मैं अगर पूरी सदी पर निगाह डालता हूँ, तो सहगल साहब को ऊँचे पायदान पर रखने के बाद मेल वॉयसेज़ में भी सिर्फ़ दो नाम रिप्रेज़ेंटेटिव लगते हैं। मो. रफ़ी साहब और किशोर कुमार। मैं तो इतना कहूँगा—'दे विल रिमेन द रिप्रेज़ेंटेटिव लैंग्वेज़ ऑफ़ द फ़र्स्ट सेंचुरी ऑफ़ सिनेमा'।

यतीन्द्र मिश्र

पुराने दौर का संगीत और गीतों में उतनी ही गहराई वाली शायरी का दौर क्या अब अपनी ढलान पर है? या इस तरह कह सकते हैं कि कुछ अन्तराल के बाद एक बार फिर से वही सुरीला दौर वापस लौटेगा, जिन गीतों की शेल्फ़-लाइफ़ पहले की तरह ही बड़ी और असरदार होगी?

गुलज़ार

इसमें क़सूर इस दौर का नहीं है, सिंगर का नहीं है, बल्कि निज़ाम का है। ऐसा नहीं है कि आज शायर नहीं हैं या कम्पोज़र्स नहीं हैं...और यह भी नहीं है कि सिंगर्स नहीं हैं। टैलेंट भरा पड़ा हुआ है। आज का जो सिस्टम है, वो बदल गया है। इतनी तेज़ी से ये बदलाव हुए हैं कि आपके साथ उन चीज़ों के ग्रो करने का वक़्त ही नहीं है। एक गाना गया, दूसरा गाना आया। दूसरा गया और तीसरा आ गया। दिन भर में चौदह गाने आ गये, एक के ऊपर एक। महीने भर में डेढ़ सौ गाने हो गये, तो आपको कंज़्यूम करने का वक़्त ही कहाँ है? जो जितनी तेज़ी से कंज़्यूम होता है, वो उतनी ही तेज़ी से निकल भी तो

जाता है। वो रह ही नहीं पाता, उसे पनपने का वक़्त चाहिए। आज हर चीज़ बेहद कमर्शियलाइज़्ड है। एक कोई उम्मीद भरी आवाज़ आती है, तो वह दिन-रात इतने लाइव-शोज़ में खपती चली जाती है कि वह सब बर्न-आउट हो जाता है। इस स्पीड से, इस तरह से काम हो रहा है कि आपका किया-धरा बर्न-आउट हो जायेगा। उसको वक़्त ही नहीं है कि वह ख़ुद की परवरिश कर सके और दूसरों की मेमोरी में उसे हमेशा के लिए पहुँचा सके।

यतीन्द्र मिश्र

एक कलाकार का अपनी कला में विकसित होने के लिए ये आपाधापी रुकावट डालती है...

गुलज़ार

बिल्कुल। एक कलाकार सिर्फ़ अपनी केयर कर सकता है, जिससे वह आगे जाये। उसे यह समझना पड़ेगा कि एस.डी. बर्मन या पंचम बनने के लिए, लता जी या मो. रफ़ी, किशोर कुमार बनने के लिए अपनी कला में ग्रो करना पड़ेगा। यह सारे लोग एकाएक सीधे चढ़ान पर नहीं चले गये। बहुत मेहनत की इन लोगों ने। मुझे अच्छी तरह से याद है कि पूरी तरह स्थापित रहे बर्मन दादा (एस.डी. बर्मन) अपनी हर नयी धुन बनाने में इतना डरते थे कि कहीं निर्देशक उनकी ट्यून रिजेक्ट न कर दे।

यतीन्द्र मिश्र

क्या यह बात अन्य कलाओं पर भी लागू होती है?

गुलज़ार

बिल्कुल होती है। क्रिएटिविटी के लिए लेज़र चाहिए। थोड़ी मोहलत चाहिए। थोड़ी आरामपसन्दी भी कि भाई हम वेट कर रहे हैं कि कुछ बेहतर कह सकें। उस मोहलत में अपनी चीज़ों के हवाले से कुछ ऐसा रच पायें कि बड़े लोगों के फ़न के साथ उनके बग़ल में खड़े हो सकें। ग़ालिब यूँ ही नहीं कहते– *'दिल ढूँढ़ता है फिर वही फ़ुरसत के रात-दिन'*।

यतीन्द्र मिश्र

बिमल रॉय के पास रहकर ऐसी कौन-सी चीज़ थी, जिसे आप सीख नहीं पाये? जिसे याद करके आज भी आपको तकलीफ़ होती है।

गुलज़ार

इस सवाल में थोड़ी करवट की गुंजाइश है। यूँ तो जो उनसे सीखना था, एक फ़िल्म मेकिंग और दूसरा पेशेंस, वो तो पा सका...लेकिन वो जो आर्टिस्टिक कंसेप्ट होता है, वो सीखा नहीं जा सकता। वो आपका अपना ही होगा...लेकिन मैं कभी बिमल दा नहीं हो सकता। एक मुहावरा है, जो जगह उस्ताद की है, वो जगह पूरी ख़ाली होती है।

यतीन्द्र मिश्र

एक सहज जिज्ञासा मन में होती है कि आपने अधिकांश गायकों के लिए उनके एल्बम में अपनी आवाज़ दी है और उनके सांग टेक्स्ट पर एक विचारक की तरह कुछ नयी बात रखी है। उदाहरण के तौर पर आबिदा परवीन के गाये हुए कबीर, अमीर ख़ुसरो और हीर के सन्दर्भ में बात करें या कि बुल्लेशाह और बाबा फ़रीद के लिए। वो कौन-सा ऐसा कवि, सन्त, निर्गुनिया या बन्दिशकार है, जिसके लिए कुछ रेकॉर्ड करने की तमन्ना अभी बाक़ी है?

गुलज़ार

आपने इन एल्बमों के बारे में पूछा है, तो तुरन्त एक नाम मीराबाई का ज़ेहन में आता है। उन्हें कितनी तरह से पढ़ा जा सकता है, इसका अभी तक पूरा खुलासा ही नहीं हुआ। *'ए री मैं तो प्रेम दीवानी/मेरा दरद न जाने कोय/नगर ढिंढोरा पीटती/प्रीत न करियो कोय'* अब इसे देखिए, इसे सपाट ढंग से पढ़ेंगे, तो ये लाइनें हाथ से छूट जायेंगी। इसमें एक शायर, एक विरहिणी, एक रिबेल करने वाली औरत के जज़्बात डालकर पढ़ेंगे, तो कमाल हो जायेगा। इसका जादू सिर चढ़कर बोलेगा। यह क्लासिक है। मीरा के साथ तो आबिदा परवीन बड़ा न्याय कर सकती हैं, अगर वे उनके कलाम गायें। एक बड़ी आवाज़ की कविता को एक बुलन्द आवाज़ नसीब होगी। ऐसा हो सके, तो संगीत के लिए बड़ी बात होगी।

यतीन्द्र मिश्र

आपके फ़िल्म गीतों में एक अनूठी बात यह नज़र आती है कि वहाँ शब्द-युग्मों के साथ साउंड की एक अलग ज़मीन तैयार होती है। इस पर मैंने किताब की शुरुआत के अपने नोट्स में भी बातें कही हैं। मैं यह जानना चाहता हूँ कि 'चप्पा-चप्पा चरखा चले' जैसी ध्वनि सम्बन्धी शब्दावली का

इस्तेमाल एक तकनीकी है आपकी ज़ुबान में, जब आप ख़ासतौर पर गीत लिख रहे होते हैं?

गुलज़ार

यह हिन्दी सिनेमा में पहले से मौजूद रहा है। मैंने बस इस परम्परा को ही आगे बढ़ाया है, जिसमें पूरी तरह साउंड सेंट्रिक गीत लिखे हैं। पुराने दौर के गीतों में याद कीजिए, कड़कती बिजली की साउंड वाला *'लपक-झपक तू आ रे बदरवा'* जो 'बूट पॉलिश' फ़िल्म का गाना है। घुँघरुओं की आवाज़ का *'झनक-झनक पायल बाजे/पायलिया की रुनक-झुनक पर छम-छम मनवा नाचे'* (झनक-झनक पायल बाजे)। इसी तरह आँसुओं को भी गानों में सुना जा सकता है। लता जी की आवाज़ पर मदन मोहन साहब की कम्पोज़ीशन का *'नैना बरसे रिमझिम-रिमझिम'* (वो कौन थी) क्या बढ़िया एक्सप्रेशन है। मेरे गीतों में कुछ और भी बढ़िया साउंड हैं, जिसमें ख़ासतौर पर पहाड़ी पर चलती हुई ट्रेन पर उसकी गति से रिद्म मिलाता 'दिल से' का *'चल छैंया-छैंया'* को देख सकते हैं।

यतीन्द्र मिश्र

आपको गीत लिखते हुए कभी ऐसे अनुभव हुए कि जो शब्द आप लिख रहे हैं, वह वाजिब ढंग से संगीतकार तक नहीं पहुँचा?

गुलज़ार

कई बार ऐसा होता है। 'बंटी और बबली' का मशहूर हो चला गीत, *'कजरारे कजरारे तेरे कारे-कारे नैना'* में यह बात उठी थी। एक बार एहसान और लॉय (शंकर-एहसान-लॉय) उन दोनों ने मुझसे पूछा—'गुलज़ार साहब, ये इस गाने में 'दरीबाँ' और 'बल्लीमाराँ' का क्या मतलब है?' मैंने उन्हें बताया ये दिल्ली की वह जगहें हैं, जहाँ ग़ालिब रहते थे। इस पर उन दोनों ने आश्चर्य से पूछा—'आप राइटर हैं, इसलिए ये बात जानते हैं, लेकिन जो लोग यह गाना सुनेंगे, उन्हें कैसे पता लगेगा कि ग़ालिब कहाँ रहते थे और उसका गाने से क्या सम्बन्ध है।' मैंने उन्हें जवाब दिया था, लोग बिना जाने जब इस गाने को इतना हिट करा सकते हैं, तो जानकर कितना करते। हालाँकि मज़ाक़ में कहा मैंने, लेकिन गीत की सिचुएशन के हिसाब से फिर पूरी बात उन्हें समझाई थी।

इसी गाने में 'लू' का इस्तेमाल भी मैंने किया है—*'तेरा आना भी गर्मियों की*

लू है' अब मैं क्या करूँ, अगर मुम्बई वाला यह नहीं जानता कि 'लू' क्या होती है। यहाँ बम्बई में तो लू चलती नहीं।

यतीन्द्र मिश्र

ऐसा कई बार होता होगा...कुछ और यादें भी होंगी, जो इस बात की ओर इशारा करती हैं...

गुलज़ार

देखिए, पूरा जो सिनेमैटिक सीन है, उसके म्यूज़िक या गाने में यह ख़तरा बना रहेगा, अगर आज का म्यूज़िक कम्पोज़र उसे ठीक ढंग से जानने का तलबगार नहीं है। मेरी ही फ़िल्म 'आँधी' में 'नशेमन' को लेकर पहले पंचम ने और बाद में संजीव कुमार ने यह पूछा था, यह क्या है? मगर उस समय जब लोग इतने उत्साहित होकर पूछते थे, उस पूरे प्रॉसेस में इन्वाल्व रहते थे, तो हमें भी अच्छा लगता था, वाकई नशेमन क्या है, इसे लोग जानें। मैं, जब देवदास बना रहा था, तब लता जी ने *'कुहू-कुहू-कुहू-कुहू कोयलिया'* गीत में सरौली का अर्थ पूछा था। मैंने उन्हें बताया था कि यह एक आम होता है और बहुत मीठा होता है। इस पर वो प्रसन्न होकर मुझसे बोली थीं, 'मैं जानना चाहती थी कि वो कितना मीठा होता है, क्योंकि गाने के लिए वैसा ही भाव लाना होगा।'...अब आप बताइए, लता जी, पंचम या संजीव कुमार अगर कोई बात पूछ रहे हैं, तो उसे गीत या उस पूरे काम से उन लोगों का कितना जुड़ाव था।

हाँ, ए.आर. रहमान हैं, वो ज़रूर बहुत भरोसा करते हैं और मुझसे पूछते रहते हैं। उनको मैं ज़रूर बताता रहता हूँ, कम्पोज़ किये जाने वाले गीत में किस वर्ड का क्या मानी है। एक बार एक कम्पोज़ीशन को लेकर रहमान से स्काइप पर बात चल रही थी। वे लॉस एंजिल्स में थे, मैं मुम्बई में और फ़िल्म को फ्रांस में फ़िल्माया जाना था। रहमान ने मुझसे डमी लाइनों के लिए कुछ सुझाव माँगा और उनके हिसाब से कुछ 'सनम' जैसा शब्द हो, ऐसी बात हुई। मैंने उन्हें तुरन्त मना किया, ऐसे शब्दों का इस्तेमाल बन्द करना चाहिए। वे परेशान हो गये, इसका क्या गन्दा अर्थ है। मैंने उनसे कहा, इससे भी बुरा अर्थ है। मैं कुछ बेहतर शब्द आपको देता हूँ। आपको ऐसे शब्दों को इस्तेमाल करने से परहेज़ करना चाहिए, ये बेहद क्लीशे (Cliche) शब्द है, जिसका बहुत इस्तेमाल फ़िल्म संगीत में हुआ।

यतीन्द्र मिश्र

गीतों में सही शब्द-चयन को लेकर कोई ऐसी घटना हुई आपके साथ, जिसने दिल को ठंडक पहुँचाई हो। चलो कोई ऐसा गीत लिखा गया, जो किसी के काम आया...

गुलज़ार

'फ़िज़ा' का एक गीत था– *'आ जा माहिया'*, उसमें एक लाइन आती थी– *'आ धूप मलूँ मैं तेरे हाथों पे'*। इस लाइन को लेकर कनाडा से एक छोटी-सी बच्ची ने मुझे मैसेज भेजा था–'अंकल, व्हाई वी कॉल्ड द सोप धूप'? और मैंने सोचा क्या बढ़िया बात है, धूप नाम का एक साबुन होना चाहिए। 'आई थॉट इट वाज़ ब्यूटीफ़ुल एंड हर मदर मस्ट हैव एक्सप्लेन्ड हर मीनिंग एंड समथिंग'।

यतीन्द्र मिश्र

सूफ़ियाना शायरी की जो पिछले दौर से चली आयी समृद्ध परम्परा रही है, उसे आज आधुनिक सन्दर्भों में किस तरह देखते हैं?

गुलज़ार

ये जो सूफ़ियाना हम डिफ़ाइन कर रहे हैं, तो अगर इशारों में बात करें, तो सबसे पहले यही आयेगा कि ये सूफ़ियाना है क्या? एक तो वो, जिसे हम स्पिरिच्युलिज़्म कहते हैं, रूहानी बातें भी कहते हैं। रूहानी कलाम, जिसकी एक लेयर पर हमें महबूब नज़र आता है। अगर रूमी के यहाँ नज़र आता है, शम्स तबरेज़ी के यहाँ नज़र आता है, बुल्लेशाह के यहाँ नज़र आता है, बाबा फ़रीद में नज़र आता है। आप देखिए, तो यह ट्रेवेल करते हुए यहाँ तक आया है। सेंट्रल एशिया से यहाँ तक आया है।

हमारे यहाँ सूफ़ियाना रंग में पहले से ही ईश्वर से बातचीत का सिलसिला जारी था। सूफ़ियाना शायरी में बीच के आदमी को, बीच के मार्फ़त को हटा देते हैं, सीधे अल्लाह से बात करते हैं और वो महबूब हो जाता है। हमारे यहाँ ये बिलवेड से बात करना, तो कितना पुराना रहा है। राधा और कृष्ण की तो शायरी ही शताब्दियों सूफ़ियाना रही है। ख़ुद को हम लोग राधा मानकर ईश्वर यानी कृष्ण के प्रति प्रेम का भाव रखते हैं। धर्मवीर भारती जी की 'कनुप्रिया' याद आती है। उनकी तो सारी कविता ही कृष्ण और राधा के प्रेम में रँगी है। कबीर के यहाँ भी ये चीज़ कितनी ख़ूबसूरती से मिलती है।

यतीन्द्र मिश्र

आपके ग़ालिब प्रेम पर बात करते हैं। .ग़ालिब पर आपसे कुछ सुनना चाहता हूँ... आपने मिर्ज़ा .ग़ालिब पर एक बेहतरीन सीरियल, एक किताब 'मिर्ज़ा .ग़ालिब : एक स्वानही मंज़रनामा' के अलावा नज़्म भी लिखी है। आपको .ग़ालिब इतने क्यों पसन्द आते हैं? उनकी ख़ूबियों-ख़ामियों के हिसाब से, एक शायर के रूप में उनको किस तरह देखते हैं?

गुलज़ार

आपने अकसर सुना होगा, हम जब भी ग़ालिब को याद करते हैं, तो उन्हें चचा ग़ालिब कहते हैं। किसी और को आपने सुना यह कहते हुए? चचा मोमिन या मामू मोमिन कह लो, ताऊ दाग़ या चचा मीर, ये किसी के साथ नहीं है। ये वो पर्सनैलिटी है, जिसके साथ ये जुमला चलता है। एक पण्डित जवाहरलाल नेहरू को छोड़कर, जिन्हें पूरा देश चाचा नेहरू कहता है, वहाँ भी इज़्ज़त के साथ ये कहा जाता है...मगर ग़ालिब तक आते हुए वो ज़्यादा पर्सनल ढंग से 'चचा' हो जाता है। दैट्स वाई आई एम टू क्लोज़ टू हिम। ही इज़ एब्स्ल्यूटली डाउन टू अर्थ।

यतीन्द्र मिश्र

ख़ूबसूरत ढंग से आप .ग़ालिब को देख रहे हैं...

गुलज़ार

उन्होंने ज़िन्दगी की ऐसी सच्चाइयाँ देख रखी हैं, जिसे देखे बग़ैर, महसूस किये बग़ैर, वो ऐसा कुछ कह ही नहीं सकते, जैसा वे अपनी शायरी और ख़तों में कह गये। आपके अन्दर वो अन्दाज़ ही नहीं आयेगा, न ही आपके भीतर वो ह्यूमर पैदा होगा, वो तंज़ भी नहीं आने पायेगा, जैसा ग़ालिब के अन्दर उतरा हुआ है। जब वे बात करते हैं, तो अपने सारे कंटेम्परेरीज़ से ऊँची बात करते हैं।

वो कभी काफ़ियाबन्दी को पोएट्री नहीं मानते। यह भी अपने में एक मिसाल की बात है, उनके यहाँ की सारी इमेज़री यहाँ हिन्दुस्तान की उठायी हुई है। उसमें फिर कहीं फारसी का प्रभाव नहीं देखा जा सकता। आप यह नहीं कह सकते कि उनके अन्दर जो फ़ारसीयत है, वो इनहेरिट तो की हुई है, मगर उसकी आइडेंटीफ़िकेशन हिन्दुस्तान से होती है। आप लाख कहिए कि वेदान्त सिर्फ़ हिन्दी या संस्कृत का हिस्सा है या वो ईस्टर्न फ़िलॉसफ़ी का हिस्सा है, ग़ालिब के यहाँ जो सूफ़ियाना

.ख़याल है, वो हमारे यहाँ, हमारे आसपास की ज़िन्दगी और संस्कृति में मौजूद रहा है। हमारे यहाँ की फ़िलॉसफ़ी पर देखिए, वो कितना उम्दा शेर कहते हैं—

ये मसाइल-ए-तसव्वुफ़, ये तिरा बयान, .ग़ालिब
तुझे हम वली समझते, जो न बादःख़्वार होता
ग़म-ए-हस्ती का, असद किससे हो जुज़ मर्ग 'इलाज
शम'अ हर रंग में जलती है सहर होने तक

यतीन्द्र मिश्र

मुझे उनका सबसे बेहतरीन शेर यह लगता है—

'है कहाँ तमन्ना का दूसरा क़दम या रब
हमने दश्त-ए-इम्काँ को इक नक़्शे पा' पाया

गुलज़ार

यही है वो कल्चर, जिसकी मैं बात कह रहा हूँ।

यतीन्द्र मिश्र

उनकी एक .ग़ज़ल 'जी ढूँढ़ता है फिर वही फ़ुरसत के रात-दिन/बैठे रहें तस्व्वुर-ए-जाना किए हुए' को आपने 'मौसम' में मुखड़े के साथ इस्तेमाल किया और उसे एक बेहतरीन फ़िल्म गीत में बरत दिया। उसके बनने की कहानी एक बार फिर से आपसे सुनना चाहूँगा।

गुलज़ार

'मौसम' के इस गाने के पीछे बिला शक़ एक बड़ी नज़्म है। .ग़ालिब ने तो इसे *'जी ढूँढ़ता है फिर वही फ़ुरसत के रात-दिन'* लिखा है। मैंने उस्ताद के शेर का सिर्फ़ मुखड़ा लिया, क्योंकि मुझे लग रहा था कि इसमें वो बात है, एक कैफ़ियत है। कोई कैफ़ियत तो होगी न दिमाग़ में? जब जाड़े की नर्म धूप में आँगन में लेटकर फ़ुरसत ढूँढ़ी जाये या गर्मियों की रात में जब पुरवाई चले, तो कैसा लगता है? इसी बात को मैंने उन्हें विद ड्यु रिस्पेक्ट उनका नाम लेकर एलोबोरेट करने की कोशिश है। आप मुसहफ़ी को इस समय याद कीजिए—

तिरे कूचे हर बहाने, मुझे दिन से रात करना
कभी इस से बात करना, कभी उस से बात करना

फिर ये गीत लिखते हुए लगने लगा कि इस आदमी (संजीव कुमार) के साथ ऐसा कुछ हुआ है, जिसकी डिमांड स्क्रिप्ट कर रही थी। मुझे लगा, हर मूड, कहीं न कहीं कोई मुक़ाम ढूँढ़ रहा है। इस तरह मैंने फ़िल्म में अलग-अलग मूड के लिए इसी नज़्म को कई वर्ज़नों में कम्पोज़ करवाया। आपको जानकर आश्चर्य होगा कि मदन मोहन जी ने इसकी चार धुनें बनायी थीं, जिनमें से दो इस्तेमाल हुईं। दोनों ही वर्ज़न में उन्होंने कमाल किया है।

यतीन्द्र मिश्र

मुझे लगता है कि इस गीत को बड़े निराले अन्दाज़ में फ़िल्माया भी गया...

गुलज़ार

ख़ास बात इस गाने के पिक्चराइज़ेशन की यह रही, हमने मॉस्किंग टेकनीक का इस्तेमाल किया था, जो उन दिनों बड़ी इनोवेटिव मानी जाती थी। मुझे लगता है कि ये तकनीकी किसी फ़िल्म गीत में पहली बार इस्तेमाल हुई थी।

यतीन्द्र मिश्र

कविता या शायरी को लेकर वो कौन-सी शर्तें हैं, जिन्हें ख़ुद पर एक रचनाकार लागू करके देखता है?

गुलज़ार

इसे ज़रा घुमाकर देखते हैं, वो कौन-सी बात है, जो किसी शायर पर लागू होनी चाहिए? ज़ाहिर है, सबका अपना-अपना ख़याल है, जिसे ख़ुद के सिग्नेचर में लिखना ही शायरी के साथ ईमानदारी होगी। फ़र्ज़ कीजिए, क्या यह हो सकता है कि काश मैं नज़ीर अकबराबादी की तरह लिखना शुरू कर दूँ? हिन्दी के एक बड़े पोएट नागार्जुन हैं, उनकी एक कविता कभी नहीं भूलती—'बहुत दिनों तक चूल्हा रोया, चक्की रही उदास'...अब यह लहजा नहीं है मेरे पास, लेकिन मैं अपनी तरह से इसी सब्जेक्ट को लिखता हूँ या दूसरे लिख सकते हैं। अगर मुझे नागार्जुन की तरह लिखना आता, कम से पॉलिटिकल सेटायर की तरह, तो मैं और कुछ न लिखता, वैसा ही लिखता, जैसा नागार्जुन लिखते हैं।

ये जो मैं कह रहा हूँ, उसे दाद देने के अन्दाज़ की तरह लीजिए। नागार्जुन को ख़ासतौर पर कोट करना है, तो यह भी देखना पड़ेगा कि ये एहसास कहाँ से पैदा होता है, जिसके लिए उनको मेंशन किये बग़ैर काम नहीं चलेगा।

दरअसल आदमी हमेशा सीखता रहता है। एक शायर की हसरत यही होनी चाहिए कि वह कम से कम इतनी शर्त तो अपने ऊपर ज़रूर लागू करे कि ख़ुद के लेखन को बराबर बेहतर करता जाये, सीखता जाये और दूसरे के हुनर को उसी समय ख़ास ढंग से दाद देने की सहूलियत भी बरते।

यतीन्द्र मिश्र

क्या ख़ूबसूरत बात कही है आपने... आपके इस जवाब से एक संस्मरण याद आता है। संगीतकार सज्ज़ाद हुसैन ने एक बार एस.डी. बर्मन साहब को फ़ोन करके कहा—'बर्मन साहब, आपने 'शर्मीली' की जो धुन 'मेघा छाए आधी रात, बैरन बन गयी निन्दिया' बनायी है, वह कमाल की धुन है। आपकी इस एक कम्पोज़ीशन पर मैं अपना सारा म्यूज़िक कुर्बान कर सकता हूँ...

गुलज़ार

बिल्कुल। वही मैं कह रहा हूँ...जिसने बेहतर काम किया है, उसे दाद देने का ढंग है। नहीं तो आगे यह रवायत रुक जायेगी और कोई यह नहीं कहेगा कि आने वाले समय में कुछ बेहतर काम हुआ है। यह नहीं होगा, तो बरख़ुरदार! शायरी ग़ालिब के बाद दम तोड़ देगी।

यतीन्द्र मिश्र

लता जी का कोई एक गाना चुनना हो, तो आपको बरबस कौन-सा याद आता है?

गुलज़ार

लता जी का अकेला कोई गीत हो सकता है? पॉसिबिल है?

यतीन्द्र मिश्र

आशा भोसले के लिए लिखे गये गीतों में आपका पसन्दीदा?

गुलज़ार

फिर वही बात?

यतीन्द्र मिश्र

आपका ऑल टाइम फेवरेट सांग?

गुलज़ार

इस वक्त तो याद आ रहा है– *'घबरा के जो हम सर को टकरायें, तो अच्छा हो'...*

यतीन्द्र मिश्र

क्या बेमिसाल गीत आपने याद किया, गुलज़ार साहब। इसे नख़्शब जारचवी ने लिखा था। दरअसल 'महल' (1949) के सारे गाने ही नख़्शब के लिखे हुए हैं। एक अन्तरा ये भी ग़ज़ब का बन पड़ा है, जिसे सुनना चाहिए–

> *दिल डूबने का मंज़र, वो भी तो ज़रा देखें*
> *आँसू मेरी आँखों में, भर आयें तो अच्छा हो...*

गुलज़ार

वाह! शुक्रिया! नख़्शब की याद दिलाने के लिए।

यतीन्द्र मिश्र

कोई दूसरी महत्त्वपूर्ण आवाज़, जिसकी अदायगी में गीत उसी तरह उभरकर आया हो, जैसा अभी हम राजकुमारी जी की गायिकी में 'घबरा के जो हम सर को टकरायें तो अच्छा हो' के लिए बात कर रहे थे?

गुलज़ार

दादा बर्मन (सचिन देव बर्मन) की आवाज़। एक अज़ीब-सी कशिश, एक नमक है, जो उनके सुर में लगा हुआ है। 'सुजाता' का *'सुन मेरे बन्धु रे, सुन मेरे मितवा, सुन मेरे साथी रे'* में दिल से निकली हुई आवाज़ है। उसमें जो नेज़ल क्वॉलिटी सुनाई पड़ती है, वो तीर की तरह सीधे दिल में घुसती है। दादा के गाये हुए गाने में एक और बात है, जो बड़े कमाल की है, वो यह कि कोई भी लफ़्ज़ कहाँ से तोड़कर गाना है, उनको सुनकर सीखा जा सकता है। यही बात उनकी ट्यूंस में भी है कि वे कम्पोज़ीशन बनाते हुए फोनेटिक्स और धुन के मीटर के लिहाज़ से शब्दों को तोड़कर गवाते थे। मिसाल के तौर पर, उन्हीं का कम्पोज़ किया हुआ, 'गाइड' फ़िल्म का *'वहाँ कौन है तेरा मुसाफ़िर जायेगा कहाँ/दम ले ले घड़ी भर ये छइयाँ पाएगा कहाँ'* में 'मुसाफ़िर' लफ़्ज़ को सुनिए, दादा कितने ज़ुदा अन्दाज़ से बार-बार इस्तेमाल करते हैं। आप उनके सम्मोहन में पड़ जायें कि एक गीत को शब्दों के लिहाज़ से किस तरह गाने के लिए उठाना चाहिए।

यतीन्द्र मिश्र

आपके फ़िल्म गीतों में रंगों की इमेज बहुत हैं। 'मोरा गोरा अंग लई ले मोहे श्याम रंग दई दे' से लेकर 'नीली नदी के परे गीला-सा चाँद खिल गया' तक ...क्या रंग इसलिए आते हैं कि एक दौर में आप रंगों के साथ इस क़दर जुड़े हुए थे कि दिन भर रंगों से वास्ता पड़ता था?

गुलज़ार

ऐसा नहीं है। यह ज़रूरी नहीं है कि मैं पेंटर होऊँगा, तभी रंगों की बात करूँ। मैं मोटर गैराज में डेंट कारों को रँगता था, इसलिए रंगों का ज़िक्र आता है; ये मसला भी नहीं है। ये रंग जो गानों में हैं, नेचुरल हैं। आपके चारों तरफ़ हैं। मतलब जब मैं रंगों को देखता हूँ, तो उन पर रिएक्ट करता हूँ। मैं कलर्स से अपनी इमेजरी बना रहा हूँ शायद। ब्लैक एंड व्हाइट से बना रहा होता, तो *'नीली नदी से परे'* नहीं कहता। अगर आप महसूस कर सकें, तो चाँद की तरफ़ देखें। वो एक पीला-सा, सुनहरे पीले रंग वाला चाँद कभी पानी से निकलता हुआ दिखता है, तो लगता है कि जैसे नीले रंग के ऊपर निकल रहा है।

'जूठे नैना बोलें साँची बतिया' में एक लाईन आती है– *'नित चमकावे, चाँद काली रतियाँ'*...अब ऐसे भी रात दिखाई देती है और चाँद के साथ उसका सम्बन्ध समझ आता है। चूँकि मैं पेंटिंग्स ऑब्ज़र्व करता हूँ, तो वह मेरी सोच का हिस्सा बनकर भी कहीं न कहीं शामिल रहेगा। ऐसे में, अगर किसी गीत या नज़्म में कलर का डिस्क्रिप्शन आता है, तो वह सामान्य-सी बात है।

यतीन्द्र मिश्र

कोई ऐसा गाना जिसे आपके किसी संगीतकार ने बनाने में कोताही की हो या बेमन से करने को राज़ी हुए हों, मगर बाद में उसने कामयाबी के झण्डे गाड़े?

गुलज़ार

ऐसा तो नहीं हुआ है। मैंने जितने लोगों के साथ काम किया, उसमें तमाम सारे ग्रेट मास्टर्स इंवाल्व्ड थे। मदन मोहन जी, जयदेव जी, ख़य्याम साहब और भूपेन दा (भूपेन हज़ारिका) सभी ने, जो भी मैंने लिखकर दिया, शानदार तरीक़े से कम्पोज़ किया और मेरे गानों को मेलोडियस बनाया। हाँ, सिटिंग के दौरान डिस्कशन ज़रूर होता था। कई बार मीटर पर लाने के लिए एक-दो शब्दों का बदलाव या आगे-पीछे कुछ जोड़ना-घटाना पड़ता था।

...मगर पंचम ज़रूर कई दफ़ा ब्लैंक-वर्स के गीतों पर नाक सिकोड़ता था। उसका यही जुमला रहता था—'तू न्यूज़ पेपर की ख़बरों जैसे गाने लिखता है।' ...तो ऐसे में इम्प्रोवाइज़ेशन होते थे, मगर कम्पोज़ीशन बेहतर ही बनती थी। मैंने आपको बताया ही है कि 'इजाज़त' के गीत में वो एक शब्द बदलवाना चाहता था, मगर बाद में वैसा ही कम्पोज़ किया। *'मेरा कुछ सामान'* तो उसने रिजेक्ट ही कर दिया था।

एक गाना ज़रूर याद आता है, जो पंचम की ही कम्पोज़ीशन है। मैं जब 'किनारा' की स्क्रिप्ट पर काम कर रहा था, तो *'एक ही ख़्वाब कई बार देखा है मैंने'* मुझे एकबारगी सूझा था और वो लाइनें मैंने पंचम को दी थीं। उसने अपनी आदत के अनुसार वो पन्ना अलग रख दिया। जब भी मैं उसे टोकूँ, 'किनारा' के एक-दो गाने रेकॉर्ड होने के बाद मैंने उसे याद दिलाया, तो हर बार यही कहता था—'तुम बार-बार पीछे लौटकर उसी गाने के पास क्यों जाना चाहते हो?'...इस तरह वो उस गाने की रेकॉर्डिंग को टालता रहा। मुझे मालूम नहीं, वो ऐसा बर्ताव क्यों कर रहा था, पर ये बात सच है, 'किनारा' के इस गीत को रेकॉर्ड करने में उसे कोई दिलचस्पी नहीं थी। आख़िरकार एक दिन मेरे बार-बार पीछे पड़ने पर उस गाने की रेकॉर्डिंग का समय आया। मुझे अच्छी तरह याद है, हम महबूब स्टूडियो में रेकॉर्डिंग कर रहे थे। ख़ैर! गाना फ़ाइनली तैयार हुआ, उस गाने में भूपेन्द्र ने गीतों के बीच में कहीं-कहीं शानदार ढंग से गिटार भी बजायी है। पंचम ने हमेशा की तरह इस गीत की भी बेहतरीन कम्पोज़ीशन बनायी थी। बाद में उसे भी वो गाना अच्छा लगने लगा। आप देखिए, *'एक ही ख़्वाब कई बार देखा है मैंने'* को कितनी लोकप्रियता मिली। आज भी वो गाना लव-सिचुएशन का एक रेलेवेंट सांग माना जाता है।

यतीन्द्र मिश्र

एक क़िस्सा याद आता है, उस्ताद बिस्मिल्ला ख़ाँ साहब ने ग़ज़ल गायिका बेगम अख़्तर साहिबा के लिए यह कहा था कि तान लेने पर जो उनकी आवाज़ हल्की-सी फटती थी, वो संगीत के ग्रामर में ग़लती न होकर उनकी अदायगी और उस गायिकी की सुन्दरता बढ़ा देती थी। वो कहते थे—'यही सितम था उनकी आवाज़ का...'।

गुलज़ार

परफ़ेक्ट। बड़ी सुन्दर मिसाल से आपने बात आगे बढ़ाई है। अब देखिए, बेगम अख़्तर जैसी आवाज़ में कोई भी कम्पोज़ीशन गायी जाये, वो उनका

सिग्नेचर बन जायेगी और बन्दिश या सांग टेक्स्ट के लिहाज़ से वो स्टाइल ही उसका ग्रामर तय करेगी।

यतीन्द्र मिश्र

हिन्दी फ़िल्मों की बड़ी परम्परा में गीतकारों को उनकी विशिष्टता के साथ अगर याद किया जाये, तो सबसे पहले आप किसे याद करेंगे?

गुलज़ार

डी.एन. मधोक सबसे बड़े गीतकार हैं, बेहद मौलिक। पचास के दशक के शुरुआती दौर में उनके गीतों की भाषा देखने वाली है, जो फ़ोक इमेजरी और शुद्ध देशी बोलियों की मिली-जुली ज़ुबान पर कोई बात कहती है। *'जब तुम ही चले परदेस/लगाकर ठेस/ओ प्रीतम प्यारा/दुनिया में कौन हमारा'* और *'मिल के बिछड़ गयीं अँखियाँ, हाय रामा'* (रतन) में वो महक देखी जा सकती है। उनका स्थान मेरी निगाह में बिल्कुल अलग है और बाक़ी गीतकारों से ऊपर है। के.एल. सहगल की 'भक्त सूरदास' में मधोक जी का लिखा *'नैनहीन को राह दिखा प्रभु/पग-पग ठोकर खाऊँ मैं'* के साथ वे जिस ऊँचाई पर खड़े हैं, वो बड़ा मानीख़ेज लगता है।

यतीन्द्र मिश्र

दीनानाथ मधोक को आप हिन्दी फ़िल्म संगीत के आरम्भिक पुरोधाओं में सबसे पहले रखते हैं?

गुलज़ार

जी हाँ! डी.एन. मधोक पॉयनियर लिरिसिस्ट हैं, जब भारतीय फ़िल्मों में सन् 1931 के आसपास गीत पहली बार आये। उस समय गानों की परम्परा मंचों से शुरू हुई, जिसमें आग़ा हश्र कश्मीरी के लिखे हुए नाटकों, पारसी थिएटर के इंफ़्लूएंस, ग़ज़लों और शास्त्रीय संगीत की घरानेदार महफ़िलों ने प्रभाव डाला। उसी दौर में उर्दू कविता भी फ़िल्मों में इस्तेमाल होने लगी थी। माइथोलॉजी से प्रेरित फ़िल्में बन रही थीं और भजनों का दौर शुरू हो चुका था। ये सब शुरुआती रुझान थे, जिन्होंने हिन्दी फ़िल्म संगीत के आरम्भिक दौर को अपने ढंग से प्रभावित किया और उसे खिलने का अवसर भी दिया। इसी समय डी.एन. मधोक एक बड़े गीतकार के तौर पर सामने आते हैं, जिनकी पहली ही फ़िल्म 'राधे श्याम' के लिखे हुए गीतों से वे अलग पहचान बनाते हैं। यह फ़िल्म 1932 में रिलीज़ हुई। आपको जानकर आश्चर्य होगा कि इस फ़िल्म में

उन्नतीस गाने थे और कृष्ण-कथा और उनके जीवन-प्रसंगों से सम्बन्धित गाने मधोक साहब ने बड़े निराले अन्दाज़ में लिखे थे। इसलिए मैं उनको हिन्दी फ़िल्मों में गीत परम्परा का बिल्कुल शुरुआती नायक मानता हूँ। इसलिए भी कि उन्होंने गीत लिखने की जो शब्दावली विकसित की, उस ट्रेंड पर बरसों बाद तक गाने लिखे जाते रहे।

यतीन्द्र मिश्र

पण्डित प्रदीप?

गुलज़ार

मधोक साहब के बाद पण्डित प्रदीप ही आते हैं। वे भी उनकी तरह के ऐसे गीतकार हुए, जिन्होंने प्रेरणा देने वाले ढेरों नग़मे फ़िल्म संगीत को दिये हैं। प्रदीप जी के गाने, अलग ही मीटर के गाने हैं, जिसे वे अपनी ही धुन पर बेचते हैं। उनके गीतों में हमेशा ही नेशलिज़्म, अंडर करंट की तरह घुला हुआ दिखाई पड़ता है। इसका सबसे प्रतिनिधि गीत, तो *'ऐ मेरे वतन के लोगों, ज़रा आँख में भर लो पानी'* ही है, जो पण्डित जी (जवाहरलाल नेहरू) की आँखों में आँसू ले आया।

वे चालीस के दशक का माइल-स्टोन हैं। दार्शनिक रंग के उनके कई गीत कई बार कबीर की तरह चेतावनी देते हुए लगते हैं। *'देख तेरे संसार की हालत क्या हो गयी भगवान/कितना बदल गया इंसान'* कितनी सहजता से निकला हुआ, क्या बढ़िया गाना है...उनका हर गीत ज़िन्दगी के फ़लसफ़े को बयाँ करता है। उनका दर्शन, उनकी अपनी सोच को भारतीय अर्थों में व्यक्त करता है।

यतीन्द्र मिश्र

केदार शर्मा?

गुलज़ार

केदार शर्मा जितने बेहतरीन निर्देशक थे, उतने ही बेहतरीन शायर, गीतकार भी थे।

यतीन्द्र मिश्र

साहिर साहब के साथ का कोई संस्मरण, यादें, जो आप यहाँ शेयर करना चाहें?

गुलज़ार

साहिर साहब चार बँगला इलाक़े में रहा करते थे। उस दौर में वो इलाक़ा मुम्बई शहर से दूर था। उस समय रोडवेज़ की ऐसी व्यवस्थाएँ नहीं थीं कि वहाँ नियमित बस या कोई और वाहन आ-जा सके। वे हिन्दी फ़िल्मों के शुरुआती उन चन्द गीतकारों में से एक थे, जिनके पास अपनी कार मौरिस थी। साहिर साहब चार बँगले की दूसरी मंज़िल पर रहते थे और उन्हीं दिनों मैं उसी बँगले के आउट हाउस में अपने कुछ दोस्तों के साथ किराये पर रहता था। उस समय बीस रुपये मासिक किराया था। आज पीछे मुड़कर देखता हूँ, तो इस बात के लिए अपने को ख़ुशक़िस्मत मानता हूँ कि मैं अपने शुरुआती संघर्ष के दिनों में भी बम्बई में वहाँ रहता था, जिसकी संगत में साहिर साहब की रहवारी थी।

यतीन्द्र मिश्र

शैलेन्द्र को किस तरह याद करते हैं?

गुलज़ार

शैलेन्द्र से मैं उन्हीं दिनों में मिला था, जब वे फ़िल्मों के लिए लिख रहे थे। रेडियो पर शैलेन्द्र और लता मंगेशकर, शंकर-जयकिशन ऐसे नाम थे, जो सारा दिन तस्बीह के दानों की तरह दोहराये जाते थे। हसरत जयपुरी के साथ उनकी जोड़ी थी, लेकिन हमेशा यही लगता था कि शंकर-जयकिशन के यहाँ ज़्यादातर गाने वही लिख रहे हैं। मेरी एक मुलाक़ात उनसे शुरुआती दौर की 'बापू निवास' पर हुई थी। एक छोटी-सी जगह, एक कमरा, एक किचन और बरामदा जहाँ बासु भट्टाचार्य, देबू और हिमाद्री ये लोग रहते थे। ये जगह शैलेन्द्र ने किराये पर ली थी, एकान्त में बैठकर लिखने के लिए। बासु भट्टाचार्य और देबू, बिमल दा (बिमल रॉय) के असिस्टेंट थे। उनके पास रहने की जगह नहीं थी, तो शैलेन्द्र ने इन्हें रहने के लिए जगह दी हुई थी। वहाँ सलिल चौधरी अकसर शैलेन्द्र को ढूँढ़ते आया करते थे, सलिल दा के बॉम्बे यूथ क्वॉयर की मीटिंग भी अकसर यहीं होती थी। शैलेन्द्र की ट्रेड यूनियन की बैकग्राउंड के बारे में राज कपूर साहब से सुना था।

मुझे आज तक यह पता ही नहीं लगा कि शैलेन्द्र फ़िल्मों के गाने कब और कैसे लिखते थे? एक बार मुझसे ये कहा था—'सुबह से लेकर लंच तक का वक़्त शंकर-जयकिशन के लिए है। वो डिसिप्लिन नहीं टूट सकता। वो टूट गया, तो बड़ी मुश्किल हो जायेगी।' 'पिंजरे के पंछी' फ़िल्म के लिए यह

तय हुआ था कि वो स्क्रिप्ट लिखेंगे और मैं गाने लिखूँगा...लेकिन वक़्त की कमी ने ये फ़ैसला बदल दिया था। मैंने स्क्रिप्ट लिखी और शैलेन्द्र ने गाने लिखे। उन्हें नज़्म और नग़मे का फ़र्क़ पता था। नज़्म कैसे नग़मा बनती है, उन्हें उसकी ख़बर थी।

यतीन्द्र मिश्र

क्या कुछ नामों की चर्चा करेंगे, उनके काम को देखते हुए?

गुलज़ार

सबसे पहले प्रसून जोशी निगाह में आते हैं, जिन्होंने कविता के मीटर और म्यूज़िक सेंसिबिलिटी को ज़िम्मेदारी से पकड़ा है। उनके बहुत सारे गीत अच्छे लगते हैं, जिसमें राकेश ओमप्रकाश मेहरा की 'रंग दे बसन्ती' के गाने। एक ही एल्बम में प्रसून ज़िन्दगी के कई शेड दिखा देते हैं। अगर मैं, डी.एन. मधोक की फ़ोक ट्यून वाली परम्परा को देखूँ, तो उसमें स्वानन्द किरकिरे को शामिल करना चाहूँगा। उनके यहाँ कुछ ऐसी बोली-बानी का इस्तेमाल होता दिखता है, जो उन्हें उसी रंग का गीतकार बनाता है। इरशाद कामिल की यात्रा बड़ी रोचक है। वे पंजाबी को बढ़िया ढंग से साधते हैं। एक अलहदा ढंग से वे सूफ़ी कविता का एक नया ख़ाका खींचते दिखाई पड़ते हैं...लेकिन मुझे लगता है कि वे इससे भी आगे जायेंगे, अगर साहित्य की ज़ुबान में जो लिख रहे हैं, उसे और माँजते रहे। ही इज़ स्टिल इन द जर्नी। इन तीन लोगों को मैं आने वाले समय में बड़े गीतकारों के रूप में देखता हूँ, जो इस दौर के बीत जाने या थमने के बाद भी बचे रहने वाले हैं। इन सबसे अलग एक वाज़िब-सा नाम कौसर मुनीर का है, जो बड़ी सेंसिबिल हैं और नये मुहावरे में गीत लिख रही हैं। अमिताभ भट्टाचार्य एक बेहद इनोवेटिव लिरिसिस्ट हैं, जिनका काम मुझे पसन्द आता है।

यतीन्द्र मिश्र

आज के दौर के ए.आर. रहमान का मुक़ाम आप किस तरह देखते हैं? उन्हें भी हिन्दी फ़िल्म संगीत में बदलाव लाने वाले एक बड़े कम्पोज़र के रूप में गिना जाता है...

गुलज़ार

ए.आर. रहमान में वो बात है, जिसके लिए उन्हें अलग से देखा जाता है। एक लेवेल पर उनके ड्रम का जो साउंड है, वो इंडियन सुनाई देता है।

दरअसल वो फ़ोक इंडियन साउंड है, जिसका इस्तेमाल उसने बेहतर ढंग से किया है। ए.आर. रहमान ने जो सबसे बड़ा काम किया, वो गानों के स्ट्रक्चर को बदल दिया।

यतीन्द्र मिश्र

एक ट्रेडिशनल स्ट्रक्चर को तोड़कर गानों को इस तरह नयी तकनीकी से बनाने की युक्ति, ये आपको बड़ी बात लगती है?

गुलज़ार

उन्होंने गाने को 'फ़्री-वर्स' के क़रीब ला दिया। हमारे यहाँ जो काफ़िया मिलाते हुए पोएम्स लिखी जाती थीं, उनमें तोड़-फोड़ की। सालों से जो गाने हमेशा से राइम से मिलते चले आ रहे थे, उसे राइम से हटा दिया। इट हैज़ कम क्लोज़र टू द ब्लैंकवर्स।

यतीन्द्र मिश्र

यह एक बढ़िया व्याख्या है, रहमान के तकनीकी पक्ष को समझने की। आप भी छन्दमुक्त कविताओं के बड़े शायर हैं, इसलिए रहमान के साथ संगति बिठाने में और उनकी तकनीकी के अनुरूप, दिये गये म्यूज़िक पर शब्द लिखना आपके लिए आसान रहा होगा?

गुलज़ार

बात इतनी भर नहीं है। इसके लिए आपको ब्लैंकवर्स को जानना ज़रूरी है, जिस तरह आपको फ़्रीवर्स को समझना ज़रूरी है।

यतीन्द्र मिश्र

रहमान इस सन्दर्भ में एक बड़े फ़नकार के रूप में उभरते हैं...

गुलज़ार

निश्चित ही। वे इस दौर के उसी तरह माइल-स्टोन हैं, जिस तरह से बीते दौर में पंकज मलिक या सी. रामचन्द्र हुए हैं। मैं उन्हें माइल-स्टोन ही कहता हूँ, क्योंकि लीजेंड बनने में तो बड़ा वक़्त लगता है।

यतीन्द्र मिश्र

किशोर कुमार ने आपकी फ़िल्मों में प्रमुखता से गायन किया है। आपकी, आर.डी. बर्मन और किशोर कुमार की एक बेहतरीन टीम बनती है,

जिसके पास ढेरों सदाबहार गाने हैं...मुसाफ़िर हूँ यारो' (परिचय), 'कोई होता जिसको अपना' (मेरे अपने), 'जाने क्या सोचकर नहीं गुज़रा' (किनारा), 'ओ माँझी रे' (ख़ुशबू) तुरन्त याद आते हैं।

गुलज़ार

कुछ गाने मैं याद दिलाता हूँ, उनके साथ का (दो दूनी चार)– *'हवाओं पे लिख दो हवाओं के नाम'* और *'आने वाला पल जाने वाला है'* (गोलमाल)। दरअसल किशोर दा से मेरी मुलाक़ात *'दो दूनी चार'* के निर्माण के दौरान हुई थी। वह हर लिहाज़ से बड़े कलाकार थे। *'दो दूनी चार'* के सेट पर उन्होंने एक नियम बाँध रखा था कि दिन भर शूट करने के बाद वो हर हाल में 5.45 बजे शाम को स्टूडियो छोड़ देंगे। हमें लगता था कि वे अपनी तरह के मिज़ाज वाले आदमी हैं, इसलिए एक सख़्त नियम बना रखा है।

यतीन्द्र मिश्र

नये संगीतकारों में सबसे सम्भावनाशील और संगीत की गहरी समझ वाला आपको कौन लगता है, जिन्हें आप गुज़रे दौर के उन संगीतकारों के साथ रखकर देख सकें, जिनके साथ आपने एक लम्बी पारी फ़िल्म गीतों की रची है?

गुलज़ार

इस वक़्त अगर इनमें मैं सबसे प्रॉमिनेंट नाम लूँ, तो वो विशाल भारद्वाज होंगे। विशाल मेरठ के हैं। शायरी समझते हैं, शायरी की सेंसिटिविटी को भी समझते हैं। उस्ताद शायर बशीर बद्र के आँगन में बड़े हुए हैं। पोएट्री की वाइब्ज़, जो विशाल के यहाँ है, इससे पहले नहीं हुई।

विशाल जिस तरह पोएट्री को समझकर म्यूज़िक बनाते हैं, उनके पहले यह बात सिर्फ़ हेमन्त कुमार में देखी जा सकती है। उसकी वजह ये थी कि हेमन्त दा ने गुरुदेव रवीन्द्रनाथ टैगोर को बहुत गाया है...तो पोएट्री कहीं उनके अन्दर बस गयी थी, जिसका फ़्लेवर फ़ील हो जाता था। आज वही बात विशाल के यहाँ देखता हूँ, तो ख़ुशी होती है।

यतीन्द्र मिश्र

आपके मित्र आर.डी. बर्मन के सन्दर्भ में पोएट्री की नज़ाकत को किस तरह लेते हैं?

गुलज़ार

मैं पंचम पर आ ही रहा था। देन, देयर वॉज़ पंचम, हू जस्ट ट्रस्टेड मी फ़ॉर पोएट्री। मतलब, पंचम ज़ुबान नहीं जानता था, लेकिन भरोसा करता था। उसने अच्छी शायरी अपने पिता जी से ज़रूर सुनी थी, क्योंकि लम्बे वक़्त तक वो सचिन दा के साथ असिस्टेंट रहा था। सचिन दा को बंगाली पोएट्री बहुत याद थी, फ़ोक सुनाया करते थे। ...तो यह बात उसकी बचपन की ग्रोथ में शामिल थी कि कैसे बेहतर नज़्म या गीत उसके अन्दर था। वो ऐतबार करता था, इसीलिए मुझसे मेरे गीतों को लेकर बहस भी होती थी, जिसमें आख़िरकार वो मान जाता था और इस तरह हम दोस्ती में लड़ते-झगड़ते धुनें बनाया करते थे।

एक नाम यहाँ सलिल चौधरी का भी लूँगा, जो पोएट थे और कम्पोज़र भी। वे ख़ुद भी लिखते थे और बंगाली में अच्छी शायरी करते थे।

यतीन्द्र मिश्र

आजकल जो गाने बनते हैं, उनमें अंग्रेज़ी के शब्दों का इस्तेमाल फ़ैशन की तरह होने लगा है। गीत की एक पंक्ति—आधा हिन्दी में फ़्रेम होती है, आधा अंग्रेज़ी में। इस पर आपका क्या कहना है?

गुलज़ार

यह उस कैरेक्टर के हिसाब से तय होता है, जो डायलॉग बोल रहा है। वो उसी में से तो गायेगा ना? आज सारे के सारे कैरेक्टर अंग्रेज़ी बोलते हैं। इट हैज़ टू ब्लेंड अलांग विद द कैरेक्टर। आज की फ़िल्में कोई भी इंसान जिस तरह से बात करता है, उसी तरह से गायेगा, तो वह नेचुरल लगेगा। यह हो नहीं सकता कि बाक़ी तो अंग्रेज़ी बोलता रहता है, लेकिन जब गाता है, तो ग़ालिब की ग़ज़ल जैसा कुछ गाता है।

मैं अपने गीतों के उदाहरण से बताऊँ, तो 'बंटी और बबली' में *'कजरारे-कजरारे तेरे कारे-कारे नैना'* में हिन्दी के साथ ही क़दमताल करती ये लाइनें आती हैं—*'आँखें भी कमाल करती हैं/पर्सनल से सवाल करती हैं...'* ऐसे में, गीत के जुमले में एक शब्द जोड़कर वो प्रभाव पैदा करने वाली बात है। मुझे बहुत लोगों ने इस गीत की सिचुएशन और इस पर्टीकुलर शब्द को लेकर ढेरों बधाइयाँ दी थीं। ...और मुझे नहीं लगता कि फ़िल्म की कहानी के अनुसार इस एक्सप्रेशन में मैंने कोई .ज्यादती सिर्फ़ इस वज़ह से की होगी कि इंग्लिश का एक शब्द चला आया। जो लोग, रवायती शायरी या ज़ुबान की पैरवी में

ऐसे गीतों को ख़ारिज करते हैं, उनसे मेरा कहना है, इसमें बुरा मानने वाली कोई बात नहीं है।

यतीन्द्र मिश्र

'घरौंदा' फ़िल्म के लिए गीत लिखते समय संगीतकार जयदेव के साथ काम करने का अनुभव कैसा रहा? वे एक बेहद संजीदा म्यूज़िक डायरेक्टर रहे हैं. ..और उतनी ही गम्भीर पटकथा पर संजीदा गीतों के लिए यह फ़िल्म जानी गयी। जयदेव जी, के सम्बन्ध में आपका क्या कहना है?

जयदेव द्वारा संगीतबद्ध कौन से गीत आपको बेहद पसन्द हैं?

गुलज़ार

'हम दोनों' के सारे गाने। ख़ासकर, लता जी का गाया *'अल्लाह तेरो नाम, ईश्वर तेरो नाम... ।'* हिज़ एप्रोज वॉज़ अ मिक्स ऑफ़ ट्रेडिशनल एंड मॉडर्न एट द सेम टाइम'।

एक दिलचस्प फ़ैक्ट यह भी आपसे शेयर करता हूँ कि एस.डी. बर्मन के यहाँ शागिर्दी में पलने वाले दो बड़े संगीतकार, अपने गुरु से कितने अलग और उतने ही बेमिसाल और कामयाब हुए। इसमें जयदेव जी और आर.डी. बर्मन को देखा जा सकता है।

यतीन्द्र मिश्र

'आशीर्वाद' और 'गुड्डी' में वसन्त देसाई?

गुलज़ार

हाँ, उनके बग़ैर तो डायरेक्टरी पूरी नहीं होती। अब ये बिल्कुल दूसरा फ़्लेवर है। जहाँ जयदेव जी ज़ुबान जानते थे, मगर वे ट्यून पहले देते थे, वहीं वसन्त देसाई ऐतबार करते थे कि आप शायर हैं, तो मुझे लाइनें दीजिए, मैं कम्पोज़ करूँगा।

यतीन्द्र मिश्र

'एक था बचपन' की कम्पोज़ीशन बहुत कठिन है...

गुलज़ार

जी हाँ। मेरा सबसे मुश्किल गाना। किसी गाने में मुझे मुश्किल आयी है, मेरे पूरे करियर में, तो वह 'एक था बचपन' है। यह गाना मेरे लिए बहुत कठिन था।

उसकी एक वज़ह यह थी कि बाबू जी, बच्ची को सुना रहे हैं और बच्ची जब बड़ी होकर रेडियो पर गा रही है, तो उसके अर्थ रेलेवेंट होने चाहिए।

इसी तरह 'गुड्डी' के दोनों ही गीत बड़े अच्छे माहौल में बनाये गये। *'बोले रे पपीहरा'* एक क्लासिकल बन्दिश है, मुझे दी गयी थी कि इसी पर मुझे अपनी बन्दिश बनानी है, तो इस तरह उस पर मैंने एक क्लासिकल गीत बना लिया।

'गुड्डी' का दूसरा गीत, जो प्रार्थना-गीत है— *'हमको मन की शक्ति देना, मन विजय करे'*, तो उसे कम्पोज़ करने के समय बड़े मासूम से जेस्चर के साथ वसन्त देसाई जी ने बड़ी प्यारी बात कही थी। वो मासूमियत आज भी याद आती है। उनकी बच्चों-सी खिलखिलाती हँसी में कही गयी बात, जो उन्होंने बच्चों की तरह ही घुटने पर इस तरह कोहनियाँ चलाकर मुझसे कहा था—'गाना बस ऐसे ही चलना चाहिए, कोहनियों के बल'।

बाद में वो इतना पॉपुलर हुआ कि आज भी मुम्बई के कई स्कूलों में वह सुबह की एसेम्बली का गीत बना हुआ है। वो, गाना कम्पोज़ करते हुए लाइनों को इस तरह देखते थे, जैसे उस कम्पोज़ीशन के विजुअल बना रहे हों। आप उनकी शान्ताराम जी की फ़िल्मों का संगीत सुनिए, तो इस बात से सहमत होंगे कि उन्होंने स्क्रीनप्ले को म्यूज़िक की आत्मा से जोड़ दिया है।

यतीन्द्र मिश्र

कनु रॉय के साथ आपके अनुभव, भले ही वह 'अनुभव' और 'गृह-प्रवेश' जैसी फ़िल्मों तक ही सीमित रहे?

गुलज़ार

कनु रॉय के बारे में सोचकर अफ़सोस होता है कि इतने समर्थ म्यूज़ीशियन को किसी ने काम क्यों नहीं दिया? मुझे याद नहीं पड़ता कि बासु भट्टाचार्य के अलावा उनसे किसी ने काम लिया हो...और यह भी है कि उन पर थोड़ा ज़ुल्म किया गया। मतलब प्रोड्यूसर यह कहते थे कि मैं तुमको केवल सात म्यूजीशियन दूँगा, इसी से काम चलाओ। दरअसल बासु को अच्छा नहीं लगता था कि कुछ भी तो होता नहीं म्यूजिक से। सुनाई तो वही बाँसुरी देती है या सितार? ये ख़ामख़ाँ बीच में इतने सारे इंस्ट्रूमेंट्स डाले जाते हैं। तो इस तरह बहुत सीमित लोगों के साथ उन पर काम का दबाव डाला जाता था।

मगर यह कहना पड़ेगा कि कनु रॉय अपनी ज़ेहनियत में आला दर्जे के संगीतकार थे। बेहद सुरीले। कलकत्ता में हावड़ा ब्रिज पर वेल्डिंग का काम किया करते थे। म्यूज़िक का शौक़ था। एक बार सलिल दा से सम्पर्क किया। सलिल दा को उनमें कुछ लगा और उन्होंने अपना असिस्टेंट रख लिया। इस तरह वे फ़िल्मों में आ गये। ऐसे भी लोग होते थे। फ़िल्म इंडस्ट्री के पास *'मेरी जाँ, मुझे तुम ज़ाँ न कहो मेरी ज़ाँ'* जैसा गाना पहले कहाँ था? यह तो कनु रॉय थे, जो हमें यह गीत हासिल हो सका।

यतीन्द्र मिश्र

लक्ष्मीकान्त-प्यारेलाल के संगीत पर समग्रता से आप क्या कहना चाहेंगे?

गुलज़ार

ये दोनों डायरेक्टरी के अहम नाम हैं। लक्ष्मीकान्त-प्यारेलाल उस जेनरेशन में सबसे ज़्यादा काम कर रहे थे, जिसमें आर.डी. बर्मन भी मौजूद थे। यह बात अपनी जगह है कि उन्होंने एक समय में सबसे ज़्यादा फ़िल्में कीं और हज़ारों गानों को कम्पोज़ किया। इस कारण उनके पास हिट सांग्स के सबसे ज़्यादा नम्बर मिलेंगे। ...लेकिन मेरे हिसाब से सिर्फ़ ज़्यादा फ़िल्में करना या मैक्सिमम नम्बर में हिट गीत देना ही संगीत का असल मामला नहीं है। स्तरीय संगीत, जो जेनरेशंस के बीत जाने के बाद भी टिका रहता है, वो बड़ा संगीत है। लक्ष्मी-प्यारे के दौर से पहले वही लोकप्रियता शंकर-जयकिशन की रही। आप देखिए, जिस दौर में शंकर-जयकिशन सबसे ज़्यादा गाने कर रहे थे, आर.के. बैनर और तमाम बड़े प्रोडक्शन हाउस के साथ उनका काम चल रहा था; उस दौर में भी कम, मगर बिल्कुल अलग ज़मीन पर सलिल दा (सलिल चौधरी), रोशन साहब, ख़य्याम और पण्डित रविशंकर का काम भी मौजूद है। बमुश्किल चार-पाँच फ़िल्में ही पण्डित रविशंकर ने की हैं, मगर आप 'अनुराधा', 'गोदान' और 'मीरा' के म्यूज़िक को किसी भी सेंचुरी में लेकर जा सकते हैं।

यतीन्द्र मिश्र

कौन-सा निर्देशक ऐसा रहा है, जिसके साथ काम न कर पाने का अफ़सोस है मन में? विशुद्ध सिनेमा की ज़मीन पर, जो आपकी फ़िल्म-यात्रा में रचनात्मक परिवर्तन लाता?

गुलज़ार

 आज जब मैं पीछे मुड़कर देखता हूँ, तो महसूस होता है, मैं गुरुदत्त साहब

के साथ काम नहीं कर पाया। 'प्यासा', 'साहब, बीबी और ग़ुलाम', 'काग़ज़ के फूल' इस तरह के इमेजिनेटिव सब्जेक्ट पर उनके अलावा कहाँ बात होती दिखाई देती है? यह सारी फ़िल्में, लेखक की फ़िल्में हैं और एक लेखक के पर्सपेक्टिव से बनायी गयी हैं।

एक दूसरा नाम महबूब ख़ान साहब का है, जिनको काम करते देखते रहने की तमन्ना रही है। जब हमने शुरुआत की थी, तब हमारे दौर में वे एक बहुत बड़े मुक़ाम पर थे।

यतीन्द्र मिश्र

'इजाज़त' फ़िल्म के गीतों के बनने की कहानी पर बात करना चाहता हूँ। मैं सारे ही बाक़ी गानों के क़िस्सों के बारे में आपसे सुनना चाहता हूँ।

गुलज़ार

जब 'इजाज़त' बन रही थी, तब मैं एक दिन पंचम के यहाँ गया था। उस दिन उसने मुझे एक वेस्टर्न सांग का एक पर्टिकुलर फ्रेज़ सुनाया, जिसे वो गाने में लूप की तरह लेना चाहता था। पंचम का मानना था कि गाने में यह लूप बढ़िया फ़िट होगा। जो फ्रेज़ वो सुना रहा था, उसका मीटर 'ती री री, रा रा री री' जैसा था। उसने मुझसे कहा कि मैं इसके लिए कुछ वर्ड्स लिख दूँ। फ़ौरन ही मुझे भी कुछ सूझा और मैंने *'छोटी सी कहानी से, बारिशों के पानी से'* लिखा। मैं लिख रहा था और वो उस फ्रेज़ को वर्ड्स के मुताबिक़ बार-बार लूप बनाते हुए गुनगुना रहा था। धीरे-धीरे यह गाना आकार लेने लगा। जब तक हम समझ पाते, तब तक एक पूरी कम्पोज़ीशन बनकर तैयार हो गयी थी, जो उसकी दी हुई ट्यून में फ़िट बैठ रही थी। ...और कमाल की बात यह है कि फ़िल्म में बिना किसी सांग सिचुएशन के *'छोटी-सी कहानी से'* गाना बनकर तैयार हो गया।

अब यह हुआ कि जब गाना बनकर तैयार हुआ, तब पंचम ने मुझसे कहा कि मैं इस कम्पोज़ीशन के हिसाब से फ़िल्म में कोई वाज़िब सिचुएशन पैदा करूँ। मैं उसे समझाता रहा कि 'इजाज़त' के गानों की जितनी सिचुएशन हो सकती थीं, सब फ़ाइनल हो चुकी हैं। फ़िल्म में एक भी सीन ऐसा नहीं है, जिसके फ्रेम में हम कोई नया गाना डाल सकें। मगर वो इनसिस्ट करता रहा। मुझे भी गाना पसन्द आ रहा था। फिर मैंने यह तय पाया कि इसे फ़िल्म का टाइटिल-सांग रखते हैं। फ़िल्म के कैमरामैन अशोक मेहता को मैंने कहा कि गाने को जस्टीफ़ाई करने के लिए ज़रूरी है कि वे बारिश के पानी की बूँदों

को डिफ़रेंट मूड्स में शूट कर लें। अशोक मेहता मेरे कंसेप्ट को समझ रहे थे। हम मानसून के पीरियड में खण्डाला के इंटीरियर्स में जाकर बारिश की अलग-अलग कैफ़ियत को शूट कर लाये। इस तरह पंचम की ज़िद पर हमें टाइटिल-सांग मिल सका।

यतीन्द्र मिश्र

'क़तरा-क़तरा' जैसी नयी शब्दावली वाले गीत के बनने की कहानी कैसी रही है?

गुलज़ार

एक मज़ेदार वाक़िया पंचम के साथ *'क़तरा-क़तरा मिलती है'* के साथ हुआ। पंचम उर्दू की शब्दावली से बहुत वाक़िफ़ नहीं थे, इसलिए उन्होंने मुझसे पूछा–'तुमने कोई ऐसा गाना आज तक सुना है, जो इस शब्द 'क़तरा-क़तरा' से शुरू होता हो। तुम कुछ भी लिखकर मेरे पास गाना बनाने के लिए ले आते हो, प्लीज़ इसे चेंज कर दो और कुछ बेहतर शब्द इसके बदले में लिख डालो।' पंचम परेशान लग रहे थे, तो मैंने उन्हें समझाया, अपसेट न हो। मैंने उन्हें 'क़तरा-क़तरा' की जगह कुछ इस तरह के ऑप्शन लिख के दिये–'बूँद-बूँद', 'सावन-भादों'...उसे ये शब्द पसन्द आये और वह चहककर बोला–'ये ज़्यादा म्यूज़िकल साउंड कर रहे हैं।' फिर उसने इन नये शब्दों के साथ गाना कम्पोज़ करना शुरू किया। जल्दी ही उसे यह लगने लगा कि ये नये वर्ड्स, गाने के पलों के साथ फ़िट नहीं बैठ रहे।

जल्दी ही पंचम ने इन नये शब्दों का मोह छोड़ दिया और पुरानी लिरिक्स पर लौट आया। जल्दी ही हमें एक नयी परफ़ेक्ट ट्यून मिल गयी, जिसमें वो गाना बेहद सलीक़े से खुलकर एक्सप्रेस हो सका। आप देखिए, *'मेरा कुछ सामान'* तो 'इजाज़त' का माइलस्टोन है ही, मगर *'क़तरा-क़तरा'* भी उसके पैरलल ख़ूबसूरत ढंग से कम्पोज़ हो सका है।

यतीन्द्र मिश्र

'मेरा कुछ सामान' की प्रॉसेस क्या रही?

गुलज़ार

'मेरा कुछ सामान' के बनने की कहानी आपको मालूम ही है। फिर भी कहे देता हूँ, क्योंकि वह बनने के बाद से आज तक बहुत बार दोहराई जा चुकी है। आज भी मुझे पंचम का चेहरा याद आता है, तो हँसी आती है। जब मैंने

यह गाना लिखकर उसको दिया, उसका पहला इम्प्रेशन यही था—'गुड सीन'। फिर मैंने, उससे कहा—'पंचम, यह सीन नहीं है, यह एक गीत है, जिसे तुम्हें मेरी फ़िल्म के लिए कम्पोज़ करना है।' पंचम न जाने क्यूँ नाराज़ हो गया और बोला—'यार! कल तू मुझे लाकर टाइम्स ऑफ़ इंडिया पकड़ायेगा और कहेगा कि इस पर एक धुन बना दे'। यह कहकर उसने गाने का काग़ज़ फेंक दिया।

आशा जी (आशा भोसले), जो वहाँ सिटिंग में साथ ही बैठी थीं, उन्होंने पेपर उठा लिया और उसे पढ़ना शुरू किया। जैसे ही वो गीत की पोएट्री में उतरीं, उन्होंने सिर्फ़ एक फ़्रेज़ *'लौटा दो'* पकड़कर गुनगुनाना शुरू किया। यह बात जब पंचम के कान में पड़ी, तो उसने आशा जी को इसे दोबारा से गुनगुनाने के लिए कहा। आशा जी ने फिर गुनगुनाया। अब पंचम को लगा, यह तो बढ़िया साउंड कर रहा है। उसने पेपर आशा जी से ले लिया और तुरन्त हारमोनियम पर गीत कम्पोज़ करना शुरू कर दिया। आपको जानकर आश्चर्य होगा, जिस गाने को पढ़कर वो नाराज़ हो गया था और उसे क़तई कम्पोज़ करने को तैयार नहीं था। उसी गाने को उसने चन्द मिनटों में कम्पोज़ कर दिया। मतलब मैं बता नहीं सकता, पंचम कितना जीनियस म्यूज़िशियन था। एक बार अगर कोई बात उसे समझ में आ जाती थी, गीत का कोई सिरा वो पकड़ लेता था, फिर चन्द मिनट ही लगते थे, उसे गीत कम्पोज़ करने में। मैं लकी हूँ कि मुझे पंचम मिले और मेरे गीतों को उसके जैसा कम्पोज़र। टच वुड!

यतीन्द्र मिश्र

वाक़ई 'इजाज़त' के गीत अपने में एक बड़ा इतिहास रखते हैं, मुझे फ़िल्म के चारों गाने अपनी मक़बूलियत में पंचम-गुलज़ार-आशा भोसले टीम के रीप्रेजेंटेटिव गीत लगते हैं।

'इजाज़त' के गीत 'खाली हाथ शाम आई है' में न जाने क्यों ऐसा लगता है, जैसे आर.डी. बर्मन साहब ने मदन मोहन को अपनी तरफ़ से एक अक़ीदत पेश की है...

गुलज़ार

पंचम को भी यह लगता था कि *'ख़ाली हाथ शाम आई है'* कहीं मदन मोहन की ज़मीन से लगती हुई ट्यून है।

यतीन्द्र मिश्र

'दिल पड़ोसी है' तो एक ज़रूरी पड़ाव है, आप तीनों के सहमेल का...

गुलज़ार

'दिल पड़ोसी है' को हम लोगों ने इस तरह बनाया था कि वो कुछ अलग हटकर सुनाई दे। वही पुराने ढर्रे के टीन एज़ रोमांस वाले गाने, एक मैच्योर लव-स्टोरी से इंसाफ़ नहीं कर सकते। इस एल्बम में 'रात क्रिसमस की थी' एक एक्सपेरीमेंटल सांग था, जिसमें किसी से मिलते हैं, मगर आप उसके हसबैंड नहीं हैं और न ही वो आपकी वाइफ़ है। फिर भी मिलते हैं और एक्स्ट्रा मैरीटल अफ़ेयर में इंवाल्व हो जाते हैं। इस कम्पोज़ीशन की इन लाइनों में साफ़ ढंग से यह बात आती है– *'तुम अकेले तो न थे, मैं भी तन्हा न थी'* आजकल यह बड़ी कॉमन-सी स्थितियाँ हैं, लेकिन कोई भी व्यक्ति जल्दी इस सब्जेक्ट को ट्रीट नहीं करना चाहता। फिर वह सिनेमा हो या प्राइवेट एल्बम...हमने ऐसा किया था और वो गाना सफल रहा।

ऐसी ही एक कम्पोज़ीशन *'जाने दो मुझे जाने दो'* की थी। यह गाना उस औरत के बारे में था, जो अपने पति से पीड़ित है और वो उसे मारता है। अब यह ऐसी पेचीदा स्थिति है, जिसमें औरत आगे रिश्ते में बढ़ना नहीं चाहती। वो रिलेशनशिप से बाहर आकर उससे दूर जाना चाहती है। उस औरत को जब अपने ऊपर चोट पहुँचने की बात याद आती है, तो यह लाइनें आती हैं– *'गहरी ख़राशों की, गहरी निशानियाँ हैं/चेहरे के नीचे कितनी सारी कहानियाँ हैं...,'* तो ऐसे में हम ये गाना कर पाये।

यतीन्द्र मिश्र

'माँझी रे माँझी' इस एल्बम की अलग से रेखांकित होने वाली कम्पोज़ीशन थी। बोलों और म्यूज़िक दोनों ही के स्तर पर... उसके बारे में आपका क्या कहना है?

गुलज़ार

इस गाने की ज़मीन यह थी कि एक स्त्री अपने प्रेमी के साथ भाग जाना चाहती है और ये बहाने बनाती है कि नदी के उस पार एक जोगी आया है, जिससे मिलने जाना है। यह एक अज़ीब सिचुएशन का गाना है, जिसमें पंचम ने ढेर सारा एक्सपेरीमेंट म्यूज़िक को लेकर किया था। आप आज भी इस एल्बम को सुनें, तो *'माँझी'* सांग आपको ब्रिलिएंटली कम्पोज़ किया हुआ

सुनाई देगा। मुझे इस बात का बेहद अफ़सोस है कि अपने रिलीज़ के समय यह एल्बम बहुत नहीं चल पाया था। कभी-कभी कुछ गानों और एल्बम को देर से जाकर शोहरत मिलती है।

यतीन्द्र मिश्र

कोई ऐसा अभिनेता/अभिनेत्री जिनके साथ आप काम नहीं कर पाये हैं और जो बस यूँ ही छूट गया?

गुलज़ार

स्मिता पाटिल...।

यतीन्द्र मिश्र

आपने अभिनय की सबसे ज़हीन शख़्सियत का नाम लिया है... ये वाक़ई अफ़सोसजनक है कि आपकी फ़िल्मोग्राफ़ी में वे अनुपस्थित हैं।

गुलज़ार

स्मिता को तो जैसे मौक़ा ही नहीं मिला। उसे ज़िन्दगी ने पूरी तरह खिलकर सामने आने का वक़्त ही नहीं दिया। श्याम बेनेगल की फ़िल्मों में उन्होंने बेहतरीन काम किया है। 'मन्थन' में वे सबसे ज़्यादा प्रभावी रहीं। 'निशान्त' भी उनकी एक यादगार फ़िल्म है, पर मुझे ब्रिलिएंस के साथ वो 'भूमिका' में नज़र आती हैं। शी टुक ऑफ़ वेरी वेल विद श्याम जी, शी डिड वेरी वेल इन 'भूमिका'। मुझे 'भूमिका' में अमोल पालेकर उतने ही शानदार लगे थे।

यतीन्द्र मिश्र

हिन्दी फ़िल्मों में कला या व्यावसायिक सिनेमा की दुनिया से अलग क्षेत्रीय भाषाओं की फ़िल्मों या रंगमंच का कोई ऐसा कलाकार जिसके साथ काम न कर पाने का अफ़सोस हो, जिसे निर्देशित करके आप सिनेमा में कुछ दूसरे ढंग से सार्थक बातें कह पाते और वह आपकी पकड़ से छूट रहा हो?

गुलज़ार

एक शख़्सियत हैं, अगर मैं उनका नाम लूँगा, तो आप मुझे मारेंगे कि वो कहाँ एक्टर हैं?...मगर मेरा मन उन्हें अपने फ़िल्मों में लेने का करता रहा है।

यतीन्द्र मिश्र

वो कौन हैं भला, बताइए?

गुलज़ार

अपने अमजद अली ख़ाँ साहब। सरोद वादक। उनके साथ एक फ़िल्म बनाई थी मैंने, जो उनके जीवन और काम पर आधारित थी। वे बेहद हैंडसम हैं और अपनी जवानी में कितने हसीन रहे होंगे, इसका अन्दाज़ा आज लगाया नहीं जा सकता। उनकी डाक्यूमेंट्री पर काम करते हुए ही बड़ी तबीयत थी कि उनके साथ एक फ़िल्म बनानी चाहिए।

यतीन्द्र मिश्र

उस्ताद साहब जब ये जानेंगे और लोग इस जवाब को पढ़ेंगे, तो सभी के मन में ये गुदगुदी होगी कि आप अपनी फ़िल्म में नायक के तौर पर उस्ताद अमजद अली ख़ाँ को कास्ट करना चाहते थे?

गुलज़ार

जी हाँ। वो एक मिस हुआ है, मैं उनसे ज़रा देर से मिला। शर्मिला टैगोर जी के यहाँ पहली बार उनसे मिलना हुआ था। ये वो दौर था, जब वे शुभलक्ष्मी जी के प्रेम में थे और उनसे जल्दी ही शादी करने वाले थे। उस समय मैंने देखा, वे किस तरह एक बेचैन रूह की तरह हम सब के सामने थे। शर्मिला जी के साथ उनकी बड़ी दोस्ती थी, तो जब बात करते थे, तो उनका कहीं मन के भीतर चलने वाला प्रेम भी झलकता था। ही वाज़ अ रोमांटिक सोल। तो यह सब देखकर बहुत जी चाहता था कि उनके हैंडसम किरदार और कैरेक्टर को लेकर एक कहानी बना लेते हैं।

यतीन्द्र मिश्र

इसी समय एक सवाल पूछने का मन कर रहा है कि जिस तरह आप एक संगीतकार को लेकर सिनेमा बनाना चाहते थे, उसी तरह वे कौन से गायक या गायिका रहे हैं, जिनके साथ आप काम नहीं कर पाये? मतलब कोई ऐसी आवाज़, जिसके लिए यह मन किया हो कि मेरे गानों को इनकी आवाज़ मिलनी चाहिए?

गुलज़ार

मेहदी हसन साहब की एक आवाज़ थी। 'लेकिन' फ़िल्म का टाइटिल सांग था– *'केसरिया बालमा आओ जी पधारो म्हारे देस'*। यह गीत उनसे गवाना था। वे उस समय मुम्बई में एक फ्लैट में किराये पर रहते थे, जब भारत आते थे। मैं गया भी उनसे मिलने। अब चूँकि वह टाइटिल सांग था, इसलिए

उनकी कोई सिचुएशन नहीं थी। हमने यही सोचा था कि इसे शीर्षक गीत की तरह ही इस्तेमाल किया जायेगा। फिर बाद में हृदयनाथ जी का मन बदला और उन्होंने तय किया कि नहीं अब ये गाना दीदी गायेंगी, इसलिए वह बात वहीं रह गयी।

यतीन्द्र मिश्र

बाईयों से सम्बन्धित गायिकी का भी एक बड़ा इतिहास रहा है। उनका अपने कोठों पर गाना या राजदरबारों और सामन्तों के यहाँ महफ़िलें सजाना, एक बड़ी रवायत की तरह रहा है, जो भारतीय संगीत इतिहास का एक बड़ा अध्याय रचती है। क्या इस तरह की ज़िन्दगी पर कभी कोई फ़िल्म बनाने का विचार आया?

गुलज़ार

नहीं, ऐसा तो कभी नहीं हुआ, क्योंकि मैंने इस तरह कभी सोचा भी नहीं। हाँ, मगर एक बात है कि इन लोगों से मिलता-जुलता एक कैरेक्टर मैंने वहीदा जी का 'नमकीन' में रखा था। नौटंकी में नाचने वाली जुगुनी का...वही एक कैमियो है, जिसे आप इन किरदारों के नज़दीक मान सकते हैं...मगर इससे कोई बात मुकम्मल तौर पर नहीं बनती।

यतीन्द्र मिश्र

भारतीय सिनेमा के इतिहास में अगर सिर्फ़ एक फ़िल्म का चुनाव करना हो, जो आपको हर लिहाज़ से सर्वश्रेष्ठ लगती है, तो वह कौन-सी फ़िल्म होगी?

गुलज़ार

उफ़! आप मुझसे कितना ज़्यादा जानते हैं, सिनेमा के बारे में।

मुझे अगर कोई कहे कि आपने जो सिनेमा देखा हुआ है, ख़ासकर इंडियन पर्सपेक्टिव में, तो मैं पहले पायदान से पाँचवें पायदान तक सिर्फ़ एक फ़िल्म का नाम लूँगा—'36 चौरंगी लेन'। अपर्णा सेन का काम सिर चढ़कर बोलता है। मतलब मैं आपसे क्या बताऊँ, उस फ़िल्म ने मेरा ऐसा पीछा किया है कि मैं अपर्णा सेन और उनके इस काम पर लगातार बोल सकता हूँ। लगातार एप्रीशिएट कर सकता हूँ। लगातार इस बात से ख़ुश और मुतमईन रह सकता हूँ कि भारत में ऐसी फ़िल्म बन सकी। उसका क्राफ़्ट, स्क्रिप्ट, मैसेज और डायरेक्शन सब कुछ ज़बर्दस्त है। जेनिफर कैंडिल को एक ही फ़िल्म के कई फ्रेमों में इतनी शानदार एक्टिंग करते हुए देखना, जितना शानदार अनुभव है,

उतना ही कठिन है, उनके फ़ेशियल जेस्चर्स को एक डायरेक्टर के बतौर पकड़ पाना। क्या कमाल की फ़िल्म है।

यतीन्द्र मिश्र

हिन्दी सिनेमा में वह कौन-सा कलाकार है, जो अपनी रचनात्मकता में अलग से दिखाई देता है। मसलन अभिनय और निर्देशन दोनों ही रूपों में समग्र रूप से कौन बेहतरीन लगता है?

गुलज़ार

पंचम कभी-कभी मुझे 'गुल्लू' बुलाते थे, आप गूगल बुलाया कीजिए।

कई लोग हैं, मगर मैं यहाँ दो नाम लेना चाहूँगा। अमोल पालेकर और गिरीश कर्नाड। दोनों ही अभिनय में जितने पारंगत हैं, उतने ही फ़िल्मों के निर्देशन में बेहतरीन। अमोल की मराठी फ़िल्मों को भी आप यहाँ शामिल कर सकते हैं।

यतीन्द्र मिश्र

आपने श्याम बेनेगल की फ़िल्म 'मम्मो' के लिए एक नायाब गीत लिखा, 'हज़ार बार रुके हम, हज़ार बार चले'। शायद यह अकेला काम है, जब आपने श्याम बेनेगल के साथ संगत की?

गुलज़ार

उन्होंने मुझसे 'मम्मो' के लिए एक गाना लिखने को कहा था, जिसकी सिचुएशन भारत-पाकिस्तान के विभाजन को कहीं आवाज़ देती है। उसे वनराज भाटिया ने कम्पोज़ किया और जगजीत ने गाया। वो ग़ज़ल की तरह की चीज़ है और उसमें आपको भारत-पाक विभाजन की गूँजें सुनाई देंगी। यह अकेला मौक़ा था, जब मैं श्याम बेनेगल के लिए कोई काम कर पाया। मैंने उनसे कहा भी—'श्याम बाबू! आख़िरकार आपने मुझे एक ब्रेक दे ही दिया।'

यतीन्द्र मिश्र

आपके दोस्त आर.डी. बर्मन के साथ के सबसे ख़ुशनुमा पल कौन से होते थे?

गुलज़ार

ज़ाहिर है, जब वो मेरे गीतों को कम्पोज़ करता था।...लेकिन सच बात बताऊँ, पंचम और आशा जी बेहतरीन कुक रहे हैं। उन दोनों में तो कुकिंग को लेकर आपस में कांटेस्ट भी होते थे। पंचम को यूरोपियन डिशेज़ बनाना पसन्द था,

लेकिन वो बहुत मिर्चों का प्रयोग करता था। उसने तो अपने घर में हरी मिर्चियाँ भी उगाई हुई थीं। आपको हैरत होगी यह जानकर कि वो बर्मा और सिंगापुर से मिर्चों के पेड़ और उनके बीज मँगवाता था। उसके गैरेज का टैरेस मिर्ची के पौधों से भरा रहता था।

हम जब भी कोई गाना रेकॉर्ड करते थे और वहाँ अगर आशा जी भी मौजूद हैं, तो रेकॉर्डिंग ख़त्म होने का बड़े शौक से इन्तज़ार करते थे। मुझे पक्का यक़ीन रहता था कि आशा जी कुछ घर का पका हुआ ज़रूर लेकर आयी हैं, जिसे हम रेकॉर्डिंग सेशन समाप्त करने के बाद खायेंगे। वो क्या कमाल का खाना बनाती हैं और उतने ही बेहतर ढंग से अपने दोस्तो को परोसती हैं।

यतीन्द्र मिश्र

साहित्य और सिनेमा में किसे अव्वल मुक़ाम हासिल है?...और है तो क्यों?

गुलज़ार

ज़ाहिर-सी बात है कि हमारे यहाँ आज भी किताब की इंटेलेक्चुएलिटी सिनेमा को हासिल नहीं है। वी ट्रस्ट द ऑथर। यह वैसे ही है, जैसे हम लिटरेचर से गवाही देते हैं कि उस दौर में ऐसा परिदृश्य था, क्योंकि शेक्सपियर अपने ढंग से नाटकों और प्रेमचन्द या शरतचन्द्र अपने ढंग से उपन्यासों और कहानियों में वह समय दर्ज कर रहे थे। मैं हमेशा से साहित्य को सिनेमा से बहुत आगे मानता हूँ। इसलिए भी कि साहित्य की ज़मीन पर ही आप सिनेमा खड़ा करते हैं। उसमें स्टोरी और पटकथा एक बड़ी प्रेजेंस है, जो किसी सिनेमा को सम्भव बनाती है। अगर मैं कोई उदाहरण दूँ, तो 'देवदास' का दूँगा, जिसे शरतचन्द्र जी ने लिखा और उस पर बिमल दा (बिमल रॉय) ने फ़िल्म बनाई। स्टोरी मौजूद थी, उसमें हर कैरेक्टर की अपनी प्रेजेंस थी, जिसे सिनेमा के पर्दे पर उतारा गया। मैं इसे इस तरह कहता हूँ, शरतचन्द्र रीमेंस लाइक द स्काई, बिमल रॉय क्लेम्स टू बी लाइक क्लॉउड...साहित्य और सिनेमा में यही अन्तर होता है।...और मुझे लगता है कि साहित्य खुले आसमान की तरह हमेशा मौज़ूद रहने वाला है। फ़िल्म तो जब किसी कथानक पर बनेगी, तो वह उस बादल की तरह होगी, जो आयी और आसमान के नीचे छा गयी, मगर एक निश्चित समय के बाद बरसकर चली भी गयी।

यतीन्द्र मिश्र

आपका 'खुशबू' फ़िल्म का गीत 'दो नैनों में आँसू भरे हैं, निन्दिया कैसे

समाए' में तुक नहीं है, मगर मीटर के हिसाब से एक रिद्म ढूँढ़ी जा सकती है। यह मीटर में न रखकर भी कविता की तरह बाँचने का शिल्प किस तरह आपके फ़िल्म गीतों में आता है?

गुलज़ार

इसमें मैंने क्या किया कि थोड़ी-सी चोरी की, जिससे म्यूज़िक डायरेक्टर को पता न लगे कि गाने के फ़्लो को फ़्री कर दिया। आप जब *'दो नैनों में आँसू भरे हैं, निन्दिया कैसे समाए'* पढ़ते हैं, तो वह कम्पलीट बात की तरह लगती है। आप डायलॉग में इसे कहते हैं, जिसे मैंने उसका मीटर भी दिया हुआ है। इसलिए पढ़ने या सुनने वालों को वह कमी की तरह महसूस नहीं होता है। अगर सिर्फ़ यह लाइन होती– *'दो नैनों में आँसू भरे हैं'* तो वह शायरी लगती जैसे– *'शाख के पत्ते हरे हैं'* ऐसा कुछ आप कह दें। मगर *'निन्दिया कैसे समाए'* जोड़ने के बाद वह कन्वरसेशन, गुफ़्तगू के लेवल पर चला आया है...और कविता की तरह भी लगता है।

ऐसे बहुत सारे गाने होंगे, जिनमें कुछ लाइनें छोटी हैं, कुछ बड़ी। कुछ हिन्दी कविता के मीटर पर हैं, तो कोई बिल्कुल उर्दू कविता के मिज़ाज की। कुछ में हिन्दी और उर्दू के बीच का मामला भी है। तो कहने का मतलब यह है कि जो रोज़मर्रा की ज़ुबान है, उसे आसान बनाकर आप अगर गाने लिखेंगे, तो उनका अपना एक रिद्म पैटर्न होगा, जिस पर वे आसानी से बह जायेंगे। वहाँ म्यूज़िक कम्पोज़र अपनी कम्पोज़ीशंस में जो तराश देगा, वो क़ाफ़िया मिलाये हुए गीतों से एक क़दम आगे बढ़कर बेहतर ढंग से आपकी पोएट्री के साथ पेश आयेगा।

यतीन्द्र मिश्र

'दिल से' फ़िल्म का एक गीत है 'ऐ अजनबी तू भी कभी आवाज़ दे कहीं से' इस गाने में बीच-बीच में पार्श्वगायिका महालक्ष्मी अय्यर के सुर में 'पाख़ी-पाख़ी परदेसी' आता है। क्या इसे आपने मूल गीत में लिखा था या धुन बनते समय कम्पोज़ीशन के इम्प्रोवाइज़ेशन के स्तर पर गीत की सुन्दरता बढ़ाने के लिए अलग से जोड़ा गया?

गुलज़ार

इसमें रहमान (ए.आर. रहमान) की बहुत बड़ी कंट्रीब्यूशन है। जिस तरह क्लासिकल म्यूज़िक में एक बेस बना रहता है, जिस पर आप बन्दिश शुरू

करते हैं, उसके बाद आप राग डिफ़ाइन करते हैं। फिर गाना शुरू करने के बाद बीच में उसके अन्दर पलटे डाल देते हैं, ताने लेने लगते हैं। मतलब बीच से उसके खेलना शुरू कर देते हैं। लय बढ़ाकर कभी दुगुन, तो कभी चौगुन पर आ जाते हैं। यही काम नये तरीक़े से फ़िल्म म्यूज़िक में रहमान करने लगे हैं। वे सांग के पूरे स्ट्रक्चर को तोड़कर फिर उसके बीच में खेलते हैं।

'ऐ अजनबी' गाने में रहमान ने मुझसे कहा कि मुझे अन्तरों के बीच में 'पा' की साउंड के कुछ शब्द चाहिए। उसने मुझसे एक प्यारा-सा सवाल भी किया था कि ये सिर्फ़ ध्वनियाँ हैं या इनका कोई मानी भी है। मैंने उन्हें बताया, 'पाखी' चिड़िया को कहते हैं और हिन्दी और बंगाली दोनों में ही इसका इस्तेमाल पंछी के लिए होता रहा है। बाद में रहमान ने महालक्ष्मी अय्यर की आवाज़ में यह टुकड़ा जोड़ा और मुझे लगता है कि उसकी वजह से गीत में अन्तरों के ऊपर नीचे, उदित नारायण की आवाज़ को और गम्भीर बनाता हुआ *'पाखी-पाखी परदेसी'* साउंड करता है।

यतीन्द्र मिश्र

आधुनिक समय में गानों की रेकॉर्डिंग का जो चलन है, जिसमें जहाँ से बीट या रिद्म मिलती है, उसे तोड़कर बनाई गयी धुन में वो कौन-सा मुक़ाम है, जहाँ से सम पर आने की गुंजाइश मिलती है? आप जिसे ब्लैंक-वर्स पोएट्री में लय या मीटर की बात करते हैं, उसके लिए सही जगह पर पकड़ने की युक्ति कहाँ से आती है?

गुलज़ार

यतीन्द्र, दूध, मलाई तो आप हज़म कर गये, ख़ुरचन बची है। होराइजन लाइन का मामला है। इसे मैंने पेंटिंग से सीखा है। आप पेंटिंग्स में देखिए, कितना भी एब्स्ट्रैक्ट क्यों न हों, आड़ी-तिरछी रेखाएँ या वैसी ही शक्लें क्यों न बनाई जायें, मगर एक पेंटर कहीं न कहीं आपको होराइजन लाइन देता है, जहाँ पर आपकी नज़र जाकर टिक जाये। मॉडर्न पेंटिंग पर भी आपको यह होराइजन लाइन कहीं न कहीं पर नज़र आयेगी। पूरी पेंटिंग में कहीं एक प्वाइंट होगा, जो पूरी पेंटिंग को बैलेंस करता है।

यतीन्द्र मिश्र

आपकी 'लिबास' फ़िल्म प्रदर्शित नहीं हो सकी, इसका अफ़सोस मन में ज़रूर रहता होगा। इस फ़िल्म के बारे में आज सोचते हैं, तो कैसा लगता है?

गुलज़ार

'लिबास' एक बेहद मैच्यौर फ़िल्म थी। अगर वह रिलीज़ होती, तो आप शायद यह महसूस करते कि उसे एक बिल्कुल ज़ुदा सब्जेक्ट पर सेंसिबिलिटी के साथ ट्रीट किया गया था। बाक़ी ख़ुद की फ़िल्म के बारे में क्या कहूँ? हाँ, उसका म्यूज़िक रिलीज़ हुआ था और वह बेहद कामयाब रहा। मैं मानता हूँ, पंचम की म्यूज़िक का वह एक अलग मुक़ाम है। लता जी उसके चारों गानों में थीं। *'सीली हवा छू गयी'* और *'फिर किसी शाख़ ने'* आज भी सुना और पसन्द किया जाता है।

अभी कुछ साल पहले इसका स्क्रीनप्ले भी छपा है। मैंने 'चाबी' नाम से एक कहानी लिखी थी, जिस पर यह फ़िल्म विकसित हुई। बाद में उसे मेरे कहानियों के संग्रह 'रावी पार' में 'सीमा' के नाम से शामिल किया गया। मशहूर स्क्रिप्ट और डायलॉग राइटर जावेद सिद्दीक़ी साहब ने 'कच्चे लम्हे' नाम से इस पर एक प्ले भी बनाया है। थियेटर की पृष्ठभूमि की इस कहानी में कुछ ऐसे फ्रेम भी थे, जिनमें कुछ क्लासिक ड्रामों के सीन इस्तेमाल किये गये थे।

यतीन्द्र मिश्र

सिनेमा में फ़ोक म्यूज़िक जितना आया है, उस लिहाज़ से फ़ोक लिटरेचर नहीं आया सिनेमा में। इसकी कोई ख़ास वजह आप मानते हैं?

गुलज़ार

मार्केट नहीं थी उसकी। सिनेमा इज़ डॉमिनेटेड बाई मार्केट। आप देखिए आर्ट सिनेमा का अपना मार्केट था, तो फ़िल्में बनती थीं और कुछ बड़े लोग उससे निकलकर आये। फ़ोक लिटरेचर का जहाँ तक मामला है, वैसा ही हाल चाइल्ड सिनेमा का भी हुआ है। दोनों ही मार्केट के बाहर रहे...इसकी एक वजह यह भी है कि सिनेमा एक कॉमर्शियल माध्यम है, उसमें जिस तरह पैसे लगते हैं, तो उसको दर्शक भी उसी अनुपात में चाहिए होते हैं। ऑडियंस जब तक नहीं आयेगी, तब तक किसी भी तरह का एक्सपेरीमेंट या फ़ोक लिटरेचर पर बेस्ड सिनेमा खड़ा नहीं हो सकता। हो सकता है आज से पचास साल बाद हर तरह के सिनेमा के लिए हमारे यहाँ मौक़ा निकल आयेगा।

अमोल पालेकर ने विजयदान देथा की कहानी पर 'पहेली' बनाई, तो उसे कुछ सफलता मिली, मगर इस एक उदाहरण से आप कोई बड़े दावे नहीं

कर सकते। सिनेमा से अलग, अगर आप थियेटर में भी जाये, तो वहाँ भी यही हालात हैं।

यतीन्द्र मिश्र

'मीरा' को लेकर फ़िल्म का जो मूलभूत विचार है, वह उन्हें एक स्त्री के रूप में देखता है, जो अपने चरित्र बल के दम पर असाधारण ऊँचाई हासिल करती हैं। आपने उन्हें मिथकीय या लीजेंड न बनाकर एक सहज औरत का बाना दिया है, जो मुझे लगता है फ़िल्म का सबसे उल्लेखनीय पहलू है।

गुलज़ार

यह बात मुझसे आज तक हर उस समझदार आदमी ने कही है, जिसने 'मीराबाई' को अलग से पढ़ा है और मेरी फ़िल्म में उन्हें एक किरदार की शक्ल में ढलते हुए देखा है। मैं आपको अगर मीरा के दौर में लेकर जाऊँ, तो यह कहना चाहता हूँ—मीरा के ससुराल वालों को अगर यह मालूम होता कि ये औरत तो एक दिन हिस्ट्री में आने वाली है। अपना ख़ुद का एक इतिहास बनाने वाली है, तो शायद वे लोग उनके साथ कुछ बेहतर व्यवहार करते।

उनके ख़ानदान वालों के लिए तो यह बड़ी सहल और बहुत सही बात थी कि अगर तुम्हें कृष्ण की पूजा करनी है, तो उसके लिए मन्दिर बना हुआ है। जितनी चाहो उतनी पूजा करो। लेकिन ये कौन-सी बात हुई कि राजघराने की महिला हो और जाकर नदी किनारे साधुओं और मलंग लोगों के बीच में बैठ गयी हो? यह किसी भी दौर में, राजा-महाराजा छोड़िए, आज भी एक मध्यमवर्गीय परिवार में अगर बहू ऐसा करने के लिए निकल पड़े, तो कोहराम मच जायेगा।

लेकिन मीरा इन सबसे आगे जाती हैं। सामाजिक बन्दिशों की बहसों से भी परे। ये रिबेल ही उनकी सबसे बड़ी ताक़त है, जो उन्हें अपने दौर का एक बड़ा किरदार बनाती है। वो ऊँच-नीच, ज़ात-पात, कहाँ बैठना-उठना है, ये सब नहीं देखतीं। वो सीधे रैदास की कुटिया में चली जाती हैं। वो उस वक़्त में ऐसा कुछ करती हैं, जो समाज के स्तर पर अचम्भा पैदा करता है। देखने वाली बात यह है कि इतने बड़े समाज में जहाँ वे भक्ति की बात करती हैं। कृष्ण की पूजा-अर्चना की बात करती हैं। उनका कोई साथ नहीं देता। वे अकेली हैं...

यतीन्द्र मिश्र

मीरा तो आज भी अकेली हैं...

गुलज़ार

सौ फ़ीसदी सच कह रहे हैं। आज भी अगर मीराबाई सामने आकर खड़ी हो जायें, तो शायद ये दौर भी उनको अपने ढंग से ढालने की कोशिश में परेशानियाँ देगा। उनके नेक काम के रास्ते में हर्डल पैदा करेगा। अलग से सोचने वाली बात यह भी है कि वो उस दौर में पैदा हुईं, जो भक्ति पीरियड कहलाता है। हमारे यहाँ कॉन्फ़्लिक्ट का दौर चल रहा था। मतलब, हरिदास भी उसी पीरियड में हैं, तुलसीदास भी और रैदास भी। दूर तक सन्त, निर्गुनिये और भक्ति-गीत गाने वाले पोएट्स मौजूद हैं। ऐसे में वो उस दौर की भी नुमाइन्दगी करती हैं। यह बात मुझे इतनी गहराई से पसन्द आयी थी, जिसके लिए मैंने 'मीरा' फ़िल्म को उनकी उस रेलेवेंट इमेज के तहत फ़िल्माया। मैंने वो सारी चीज़ें छोड़ दीं, जो किसी इंसान को लीजेंड के तहत ग्रेट बनाती हैं। उनकी ग्रेटनेस, उनका सेल्फ़ था, उनकी पोएट्री थी, उनका रिबेल था, जो मुझे काम का लगता है।

यतीन्द्र मिश्र

आपने वाजिब ढंग से मीराबाई को पकड़ने की कोशिश की है। पूरी फ़िल्म ही इसी रचनात्मक ईमानदारी पर खड़ी है, जिसके लिए फ़िल्म को एक अलग ही बौद्धिक मुक़ाम मिलता है।

गुलज़ार

आप सुकरात को ले लें या मीराबाई को, जिन्हें ज़हर का प्याला दिया गया। गांधी जी को गोली मार दी गयी। आप देखिए, आज भी फ़र्क़ कहाँ हुआ है?' अकबर के ज़माने में जो मीरा के साथ होता है, हमारे समय में वही बात गांधी जी के साथ होती है। हम उस तरह स्पिरिचुअल नहीं हो पाये, जिस तरह हमारे यहाँ ज्ञान की किताबों ने हमें बताया है।

यतीन्द्र मिश्र

क्या ख़ूबसूरत बात कह रहे हैं, यह सब समझने और आत्मसात करने की बातें हैं...

गुलज़ार

सिनेमा सिर्फ़ मनोरंजन नहीं होता। हम तकनीकी रूप से भले उसे कितना

भी मॉडर्न बना लें या विदेशी चीज़ें सीखकर फ़िल्मों में इस्तेमाल करें, मगर मूल भावना तो उस थॉट प्रॉसेस की है, जिसे हम फ़िल्म बनाकर या किताब लिखकर एक्सप्रेस करते हैं। सही को तलाश करने की जद्दोजहद उस वक़्त भी थी और आज भी है। उस ज़माने में भी लोगों को परेशान किया जाता था, आज भी करते हैं। उस समय भी समाज में नक़लीपन था, आज भी वो चारों तरफ़ फैला हुआ है। मक़सद सिर्फ़ यह होना चाहिए, हम किस तरह किसी किरदार, ऐतिहासिक चरित्र या इतिहास की घटना से सबक लेकर कोई वाजिब बात कह पाते हैं। समाज में उसे फैला सकते हैं। आप अगर ये कर रहे हैं, तो निश्चित जानिए, चाहे सिनेमा बना रहे हों या नज़्में लिख रहे हों या थियेटर कर रहे हों, आप कहीं न कहीं रोशनी पैदा कर रहे हैं।

यतीन्द्र मिश्र

क्या आपको यह नहीं लगता कि जिन लोगों ने समाज में उजाला फैलाया है, ख़ासकर सन्तों और निर्गुणियों ने, उन्हें उनके दौर में हमेशा प्रताड़ित ही किया जाता रहा? उनके उपदेश और वचन तो बहुत सारा समय बीत जाने के बाद ही समाज द्वारा स्वीकारे जाते हैं?

गुलज़ार

सही है, ये तो होता ही है। हम लोग मीरा की बात कर रहे थे। कबीर से लेकर गुरु नानक तक यही हुआ। नानक ने जब कोई भजन गाया होगा और बाला, मरदाना ने अपने इकतारे और सारंगी पर कुछ बजाया होगा, तो कितने लोग ऐसे दिमाग़ से सन्तुलित उस समय रहे होंगे, जिन्होंने उन्हें पसन्द किया हो या ये जुमला कहा हो कि ये कुछ आगे निकले हुए लोग हैं। इनकी बातों में दम है। जो लोग साथ में टोलियों में बैठकर गाना सुन रहे होंगे, साथ में आवाज़ मिलाकर गा रहे होंगे, उनमें कितने इस बात से जुड़े होंगे कि हम वाक़ई किसी गुरु की शरण में हैं। हमने तो बस पोथियाँ बनायीं और ऐसे बड़े लोगों की बातों को उसमें बाँधकर धर दिया कि चलो ये धर्मग्रन्थ हैं, इस पर मत्था टेकना है।

किसे परवाह है कि उसे खोलकर ये समझे, ये ज़िन्दगी जीने की किताब है, इसे पढ़ना चाहिए। जिस राग को नानक ने गा दिया, उसके सुरों को समझना चाहिए कि इसकी नोटेशन (स्वरलिपि) कैसी है? साधारण-सी नज़र आती हुई बात में भी कुछ असाधारण छुपा हुआ है। सारंगी लेकर बाबा लिख रहे हैं, गीत बना रहे हैं, लोगों को होशियार कर रहे हैं...ये समझना उस दौर में कहाँ

रहा होगा, जब वे लोग मौजूद थे। बाद में हमारे पुरखों ने गुरु-ग्रन्थ-साहिब में अपने गुरुओं की बानियों को इकट्ठा कर लिया, तो कुछ हद तक वो पोएट्री बच गयी। ये विरसा हमें मिला है, तभी तो हम जान पाये कि गुरु नानक और अन्य गुरुओं ने कितनी बड़ी नसीहत हमें हमारी आने वाली नस्लों के लिए सौंप दी।

यतीन्द्र मिश्र

गुरु नानक की कविता कैसी लगती है आपको?

गुलज़ार

नानक को जब भी पढ़ता हूँ, तो उनकी ज़ुबान मुश्किल नज़र आती है, कठिन है। एक एफ़र्ट उनकी शायरी में मुझे दिखाई देती है, लगता है बहुत कुछ है दिमाग़ में, बहुत बड़ी इमेज़ है, जिसे वे कंडेंस करने की कोशिश कर रहे हैं। मेरा ख़याल है बीस या बाईस बरस तक लगातार उनका घूमना ऐसी बात थी, जो उनके सफ़र और बेचैनी को एक मुक़ाम देती है। उनका घूमना उनकी 'उदासियाँ' कहलाती हैं। वे जिधर जाते थे, उधर सब जोगी उनके साथ जाते थे। सारे सन्त उनके साथ जाते थे। दूर तक जाना और अपनी बात को फैला देना वो बड़ी चीज़ लगती है मुझे। उनके अन्दर की जो बेचैनी है, वो हैरान करती है। बार-बार यह लगता है वो बैठकर साधना क्यों नहीं कर रहे? वो क्यों नहीं रुकते एक जगह। इसीलिए उनकी इमेज़री भी एक जगह की नहीं है। वो बड़ी ख़ूबसूरत है, उतनी ही शानदार, जितना उनका सफ़र रहा है।

आप नानक की पोएट्री को स्कॉलैरली पोएट्री कह सकते हैं, जैसी ग़ालिब की पोएट्री है। वो कहते हैं—'नानक नाम जहाज़ है, जो चढ़े सो उतरे पार'। उस पीरियड में जहाज़ की सिमली दे लेना शायरी में, मुझे लगता है छोटी बात नहीं है। वे अपने दौर के बड़े मॉडर्न शायर लगते हैं।

यतीन्द्र मिश्र

नानकदेव की गुरु ग्रन्थ साहब की राग धनाश्री में लिखी आरती—'गगन मय थाल रवि चन्द्र दीपक बने तारिका मण्डला जनक मोती/धूप मलिआन लो पवन चवरो करे सकल बनराय फूलन्त जोती/कैसी आरती होय भवखण्डना तेरी आरती' कितने बड़े अर्थों वाली आरती है, जिसमें पूरी प्रकृति को आरती का थाल मानकर उस निराकार ईश्वर की आरती के निमित्त माना गया है। एक तरीक़े से प्रकृति को पूजने वाली आरती है यह।

गुलज़ार

क्या ख़ूबसूरत बात निकाली आपने। गुरुद्वारों में रागियों द्वारा इसे इतनी बार सुना है, मन खुश हो जाता है। आज आपने यह आरती याद की, तो बचपन याद आ गया। रागियों की टोली की आवाज़ कानों में घुलने लगी।

यतीन्द्र मिश्र

कबीर की कविता पर आपका क्या कहना है?

गुलज़ार

आपसे मैंने कभी ख़ला की बात की थी। जो एक दर्द आपको ऊपर से नज़र आता है, एक बुलबुला दिखाई देता है, वह पूरी तरह लगातार साथ चलता है। ऐसा दर्द जो दिख जाये वो आपके या मेरे साथ या दूसरे पोएट्स के साथ ट्रैवेल करता है। कबीर में यह नज़र नहीं आता। तब भी नज़र नहीं आता, जब उन्हें यह मालूम नहीं है कि उनको जन्म देने वाली माँ, जो उन्हें ऐसे ही रखकर कहीं चली गयी, उसके चेहरे की तलाश कैसी थी? वो जो दर्द का रिश्ता है, नाभी से बँधा हुआ जो दर्द है, वो कैसे ग़ायब हो सकता है किसी में? मगर वो कबीर के यहाँ ग़ायब हो जाता है, जबकि उन्हें भी वही तलाश है। एक दूसरे ही स्तर पर वे जिस पहचान को तलाशते रहते हैं, उसकी पुकार तो अल्लाह तक पहुँच गयी है।

वे अपनी कविता लेकर बिना किसी शक़-ओ-शुबहा के दुनिया के सामने चले आये। फिर भी वे शान्ति से ट्रैवेल करते हैं। चिढ़ते नहीं, ख़राशें नहीं पड़तीं और छिलते भी नहीं हैं। वो जो अनजान चेहरा उन्होंने बना लिया यह कहते हुए– *'घूँघट के पट खोल रे तोहे पिया मिलेंगे'* वहाँ वे ख़ुद एक फ़िलॉसफ़ी हो जाते हैं। यह बहुत सुन्दर है। उनके वजूद में एक कला है, जिसे वो ही जानते हैं। दर्द के साथ जिसका कनेक्शन है और जो उनके साथ-साथ ट्रैवेल करता है और दूसरों को भी परेशानी में डालता है।

यतीन्द्र मिश्र

कबीर की कविता के एलीमेंट भी बिल्कुल घरेलू ढंग के हैं...

गुलज़ार

बनारस से मगहर वो उनका अपना इलाक़ा है। पीतल के घड़े से लेकर चक्की तक और पनघट से लेकर चिड़ियों के चुगने तक वो तमाम मनाज़िर जो हमारी

सबकी आँखों से गुज़रते हैं, लेकिन हम नोट नहीं करते, कबीर उसे कह जाते हैं। वो जो इतने लम्बे सफ़र पर हैं, अपनी इमेजरी को घरेलू चीज़ों से जोड़कर देखते हैं। ये चीज़ उन्हें एक बहुत बड़ा पोएट बनाती है। मतलब वो दुनिया भर घूमते-फिरते हैं, मगर लौटकर अपनी कविता में घर की चक्की और घर के चूल्हे की ही बात करते हैं। बेहद सामान्य होने के बाद भी ये सारे इमेज कितने नये और कटेंम्परी लगते हैं।

आप कहीं भी देखिए, कबीर ज़िस्म के समेत ऊपर उठ जाना चाहते हैं। वे लगातार दुनियावी बातों को नकारते हैं। वे लगातार नकार के प्रतिमान बने हुए हैं। वे सच्चे सूफ़ी हैं, जिनकी बातें भरोसा पैदा करती हैं कि अगर कबीर कहते हैं कि यह दुनिया है और ये बेकार है, इसे छोड़ दो, तो आप सहमत हो जाते हैं कि वाक़ई ये दार्शनिक कवि सही बात पर उँगली रख रहा है। उनका हठ योग हो या दोहे, कबीर हर जगह, हर समय में आज बनकर मौजूद हैं।

यतीन्द्र मिश्र

आपने कबीर को बहुत वाजिब ढंग से परखा है। उनकी कौन-सी बात आपको सबसे ज़्यादा रोचक लगती है?

गुलज़ार

उनकी गहरी दुःख-बोध से भरी कविताओं के बीच उनका आध्यात्मिक होना। जो उनकी पोएट्री में है, वही आपको सामान्य जीवन में कहीं भी देखने को मिल सकती है। वह फेरीवाले के पास हो सकती है या मिठाईवाले की दुकान पर। वह पतंग उड़ाते बच्चे के हाथ में मिल सकती है, तो घड़ी, दुरुस्त करने वाले घड़ी साज के यहाँ भी। वो आपकी माँ की रसोई में चूल्हे के पास आँच पर फुलका (रोटी) उतारते हाथों में भी पायी जा सकती है।

कबीर परम्परा हैं। दिल-ओ-दिमाग़ में सीझते हुए। वे उस तरह हैं, जैसे आपको कोई ग़लत या अनैतिक काम करते हुए पकड़ ले। फिर उनकी कविता ही है, जो आपको ग्लानि से बचायेगी। आपको ग़लत रास्तों से निकालकर बाहर ले आयेगी।

यतीन्द्र मिश्र

संस्कृत कविता में आपका पसन्दीदा कवि कौन है?

गुलज़ार

भर्तृहरि, जिन्हें फ़ोक में राजा भरथरी कहा जाता है। अल्लामा इक़बाल का एक शेर है–

फूल की पत्ती से कट सकता है हीरे का जिगर
मर्दे-ए-नादां पर कलाम-ए-न-र्म-नाज़ुक बे-असर

भर्तृहरि की कविता के बारे में वाया इक़बाल मैं कह सकता हूँ कि हीरे फूल की पत्ती से तो कट जाते हैं, मगर आरी से नाभी की नाड़ी नहीं कटती। रिश्ते इतने सख़्त होते हैं कि अगर नाड़ी से जुड़े हैं, तो गिरह तो पड़ जायेगी, मगर वो खुलेगी नहीं। भर्तृहरि ऐसी ही कविता के बड़े मुक़ाम हैं, जिन्हें अनदेखा नहीं किया जा सकता। वे रिश्तों को आरी से काटने वाली नासमझी को समझने वाले पोएट हैं। वे अकेले हैं, जो ज़िन्दगी के तमाम शेड्स को देखने के बाद शृंगार-नीति-वैराग्य की कविताएँ लिखते हैं।

यतीन्द्र मिश्र

अमीर ख़ुसरो के पदों के बारे में आपका क्या कहना है?

गुलज़ार

सारे ही ख़ूबसूरत लगते हैं। बड़े पोएट हैं। लगता ही नहीं, कितनी बड़ी बात कहकर जा रहे हैं। उनकी ज़ुबान बड़ी प्यारी लगती है। ख़ुसरो का बहुत बड़ा प्रभाव हमारी हिन्दी कविता पर है, जो सिनेमा के गीतों तक पहुँचा हुआ है। उनका विदाई का गीत *'काहे को ब्याही बिदेस'* आज कौन लिख सकता है? ख़ुसरो टॉर्च बियरर हैं, जिनकी क़लम से सदियों में लगातार ढेरों कवियों को रोशनी मिलती रही है। उनकी सूफ़ियाना रंग की पोएट्री ने सूफ़ीज़्म को एक बड़ा चेहरा दिया है। उनकी क़व्वालियाँ भी उम्दा शायरी के स्तर की हैं। वे जिस दौर में थे, आज से लगभग हज़ार साल पहले, उनकी सोच कितनी मॉडर्न थी, यह बात हैरत में डालती है। अपने गुरु निज़ामुद्दीन औलिया के साथ उनका मुरीदों जैसा रिश्ता और उसकी ढेरों मिसालें कमाल लगती हैं। वे औलिया के साथ जिस तरह जुड़े हुए हैं, उसी कैफ़ियत में लिखते हैं और गाते भी हैं।...फिर उसकी फ़ॉर्म्स भी बनाते हैं। पहले पहेलियाँ बनायी हैं, फिर कैमुरकियाँ भी बनाईं। आज के दौर में अगर मैं उन्हें ऑब्जर्व करूँ, तो एक ऐसा सूफ़ी शायर है, जो गायिकी या संगीत से जुड़ा हुआ है और अपनी लिखी बन्दिशों में भी ऐसी प्रेरणाएँ डालता है कि एक पूरा ख़ुसरो-स्कूल ही बनता है। जिस तरह राग-रागिनियों से जुड़कर ख़ुसरो अपनी ज़ुबान से खेलते हैं, वो

हैरान करती है। वो अकेले ऐसे अदीब हैं, जो सात बादशाहों के दरबार में रहे हैं। कितनी तो सल्तनतें बदलती देखी हैं। ऐसा पोएट कितनी बड़ी ज़मीन पर खड़ा है, देखना हैरत में डालता है।

यतीन्द्र मिश्र

बुल्लेशाह...

गुलज़ार

मतलब, बुल्लेशाह के बारे में यही कहूँगा, कहीं किसी मस्ती में तो गाते होंगे ना? मैंने शायद आपसे एक बार ज़िक्र किया था, बुल्लेशाह के उस्ताद इनायत शाह कभी उनसे नाराज़ हो गये थे। अब यह कमाल की बात है कि इस डिवोशन में अगर आपका गुरु रूठ गया हो, तो आपका जीना मुहाल हो गया। आप रो रहे हैं।...यू आर सिंकिंग इन सॉरो (आप दुःख में डूब रहे हैं)। उनको इश्क़ था अपने गुरु से और दरअसल वो इश्क़ सिर्फ़ उस्ताद से नहीं था। वो इश्क़ अल्लाह-ताला से भी था। उनके उस्ताद जिस मस्ज़िद से निकलते थे, उनकी राह में खड़े होकर बुल्लेशाह ने गाना शुरू कर दिया–

तेरे इश्क़ ने डेरा मेरे अन्दर कीता,
भर के ज़हर पिआला मैं तां आपे पीता,
झबदे वहुड़ी वे तबीबा नहीं ते मैं मर गईआं
तेरे इश्क़ नचाईआं कर थईया-थईया...

ये नाचना, दीवानेपन में अपने पीर-ओ-मुर्शिद के लिए मरने की कैफ़ियत तक चले जाना कितना स्पिरिचुअल है, आज बरसों बाद पढ़ने पर भी उसकी हरारत महसूस होती है।

यतीन्द्र मिश्र

ये तो लैंडमार्क बन्दिश है बुल्लेशाह की, जिसकी बेहतरीन कहानी आपने बताई। क्या आपको यह नहीं लगता कि ये सारे सूफ़ी कहीं न कहीं रवायत में हमें उस अध्यात्म की ओर ले जाते हैं, जिसका एक ही धर्म है मानवता?

गुलज़ार

आपने सही जगह उँगली रखी है। ये मर्म समझना ही उन सबकी पोएट्री को नज़दीक़ से देखने जैसा है। सिर्फ़ नानक या कबीर में ही नहीं, या जिन्हें हम सूफ़ी कहते हैं, उनमें ही नहीं, बल्कि बुल्लेशाह में, ख़ुसरो

में वो कैफ़ियत नज़र आती है, जो धर्म से ऊपर उठ जाती है। आज हज़ारों साल बाद जब हम इनकी पोएट्री से गुज़रते हैं, तो वो स्पिरिचुएलिटी दिखाई पड़ती है, जिसमें एक तरफ़ संगीत है, दूसरी तरफ़ इबादत, तीसरी तरफ़ उनके उस्ताद और चौथी ओर वे खुद खड़े हैं। मतलब चारों दिशाओं से जो इबादत की पुकार है, उसमें सिर्फ़ प्रेम है। प्रेम के लिए ही वो सारा समर्पण है, जिसे आज भी पढ़ना या गाना हम लोगों को नये दौर में राहत देता है।

यतीन्द्र मिश्र

'मीरा' में मीराबाई के किरदार को छोड़कर आपको किस चरित्र को डेवलप करने में सबसे ज़्यादा आनन्द आया?

गुलज़ार

'मीरा' के लिए तो फिर भी एक शेड है, जो सीधा है और आपको नज़र आता है। मेरे ख़याल से राजा भोज का शेड बहुत सुन्दर है और विनोद खन्ना ने उसे बहुत अच्छे ढंग से अंजाम दिया।

यतीन्द्र मिश्र

विनोद खन्ना ने वाकई बेहतरीन काम किया था। उनके चयन और काम को लेकर आपकी टिप्पणी जानना चाहता हूँ?

गुलज़ार

विनोद खन्ना मुझसे कहा करते थे, मैं 'मीरा' के इमोशंस को इतना अच्छा समझता हूँ कि काश मैं 'मीरा' का रोल कर पाता। मैं उनकी ज़ेहनियत समझता था, क्योंकि वे उस दौर से गुज़र रहे थे, जब वे फ़िल्म इंडस्ट्री छोड़ने के कगार पर थे। उन्हें दर्शन से प्यार हो गया था। वो 'ओशो (Osho) जो तन कर चुके थे। विनोद खन्ना इतने जेनुइन इंसान थे कि वे अपने सारे कमिटमेंट पूरे करके ही फ़िल्म इंडस्ट्री छोड़ने जा रहे थे। जब वे कह रहे थे कि वे मीरा हो सकते, तो मैं समझ सकता हूँ कि कृष्ण के प्रति जो उनका लगाव था, वो झलक रहा था।

वे बड़े सुन्दर, अंडरटोन में और बड़ी नम्रता से उभरकर आये हैं 'मीरा' में। जिस तरह भोजराज का कैरेक्टर है, उसी तरह विनोद खन्ना फ़िल्म में उभरे हैं। वे एक हीरो की तरह हावी नहीं हुए, जैसा अधिकतर अभिनेता करने लगते हैं। मीरा जैसी बीवी के आगे, जिस तरह भोजराज की पर्सनैलिटी पिछड़ने लगती है, उसी तरह बेहद सुन्दर ढंग से विनोद खन्ना ने एक्टिंग की है। आज

मुझे लगता है, यह इसलिए भी सम्भव हुआ होगा कि वे उस दौर में जिस तरह की इमोशनल फ़ीलिंग्स से गुज़र रहे थे, वो चीज़ उनके पूरे किरदार में दिखाई देने लगी थी।

यतीन्द्र मिश्र

'अशोका' फ़िल्म का एक गाना है, 'रात का नशा अभी'। इस गीत में गुलज़ाराना ढंग से एक पंक्ति आती है, 'करवट बदलती हूँ तो सपना बदल लेती हूँ...' इस तरह की ढेरों पंक्तियाँ आपके तमाम गीतों में मिलती हैं, जिसे आप शुरुआती दौर से आज तक निभाते चले आये हैं। मैं यह जानना चाहता हूँ कि 'ख़ामोशी' में 'हमने देखी है उन आँखों की महकती ख़ुशबू' से जो बात शुरू हुई थी, वो बहुत बाद में भी उसी तरह बरक़रार रहती है। क्या ये सायास होता चला आया है?

गुलज़ार

देखिए, इसमें कोई ज़बर्दस्ती फ़िल्म के अन्दर नहीं की जा सकती है। फ़िल्म आख़िरकार डायरेक्टर का मीडियम है। कोई चाहे भी तो ऐसा नहीं कर सकता कि कोई बात सायास सोचकर लिखी जाये। मैं जब फ़िल्में बना रहा था, तो ख़ुद की फ़िल्मों में भी मेरे गीतकार को यह छूट नहीं थी कि वो एक पोएट की तरह सोचे और स्क्रिप्ट से बाहर निकल जाये। सालों से मैं गाने लिख रहा हूँ। मेरी पहली कोशिश यही होती है, फ़िल्म की पूरी स्क्रिप्ट पढ़ ली जाये, फिर सिचुएशन को समझते हुए गीत लिखे जायें। आप पोएट्री को लेकर सचेत तो रहते ही हैं। फिर कोई ऐसी बात आ गयी, तो वह सहज ही आती है।

यतीन्द्र मिश्र

फ़िल्म गीतों के सन्दर्भ में ये जवाब महत्त्वपूर्ण है। क्या इस कम्युनिकेशन को हम फ़िल्म के बाहर ले जाकर भी देख सकते हैं? मतलब, फ़िल्म से अलग क्या इन गीतों का कम्युनिकेशन सिर्फ़ बोलों और कम्पोज़ीशन के स्तर पर बनता है?

गुलज़ार

यह डिपेंड करता है कि आप फ़िल्म से अलग गीत को किस तरह देख रहे हैं। जैसे, आपने ही इसकी एक लाइन को पोएट्री के कंटेक्स्ट में अलग से बात करने के लायक़ समझा है।

क्लासिकल गायिकी में तो कम्युनिकेशन ही मैटर करता है। अगर आपको किशोरी जी (किशोरी अमोनकर) और भीमसेन जी (भीमसेन जोशी) के एक राग में ख़ास अन्तर दिखता है, तो वह कम्युनिकेशन ही है, जो अलग-अलग आपके अन्दर महसूस हो रहा है। वो आपको किस स्तर पर अपनी बात पहुँचा पाये और उसने आपकी कोई सतह छू ली, एक अलग बात पैदा हो गयी, यही गायिकी है। इसी तरह, मैं लिखूँ या कोई और, एक लाइन आपको छू गयी है, तो गीतकार का काम तो हो गया। अब इससे फ़र्क़ नहीं पड़ता कि वो गाया किसने है और वो किस फ़िल्म में आया है।

यतीन्द्र मिश्र

ये आप उस ग्रामर की बात कह रहे हैं, जिससे गुज़रकर कोई गीतकार प्रचलित ढर्रे से ख़ुद को अलग कर लेता है। क्या फ़िल्म गीतों में लिखने वाले की पर्सनैलिटी कहीं न कहीं शामिल हो जाती है?

गुलज़ार

क्यों नहीं, अगर वह नहीं होती, तो कोई भी लिखे, फिर वो एक जैसी चीज़ ही होगी। आप जानते ही हैं, कई बार गायक या गीतकार उस फ़्रेम से बाहर निकल जाते हैं, जो तयशुदा फ़्रेम आपको एक्सप्रेशन के लिए दिया जाता है। जब आप फ़्रेम से बाहर निकल गये, तो उसने एक नया एक्सपीरिएंस दे दिया। जब तक आप फ़्रेम से बाहर जाने का जोखिम नहीं उठायेंगे, कुछ बड़ा नहीं कर सकते। अगर किशोरी अमोनकर या भीमसेन जोशी अपने मुहावरे को डेवलप न कर पाते, तो क्या आपको लगता है कि उनका संगीत इतना प्रतिष्ठित हुआ होता? मुक़ाम उसी का बनता है, जिसने अपनी लैंग्वेज़ ढूँढ़ ली। गीतकार को भी यही करना चाहिए, जिसने अपनी लैंग्वेज़ पा ली, वो कैसी भी सिचुएशन हो, कुछ साधारण भी लिखेगा, तो उसकी मीनिंग ज़रूर रिफ़लेक्ट होगी।

यतीन्द्र मिश्र

आप जीवन के किस पहलू से गीतों को सबसे ज़्यादा कनेक्ट करते हैं?

गुलज़ार

मैं उस वक़्त के बारे में सोचता हूँ। कोई भी लम्हा, जो बहुत अहम है। वो लम्हा अकेला नहीं है, हर एक लम्हे के पीछे एक पूरा सिनैरियो नज़र आता है। जो सामने है, वो एक लम्हा है, लेकिन उसके पीछे एक इतिहास हमेशा मौजूद रहता है। एक पूरा जीवन होता है या एक लम्बा अरसा होता है। तब

आप एक लम्हे को पकड़ने की जब कोशिश करते हैं, तो वो इम्पॉर्टेंट है। वो एक लम्हा, सिर्फ़ उतना नहीं है, जितना हम समझते हैं। मैं उस लम्हे को बहुत अहम मानते हुए, अपने गीतों को कनेक्ट करता हूँ और उसके पीछे के समय को खोल देता हूँ।

यतीन्द्र मिश्र

समय का पीछे खुलना महत्त्वपूर्ण है...

गुलज़ार

पीछे तो बहुत बड़ा सफ़र नज़र आयेगा। जर्नी नज़र आयेगी या एक सिनैरियो दिखाई पड़ेगा, जैसे वो गाना है– *'सीली हवा छू गयी, गीला बदन छिल गया'*। अब इसमें हवा जिस तरह तन को छूती है, वो पीछे से एक पूरा लम्हा चला आया है, जिसमें खरोंचें हैं और बदन छिल जाता है। तो कहीं न कहीं यह आपकी उस सोच से जुड़ा हुआ है, जिसे आप व्यक्तिगत तौर पर महसूस करते हैं और ख़ालीपन को भरने के लिए दूसरे तरीक़ों से समृद्ध करते हैं। मैंने जो कहा कि हर लम्हे के पीछे एक कहानी होती है, एक इतिहास और समय का लम्बा फ़ासला, उससे गुज़रकर अगर कोई फ़ीलिंग टकराती है, तो उसमें बड़े जज़्बात शामिल हो पाते हैं।

यतीन्द्र मिश्र

ऐसा सोचने के पीछे कोई व्यक्तिगत कारण भी रहे हैं?

गुलज़ार

एक पोएट और स्क्रिप्ट राइटर के तौर पर मेरी ज़ेहनियत जिस तरह बनी है, उसमें मैं हर एक लम्हे को मुकम्मल तौर पर देखना पसन्द करता हूँ। लम्हों को लेकर मेरी कई नज़्में और फ़िल्मगीत भी हैं। आप अधिकांश से वाक़िफ़ ही हैं। जैसे 'गोलमाल' में *'आने वाला पल जाने वाला है'* या ग़ैर फ़िल्मी नज़्मों में *'आदमी बुलबुला है'*।

यतीन्द्र मिश्र

क्या आपके इन लम्हों में खरोंचें और दरारें भी हैं?

गुलज़ार

बिल्कुल भी नहीं। ऐसा नहीं है, उस चीज़ से मैं परेशान नहीं होता हूँ। जिसने मुझे पैदा किया है, वो अब मुझमें एक पूरी कायनात है। वो आपकी शिनाख़्त

भी है। वो पहचान भी है, जिससे आप बिलांग करते हैं। उसमें वो दर्द भी, पनाह भी नज़र आती है, मगर किसी ढंग की दरारें नहीं हैं।

यतीन्द्र मिश्र

कोई ऐसा ख़ुद का लिखा गाना, जिसे आप अपने इन लम्हों के सन्दर्भ में सबसे माक़ूल पाते हों?

गुलज़ार

ऐसे में 'सदमा' के गाने याद आते हैं। पहला– *'सुरमई अँखियों में नन्हा-मुन्ना इक सपना दे जा रे'* और दूसरा– *'ऐ ज़िन्दगी गले लगा ले/हमने भी तेरे हर इक ग़म को गले से लगाया है, है ना...'*

यतीन्द्र मिश्र

फ़िल्म ये कब समाज का अहम हिस्सा बनी?

गुलज़ार

कुछ लोग तो आज भी हैं, जिन्हें फ़िल्मों का कुछ भी पता नहीं। कौन लोग हैं? कौन से बैनर्स हैं? वे लोग कुछ भी नहीं जानते। तो ये फ़िल्म ऑब्सेशन नहीं था पहले। धीरे-धीरे रेडियो की पॉपुलैरिटी ने फ़िल्मों के प्रति लोगों में चाव जगाया, जब फ़िल्मों के गीत उस पर लगातार बजना शुरू हुए। इसमें टेलीविज़न का भी बहुत बड़ा रोल है। जब घर-घर टी.वी. आया, तब हर इतवार को एक फ़िल्म दिखाई जाती थी, उससे भी कुछ फ़र्क़ पड़ा होगा। पहले तो बड़ी पत्रिकाओं में, जैसे 'इलेस्ट्रेटेड वीकली' में भी मुझे याद नहीं पड़ता कि कोई फ़िल्म की ख़बर छपती थी, बल्कि सम्भ्रान्त वर्ग की शादियों की तस्वीरें ज़रूर छपती थीं। वे सब उच्च वर्ग से सम्बन्धित थीं और इस बात पर समाज में थोड़ी-बहुत चर्चा होती थी कि फ़लाँ साहब की शादी की तस्वीर 'इलेस्ट्रेटेड वीकली' में छपी है।

यतीन्द्र मिश्र

वो कौन सी पत्रिकाएँ रहीं, जिनका असर आज तक महसूस करते हैं?

गुलज़ार

'इलेस्ट्रेटेड वीकली' का नाम तो मैंने लिया ही है। धर्मवीर भारती जी के सम्पादन में 'धर्मयुग' का अपना समय था। उसका ग्लैमर हिन्दी की कोई दूसरी पत्रिका नहीं पा सकी। इनके अलावा 'साप्ताहिक हिन्दुस्तान',

'माधुरी' और 'सारिका' याद आती हैं। 'माधुरी' सिनेमा से जुड़ी हुई मैग्ज़ीन थी। दिल्ली से अमृता प्रीतम 'नागमणि' नाम से पंजाबी में पत्रिका निकालती थीं। ये सब उस दौर की पत्रिकाएँ हैं, जब लिखने-पढ़ने का वो माहौल था कि सिनेमा वाले भी कुछ लोग इन मैग्ज़ीन्स को बड़ी गम्भीरता से उलटते-पलटते थे।

बाबूराव पटेल की 'फ़िल्म इंडिया' मैग्ज़ीन में अब्बास साहब (ख़्वाजा अहमद अब्बास) कॉलम लिखते थे। वो अधिकतर फ़िल्म गॉसिप ही होती थीं या किसी फ़िल्मी ख़बर के बारे में उनके विचार, मगर उसे पढ़ना दिलचस्प अनुभव होता था। 'ब्लिट्ज़' के रुस्तम खुर्शीदजी करंजिया (आर.के. करंजिया) अपनी तरह के एक कैरेक्टर हुआ करते थे। उनका ज़माना था और जलवा भी। उनके दौर में 'ब्लिट्ज़' का अपना अहम मुक़ाम रहा।

एक पत्रिका दिल्ली से उर्दू में निकलती थी 'शाहराह', जिसे साहिर साहब (साहिर लुधियानवी) सम्पादित करते थे। यूनुस देहलवी की 'शमा' भी उर्दू में एक स्तरीय पत्रिका हुआ करती थी। इसमें अफ़सानों के अलावा सिनेमा की ख़बरें और लेखकों, अदाकारों की गुफ़्तगू प्रकाशित होती थी। लाहौर, पाकिस्तान से एक बहुत इम्पोर्टेंट मैग्ज़ीन उर्दू में 'नुकूश' निकलती थी, जिसे अहमद नदीम क़ासमी साहब और ख़दीज़ा मस्तूर ने 1948 में शुरू किया था। क़ासमी साहब के बाद मोहम्मद तुफ़ैल इसके एडिटर हुए। बाद में बाबा (क़ासमी साहब) ने 1963 के दौरान 'फुनून', उर्दू की एक बेहतरीन पत्रिका निकाली। यही कुछ संग-ए-मील मैग्ज़ीन्स और परचे हैं, जिनकी यादें आज भी बनी हुई हैं। इनमें से अधिकांश का बन्द होना खटकता है।

यतीन्द्र मिश्र

वो कौन से सम्पादक हैं, जिनका आज न होना पत्रकारिता की दुनिया में आपको कमी की बात लगती है?

गुलज़ार

शंकर पिल्लई का नाम मैंने 'शंकर वीकली' के सन्दर्भ में लिया ही था। उनके अलावा खुशवन्त सिंह एक बड़े सम्पादक रहे, उनकी तरह दूसरा कोई निगाह में नज़र नहीं आता। कुछ दिनों तक प्रकाश पण्डित ने उर्दू की एक बेहतर पत्रिका सम्पादित की थी, जिसका नाम अभी भूल रहा हूँ। उर्दू शायरी के लिए

उनका काम मानीख़ेज़ है। उनकी कमी खलती है। हिन्दी में धर्मवीर भारती जैसा सम्पादक ढूँढ़े नहीं मिलेगा। कमलेश्वर जी ने 'सारिका' को बड़े मेयार पर पहुँचाया था। आज के समय में पटना से 'दोआबा' निकालने वाले जाबिर हुसैन साहब को भी मैं बड़े लेवल पर देखता हूँ। ये सब लोग मेरे लिहाज़ से बड़े एडिटर्स हैं।

यतीन्द्र मिश्र

आज के दौर की कौन सी पत्रिका आपको ज़्यादा बेहतर लगती है?

गुलज़ार

अभी कुछ सालों पहले तक अमर्त्य सेन की बेटी अन्तरा देवसेन ने एक ख़ूबसूरत मैग्ज़ीन अंग्रेजी में शुरू की थी—'द लिटिल मैग्ज़ीन'। इसमें सब कुछ था। साहित्य से लेकर सिनेमा तक, साइंस फ़िक्शन से लेकर पोएट्री तक, हर चीज़ बड़े क़रीने और स्तरीय ढंग से छपती थी। इसमें हमारे समय की हर ज़ुबान की बेहतर चीज़ें अंग्रेज़ी अनुवाद में प्रकाशित होती रही हैं। इंडियन पर्सपेक्टिव में मुझे ये मैग्ज़ीन बेहद पसन्द है। उसे बड़े अच्छे ढंग से तबीयत के साथ, बेहतर काग़ज़ पर इलेस्ट्रेशंस और बेहतरीन सजावट के साथ प्रिंट किया जाता था। मुझे लगता है, सालों हो गये, उसके अंक नहीं देखे। यह पत्रिका भी बन्द हो गयी, जिसका मुझे अफ़सोस है।

यतीन्द्र मिश्र

वाक़ई आपने एक उत्कृष्ट पत्रिका का ज़िक्र किया है। एक बार मुझे भी उसमें प्रकाशित होने का अवसर मिला। मेरी शास्त्रीय गायिका गिरिजा देवी पर कविताओं की एक शृंखला है, जिसकी एक कविता का अंग्रेजी अनुवाद 'लिटिल मैग्ज़ीन' ने प्रकाशित किया था।

गुलज़ार

वाह! बढ़िया बात है। मतलब यह सही है कि कुछ परचे और पत्रिकाएँ ऐसी होती हैं, जिनमें छपना याद रहता है। बरसों बाद तक उस प्रकाशन की महक नहीं जाती। मुझे आज भी कमलेश्वर जी द्वारा 'सारिका' में त्रिवेणियों को छापने की सुखद यादें ताज़ा हैं।

यतीन्द्र मिश्र

आपके प्रिय शग़ल क्या रहे हैं?

गुलज़ार

लम्बी यात्राएँ करना। मैंने हिन्दुस्तान में कार से बहुत ट्रैवेल किया है। मैं यहाँ (मुम्बई) से बद्रीनाथ तक कार से गया हूँ। ख़ुद से ड्राइव करके गया हूँ। दो-तीन बार तो कन्याकुमारी तक गया हूँ। माण्डू मेरी प्रिय जगह है, तो वहाँ भी कई दफ़ा जाना हुआ। अगर किसी दूर के डेस्टीनेशन तक जाना है, तो बीच में एक रात किसी शहर में रुकता हूँ और दूसरे दिन आगे बढ़ जाता हूँ। जैसे, जब मैं कन्याकुमारी गया, तो बॉम्बे से सीधे बैंगलौर गया। बैंगलौर में दूसरे दिन रुका और तीसरे दिन कन्याकुमारी पहुँच गया।

अपनी फ़िल्मों के लिए लोकेशन तलाशने के लिए भी देश भर में बहुत घूमा हूँ। जब 'लेकिन' बन रही थी, तब उसकी लोकेशन के लिए हम लोगों ने कार से पूरा राजस्थान छान मारा था। मुझे यात्रा करना भाता है। अधिकतर रोड जर्नी ही पसन्द है। अब उम्र हो चली है, तो हवाई जहाज़ से चलना और समय बचाना मुझे आरामदेह लगने लगा है।

यतीन्द्र मिश्र

'मेरे अपने' में मुख्य किरदार के रूप में मीनाकुमारी जी को चुनने की कोई ख़ास वजह?

गुलज़ार

हुआ दरअसल यह था कि जब एन.सी. सिप्पी साहब ने 'मेरे अपने' बनाने के लिए मुझे पहला ब्रेक दिया, तो मुझे दफ़्तर में मिलने के लिए बुलाया था। उन्होंने सीधे मुझसे ये पूछा—'तुमने किस हीरोइन के बारे में सोच रखा है?' मैंने उनसे कहा था—'आपनजन' में छाया देवी ने बहुत बढ़िया काम किया है और वे दुरुस्त ढंग से हिन्दी भी बोल लेती हैं, तो उन्हीं से रिक्वेस्ट करनी चाहिए। इस पर उन्होंने कहा था—'यहाँ बम्बई से कोई अभिनेत्री बताओ, जिन्हें वो रोल दिया जा सके।' फिर, मुझे मीना जी (मीनाकुमारी) का नाम सूझा और मैंने कहा कि मीनाकुमारी ही इसके लिए परफ़ेक्ट रहेंगी। तब एन.सी. सिप्पी साहब बोले—'आप निम्मी को लेकर क्यों नहीं फ़िल्म बनाते?' मुझे निम्मी जी उस रोल के लिए सटीक नहीं लग रही थीं, तो मैंने उनसे कहा—'निम्मी जी इस किरदार पर सूट नहीं करती हैं और वे इसके साथ जस्टिस भी नहीं कर पाएँगी।' लेकिन ख़ुद सिप्पी साहब इतने ज़हीन और शरीफ़ इंसान थे कि मेरी बात तुरन्त मान गये और मुझसे बोले—'मीना जी से आप बात करेंगे या मुझे करनी है?' तब मैंने उन्हें हँसकर यही कहा था, फ़िल्म के प्रोड्यूसर आप हैं,

आपकी ही देखरेख में फ़िल्म बनने जा रही है, इसलिए मीना जी से आप ही बात कीजिए। इस तरह मीनाकुमारी फ़िल्म में शामिल हुई थीं।

यतीन्द्र मिश्र

'आँधी' के लिए सुचित्रा सेन के चयन के पीछे कोई ख़ास कारण रहा?

गुलज़ार

इसके पीछे एक कहानी है। दरअसल निर्माता-निर्देशक जे. ओम प्रकाश ने मुझे एक कहानी सुनने के लिए बुलाया था, जिसका डायरेक्शन मुझे सौंपना चाहते थे। यह कहानी सचिन भौमिक ने लिखी थी। यह एक थ्रिलर थी, जिसे वे संजीव कुमार और सुचित्रा सेन को लेकर बनाना चाहते थे। मुझे यह भी बताया गया कि संजीव कुमार, सुचित्रा जी के साथ काम करने के बेहद इच्छुक थे। इस तरह सचिन भौमिक ने इन दोनों कलाकारों को ध्यान में रखकर ही वो कहानी लिखी थी।

जब मैं जे. ओम प्रकाश से मिलने गया, तो वहाँ सचिन भौमिक और संजीव कुमार भी मौजूद थे। मुझे कहानी पसन्द नहीं आयी और मैंने उसे बहुत ऑर्डनरी पाया। बिल्कुल मुम्बइया फ़िल्मों की तरह का उसका प्लॉट था। मैंने उनसे कहा—यह सही नहीं होगा, हम सुचित्रा सेन को बम्बई सिर्फ़ इस कहानी को सुनने के लिए बुलायें। वो इस तरह की फ़िल्म क्यों करेंगी? आपको जानकर आश्चर्य होगा कि मेरे इस बात पर जो सच थी, मगर कड़ुवी थी, सबसे पहले सचिन भौमिक ने ही कमेंट किया। उन्होंने कहा—'आप सही हैं, ये बॉम्बे है। आप यहाँ किसी भी ऐक्टर को इसके लिए बुला सकते हैं, लेकिन सुचित्रा सेन को अगर बुलाना है, तो कहानी कुछ अलग-सी होनी चाहिए।' यह सुनकर सभी लोग रज़ामन्द हो गये। उसी दौर में 'आँधी' पर मैं कुछ दिनों से सोच रहा था। मुझे लगा यही सही वक़्त है, जब वो कहानी सबको सुनानी चाहिए। फ़िल्म में दो किरदार और उनकी रिलेशनशिप हैं। किस तरह वो रिश्ता टूटता है। नायिका एक सफ़ल पॉलिटिशियन बनती है। यह मैंने बस ख़ाक़ा ही खींचा था, लेकिन प्लॉट सबको समझ में आया।

जे. ओम प्रकाश ने मुझसे कहा—'क्या तुम्हारे पास ये कहानी लिखी हुई है?' मैंने उनसे वादा किया कि दो-तीन हफ़्तों में इसकी सिनॉप्सिस लिखकर देता हूँ। आपको पसन्द आयी, तो हम मिलकर काम करेंगे। इस पर उन्होंने ख़ुश होकर कहा मैं अगले एक-दो महीनों में सुचित्रा सेन से मिलने वाला हूँ। मैंने

वायदे के मुताबिक़ दो हफ़्तों में सिनॉप्सिस तैयार कर दी। मैंने इसकी कहानी पर काम करना शुरू कर दिया था और इस तरह संजीव कुमार और सुचित्रा सेन इस फ़िल्म का हिस्सा बने।

यतीन्द्र मिश्र

'आँधी' में कमाल की बात यह है कि इस फ़िल्म में सिर्फ़ एक महिला किरदार है। नायिका सुचित्रा सेन के अलावा एक छोटे से रोल में भी कोई दूसरी महिला दिखाई नहीं देती?

गुलज़ार

हाँ, ये बात तो है। आप देखिए कि एक महिला कैरेक्टर होने के बाद भी फ़िल्म पूरी तरह से बैलेंस्ड है। मुझे नहीं लगता कि हिन्दी सिनेमा में ऐसा कोई दूसरा उदाहरण जल्दी देखने को मिलेगा। ...और इसके बावजूद ये फ़ेमिनिस्ट फ़िल्म है।

यतीन्द्र मिश्र

आपको 'आँधी' का सबसे बेहतरीन गाना कौन सा लगता है?

गुलज़ार

सारे गाने ही अच्छे लगते हैं। लव-डुएट्स तो मशहूर हुए ही, मुझे उसकी पॉलिटिकल सेटायर वाली क़व्वाली *'सलाम कीजिए आली ज़नाब आए हैं'* लिखे जाने के स्तर पर बेहतर लगती है। हालाँकि, फ़िल्म का सबसे आइडियल सांग *'तेरे बिना ज़िन्दगी से कोई शिकवा तो नहीं'* लगता है। कुछ इसकी पिक्चराइज़ेशन की वजह से और कुछ पंचम की बनाई धुन से, जिसे दुर्गापूजा फ़ेस्टिवल के एक पूजा-गीत से उठाया गया था। इस गाने की दिलचस्प बात यह है कि यहाँ शब्दों पर खेल किया गया है, अगर आप सिर्फ़ पहली लाइन को देखें, तो दो अर्थ पैरलल निकलकर आते हैं, 'इट्स अ पन'... इसका एक मतलब निकलता है कि तुमसे जो मेरी शिकायत है, उसके अलावा मुझे ज़िन्दगी से कोई शिकायत नहीं। दूसरा मतलब यह निकल सकता है कि तुम्हारे बिना मुझे ज़िन्दगी से कोई शिकायत नहीं। वह तो अपने ढर्रे पर चल ही रही है, मामूली-सी। पर तुम्हारे दुःख के सिवा, तुम्हारी ग़ैर-मौजूदगी के सिवा, मुझे ज़िन्दगी से कोई शिकवा नहीं। सो दिस अनफ़ोल्ड्स इन लेयर्स।

यतीन्द्र मिश्र

'आँधी' के क़व्वाली गीत के बारे में आपका क्या कहना है?

गुलज़ार

कुछ नहीं! आप कहिए वरना लोग कहेंगे।

यतीन्द्र मिश्र

'ख़ुशबू' के किस गीत से आप आज भी सबसे ज़्यादा जुड़ाव महसूस करते हैं?

गुलज़ार

ख़ुशबू पर काफ़ी बात हो चुकी है। आप कब तक एक ही फूल सूँघते रहेंगे?

यतीन्द्र मिश्र

चलिए गुलाब न सही चम्पा सही!

डायलॉग और स्क्रीनप्ले लिखने में किस चीज़ को तरज़ीह देते हैं? क्या सिर्फ़ डायलॉग लिखना पसन्द है या स्क्रीनप्ले?

गुलज़ार

शुरुआत में मैंने ज़्यादातर फ़िल्मों के स्क्रीनप्ले और डायलॉग साथ लिखे हैं। कुछ के तो गीत भी शामिल रहे। जैसे, 'गुड्डी', 'सितारा', 'मासूम', 'एक पल', 'रुदाली' जैसी फ़िल्में। हालाँकि बहुत सारी फ़िल्मों के डायलॉग और गीत भी लिखे, जिसमें पटकथा शामिल नहीं थी।

यतीन्द्र मिश्र

फ़िल्मों के लिए पटकथा लिखते हुए कभी ऐसी भी स्थितियाँ बनती होंगी, जब कथानक के अनुरूप पटकथा से अलग कुछ सीन लिखने पड़ते होंगे। ऐसी दृश्यावलियाँ, जो तुरन्त शूटिंग के समय ज़रूरी समझी गयी हों, मगर पटकथा में उनका कोई प्रवेश पहले न था। ऐसी स्थितियों से गुज़रने पर आप क्या करते थे?

गुलज़ार

अकसर ऐसा हुआ है, जब फ़िल्म के हिसाब से तुरन्त कोई सीन लिखना पड़ा हो। ऋषिकेश मुखर्जी, जिनसे मैंने सीखा बहुत और उनके यहाँ रहकर अपने फ़न को निखारा है, वहाँ सीखने की गरज़ से यह करना पड़ता था। बाद में जब मैंने पटकथाएँ और संवाद बाहर के बैनर की फ़िल्मों के लिए किये, तो वहाँ

अगर मैं कन्विंस्ड नहीं था, तो मैंने ऐसा कुछ भी लिखने से मना ही किया है। हालाँकि फ़िल्म गीतों की रेकॉर्डिंग में भी कई दफ़ा म्यूज़िक डायरेक्टर के कहने पर शब्दों में फेर-बदल सम्भव होती रहती है।

ऋषि दा (ऋषिकेश मुखर्जी) के यहाँ अकसर ऐसे मौक़े आते थे, जब मुझे तुरन्त कुछ लिखना पड़ता था। ऐसा कई बार हुआ और हर बार उनका अपना एक्सपीरिएंस काम आया। मतलब जो सीन उन्होंने डिमांड की, वो फ़िल्म में वाजिब ढंग से फ़िट बैठ गया। एक वाक़िया 'गुड्डी' फ़िल्म से सम्बन्धित है, उन्होंने मोहन स्टूडियो जलने का एक सीन बनवाया था, जिसमें एक शॉट है, जिसमें एक फ़ोटोग्राफ़र तस्वीर खींचने के पीछे पड़ता है। उसका कहना है कि ये तस्वीर नहीं बिकती है, आपकी शक्लें बिकती हैं। इस पर ऋषि दा ने सीन लिखने को कहा था। मुझे लगा, इस सीन का कोई मतलब नहीं है। मैंने उनसे कहा—यह सीन किसी भी तरह से फ़िल्म में फ़िट नहीं बैठेगा। ये ज़रूरत से ज़्यादा सेंटीमेंटल लगेगा। आप इसे जाने दीजिए। वे नाराज़ हुए, ये क्या बात हुई? बस, मुझे किसी भी तरह ये सीन लिखकर दो! मैंने सीन लिख दिया, उसे फ़िल्माया भी गया। मुझे फ़िल्म पूरी होने के बाद भी वो बेकार लग रहा था, अलग से थोपा हुआ। ...मगर हम कुछ कर नहीं सकते थे, क्योंकि ऋषि दा को चाहिए ही था। जब फ़िल्म रिलीज़ हुई, तो हम लोग पहले शो में दर्शकों की प्रतिक्रिया देखने गये। आप जानकर हैरान होंगे, जो सीन मुझे बेवजह का लग रहा था, उसी सीन पर दर्शकों ने तालियाँ बजायीं। अब इसके बारे में क्या कहें? ऋषि दा, जो कम्युनिकेट करना चाहते थे, उसी तरह वो कम्युनिकेट हुआ। ऐसा ही उन्होंने मुझसे 'अभिमान' लिखवाते वक्त भी किया था। मुझे अमिताभ से नायिका से उसके गलत व्यवहार की माफ़ी मँगवानी थी, जबकि ऋषि दा दूसरे तरीक़ों से अमिताभ के प्रति नायिका का क्षमा-भाव दिखाना चाहते थे। उन्हें डर था कि इतने बड़े स्टारडम वाला ऐक्टर, हीरोइन से माफ़ी माँगेगा, तो फ़िल्म पिट जायेगी। वहाँ भी यही हुआ, जो सीन हमने ऋषि दा के कहने के अनुसार बदला, उसी ने फ़िल्म का सारा मूड चेंज किया। ऐसा होता रहता है। मुझे आज भी ये सोचकर हैरानी होती है, बिमल दा (बिमल रॉय) और ऋषि दा किस तरह ये बात सोच जाते थे कि जो हम लोगों को अटपटा लग रहा है, उससे दर्शक आसानी से कनेक्ट करेगा।

यतीन्द्र मिश्र

आपने परिपक्व प्रेम-कहानियाँ बनायी हैं। 'ख़ुशबू', 'आँधी', 'किनारा',

'इजाज़त' हर एक फ़िल्म में एक मैच्योर लव-स्टोरी दिखाई देती है। इसके पीछे कोई ख़ास वजह?

गुलज़ार

क्योंकि मैं समय से पहले बुजुर्ग हो गया हूँ। बात दरअसल ये है कि आप अगर मैच्योर लव-स्टोरी बनाते हैं, तो वहाँ वैरिएशन दिखाने के ढेरों मौक़े मौजूद हैं। रिश्तों की बुनावट, उनकी जटिलताएँ और एक-दूसरे के प्रति ज़िम्मेदारी का जो भाव है, उससे एक परिपक्व प्रेम-कथा ही निबाह कर सकती है। मेरी फ़िल्मों में ये बात थोड़ी और जटिलता के साथ दिखाई पड़ती है। मैं इस सन्दर्भ में तीन फ़िल्मों के नाम लूँगा, जिसमें मैच्योरिटी ही प्रेम को ख़ूबसूरत बनाती है 'ख़ुशबू', 'नमकीन' और 'इजाज़त'। इन फ़िल्मों में आप देख सकते हैं कि रिश्तों के कितने वैरिएशन हैं, उन्हें बरतने का एक संजीदा तरीक़ा ढूँढ़ा गया है...'परिचय' में अलग ढंग का प्रेम है, जिसमें नायिका रमा (जया भादुड़ी) बहुत मैच्योर नहीं है और अपनी उम्र से थोड़े ही बड़े रवि (जीतेन्द्र) से प्रेम करती है। फिर भी रमा के कैरेक्टर में मैंने पूरी तरह मैच्योरिटी का रंग दिया है। जीतेन्द्र का प्रेम भी इतना मैच्योर है कि फ़िल्म में आपको एक भी संवाद ऐसा नहीं मिलेगा, जो कहीं से खटके या प्रेम की तासीर को हल्का करे।

यतीन्द्र मिश्र

फ़िल्मों में मौन (साइलेंस) की क्या भूमिका होती है?

गुलज़ार

बड़ा पोएटिक सवाल है। ये देखना चाहिए कि जिस कहानी या उपन्यास पर फ़िल्म बन रही है, उसके लेखक ने उसमें साइलेंस के कितने स्पेस पैदा किये हैं। अकसर वो स्पेस ही महत्त्वपूर्ण है। सिनेमा बहुत सारी चीज़ों को मौन में ही दिखाता है, क्योंकि हर चीज़ें और हर मूड को फ़िल्माना या उसकी डिटेलिंग करना सम्भव नहीं है। ये इसलिए भी कि मूल कहानी के कई दृश्य ऐसे होते हैं, जिन्हें ज्यों का त्यों लेकर भी हम अपने ढंग से उसका रुख़ तय करते हैं। जो चीज़ स्क्रिप्ट राइटर के स्तर से लेकर फ़िल्म डायरेक्टर की कुर्सी तक बदलते हुए पहुँचती है, उसके कंटेंट में पैदा किया गया स्पेस ही उसके साइलेंस के साथ तारतम्य बिठाकर कोई बात आगे बढ़ा सकता है। सिनेमा में बिटवीन द लाइन्स को पकड़ पाना ही उसके साइलेंस के साथ जूझना है।

यतीन्द्र मिश्र

एक पटकथा में क्या-क्या चीज़ें समाहित होती हैं?

गुलज़ार

एक स्क्रिप्ट पूरे तौर पर एक ऐसा ख़ाका है, जिसमें किसी कहानी, उपन्यास या कोई भी लिखी हुई चीज़ को सीन-दर-सीन तोड़कर लिखा जाता है। पटकथा एक ऐसा ड्राफ़्ट है, जिसके सहारे आप विजुअली कोई चीज़ फ़िल्माते हैं। इसमें वो सारी सूचनाएँ दर्ज होती हैं, जिसे फ़िल्मांकन के लिए ज़रूरी समझा जाता है। जैसे, आप कोई घटना लिख रहे हैं, किसी के चरित्र का बखान कर रहे हैं या कोई दृश्य लिखते हुए दो लोगों की बातचीत पर बात कर रहे हैं, तो उसका अगले विषय से क्या सम्बन्ध है, उसके फुटनोट भी लिखने होंगे। किस समय की बात है, वो टाइम दर्ज करना होगा और अलग से उसका बैकग्राउंड क्या है, उसे भी लिखना ज़रूरी है। फिर ये डायरेक्टर पर निर्भर करता है कि वो किसी चीज़ को किस स्तर पर ले जाकर फ़िल्माने के लिए उसे बढ़ा या घटाकर देखता है। कई दफ़ा फ़िल्मांकन के समय भी स्क्रिप्ट में तब्दीलियाँ होती हैं।

यतीन्द्र मिश्र

आपने एक ही कॉमेडी फ़िल्म 'अंगूर' बनायी है। इसके पीछे कौन से कारण काम कर रहे थे कि आपने एक फ़िल्म के बाद दोबारा से कभी कॉमेडी फ़िल्म बनाने का निर्णय नहीं लिया?

गुलज़ार

ऐसा नहीं है। मैंने ऋषि दा (ऋषिकेश मुखर्जी) के लिए ढेरों कॉमेडी फ़िल्में लिखी हैं, जैसे 'बावर्ची', 'चुपके-चुपके' और 'ख़ूबसूरत'। बावजूद इसके मैं यह विश्वास नहीं कर पा रहा था कि मैं कॉमेडी के साथ न्याय कर सकता हूँ। जब 'अंगूर' बनायी, तब जाकर यह महसूस हुआ, मैं कॉमेडी भी बना सकता हूँ। हालाँकि यह भी कहना चाहूँगा कि कॉमेडी फ़िल्म ज़्यादा कठिन है, बनिस्बत सामाजिक फ़िल्मों के। आप 'अंगूर' में देखिए कि मैंने 'ए कॉमेडी ऑफ़ एरर्स' में कालखण्ड बदल दिया है, मगर कहानी को उसी तरह फ़ॉलो करने की कोशिश की है।

चूँकि यह फ़िल्म हिन्दी में बन रही थी, इसलिए हिन्दी समाज के दर्शकों को देखते हुए मैंने कुछ वाजिब बदलाव किये थे। शेक्सपियर की तस्वीर को लेकर

भी, जो एक्सपेरीमेंट मैंने किया था, उनकी आँख मारने वाला हिस्सा, मुझे लगता है कि वो दर्शकों को ज़रूर पसन्द आया होगा।

यतीन्द्र मिश्र

'ख़ामोशी' के एक महत्त्वपूर्ण गीत 'हमने देखी है उन आँखों की महकती ख़ुशबू', में आपने एब्सट्रैक्शन (अमूर्तन) का जो काम शुरू किया, वो बाद में आपकी सिग्नेचर ही बन गया। ये उस मामले में एक संग-ए-मील गीत माना जा सकता है। आपका इस बारे में क्या कहना है?

गुलज़ार

मैं मानता हूँ कि इसी गाने में पहली बार उस एब्सट्रेक्ट को अंडरलाइन किया गया, जिसे मेरी स्टाइल में नयी बात समझी गयी। *'हमने देखी है'* गीत को इस अन्दाज़ में लिखा गया था कि इसे एक मेल सिंगर गायेगा। वह इसलिए क्योंकि एक आदमी अपनी प्रेमिका की आँखों की तारीफ़ में इसे गाने वाला था। हेमन्त दा ने धुन बनाई, मगर जब मुकम्मल तौर पर यह धुन बन गयी, तो उन्होंने अपना विचार बदल दिया। उन्होंने सोचा इस गीत को लता जी (लता मंगेशकर) को गाना चाहिए। अब आप देखिए, एक औरत, दूसरी औरत के आँखों की तारीफ़ करे, ये कैसे मुमकिन है? पर ये लता जी की आवाज़ का जादू है, जो किसी गीत का जेंडर तक बदल सकता है। वे जो भी गाती हैं, दृढ़ आत्मविश्वास के साथ गाती हैं। ये गीत एब्सट्रैक्ट की शुरुआत थी, जिसे मैंने अपने गीतों में बाक़ायदा रचना शुरू किया। कुछ आलोचनाएँ भी होने लगी थीं कि 'ख़ुशबू' है, फिर भी वो महकती है।

यतीन्द्र मिश्र

थिएटर की दुनिया में किसी बड़े या उभरते हुए निर्देशक के लिए आपने कभी कुछ लेखन किया? क्या किसी नाटक में गीत या संवाद लिखने के लिए आपकी सेवाएँ ली गयीं?

गुलज़ार

सलीम आरिफ़ बड़े सालों से मेरे साथ थे और फ़िल्मों में मुझे असिस्ट करते थे, तो जब उन्होंने ही यह ख़्वाहिश ज़ाहिर की, तो मुझसे कुछ अफ़साने ले लिये। उनके साथ यह ज़रूर हुआ कि मैंने उनसे कहा—फ़िल्मों में तो आप मुझे असिस्ट करते रहे हैं, तो यहाँ भी मुझे असिस्ट कर लीजिए। मैं आपके साथ ठीक रहूँगा। 'लेट मी सी दिस फ़ॉर्म, लेट मी चेक इट'। यह बिल्कुल अलग फ़ॉर्म है। ये लिटरेचर भी है, कहानी भी और रीडिंग्स भी। वरना कहाँ

अफ़साना और उसके बीच में वो नज़्में डाल दे रहे हैं, तो ये कैसे होगा? सलीम इस पर मुस्कुराते थे और कहते थे–'मुझे दे दीजिए न।'

इस तरह ये मेरे लिए लर्निंग प्रॉसेस भी था। इस मीडियम का अपना एक अट्रैक्शन है, जिसने मुझे अपनी ओर खींचना शुरू किया। तो, इस तरह फाइनली ये सलीम थे, जिन्होंने थिएटर सम्भव किया।

यतीन्द्र मिश्र

थिएटर के काम को फिर आपने किस तरह खुद के सन्दर्भ में देखा और परखा?

गुलज़ार

मैं तो सीख रहा था और इस फ़ॉर्म तक पहुँचना चाहता था। यह मुझे यह बहुत इंटरेस्टिंग मामला लगता है कि यहाँ आपका सीधे दर्शकों से जुड़ाव होता है। आपने फ़िल्म बना ली, पब्लिसिटी कर ली, कुछ लोगों को बुलाया और दिखा दिया। किसी को पसन्द आयी किसी को नहीं, जिसका जैसे जी चाहा, उसने रिव्यू कर दिया। अगर किताब है, तो उसे आपने पब्लिश करा लिया। यहाँ भी वही सिनेमा की तरह की बात, किसी को पसन्द है किसी को नहीं। किसी ने रिव्यू किया, कुछ लोग आपसे आकर मिले कि आपकी कविता पढ़ी थी, अच्छी लगी...लेकिन जब आप थिएटर में कविता पढ़ने आते हैं, आपको वहाँ कविता सुनाने के लिए बुलाया गया है और आपके सामने उस शाम सैकड़ों लोग बैठे हैं, तो ये थिएटर होता है। दिस इज़ द मोस्ट अट्रैक्टिव पॉर्ट ऑफ़ थिएटर। इट्स अ वन टू वन रिलेशनशिप विद द ऑडियंस। थियेटर जहाँ-जहाँ जाता है, उस ऑडियंस के साथ वो सीधे जुड़ाव वाला एक्सपीरिएंस भी साथ-साथ जाता है, ये बड़ा मज़ेदार है।

यतीन्द्र मिश्र

ये आपने बहुत सुन्दर ढंग से थियटर की क्षणभंगुरता को बताया है, पण्डित कुमार गन्धर्व का एक मशहूर कहन याद आता है–'गाते-गाते रोज़ मरता हूँ, जिस कुमार गन्धर्व ने जो तिलक कामोद गाया, वे दोनों मर चुके। कल फिर तिलक कामोद गाया जायेगा और कुमार गन्धर्व ही गायेंगे पर वे नहीं...'

गुलज़ार

क्या बात कही है पण्डित जी ने! बिल्कुल सटीक बात है। यही तो थिएटर पर भी लागू है।

यतीन्द्र मिश्र

थिएटर में बैठकर कविता पढ़ना, साहित्यिक समारोहों में शिरकत करते हुए कविता और नज़्में सुनाना, आपके अनुभव में किस तरह आया है? जब आप कुछ पढ़ रहे होते हैं, तो सिर्फ़ शायर या अफ़सानानिगार होते हैं। उस समय क्या फ़िल्म निर्देशक, गीतकार या पटकथाकार की कोई छाया पड़ती है?

गुलज़ार

देखिए, सब कुछ मैंने ही लिखा है, तो कुछ न कुछ तो ज़रूर होगा, जो दूसरों को लगता होगा। मैं ख़ुद से कभी सिनेमा के किरदार में रहकर शायरी की दुनिया में नहीं जाता। लेकिन मैं आपको अपना तजुर्बा बता रहा हूँ, जब घण्टा-डेढ़ घण्टा शायरी सुनाने के बाद ऑडियंस के साथ इंटरएक्शन का वक़्त आता है, तो उनके सवाल ये रहते हैं—आपने फ़िल्में बनानी क्यों छोड़ दीं? आपने फ़लाँ फ़िल्म में ये क्यों किया? आपका वो गाना किस तरह लिखा गया? मतलब मुझसे कभी भी पोएट्री को लेकर सवाल नहीं पूछे जाते हैं। जब भी पूछा गया, गानों के बारे में पूछा गया। मैंने एक साहब से कहा—आप मेरी तीन फ़िल्मों के नाम बता सकते हैं? उन्होंने फ़ौरन बता दिये। मैंने कहा, आप मेरी तीन किताबों के नाम बता सकते हैं? तो उन्होंने कहा—'एक आपकी 'पुखराज' है, देखिए एकदम से मुझे याद नहीं आ रहा।' तो यही जवाब होता है। इसमें मुझे यही समझ में आता है कि वो मेरी कविता सुनने नहीं, मेरी फ़िल्मों के बारे में मुझसे बातचीत करने आते हैं।

यतीन्द्र मिश्र

आपके सिनेमा के बारे में क्या हम यह कह सकते हैं कि 'मेरे अपने' से लेकर 'हू तू तू' तक ये सारी फ़िल्में, एक लेखक की निगाह से बनायी गयी फ़िल्में हैं?

गुलज़ार

बिल्कुल सही। करेक्ट। इसमें कोई एतराज़ वाली बात ही नहीं है। इस मैटर को लेकर मैं आपको एक बात बताना चाहता हूँ, आप सुन लें, फिर उसकी एनालिसिस चाहे जिस तरह करें। मेरी फ़िल्म 'परिचय' के बारे में कहा जाता है कि वो 'द साउंड ऑफ़ म्यूज़िक' पर बेस्ड थी। मैं इसे इंकार नहीं कर रहा। 'परिचय' अगर आपको 'द साउंड ऑफ़ म्यूज़िक' की याद दिलाती है, तो वह एक तरह से अच्छी बात है।

मैंने बांग्ला की मैग्ज़ीन 'उल्टा रथ' में राजकुमार मैत्रा की एक कहानी 'रंगीन उत्तरियो' पढ़ी थी, जो उसके पूरे अंक में निकली थी। राखी को वो कहानी बहुत अच्छी लगी थी, तो उन्होंने मुझे भी पढ़कर सुनाई। मुझे लगा कि इस पर कभी फ़िल्म बनानी चाहिए। मैं तब तक डायरेक्टर नहीं बना था, मगर सोचा कि इसके राइट्स ले लेते हैं। हेमन्त दा (हेमन्त कुमार) का कलकत्ता रोज़ का आना-जाना था। मैंने उनसे कहा—दादा, इस कहानी का मुझे राइट्स चाहिए। दादा ने मुझसे पूछा—'क्या करोगे?'...मैंने कहा, जब मौक़ा लगेगा, इसका स्क्रीनप्ले लिखेंगे। उन्होंने कहानी के राइट्स लाकर मुझे दे दिये। मैंने पूरी कहानी उर्दू में ट्रांसलेट कर ली और मुझे उसी समय महसूस हुआ कि इस आदमी ने 'साउंड ऑफ़ म्यूज़िक' से इंसपिरेशन ज़रूर ली है। ख़ासकर अपने टीचर को परेशान करने वाले दृश्यों में, जब बच्चे तंग करके अपने कई टीचर्स को भगा देते हैं।

अब, 'डो-रे-मी' पर उनका गाना है, तो यहाँ परिचय में 'सा रे गा मा' पर अगर गाना दिया गया, तो वह कॉपी नहीं है। वहाँ अगर आप 'साउंड ऑफ़ म्यूज़िक' को याद करें, तो फ़ादर चाहता है कि उसके बच्चे म्यूज़िक सीखें, जो वे सीखना नहीं चाहते थे। यहाँ 'परिचय' में दादा जी की इतनी सख़्ती है कि उनका ख़ुद का बेटा संगीत करने के कारण ही घर छोड़कर गया है...और पाँचों बच्चों को संगीत से दूर रखा गया है। तो यहाँ तो बिल्कुल विपरीत परिस्थितियों में 'परिचय' का गाना सम्भव होता है। मेरे कहने का मतलब यह है, एक पोएट की सेंसिबिलिटी से ही मैंने फ़िल्में बनाईं। 'परिचय' भी उनमें से एक है। इसमें 'द साउंड ऑफ़ म्यूज़िक' की जो झलक है, वह कहानी से थोड़ी समानता रखने के कारण दिखती है। बाक़ी तो इस फ़िल्म का फ़ोकस ही नयी जेनरेशन में ख़ुशियाँ और प्यार पाने के अधिकार को लेकर रहा है। एक शायर कहाँ कितना रखना है और छोड़ देना है, उसके हिसाब से फ़िल्म बनाता है। यही चीज़ आप 'कोशिश', 'किताब' और 'इजाज़त' में भी आसानी से देख सकते हैं।

यतीन्द्र मिश्र

आपकी फ़िल्मों का शिल्प क्या है?

गुलज़ार

एक चीज़ है, जो मेरे साथ जुड़ी हुई है। उसकी वजह भी यही है कि मैंने दूसरों की कहानी पर जब ख़ुद पटकथा लिखी है, तो उस कहानी ने टेक-ऑफ़ किया

हुआ है। वो कहानी, फिर वही कहानी नहीं है। फिर सारी कहानियाँ इसमें इसी तरह जुड़ती जाती हैं। एक चीज़ और बड़ी ईमानदारी से आपके आगे कन्फेस कर रहा हूँ। 'मेरे अपने' से लेकर अब तक सारी फ़िल्में मेरी अपनी हैं, खुद की तरह से सोची हुई, खुद की तरह से उसके स्ट्रक्चर में बँधी हुई...लेकिन शुरुआत करने के लिए मुझमें कांफ़िडेंस नहीं था। उस दौर में, जब मैंने फ़िल्में बनानी शुरू कीं, मैं एक लेखक था, कहानीकार था; फिर भी वो आत्मविश्वास कहीं हल्का-सा हिला हुआ था। इसलिए मुझे दूसरे रचनाकारों के नाम की ज़रूरत थी। आई रिक्वायर्ड समबडीज़ नेम विच कुड गिव मी कांफ़िडेंस।

यतीन्द्र मिश्र

क्या यह आपका पूर्वाग्रह नहीं है कि जो बड़े लेखक हैं, वे ही बेहतर कहानियाँ दे सकते हैं?

गुलज़ार

नहीं, मतलब ऐसा बिल्कुल नहीं है। प्रेजुडिस नहीं है कि मुझे यह महसूस होता था कि मैं अभी नया हूँ। मैं तो बराबर लिख रहा था। आप एक बात ये समझिए कि एक फ़िल्म की पटकथा को तब्दील करते हुए अगर कोई लेखक उपन्यास लिखेगा, कहानी लिखेगा, तो वो बिल्कुल उसकी तरह हो जायेगी। कोई पटकथा लेखक या फ़िल्म वाला ये दावा नहीं कर सकता कि उसकी पटकथा तो उपन्यास लिखे जाते समय बदल गयी, क्योंकि उपन्यास का ग्रामर अलग है। वो अपने ढंग से ही लिखा जायेगा। यही चीज़ उपन्यास या कहानी के इस्तेमाल में पटकथा लिखते समय भी होती है। स्क्रिप्ट राइटर उपन्यास के बहुत सारे डिटेल्स को इग्नोर भी करता है, क्योंकि फ़िल्माते समय उसकी बहुत ज़रूरत नहीं है। अच्छी से अच्छी कहानी की फ़िल्म औसत रह जाती है, अगर स्क्रिप्ट पर उसके बेहतर ढंग से काम न किया गया हो।

मैंने बड़े रचनाकारों की कहानियों को अपना कांफ़िडेंस गेन करने के लिए इस्तेमाल किया। वो सिर्फ़ उस समय एक सहारा था कि ये उन साहब की कहानी है, इसलिए कुछ अलग और बेहतर है। ...मगर सबकी पटकथाएँ तो मैंने लिखी हैं, और उनमें ज़रूरी फ़ेरबदल भी किये हैं। फ़िल्माते हुए भी जिस तरह ज़रूरत महसूस हुई, मैंने सीन इम्प्रोवाइज़ किये। मुझे लगता कि हर डायरेक्टर ऐसा ही करता है। ये समझना पड़ेगा कि सिनेमा अन्ततः डायरेक्टर का ही मीडियम है। जो कुछ भी कहानी, गाने, म्यूज़िक और दूसरे डिटेल्स फ़िल्म में इस्तेमाल होते हैं, उसकी लगाम डायरेक्टर के ही हाथ में होती है।

यतीन्द्र मिश्र

इस लिहाज़ से क्या आपको लगता है कि किसी फ़िल्म को बनाने के लिए सबसे ज़रूरी चीज़ पटकथा है? पटकथा ही दरअसल वो सेंट्रल प्वाइंट है, जिससे डायरेक्टर फिर उस मीडियम के साथ आगे जुड़ता है?

गुलज़ार

सही है। अगर आप ग़ौर करें, तो पटकथा लिखना ही दरअसल फ़िल्म बनाना है। डायरेक्शन ही वही है कि आप कितनी सटीक पटकथा लिख पाये? अगर कोई दूसरा लिख रहा है, तो फिर मेरा क्या काम? मैं क्या करूँ? शॉट लेना, फ़िल्म बनाना नहीं है। वो तो पटकथा है, जो आपके डायरेक्टर को फ़िल्म बनाने की सहूलियत देती है। अगर कोई दूसरा मुझे लिखकर दे रहा है, तो मैं क्या कर रहा हूँ? फिर तो फ़िल्म वो बना रहा है, जिसने लिखकर दी है मुझे।

यतीन्द्र मिश्र

आपके लिखे संवादों को लेकर कोई ऐसा अनुभव जिसने यह एहसास कराया हो कि संवाद लेखक के तौर पर आपको एक वाजिब मुक़ाम मिल चुका है? मतलब आप जिस तरह पटकथाओं के साथ संवादों के स्तर पर काम करते रहे हैं, उसमें कुछ आत्मविश्वास आया हो?

गुलज़ार

इस सवाल से एक घटना याद आती है। एक बार हम लोग रमेश सिप्पी की फ़िल्म 'अन्दाज़' देखकर थिएटर से निकल रहे थे, तब साथ में संगीतकार कल्याणजी-आनन्दजी भी मौजूद थे, जिन्होंने फ़िल्म में संगीत दिया था। इस फ़िल्म के डायलॉग मेरे ही थे। थिएटर से बाहर आते ही कल्याणजी भाई ने मुझसे एक बात कही थी, जो मेरे लिए उस फ़िल्म के डायलॉग पर मिला सबसे बेहतरीन कॉम्प्लीमेंट था। उन्होंने कहा—'गुलज़ार भाई 'अन्दाज़' देखकर बराबर यह लगता रहा कि फ़िल्म में उसके ऐक्टर्स नहीं, बल्कि आप ही डायलॉग बोल रहे हैं। लगा ही नहीं कि ये डायलॉग किसी दूसरे के हैं, उस पर आप की ही मुहर थी।' ये मुझे लगता है, मेरे डायलॉग के साथ की गयी वो एनॉलिसिस थी, जिसने मुझमें ये कांफ़िडेंस भरा कि मेरे ढंग के संवाद, फ़िल्म में भी उसी तरह आ रहे हैं, जैसा कल्याणजी भाई ने नोटिस किया है।

यतीन्द्र मिश्र

फ़िल्म के गीत लिखते हुए आपने किसी तरह की चुनौती महसूस की हो, जो पिछली फ़िल्म के अनुभवों से बिल्कुल अलग रही हो?

गुलज़ार

बिल्कुल ऐसा हुआ है। कई मर्तबा। मैं तीन फ़िल्मों को इस रिफ़रेंस में याद कर सकता हूँ। पहला तो इलैयाराजा के लिए 'सदमा' के गीत लिखते हुए। दूसरा ए.आर. रहमान के लिए 'दिल से' के गाने...और तीसरा जो सबसे ज़्यादा चैलेंजिंग लगा, वो अमोल पालेकर की फ़िल्म 'दायरा' के गानों को लेकर था, जिसका म्यूज़िक आनन्द मिलिन्द ने किया था। 'दायरा' का सब्जेक्ट भी अलग था और अपने समय से थोड़ा आगे जाता हुआ बोल्ड सब्जेक्ट। मुझे इसके गाने करते हुए इसीलिए ख़ुद की क्रिएटिविटी में आनन्द आया। मुझे लगा कि अमोल पालेकर के साथ काम करते हुए आपको अपने दिमाग़ की खिड़की खुली रखनी पड़ती है। मुझे अच्छी तरह से याद है कि वे सिचुएशन के मुताबिक़ फ़िल्म में एक ऐरोटिक गीत चाहते थे। हमारी फ़िल्म इंडस्ट्री की परेशानी यह है कि ऐरोटिक या सेंसुअल का अर्थ अकसर सेक्सी लिया जाता है। हालाँकि अमोल के साथ ऐसा नहीं था। अब उसमें *'बोलो क्या तुम बस इतना सा मेरा काम करोगे'* बड़ी ख़ूबसूरती से फ़िल्माया गया, जिसे आशा जी (आशा भोसले) ने गाया था। अमोल चूँकि एक बेहतर चित्रकार भी हैं, तो इस गाने की पिक्चराइज़ेशन में उनकी पेंटर वाली सेंसिबिलिटी दिखाई पड़ी, जो बिल्कुल भी अश्लील नहीं थी।

यतीन्द्र मिश्र

'दायरा' के गीत संवेदना के एक बिल्कुल निर्मम यथार्थ पर खड़े हैं, जहाँ संगीत कॉम्प्लीमेंट्री बन जाता है।

गुलज़ार

'दायरा' का संगीत आनन्द मिलिन्द ने कमाल का बनाया था। उन पर उनके पिता और दिग्गज संगीतकार चित्रगुप्त जी का असर है। 'दायरा' के गाने लिखने में जो सबसे ख़ूबसूरत बात हुई, वो ये थी कि उन्होंने मुझसे रिक्वेस्ट किया कि वो मेरी शॉर्ट स्टोरीज़ के कलेक्शन का कवर पेज डिज़ाइन करना चाहते हैं। मुझे ख़ुशी हुई और मैंने उन्हें कवर पेज़ डिज़ाइन करने को सौंप दिया। बाद में, जब मेरी किताब 'रावी पार' का अंग्रेज़ी वर्ज़न पब्लिश हुआ, तो उस पर कवर अमोल पालेकर का बनाया हुआ ही गया था।

यतीन्द्र मिश्र

रहमान के संगीत को लेकर ऐसा कौन सा संस्मरण है, जो आप यहाँ बताना चाहेंगे?

गुलज़ार

रहमान पर तो लगातार बात की जा सकती है।

हमारे बीच तालमेल बिठाना बहुत बड़ी समस्या थी, अगर अंग्रेज़ी हम दोनों की कॉमन लैंग्वेज न होती, तो बड़ा मुश्किल होता, रहमान को ये बता पाना कि कौन से शब्द को किस तरह के उच्चारण की ज़रूरत है। मुझे इस बात को उन्हें समझाने में हमेशा दिक्क़त आती रही है। अकसर इस काम में मेरी मदद पार्श्वगायक श्रीनिवास करते थे, जिन्होंने रहमान के लिए काफ़ी तमिल व तेलुगु गाने गाये हैं। हरिहरन जब तक हमारे पास पहुँचकर गीत का फ़ाइनल वर्ज़न नहीं रिकॉर्ड कर देते थे, तब तक उन गानों को डमी ट्रैक में श्रीनिवास ने ही स्क्रैच वर्ज़न गाकर सम्भव किया। इसके बाद तो जब भी मुझे रहमान के साथ काम करना होता, तो मैं स्क्रैच वर्ज़न गाने के लिए हमेशा ही श्रीनिवास को बुला लेता था।

यतीन्द्र मिश्र

किसी ऐसे पार्श्वगायक, गायिका की मन में बसी छवि, जो आपको सबसे अलग और यूनीक लगती रही हो?

गुलज़ार

हेमन्त दा (हेमन्त कुमार), वो बिल्कुल अलग और निराले थे। वो अकेले ऐसे प्लेबैक सिंगर रहे, जिन्हें मैंने रेकॉर्डिंग के बीच में सिगरेट जलाते हुए देखा है। गाते हुए भी वे सिगरेट को अपने सामने रखते थे और ये दावा करते थे कि यह उनकी आवाज़ को नैचुरल बेस देता है। उनका फ़ेवरेट ब्रांड था 'मार्लबॉरो' और वे बीच-बीच में 'नसवार' भी लेते रहते थे। हमेशा सफ़ेद शर्ट और काली पतली किनारे वाली सफ़ेद धोती पहना करते थे। धोती का बायाँ किनारा हमेशा उनकी साइड की पॉकेट में बंगाली ढंग से लटका रहता था। ये सब उनके व्यक्तित्व पर सूट करता था या ऐसा समझ सकते हैं कि .फबता था।

यतीन्द्र मिश्र

आपने इतने लोगों के साथ म्यूज़िक एल्बम बनाये हैं, जो आपकी कमेंट्री और

कलाकारों की आवाज़ के कारण बहुत मशहूर हुए। वो कौन सा कलाकार है, जिसके साथ एल्बम करने की ख़्वाहिश बाक़ी बची है?

गुलज़ार

एक दौर में बड़ी ख़्वाहिश थी कि पाकिस्तान की फ़ेमस सिंगर फ़रीदा ख़ानम जी के साथ एक एल्बम करने की। मैं उनकी आवाज़ का प्रशंसक रहा हूँ और उन्हें एडमायर करता हूँ। एक बार मैंने उनसे कहा भी कि आप अगर कुछ दिनों के लिए इंडिया आ जायें, तो मुझे आपके साथ एक एल्बम करना है। उस दिन पता चला कि ये ख़्वाहिश दोतरफ़ा थी। उनकी भी ख़्वाहिश थी कि वे मेरे साथ कुछ करें। मुझसे ग़ज़लें लेकर भी गयी थीं। बाद में फिर मुझसे कहा कि आप इन्हें कम्पोज़ करवा दीजिए। फिर उसे भूपी (भूपेन्द्र) ने कम्पोज़ भी किया था। मगर, फिर वो बात कहीं रह गयी।

यतीन्द्र मिश्र

अपनी फ़िल्मों के लिए ख़ुद के रचे किरदारों में वे कौन से चरित्र हैं, जो आपके पसन्दीदा रहे हैं?

गुलज़ार

कुछ एक किरदार ऐसे हैं, जिन्हें सिनेमा के परदे पर उन ऐक्टर्स ने बख़ूबी निभाया है। इनमें रेखा और नसीर (नसीरुद्दीन शाह) 'इजाज़त' में और संजीव कुमार के दोनों रोल 'अंगूर' में मुझे बेहद पसन्द हैं। 'लिबास' रिलीज़ नहीं हो सकी, मगर उसमें उत्पल दत्त कमाल कर गये हैं। इनके अलावा मेरी हर फ़िल्म के लिए एक बड़ा सम्बल पंचम (आर.डी. बर्मन) रहे हैं।

यतीन्द्र मिश्र

बच्चों के लिए आपने फ़िल्मों में कमाल के गीत लिखे हैं। सिर्फ़ आपके ही गीतों में वो संवेदना नज़र आती है, जो बचपन के नज़दीक जाकर बात करती है... ऐसा आप किस तरह कर पाते हैं?

गुलज़ार

बच्चों के लिए एक ज़रूरी बात, एक तरह से बड़ी बात, जो मुझे महसूस होती है, वो यह कि जब आप बच्चों के लिए लिखते हैं, तो एक दफ़ा आप बच्चे की आई.क्यू. को कहीं न कहीं पहनेंगे न? जब तक आप उसे पहन न लें, तो कैसे करेंगे? आपकी साउंड कैसे आयेगी? वो इक्ज़ैक्ट लफ़्ज़ दिमाग़ में

कैसे आयेगा, जब तक आप उनके दिमाग़ी स्तर पर उतरकर सोचते नहीं हैं।

मैं यह नहीं कर सकता, एक मोटा चश्मा लगाकर बच्चे की तरफ़ देखूँ। हमारे यहाँ बच्चों की परवरिश में यही प्रॉब्लम है कि हम अपने आप को बाप की तरह से बड़ा-सा चश्मा लगाकर, बच्चों को कुछ सिखाने को देते हैं। हालाँकि आप कुछ नहीं जानते, बतौर पैरेंट्स आपने कुछ नहीं सीखा हुआ। ...और मुझे लगता है, हम वहीं ग़लती करते हैं। बच्चों को आप एक गाना दे दीजिए, जिसमें उनको अपनी साउंड नज़र आये, वो अल्फ़ाज़ नज़र आयें, जो उनकी ज़ुबान पर चढ़ते हैं। जो उन्हें आसानी से समझ में आये, वही उनका गाना होगा ना?

यतीन्द्र मिश्र

बच्चों के लिए लिखे जा रहे गीतों में फ़ॉनेटिक्स का अपना महत्त्व होता है?

गुलज़ार

बिल्कुल होता है। *'लकड़ी की काठी, काठी पे घोड़ा, घोड़े की दुम पे जो मारा हथौड़ा, दौड़ा-दौड़ा दौड़ा-दौड़ा-घोड़ा दुम उठाकर दौड़ा।'* इसमें 'ड़-ड़-ड़-ड़' की साउंड देखेंगे, तो वो रिपीट होती है और ज़ुबान पर चढ़ने लगती है। बच्चों के लिए टंग-ट्विस्टर की तरह। तो यहाँ फ़ॉनेटिक्स की बड़ी इम्पॉर्टेंस है। बच्चों के लिए सबसे ज़्यादा ज़रूरी बात यह है, उन्हें आप वो गाना दे दीजिए, जिससे वो गेंद की तरह खेल सकें। चाहे फ़र्श पर मारें, चाहे दीवार पर या किसी की पीठ पर दे मारें। अ चाइल्ड मस्ट बी एबेल टू प्ले विद योर सांग्स।

वो जितना आपके गीतों के साथ खेल पायेगा, उतना ही वह उसे अपना बनाता जायेगा। इन सब गानों के साथ यही हुआ। जैसे, *'लकड़ी की काठी'*, तो वह सिर्फ़ लकड़ी की काठी तक नहीं रहा, उसे बच्चों ने अपना लफ़्ज़ बना लिया और उससे खेल सके। एक चाइल्ड सांग की यही सबसे बड़ी क्वालिटी है। एक दूसरी मिसाल, मोगली की कहानी की है, जिसे मैंने 'जंगल बुक' के लिए लिखा था। *'चढ्ढी पहन के फूल खिला है...'* अब मोगली का क़िस्सा देखें, तो जितने भी जानवर आकर खड़े होते हैं और देखते हैं, क्यारी में एक छोटी-सी बास्केट पड़ी है, जिसमें एक बच्चा लेटा है और उसने नैपी पहनी हुई है। वही उन्हें दिखता है, तो आपस में सब बात करते हैं और जंगल के राजा शेर ख़ान को जाकर ख़बर देते हैं कि वहाँ पे एक फूल खिला है, जिसने *चढ्ढी* पहनी हुई है। उन्हें लगता है कि वह फूल ही है, बस वो *चढ्ढी* पहना हुआ है। 'जंगल-बुक' में मैंने मोगली की इसी फ़ितरत को देखकर ये लिखा था–

जंगल-जंगल बात चली है पता चला है
चढ्ढी पहन के फूल खिला है, फूल खिला है

आई हैव नॉट इम्पोर्टेड दिस इमेज़ फ्रॉम आउटसाइड इट हैज़ कम फ्रॉम द स्टोरी इटसेल्फ़।

यतीन्द्र मिश्र

ये बहुत सुन्दर गाना था और हम सबके किशोरावस्था का गीत है। आज भी हम इसे गुनगुनाते हैं और लगता ही नहीं कि इससे मुफ़ीद कोई गाना मोगली के किरदार पर फ़िट बैठता है। मुझे इसकी ये लाइनें बहुत भाती हैं—

एक परिन्दा था शर्मिन्दा था वो नंगा
इससे तो अण्डे के अन्दर था वो चंगा
सोच रहा है बाहर आख़िर क्यों निकला है
चढ्ढी पहन के फूल खिला है फूल खिला है

गुलज़ार

परिन्दे का भी मन देखिए, कम से कम कुछ पहने हुए तो था, जब तक अण्डा था...

यतीन्द्र मिश्र

क्या आपको लगता है कि बाल-साहित्य को लेकर बहुत जागरूकता नहीं है हमारे देश में? ख़ासकर रचनाकारों में, क्योंकि वे उसको हल्का या छोटे स्तर का काम समझते हैं।

गुलज़ार

हाँ, आपसे कुछ हद तक ज़रूर सहमत हूँ कि हमारे यहाँ बाल-साहित्य को उस तरह सीरियसली नहीं लिया जाता। ...लेकिन मैं यह ज़रूर कहूँगा, कम से कम अपने अनुभव से कि ये कोई हल्का या स्तरहीन काम नहीं है। बाल-साहित्य लिखना, बड़ों के लिए लिखने से ज़्यादा कठिन काम है। इस बात पर तकलीफ़ होती है कि हम लोगों ने बच्चों को ही वह आदर नहीं दिया, जिनके वे क़ाबिल थे। हमने तो अपने बच्चों को उतनी इज़्ज़त भी नहीं दी, जितनी उन्हें मिलनी चाहिए थी। हम हमेशा खुद का अपना बचपन, उनके मार्फ़त जीने की कोशिश करते रहे।

हमने एक बच्चे को स्कूल भेज दिया, ज़्यादा बेहतर स्कूल में डाल दिया। उसके ऊपर इतने पैसे ख़र्च कर रहे हैं। ...लेकिन आपके पास अपने बच्चे के लिए

समय नहीं है। जो समाज यह कहता है कि हम बच्चों के लिए ही तो कर रहे हैं, दरअसल वह बच्चों के लिए नहीं, बल्कि अपने ईगो के लिए करता है, उसमें आपकी प्राइड शामिल है। आपने थोड़ी देर के लिए बच्चों का सोचा होता, तो आप बिल्डिंग या बँगले के बारे में नहीं सोचते, उनके प्ले-ग्रॉउंड के बारे में सोचते कि इसके पास खेलने की जगह कहाँ होगी?

यतीन्द्र मिश्र

ये एक बेहतरीन आब्ज़र्वेशन है कि बच्चे के लिए सोचते, तो घर में एक प्ले-ग्राउण्ड के बारे में सोचते...

गुलज़ार

जब आपने ख़ुद के बच्चे के लिए नहीं सोचा, तो यह उम्मीद क्यों करते हैं कि कोई लेखक आपके बच्चे के लिए सोचेगा।

यतीन्द्र मिश्र

हर उम्र के बच्चों के लिहाज़ से उनके साथ ट्रीटमेंट भी अलग-अलग हो जाता है...

गुलज़ार

वो तो है ही। हर उम्र की इमेजरी अलग होती है। हर उम्र के लिए आपकी मिसालें अलग होंगी। आपके जुमले अलग हो जायेंगे। आप जिन मुहावरों और फ़्रेजेज़ की बात करते हैं, वे टूटकर अलग-अलग हो जायेंगी। तीन साल के बच्चे से लेकर पच्चीस साल के जवान आदमी तक आपको बहुत मेहनत से अपनी ज़ुबान तैयार करनी पड़ती है, जिसके लिए आप बिल्कुल तैयार नहीं हैं। आपने तो मान लिया है कि चेयर पर बैठकर और मोटा चश्मा लगाकर, साहब की तरह बच्चों के लिए कुछ लिख रहे हैं। आप जाकर बच्चों से पूछिए, वो आपको किस तरह लेते हैं? अगर आपने उन्हें वक्त नहीं दिया है, उनकी ज़ुबान के मुताबिक़ कभी बात नहीं की है, तो आपके सारे प्रयास बेकार हैं। आपसे जो कुछ भी होगा वो एक फ़ेक काम होगा, जिसकी ज़रूरत कम से कम बच्चों को तो क़तई नहीं है।

यतीन्द्र मिश्र

अंग्रेज़ी में बाल-साहित्य पर कुछ बेहतर काम हुआ है। हिन्दी की तुलना में अंग्रेज़ी के परिदृश्य को इस लिहाज़ से किस तरह देखते हैं?

गुलज़ार

कुछ बेहतर है, मगर भारत में यहाँ भी स्थितियाँ बहुत शानदार तो नहीं हैं। हाँ, विदेशों में ज़रूर अंग्रेज़ी में बच्चों के लायक़ और उनकी उम्र की लिहाज़ से स्तरीय लेखन होता रहा है। यहाँ भारत में तो जो वेस्ट से आया है, हमने ज़्यादातर उसकी डुप्लीकेशन कर ली है। मौलिक लेखन कम हुआ है। एक समय बंगाली, मलयालम और मराठी ज़ुबानों में बढ़िया काम होता था। मगर वो भी उस मुक़ाम तक नहीं पहुँच सका, जैसा पश्चिम में होता रहा। इस मामले में सत्यजित रे के पिता सुकुमार रे और ख़ुद उनका काम देखने लायक़ है। एक सत्यजित रे ही मिसाल के तौर पर काफ़ी हैं यह बताने के लिए कि जब वे बड़ों के लिए फ़िल्में बनाते हैं, तो वे कितनी संवेदनशील और गम्भीर होती हैं। उसी तरह जब वे बच्चों के लिए 'प्रोफ़ेसर शंकु' जैसा किरदार रचकर, उनके कारनामे लिखते हैं, तो वह सिर्फ़ साइंस फ़िक्शन ही नहीं रह जाता, बल्कि वह चाइल्ड लिटरेचर का भी अहम हिस्सा बनता है। एक तरफ़ 'चारुलता' है, तो दूसरी तरफ़ 'गोपी गाइन बाघा बाइन', आप दोनों में से किसे कम संजीदा कहेंगे?

यतीन्द्र मिश्र

आपने बोस्की के लिए किताबें लिखीं, जो बाल-साहित्य के उम्दा उदाहरण हैं...

गुलज़ार

जितना सोचा था, उतना नहीं कर पाया। बावजूद उसके मैंने ख़ुद से यह वादा किया था कि बोस्की के हर जन्मदिन पर एक किताब लिखकर उसे प्रेजेंट करूँगा। यह मैंने किया भी। उसकी सिक्सटींथ बर्थडे तक हर साल मैं एक किताब लिखता रहा और उसे प्रेजेंट करता रहा। उसी में 'बोस्की का पंचतन्त्र', 'बोस्की की गप्पें', 'बोस्की के धनवान', 'बोस्की की गिनती' जैसी कई किताबें शाया हुईं।

यतीन्द्र मिश्र

यह बड़ी ख़ूबसूरत बात है इस सन्दर्भ में भी कि आपने अपनी बेटी को शिक्षित करने के लिहाज़ से उस पूरी जेनरेशन को अपने लेखन से आशीष दिया।

गुलज़ार

शुक्रिया यतीन्द्र!

यतीन्द्र मिश्र

'बंटी और बबली' का सदाबहार गीत 'कजरारे-कजरारे तेरे कारे-कारे नैना' ने सफलता के सारे रेकॉर्ड ध्वस्त किये और रेडियो चैनलों पर ऊँची पायदान पर बजने के अलावा, देश भर के युवा वर्ग में बहुत उत्साह से पसन्द किया गया, जो आज भी इतने बरस गुज़र जाने के बाद ढेरों सार्वजनिक जगहों पर सुना जाता है। इस सफलता को किस तरह देखते हैं, ख़ासकर वो गीतकार, जो जल्दी आइटम नम्बर लिखने में विश्वास नहीं करता?

गुलज़ार

इसमें ऐश्वर्या राय की बड़ी भूमिका है, जो इस गीत को एक ख़ास अन्दाज़ देती हैं। फिर उन्होंने इसमें डांस भी बहुत अच्छा किया है। उस पर शंकर एहसान लॉय का संगीत भी कमाल का बना है। यह सब चीज़ें जब एक साथ जुड़ती हैं, तब जाकर किसी एक फ़िल्मगीत को वो मुक़ाम मिलता है, जिसकी सफलता बरसों तक याद की जाती है।

यतीन्द्र मिश्र

'इस मोड़ से जाते हैं' (आँधी) तो आपके लिखे हुए उन चुनिन्दा शाहकार फ़िल्मी गीतों में से एक है, जिस पर अलग से काफ़ी कुछ लिखा जा सकता है। बात की जा सकती है...

गुलज़ार

सही है। यह गीत मेरे भी दिल के बेहद क़रीब है। कुछ-कुछ तो इसकी शाइस्ता शायरी की वजह से और बहुत कुछ लता जी और किशोर कुमार के गाने के कारण। आपको एक मज़ेदार बात बताऊँ, जिस दिन यह गीत रेकॉर्ड हो रहा था, और मुखड़े को जिस तरह लता जी ने उठाया ही था कि मेरी आँखें नम हो आयीं। गीत पूरा होते-होते मुझे एक सुकून, आश्वस्ति हो चली थी।

यतीन्द्र मिश्र

आप जीवन में सफलताओं और .खुशियों को किस तरह सेलीब्रेट करते हैं? वो क्या है, जो गुलज़ार के फ़िल्मी किरदार से अलग, एक इंसान के बतौर ख़ुशी देता है?

गुलज़ार

अव्वल तो कभी मैंने अपनी सफलता के लिए कोई पार्टी दी हो, ऐसा याद

नहीं पड़ता। एक काम करने की धुन थी मन में कि कुछ बेहतर फ़िल्में बनानी हैं और बेहिसाब लिटरेचर पढ़ लेना है...तो बस यही करता रहा। अदब से जुड़े होना ही मुझे ख़ुशी देता है। हाँ, एक इंसान के बतौर, जिसमें मैं एक प्रशंसक के रूप में मौजूद हूँ, तो मैंने अपने जीवन में जितनी भी व्हिस्की की बोतलें खोली हैं और दोस्तों को पार्टी दी है, वो सब सुनील गावस्कर के सेंचुरी बनाने पर। आप अन्दाज़ा नहीं लगा सकते कि मैं गावस्कर का कितना बड़ा फ़ैन था। मेरे दोस्तों को यह बात पता चल चुकी थी कि जिस दिन गावस्कर की सेंचुरी होगी, उस दिन गुलज़ार के यहाँ जाना है।

एक दफ़ा मुझे उनके साथ मुलाक़ात का मौक़ा मिला, तो मैंने इच्छा ज़ाहिर की कि आपके साथ फ़ोटो खिंचाना चाहता हूँ। बाद में जब लता जी ने 'लेकिन' फ़िल्म बनाई, तो हमने गावस्कर से ही फ़िल्म का मुहूर्त करवाया। मैं और लता दीदी दोनों ही उनके ज़बर्दस्त फ़ैन रहे, तो यह तय किया गया कि 'लेकिन' का मुहूर्त तो उन्हीं के हाथों होगा।

यतीन्द्र मिश्र

ये कितनी सुन्दर बात आपने बताई, जो आपको सेलीब्रेट करने के लिए सबसे ज़्यादा प्रेरित करती है। आपके जीवन का एक बेहतरीन संस्मरण...

गुलज़ार

जी, मैं सचिन तेन्दुलकर को पसन्द करता हूँ। मैं दूसरे क्रिकेटर्स को बहुत प्यार से देखता हूँ, मगर मैं पूरी तरह गावस्कर फ़ैन हूँ।

यतीन्द्र मिश्र

किस बात से मन आहत होता है?

गुलज़ार

यही कि दो वतनों के बीच में सरहदें क्यों खिंची हुई हैं? मेरा मन करता है कि दुनिया भर से सरहदें मिटनी चाहिए। इंसानों के मन पर हों, तो वो और भी जल्दी दूर हो सकें, कुछ ऐसा प्रयास करना चाहिए।

यतीन्द्र मिश्र

एक नागरिक के तौर पर देशवासियों से आप क्या उम्मीद करते हैं?

गुलज़ार

मैं कौन होता हूँ, जो इस तरह कोई निर्णय दूँ? नयी पीढ़ी से बस इतना कह सकता हूँ कि आज के युवाओं को ज़्यादा से ज़्यादा दुनिया भर के साहित्य को पढ़ना चाहिए। उसी तरह गीत-संगीत सुनें और फ़िल्में भी देखें। इससे हमारी सोच का दायरा बढ़ेगा।

यतीन्द्र मिश्र

आपका पॉज़िटिव प्वाइंट?

गुलज़ार

ज़िन्दगी को लेकर पॉज़िटिव हूँ...और यही बात मैं युवाओं से भी कहता हूँ कि वे पॉज़िटिव रहें।

यतीन्द्र मिश्र

आपका निगेटिव प्वाइंट?

गुलज़ार

वो भला मैं आपको क्यों बताऊँगा?

यतीन्द्र मिश्र

कोई ऐसा भी गीत है, जिसे लिख तो दिया, पर आज भी उससे कंविंस्ड नहीं हैं?

गुलज़ार

'मैं तो कारे बदरवा से हारी...' (देवता)

यतीन्द्र मिश्र

अपना लिखा वो गीत, जो हमेशा ख़ुशी देता है, आपाधापी और शोर-शराबे के इस माहौल में राहत के चन्द पल?

गुलज़ार

'दिल ढूँढ़ता है फिर वही फ़ुरसत के रात-दिन...' (मौसम)

यतीन्द्र मिश्र

दूसरे शायर, गीतकार का लिखा हुआ ऐसा फ़िल्म-गीत, जिसे झुककर सजदा करना चाहेंगे?

गुलज़ार

साहिर लुधियानवी साहब का लिखा हुआ *'मन रे तू काहे न धीर धरे...'* (चित्रलेखा)

यतीन्द्र मिश्र

खुद का लिखा वो कौन सा गीत है, जिसको लिखते हुए यह तसल्ली हुई कि एक बड़े अर्थ/आशय वाला गीत आप रच सके हैं? एक लेखक के तौर पर गहरी तसल्ली हुई हो?

गुलज़ार

'मेरा कुछ सामान, तुम्हारे पास पड़ा है' (इजाज़त)

यतीन्द्र मिश्र

अफ़सानानिगारों में सबसे बेहतर काम आपको किसका लगता है?

गुलज़ार

मैं अपने फ़ेवरेट अफ़सानानिगारों को लेकर आपसे बात शुरू करूँ, तो सबसे पहले अन्तोन चेख़व याद आते हैं। उनकी कहानियों में ये होता है कि एक वाक़िया आपको ज़िन्दगी का एक्सपीरिएंस दे गया। आपको ज़िन्दगी का एक क़तरा मिल गया। यही चीज़ गोर्की की कहानियों में भी नज़र आती है। चेख़व के यहाँ कहानी न हो, वाक़िया न हो, घटना ना हो, तो भी वो मूड को कहानी बना लेते हैं। दैट्स वॉय आई फ़ाइंड हिम वैरी ग्रेट राइटर। इसी तरह मोपासां के नैरेशन का जवाब नहीं, ओ हैनरी का क्राफ़्ट ग़ज़ब का है, साथ ही नैरेशन की जो ख़ूबी है, वो कमाल है। इसी तरह मण्टो की कहानी में भी वाक़ये मौज़ूद हैं, जिनका नैरेशन हालात पर तंज़ करता हुआ सामने आता है। उनके प्रश्न और समाज की तल्ख़ सच्चाइयाँ, जिस तरह से बयाँ होती हैं, वो हैरान करने वाला है। मण्टो क्लासिक हैं और आगे भी उनकी रेलेवेंस बढ़ती जायेगी।

यतीन्द्र मिश्र

आपके दौर के रचनाकारों में एक अकेला नाम आप किसका लेंगे, जिनके साहित्य ने आपको सबसे ज़्यादा प्रभावित किया?

गुलज़ार

एक नाम लेना बड़ा मुश्किल है।

यतीन्द्र मिश्र

भारतीय सिनेमा के लिए शिखर उपस्थिति रखने वाले 'दादा साहब फाल्के पुरस्कार' की यात्रा में एक कलाकार के बतौर जीवन में कुछ सुस्त क़दम रखते और कुछ तेज़ कदम राहें बार-बार आयी होंगी। यहाँ पहुँचकर कैसा लगता है?

गुलज़ार

इसमें एक परिपूर्णता की बात है। मुझे लगता है कि मैंने सिनेमा की परिधि पर चलते हुए एक ऐसा सर्कल पूरा किया है, जो कहीं भीतर से पूर्णता और सन्तुष्टि का एहसास कराता है।

हरे पत्ते भी थे, सरसब्ज़ थी शादाब थी टहनी
तसल्ली तब हुई जब शाख़ पे एक फूल आया।

यतीन्द्र मिश्र

कोई कमी, अधूरापन, अभाव, रिक्तता या छूट जाने का भाव बचा है आपके रचनात्मक जीवन में, जिसे पूरा कर लेने की हसरत मन में अभी भी पल रही हो?

गुलज़ार

मुझे लगता है कि ज़िन्दगी और कला दोनों में ही हासिल किया हुआ कम है और छूट ज़्यादा गया है। एक आदमी के जीवन में जो जान लिया गया है, उससे ज़्यादा अनजाना रहता है, जो ज्ञान बटोर लिया है उससे कहीं अधिक अज्ञान की बंजर ज़मीन भी अन्दर मौजूद रहती है। यह मैं ज़रूर कहूँगा कि मुझे मिला बहुत है, मगर उससे ज़्यादा सीखने को भी बाक़ी रह गया है। अगर यह कहूँ कि मैं समझदार हो गया हूँ, तो वह ग़लत होगा। अभी बहुत कुछ ऐसा बचा है, जिसे समझना और पाना बाक़ी है।

कई चाँदकर उठकर जलाए बुझाए...

गुलज़ार सा'ब के जीवन, लेखनी और सिनेमा सफ़र से गुजरते हुए उन्हें किसी इबारत में क़ैद करने का मन हुआ। फिर ख़याल आया कि उनके चचा ग़ालिब से पूछना चाहिए। इस तरह, मिर्ज़ा ग़ालिब से मुआफ़ी के साथ यह शेर ले लिया, जो उनके किरदार के लिबास में पूरी तरह उतरता है। आप भी सुनिए...

ये मसाइले-तसव्वुफ़, ये तिरा बयान, 'ग़ालिब'
तुझे हम वली समझते, जो न फ़िल्मकार होता...

गुलज़ार ने अपनी बात अक्षरों में ढालते हुये उस ख़ामोशी की अज़मत रख ली है, जो एहसास से उतरना जानती है, पर होंठों पर आना नहीं जानती। एक ऐसी ख़ामोशी, जो अक्षरों को पाकर भी बोलना नहीं जानती...

–अमृता प्रीतम

खाली करघे में उम्र बुनता हूँ
अब गिरह के लिए भी धागा नहीं...

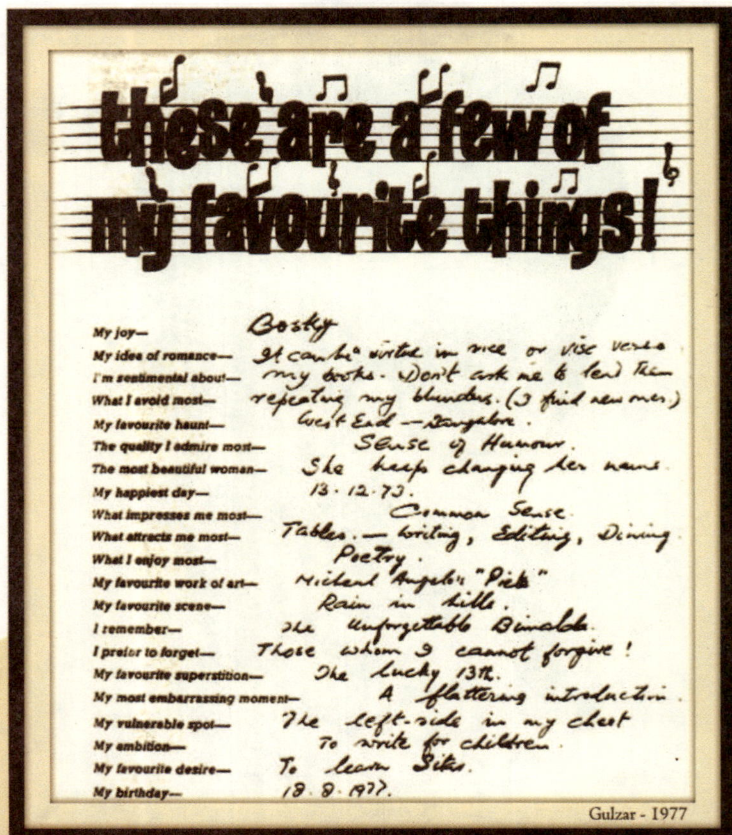

these are a few of my favourite things!

My joy— Bosky
My idea of romance— It can be virtue in vice or vise versa
I'm sentimental about— my books. Don't ask me to lend them
What I avoid most— repeating my blunders. (I find new ones)
My favourite haunt— West End — Bangalore.
The quality I admire most— Sense of Humour.
The most beautiful woman— She keeps changing her name.
My happiest day— 13.12.73.
What impresses me most— Common Sense.
What attracts me most— Tables. — Writing, Editing, Dining.
What I enjoy most— Poetry.
My favourite work of art— Michael Angelo's "Pieta"
My favourite scene— Rain in hills.
I remember— The Unforgettable Bimalda.
I prefer to forget— Those whom I cannot forgive!
My favourite superstition— The lucky 13th.
My most embarrassing moment— A flattering introduction.
My vulnerable spot— The left-side in my chest
My ambition— To write for children.
My favourite desire— To learn Sitar.
My birthday— 18.8.1977.

Gulzar - 1977

मिर्ज़ा ग़ालिब

गुरुदेव रवीन्द्रनाथ टैगोर

गुलज़ार के दोनों गुरु, जिनसे अदब और भाषा की तालीम पायी...

जो उनसे सीखना था, एक फ़िल्म मेकिंग और दूसरा पेशेंस, वो तो पा सका... लेकिन वो जो आर्टिस्टिक कंसेप्ट होता है, वो सीखा नहीं जा सकता। वो आपका अपना ही होगा... लेकिन मैं कभी बिमल दा नहीं हो सकता। एक मुहावरा है, जो जगह उस्ताद की है, वो जगह पूरी ख़ाली होती है।

बिमल रॉय

गुलज़ार के गुरु, जिन्होंने सिनेमा जीवन में प्रवेश कराया...

भाई

(गुलज़ार साहब)

उसकी तनहाई न टूटे ज़रा ख़याल रहे...

वो एक हल्की मख़मली रूई के बादल सा
निगल के तीखी धूप छाँव बाँटा करता है

क़रीब जाओ तो जाना घिसट के घुटनों पे
बिखर न जाए वो पैरों की चाप से वरना

ज़बाँ पे तोल के ले जाना अपनी आवाज़ें
हर एक लफ़्ज़ नाप लेना अपने होठों का

वो *Santa Claus* सा सच्चा सफ़ेद सूफ़ी है
उसकी तनहाई न टूटे ज़रा ख़याल रहे...

–विशाल भारद्वाज

ASHA BHOSLE • RAHUL DEV BURMAN • GULZAR
Dil Padosi Hai

रावी पार
गुलज़ार

मिर्ज़ा ग़ालिब
एक स्वानही मंज़रनामा
गुलज़ार

A
POEM
A
DAY
GULZAR

Baal-o-Par
GULZAR

GULZAR
HIS SONGS OF LOVE

The Poetry of
GULZAR
Woh Jo Shair Tha
Sung and Composed by
BHUPINDER

GULZAR
translates
TAGORE
बाग़बान

यार जुलाहे...
गुलज़ार

कुछ संग-ए-मील...

गुलज़ार सा'ब

इस मोड़ से जाते हैं...

अभी न पर्दा गिराओ, ठहरो,

कि दास्ताँ आगे और भी है

अभी न पर्दा गिराओ, ठहरो!...

जाने क्या सोचकर नहीं गुज़रा
एक पल रात भर नहीं गुज़रा...

सम्मान एवं उपलब्धियाँ

अन्तरराष्ट्रीय पुरस्कार

2008 एकेडमी अवॉर्ड 'ऑस्कर', सर्वश्रेष्ठ मौलिक गीत *'जय हो'* ('स्लमडॉग मिलेनियर' फ़िल्म), संगीतकार ए.आर. रहमान के साथ साझेदारी में

2010 'ग्रैमी अवॉर्ड', सर्वश्रेष्ठ फ़िल्म गीत *'जय हो'* ('स्लमडॉग मिलेनियर' फ़िल्म), संगीतकार ए.आर. रहमान और तन्वी शाह के साथ साझेदारी में

भारत सरकार द्वारा प्रदत्त पुरस्कार

2004 पद्म-भूषण

2012 इन्दिरा गांधी राष्ट्रीय एकता पुरस्कार

2013 दादा साहब फाल्के पुरस्कार

राष्ट्रीय फ़िल्म पुरस्कार

1972 सर्वश्रेष्ठ पटकथा, *'कोशिश'* फ़िल्म

1976 सर्वश्रेष्ठ निर्देशक, *'मौसम'* फ़िल्म

1988 सर्वश्रेष्ठ गीतकार, *'मेरा कुछ सामान...'* *'इजाज़त'* फ़िल्म

1991 सर्वश्रेष्ठ गीतकार, *'यारा सीली-सीली' 'लेकिन'* फ़िल्म

1991 सर्वश्रेष्ठ डॉक्यूमेंट्री, *उस्ताद अमजद अली ख़ाँ*

1993 सर्वश्रेष्ठ डॉक्यूमेंट्री, *पण्डित भीमसेन जोशी*

1996 सर्वश्रेष्ठ मनोरंजक फ़िल्म, *'माचिस'*

फ़िल्मफ़ेयर पुरस्कार

1971 सर्वश्रेष्ठ संवाद, *'आनन्द'*

1973 सर्वश्रेष्ठ संवाद, *'नमक हराम'*

1975 सर्वश्रेष्ठ फ़ीचर फ़िल्म (क्रिटिक्स), *'आँधी'*

1976 सर्वश्रेष्ठ निर्देशक, *'मौसम'*

1977 सर्वश्रेष्ठ गीतकार, *'दो दीवाने शहर में...'* (घरौंदा)

1979 सर्वश्रेष्ठ गीतकार, *'आने वाला पल जाने वाला है...' (गोलमाल)*

1980 सर्वश्रेष्ठ गीतकार *'हज़ार राहें मुड़ के देखीं...', (थोड़ी-सी बेवफ़ाई)*

1983 सर्वश्रेष्ठ गीतकार, *'तुझसे नाराज़ नहीं ज़िन्दगी...' (मासूम)*

1988 सर्वश्रेष्ठ गीतकार, *'मेरा कुछ सामान...'* (इजाज़त)

1991 सर्वश्रेष्ठ गीतकार, *'यारा सीली-सीली...' (लेकिन)*

1991 सर्वश्रेष्ठ डॉक्यूमेंट्री उस्ताद *अमजद अली ख़ाँ*

1996 सर्वश्रेष्ठ संवाद, *'माचिस'*

1996 सर्वश्रेष्ठ कहानी, *'माचिस'*

1998 सर्वश्रेष्ठ गीतकार, *'छैंया-छैंया...' (दिल से)*

2002 लाइफ़टाइम अचीवमेंट अवॉर्ड

2003 सर्वश्रेष्ठ गीतकार, *'साथिया...' (साथिया)*

2003 सर्वश्रेष्ठ संवाद, *'साथिया'*

2006 सर्वश्रेष्ठ गीतकार, *'कजरारे कजरारे...' (बंटी और बबली)*

2011 सर्वश्रेष्ठ गीतकार, *'दिल तो बच्चा है जी...' (इश्क़िया)*

2013 सर्वश्रेष्ठ गीतकार, *'छल्ला...' (जब तक है जान)*

2019 सर्वश्रेष्ठ गीतकार, *'ऐ वतन...' (राज़ी)*

2021 सर्वश्रेष्ठ गीतकार, *'छपाक से पहचान...' (छपाक)*

डॉक्टरेट और अन्य मानद उपाधियाँ

2001 लाइफ़टाइम ऑनरेरी फ़ेलोशिप, द इंडियन इंस्टीट्यूट ऑफ़ एडवांस स्टडीज़, शिमला

2009 डी.लिट्., पंजाब विश्वविद्यालय, पटियाला

2012 डी.लिट्., उर्दू, मौलाना आज़ाद नेशनल विश्वविद्यालय, हैदराबाद

2013 मनोनीत माननीय चांसलर, सिक्किम विश्वविद्यालय, सिक्किम

2014 डी.लिट्., हैदराबाद विश्वविद्यालय, हैदराबाद

2015 डी.लिट्., देसीकोत्तम, रवीन्द्र भारती विश्वविद्यालय (शान्तिनिकेतन), कोलकाता

विशिष्ट पुरस्कार एवं उपलब्धियाँ

1992 'बंगाल फ़िल्म जर्नलिस्ट एसोसिएशन अवॉर्ड', सर्वश्रेष्ठ गीतकार *(लेकिन)*

1997 'स्टार स्क्रीन अवॉर्ड', सर्वश्रेष्ठ कहानी *(माचिस)*

2000 'शैलेन्द्र सम्मान', शैलेन्द्र सम्मान समिति

2002 'साहित्य अकादेमी पुरस्कार', उर्दू कहानी-संग्रह—'धुआँ'

2003 'ज़ी सिने अवॉर्ड', सर्वश्रेष्ठ गीतकार *(साथिया)*

2004 'साहिर अवॉर्ड', अदीब इंटरनेशनल कल्चरल एकेडेमी

2004 'बंगाल फ़िल्म जर्नलिस्ट एसोसिएशन अवॉर्ड'
'सत्यजित रे लाइफ़टाइम अचीवमेंट अवॉर्ड'

2006 'आइफ़ा अवॉर्ड', सर्वश्रेष्ठ गीतकार *(बंटी और बबली)*

2006 'ज़ी सिने अवॉर्ड', सर्वश्रेष्ठ गीतकार *(बंटी और बबली)*

2006 'स्टार स्क्रीन अवॉर्ड', सर्वश्रेष्ठ गीतकार *(यहाँ)*

2007 'स्टार स्क्रीन अवॉर्ड', सर्वश्रेष्ठ गीतकार *(ओमकारा)*

2007 'हाक़िम ख़ाँ सूर अवॉर्ड', महाराणा मेवाड़ फ़ाउंडेशन

2008 मुम्बई इंटरनेशनल फ़िल्म फ़ेस्टिवल, 'लाइफ़टाइम अचीवमेंट अवॉर्ड' (भारतीय फ़िल्म संगीत में विशिष्ट योगदान के लिए)

2009 'वर्ल्ड साउंडट्रैक अवॉर्ड', सर्वश्रेष्ठ मौलिक फ़िल्म गीत— *'जय हो'* (स्लमडॉग मिलेनियर फ़िल्म), संगीतकार ए.आर. रहमान के साथ साझेदारी में

2009 'ओसियांस लाइफ़टाइम अचीवमेंट अवॉर्ड'

2011 'स्टार स्क्रीन अवॉर्ड', सर्वश्रेष्ठ गीतकार *(इश्क़िया)*

2011 'मिर्ची म्यूज़िक अवॉर्ड' (क्रिटिक्स), सर्वश्रेष्ठ गीतकार *'दिल तो बच्चा है जी..' (इश्क़िया)*

2011 मुम्बई इंटरनेशनल फ़िल्म फ़ेस्टिवल, 'लाइफ़टाइम अचीवमेंट अवॉर्ड'

2013 'अप्सरा फ़िल्म प्रोड्यूसर गिल्ड अवॉर्ड', सर्वश्रेष्ठ गीतकार *'साँस...' (जब तक है जान)*

2013 टाइम्स ऑफ़ इंडिया फ़िल्म अवॉर्ड, सर्वश्रेष्ठ गीतकार 'साँस...' *(जब तक है जान)*

2015 'ग्लोबल इंडियन म्यूज़िक अवॉर्ड' (जीमा), सर्वश्रेष्ठ गीतकार, *'बिस्मिल...' (हैदर)*

2019 'ज़ी सिने अवॉर्ड' (ज़्यूरी च्वॉयस अवॉर्ड), सर्वश्रेष्ठ गीतकार *'दिलबरो...' (राज़ी)*

2019 मिर्ची म्यूज़िक अवॉर्ड, सर्वश्रेष्ठ गीतकार, *'ऐ वतन...' (राज़ी)*

2019 'स्टार स्क्रीन अवॉर्ड', सर्वश्रेष्ठ गीतकार, *'ऐ वतन...' (राज़ी)*

2019 'स्टार स्क्रीन अवॉर्ड', सर्वश्रेष्ठ गीतकार, *'दिलबरो...' (राज़ी)*

फ़िल्में

1971 मेरे अपने

1972 परिचय

1972 कोशिश

1973 अचानक

1975 खुशबू

1975 आँधी

1975 मौसम

1977 किनारा

1977 किताब

1979 मीरा

1981 अंगूर

1982 नमकीन

1984 सुनिए (हिन्दी शॉर्ट फ़िल्म)

1984 आईका (मराठी शॉर्ट फ़िल्म)

1987 इजाज़त

1988 लिबास (1988 में बनी, प्रदर्शित 2017)

1990 लेकिन

1996 माचिस

1999 हू तू तू

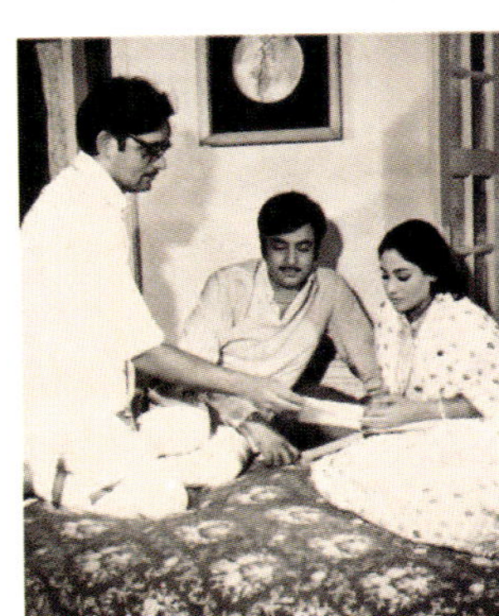

टेलीविज़न सीरियल एवं डाक्यूमेंट्री

1980 साहिरा (शॉर्ट डॉक्यूमेंट्री)
1985 एक आकार (डॉक्यूमेंट्री)
1988 मिर्ज़ा ग़ालिब
(टी.वी. सीरियल एवं म्यूज़िक एल्बम)
1990 उस्ताद अमजद अली ख़ाँ (डॉक्यूमेंट्री)
1991 पोटली बाबा की (टी.वी. सीरियल)
1992 पण्डित भीमसेन जोशी (डाक्यूमेंट्री)
1993 किरदार (टी.वी. सीरियल)
2004 तहरीर मुंशी प्रेमचन्द की (टी.वी. सीरियल)

नॉन फ़िल्म म्यूज़िक एल्बम

1980 वो जो शायर था (भूपेन्द्र के साथ)
1987 दिल पड़ोसी है (आर.डी. बर्मन और आशा भोसले के साथ)
1992 मैं और मेरा साया (भूपेन हज़ारिका के साथ)
1997 बूढ़े पहाड़ों पर (विशाल और सुरेश वाडकर के साथ)
1999 मरासिम (जगजीत सिंह के साथ)
1999 वादा (उस्ताद अमजद अली ख़ाँ के साथ)
2000 सनसेट प्वाइंट (भूपेन्द्र, चित्रा और विशाल के साथ)
2001 विसाल (ग़ुलाम अली के साथ)
2002 उदास पानी (अभिषेक रे के साथ)
2002 इश्क़ा-इश्क़ा (रेखा और विशाल भारद्वाज के साथ)
2003 आबिदा सिंग्स कबीर (आबिदा परवीन के साथ)
2006 कोई बात चले (जगजीत सिंह के साथ)
2007 अमृता प्रीतम (अमृता प्रीतम को श्रद्धांजलि)
2008 चाँद परोसा है (भूपेन्द्र के साथ)
2011 बरसे-बरसे (विशाल और सुरेश वाडकर के साथ)
2012 अक्सर (भूपेन्द्र और मिताली के साथ)
2012 तेरा बयान ग़ालिब (जगजीत सिंह और सलीम आरिफ़ के साथ)
2013 सुरमयी रात (भूपेन्द्र के साथ)
2016 गुलज़ार इन कनवरसेशन विथ टैगोर
(शान्तनु मोइत्रा, शान और श्रेया घोषाल के साथ)
2016 तापुर तुपुर : टैगोर पोएम फ़ॉर चिल्ड्रेन (शान्तनु मोइत्रा के साथ)
2018 नायाब लम्हे (पंकज उधास के साथ)
2018 जय हिन्द इंडिया (हॉकी वर्ल्ड कप के लिए थीम सांग, ए.आर. रहमान के संगीत में)

प्रतिनिधि पुस्तकें

1962 चौरस रात (लघु कहानियाँ)

1963 जानम (कविताएँ)

1972 एक बूँद चाँद (कविताएँ)

1980 कुछ और नज़्में (कविताएँ)

1989 दस्तख़त (उर्दू कविताएँ, पाकिस्तान में प्रकाशित)

1994 पुखराज़ (कविताएँ)

1994 मेरा कुछ सामान (फ़िल्म गीत संचयन)

1994 साइलेंसेज़ (कविताओं का अंग्रेज़ी अनुवाद : रीना सिंह)

1997 रावी पार (लघु कहानियाँ, अंग्रेज़ी एवं अन्य भाषाओं में संस्करण)

1999 ऑटम मून (अंग्रेज़ी में अनुवादित कविताएँ, अनुवाद : जे.पी. दास)

2000 क़ायदा (हिन्दी में बच्चों की कविताएँ)

2001 त्रिवेणी (उर्दू और हिन्दी में तीन पंक्तियों की त्रिवेणियाँ)

2001 एक में दो (बच्चों के लिए स्कूली किताब)

2002 रात पश्मीने की (कविताएँ, उर्दू एवं हिन्दी संस्करण)

2002 माइकलएंज़िलो और अन्य कहानियाँ (लघु कहानियाँ, हिन्दी और अंग्रेज़ी संस्करण)

2002 सीमा और अन्य कहानियाँ (लघु कहानियाँ, हिन्दी और अंग्रेज़ी संस्करण)

2002 अध्धा और अन्य कहानियाँ (लघु कहानियाँ, हिन्दी और अंग्रेज़ी संस्करण)

2002 ख़ौफ़ और अन्य कहानियाँ (लघु कहानियाँ, हिन्दी और अंग्रेज़ी संस्करण)

2002 रात, चाँद और मैं (कविताएँ)

2002 छैंया-छैंया (फ़िल्म गीत संकलन)

2003 एक घर नाम साल (बच्चों के लिए स्कूली किताब)

2004 परवाज़ (ए.पी.जे. अब्दुल कलाम की आत्मकथा का हिन्दी अनुवाद एवं ऑडियो बुक)

2004 मीरा-मंज़रनामा ('मीरा' फ़िल्म की पटकथा)

2004 बोसकी की गप्पें (बोस्की और बच्चों के लिए कहानियाँ)

2004 बोसकी के धनवान (बोस्की और बच्चों के लिए कहानियाँ)

2004 बिकाज़ ही इज़ (गुलज़ार के जीवन और रचनात्मक काम पर मेघना गुलज़ार)

2005 मिर्ज़ा ग़ालिब अ बॉयोग्राफ़िकल सिनेरियो (अंग्रेज़ी में मिर्ज़ा ग़ालिब की जीवनी)

2006 लिबास—मंज़रनामा ('लिबास' फ़िल्म की पटकथा)

2006 हू तू तू—मंज़रनामा ('हू तू तू' फ़िल्म की पटकथा)

2006 'मिर्ज़ा ग़ालिब': एक स्वानही—मंज़रनामा (हिन्दी में मिर्ज़ा ग़ालिब की जीवनी)

2007 इकोज़ एंड एलोक्वेंसेज़ : द लाइफ़ एंड सिनेमा ऑफ़ गुलज़ार (गुलज़ार के जीवन और सिनेमा पर सैबल चटर्जी)

2008 सेलेक्टड पोएम्स (हिन्दी और अंग्रेज़ी में कविताएँ, अनुवाद : पवन के. वर्मा)

2008 टू टेल्स ऑफ़ माय लाइफ़ ('न्यू दिल्ली टाइम्स' और 'माचिस' की पटकथाएँ, अंग्रेज़ी अनुवाद)

2008 क़तरा-क़तरा (गुलज़ार और आर.डी. बर्मन के प्रतिनिधि गीतों का संचयन, चयन और सम्पादन : विश्वास नेरूरकर और बिश्वनाथ चटर्जी)

2009 100 लिरिक्स (लिरिक्स का चयन, हिन्दी और अंग्रेज़ी, अनुवाद : संजय शेखर)

2009 यार जुलाहे... (कविताओं और नज़्मों का संकलन, चयन और सम्पादन : यतीन्द्र मिश्र)

2010 जीना यहाँ (कहानियाँ)

2010 पन्द्रह पाँच पचहत्तर (कविताएँ)

2010 कुसुमाग्रज की चुनी-सुनी नज़्में (मराठी से अनुवाद)

2010 मैज़िकल विशेज़ : दि एडवेंचर्स ऑफ़ गोपी एंड बाघा (हिन्दी और अंग्रेज़ी में अनुवाद)

2011 इजाज़त—मंज़रनामा ('इजाज़त' फ़िल्म की पटकथा)

2012 नेगलेक्टेड पोएम (हिन्दी और अंग्रेज़ी में कविताएँ, अनुवाद : पवन के. वर्मा)

2012 इन द कम्पनी ऑफ़ अ पोएट (अंग्रेज़ी में लेखनप्रक्रिया और फ़िल्मों पर गुलज़ार से नसरीन मुन्नी कबीर की बातचीत)

2012 ड्योढ़ी (कहानियाँ)

2012 पिछले पन्ने (संस्मरण)

2013 बोसकी का पंचतन्त्र (बोस्की और बच्चों के लिए कहानियाँ)

2013 आई स्वालोड द मून : द पोएट्री ऑफ़ गुलज़ार (अंग्रेज़ी में अनुवाद और विश्लेषण, सबा महमूद बशीर)

2013 हिन्दी फ़ॉर हार्ट (हिन्दी वर्णमाला पर कविताएँ, रीना सिंह के साथ)

2013 साइलेंसेज़ (अंग्रेज़ी में अनूदित प्रतिनिधि कविताएँ, अनुवाद : रीना सिंह)

2013 हॉफ़ अ रूपी (कहानियों का अंग्रेज़ी अनुवाद : संजय शेखर)

2013 मीलों से दिन (चुनिन्दा फ़िल्मी गाने, चयन एवं सम्पादन : यतीन्द्र मिश्र)

2014 हेड्स एंड टेल्स ('आँधी' और 'हू तू तू' की पटकथाएँ, अंग्रेज़ी अनुवाद)

2014 ग्रीन पोएम्स (हिन्दी और अंग्रेज़ी में कविताएँ, अनुवाद : पवन के. वर्मा)

2015 प्लूटो (कविताएँ)

2015 प्लूटो (अंग्रेज़ी अनुवाद : निरुपमा दत्त)

2016 गुलज़ार ट्रांसलेट्स टैगोर : बाग़बान एंड निन्दिया चोर

2016 गोदान, निर्मला एवं अन्य कहानियाँ (पटकथा)

2016 एनअदर 100 लिरिक्स (लिरिक्स का चयन, हिन्दी के साथ अंग्रेज़ी अनुवाद : संजय शेखर)

2016 मुंशी प्रेमचन्द गोदान (पटकथा का अंग्रेज़ी अनुवाद : सबा महमूद बशीर)

2016 किनारा—मंज़रनामा ('किनारा' फ़िल्म की पटकथा)

2016 किताब—मंज़रनामा ('किताब' फ़िल्म की पटकथा)

2016 लेकिन—मंज़रनामा ('लेकिन' फ़िल्म की पटकथा)

2016 अचानक—मंज़रनामा ('अचानक' फ़िल्म की पटकथा)

2017 पाजी नज़्में (कविताएँ)

2017 फ़ुटप्रिंट्स ऑन जीरो लाइन (विभाजन पर कविताएँ और लेखन, अंग्रेज़ी अनुवाद : रख़्शन्दा जलील)

2017 कुछ तो कहिए (ग़ज़ल-संग्रह)

2017 सस्पेक्टेड पोएम्स (हिन्दी और अंग्रेज़ी में कविताएँ, अनुवाद : पवन के. वर्मा)

2017 दो लोग (हिन्दी उपन्यास)

2017 टू ('दो लोग' उपन्यास का लेखक द्वारा अंग्रेज़ी अनुवाद)

2017 पान्ता भाते (बंगाली में निबन्ध)

2018 सगे सारे (कविताओं और लेखों का संचयन, हिन्दी, मराठी और अंग्रेज़ी भाषा में)

2018 समय का खटोला (कविता-संग्रह, बच्चों के लिए कहानियाँ और गाने)

2018 अ पोएम अ डे (भारतीय भाषाओं के मूर्धन्य कवियों की कविताओं का अंग्रेज़ी में अनुवाद एवं सम्पादन)

2018 जिया जले : द स्टोरीज़ ऑफ़ सांग्स (अंग्रेज़ी में फ़िल्म गीतों पर गुलज़ार की नसरीन मुन्नी कबीर से बातचीत)

2019 गुलज़ार्स—अंगूर ('अंगूर' फ़िल्म पर सत्या सरन)

2019 गुलज़ार्स—आँधी ('आँधी' फ़िल्म पर सबा महमूद बशीर)

2019 गुलज़ार्स—इजाज़त ('इजाज़त' फ़िल्म पर मीरा हाशमी)

2020 बोसकीयाना : बातें-मुलाकातें (गुलज़ार से यशवन्त व्यास की बातचीत)

2021 एक्चुअली आई मेट देम : अ मेम्वॉयर (व्यक्तित्वों के संस्मरण, बांग्ला में प्रकाशित पांता भाते का अंग्रेज़ी : अनुवाद महाराज्ञा चक्रवर्ती)

फ़िल्मों में योगदान

1960 श्रीमान सत्यवादी (गीत)
1961 काबुलीवाला (गीत, मुख्य सह-निर्देशक)
1962 प्रेम-पत्र (गीत)
1963 बन्दिनी (गीत, सह-निर्देशक)
1965 पूर्णिमा (गीत)
1966 सन्नाटा (गीत)
1966 पिंजरे के पंक्षी (गीत)
1966 बीबी और मकान (गीत)
1968 दो दूनी चार (गीत)
1968 आशीर्वाद (पटकथा, संवाद और गीत)
1969 ख़ामोशी (गीत)
1970 उस रात के बाद (गीत)
1970 आनन्द (संवाद और गीत)
1971 अनुभव (गीत)
1971 गुड्डी (कहानी, पटकथा, संवाद और गीत)
1971 सीमा (गीत)
1973 नमक हराम (संवाद और गीत)
1974 दूसरी सीता (गीत)
1974 जीवन-संग्राम (गीत)
1976 शक़ (गीत)
1977 पलकों की छाँव में (गीत)
1977 खट्टा-मीठा (गीत)
1977 जलियाँवाला बाग़ (गीत)

1977 घरौंदा (पटकथा, संवाद और गीत)

1978 देवता (गीत)
1978 घर (संवाद और गीत)
1979 गोलमाल (गीत)
1979 गृह-प्रवेश (संवाद और गीत)
1980 कशिश (गीत)
1980 गहराई (गीत)
1980 स्वयंवर (गीत)
1980 ख़ूबसूरत (संवाद और गीत)
1980 थोड़ी-सी बेवफ़ाई (गीत)
1980 सितारा (पटकथा, संवाद और गीत)
1981 नरम-गरम (गीत)
1981 भरोसा (गीत)
1981 बसेरा (संवाद और गीत)
1982 सितम (गीत)
1982 मासूम (पटकथा, संवाद और गीत)
1983 मंजू (गीत)
1983 एक पल (पटकथा, संवाद और गीत)
1983 सदमा (पटकथा, संवाद और गीत)
1984 हिप-हिप हुर्रे (पटकथा, संवाद और गीत)
1984 तरंग (गीत)
1986 मुसाफ़िर (गीत)
1987 ग़ुलामी (गीत)
1993 माया मेमसाब (गीत)
1993 शिकस्त (टी.वी. सीरीज़, गीत)
1994 दीदी (टी.वी. डॉक्यूमेंट्री, म्यूज़िक कम्पोज़र)
1994 स्वामी विवेकानन्द (गीत)
1995 रुदाली (पटकथा, संवाद और गीत)
1995 मम्मो (गीत)
1997 आस्था (गीत)
1997 दायरा (गीत)
1997 चाची 420 (संवाद और गीत)
1998 सत्या (गीत)
1998 दिल से (गीत)
1999 रॉकफ़ोर्ड (गीत)
2000 फ़िज़ा (गीत)

2001 अक्स (गीत)

2001 अशोका द ग्रेट (गीत)
2002 मित्र : माय फ्रेंड (गीत)
2002 फ़िलहाल (गीत)
2002 लाल सलाम (गीत)
2002 लीला (गीत)
2002 साथिया (संवाद और गीत)
2003 मकड़ी (गीत)
2003 पिंजर (गीत)
2004 मक़बूल (गीत)
2004 चुपके से (गीत)
2004 रेनकोट (गीत और कविता की आवाज़)
2005 बंटी और बबली (गीत)
2005 पहेली (गीत)
2005 यहाँ (गीत)
2005 द ब्लू अम्ब्रेला (गीत)
2006 ओमकारा (गीत)
2006 जानेमन (गीत)
2006 स्वीटहार्ट (गीत)
2007 दस कहानियाँ (पटकथा और संवाद—गुब्बारे)
2007 गुरु (गीत)

2007 झूम बराबर झूम (गीत)
2007 जस्ट मैरिड (गीत)
2007 नो स्मोकिंग (गीत)
2007 दुम कटा (गीत)
2007 चौराहे (गीत)
2008 प्रिंस (गीत, विशिष्ट उपस्थिति)
2008 युवराज (गीत)
2008 स्लमडॉग मिलेनियर (गीत)
2009 बिल्लू (गीत)
2009 फ़िराक़ (गीत)
2009 कमीने (गीत)
2009 दो पैसे की धूप, चार आने की बारिश (गीत)
2010 दस तोला (गीत)
2010 राजनीति (गीत)
2010 वीर (गीत)
2010 इश्क़िया (गीत)

2010 स्ट्राइकर (गीत)
2010 रावण (गीत)
2011 सात ख़ून माफ़ (गीत)
2011 कश्मकश (गीत)
2011 तीन थे भाई (गीत)
2011 चला मुसद्दी...
ऑफ़िस-ऑफ़िस (गीत)
2011 नौका डूबी (गीत)
2012 जब तक है जान (गीत)
2013 मटरू की बिजली का मण्डोला (गीत)
2013 एक थी डायन (गीत)
2014 क्या दिल्ली क्या लाहौर (गीत)
2014 डेढ़ इश्क़िया (गीत)
2014 हैदर (गीत)
2014 किल दिल (गीत)
2014 लिंगा (गीत)
2015 दृश्यम (गीत)
2015 तलवार (गीत)
2015 मोहल्ला अस्सी (गीत)
2016 मिर्ज़या (पटकथा, संवाद और गीत)
2017 ओके जानू (गीत)
2017 रंगून (गीत)
2018 बॉयोस्कोपवाला (गीत)
2018 आमी (गीत)
2018 राज़ी (गीत)
2018 सूरमा (गीत)
2018 फ़ायरक्रैकर (गीत)
2019 द स्कॉई इज़ पिंक (गीत)
2020 छपाक (गीत)
2020 पश्मीना (गीत, प्री-प्रोडक्शन)
2022 डार्लिंग्स (गीत)
2023 कुत्ते (गीत)
2023 फ़ुर्सत (गीत)

ग्रन्थ-सन्दर्भ

गुलज़ार साहब से सन्दर्भित हिन्दी फ़िल्म-इतिहास, संस्मरणों, फ़िल्म विकास-यात्रा, संगीत, संगीतकारों, गीतकारों तथा फ़िल्मों के तमाम पहलुओं को समझने और अपनी धारणा बनाने में लेखक को जिन पुस्तकों, लेखों और अन्य सामग्रियों से मदद मिली, उनकी सन्दर्भ-सूची यहाँ प्रस्तुत है। लेखक इन सभी के प्रति आभारी है।

अंग्रेज़ी

इनसाइक्लोपीडिया ऑफ़ इंडियन सिनेमा, आशीष राजाध्यक्ष एंड पॉल विलेमेन, ऑक्सफ़ोर्ड यूनिवर्सिटी प्रेस, नयी दिल्ली, 1999

मिरर्स ऑफ़ द सोल, ख़लील जिब्रान, यू.बी.एस. पब्लिर्श एंड डिस्ट्रीब्यूटर्स प्रा. लि., नोएडा, 1993

इनसाइक्लोपीडिया ऑफ़ हिन्दी सिनेमा, गुलज़ार, गोविन्द निहलानी, सैबल चटर्जी (एडिटर्स), इनसाइक्लोपीडिया ब्रिटेनिका इंडिया प्रा.लि., नयी दिल्ली, 2003

हिन्दी फ़िल्म सांग : म्यूज़िक बियॉण्ड बाउंडरीज़, अशोक डी. रानाडे, प्रोमिल्ला एंड कम्पनी पब्लिशर्स, नयी दिल्ली एवं शिकागो, 2006

रोमान्सिंग द सांग : हिन्दी सिनेमाज़ लिरिकल जर्नी, मानेक प्रेमचन्द, झरना बुक्स, मुम्बई, 2012

ए जर्नी डाउन मेलोडी लेन, राजू भारतन, हे हाउस इंडिया प्रा.लि., नयी दिल्ली, 2010

प्रिंट एंड प्लेज़र : पॉपुलर लिटरेचर एंड इंटरटेनिंग फ़िक्शंस इन कॉलोनियल नार्थ इंडिया, फ्रेंचेस्का ऑरसीनी, परमानेंट ब्लैक, रानीखेत, 2009

सो मेनी सिनेमाज़ : द मोशन पिक्चर इन इंडिया, बी.डी. गर्ग, एमिनेंस डिज़ाइंस प्रा.लि, मुम्बई, 1996

लता मंगेशकर : इन हर ओन वॉयस, कनवर्सेशन विद नसरीन मुन्नी कबीर, नियोगी बुक्स, नयी दिल्ली, 2009

एस.डी. बर्मन : द वर्ल्ड ऑफ़ हिज़ म्यूज़िक, खगेश देव बर्मन, रूपा पब्लिकेशन इंडिया प्रा.लि., नयी दिल्ली, 2013

आर.डी. बर्मन : द मैन, द म्यूज़िक, अनिरुद्ध भट्टाचार्जी एंड बालाजी विट्टल, हार्पर कॉलिंस पब्लिशर्स इंडिया, नोएडा, 2011

द वर्ल्ड ऑफ़ ऋषिकेश मुखर्जी : जय अर्जुन सिंह, पेंगुइन रेंडम हाउस, इंडिया, गुरुग्राम, 2015

एंड देन वन डे : अ मेम्वॉयर, नसीरुद्दीन शाह, हैमिश हैमिल्टन, पेंगुइन रेंडम हाउस, इंडिया, गुरुग्राम, 2014

वसन्त देसाई : कंपोज़र पार एक्सेलेंस, विश्वास नेरूरकर एंड बिश्वनाथ चटर्जी (एडिटर्स), स्वरयोग एवं गायत्री पब्लिकेशंस, मुम्बई, 2008

मदन मोहन : अल्टीमेट मेलोडीज़, विश्वास नेरूरकर एंड बिश्वनाथ चटर्जी (एडिटर्स), जीवनगाणी एवं गायत्री पब्लिकेशंस, मुम्बई, 2007

मोहम्मद रफ़ी : गोल्डन वॉयस ऑफ़ द सिल्वर स्क्रीन, सुजाता डे, ओम बुक्स इंटरनेशनल, नयी दिल्ली, 2015

मीनाकुमारी : द क्लासिक बायोग्राफ़ी, विनोद मेहता, हार्पर कॉलिंस इंडिया प्रा.लि., री-प्रिंट-2013

दिलीप कुमार : द सब्सटेंस एंड द शैडो : एन ऑटोबायोग्राफ़ी, हे हाउस इंडिया प्रा. लि., नयी दिल्ली, 2014

इस्लामीकेट कल्चर्स ऑफ़ बॉम्बे सिनेमा, इरा भास्कर और रिचर्ड ऐलेन, तूलिका बुक्स, नयी दिल्ली, 2009

इंडियन सिनेमा इन रेट्रोस्पेक्ट, आर. एम. रे (एडिटर), संगीत नाटक अकादेमी, नयी दिल्ली, 1956

द ग्रेट मास्टर्स : प्रोफ़ाइल्स इन हिन्दुस्तानी क्लासिकल वोकल म्यूज़िक, मोहन नाडकर्णी, हार्पर कॉलिंस पब्लिशर्स इंडिया, प्रा.लि., नयी दिल्ली, 1999

म्यूज़िक मेकर्स : लिविंग लीजेंड्स ऑफ़ इंडियन क्लासिकल म्यूज़िक, अशोक रॉय, रूपा एंड कम्पनी, नयी दिल्ली, 2004

रागमाला : रविशंकर-एन ऑटोबायोग्राफ़ी, वेलकम रेन पब्लिशर्स, न्यूयॉर्क, 1999

स्टेजेज़ ऑफ़ लाइफ़ : इंडियन थिएटर ऑटोबायोग्राफ़ीज़, कैथरीन हैनसेन, परमानेंट ब्लैक, रानीखेत, 2011

हिन्दुस्तानी म्यूज़िक इन कोलोनियल बॉम्बे, अनीश प्रधान, थ्री एसेज़ कलेक्टिव, नयी दिल्ली, 2014

अ कॅन्साइज डिक्शनरी ऑफ़ हिन्दुस्तानी म्यूज़िक, अशोक डी. रानाडे, प्रोमिल्ला एंड कम्पनी पब्लिशर्स, नयी दिल्ली, 2006

नैरेटिव्स ऑफ़ इंडियन सिनेमा, मंजू जैन (एडिटर), प्राइमस बुक्स, दिल्ली, 2013

द अनसंग हीरोज़, दिनेश घाटे (एडिटर), स्वर-आलाप क्रिएशन, मुम्बई, 2010

द पटेल्स ऑफ़ फ़िल्म इंडिया, सिद्धार्थ भाटिया, इंडर सोर्स बुक्स, मुम्बई, 2015

स्टारडस्ट : द हंड्रेड ग्रेटेस्ट फ़िल्म्स ऑफ़ ऑल टाइम्स, अश्विन वर्दे (एडिटर), मैगना पब्लिकेशंस, मुम्बई

फ़िल्मफ़ेयर, ख़ालिद मोहम्मद (एडिटर), बेनेट कोल्मैन एंड कम्पनी लि., बम्बई, मार्च, 1994

फ़िल्मफ़ेयर, बेस्ट ऑफ़ फ़िल्मफ़ेयर, जितेश पिल्लै (एडिटर), वर्ल्डवाइड मीडिया प्रा.लि., मुम्बई, दिसम्बर, 2011

द मूनस्मिथ : गुलज़ार ऑरबिटिंग द सेलिब्रेटेड वर्ड्स, शैलजा चन्द्रा, हवाकल पब्लिशर्स प्रा.लि., कलकत्ता, 2021

बिकाज़ ही इज़... मेघना गुलज़ार, हार्पर कॉलिंस पब्लिशर्स, नोएडा, 2004

क़तरा-क़तरा कलेक्शन ऑफ़ गुलज़ार पंचम सांग्स : गुलज़ार, जीवनगाणी एंड गायत्री पब्लिकेशंस, मुम्बई, 2008

मिर्ज़ा ग़ालिब अ बायोग्राफिकल सिनेरियो : गुलज़ार, रूपा एंड कम्पनी, नयी दिल्ली, 2005

इकोज़ एंड इलोक्वेंसेस, द लाइफ़ एंड सिनेमा ऑफ़ गुलज़ार, सैबल चटर्जी, रूपा एंड कम्पनी, नयी दिल्ली, 2007

गुलज़ार्स अंगूर, सत्या सरन, हार्पर कॉलिंस, इंडिया, 2019

गुलज़ार्स आँधी, सबा महमूद बशीर, हार्पर कॉलिंस, 2019

गुलज़ार्स इजाज़त, मीरा हाशमी, हार्पर कॉलिंस, 2019

मुंशी प्रेमचन्द गोदान, स्क्रीनप्ले—गुलज़ार, ट्रांसलेशन—सबा महमूद बशीर, रोली बुक्स, नयी दिल्ली, 2016

मुंशी प्रेमचन्द निर्मला एंड अदर स्टोरीज़, स्क्रीनप्ले—गुलज़ार, ट्रांसलेशन—सबा महमूद बशीर, रोली बुक्स, नयी दिल्ली, 2016

गुलज़ार : साइलेंसेज़—सेलेक्टेड पोएम्स, ट्रांसलेशन—रीना सिंह, रूपा एंड कम्पनी, नयी दिल्ली, 2013

नेगलेक्टेड पोएम्स, गुलज़ार, ट्रांसलेशन—पवन के. वर्मा, पेंगुइन रेंडम हाउस, इंडिया, गुरुग्राम, 2013

गुलज़ार-ग्रीन पोएम्स, ट्रांसलेशन—पवन के. वर्मा, पेंगुइन रेंडम हाउस, इंडिया, गुरुग्राम, 2014

सस्पेक्टेड पोएम्स, गुलज़ार, ट्रांसलेशन—पवन के. वर्मा, पेंगुइन रेंडम हाउस, इंडिया, गुरुग्राम, 2017

फ़ुटप्रिंट्स ऑन जीरो लाइन, गुलज़ार, ट्रांसलेशन—रख़्शन्दा जलील, हार्पर कॉलिंस पब्लिशर्स, इंडिया, 2017

आई स्वालोड द मून : द पोएट्री ऑफ़ गुलज़ार, सबा महमूद बशीर, हार्पर कॉलिंस पब्लिशर्स, इंडिया, 2013

हंड्रेड लिरिक्स, गुलज़ार, ट्रांसलेशन—संजय शेखर, पेंगुइन रेंडम हाउस, इंडिया, गुरुग्राम, 2009

इन द कम्पनी ऑफ़ अ पोएट : गुलज़ार इन कनवरसेशन विद नसरीन मुन्नी कबीर, रेन लाइट, रूपा एंड कम्पनी, नयी दिल्ली, 2012

जिया जले : द स्टोरीज़ ऑफ़ सांग्स : गुलज़ार इन कनवरसेशन विद नसरीन मुन्नी कबीर, स्पीकिंग टाइगर पब्लिशिंग प्रा.लि., नयी दिल्ली, 2018

एक्चुअली आई मेट देम : गुलज़ार—अ मेम्वॉयर, पेंगुइन रेंडम हाउस, इंडिया, गुरुग्राम, 2021

टू टेल्स ऑफ़ माय टाइम्स न्यू डेल्ही टाइम्स एंड माचिस, गुलज़ार, ट्रांसलेशन देविना दत्त, रूपा एंड कम्पनी, नयी दिल्ली, 2008

हिन्दी फ़ॉर हार्ट : गुलज़ार विद—रीना सिंह, हार्पर कॉलिंस पब्लिशर्स, इंडिया, 2013

हिन्दी

रावी पार और अन्य कहानियाँ, गुलज़ार, रूपा एंड कम्पनी, नयी दिल्ली, 1999

त्रिवेणी, गुलज़ार, रूपा एंड कम्पनी, नयी दिल्ली, 2001

रात पश्मीने की, गुलज़ार, रूपा एंड कम्पनी, नयी दिल्ली, 2002

पुखराज, गुलज़ार, रूपा एंड कम्पनी, नयी दिल्ली, 2005

कुसुमाग्रज की चुनी सुनी नज़्में : तर्जुमा—गुलज़ार, वाणी प्रकाशन, नयी दिल्ली, 2007

यार जुलाहे..., गुलज़ार, संकलन और सम्पादन : यतीन्द्र मिश्र, वाणी प्रकाशन, नयी दिल्ली, 2009

मीलों से दिन, गुलज़ार, संकलन और सम्पादन : यतीन्द्र मिश्र, रूपा एंड कम्पनी, नयी दिल्ली, 2010

कुछ तो कहिए, गुलज़ार, वाणी प्रकाशन, नयी दिल्ली, 2017

मीरा—मंज़रनामा, गुलज़ार, राधाकृष्ण प्रकाशन प्रा.लि., दिल्ली, 2004

लिबास — मंज़रनामा, गुलज़ार, राधाकृष्ण प्रकाशन प्रा.लि., नयी दिल्ली, 2006

हू तू तू — मंज़नामा, गुलज़ार, राधाकृष्ण प्रकाशन प्रा.लि., नयी दिल्ली, 2006

किनारा — मंज़रनामा, गुलज़ार, राधाकृष्ण प्रकाशन प्रा.लि., नयी दिल्ली, 2016

इजाज़त — मंज़रनामा, गुलज़ार, राधाकृष्ण प्रकाशन प्रा.लि., नयी दिल्ली, 2011

किताब — मंज़रनामा, गुलज़ार, राधाकृष्ण प्रकाशन प्रा.लि., नयी दिल्ली, 2016

लेकिन — मंज़रनामा, गुलज़ार, राधाकृष्ण प्रकाशन प्रा.लि., नयी दिल्ली, 2016

अचानक — मंज़रनामा : गुलज़ार, राधाकृष्ण प्रकाशन प्रा.लि., नयी दिल्ली, 2016

मिर्ज़ा ग़ालिब — एक स्वानही—मंज़रनामा, गुलज़ार, रूपा एंड कम्पनी, नयी दिल्ली, 2006

ड्योढ़ी, गुलज़ार, वाणी प्रकाशन, नयी दिल्ली, 2012

पन्द्रह पाँच पचहत्तर, गुलज़ार, वाणी प्रकाशन, नयी दिल्ली, 2010

प्लूटो, गुलज़ार, वाणी प्रकाशन, नयी दिल्ली, 2015

दो लोग, गुलज़ार, हार्पर कॉलिंस पब्लिशर्स, इंडिया, 2017

मेरा कुछ सामान, गुलज़ार, राधाकृष्ण प्रकाशन प्रा.लि., नयी दिल्ली, 1994

छैंया-छैंया, गुलज़ार, राधाकृष्ण प्रकाशन प्रा.लि., नयी दिल्ली, 2002

कुछ और नज़्में, गुलज़ार, राधाकृष्ण प्रकाशन प्रा.लि., नयी दिल्ली, 1980

जीना यहाँ, गुलज़ार, वाणी प्रकाशन, नयी दिल्ली, 2010

पिछले पन्ने, गुलज़ार, भारतीय ज्ञानपीठ, नयी दिल्ली, 2012

बोसकीयाना, बातें — मुलाकातें — गुलज़ार, पेशकश : यशवन्त व्यास, राधाकृष्ण प्रकाशन प्रा.लि., नयी दिल्ली, 2020

पाजी नज़्में, गुलज़ार, राधाकृष्ण प्रकाशन प्रा.लि., नयी दिल्ली, 2017

बाग़बान, गुलज़ार ट्रांसलेट्स टैगोर, हार्पर कॉलिंस पब्लिशर्स, 2016

निन्दिया चोर, गुलज़ार ट्रांसलेट्स टैगोर, हार्पर कॉलिंस पब्लिशर्स, 2016

समय का खटोला, गुलज़ार, हार्पर कॉलिंस पब्लिशर्स, 2018

बोसकी का पंचतन्त्र, गुलज़ार, राधाकृष्ण प्रकाशन प्रा.लि., नयी दिल्ली, 2013

बोसकी की सुनाली, गुलज़ार, राधाकृष्ण प्रकाशन प्रा.लि., नयी दिल्ली, 2009

बोसकी की गप्पें, गुलज़ार, राधाकृष्ण प्रकाशन प्रा.लि., नयी दिल्ली, 2004

बोसकी के धनवान, गुलज़ार, राधाकृष्ण प्रकाशन प्रा.लि., नयी दिल्ली, 2004

बोसकी के ताल-पाताल, गुलज़ार, राधाकृष्ण प्रकाशन प्रा.लि., नयी दिल्ली, 2009

हिन्दी फ़िल्म गीत कोश, हरमन्दिर सिंह 'हमराज़' (सम्पादक), खण्ड-1 (1931 से 1940), खण्ड-2 (1941 से 1950), खण्ड-3 (1951 से 1960), खण्ड-4 (1961 से 1970), श्रीमती सतिन्दर कौर, कानपुर

हिन्दी फ़िल्म गीत कोश, बिश्वनाथ चटर्जी (सम्पादक), खण्ड-5 (1971 से 1980), श्रीमती सतिन्दर कौर, कानपुर

हिन्दी चित्रपट गीत संगीत कोश 1981-1990, सम्पादन एवं संचयन जगदीश पुरोहित एवं ग़ुलाम कुरैशी, लता दीनानाथ मंगेशकर ग्रामोफ़ोन रेकॉर्ड संग्रहालय, इन्दौर, 2013

धुनों की यात्रा : हिन्दी फ़िल्मों के संगीतकार (1931-2005), पंकज राग, राजकमल प्रकाशन प्रा.लि., नयी दिल्ली, 2006

राज कपूर, ऋतु नन्दा, आर.के. फ़िल्म्स एवं स्टूडियोज़, मुम्बई, 2007

जाग उठे ख़्वाब कई, साहिर लुधियानवी, मुरली मनोहर प्रसाद सिंह, कान्तिमोहन 'सोज़' एवं रेखा अवस्थी (सम्पादक), पेंगुइन रेंडम हाउस, इंडिया, गुरुग्राम, 2010

मेरी आवाज़ सुनो, कैफ़ी आज़मी, राजकमल प्रकाशन प्रा.लि., नयी दिल्ली, 2002

सिनेमा के बारे में : जावेद अख़्तर से बातचीत, नसरीन मुन्नी कबीर, राजकमल प्रकाशन, नयी दिल्ली, 2001

सदियों में एक आशा : आशा भोसले-मीमांसा—अजातशत्रु, लता दीनानाथ मंगेशकर ग्रामोफ़ोन रेकॉर्ड संग्रहालय, इन्दौर, 2009

हमसफ़र : हिन्दी सिनेमा और संगीत, यतीन्द्र मिश्र, पेंगुइन रेंडम हाउस, इंडिया, गुरुग्राम, 2013

लता-सुरगाथा : लता मंगेशकर की जीवन-यात्रा का दस्तावेज़, यतीन्द्र मिश्र, वाणी प्रकाशन, नयी दिल्ली, 2016

संगीत पत्रिका : फ़िल्म संगीत इतिहास अंक, डा. मुकेश गर्ग (सम्पादक), संगीत कार्यालय, हाथरस, जनवरी-फरवरी, 1998

आउटलुक : हिन्दी सिनेमा : सौ साल का इश्क़, सम्पादक—नीलाभ मिश्र, आउटलुक पब्लिशिंग इंडिया प्रा.लि., नयी दिल्ली, नवम्बर-दिसम्बर, 2012

अहा! ज़िन्दगी : सिनेमा विशेषांक : दुनिया भर में सबसे अलग है हिन्दी सिनेमा, सम्पादक -आलोक श्रीवास्तव, दैनिक भास्कर कॉरपोरेशन लि., जयपुर, जून, 2013

अहा ज़िन्दगी : संगीत विशेषांक : शास्त्रीय, लोक एवं फ़िल्म-संगीत पर विशिष्ट सामग्री, सम्पादक-आलोक-श्रीवास्तव, दैनिक भास्कर कॉरपोरेशन लि., जयपुर, अंक-100, दिसम्बर, 2012

तहलका : लता मंगेशकर पर विशेषांक, सुर अविनाशी, सम्पादक—संजय दुबे, अनन्त मीडिया प्रा.लि., नोएडा, सितम्बर, 2011

नोट

उपर्युक्त सूची के अतिरिक्त कुछ पुरानी पत्रिकाओं की फाईलों, वेबसाइट्स और समाचार-पत्रों से भी गुलज़ार सम्बन्धी विवरण प्राप्त हुए हैं, जिनके अंकों की सामग्री के कुछ अंश पुस्तक के ब्यौरों के लिए आवश्यक व प्रासंगिक लगे। पत्रिकाएँ–फ़िल्म इण्डिया, फ़िल्मफ़ेयर, इलेस्ट्रेटेड वीकली, सारिका, माधुरी, धर्मयुग, दिनमान, साप्ताहिक हिन्दुस्तान, इण्डिया टुडे, आउटलुक, स्टार एण्ड स्टाईल तथा शमा। वेबसाइट्स–सिनेमाज़ी, इण्डिया न्यू इंग्लैण्ड न्यूज़, सरस्वती मेला। समाचार-पत्र–द हिन्दू, दैनिक जागरण एवं दैनिक भास्कर। रेडियो–विविध भारती।

नाम-सन्दर्भ

अ

अकीरा कुरोसावा 266
अमीर ख़ुसरो 69, 123, 232, 406, 445, 446
अमृता प्रीतम 47, 75, 76, 77, 78, 207, 323, 452
अमीन सयानी 57
अमीरबाई कर्नाटकी 404
अमिय चक्रवर्ती 356
अली सरदार जाफ़री 36, 58, 212
अली अकबर ख़ाँ 83
असित सेन 356, 373, 374
अब्बासुद्दीन अहमद 234
अख़्तर-उल-ईमान 196
अख़्तर चित्रल 300
अबरार अल्वी 171, 196, 376
अवतार कृष्ण कौल 253
अल्लामा इक़बाल/इक़बाल 29, 37, 445
अल्लामा दरपन/दरपन साहब 36
अहमद फराज़ 36, 39, 40, 41, 42
अहमद नदीम क़ासमी 46, 68, 72, 73, 452
उस्ताद अमजद अली ख़ाँ 323, 330, 432
अमजद ख़ान 243
अकबर 440
असरानी 61, 81, 87, 176, 259
अमिताभ बच्चन 98, 99, 175, 176, 179, 371, 458
अमरीश पुरी 259, 371
अमिताभ भट्टाचार्य 420
अनुराधा पटेल 263, 266, 267
अनूप घोषाल 207
अखिलबन्धु घोष 120,
अशोक मेहता 266, 267, 427, 428
अशोक कुमार 150, 151, 152, 172, 236
अनु मलिक 294, 295, 296, 297, 307
अरुणा ईरानी 192
अशोक बिन्दल 47
अतुल तिवारी 47
अनिरुद्ध भट्टाचारर्जी 159
अजित बनर्जी/अजित दा 89
अमानउल्लाह ख़ाँ 375
अमोल पालेकर 142, 143, 144, 390, 431, 434, 438, 467
अन्तोन चेख़व 477
अमर्त्य सेन 453
अपर्णा सेन 433
अमित कुमार 137
अरिजित सिंह 301
अन्तरा देवसेन 453

आ

आशा भोसले 111, 131, 132, 133, 134, 135, 136, 137, 138, 139, 140, 141, 158, 234, 241, 245, 246, 248, 266, 279, 293, 294, 308, 316, 317, 318, 322, 332, 364, 365, 387, 402, 403,

404, 413, 429, 434, 435, 467
आबिदा परवीन 323, 406
आशा सिंह मस्ताना 29
आनन्द मिलिन्द 318, 467
आनन्द बक्षी 55, 57, 84, 231, 312
आशीष राजाध्यक्ष 87
आलिया भट्ट 284
आग़ाहश्र कश्मीरी 417
ऑक्टोवियो पॉज़ 70
आमिर ख़ान 185
आरज़ू लखनवी 201, 202

इ

इस्मत चुगताई 35, 190, 368
इंतज़ार हुसैन 35
इन्दीवर 55, 57, 400, 401
पण्डित इन्द्र 201
इलैयाराजा 247, 248, 249, 250, 467
उस्ताद इनायत शाह 446
इरशाद कामिल 420
इब्न-ए-इंशा 101, 107
इन्दिरा गांधी 154
इन्द्राणी मुखर्जी 187
इंग्मार बर्गमैन 62

ई

ईश्वर चन्द्र विद्यासागर 188, 191

उ

उषा उथुप 309, 332
उपेन्द्र किशोर रे चौधरी 91, 336
उत्तम कुमार 180, 184, 187, 188, 259,
उत्पल दत्त 86, 87, 370, 469,
उमेश पचीगर 46
उदित नारायण 304, 437
उल्हास 172

ऋ

ऋषिकेश मुखर्जी 59, 86, 89, 90, 97, 99, 100, 107, 149, 153, 171, 172, 173, 174, 176, 178, 190, 192, 235, 257, 357, 371, 373, 374, 397, 457, 458, 460
ऋत्विक घटक 244

ए

एरिक सीगल 206
ए.के. हंगल 79, 81, 146, 155, 176
ए.आर. रहमान 153, 154, 249, 298, 301, 302, 303, 304, 305, 306, 388, 408, 420, 421, 436, 437, 467, 468
ए.जे. क्रोनिन 109
एहसान रिज़वी 375
ए.पी.जे. अब्दुल कलाम 322
एडविन एल्ड्रिन 403

ऐ

ऐश्वर्या राय 474

ओ

ओमपुरी 268
ओम प्रकाश 156, 236 259
ओम शिवपुरी 156, 167, 176, 187, 197, 259
ओ. पी. नैयर 132
ओ हैनरी 477
ओशो 447

क

कबीरदास 114, 324, 406, 409, 418, 441, 443, 444, 446
किशोर कुमार 63, 64, 81, 94, 158, 159, 160, 161, 233, 234, 316, 317, 404, 405, 421, 474

कमलेश पाण्डे 196
कमलेश्वर 109, 153, 256, 453
कृष्णा सोबती 35
कृष्ण चन्दर 35
कृष्ण चोपड़ा 367
कुलदीप नैयर 74, 75, 214, 334
कृष्णमूर्ति 304
क़ाज़ी अब्दुल सत्तार 35
क़ाज़ी नज़रुल इस्लाम 119
केदारनाथ सिंह 40
किशोर साहू 356
किशोरी अमोनकर 449
कमाल अमरोही 196, 375, 377, 381
क़मर जलालाबादी 201
केर्सी लॉर्ड 83, 84
किशोर देसाई 84
किरण वैराले 221, 225
केदार शर्मा 201, 202, 367, 400, 418
क़ैफ़ भोपाली 55
कैफ़ी आज़मी 55
कौशिकी चक्रवर्ती 298, 300
के. आसिफ़ 43, 44, 375
कौसर मुनीर 64, 420
डॉ. किशन मोरवानी 46
के.एल.सहगल 328, 359, 404, 417
कनु राय 313, 314, 381, 382, 425, 426
करणी सिंह 392
पण्डित कुमार गन्धर्व 462
कुँवर नारायण 129
कल्याणजी-आनन्दजी 230, 466
क्रिस्टोफर प्लॅमर 80
कॉपरनिकस 96
केष्टो मुखर्जी 187
कल्पना लाज़मी 206, 276
कन्हैयालाल 241
कमल हासन 250
के.के. 297
कुमारी फ़ैयाज़ 318

ख

ख़्वाज़ा अहमद अब्बास/अब्बास साहब 196, 198, 376, 378, 452
ख़य्याम 320, 330, 365, 415, 426
खुशवन्त सिंह 344, 452
ख़लील जिब्रान 205
ख़दीज़ा मस्तूर 452

ग

गोपी गजवानी 255, 288, 289, 290
गौतम घोष 368
गीता दत्त 404
गोपाल सिंह नेपाली 201, 400
गिरीश पुथुनचेरी 302
गुलाम अली 322
गुलाम हुसेन ख़ाँ 168
गुरुदत्त 356, 374, 376, 426
गिरीश कर्नाड 179, 190, 263, 434
गुलाम मोहम्मद 328
गिरिजा देवी 453
गोर्की 477
गोविन्द निहलानी 190, 349
गोविन्द 253, 254, 284
गोपीचन्द नारंग 68, 398
गुरुनानक 441, 442, 446
गैलीलियो 96, 97
गुरुबित्ती/गुरुदई 352

च

चन्द्रचूड़ सिंह 269, 271
चित्रा 322

चाँद उस्मानी 93
चेतन आनन्द 178
चन्द्राणी मुखर्जी 315
चित्रगुप्त 467

छ

छाया देवी 454

ज

जॉन कीट्स 321
जॉन बर्जर 72
जॉनी वॉकर 259
जगजीत कौर 403
जूथिका रॉय 403
जद्दनबाई 403
जयराम आचार्य 84, 159, 160
जिया सरहदी 356
जावेद सिद्दीकी 196, 438
जसमेर सिंह 29, 350
जावेद अख़्तर 196, 206, 371, 377, 399
ज़रीना वहाब 142, 195, 240, 241
जे. ओमप्रकाश 178, 189, 455
ज़ाँ निसार अख़्तर 36, 55, 399, 400
जया भादुड़ी/जया बच्चन 79, 82, 86, 88, 89, 93, 196, 198, 274, 459
जीतेन्द्र 79, 81, 162, 163, 164, 166, 167, 169, 274, 459
जसपिन्दर नरूला 296
जयन्त 172
जयन्त मुखर्जी 318
जोगिन्दर पाल 243
जगजीत सिंह 47, 68, 71, 72, 319, 320, 322, 327, 328, 393, 434
जयदेव 330, 415, 424
ज़ौक़ 25
जतिन दास 68, 72
जीवनानन्द दास 68, 70
जेनिफर कैंडिल 433
जीन एनुइल 173
जाबिर हुसैन 453
जूली एण्डूज 80
ज़रीन दारूवाला 159
जहाँगीर 165
जयसिंह 189
जवाहरलाल नेहरू 410, 418

ट

टी.बी. गोपालकृष्ण 247
टोनी वॉज़ 84
टी.पी. जैन 187, 192
मास्टर टीटो 180, 184, 187

ड

डी.एन. मधोक/दीनानाथ मधोक 201, 417, 418, 420
डिम्पल कपाड़िया 195, 242, 276

त

तनवीर नक़वी 201
तपन सिन्हा-59
तुलसीदास 440
तलत महमूद-148, 317, 328
तरुण मजूमदार 251
तब्बू 270, 271
तन्वी शाह 306

द

देवआनन्द/देव साहब 381
दिलीप कुमार 107, 172, 359, 367, 372, 373
दलेर मेंहदी 298
दीना पाठक 38, 109, 167, 184,

187,195, 236
दीप्ति नवल 192
दुर्गा खोटे 172, 176
देवेन वर्मा 61, 62, 191, 192, 259
दर्शन सिंह 29, 35
देबू सेन 42, 43, 115, 188, 397, 419
देश मुखर्जी 218
दिनेश ठाकुर 377
दाग़ 410
पण्डित दिनकर कैंकिणी 220
दान सिंह 311

ध

ध्रुव 29
धर्मेन्द्र 86, 88, 162, 165, 167, 169, 236, 274, 360
धर्मवीर भारती 336, 368, 409, 451, 453

न

नारायण प्रसाद 'बेताब'/पण्डित बेताब 201, 275, 276
नूरा सिस्टर्स 298, 299
नक़्श लायलपुरी 142
एन.सी. सिप्पी 59, 89, 90, 145, 252, 357, 454
नूतन 382
नीरज 55, 400
नरगिस दत्त 254, 267, 367
नसीरुद्दीन शाह/नसीर 68, 71, 72, 260, 263, 265, 267, 271, 272, 273, 469
नसरीन मुन्नी कबीर 303
नागार्जुन 182, 412
नादिरा 267
नाज़िम पानीपती 201
पण्डित नरेन्द्र शर्मा 55, 201, 316, 400
निज़ामुद्दीन औलिया 69, 445
नज़ीर 25
निहाल सिंह 25
नबेन्दु घोष-196, 367, 376
नन्दिता दास 370
नज़ीर अकबराबादी 412
नख़्शब जारचवी 201, 414
निम्मी 454
नौशाद 84
नूरजहाँ 165,
नागेश कुकुनूर 185
नाना पाटेकर 211
नील आर्मस्ट्रांग 402

प

प्रेमचन्द 93, 353, 435
पंकज मलिक 421
पारुल घोष 404
प्रकाश मेहरा 189
प्रकाश पण्डित 452
पॉल विलेमेन 87
प्रकाश झा 206, 291, 292, 293, 368
प्रदीप उप्पूर 291
पद्मिनी कोल्हापुरे 187
पी.डी. शेनॉय 107
प्रेम धवन 55, 201
प्रेमजी 216
प्राण 78, 81, 88, 274
पवन झा 224
पण्डित प्रदीप 201, 202, 216, 400, 401, 418
पृथ्वीराज कपूर 107
पी.सी. बरुआ 361
प्रेमेन्द्र मित्र 370

प्रसून जोशी 420
पाब्लो नेरुदा 48, 49, 335
पीटर ग्लेनविल 173
प्रमोद चक्रवर्ती 178
पुश्किन 309
पीर साहब 74, 214, 334
पवन वर्मा 336

फ

फ़ैज़ अहमद फ़ैज़ 36, 37, 39, 40, 42, 53, 348
फ़रीदा ख़ानम 469
फ़रहाना 255
फ़्रांज़ काफ़्का 225, 227

ब

बुल्लेशाह 28, 127, 302, 384, 388, 406, 409, 446
बालू महेन्द्र 247
बासु चटर्जी 179, 190
ब.व. कारन्त 179
ब्रजेन विश्वास 83, 84
बाबा फरीद 28, 406, 409
बाबूराव पटेल 452
बी.आर. चोपड़ा 374
बीथोवन 147
बाज़ बहादुर 167, 169, 170
बिमल रॉय/बिमल दा 42, 43, 59, 66, 67, 68, 71, 89, 90, 91, 92, 93, 94, 107, 115, 145, 148, 149, 171, 188, 190, 192, 220, 223, 224, 244, 257, 274, 313, 317, 356, 357, 361, 367, 368, 374, 376, 382, 393, 397, 405, 406, 419, 435, 458
बासु भट्टाचार्य 68, 71, 107, 171, 313, 315, 371, 419, 425
बलराज साहनी 49, 146, 172, 372
बालाजी विट्ठल 159
बॉब डिलेन 101
बेगम अख़्तर 123, 251, 320, 328, 404, 416
बिस्मिल्लाह ख़ाँ 416
बशीर बद्र 422
ब्रेख़्त 335, 336

भ

भूपेन्द्र 81, 93, 144, 165, 170, 241, 280, 293, 314, 315, 322, 323, 361, 416, 469
पण्डित भीमसेन जोशी 141, 142, 143, 179, 206, 239, 323, 396, 449
पण्डित भरत व्यास 55, 400
पण्डित भूषण 201
भूषण बनमाली 96, 109, 141, 162
भूपेन हज़ारिका 277, 278, 279, 280, 322, 386, 387, 415
भाग सिंह 25, 351
भवानी प्रसाद मिश्र 335

म

मीराबाई/मीरा 89, 216, 217, 218, 238, 375, 406, 439, 440, 441, 447
मीर तक़ी मीर 25, 53, 320, 410
मिर्ज़ा ग़ालिब 25, 68, 69, 70, 254, 271, 272, 273, 304, 327, 328, 335, 392, 397, 405, 407, 410, 411, 413, 423, 442
मोमिन 25, 410
मीनाकुमारी 60, 61, 62, 63, 138, 195, 238, 454, 455
मैरी ओलीवर 291
मक़बूल फ़िदा हुसैन 351

मिथुन चक्रवर्ती 240, 241
मामे ख़ाँ 298, 299, 300
एम.एस. सथ्यू 368
मनोहारी सिंह 84
मुजीबुर्रहमान 355
मिताली 323
मनमोहन शेट्टी 291, 292
मनमोहन 176
मनमोहन देसाई 190
पण्डित मधुर 201
महात्मा गांधी/गांधी जी 29, 354, 383, 440
मृणाल सेन 225, 370
मानबेन्द्र मुखोपाध्याय 120
मजरूह सुलतानपुरी 55, 57, 146, 312, 382, 400
मुकेश 63, 146, 147, 148, 311, 312, 316, 317
मुकुल दत्त 42, 43, 93, 356
मौसमी चटर्जी 192
मन्ना डे 63, 120,146, 153, 318
मेघना गुलज़ार/बोस्की 46, 68, 206, 252, 253, 254, 284, 285, 295, 301, 323, 369, 473
मैथिली राव 264
महाश्वेता देवी 170, 173, 372
मार्टिन फ्रीमैन 285, 286
मार्क गेटिस 286
मोत्ज़ार्ट 147
एम.जी. श्रीकुमार 302
मक़सूद मियाँ 44
मदन मोहन 114, 149, 229, 301, 365, 407, 412, 415, 429
महमूद 377
मोहम्मद रफ़ी 316, 380, 381, 404, 405
महालक्ष्मी अय्यर 304, 436, 437
मोपासां 477
मुसहफी 411
मुबारक़ बेगम 148, 332
महबूब ख़ान 427
मेहदी हसन 39, 328, 432
मो. तुफैल 452
सरदार माखन सिंह कालरा 25, 27, 35
मजाज़ लखनवी 175
महेश भट्ट 185
मोहन सहगल 188
मेराज़ 206, 239
मोहन राकेश 263
मोहन कण्णन 299

य

यशवन्त व्यास 290
येसुदास 250, 293, 315, 318
यश चोपड़ा 178, 189, 253
योगेश 55, 98, 99, 400
यश जौहर 189
यूनुस परवेज़ 191, 259
यूनुस देहलवी 452

र

पण्डित रविशंकर 83, 184, 218, 219, 220, 426
आर.डी. बर्मन/राहुलदेव बर्मन/पंचम 47, 68, 71, 72, 80, 81, 82, 83, 84, 85, 86, 108, 120, 121, 132, 133, 134, 135, 137, 138, 139, 140, 141, 144, 145, 158, 159, 160, 161, 164, 165, 166, 185, 186, 187, 204, 207, 218, 219, 224, 225, 228, 229, 230, 231, 238, 239, 241, 266, 267, 315, 316, 318, 322, 329, 330, 332, 361, 364,

365, 380, 382, 383, 405, 408, 416, 421, 422, 423, 424, 426, 427, 428, 429, 430, 434, 438, 456, 469
राजा मेंहदी अली ख़ाँ 55, 400
रवीन्द्रनाथ टैगोर 31, 68, 69, 70, 121, 322, 323 336, 352, 393, 397, 422
रायनर मारिया रिल्के 287
रस्किन बॉण्ड 369
राजकुमार मैत्र 78, 79, 464
राजकुमारी 121, 185, 186, 187, 414
राज खोसला 178, 189
रामानन्द सागर 178, 377
राज बब्बर 260
राज किरण 177
रमेश सिप्पी 189, 206, 371, 466
रानी रूपमती 168, 169, 170
रीता गांगुली 251
रेखा भारद्वाज 309, 319, 323, 332
रमेश देव 60, 99
रामगोपाल वर्मा 281
रामगोपाल बजाज 293
रमेश बक्षी 253
राजेन्द्र सिंह बेदी 35, 196, 367, 376
राज कपूर 92, 198, 266, 363, 376, 377, 378, 419
रोशन 84, 148, 426
रोमेश शर्मा 206, 371
आर. झालानी 42, 43
राखी 78, 79, 115, 177, 179, 195, 196, 251, 252, 253, 254, 276, 464
रेखा 177, 179, 195, 236, 263, 265, 267, 276, 358, 469
राजेश खन्ना 98, 99, 175, 176, 236
राजेन्द्र कृष्ण 148, 201, 316, 377, 400
राकेश ओमप्रकाश मेहरा 125, 297, 420
रहमान 153, 154
रमेश तलवार 177, 253
डॉ. राही मासूम रज़ा 196
रूमा गुहा ठाकुरता/रूमा गांगुली 94, 146
रुस्तम ख़ुर्शीद जी करंजिया/आर.के. करंजिया 452
रैदास 439, 440
राजा भर्तृहरि 445
रूमी 409
राजन तरफ़दार 121
रॉबर्ट फ्रॉस्ट 128
रज़ा मुराद 175
मास्टर राजू 180, 181, 183, 184, 187, 228
रघुवीर सहाय 264, 335
राज जुत्शी 269
रूपकुमार राठौर 323

ल

लता मंगेशकर/लता दीदी 63, 81, 84, 85, 90, 93, 94, 112, 120, 122, 123, 132, 134, 140, 146, 147, 148, 149, 151, 158, 159, 160, 161, 164, 165, 170, 207, 216, 217, 218, 219, 228, 229, 230, 231, 233, 239, 242, 244, 245, 261, 262, 270, 277, 279, 282, 302, 303, 312, 316, 317, 318, 328, 361, 364, 365, 380, 402, 403, 404, 405, 407, 408, 413, 419, 424, 433, 438, 461, 474, 475
लाजपत राय 355
लक्ष्मीकान्त-प्यारेलाल 55, 84, 123, 148, 158, 159, 217, 219, 230, 231, 232, 234, 235, 318, 426
लीला मिश्रा 81, 167, 195, 259
लुई बैंक्स 84

लीला चिटणीस 107
लीला फंसालकर 177

व

विभूतिभूषण बन्द्योपाध्याय 353
वज़ाहत मिर्ज़ा 196, 368, 375
विजय आनन्द 196, 234, 374
विजयदान देथा 438
वली साहब 202
वाणी जयराम 89, 219, 220
वीणा 150
विद्या सिन्हा 180, 184, 187
विद्यावती 28, 351
विशाल भारद्वाज 47, 114, 185, 270, 298, 307, 308, 310, 319, 320, 322, 323, 329, 330, 331, 332 333, 369, 422
वैजयन्ती माला 172, 372, 373
व्ही. शान्ताराम 374, 378, 379, 425
वनराज भाटिया 293, 318, 434
वहीदा रहमान 195, 221, 223, 225, 259, 433
वेदप्रकाश 193
विनोद खन्ना 61, 63, 242, 447
विजय तेन्दुलकर 263, 377
वसन्त देव 399
वसन्त देसाई 151, 318, 424, 425
मास्टर विकास 177
विजय राघव राव 220
विश्वजीत 251
विक्रम मेहरोत्रा 272
विंसेट वॉन गॉग 288

श

शरतचन्द्र/शरत बाबू 184, 228, 352, 353, 357, 358, 359, 360, 367, 435
शंकर शेष 142
शंकर-जयकिशन 84, 134, 148, 230, 419, 426
शंकर-एहसान-लॉय 284, 298, 299, 300, 301, 323, 407, 474
शंकर मुखर्जी 371
शक्ति सामन्त 178, 189, 371
शमा ज़ैदी 196, 369, 377
शान 323
विलियम शेक्सपियर 100, 188, 189, 191, 193, 435, 460
शेवन रिज़वी 201
शत्रुघ्न सिन्हा 61
शोभा गुर्टू 404
शीला मधोक 355
शशि कपूर 177, 178
शम्मी कपूर 186, 267
शेखर कपूर 185, 206, 207, 315, 371
शर्मिला टैगोर 109, 113, 195, 221, 222, 225, 238, 274, 361, 432
शिवांगी कोल्हापुरे 187
शबाना आज़मी 195, 221, 222, 225, 260, 262
श्याम बेनेगल/श्याम बाबू 179, 190, 225, 272, 368, 377, 431, 434
शुभलक्ष्मी 432
शुचिस्मिता दास 300
शान्तनु मोइत्रा 294, 298, 309, 323
शकील बदायूँनी 55, 84, 204, 312, 400, 419, 420
शमशेर बहादुर सिंह 53
शैलेन्द्र 55, 84, 94, 106, 107, 203, 312, 316, 366, 378, 397, 402, 419, 420
शैलेन्द्र सिंह 293

डॉ. श्रीराम लागू 142, 144, 163, 167, 183
श्रेया घोषाल 323, 332
श्रीदेवी 195
श्रीनिवास 468
शोभा सिंह 344
शंकर 420
शंकर पिल्लई 452
शम्स तबरेज़ी 409
शोपेन 147
शाद अली 206
शब्बीर कुमार 233
श्रीराधा बनर्जी 315

स

समरेश बसु 71, 179, 182, 220, 221, 285, 334, 368
सआदत हसन मण्टो 35, 175, 477
सलीम ख़ान 196, 206, 371, 377
सत्या सरन 327
सागर सरहदी 196, 355
सुखदेव 209
सोनल मानसिंह 278
सोना उर्वशी 206
साहिर लुधियानवी 36, 55, 57, 84, 146, 312, 316, 366, 400, 402, 418, 419, 452, 477
सुभाष घई 253
सुरिन्दर क़ौर 403
सीमा देव 99, 198
संजय शेखर 295
सुबोध मुखर्जी 188, 253
सुबोध घोष 263, 267, 285
समन्दर सिंह 33
सोहराब मोदी 328, 368, 374, 375, 377
सलिल चौधरी/सलिल दा 63, 68, 71, 115, 120, 144, 145, 146, 147, 148, 149, 312, 317, 330, 377, 384, 385, 393, 419, 423, 426
सी.एच. आत्मा 193
सी. रामचन्द्र 134, 319, 421
सपन चक्रवर्ती 187
सलीम आरिफ़ 327, 333, 334, 335, 336, 337, 461, 462
सबा महमूद बशीर 156
सुनयना काचरू 286, 287
सैबल चटर्जी 223
सुरेश वाडकर 250, 308, 323, 331
संजीव कुमार 68, 71, 78, 81, 93, 95, 107, 108, 109, 110, 113, 153, 154, 155, 156, 157, 160, 161, 172, 191, 192, 196, 197, 198, 199, 221, 222, 223, 271, 272, 274, 371, 372, 408, 412, 455, 456, 469
सप्रू 172
सुलोचना 172
सत्यजित रे 90, 91, 92, 157, 179, 190, 193, 336, 473
सचिनदेव बर्मन/एस.डी. बर्मन/बर्मन दादा 82, 94, 115, 120, 165, 224, 234, 267, 294, 301, 380, 381, 382, 383, 405, 413, 414, 423, 424
सन्तोष सीवान 185, 295
सुचित्रा सेन 108, 153, 154, 155, 156, 157, 160, 161, 209, 238, 455, 456
सुलक्षणा पण्डित 314
सरस्वती कुमार दीपक 55, 400
पण्डित सामता प्रसाद 83
समित भंज 87
सौदा 25
सुजान कौर 25, 27, 35, 36, 37, 38, 195

सुखबीर 44
सुहासिनी मुले 370
पण्डित सुदर्शन 375
सत्यदेव दुबे 377
सुकरात 440
सज्ज़ाद हुसैन 413
सचिन भौमिक 196, 206, 455
सुकुमार रे 473
सुनील गावस्कर 475
सचिन तेन्दुलकर 475
स्वानन्द किरकिरे 420
स्मिता पाटिल 431
सुदर्शन बख़्शी 45
सुमिता सान्याल-60, 150
साफ़ी ख़ाँ 168
सिमी ग्रेवाल 175
सई परांजपे 178
पण्डित सत्यशील देशपाण्डे 245, 246
सन्ध्या राय 251
सुनील दत्त 252
समय 253, 254, 284, 323
सुलभा देशपाण्डे 267
सुकन्या वर्मा 297
सपना अवस्थी 305
सुखविन्दर सिंह 305
सन्दीप चौठा 307
सुरैया 328
सुधा मल्होत्रा 332

ह

हेमन्त कुमार/हेमन्त दा 316, 317, 318, 322, 348, 356, 384, 397, 422, 461, 464, 468
हसरत जयपुरी 55, 400, 419
हेमा मालिनी 162, 163, 164, 165, 166, 167, 169, 195, 220, 228, 238, 273, 357, 361
हरीन्द्रनाथ चट्टोपाध्याय 150, 152, 236
हिमाद्री 419
डॉ. हुसैन टेलर 46
एच. एस. रवेल 107, 170, 172, 173, 372
हृदयनाथ मंगेशकर 122, 246, 433
स्वामी हरिदास 440
हरिहरन 468
पण्डित हरिप्रसाद चौरसिया 159
हैंस इज़्लर 147